Das große Buch

Alles zu

Windows XP Home

& Service Pack 3

Jürgen Hossner
Marc Spenlé
Annette Stolz

D1730065

DATA BECKER

Copyright	© by DATA BECKER GmbH & Co. KG Merowingerstr. 30 40223 Düsseldorf
Produktmanagement und Lektorat	Lothar Schlömer
Umschlaggestaltung	Inhouse-Agentur DATA BECKER
Textverarbeitung und Gestaltung	Andreas Quednau (www.aquednau.de)
Produktionsleitung	Claudia Lötschert
Druck	Media-Print, Paderborn
E-Mail	buch@databecker.de

ISBN 978-3-8158-3008-6

Wichtiger Hinweis

Die in diesem Buch wiedergegebenen Verfahren und Programme werden ohne Rücksicht auf die Patentlage mitgeteilt. Sie sind für Amateur- und Lehrzwecke bestimmt.

Alle technischen Angaben und Programme in diesem Buch wurden von den Autoren mit größter Sorgfalt erarbeitet bzw. zusammengestellt und unter Einschaltung wirksamer Kontrollmaßnahmen reproduziert. Trotzdem sind Fehler nicht ganz auszuschließen. DATA BECKER sieht sich deshalb gezwungen, darauf hinzuweisen, dass weder eine Garantie noch die juristische Verantwortung oder irgendeine Haftung für Folgen, die auf fehlerhafte Angaben zurückgehen, übernommen werden kann. Für die Mitteilung eventueller Fehler sind die Autoren jederzeit dankbar.

Wir weisen darauf hin, dass die im Buch verwendeten Soft- und Hardwarebezeichnungen und Markennamen der jeweiligen Firmen im Allgemeinen warenzeichen-, marken- oder patentrechtlichem Schutz unterliegen.

Inhalt

8. Systemsicherheit durch Virenabwehr, Firewall und Backup 343

16. Systemeinstellungen anpassen und Geräte installieren 689

17. Hardwareprobleme sicher lösen 709

1. Ihr neues Windows – sofort loslegen

Sie haben einen neuen PC mit vorinstalliertem Windows XP gekauft? Oder die Ärmel hochgekrempelt und selbst Hand angelegt, Ihren PC per Neuinstallation oder Update auf die neue Version gebracht? Dann wollen Sie jetzt sicherlich gleich einmal „durchstarten" und die ersten Schritte im neuen System wagen. In diesem Kapitel lernen Sie die Elemente der Oberfläche und die entscheidenden Neuerungen kennen. Darüber hinaus bekommen Sie Hinweise dazu, wo Sie Ihren Wissensdurst zu Themen, die Ihnen schon auf den Nägeln brennen, im Verlauf der weiteren Buchlektüre stillen können.

1.1 Mit SP2 & SP3 zum besten XP aller Zeiten – die neuen Funktionen

Windows XP ist noch immer das meistgenutzte Betriebssystem weltweit. Da ist es dann auch völlig verständlich, dass dieses System besonders häufig für unfreundliche Angriffe ausgesucht wird. Mit dem Service Pack 2 rüstete Microsoft deshalb insbesondere im Bereich Sicherheit erheblich nach und nahm diverse Schwachstellen ins Visier, durch die Ihrem PC Schaden zugeführt werden kann. Und auch das im Frühjahr 2008 veröffentlichte SP3 umfasst eine Vielzahl von Verbesserungen und Optimierungen auch in diesem Bereich. Dieses Kapitel soll Ihnen einen ersten Überblick über die wesentlichen Änderungen geben, welche die Service Packs für Windows XP mitbringen.

Zentrales Sicherheitsmanagement – das Windows-Sicherheitscenter

Das neue Windows-Sicherheitscenter erleichtert Ihnen die Kontrolle über den Sicherheitsgrad Ihres Computers. Als Einsatzzentrale für Ihre Sicherheitskräfte fasst es die Windows-Firewall, Virenscanner und Updates an einem Ort übersichtlich zusammen. Mit wenigen Mausklicks nehmen Sie hier Ihre Sicherheitseinstellungen vor:

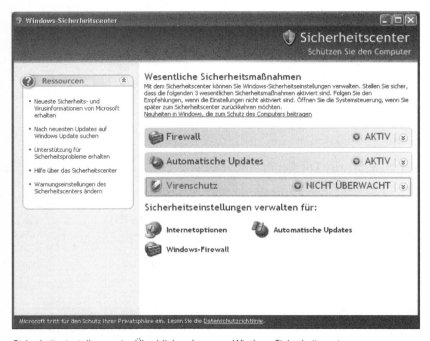

Sicherheitseinstellungen im Überblick – das neue Windows-Sicherheitscenter.

Das Windows-Sicherheitscenter

Das Sicherheitscenter läuft als Hintergrundprozess und meldet sich selbsttätig nur dann, wenn es auf ein mögliches Sicherheitsrisiko stößt. Als automatisches Warnsystem bietet dieser Service selbst Anwendern, die in Sachen Sicherheit unerfahren sind, größtmögliche Unterstützung. Das Windows-Sicherheitscenter wird in Kapitel 8.1 näher beschrieben.

1   Klicken Sie auf *Start* und wählen Sie den Menüpunkt *Systemsteuerung*. Es öffnet sich das Fenster *Systemsteuerung*. Die bereits bekannten Kategorien wurden um eine weitere – das Sicherheitscenter – erweitert.

2   Klicken Sie auf die Kategorie *Sicherheitscenter*. Hier bekommen Sie nun die wesentlichen Sicherheitsmaßnahmen Ihres System auf einen Blick angezeigt.

3   Klicken Sie im Bereich *Sicherheitseinstellungen verwalten für* auf *Internetoptionen*, *Automatische Updates* oder *Windows-Firewall*. Behalten Sie die Sicherheit Ihres Systems immer im Blick und wechseln Sie schnell zu den verschiedenen Sicherheitseinstellungen.

4   **Automatische Updates:** Microsoft veröffentlicht bei Bedarf Updates, die Schwachstellen und Fehler im Betriebssystem und in den Standardprogrammen beseitigen. Automatische Updates halten Ihren PC auf dem neusten Stand – auch wenn Sie einmal keine Zeit hatten, sich selbst darum zu kümmern.

5   **Virenscanner:** Sie sind klein und unsichtbar – und gar nicht freundlich zu Ihrem PC: Viren und Würmer. Antivirensoftware mit stets aktuellen Virendefinitionen zeigt Wirkung in der Schädlingsbekämpfung. Das Sicherheitscenter sagt Ihnen, wie gut Ihre „Kammerjäger" organisiert sind.

6   **Firewall:** Mit innovativen Technologien für den Netzwerkschutz bietet das Service Pack 2 besseren Schutz vor Angriffen aus dem Netzwerk und aus dem Internet. Zahlreiche Verbesserungen an der nun standardmäßig eingeschalteten Windows-Firewall schotten Ihren PC und das Netzwerk besser ab, verteilen die Zugriffsberechtigungen strenger und erleichtern die Verwaltung der Einstellungen.

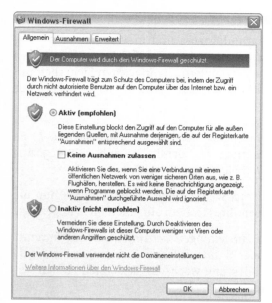

Windows-Firewall –
ab Service Pack 2 immer aktiv.

Höhere Sicherheit beim Surfen im Internet

Mit dem Service Pack 2 zeigt der Microsoft Internet Explorer schädlichen Inhalten im Internet die rote Karte. Der Bereich *Lokaler Computer* wird zur Sicherheitszone, Steuerelemente und Benutzeroberfläche fragen vor dem Ausführen von ActiveX-Steuerelementen und Spyware nun artig um Ihre Erlaubnis. Und auch den nervigen und in Mode gekommenen Popup-Fenstern geht es jetzt an den Kragen:

Mehr Sicherheit beim Surfen

Der Internet Explorer ist eines der am häufigsten benutzten Programme für das Surfen im Internet – und wurde damit auch zum beliebten Einfalltor für schädlichen Programmcode. Mit Windows XP Service Pack 2 macht Microsoft das Surfen sicherer, damit Angriffe von außen Ihren Computer nicht gefährden können.

Es gibt ein Informationsleiste, Blockieren von Popup-Fenstern, Dateidownload-Sicherheitswarnung, Add-On-Verwaltung, Add-On-Absturzerkennung und erweiterte Einstellungen für Sicherheitszonen.

Der Add-On-Manager von Windows XP Service Pack 2.

Verwaltung von Popups – zugelassene und geblockte Sites.

Mehr Sicherheit bei der E-Mail-Verarbeitung

Sicherere Standardeinstellungen, bessere Attachmentkontrolle und ein optimiertes Outlook Express schützen E-Mail und Instant-Messaging vor Virenbefall. Verdächtige Anlagen, die über E-Mail- oder Sofortnachrichten eingehen, werden isoliert und so am Eindringen in andere Systembereiche gehindert.

Mehr Sicherheit beim Mailen

Für Virenprogrammierer ist das Versenden von infizierten E-Mails der meistgewählte „Vertriebsweg", um Viren und Würmer über das Internet zu verbreiten. Microsoft Outlook und Outlook Express als die am häufigsten eingesetzten Mailprogramme wurden damit auch zum bevorzugten Ziel von Mailwürmern wie z. B. Sobig, die beim Öffnen einer infizierten Mail automatisch mit geöffnet wurden. Windows XP Service Pack sorgt durch verschiedene Technologien für eine sicherere Verarbeitung von E-Mails. Die folgenden Technologien für die sicherere E-Mail-Verarbeitung sind neu:

- Anzeigen von Mails als unformatierter Text
- Anzeige von E-Mail-Bildern blockieren
- Dateidownload – Sicherheitswarnungen

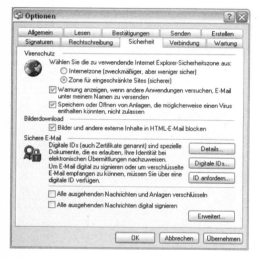

Mehr Sicherheit mit Outlook Express.

Zusätzlich können Sie aber auch durch die Beachtung von einfachen Vorsichtsmaßnahmen den Schutz Ihres Computers verbessern:

- Öffnen Sie keine Anlagen von Mails aus unbekannten Quellen.

- Auch wenn Sie die Quelle der E-Mail-Nachricht zu kennen glauben, sollten Sie die Betreffzeile genau lesen, bevor Sie eine Anlage öffnen. Ergibt die Betreffzeile keinen Sinn, sollten Sie die Mail löschen oder sich vor dem Öffnen beim angeblichen Absender nach dem Zweck der Mail erkundigen.

- Installieren Sie Virenerkennungssoftware und richten Sie sie für die Überprüfung von E-Mail-Nachrichten und Anlagen ein.

- Installieren Sie regelmäßig die neusten Aktualisierungen für Ihre Virenerkennungssoftware.

Mehr Sicherheit beim Instant-Messaging

Was Outlook Express für den E-Mail-Verkehr ist, ist der Windows Messenger für den Austausch von Direktnachrichten. Der Service Pack 2 von Windows XP verbessert auch hier die Sicherheit, um bösartige Eindringlinge zurückzuhalten.

Der Windows Messenger

Windows Messenger ist ein Programm, mit dem Sie in Echtzeit mit anderen Menschen kommunizieren können, die ebenfalls den Windows Messenger benutzen. Neben dem Austausch von Sofortnachrichten in Text, Sprache und Bild ist auch der Versand von Dateien möglich.

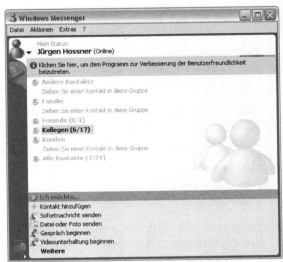

Windows XP Service Pack 2 fügt Windows Messenger neue Funktionen hinzu, die die Sicherheit beim Instant Messaging weiter verbessern:

Der neue und sichere Windows Messenger.

- Verwenden eines Display-Namens
- Schutz durch die Windows-Firewall
- Prüfen von Dateien

Optimiertes Speichermanagement

Manche Virensoftware versucht, große Datenmengen in den Arbeitsspeicher des Computers zu kopieren, um ihn so lahm zu legen. Das Service Pack 2 bündelt gleich mehrere Sicherheitstechnologien, die Ihren Speicher mit vereinten Kräften vor so genannten Pufferüberläufen schützen.

Verbesserter Speicherschutz

Mit Service Pack 2 verbessert Microsoft auch den Speicherschutz von Windows XP: die Technologie Execution Protection – abgekürzt NX für **N**o e**X**ecute (Ausführungsverbot) – verhindert, dass schädlicher Programmcode, der trotz Firewall und Antivirensoftware auf Ihren Computer gelangt ist, ausgeführt wird. Häufig versuchen Virenprogrammierer einen Computer dadurch lahm zu legen, dass sie schädlichen Code in geschützte Speicherbereiche kopieren und von dort aus ausführen lassen. Von diesen scheinbar „sicheren" Orten aus verbreiten sich die

Viren und beschädigen weitere Programme, Dateien und unter Umständen auch E-Mail-Kontakte.

Standardmäßig ist die Datenausführungsverhinderung nur für wichtige Programme und Dienste des Betriebssystems aktiviert. Soll die Datenausführungsverhinderung für alle Programme und Dienste aktiviert werden, müssen Sie die Optionen in den Leistungsoptionen ändern.

1 Klicken Sie auf *Start* und öffnen Sie die Systemsteuerung. Wählen Sie die Kategorie *Leistung und Wartung*, und anschließend klicken Sie auf das Systemsteuerungssymbol *System*.

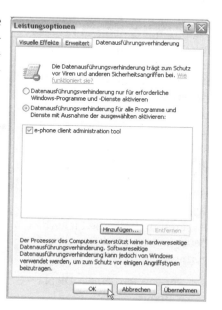

2 Wählen Sie die Registerkarte *Erweitert*. Klicken Sie dann unter *Systemleistung* auf *Einstellungen*.

3 Wählen Sie im Fenster *Leistungsoptionen* die Registerkarte *Datenausführungsverhinderung*.

4 Ändern Sie die Optionen und/oder fügen Sie ein Programm der Liste der Ausnahmen hinzu.

5 Klicken Sie auf *OK* und starten Sie Ihren Computer neu, damit die Einstellungen wirksam werden.

Datenausführungsverhinderung nur mit Administratorrechten

Sie müssen als Administrator angemeldet sein, um die Optionen der Datenausführungsverhinderung ändern zu können. Beachten Sie auch, dass unbedachte Änderungen die Gefahr für Ihren Computer erhöhen.

Verbesserte Bluetooth-Fähigkeit

Sie nutzen Geräte wie Tastatur, Maus, Handy oder PDA? Dann freuen Sie sich auf das Service Pack 2. Mit dem neuen Update ist die Verbindung zu Ihrer Bluetooth-Hardware nun einfacher als je zuvor.

Bluetooth-Unterstützung für die Nutzung drahtloser Geräte

Der Funkstandard Bluetooth ermöglicht drahtlose Verbindungen zu entsprechend ausgestatteten Geräten über kurze Entfernungen von bis zu 10 Metern. Einige Bluetooth-Geräte unterstützen sogar Funkverbindungen bis 100 Meter, allerdings müssen dann beide beteiligten Bluetooth-Devices (Ihr Rechner und die Gegenstelle) mit dieser höheren Sendeleistung arbeiten. Letzten Endes soll Bluetooth viele der bisher am PC notwendigen Kabel – Tastaturkabel, Mauskabel, Druckerkabel und ähnliche Geräte – durch Kurzstreckenfunk ersetzen.

Bisher mussten die Gerätetreiber und die zugehörige Bedienoberfläche für Bluetooth-Adapter als Software von Drittherstellern geliefert und unter Windows XP installiert werden. Mit Windows XP Service Pack 2 wird diese Unterstützung direkt als Bestandteil des Betriebssystems realisiert.

Der neue Assistent zum Hinzufügen von Bluetooth-Geräten.

Zwei neue Assistenten und das neue Fenster *Bluetooth-Geräte* als Bluetooth-Steuerzentrale erleichtern die Nutzung von Bluetooth unter Windows XP erheblich.

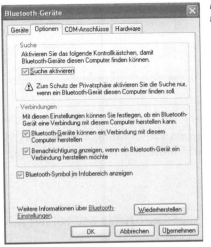

Die neue Steuerzentrale für Bluetooth-Geräte.

Wireless LAN – bessere Unterstützung für drahtlose Netzwerke

Mit dem Service Pack 2 wird das Arbeiten mit drahtlosen Netzwerken spürbar einfacher. Das Auffinden von Funknetzwerken und der Aufbau einer Verbindung ist nun leichter denn je, ohne zusätzlicher Softwareinstallation.

Bessere Unterstützung von Funknetzen

Drahtlose Funknetze liegen im Trend. Vor allem die Besitzer von Notebooks können über öffentliche Drahtlosnetzwerke, häufig auch als „Hotspots" bezeichnet, Verbindung mit dem Internet aufnehmen. So empfangen mobile Anwender zum Beispiel in Cafés, Biergärten, Hotellobbys, Bahnhof- oder Flughafen-Lounges ihre E-Mails oder rufen Informationen aus dem Internet ab. Und wer zu Hause mehrere Computer miteinander vernetzen möchte oder seinen Rechner mit netzwerkfähigen Unterhaltungselektronikkomponenten verbinden will, der spart sich durch den Aufbau eines Drahtlosnetzwerks das aufwendige Verlegen von Netzwerkkabeln: Dank **W**ireless **L**ocal **A**rea **N**etwork oder kurz WLAN muss man dazu keine Löcher durch die Wände bohren.

Der neue Assistent für die Drahtlosnetzwerkinstallation.

Mit zwei neuen Assistenten und den neuen **W**ireless **P**rovisioning **S**ervices (WPS) macht Windows XP Service Pack 2 den Einsatz drahtloser Netzwerke komfortabler, einfacher und sicherer.

- **Drahtlosnetzwerk auswählen**

    Dieser neue Assistent hilft beim Auffinden drahtloser Netze und bei der Anmeldung im Funknetz.

■ **Wireless Provisioning Service**

Die Wireless Provisioning Services (WPS) unterstützen Sie bei der Anmeldung und Entgeltabrechnung an vielen öffentlichen Hotspots.

■ **Drahtlosnetzwerkinstallations-Assistent**

Dieser weitere neue Assistent hilft Ihnen beim Einrichten eines sicherheitsaktivierten Drahtlosnetzwerks zu Hause. Er unterstützt Sie beim Aktivieren der notwendigen Sicherheitsfunktionen, um Ihr drahtloses Netzwerk vor unberechtigter Internetnutzung oder dem Zugriff auf private Daten durch böswillige Dritte zu schützen.

Das SP3 macht Windows XP noch einmal richtig frisch

Seit dem Frühjahr 2008 stellt Microsoft mit dem SP3 ein weiteres Service Pack für Windows XP kostenlos bereit. Es handelt sich hierbei aber auch um das letzte größere Update für dieses Betriebssystem. Mittlerweile ist der Nachfolger Vista erhältlich, sodass Microsoft die Unterstützung für Windows XP nun auf sicherheitsrelevante Funktionen beschränkt und in absehbarer Zeit ganz einstellen wird. Das SP3 umfasst sämtliche Updates und Patches, die seit dem ursprünglichen Erscheinen von Windows XP veröffentlicht wurden.

Es ist kumulativ, d. h., es beinhaltet auch die vorherigen Service Packs SP1 und SP2. Bei einem neu aufgesetzten System müssen Sie also „nur" das SP3 installieren, um auf dem neuesten Stand zu sein. Abgesehen von den gesammelten Updates enthält das SP3 auch einige funktionale Ergänzungen und Unterstützung für neue Hardware und Standards.

Das Service Pack 3 (SP3) bringt noch einmal frischen Wind in Windows XP.

Info: IE7 und Windows Media Player 11 sind nicht im SP3

Wichtig zu wissen: Obwohl es vom Internet Explorer und dem Windows Media Player im Vergleich zu Windows XP SP2 inzwischen neuere Versionen gibt (Internet Explorer 7 und Windows Media Player 11), gehören diese nicht zum Lieferumfang des SP3. Sie können diese Produkte aber separat bei Microsoft herunterladen und installieren bzw. über die eingebaute Update-Funktion beziehen. Das SP3 enthält allerdings die aktuellen Updates sowohl für den Internet Explorer 6 als auch den Internet Explorer 7. Es erkennt automatisch, welche Version vorhanden ist und installiert entsprechend die passenden Updates.

Die neuen Funktionen des Service Pack 3

Das SP3 ist im Wesentlichen eine Sammlung der bisherigen Updates und Patches für Windows XP, bringt aber auch einige funktionale Neuerungen mit sich, die wir Ihnen hier kurz vorstellen möchten.

■ **Microsoft Management Console 3.0**

Die neue Version der MMC vereinfacht alltägliche Verwaltungsaufgaben für Systemadministratoren. Für einfache PC-Benutzer bietet sie meist weniger Nutzen.

■ **MSXML6**

Die aktuelle XML-Implementierung von Microsoft bietet mehr Sicherheit, Zuverlässigkeit und Übereinstimmung mit den maßgeblichen XML-Standards des W3C.

■ **Microsoft Windows Installer 3.1**

Auch die zentrale Ausführungsumgebung für Installationen von Anwendungen, Programmen und Hardwaretreibern liegt dem SP3 in aktualisierter Form bei.

■ **Background Intelligent Transfer Service (BITS) 2.5**

BITS wird z. B. von Windows Live OneCare zum sicheren und flexiblen Übertragen von Dateien im Hintergrund verwendet.

■ **IPsec Simple Policy Update**

Ipsec ermöglicht sichere Verbindungen über das Internet, die Schutz vorm Abhören der Daten und Angriffen oder Manipulationsversuchen durch Hacker bieten. Das Update erleichtert das Einrichten von IPsec-Filtern und reduziert die Anzahl der benötigten Filter. Auch dies ein Feature, von dem vornehmlich Systemadministratoren in entsprechender Umgebung profitieren.

■ **Digital Identity Management Service (DIMS)**

DIMS ermöglicht es Benutzern, von allen PCs innerhalb einer Domäne auf alle ihre privaten Schlüssel und Zertifikate für Anwendungen und Dienste zuzugreifen.

■ **Peer Name Resolution Protocol (PNRP) 2.1**

PNRP ist ein neues Netzwerkprotokoll, das Microsoft mit dem Betriebssystem Windows Vista eingeführt hat. Mit dem SP3 wird dieses auch für Windows XP nachgerüstet, sodass XP-Rechner uneingeschränkt mit Vista-PCs kommunizieren können.

■ **Wi-Fi Protected Access 2 (WPA2)**

Mit SP3 unterstützt Windows XP nun auch den aktuellsten WLAN-Sicherheitsstandard WPA2 entsprechend der Spezifikation IEEE 802.11i.

■ **„Black Hole" Router-Erkennung**

Das SP3 verbessert in Windows XP das automatische Erkennen von sogenannten Black Hole-Routern, die stillschweigend Datenpakete unter den Tisch fallen lassen und so die Verbindungen stören.

■ **Network Access Protection (NAP)**

NAP ist ein weiteres Netzwerkprotokoll, das Microsoft mit Windows Vista und Windows Server 2008 eingeführt hat. Es stellt sicher, dass Client-PCs bestimmte Mindestanforderungen erfüllen, etwas, was installierte Updates oder Sicherheitseinstellungen angeht. Nur dann wird Ihnen der Zugang zu Ressourcen auf dem Server erlaubt. Mit dem SP3 rüstet Microsoft diese Technologie auch für Windows XP nach, sodass XP-Rechner uneingeschränkt in Netzwerken mit neueren Servern eingesetzt werden können.

■ **Descriptive Security Options User Interface**

Mit SP3 ergänzt Microsoft die Sicherheitsrichtlinien von Windows XP um ausführliche Beschreibungen. Diese sollen die verschiedenen Einstellmöglichkeiten genauer erläutern und fehlerhafte bzw. unsichere Konfigurationen durch die Benutzer verhindern.

■ **Microsoft Kernel Mode Cryptographic Modul**

SP3 ergänzt das Betriebssystem Windows XP um Verschlüsselungsfunktionen auf Kernelebene. Diese umfassen verschiedene kryptografische Algorithmen, die von Treibern und Diensten aus in Anspruch genommen werden können.

■ **Windows Product Activation**

Wie auch bei anderen neueren Windows-Produkten (z. B. Vista) muss nun auch bei der Installation von Windows XP kein Produktschlüssel mehr angegeben werden. Es reicht, wenn der Schlüssel später im Rahmen der Genuine-Advantage-Prüfung nachgereicht wird. Dies gilt allerdings nur, wenn das SP3 schon direkt in die Windows-Installation integriert ist.

Bessere Performance mit dem SP3?

Das SP3 gilt unter eingefleischten XP-Fans als Jungbrunnen für Windows XP. So soll die Performance der alten Dame XP nach der Installation des SP3 spürbar zunehmen. Gerade im Vergleich zum ressourcenfressenden Vista soll Windows XP so zu einem echten Renner werden. Bestimmte Benchmark-Tests scheinen dies auch zu belegen. Das Merkwürdige daran: Microsoft hat von Optimierungen an der Performance durch das SP3 nichts verlauten lassen. Nun ist es nicht verwunderlich, dass ein über Jahre gereiftes Betriebssystem sein Maximum an Performance und Zuverlässigkeit erreicht. Zweifellos hat Microsoft im Laufe der Jahre zahlreiche Korrekturen vorgenommen, die nicht nur die Sicherheit erhöhen, sondern sich auch positiv auf Geschwindigkeit und Stabilität ausgewirkt haben. Falls Sie immer regelmäßig Hotfixes und Updates von Microsoft installiert haben, wird wohl kaum ein großartiger Geschwindigkeitssprung erkennbar sein. Anders sieht es aus, wenn Sie zu den Anwendern zählen, die die Updatefunktion nur sporadisch einsetzen oder das SP2 erst gar nicht installiert haben. In diesem Fall dürften Sie einen deutlichen Zuwachs der Geschwindigkeit bemerken. Zudem darf man nicht vergessen, dass Windows XP im Jahr 2001 auf den Markt kam und für die PC-Hardware der damaligen Zeit entwickelt war. Das ein solches System auf einem heute topaktuellen System in rasanter Geschwindigkeit läuft, ist somit keine Hexerei. Für alle Anwender, die noch mit einem Single-Core-Prozessor arbeiten, ist Windows XP nach wie vor allererste Wahl.

Für Windows XP wurden zum Erscheinungstermin offiziell 128 MByte RAM empfohlen (was für das Arbeiten mit komplexen Anwendungen aber schon ein wenig knapp war). Heute dürfte es nur noch wenige PCs mit weniger als 1 GByte RAM geben, 2 GByte RAM sind schon beinahe Standard. Natürlich profitiert Windows XP auf aktuellen PCs von diesem sehr üppigen Angebot und läuft zur Höchstform auf. Wie einige einschlägige Test bescheinigten, kann Windows XP geschwindigkeitsmäßig mit mehr als 2 GByte RAM nicht mehr viel anfangen. Einerseits ist eine objektiv messbare höhere Arbeitsgeschwindigkeit erst ab etwa 10 % auch tatsächlich wahrnehmbar. Andererseits ist das eigentlich entscheidende ohnehin die „gefühlte" Geschwindigkeit: Wenn sich Ihr PC mit dem SP3 schneller anfühlt, umso besser!

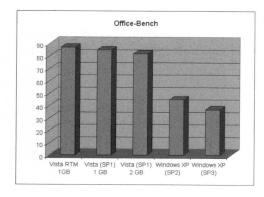

XP SP3 schlägt sie alle –
Quelle: Devil Mountain Software Inc.
http://www.xpnet.com

1.2 Der erste Schritt: Die Benutzeranmeldung

Nach dem Einschalten lädt Ihr PC das Betriebssystem. Windows XP begrüßt Sie nach dem Boot-Bildschirm mit dem Willkommensbildschirm. Sie können sich anmelden:

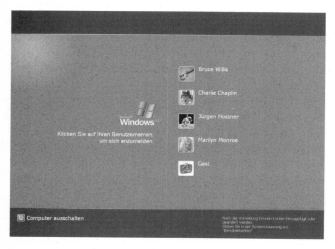

Windows XP lädt Sie
zum Login ein.

Dieser Startbildschirm ist sowohl für Windows ME- als auch Windows 2000-Nutzer neu: Nach der Installation werden Sie aufgefordert, weitere Benutzer anzulegen. Diese Benutzer erscheinen dann schon ab dem ersten regulären Start. Wenn Sie – oder der PC-Händler – zu diesem Zeitpunkt nicht die endgültigen Benutzer eingetragen haben, ist das kein Problem: Benutzerkonten können jederzeit vom so genannten Administrator (der Benutzer mit allen Verwaltungsrechten) hinzugefügt bzw. geändert werden.

Klicken Sie nach der Anmeldung in der Systemsteuerung auf *Benutzerkonten*. Das zur Information vorneweg – Kapitel 1.5 ab Seite 53 beschäftigt sich umfassend mit diesem Thema. Ein weiteres Highlight ist die Tatsache, dass mehrere Benutzer parallel arbeiten können, ohne die aktiven Anwendungen schließen zu müssen. Selbst Prozesse wie Drucken, Kopieren, CDs brennen etc. werden nicht unter- bzw. abgebrochen. Die folgende Abbildung zeigt den neuen Willkommensstartbildschirm mit mehreren Benutzern.

Der Willkommensbildschirm lässt sich auf Benutzung mit Passwortvergabe oder auf die „klassische" Anmeldung wie bei Windows 9x/ME anpassen. Stört Sie der Willkommensbildschirm, dann schalten Sie ihn einfach ab. Erscheint er erst gar nicht, können Sie ihn wie in Kapitel 1.6 ab Seite 59 beschrieben aktivieren. Wenn die Anmeldung deaktiviert ist, bekommen Sie nach dem Laden des Betriebssystems (Booten) gleich den Desktop zu sehen.

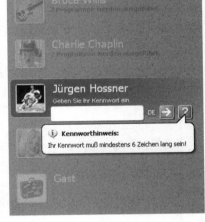

Mit oder ohne Passwort –
arbeiten Sie jetzt mit Windows parallel,
ohne Prozesse zu unterbrechen.

Mit Anmeldung und Benutzerkonten arbeiten

Die von Ihnen angelegten Benutzerkonten werden standardmäßig ohne Kennwort angelegt. Was natürlich zur Folge hat, dass jeder, der den PC einschaltet, auch jedes Konto, das zur Auswahl auf dem Willkommensbildschirm aufgelistet ist, öffnen kann. Ja gut, werden Sie jetzt sagen. Unter Windows 9x und ME hat man bei der Anmeldung auf *Abbrechen* geklickt und war ebenfalls ohne Hindernisse im System. Richtig. Wenn Sie auf diese Art von Sicherheit keinen Wert legen, können Sie im klassischen Sinn weiterhin so verfahren. Für Sie ändert sich nur die neue angenehme Art der Anmeldung. Wenn Ihnen aber auch der Willkommensbildschirm nicht zusagt, lässt Ihnen Windows XP die Wahl, auf die klassische Art und Weise zu starten. Wie und wo Sie das einstellen können, wird ab Seite 59 beschrieben.

Mehr Privatsphäre und Sicherheit für Daten durch Benutzerkennwörter

Möchten Sie jedoch Ordnung halten und „Privatsphäre" auf Ihrem PC verbunden mit mehr Sicherheit für Ihre Daten in Anspruch nehmen, müssen Sie für sich und eventuell für andere Benutzer ein Kennwort vergeben.

Die Benutzerkontenverwaltung in der Systemsteuerung

Leider ist das Arbeiten mit Benutzerkonten immer mit ein wenig Aufwand verbunden: Neue Benutzer müssen Sie zu Hause wahrscheinlich nicht so häufig anlegen oder ändern, aber ein Passwort vergisst man dann doch schon mal. Oder irgendwelche Dateien, Bilder etc. sind wieder nicht zugänglich, weil sie in privaten Bereichen gespeichert wurden. Gegen diese „Problemchen" ist man nicht gefeit – dafür ist in Windows XP wenigstens die Benutzerverwaltung so einfach und selbsterklärend gehalten wie nur möglich. Wenn Sie Einstellungen an Benutzerkonten vornehmen oder neue Benutzer anlegen wollen, gehen Sie folgendermaßen vor:

1 Klicken Sie im Startmenü auf *Systemsteuerung*. Es öffnet sich das Dialogfeld *Systemsteuerung*.

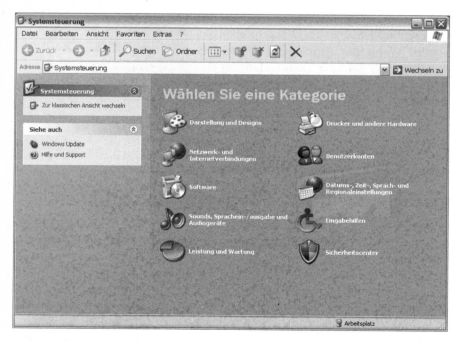

2 Klicken Sie auf *Benutzerkonten*. Es öffnet sich das gleichnamige Dialogfeld. Darin können Sie *Konto ändern*, *Neues Konto erstellen* oder *Art der Benutzeranmeldung ändern* wählen. Oder Sie klicken auf das zu ändernde Konto, um die entsprechenden Einstellungen durchzuführen.

Benutzer verwalten darf nur der Administrator

Veränderungen können Sie nur mit der Berechtigung *Administrator* durchführen. Weiter unten in diesem Kapitel wird auf die Benutzerkonten und -rechte eingegangen.

Benutzer verwalten

Neues Konto erstellen: Möchten Sie einen neuen Benutzer einrichten, klicken Sie auf *Neues Konto erstellen* und befolgen die Anweisungen des Assistenten. Sie müssen einen *Namen* vergeben, anschließend den *Kontotyp* (*Computeradministrator* oder *Eingeschränkt*) auswählen, und schon haben Sie ein neues Konto erstellt. Möchten Sie ein bestehendes oder gerade neu erstelltes Konto ändern, klicken Sie auf das zu ändernde Konto oder auf das Aufgabensymbol *Konto ändern*.

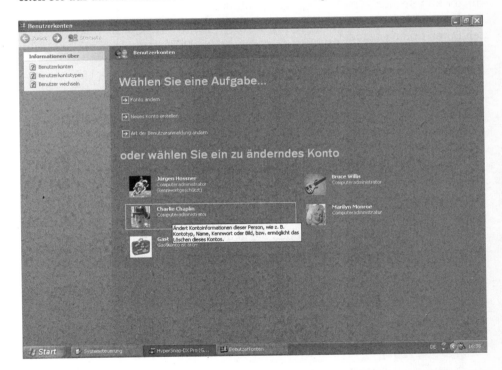

- *Namen ändern:* Möchten Sie den Namen des Kontos ändern, weil Sie sich vielleicht beim Anlegen des Kontos vertippt haben, klicken Sie auf *Namen ändern*. Geben Sie einen neuen Namen ein und klicken Sie erneut auf die Schaltfläche *Namen ändern*.

- *Bild ändern:* Möchten Sie Ihrem Konto eine persönliche Note geben, dann suchen Sie sich ein Bild aus. Windows liefert einige nette Bildchen mit. Gefällt Ihnen jedoch keines davon, scannen Sie doch einfach Ihr Passbild ein oder benutzen einen Snapshot, das Sie mit Ihrer Digitalkamera angefertigt haben.

■ *Kontotyp ändern:* Wollen Sie die Rechte eines Kontos ändern, klicken Sie auf *Kontotyp ändern.* Markieren Sie jetzt das gewünschte Optionsfeld und klicken Sie anschließend erneut auf *Kontotyp ändern,* um die Einstellung zu speichern. Der Kontotyp wird sofort übernommen.

■ *Konto löschen:* Benötigen Sie ein Konto nicht mehr – dann weg damit. Klicken Sie einfach auf *Konto löschen.* Ist das Konto im Augenblick angemeldet, müssen Sie zunächst zu diesem Konto wechseln und den Benutzer abmelden, bevor Sie das Konto löschen können.

Bei der Installation von Windows XP haben Sie sicher schon die ersten Benutzer angelegt. Wenn nicht Sie selbst, dann vielleicht beim Kauf eines Komplettsystems Ihr Fachhändler. Wenn Sie noch ohne Passwort arbeiten, nutzen Ihnen die ganzen Benutzerkonten nicht viel für die Sicherheit Ihrer Daten: Ein anderer Benutzer könnte sich versehentlich unter Ihrem Namen einloggen und „seine" Verzeichnisse wieder mal aufräumen – und schon sind dann vielleicht Ihre wichtigsten Daten flöten gegangen ...

Kennwort vergeben für einen bestehenden Benutzer

Um für ein bestehendes Konto ein Kennwort zu vergeben, gehen Sie wie folgt vor:

1 Klicken Sie im Dialogfeld *Benutzerkonten* in der Systemsteuerung das zu ändernde Konto an. Es öffnet sich das Dialogfeld *Benutzerkonten – Was möchten Sie am Konto von <Benutzer> ändern?.*

2 Klicken Sie auf den Menüpunkt *Kennwort erstellen* (wenn Sie zum ersten Mal für den Benutzer ein Kennwort erstellen) bzw. auf *Kennwort ändern* (wenn bereits ein Kennwort besteht und Sie das Kennwort ändern wollen). Es erscheint das Dialogfeld *Kennwort für das Konto von <Benutzer> erstellen.* Einzelheiten zu diesem Schritt sehen Sie in der folgenden Abbildung.

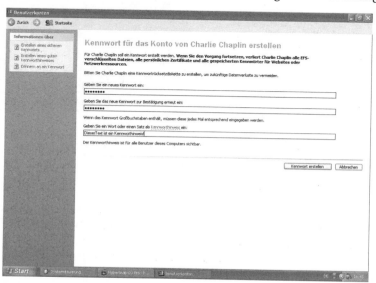

Geben Sie ein neues Kennwort ein: Tragen Sie hier das gewünschte Kennwort ein. Denken Sie daran, dass Groß- und Kleinschreibung für das Kennwort von Bedeutung sind. Dieses Feld ist ein Muss-Feld.

Geben Sie das neue Kennwort zur Bestätigung erneut ein: Bei der Eingabe des Kennworts werden Ihre Zeichen in Punkte (•) umgewandelt, zur Sicherheit gegen neugierige Augen. Damit sichergestellt ist, dass Ihnen bei der Angabe des Passworts kein Tippfehler unterlaufen ist, müssen Sie Ihr oben eingegebenes Kennwort noch mal eingeben. Dieses Feld ist ein Muss-Feld.

Geben Sie ein Wort oder einen Satz als Kennworthinweis ein: Der Kennworthinweis dient als Gedankenstütze für ein Kennwort. Dieses Feld ist kein Muss-Feld.

3 Klicken Sie auf *Kennwort erstellen* bzw. auf *Kennwort ändern* und schließen Sie die entsprechenden Dialogfelder. Das Kennwort ist ab der nächsten Anmeldung des Benutzers aktiv. Die folgende Abbildung zeigt einen Benutzer mit Kennworteingabe und Kennworthinweis.

Das Benutzerbild ändern

Jedes Benutzerkonto bekommt von Windows XP im Startmenü ein kleines Bildchen, das Sie aber ohne große Probleme ändern können. Hierfür stellt Windows XP eine reihe vorgefertigter Bilder zur Verfügung. Gefällt Ihnen keines, dann können Sie Ihr Passbild, ein eingescanntes Bild oder eine eigene Zeichnung erscheinen lassen.

1 Klicken Sie auf *Start*, um das Startmenü zu öffnen. Oben sehen Sie nun das aktuelle Bild, das Windows XP Ihrem Konto zugewiesen hat.

2 Klicken Sie auf das Bild, um das Fenster *Benutzerkonten* zu öffnen. Wählen Sie ein Bild aus und klicken Sie anschließend auf *Bild ändern*.

3 Möchten Sie ein anderes Bild auswählen, dass Sie woanders gespeichert haben, klicken Sie auf den Link *Weitere Bilder suchen* und suchen dann das gewünschte Bild aus.

4 Haben Sie eine geeignete Digitalkamera angeschlossen, dann sehen Sie außerdem den Link *Bild von Kamera oder Scanner übertragen* und können das Bild sogar neu erstellen.

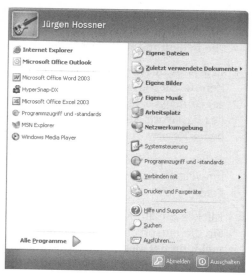

Anmeldeoptionen – klassisch oder schnell

Wenn Sie lieber wie gewohnt im Stile von 9x/ME oder 2000 Ihre Anmeldung durchführen wollen, gehen Sie wie folgt vor: Die Abbildung zeigt die Anmeldung auf die klassische Art und Weise.

Die Anmeldung – klassisch.

1 Klicken Sie im Startmenü auf *Systemsteuerung*. Es öffnet sich das Dialogfeld *Systemsteuerung*.

2 Klicken Sie auf *Benutzerkonten*. Wählen Sie von den drei Aufgaben *Konto ändern*, *Neues Konto erstellen* und *Art der Benutzeranmeldung ändern* die Letztere. Es öffnet sich das Dialogfeld *Benutzerkonten/An- und Abmeldeoptionen auswählen*. Die folgende Abbildung zeigt die beiden entscheidenden Kontrollkästchen.

Willkommenseite verwenden: Wenn Sie nun die neue Willkommenseite von XP mit der klassischen An- und Abmeldung tauschen möchten, deaktivieren Sie einfach das Kontrollkästchen.

Schnelle Benutzerumschaltung verwenden: Die schnelle Benutzerumschaltung funktioniert nur mit der Willkommenseite von XP. Deaktivieren Sie die Willkommenseite, steht dieses Kontrollkästchen nicht mehr zur Verfügung. Arbeiten Sie jedoch mit der Willkommenseite von XP, haben Sie noch zusätzlich die Möglichkeit, durch die schnelle Benutzerumschaltung zügig zu einem anderen Benutzerkonto zu wechseln, ohne dass Programme geschlossen werden müssen.

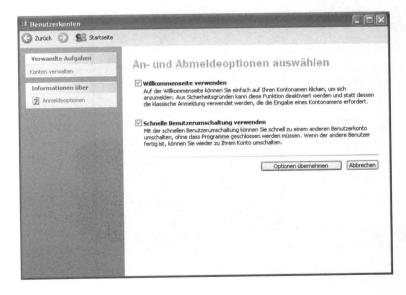

3 Nachdem Sie die An- und Abmeldeoptionen ausgewählt haben, klicken Sie wiederum auf die Schaltfläche *Optionen übernehmen*, um die Einstellungen zu übernehmen und das Dialogfeld zu verlassen.

1.3 Windows steht Ihren Aufgaben offen gegenüber

Microsoft hat mit dieser Version einen „Großputz" gemacht. Erschrecken Sie nicht, wenn Sie zum ersten Mal Ihren Computer starten. Die Arbeitsumgebung von Windows XP ist dem Desktop-Prinzip seiner Vorgänger treu geblieben – ein virtueller Arbeitsplatz. Das Einzige, was von älteren Versionen übrig geblieben ist, ist der Papierkorb und die Taskleiste mit ihrer bekannten *Start*-Schaltfläche. Der Rest ist von der Oberfläche verschwunden. Im folgenden Überblick werden Sie neben bekannten und bewährten Elementen auch neue Features entdecken, die Ihnen die XP-Bedienung erleichtern.

Der erste Start von Windows XP – wo sind die Symbole geblieben?

Windows stellt Ihnen also jetzt völlig frei, wie Sie Ihren Desktop bestücken. Im Folgenden finden Sie alles, was Sie hierfür benötigen. „Windows lässt sich nach Ihren Wünschen umgestalten" – das Kapitel 1.4 ab Seite 46 wird Ihnen dabei helfen.

Die neue Oberfläche von Windows XP – leer oder aufgeräumt?

Die Oberfläche auf einen Blick – der Desktop

Zu einem flexiblen Arbeitsplatz gehört eine anpassbare Oberfläche, auf der Elemente abgelegt – d. h. auf dem virtuellen Desktop gespeichert – oder auch nur verknüpft werden können. Eine solche Verknüpfung ist beispielsweise der Papierkorb [1].

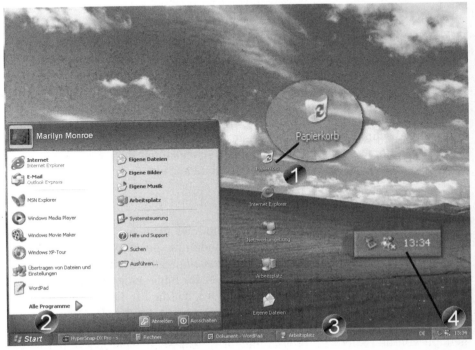

Der Desktop mit Bekanntem und Neuem: Neben neuen Symbolen ist auch die Funktionalität verbessert worden.

Durch einen Klick auf *Start* öffnet sich das Startmenü [2]. Alternativ öffnen Sie das Startmenü über die ⟨Win⟩-Taste oder ⟨Strg⟩+⟨Esc⟩. Über das Startmenü können Sie die Programme starten – häufig benötigte im direkten Zugriff, weitere Programme können über einen entsprechenden Menüeintrag gestartet werden. Zu eigenen Arbeitsbereichen führen Verknüpfungen, die Ihnen nahe legen, allgemeine Dateien, Bilder und Musik ordentlich getrennt zu speichern. Den Zugriff auf alle Speicherorte ermöglicht das Symbol *Arbeitsplatz*. Gestartete Programme werden in der Taskleiste ([3]) angezeigt – der Wechsel zu anderen Programmen erfolgt durch einen Mausklick auf die entsprechende dort angezeigte Schaltfläche. Wichtige Informationen über den Systemzustand (z. B. Uhrzeit) werden in einem Teilbereich der Taskleiste über das Infofeld ([4]) angezeigt wie der Status von Geräten (hier: Aktivität der Netzwerkverbindungen) oder diversen Programmen, die im Hintergrund gestartet sind, aber nicht im normalen Bereich der Taskleiste angezeigt werden (hier: Messenger).

Ins Auge springen sofort die Erweiterungen des Desktops hinsichtlich der Ausgestaltung des Startmenüs. Hier hat XP im Vergleich zu den Vorgängerversionen neue Elemente und Ordnungsmöglichkeiten erhalten. Wollen Sie Einstellungen eines bestehenden PCs auf Ihr neues Windows XP übertragen (z. B. aus dem Büro), dann tun Sie dies am besten mit dem Programm *Übertragen von Dateien und Einstellungen*: Sie können Ihre Einstellungen und Dokumente von Windows 9x/ME/2000 komfortabel auf Ihren neuen PC übernehmen.

Windows liest Gedanken – Aufgaben allerorts und ein intelligenter Windows-Explorer

Arbeitserleichterung – oder doch nur ein schöneres Outfit? Laut Marktforschung wissen 80 Prozent der Privatanwender nicht, was alles an Programmen auf ihrem Rechner „versteckt" ist. XP soll helfen, alle Möglichkeiten des PCs zu entdecken. In diesem Abschnitt begegnen Sie einem neuen „Helfer": der Aufgabenleiste im Windows-Explorer. Machen Sie sich am besten gleich mit ihr vertraut. Sie nimmt im System und in diesem Buch einen zentralen Platz ein.

Die Eigenen Dateien im Visier

Zur Verwaltung mehrerer Benutzer stellt Windows für jeden jeweils auch einen Ordner *Eigene Dateien* zur Verfügung. Zu finden ist dieser Ordner mit weiteren Anwenderdaten unter *C:\Dokumente* und *Einstellungen\[Username]*. In Ihren *Eigenen Dateien* findet sich auch ein Ordner, der für Bilder eingerichtet ist – *Eigene Bilder* – sowie einer für *Eigene Musik*. Windows hat die für die Arbeit mit diesen Dateien üblicherweise benötigten Programme mit an Bord – das Neue: In der Aufgabenleiste bietet der Explorer Ihnen diese aktiv an. Windows „errät" quasi (geimpft von den Microsoft-Programmierern), was Sie beispielsweise mit einem Bild oder einem Musikstück tun wollen. Probieren Sie es doch gleich mal aus:

1 Klicken Sie im Startmenü zum Beispiel auf den fest eingerichteten Ordner *Eigene Bilder*. Es öffnet sich das Dialogfeld *Eigene Bilder* in der neuen Explorer-Ansicht. Klicken Sie doppelt auf den Ordner *Beispielbilder*. Neue visuelle Hilfen unterstützen das Arbeiten Schritt für Schritt:

Erscheint bei Ihnen nicht die neue Aufgabenleiste [1] im Explorer, sondern die Ordnerleiste [2], dann klicken Sie in der Symbolleiste auf *Ordner* – die Ansicht wechselt nun auf die Aufgabenleiste. Klicken Sie erneut auf *Ordner*, um wieder zur Ordnerleiste zu wechseln.

2 Markieren Sie ein oder mehrere Dateien [3], indem Sie sie mit der Maus anklicken. Der Explorer bietet nun kontextbezogene *Aufgaben* an. Sie können entscheiden, ob Sie die im Ordner befindlichen Bilder *Als Diashow anzeigen*, *Abzüge online bestellen* oder die *Bilder drucken* wollen. Natürlich lassen sich die Bilder auch gleich auf CD brennen. Wer XP hat, braucht für einfache Brennvorgänge keine extra Software mehr. Das Brennen von Dateien funktioniert wie das Kopieren: einfach per Drag & Drop. Das Kapitel 4 beschäftigt sich ausführlicher mit dem Thema CDs brennen.

Ganz ähnlich funktioniert beispielsweise die Musikbearbeitung. Für eine Musikdatei oder den Ordner für Ihre Musikdateien bietet der Explorer sein Aufgabenmenü an.

Sie können entscheiden, ob Sie die neuen Musikdateien aus dem Internet herunterladen, vorhandene Dateien abspielen, auf CD brennen, löschen oder als komprimierten E-Mail-Anhang an einen Freund schicken möchten. Dieses Thema wird in Kapitel 3 noch eingehender behandelt.

Das Startmenü – der Ausgangspunkt für Ihre Arbeit mit Programmen und Dateien

Dreh- und Angelpunkt für die Bedienung des PCs ist seit Windows 95 das so genannte Startmenü. Hiermit starten Sie Programme, um z. B. Texte zu verarbeiten, ein Bild auszudrucken, an Ihre gespeicherten Daten oder Windows-Einstellungen für Ihr System zu gelangen. Das neue Startmenü von Windows XP wurde gegenüber dem klassischen Startmenü um einige nützliche „Features" erweitert. Manch einer wird nun denken, dass man alles bisher Gesehene und Gelernte nicht mehr verwenden kann – aber weit gefehlt. Die Programmierer haben sich alle Mühe gegeben, das Starten und Navigieren in XP so effizient und einfach zu gestalten, wie es sich ein Anwender nur wünscht. Auch optisch hat man offensichtlich die Erfahrungswerte der letzten Versionen gut umgesetzt. XP präsentiert sich mit einer aufgemotzten und knallbunten Oberfläche. Es ist wirklich ein Erlebnis (XP steht ja für E**xp**erience = Erfahrung), und es macht wieder richtig Spaß, mit Windows zu arbeiten.

Das Startmenü, wie man unschwer erkennen kann, teilt sich nun in vier Bereiche ein:

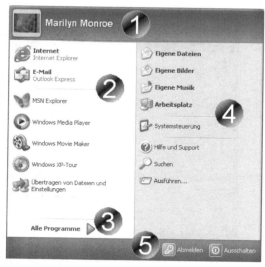

Kopfbereich [1]: Damit man nicht den Überblick verliert, ist im Kopf des Startmenüs der Name des aktiven Anwenders zu sehen. Dieser Bereich ist neu und dient zur Orientierung, weil Windows XP nun mit mehreren Anwendern parallel arbeiten kann.

Mittlerer Bereich linke Spalte [2]: In der linken Spalte erhalten Sie neben dem einfachen Zugriff auf das Internet und E-Mail auch einen schnellen Zugang zu den am häufigsten verwendeten Programmen. Die obige Abbildung zeigt für das Internet den Internet Explorer und für E-Mail Outlook Express. Als häufigste verwendete Programme sind der MSN Explorer, Windows Media Player, Windows Movie Maker, Windows XP-Tour und das Programm Übertragen von Dateien und Einstellungen zu sehen. Im unteren Teil dieser Spalte finden Sie den Menüpunkt *Alle Programme* [3]. Wie der Name schon sagt – hier finden Sie die restlichen installierten Programme.

Mittlerer Bereich rechte Spalte [4]: In der rechten Hälfte finden Elemente wie *Arbeitsplatz*, *Eigene Bilder*, *Eigene Dateien*, *Eigene Musik* etc. ihren Platz. Diese Hälfte ist – bis auf die optische Verbesserung der Symbole – der klassischen Leiste am ähnlichsten.

Fußbereich [5]: Auch dieser Bereich ist neu und ersetzt den klassischen *Start/ Beenden*-Befehl. Hier finden Sie die Befehle *Abmelden* und *Ausschalten*.

In diesem Kapitel wird im Abschnitt „Das Verhalten des Startmenüs anpassen" auf Seite 49 beschrieben, wie Sie das Startmenü ganz nach Ihren Vorstellungen erweitern bzw. abspecken können.

Wie Sie neue Programme oder Tools gekonnt in Szene setzen

Windows XP ist um viele zusätzliche Funktionen und Programme angereichert worden, die nicht unbedingt zum Funktionsumfang eines Betriebsystems zu rechnen sind. Wenngleich das „Mega-Bundle" Windows vieles bietet – die Software für Ihre individuellsten Bedürfnisse oder Spezialprogramme sind beim kleinen Alleskönner natürlich noch nicht mit dabei. Office-Anwendungen wie Word, größere Bildbearbeitungsprogramme, Spiele und viele andere Programme werden Sie im Laufe des User-Daseins „nachrüsten". Die Programme werden installiert und dabei über das Betriebssystem bekannt und verfügbar gemacht – „registriert", wie es so schön heißt. Wenn Sie neue Programme unter Windows XP installieren, dann gehen Sie wie folgt vor:

1 Legen Sie die Installations-CD oder -Diskette in das entsprechende Laufwerk. In der Regel starten die neueren Programme mit einem Installations-Assistenten direkt nach dem Einlegen Ihrer CD. Bei der Diskette funktioniert das leider nicht.

2 Startet automatisch ein Installations-Assistent, dann folgen Sie den Anweisungen auf dem Bildschirm. Startet der Installations-Assistent nicht, dann klicken Sie im Startmenü auf *Systemsteuerung* und anschließend auf *Software*. Es erscheint ein Fenster mit allen zurzeit installierten Programmen.

3 Klicken Sie auf *Neue Programme hinzufügen* und anschließend auf *CD oder Diskette*. Es startet der Installations-Assistent *Programm von Diskette oder CD installieren*. Klicken Sie auf *Weiter*, um den Willkommensbildschirm zu übergehen.

4 Windows sucht nach einem Installationsprogramm. Findet es keine *setup.exe* oder *install.exe*, klicken Sie auf *Durchsuchen*, um die passende Datei auszuwählen, oder geben Sie den Pfad für die Datei im angezeigten Feld *Datei* ein.

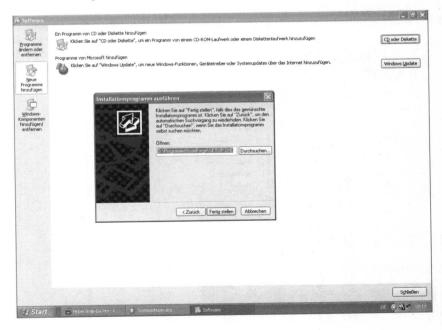

5 Klicken Sie auf *Fertig stellen*, um die Installation des Programms zu starten. Folgen Sie den Anweisungen auf Ihrem Bildschirm.

1.4 Windows lässt sich nach Ihren Wünschen umgestalten

Sind Sie auch immer so gespannt, wenn Sie ein neues Betriebssystem installieren. Wie sieht es wohl aus? Hat es sich in der Bedienung maßgeblich verändert? Finde ich meine Programme und – was noch viel wichtiger ist – finde ich meine Dateien wieder? Wie kann ich durch das neue Betriebssystem meine täglichen Arbeiten erleichtern? Was mache ich, wenn ich nicht mehr weiterweiß? Jeder von uns kennt diese Zweifel. Aber ich kann Sie beruhigen: Windows XP wird alle Ihre Fragen zu Ihrer Zufriedenheit beantworten. Wagen Sie sich an das neue System heran, erobern Sie sich seine Funktionalität und richten Sie Ihren PC so ein, wie Sie es haben wollen.

Ihr Power-Startmenü – die zentrale Verbindung zu System, Programmen und Dateien

Arbeiten Sie mit sehr vielen Programmen, auf die Sie schnellen Zugriff benötigen? Sie wollen für diese Programme einen festen Platz im Startmenü und nicht die ständige „Wanderei" der einzelnen Programme im Bereich der am häufigsten verwendeten Dateien? Sie wollen direkt über das Menüelement und nicht über zahlreiche Fenster zum Ziel kommen? Dann gehen Sie wie folgt vor:

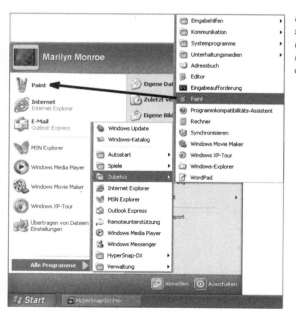

Das Programm Paint steht ab sofort im Startmenü zur Verfügung – kein lästiges Klicken und Suchen mehr – und der Desktop bleibt aufgeräumt!

Programme fest verankern

1 Klicken Sie im Startmenü auf das Programmsymbol, das Sie fest im Startmenü verankern wollen, und ziehen Sie es mit der linken Maustaste in den entsprechenden Bereich.

2 Legen Sie es ab, indem Sie die linke Maustaste loslassen (Drag & Drop). Das Programm erscheint jetzt im gewünschten Bereich des Startmenüs, ohne dass es den „Heimatstandort" verlassen muss.

Abspecken – ein Programm aus der Liste entfernen

1 Klicken Sie mit der rechten Maustaste auf das Programm, das Sie aus dem Startmenü entfernen wollen. Es erscheint das Kontextmenü.

2 Klicken Sie auf *Aus Liste entfernen*, um die Verknüpfung zu entfernen. An dieser Stelle soll darauf hingewiesen werden, dass nur die Verknüpfung gelöscht wird, nicht das Programm. Die folgende Abbildung zeigt einen derartigen Löschvorgang.

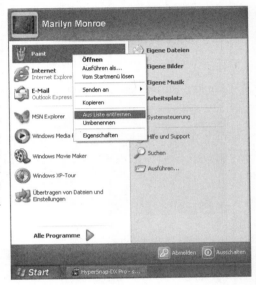

Kaskadenmenüs – Erweiterungen für Verknüpfungen und zuletzt verwendete Dokumente

Möchten Sie sich nicht jedes Mal durch eine Kette von Programmfenstern durchklicken, dann erweitern Sie Ihre Verknüpfungen im Startmenü. Dazu gehen Sie wie folgt vor:

1 Klicken Sie mit der rechten Maustaste auf das Startmenü und anschließend auf *Eigenschaften*. Es erscheint das Fenster *Eigenschaften von Taskleiste und Startmenü*. Öffnen Sie das Register *Startmenü*.

2 Klicken Sie auf die Schaltfläche *Anpassen*. Es erscheint das Dialogfeld *Startmenü anpassen*. Öffnen Sie die Registerkarte *Erweitert*.

3 Kennzeichnen Sie über das Symbol *Arbeitsplatz* das Optionsfeld *Als Menü anzeigen*. Wiederholen Sie diesen Vorgang für die Symbole *Eigene Bilder, Eigene Dateien, Eigene Musik, Netzwerkverbindungen, Systemsteuerung*.

Bei dem Element *Systemverwaltung* markieren Sie *Im Menü „Alle Programme" und im Startmenü anzeigen*. Für das zusätzliche Menü *Zuletzt verwendete Dokumente* aktivieren Sie das Kontrollkästchen.

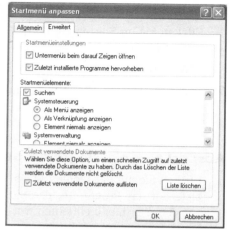

4 Klicken Sie auf *OK*, um die Einstellungen zu übernehmen.

Kaskadenmenü übergehen

Möchten Sie das automatische Öffnen des Kaskadenmenüs einmal umgehen, dann klicken Sie im Startmenü mit der rechten Maustaste auf das entsprechende Element, zum Beispiel auf *Eigene Dateien*, und anschließend auf *Öffnen*. Es öffnet sich das Explorer-Fenster.

Das Verhalten des Startmenüs anpassen

Selbstverständlich besteht auch in dieser Version die Möglichkeit, das Startmenü wunschgemäß anzupassen.

1 Klicken Sie mit der rechten Maustaste auf *Start* und wählen Sie im Kontextmenü den Eintrag *Eigenschaften* aus. Das Dialogfenster *Eigenschaften von Taskleiste und Startmenü* öffnet sich. Die folgende Abbildung zeigt das Dialogfeld mit der geöffneten Registerkarte *Startmenü*.

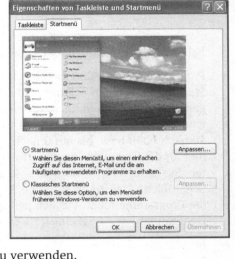

2 Auf dem Register *Startmenü* haben Sie nun die Möglichkeit, zwischen dem Windows XP-Startmenü (Standardeinstellung) und dem klassischen Startmenü einfach per Mausklick auszuwählen. Die Option *Klassisches Startmenü* wählen Sie, um den Menüstil früherer Windows-Versionen zu verwenden.

3 Je nach Wahl können Sie das entsprechende Menü anklicken und ganz nach Ihrem Geschmack einrichten. Klicken Sie auf die Schaltfläche *Anpassen*, und es öffnet sich das Dialogfeld *Startmenü anpassen*. Im Folgenden konzentrieren wir uns auf die „neue" Startmenü-Anpassung, da sich an den Anpassungsmöglichkeiten im klassischen Startmenü nichts geändert hat.

4 Sie werden sofort erkannt haben, dass sich das Dialogfeld wiederum in zwei Register, *Allgemein* und *Erweitert*, aufteilt. Konfigurieren Sie nach Lust und Laune und bestätigen Sie die Anpassungen mit *OK*.

Einträge schnell löschen – mit der rechten Maustaste

Wenn Sie Programme entfernen möchten, klicken Sie im Startmenü mit der rechten Maustaste auf die unerwünschte Applikation und bestätigen im Kontextmenü den Befehl *Aus Liste entfernen*. Gelöschte Programme finden Sie aber immer noch unter *Start/Alle Programme* im entsprechenden Programmordner.

Die Einstellungsmöglichkeiten im Detail

Im Register *Allgemein* finden sich die Einstellungsmöglichkeiten für die Größe der vor den Programmnamen abgebildeten Symbole, die Zahl der aufgeführten Programme und die Einblendung der „Bordmittel" Internet Explorer und Outlook Express:

- *Symbolgröße für Programme*: Sind Ihnen die Symbole zu groß oder zu klein, haben Sie hier die Möglichkeit, die gewünschte Größe auszuwählen.

- *Programme*: In diesem Bereich können Sie die *Anzahl der Programme im Startmenü* festlegen – damit sind die am häufigsten verwendeten Programme gemeint. Standardmäßig werden im Startmenü die sechs am häufigsten verwendeten Programme angezeigt. Sie haben die Möglichkeit, die Liste bis auf 30 nach oben bzw. bis auf 0 nach unten zu schrauben. Denken Sie dabei immer an die Übersicht Ihres Startmenüs, wenn Sie die Anzahl erhöhen. Möchten Sie „Klarschiff" machen – kein Problem. Klicken Sie einfach auf die Schaltfläche *Liste löschen*. Keine Angst – durch das Löschen der Liste werden die Programme nicht wirklich gelöscht, es wird lediglich das Menü bereinigt. Der Standardwert 6 ist eine gute Einstellung.

- *Im Startmenü anzeigen*: Mit diesen beiden Kontrollkästchen, *Internet* und *E-Mail*, können Sie das Menü dahingehend verändern, ob Sie diesen Schnellzugriff überhaupt wünschen. Wenn Sie sich dafür entscheiden (Standardeinstellung), haben Sie noch zusätzlich die Auswahlmöglichkeit, welches Programm von Ihnen favorisiert und damit angezeigt wird.

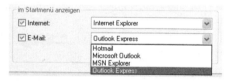

Hier können Sie auswählen, welches Internet- und E-Mail-Programm im Startmenü favorisiert angezeigt wird.

Schnellzugriff per Maus – weitere Programme favorisieren

Markieren Sie das entsprechende Programm auf dem Desktop oder im Startmenü und ziehen Sie es per Drag & Drop auf den gewünschten Platz im Menü.

Unter der Rubrik *Erweitert* verbergen sich dann weitere neue Anzeigemodi:

- *Startmenüeinstellungen*: Es stehen Ihnen zwei Kontrollkästchen zur Verfügung: *Untermenüs beim darauf Zeigen öffnen* (Standard: aktiviert) und *Zuletzt installierte Anwendungen hervorheben* (Standard: aktiviert). Bei dem Befehl *Zuletzt installierte Anwendungen hervorheben* sind diese Anwendungen farbig (gelb) hinterlegt.

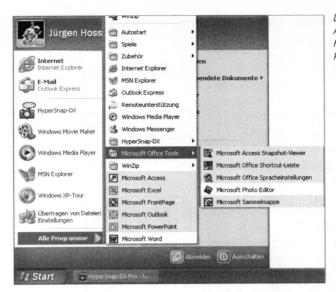

Die zuletzt installierten Anwendungen hervorgehoben – hier das Office-Paket mit den Office Tools.

■ *Startmenüelemente*: Im mittleren Teil dieses Registers können Sie entscheiden, ob bzw. in welcher Form die Elemente im Startmenü angezeigt werden sollen. Die eckigen Kontrollkästchen entscheiden, ob das entsprechende Element überhaupt angezeigt werden soll. Die runden Kontrollkästchen unterscheiden sich wiederum in *Als Menü anzeigen*, *Als Verknüpfung anzeigen* und *Element niemals anzeigen*.

Individuelle Anpassung der einzelnen Elemente im Startmenü.

– *Als Menü anzeigen*: Das Element erhält einen Pfeil für das Kaskadenmenü.

– *Als Verknüpfung anzeigen*: Das Element steht im Startmenü (Standard).

– *Element niemals anzeigen*: Das Element ist im Startmenü nicht zu sehen.

■ *Zuletzt verwendete Dokumente*: Der schnelle Zugriff auf zuletzt verwendete Dokumente. Klicken Sie auf *Liste löschen*, wenn Sie die Anzeige hin und wieder mal bereinigt haben möchten. Deaktivieren Sie das Kontrollkästchen, wenn diese Auswahl nicht im Startmenü erscheinen soll.

Anpassen der Taskleiste – Größe, angezeigte Elemente und Verhalten

Die gewohnte Benutzeroberfläche wurde, wie Sie bereits bemerkt haben dürften, verbessert, um sie noch benutzerfreundlicher zu machen. Auch die Taskleiste wurde zum Beispiel durch die Gruppierung verwandter Objekte verbessert. XP ermöglicht, dass inaktive Symbole in der Taskleiste ausgeblendet werden. Auch das Fixieren der Taskleiste ist nun möglich. Um die Taskleiste anzupassen, gehen Sie wie folgt vor:

1 Klicken Sie mit der rechten Maustaste auf das Startmenü und wählen Sie im Kontextmenü *Eigenschaften* aus. Das Dialogfenster *Eigenschaften von Taskleiste und Startmenü* öffnet sich. Die folgende Abbildung zeigt das Dialogfeld mit der geöffneten Registerkarte *Taskleiste*.

2 Unter *Taskleistendarstellung* haben Sie nun die Möglichkeit, die Kontrollkästchen *Taskleiste fixieren*, *Taskleiste automatisch ausblenden*, *Taskleiste immer im Vordergrund halten*, *Ähnliche Elemente gruppieren* und *Schnellstartleiste anzeigen* zu aktivieren bzw. deaktivieren – wobei *Taskleiste fixieren* und *Ähnliche Elemente gruppieren* nicht nur neu, sondern auch praktisch sind.

3 Im *Infobereich* können Sie entscheiden, ob Sie die Uhr sowie die inaktiven Symbole anzeigen wollen. Auch in diesem Bereich ist die Option *Inaktive Symbole ausblenden* neu. Klicken Sie auf die Schaltfläche *Anpassen*, und Windows zeigt alle Elemente, deren Verhalten Sie nun einstellen können. Einzelheiten können Sie der folgenden Abbildung entnehmen. Die Einstellungen nehmen Einfluss auf das Infofeld der Taskleiste.

Fixieren und gruppieren

■ *Taskleiste fixieren*: Haben Sie die Taskleiste schon mal gesucht? Ist sie nicht dort, wo sie eigentlich sein sollte? Oder noch schlimmer – sie ist gar nicht mehr auf Ihrem Desktop zu finden? Damit ist jetzt Schluss. Platzieren Sie Ihre Taskleiste da, wo es für Sie am günstigsten ist und fixieren Sie sie.

■ *Ähnliche Elemente gruppieren*: Ist dieses Kontrollkästchen markiert, werden aktive Programme mit der gleichen Herkunft in der Taskleiste gruppiert. Bei den Vorgängern erschienen die Programme in der Reihenfolge, wie sie geöffnet wurden. XP hingegen gruppiert sie. Damit ist ein schneller Zugriff auf offene Programme gewährleistet und das lästige Suchen in der Taskleiste fällt weg. Die Poweruser unter Ihnen werden sich über diese Möglichkeit sicherlich freuen.

Neue Funktion in der Taskleiste – Gruppierung der Programme.

Fixieren der Taskleiste – schnell und ohne Umwege

Ziehen Sie per Drag & Drop die Taskleiste an den rechten, linken oder oberen Rand oder belassen Sie sie, wo sie ist. Klicken Sie mit der rechten Maustaste in einen freien Bereich der Taskleiste und wählen Sie *Taskleiste fixieren* aus.

1.5 Zu bunt? Zu überladen? Nicht individuell genug? – Optik und Bedienung umkrempeln

Auf den ersten Blick hat sich nichts verändert. Sie haben, wenn Sie wollen, einen Desktop mit den bekannten Objekten und der bekannten Taskleiste, jedoch bunter und ansprechender.

Den Desktop gestalten – XP-Format oder doch lieber klassisch?

Das Schöne an der Oberfläche: Es gibt ein „Zurück"! Nach Lust und Laune können Sie umschalten zwischen buntem XP-Look und „Windows – klassisch". Möchten Sie den klassischen Desktop, dann führen Sie folgende Schritte aus:

1   Klicken Sie mit der rechten Maustaste auf eine freie Stelle des Desktops und wählen Sie *Eigenschaften*. Das Dialogfeld *Eigenschaften von Anzeige* erscheint.

2   Klicken Sie auf die Registerkarte *Designs* und wählen Sie aus dem Listenfeld *Design* die Variante *Windows-klassisch*.

3 Klicken Sie auf *OK*, um die Einstellung zu speichern.

Entsprechend wechseln Sie natürlich zu anderen Designs – probieren Sie es einfach mal aus und stöbern Sie in den vorhandenen Looks nach Designs für Ihren individuellen Geschmack. Finden Sie nicht das ultimative Design für Ihren Wunsch-Desktop – keine Bange: Im folgenden Abschnitt erfahren Sie, wie Sie neue Designs aus dem Internet bekommen und wie Sie diese installieren.

Windows „aufmotzen" mit neuen Designs und „Skins" aus dem Internet

Um das Betriebssystem nicht durch weitere Desktopdesigns aufzublähen, stellt Windows XP nur eine begrenzte Anzahl von Hintergrundbildern zur Verfügung – jedoch längst nicht genug für den anspruchsvollen Desktopdesigner unter Ihnen. Wollen Sie Ihre Auswahl der Hintergrundbilder vergrößern, können Sie im Internet von den verschiedensten Seiten die originellsten Designs herunterladen.

1 Öffnen Sie Ihren Internetbrowser und wählen Sie über die Adressleiste die Seite *http://www.chip.de/downloads*. Geben Sie in der *Express-Suche* „Hintergrundbilder" als Suchbegriff ein. Klicken Sie auf die Schaltfläche *Go*.

2 Es werden die unterschiedlichsten Hintergrundbilder zum Download angeboten. Klicken Sie beispielsweise auf *Windows XP-Wallpapers*, um tolle Hintergrundbilder für Ihren Windows-Desktop herunterzuladen und auf Ihrem Computer zu speichern.

3 Ist der Download erfolgreich beendet, müssen Sie jetzt nur noch die Datei extrahieren, um auf die neuen XP-Wallpapers zugreifen zu können. Klicken Sie mit der rechten Maustaste auf einen freien Bereich des Desktops und anschließend auf *Eigenschaften*.

4 Öffnen Sie die Registerkarte *Desktop* und klicken Sie anschließend auf die Schaltfläche *Durchsuchen*. Navigieren Sie zu dem Ordner, in dem Sie Ihre XP-Wallpapers entpackt haben. Wählen Sie Ihren Favoriten aus und klicken Sie auf *Öffnen* und anschließend auf *OK*.

Neue Hintergrundbilder für Ihren Windows-Desktop

Wenn Sie eine beeindruckende Grafik im Internet finden, die Sie unbedingt als Desktophintergrund übernehmen wollen, klicken Sie einfach im Internet Explorer mit der rechten Maustaste auf eine Grafik und wählen im Kontextmenü *Als Hintergrund*.

Per Mausklick zum neuen Hintergrundbild.

Den Desktop gestalten – welche Symbole sollen erscheinen?

Wie Sie mittlerweile festgestellt haben, ist der Desktop bis auf den Papierkorb leer. Es fehlen die bekannten Objekte wie zum Beispiel *Arbeitsplatz*, *Eigene Dateien* oder *Netzwerkumgebung*. Möchten Sie Ihren Desktop mit den Programmsymbolen füllen, die Sie für Ihre tägliche Arbeit benötigen, müssen Sie folgende Arbeitsschritte durchführen:

1 Klicken Sie mit der rechten Maustaste auf eine freie Stelle des Desktops und wählen Sie *Eigenschaften*. Das Dialogfeld *Eigenschaften von Anzeige* erscheint.

2 Klicken Sie in der Registerkarte *Desktop* auf *Desktop anpassen*. Es erscheint das Dialogfeld *Desktopelemente*.

3 Auf dieser Registerkarte finden Sie die beiden Bereiche *Desktopsymbole* und *Desktopbereinigung*. Markieren Sie die Kontrollkästchen der Symbole im Bereich *Desktopsymbole*, die Sie gern auf Ihrem Desktop platzieren wollen.

4 Klicken Sie auf *OK*. Die entsprechenden Symbole befinden sich nun auf Ihrem Desktop.

Den Desktop aufräumen – benutzerfreundlich, übersichtlich und das Ganze automatisch!

Durch die Desktopbereinigung werden nicht verwendete Symbole in den Ordner *Nicht verwendete Desktopverknüpfungen* verschoben. Wundern Sie sich nicht, wenn Sie ihn nicht finden: Der Ordner wird erst bei der ersten Desktopbereinigung erstellt. Haben Sie sich für eine Desktopbereinigung entschieden, wird sie alle 60 Tage durchgeführt. Wenn Sie die Desktopbereinigung durchführen (automatisch nach 60 Tagen oder manuell über die Schaltfläche *Desktop jetzt bereinigen* in dem Dialogfeld *Desktopelemente*), startet immer der Desktopbereinigungs-Assistent.

1 Im ersten von drei Schritten werden Sie wie üblich vom Assistenten begrüßt. Klicken Sie auf *Weiter*, um den Willkommensbildschirm zu übergehen.

2 Im zweiten Schritt müssen Sie nun jede Verknüpfung, die auf dem Desktop nicht gelöscht werden soll, über das entsprechende Kontrollkästchen deaktivieren. Haben Sie sich entschieden, klicken Sie auf *Weiter*.

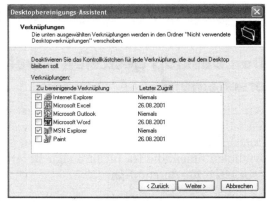

3 Im dritten und letzten Schritt erhalten Sie noch einmal eine Zusammenfassung aller Verknüpfungen, die verschoben werden. Klicken Sie auf *Fertig stellen*, und Ihre Verknüpfungen werden verschoben. Wollen Sie noch etwas korrigieren, klicken Sie auf *Zurück*. Das Löschen der Verknüpfungen auf dem Desktop hat keine Auswirkungen auf Ihre Programme. Es wird lediglich die Verknüpfung, nicht das Programm gelöscht.

4 Der Ordner *Nicht verwendete Desktopverknüpfungen* ist nun erstellt und erscheint auf Ihrem Desktop.

Gelöschte Verknüpfungen wiederherstellen

Haben Sie Verknüpfungen aus Versehen oder zu schnell gelöscht? Benötigen Sie plötzlich wieder Verknüpfungen, die vor ein paar Tagen noch gestört haben? Kein Problem. Holen Sie einfach Ihre gelöschten Verknüpfungen aus dem Ordner *Nicht verwendete Desktopverknüpfungen*.

1 Öffnen Sie den Ordner *Nicht verwendete Desktopverknüpfungen*. Am besten mit einem Doppelklick.

2 Ziehen Sie per Drag & Drop die entsprechende(n) Verknüpfung(en) zurück auf den Desktop. Das ist alles.

3 Schließen Sie den Ordner *Nicht verwendete Desktopverknüpfungen*.

Bildschirmschoner – sinnvoll oder Spielerei?

Die Zeiten, in denen Bildschirme noch „einbrannten", sind vorbei. Daher stellt sich die Frage: „Was soll Ihr Computer in Leerlaufzeiten tun?" Möchten Sie, dass er unterhaltsame Spielereien auf dem Bildschirm veranstaltet? Oder wollen Sie Ihren Rechner per Kennwort schützen, während Sie nicht am Platz sind? Beides erledigen die Bildschirmschoner und Windows XP liefert standardmäßig einige mit. Suchen Sie sich einfach einen aus.

1 Klicken Sie mit der rechten Maustaste auf eine freie Stelle Ihres Desktops und wählen Sie *Eigenschaften*. Das Dialogfeld *Eigenschaften von Anzeige* erscheint. Klicken Sie auf die Registerkarte *Bildschirmschoner*.

2 Nun suchen Sie sich einen Bildschirmschoner in der Bildschirmschoner-Liste aus. In den meisten Fällen wird der ausgewählte Schoner im oberen Fenster angezeigt. Sollte das nicht der Fall sein und Sie wollen ihn „echt" ausprobieren, klicken Sie auf *Vorschau*.

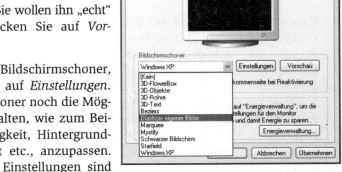

3 Gefällt Ihnen ein Bildschirmschoner, dann klicken Sie auf *Einstellungen*. Oft bieten die Schoner noch die Möglichkeit, ihr Verhalten, wie zum Beispiel Geschwindigkeit, Hintergrundfarbe, Textformat etc., anzupassen. Die zusätzlichen Einstellungen sind jedoch für jeden Bildschirmschoner verschieden.

4 Wollen Sie während Ihrer Abwesenheit Ihren PC bzw. Ihre aktuelle Arbeit schützen, ohne sich abzumelden, dann klicken Sie auf das Kontrollkästchen *Willkommenseite bei Reaktivierung*. Gibt es keine weiteren Benutzer, heißt das Kontrollkästchen *Kennworteingabe bei Reaktivierung*. Richtig Sinn macht diese Einstellung, wenn der Computer von mehreren Mitgliedern Ihrer Familie benutzt wird.

5 Legen Sie noch die *Wartezeit* fest, wann der Bildschirmschoner loslegen soll. Klicken Sie auf *OK*, um die Einstellungen zu speichern.

Fenster und Schaltflächeneffekte – nützlich, nett anzusehen oder doch nur Speicherfresser?

Übergangseffekte für Menüs und QuickInfos, Kantenglättung bei Bildschirmschriftarten, Schatten unter Menüs anzeigen etc. Alles Effekte, die zur optischen Bereicherung von XP zählen. Sie sind schick, keine Frage. Aber sind sie auch nützlich? Entscheiden Sie selbst.

1 Klicken Sie mit der rechten Maustaste auf eine freie Stelle Ihres Desktops und wählen Sie *Eigenschaften*. Das Dialogfeld *Eigenschaften von Anzeige* erscheint. Klicken Sie auf die Registerkarte *Darstellung*.

2 Hier haben Sie die Möglichkeit, in der *Fenster und Schaltflächen*-Liste den Stil für Ihre Fenster und Schaltflächen auszuwählen. Gefällt Ihnen der neue Fensterlook, der sich auch in den Anwendungen widerspiegelt, belassen Sie es bei der Standardeinstellung *Windows XP-Stil*. Können Sie sich nur schwer von der gewohnten Umgebung trennen, wählen Sie *Windows - klassisch*.

3 Haben Sie sich für einen Stil entschieden, klicken Sie auf *Effekte*. Markieren Sie die gewünschten Effekte. Welche Effekte Sie nutzen möchten, welche für Sie sinnvoll sind, bekommen Sie am besten durch Ausprobieren raus. Sinnvoll sind *Fensterinhalt beim Ziehen anzeigen* und für die Tastaturfans *Unterstrichene Buchstaben für Tastaturnavigation*. Markieren Sie das Kontrollkästchen *Folgende Methode zum Kantenglätten von Bildschirmschriftarten verwenden*. Wählen Sie *ClearType*.

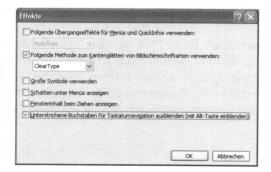

Fenster und Anwendungen öffnen sich sehr langsam

Bei den heutigen Rechnerleistungen dürfte es eigentlich nicht mehr vorkommen, dass bestimmte Effekte Ihren Rechner in die Knie zwingen. Aber zum Beispiel bei einer sehr langsamen Grafikkarte funktioniert das Ziehen mit Fensterinhalt nicht so gut: Es entstehen Schmiereffekte auf dem Bildschirm. In solchen Fällen lohnt es sich, auf den einen oder anderen Effekt zu verzichten.

Poweruser nehmen Dokumente und Einstellungen von anderen PCs einfach mit nach XP

Wenn Sie einen neuen Computer gekauft haben, müssen Sie Ihre Dokumente und persönlichen Einstellungen nicht zurücklassen. Mit dem Programm *Übertragen von Dateien und Einstellungen* können Dateien und Einstellungen von einem Quellcomputer auf einen Zielcomputer übertragen werden. Es können Einstellungen für Internet Explorer und Outlook Express sowie Desktop- und Anzeigeeigenschaften, DFÜ- und Netzwerkverbindungen und andere ähnliche Einstellungen übertragen werden. Das Ganze geschieht mittels einer Diskette (bzw. einem anderen Wechselmedium).

1.6 Abmelden, herunterfahren und ausschalten – Ruhe oder Bereitschaft für den PC

Windows XP hat in der neuen Optik auch Neues in Sachen PC ausschalten zu bieten: In der Fußzeile des Startmenüs befinden sich jetzt die zwei Schaltflächen *Abmelden* und *Ausschalten*.

Abmelden/Ausschalten – das neue Look & Feel beim Beenden von Windows XP Home.

Abmelden und ausschalten – oder den Benutzer wechseln

Klicken Sie auf *Abmelden*, um sich vom System als Benutzer abzumelden. Bei dieser Art der Windows-Abmeldung können Sie nochmals zwischen zwei Möglichkeiten auswählen.

Benutzer wechseln: Ermöglicht einem anderen Benutzer die Anmeldung, wobei die momentan verwendeten Dateien und Programme geöffnet bleiben. Bei dieser Art der Abmeldung laufen Prozesse wie das Formatieren von Disketten, CDs brennen etc. im Hintergrund weiter.

Wenn Sie nicht mehr weiterarbeiten wollen, sollten Sie sich *Abmelden*. Dadurch werden auf der Oberfläche alle Programme geschlossen und der Benutzer wird abgemeldet.

Bei beiden Möglichkeiten gelangen Sie auf den Willkommensbildschirm von Windows XP, der Ihnen wiederum die Möglichkeit der Neuanmeldung gibt.

Ausschalten – neu starten, pausieren oder ganz abschalten

Klicken Sie auf *Ausschalten*, um das System auf drei unterschiedliche Arten herunterzufahren.

- *Standby*: Ihr Computer wird in den Stromsparmodus versetzt.

- *Ausschalten*: Ihr Computer wird heruntergefahren, sodass Sie ihn ausschalten können.

- *Neu starten*: Fährt Windows herunter und startet es anschließend erneut.

Schneller Ruhezustand

Halten Sie beim Klick auf *Standby* die [Umschalt]-Taste gedrückt, um den Computer in den Ruhezustand (Hibernation) zu versetzen. Im folgenden Abschnitt wird ausführlicher auf die Einrichtung und Voraussetzung des so genannten Hibernation-Modus eingegangen.

Ruhezustand benutzen, wenn's schnell gehen soll

Wer kennt sie nicht – die Wartezeiten und Startzeiten. Wenn man ein früheres Windows abschalten wollte, überlegte man es sich zweimal – wenn man dann doch etwas vergessen hatte ... Im direkten Vergleich wird es einem vorkommen wie eine Ewigkeit. Auch die mobilen Nutzer unter Ihnen scheuen sich immer wieder, „kurz" mal das System zu starten. Hier hat Microsoft spürbare Veränderungen durchgeführt: Windows XP benötigt nur noch einen Bruchteil an Zeit von dem, was seine Vorgänger für das Hoch- und Herunterfahren benötigen. Soll es aber einmal richtig schnell gehen, ohne dass Sie zuerst alle offenen Dateien speichern und alle Programme schließen wollen, sollten Sie den Ruhezustand verwenden.

Den Ruhezustand unter Windows XP verwenden

Ja, ich weiß, der Ruhezustand ist nicht neu unter XP. Trotzdem möchte ich nicht nur die mobilen Anwender, sondern auch die Anwender mit „festen" Computern für den Ruhezustand gewinnen. Denn für das schnelle Herunterfahren ist er nicht nur eine gute, sondern vor allen Dingen eine funktionierende und praxiserprobte Lösung. Wenn Ihr Computer in den Ruhezustand wechselt, speichert er den aktuellen Zustand des Systems auf die Festplatte und schaltet ab. Nehmen Sie den Computer wieder in Betrieb, nachdem er im Ruhezustand war, wird der vorherige Zustand wiederhergestellt. Dazu gehört, dass alle Programme, die vor dem Ruhezustand ausgeführt wurden, wieder gestartet werden und alle Netzwerkverbindungen, die in der Zeit vor dem Ruhezustand aktiv waren, wiederhergestellt werden. Wollen Sie den Ruhezustand konfigurieren, müssen Sie folgende Schritte durchführen:

1 Öffnen Sie die Systemsteuerung und klicken Sie auf *Leistung und Wartung*.

2 Klicken Sie auf *Energieoptionen*. Daraufhin öffnet sich das Dialogfeld *Eigenschaften von Energieoptionen*.

3 Klicken Sie auf die Registerkarte *Ruhezustand* (Hibernation) und markieren Sie das Kontrollkästchen *Ruhezustand aktivieren*.

4 Um die Einstellungen zu speichern, klicken Sie auf *OK*.

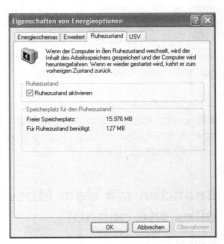

Den PC in den Ruhezustand versetzen

Um nun den Computer im Ruhezustand (Hibernation) herunterzufahren, gehen Sie wie folgt vor:

1 Klicken Sie im Startmenü auf die Schaltfläche *Ausschalten*. Es öffnet sich das Dialogfeld *Computer ausschalten*.

2 Drücken Sie auf die ⟨Umschalt⟩-Taste auf Ihrer Tastatur, und die Schaltfläche *Standby* ändert sich in *Ruhezustand* an. Klicken Sie nun bei gedrückter ⟨Umschalt⟩-Taste die Schaltfläche *Ruhezustand*. Ihr System fährt jetzt mit dem Modus *Ruhezustand* (Hibernation) herunter.

Öffnen Sie ruhig einmal einige Programme – noch besser ein paar Dateien – und belassen Sie es dabei. Sie wissen ja: Im Ruhezustand speichert Ihr Computer den aktuellen Zustand auf die Festplatte, um beim Hochfahren genau diesen Zustand wiederherzustellen. Probieren Sie es aus, und Sie werden erleben, wie schnell das Ganze geht. Viel Spaß.

Technische Voraussetzung für den Ruhezustand

Die Energieverwaltung eines modernen PCs ist in der Lage, den Stromverbrauch der wichtigsten Komponenten des Computers (zum Beispiel Bildschirm, Festplatte und CPU) individuell zu regeln, indem ihre Aktivität abhängig von der aktuellen Auslastung des Systems oder der Komponente eingeschränkt wird. Moderne Prozessoren und Festplatten besitzen häufig ein eigenes Energieverwaltungssystem, das auf Zeiträume von Inaktivität reagiert. Besonders wichtig ist die Energieverwaltung bei portablen Computern. Indem es den Stromverbrauch aktuell nicht verwendeter Komponenten einschränkt, kann ein Energieverwaltungssystem die Lebensdauer der Batterien zum Beispiel in einem Laptop erheblich verlängern. Damit es die Energieverwaltung unter Windows XP überhaupt funktioniert, muss Ihr Computer ein ACPI-basiertes BIOS besitzen. ACPI ist die Abkürzung für **A**dvanced **C**onfiguration **P**ower **M**anagement, eine 1997 von Intel, Microsoft und Toshiba vorgestellte Spezifikation zur Steuerung der Energieverwaltung von Computern. ACPI gestattet es dem Betriebssystem, die Stromversorgung für jedes Gerät zu kontrollieren, das an den Computer angeschlossen ist.

Weitere Informationen zu ACPI finden Sie auf den Websites von Intel und Microsoft unter den Adressen *http://www.intel.com/mobile/mobilePCs/acpimen.htm* bzw. *http://www.microsoft.com/hwdev/onnow*. (Quelle: Microsoft Press, Computer Fachlexikon/Fachwörterbuch, Ausgabe 2000)

Beenden mit dem klassischen Startmenü – alles wie gehabt

Natürlich kann nicht nur der Anmeldemodus, sondern auch das Startmenü auf den klassischen Look angepasst werden. Der Abmeldevorgang ist dann entsprechend über *Start/Beenden* bzw. *Start/<Benutzer> abmelden* wie auch unter Windows 9X/ME möglich. Die folgende Abbildung zeigt das klassische Startmenü unter Windows XP. In Kapitel 1.4 erfahren Sie mehr über die Anpassung des Startmenüs. Voraussetzung für das klassische Beenden ist das klassische Startmenü, darüber hinaus muss bei *Art der Benutzeranmeldung* in dem Dialogfeld *Benutzerkonten* das Kontrollkästchen *Willkommenseite verwenden* deaktiviert sein.

Startmenü – klassisch   *Windows beenden – klassisch.*

Vom XP-Stil zum klassischen Startmenü

1 Klicken Sie mit der rechten Maustaste auf das Startmenü und wählen Sie im Kontextmenü *Eigenschaften* aus. Das Dialogfenster *Eigenschaften von Taskleiste und Startmenü* öffnet sich.

2 Klicken Sie auf die Registerkarte *Startmenü* und markieren Sie das Kontrollkästchen *Klassisches Startmenü*.

3 Klicken Sie auf *OK*, um die Einstellung zu speichern.

2. XP im Griff – gekonnt arbeiten und bedienen

Windows XP ist installiert und startklar? Prima, dann zeigen wir Ihnen jetzt, wie Sie das neue Windows schnell in den Griff bekommen. Nachdem Sie – wie im vorigen Kapitel beschrieben – die notwendigen Benutzerkonten erstellt haben, geht es jetzt weiter mit der Handhabung von Benutzerprofilen und einigem mehr.

Weiterhin erfahren Sie, wie Sie Daten komprimieren und damit mehr Speicherplatz freischaufeln, Dateien und Ordner verschlüsseln und wie Sie mit dem Windows-Explorer Ihre Dateien und Ordner managen. Features wie Indizierung, Zwischenablage und Objekteinbettung werden natürlich auch nicht fehlen. Neben praxisbezogenem Know-how finden Sie darüber hinaus auch eine Menge Tipps und Tricks, die Ihnen die Arbeit mit Windows XP erleichtern werden.

2.1 Windows-Explorer im Detail – Dateien und Ordner fest im Griff

Der Windows-Explorer ist das ultimative Werkzeug, wenn es um das Handling von Dateien und Ordnern geht. Mit zahlreichen Funktionen ausgestattet, können Sie mit dem Windows-Explorer Ordner erstellen, Dateien kopieren, verschieben, löschen, umbenennen und vieles mehr.

Da Sie früher oder später mit Dateien, Ordnern und Programmen hantieren werden, zeigen wir Ihnen in den folgenden Abschnitten, wie Sie mit dem Windows-Explorer gekonnt umgehen. Auch halten wir hier einige Tricks parat, die Ihnen die Arbeit mit dem Windows-Explorer um einiges erleichtern werden.

Viele Wege führen nach Rom – den Windows-Explorer optimiert starten

Der Windows-Explorer lässt sich – im Gegensatz zu vielen anderen Programmen – auf sehr unterschiedliche Art und Weise starten. Sie können das Tool aus dem Startmenü heraus aufrufen oder mit einigen Tastenkombinationen starten.

Klassisch – der Windows-Explorer im Startmenü

Die meisten Anwender starten den Windows-Explorer auf die klassische Art: Mit einem Klick auf *Start/Alle Programme/Zubehör/Windows-Explorer* wird das Tool aufgerufen.

> **Windows-Explorer an das Startmenü heften**
>
> Wenn Sie das Kontextmenü des Windows-Explorers über das Startmenü öffnen, können Sie auch festlegen, dass dieses Tool an das Startmenü geheftet wird. So genügt dann nur noch ein Klick auf *Windows-Explorer* im Startmenü, um das Tool zu starten. Der lange Klickerweg bis in das *Zubehör*-Menü entfällt damit.

Komfortabler – der Doppelklick auf den Arbeitsplatz

Gesetzt den Fall, Sie haben bereits die Desktopsymbole aktiviert, dann sehen Sie auch ein Symbol namens *Arbeitsplatz*. Wenn Sie auf dieses Symbol einmal doppelklicken, werden zwar alle Laufwerke und Ordner angezeigt, allerdings sehr unübersichtlich.

Wenn Sie stattdessen die [Umschalt]-Taste gedrückt halten und auf den *Arbeitsplatz* doppelklicken, wird der Windows-Explorer gestartet. Übrigens können Sie den Windows-Explorer statt mit gedrückter [Umschalt]-Taste auch aus dem Kontextmenü des Arbeitsplatzes heraus starten.

Den Windows-Explorer über Tastenkombinationen starten

Wenn Sie mit einem multimedialen Betriebssystem wie Windows XP arbeiten, haben Sie sicher auch eine Windows-Tastatur, auf der spezielle Windows-Tasten angebracht sind. In diesem Fall brauchen Sie sich nur noch der Tastenkombination [Win]+[E] zu bedienen – schon startet der Windows-Explorer.

Auch können Sie selbst eine Tastenkombination festlegen, über die der Windows-Explorer gestartet wird. Einmal angenommen, Sie möchten den Windows-Explorer künftig mit [Strg]+[Umschalt]+[E] starten. Dann wählen Sie *Start/Alle Programme/Zubehör* und öffnen das Kontextmenü des Windows-Explorers. Dort rufen Sie die Eigenschaften auf und klicken einmal in das Feld *Tastenkombination*. Drücken Sie nun die Tastenkombination, die Sie künftig für den Start des Windows-Explorers belegen wollen. In diesem Beispiel wäre das [Strg]+[Umschalt]+[E].

Tastenkombination festlegen.

Mit welcher Fenstergröße soll der Windows-Explorer starten?

Je nachdem, wie Sie den Windows-Explorer zuletzt verlassen haben, erhalten Sie beim nächsten Start die gleiche Fenstergröße. Doch das lässt sich ändern: Einmal angenommen, Sie möchten den Windows-Explorer grundsätzlich im Vollbildmodus starten, damit die Ansicht halbwegs übersichtlich ist.

1 Hierzu klicken Sie auf *Start/Alle Programme/Zubehör* und klicken den Windows-Explorer mit der rechten Maustaste an, damit sich das Kontextmenü des Explorers öffnet.

2 Wählen Sie nun im Kontextmenü die *Eigenschaften*. Im Auswahlfeld *Ausführen* legen Sie jetzt fest, dass der Windows-Explorer *maximiert* gestartet wird.

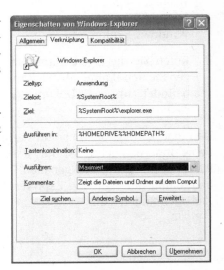

Wenn Sie fortan den Windows-Explorer starten, wird die Ansicht automatisch im Vollbildmodus gezeigt. Wählen Sie dagegen *minimiert* aus, wird der Windows-Explorer von nun an immer in Symbolgröße gestartet und das Fenster öffnet sich erst, wenn Sie auf das Symbol in der Taskleiste klicken.

Beim Start des Windows-Explorers das Benutzerprofil öffnen

Jedem Benutzer, der sich bei Windows XP anmeldet, wird ein eigenes Benutzerprofil zugewiesen. Dort werden alle benutzerdefinierten Einstellungen wie Verknüpfungen (Links), Farbeinstellungen, Hintergrundbilder und dergleichen gespeichert. Auch kann sich jeder Benutzer sein persönliches Startmenü kreieren.

Wenn Sie nun Ihr Startmenü im Windows-Explorer öffnen und bearbeiten wollen, rufen Sie einmal das Kontextmenü der *Start*-Schaltfläche auf. Wenn Sie nämlich *Explorer* anklicken, wird der Windows-Explorer gestartet und automatisch der Ordner *Startmenü* mit Ihrem persönlichen Profil geöffnet.

Und wenn Sie stattdessen globale Einstellungen, die jeden Benutzer betreffen, vornehmen wollen, wählen Sie anstelle von *Explorer* einfach *Explorer – Alle Benutzer* aus.

Beim Starten des Windows-Explorers einen bestimmten Ordner öffnen

Grundsätzlich zeigt der Windows-Explorer beim Start die Arbeitsplatzansicht an. Wenn Sie jedoch möchten, dass beim Start ein bestimmter Ordner geöffnet wird, beispielsweise *C:\Dokumente und Einstellungen*, dann gehen Sie wie folgt vor:

1 Wählen Sie *Start/Alle Programme/Zubehör* und öffnen Sie das Kontextmenü des Windows-Explorers.

2 Rufen Sie die *Eigenschaften* auf. Ergänzen Sie den Eintrag, der sich im Feld *Ziel* befindet, um */e, C:\Dokumente und Einstellungen*.

Den Pfad können Sie ab sofort natürlich beliebig ändern. Wichtig ist nur, dass Sie den Parameter */e* sowie den genauen Pfad angeben, damit der Windows-Explorer das neue Ziel auch finden kann.

Den Zielpfad festlegen.

Verknüpfung auf dem Desktop anlegen

Wenn Sie den Explorer auf dem Desktop ablegen wollen, legen Sie sich einfach eine entsprechende Verknüpfung an. Öffnen Sie das Kontextmenü des Desktops und wählen Sie *Neu/Verknüpfung*. Als Startordner suchen Sie nach *C:\Windows\Explorer* und geben anschließend einen Namen für die Verknüpfung ein.

Der Windows-Explorer im Überblick

Die Arbeit mit Dateien und Ordnern ist unerlässlich, weshalb wir Ihnen in diesem Abschnitt den Umgang mit dem Windows-Explorer zeigen. Neben Standardfunktionen und wichtigen Tastenkombinationen zeigen wir Ihnen auch, wie Sie Programme aus dem Windows-Explorer heraus starten.

Die Ansicht im Windows-Explorer

Wenn Sie den Windows-Explorer gestartet haben, fällt Ihnen sicher auf, dass das Fenster in zwei Hälften geteilt ist. In der linken Fensterhälfte sehen Sie all Ihre Laufwerke, Ordner und einige Systemordner wie beispielsweise die Netzwerkumgebung, die Systemsteuerung und den Papierkorb.

In der rechten Fensterhälfte dagegen wird jeweils der Inhalt des Ordners angezeigt, den Sie in der linken Hälfte markiert und geöffnet haben.

Wenn Sie also wissen wollen, was sich so alles auf der Diskette befindet, die Sie eben eingelegt haben, klicken Sie links auf das Laufwerk *A: (3,5-Zoll-Diskette)* und sehen rechts, welche Dateien darauf gespeichert sind.

Eines der wichtigsten Objekte auf der linken Seite ist das Laufwerk C: (Ihre lokale Festplatte), auf dem all Ihre Dateien und Programme gespeichert sind. Möchten Sie sich einmal ansehen, was so alles auf Ihrer Festplatte gespeichert ist, dann klicken Sie einmal *Lokaler Datenträger (C:)* an. Daraufhin wird die erste Ordnerebene der Festplatte aufgeklappt und Sie sehen links all die Ordner, rechts dagegen die Dateien.

Standardmäßig werden alle Ordner und Dateien mit einem (recht großen) Symbol in der rechten Fensterhälfte dargestellt. Hin und wieder kann diese Ansicht etwas nervig werden, denn wegen der großen Symbole passen nur ein paar Objekte in das Fenster.

Sie können deshalb im Menü *Ansicht* eine andere Ansicht wählen. Folgende Optionen stehen Ihnen zur Verfügung:

Miniaturansicht, Liste, Details, Symbole, Kacheln

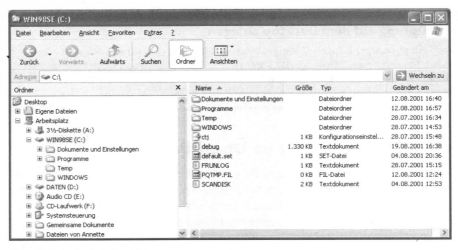

Übersichtlich: die Detailansicht.

Empfehlenswert ist die Ansicht *Details*. Dabei werden die Ordner- und Dateinamen in einer Liste dargestellt. Außerdem werden zusätzliche Informationen wie Größe, Typ und Änderungsdatum des Objekts angezeigt.

Vorwärts und rückwärts im Windows-Explorer

Wenn Sie sich durch mehrere Ordner geklickt haben, können Sie mit den Schaltflächen *Vorwärts* und *Rückwärts* durch die jeweiligen Ansichten wechseln. Das geht wesentlich schneller, als wenn Sie den zuvor gewählten Ordner erneut suchen.

Die Ansicht im Windows-Explorer sortieren

Wenn Sie einmal den Windows-Ordner öffnen, werden Ihnen eine Unmenge an Dateien und Ordnern angezeigt. Sollten Sie nun nach einer bestimmten Datei suchen, können Sie einerseits durchblättern, andererseits mit F3 nach der Datei suchen.

Sie können die Ansicht jedoch auch sortieren, um einen besseren Überblick zu erhalten. Wenn Sie im Menü *Ansicht* auf *Symbole anordnen nach* klicken, können Sie auswählen, ob die Dateien und Ordner nach Name, Größe, Typ oder Änderungsdatum sortiert werden sollen.

Zum Sortieren auf die Spaltenüberschrift klicken

Wenn Sie die Ansicht in der rechten Fensterhälfte sortieren wollen, genügt auch ein Klick auf die jeweilige Spaltenüberschrift. Mit einem erneuten Klick wird die Sortierung absteigend vorgenommen. Auch können Sie die Spaltenbreiten mit einem Doppelklick auf die Spaltenbegrenzung optimal anpassen.

Ordner anlegen, verschieben, umbenennen und löschen

Damit nicht all die Programm- und Systemdateien sowie Ihre persönlichen Dateien wild auf der Festplatte verstreut werden, legen Sie sich entsprechende Ordner an und speichern die Dateien in den jeweiligen Ordnern.

Wenn Sie im Windows-Explorer das Laufwerk C: markieren, sehen Sie bereits eine Menge Ordner, die schon während der Windows-Installation und durch einige Programme angelegt wurden.

Einmal angenommen, Sie möchten sich Ihre eigene saubere Ordnerstruktur aufbauen, damit Sie all Ihre Dateien schnell und übersichtlich im Griff haben. Da Ihre Dateien standardmäßig im Pfad *C:\Dokumente und Einstellungen\Benutzername* gespeichert werden, nutzen wir diesen Pfad als Ausgangsbasis.

1 Starten Sie den Windows-Explorer und klicken Sie in der linken Fensterhälfte auf *Lokaler Datenträger (C:)*. Das Laufwerk wird nun aufgeklappt. Klicken Sie auf *Dokumente und Einstellungen*, anschließend auf Ihren Benutzernamen und dann auf *Eigene Dateien*.

2 Legen Sie sich einen neuen Ordner an, indem Sie *Eigene Dateien* markieren und den Menübefehl *Datei/Neu/Ordner* wählen. In der rechten Fensterhälfte wird nun ein neuer Ordner namens *Neuer Ordner* erstellt. Sie können den Namen ändern, indem Sie die Bezeichnung *Neuer Ordner* einfach überschreiben und die [Enter]-Taste drücken. Natürlich lassen sich Ordner – wie auch Dateien – jederzeit wieder umbenennen. Hierzu markieren Sie den betreffenden Ordner oder die Datei und öffnen das Kontextmenü des Objekts mit der rechten Maustaste. Wählen Sie *Umbenennen* und geben Sie den neuen Namen ein. Oder aber Sie markieren das betreffende Objekt, drücken die Taste [F2] und geben dann den neuen Datei- oder Ordnernamen ein.

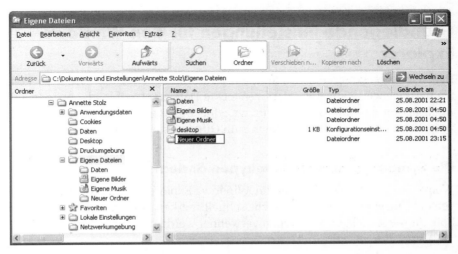

3 Nachdem Sie Ihren ersten Ordner erstellt haben, können Sie jetzt weitere Ordner anlegen. Wenn sich der nächste Ordner auf der gleichen Hierarchie-ebene wie der erste Ordner befinden soll, markieren Sie wieder *Eigene Dateien* und legen den nächsten Ordner an. Ansonsten markieren Sie nun Ihren erstellten Ordner und wählen wiederum *Datei/Neu/Ordner*. Auf diese Art und Weise können Sie eine beliebige Ordnerstruktur erstellen.

Wenn Sie einen Ordner löschen möchten, markieren Sie ihn einfach und drücken die (Entf)-Taste. Zwar gibt es im Kontextmenü den Befehl *Löschen*, doch über die Tastatur geht das schneller.

Das Löschen wieder rückgängig machen

Wenn Sie Dateien oder Ordner löschen, werden diese Objekte standardmäßig nicht gelöscht, sondern nur in den Papierkorb verschoben. Wenn Sie den Papierkorb im Windows-Explorer öffnen, können Sie gelöschte Objekte also zurückholen, indem Sie im Kontextmenü der Datei *Wiederherstellen* wählen. Möchten Sie Dateien oder Ordner dagegen wirklich physikalisch löschen, drücken Sie (Umschalt) und (Entf), dann wird der Speicherplatz des Papierkorbs geschont.

Ordnerstrukturen ein- und ausblenden

Im Laufe der Zeit werden Sie eine recht komplexe Ordnerstruktur erhalten. Wenn Sie auf einen tief verzweigten Ordner zugreifen müssen, begeben Sie sich meist erst einmal auf einen langen Klickerweg.

Doch es geht auch einfacher: Wenn Sie nämlich im Windows-Explorer die Taste (*) auf dem numerischen Tastenblock drücken, werden alle Ordner aufgeklappt und die komplette Struktur wird angezeigt. Wenn Sie die Struktur wieder ein-klappen wollen, drücken Sie einfach (-).

Grundlegende Einstellungen für den Windows-Explorer

Der Windows-Explorer hält einige Einstellungsmöglichkeiten bereit. So können Sie beispielsweise angeben, dass versteckte Dateien eingeblendet werden sollen. Auch lassen sich die Symbole für einzelne Dateitypen ändern, und man kann zwischen Einfach- und Doppelklick zum Öffnen eines Ordners wechseln.

Die Symbole einzelner Dateitypen ändern

Wenn Sie sich die Dateien, die im Windows-Explorer angezeigt werden, einmal genauer ansehen, werden Sie recht schnell merken, dass unterschiedliche Symbole für die jeweiligen Dateitypen verwendet werden.

Und Windows wäre nicht Windows, gäbe es da keine benutzerdefinierten Einstellungen. Sie können die Symbole also nach Lust und Laune ändern. Wenn Sie für alle Dateien des Typs MP3-Audioformat das gleiche Symbol wie für CD- oder DVD-Datenträger verwenden möchten, gehen Sie folgendermaßen vor:

1 Starten Sie den Windows-Explorer und rufen Sie im Menü *Extras* die *Ordneroptionen* auf. Auf der Registerkarte *Dateitypen* wählen Sie zunächst den Typ aus, dessen Symbol Sie ändern möchten.

2 Mit einem Klick auf *Erweitert* öffnet sich ein weiteres Fenster, in dem Sie nun ein neues Symbol zuweisen können. Klicken Sie auf die Schaltfläche *Anderes Symbol*. Im Eingabefeld geben Sie entweder den Pfad zu dem gewünschten Bild an oder verwenden eines der Windows-eigenen Symbole.

3 Wenn Sie in die Eingabezeile „c:\windows\sys tem32\shell32.dll" eingeben und die ⌷Enter⌷-Taste drücken, werden Ihnen alle Windows-eigenen Symbole angezeigt. Suchen Sie das gewünschte Symbol aus und übernehmen Sie die Einstellung mit *OK*.

Versteckte Dateien und Systemdateien einblenden

Windows XP ist von Haus aus so eingestellt, dass wichtige Systemdateien und auch versteckte Dateien erst gar nicht angezeigt werden. Wenn Sie nun Dateien suchen, die versteckt sind, misslingt die Suche. Sie können die Anzeige dieser Dateien aber mit wenigen Klicks herbeizaubern:

1 Starten Sie den Windows-Explorer, wählen Sie im Menü *Extras* die *Ordneroptionen* und aktivieren Sie die Registerkarte *Ansicht*.

2 In den erweiterten Einstellungen haben Sie nun die Wahl, wie mit versteckten Dateien verfahren werden soll. Wählen Sie *Alle Dateien und Ordner anzeigen*, damit Dateien mit dem *Hidden*-Attribut (versteckt) fortan im Windows-Explorer angezeigt werden.

3 Wenn Sie sich zudem wichtige Systemdateien anzeigen lassen wollen, deaktivieren Sie die Option *Geschützte Systemdateien ausblenden (empfohlen)*. Sie erhalten zunächst eine Nachfrage, ob die Dateien auch wirklich angezeigt werden sollen. Wenn Sie mit *Ja* bestätigen, werden zukünftig auch Dateien wie beispielsweise *Pagefile.sys* (das ist die Auslagerungsdatei von Windows) und dergleichen angezeigt.

Alle Dateien anzeigen lassen.

Die Anzeige der Dateinamenerweiterung aktivieren

Wenn Sie sich die Dateien im Windows-Explorer anzeigen lassen, fällt Ihnen bestimmt auf, dass die Dateinamenerweiterungen nur bei einigen Dateien angezeigt werden, nicht jedoch bei allen. Das liegt daran, dass Windows XP standardmäßig die Erweiterungen für bekannte Dateitypen ausblendet. Wenn Sie nun wissen wollen, wie der vollständige Name (inkl. der Erweiterung) einer Datei lautet, müssen Sie die Eigenschaften der jeweiligen Datei öffnen.

Auf Dauer ist das aber recht nervig. Sie können die Anzeige sämtlicher Erweiterungen erzwingen, wenn Sie die *Ordneroptionen* im Menü *Extras* aufrufen und auf die Registerkarte *Ansicht* wechseln.

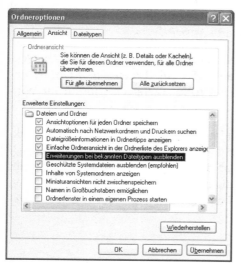

Anzeige der Dateinamenerweiterung erzwingen.

Dort deaktivieren Sie die Option *Erweiterungen bei bekannten Dateitypen ausblenden* und übernehmen die Einstellung. Ab sofort werden sämtliche Erweiterungen im Windows-Explorer angezeigt, und Sie müssen die Dateieigenschaften nicht mehr aufrufen.

Übrigens lassen sich die Dateieigenschaften auch mit einer Tastenkombination aufrufen: Halten Sie die (Alt)-Taste gedrückt und doppelklicken Sie auf die jeweilige Datei, um deren Eigenschaften zu öffnen. Das geht schneller, als wenn Sie erst das Kontextmenü öffnen.

Die Anwendung für unbekannte Dateitypen festlegen

Wenn Sie doppelt auf eine Grafikdatei (*.bmp, *.gif, *.jpg ...) klicken, wird in der Regel die Windows-Bild- und Faxanzeige gestartet, und die Datei wird angezeigt. Doch was tun, wenn Sie die Grafik mit einem anderen Programm bearbeiten wollen? Ganz einfach: Markieren Sie die Datei und öffnen Sie das Kontextmenü. Wählen Sie *Öffnen mit* und klicken Sie auf *Programm auswählen*.

Sie finden nun eine Liste der installierten Programme und können die gewünschte Datei mit einem Programm Ihrer Wahl öffnen. Über die Option *Dateityp immer mit dem ausgewählten Programm öffnen* legen Sie fest, dass von nun an sämtliche Dateien mit der gleichen Erweiterung mit dem gleichen Programm geöffnet werden sollen.

Und sollte die gewünschte Anwendung nicht in der Liste der installierten Programme auftauchen, können Sie mit einem Klick auf *Durchsuchen* nach dem jeweiligen Programm fahnden und die Zielanwendung festlegen.

Programm auswählen.

Den Zugriff auf tief verzweigte Ordner beschleunigen

Im Laufe der Zeit werden Sie es mit einer recht komplexen Ordnerstruktur zu tun haben, denn die Dateien wollen gut geordnet werden. Das Problem dabei ist nur, dass Sie sich oft auf einen langen Weg endloser Klickerei begeben müssen, um Zugang zu tief verzweigten Ordnern zu erhalten. Sie können sich das Geklicke einfacher machen, wenn Sie häufig benötigte Ordner als Verknüpfung auf den Desktop legen. Oder noch besser: Sie fügen einen Teil der Ordnerstruktur (den benötigten Unterordner) einfach als Umgebungsvariable hinzu. Denn Umgebungsvariablen dienen dazu, dem Betriebssystem mitzuteilen, wo sich wichtige Systemdateien befinden. Warum also nicht auch persönliche Ordner darin aufnehmen?

Netzlaufwerke verwenden

Selbst wenn Sie kein Heimnetzwerk betreiben, sollten Sie einmal über Netzlaufwerke nachdenken. Denn mithilfe von Netzlaufwerken können Sie den Zugriff auf tief verzweigte Ordner um ein Vielfaches beschleunigen, da nur ein Klick auf den Laufwerkbuchstaben reicht, um auf die gewünschten Daten zuzugreifen. Schließlich funktionieren Netzlaufwerke auch am lokalen Computer!

Angenommen, Sie haben auf Ihrer Platte eine Struktur in der Form *C:\Daten\ Finanzen\Rechnungen\Oktober 2001August2004* und so weiter aufgebaut. Nun wollen Sie auf die Dateien zugreifen, die sich in diesem Ordner befinden. Klicken Sie sich also durch und öffnen Sie die Datei – oder fügen Sie den recht langen Pfad einfach als Variable hinzu, dann reicht künftig nur noch ein *%Variable%\ Dateiname* aus, um auf die gewünschte Datei zuzugreifen.

1 Melden Sie sich als Computeradministrator an und rufen Sie die Systemsteuerung auf. Dort doppelklicken Sie auf *System* und öffnen die Registerkarte *Erweitert*.

2 Klicken Sie auf *Umgebungsvariablen* und überlegen Sie zunächst, ob die Variable nur für Sie persönlich oder aber für alle Benutzer gelten sollen. Möchten Sie eine persönliche Variable erstellen, klicken Sie im oberen Teil (*Benutzervariablen für ...*) auf *Neu*. Andernfalls fügen Sie eine Systemvariable hinzu, denn Systemvariablen stehen allen Benutzern zur Verfügung. Klicken Sie hierfür im unteren Bereich auf *Neu*.

3 Legen Sie eine kurze Beschreibung für die Variable fest, zum Beispiel *Finanzen*. Achten Sie darauf, dass Sie keine Leer- und Sonderzeichen verwenden!

4 Im Feld *Wert* legen Sie nun den Pfad zum gewünschten Ordner fest, beispielsweise *C:\Daten\Finanzen\Rechnungen\Oktober 2001August2004*. Wichtig ist, dass der Wert nicht länger als 256 Zeichen ist, denn der Rest wird gnadenlos ignoriert. Notfalls müssen Sie den Pfad auf mehrere Variablen aufteilen.

5 Übernehmen Sie die Änderung mit *OK* und starten Sie den Computer neu. Variablen werden erst beim Systemstart neu eingelesen, führen Sie also einen Neustart durch.

Wenn Sie nun auf die Dateien zugreifen wollen, brauchen Sie nur noch den Variablen- und Dateinamen anzugeben. Allerdings müssen Sie vor und hinter dem Variablennamen ein Prozentzeichen setzen. Wenn Sie auf den Ordner *Finanzen* zugreifen und die Datei *Oktober 2001August2004* öffnen wollen, würden Sie demnach „%Finanzen%\Oktober 2001August2004" eingeben müssen, den Rest können Sie getrost weglassen.

Gemeinsame Ordner – ideal für das Teamwork

Für den Fall, dass Sie Ihren Computer mit anderen Benutzern teilen, haben Sie sicher schon entsprechende Benutzerkonten angelegt. Nun hat jeder Benutzer ein eigenes Profil, in dem die Dateien abgelegt und Einstellungen gespeichert werden.

Berechtigungen – wer darf was?

Wenn Sie Windows XP Home auf einer FAT32-Partition installiert haben, kann jeder Benutzer auf die Dateien innerhalb der Benutzerprofile zugreifen. Und zwar unabhängig davon, ob das Computerkonto des Zugreifenden vom Typ *Computeradministrator* oder *Eingeschränkter Benutzer* ist. Wenn Sie Windows XP Home dagegen auf einer NTFS-Partition eingerichtet oder die FAT32-Partition im Nachhinein zu NTFS konvertiert haben, dürfen lediglich Computeradministratoren auf Dateien innerhalb der Benutzerprofile zugreifen.

Gemeinsame Ordner einrichten

Es kommt des Öfteren vor, dass Dateien von mehreren Benutzern bearbeitet werden. Dafür hält Windows XP den Ordner *Gemeinsame Dokumente* bereit, auf dessen Inhalt alle Benutzer, die an dem jeweiligen Computer arbeiten, zugreifen können. Einmal angenommen, Sie haben sich einige MP3-Dateien aus dem Internet geladen. Nun wollen Sie sie auch den anderen Benutzern zur Verfügung stellen. Sie kopieren die Dateien also in den Ordner *Gemeinsame Dokumente* und schon hat jeder Zugriff auf Ihre Lieblingsstücke.

Das Senden an-Menü um Gemeinsame Dokumente erweitern

Die Einträge, die Sie im *Senden an*-Menü im Kontext einer Datei (oder eines Ordners) finden, können Sie beliebig erweitern. Gerade für das Kopieren von Dateien in den Ordner *Gemeinsame Dokumente* ist das empfehlenswert. Öffnen Sie hierzu den Windows-Explorer und markieren Sie *Gemeinsame Dokumente*. Ziehen Sie das Objekt nun mit gedrückter Maustaste in den Ordner *Dokumente und Einstellungen\Benutzername\Send To*. Ab sofort können Sie alle Dokumente mit der *Senden an*-Funktion in den öffentlichen Ordner *Gemeinsame Dokumente* kopieren.

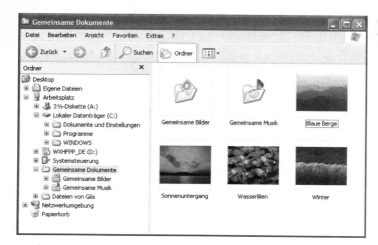

Die gemeinsamen Dokumente im Windows-Explorer.

File-Splitting: übergroße Dateien aufteilen und wieder zusammenfügen

Im multimedialen Zeitalter sind Dateien im GByte-Bereich keine Seltenheit mehr. Nehmen Sie beispielsweise eine Imagedatei, die ein Abbild Ihrer Festplatte enthält. Das Speichern einer solchen Imagedatei nimmt gut und gerne 1 bis 2 GByte wertvollen Plattenplatz ein. Oder denken Sie an digitale Filme, die kaum kleiner als 4 GByte sind. Selbst die gezippte Version einer kleinen MP3-Sammlung verschlingt schon einige GBytes auf der Platte.

Nun wollen aber auch solche monströsen Bit-Pakete irgendwann einmal auf ein anderes Computersystem übertragen oder auf einem Wechseldatenträger archiviert werden. Im einfachsten Fall nehmen Sie eine Wechselfestplatte mit genügend freiem Speicher oder brennen die Daten auf DVD. Fehlt diese Ausstattung jedoch, empfiehlt sich der Einsatz eines File-Splitters. Denn mit diesem nützlichen Werkzeug können Sie große Dateien in kleinere Datenpakete aufteilen und bei Bedarf wieder zusammensetzen.

Einfaches Versenden übergroßer E-Mail-Attachments

Viele E-Mail-Postfächer sind so konfiguriert, dass nur E-Mails mit einer maximalen Größe von 10 MByte zugestellt werden. Wenn Sie nun eine E-Mail mit einem größeren Attachment versenden wollen, macht es Ihnen ein File-Splitter da recht einfach. Splitten Sie das Attachment einfach auf 9 MByte große Datenpakete und versenden Sie die Fragmente einzeln. Der E-Mail-Empfänger braucht die Attachments nur zu lösen und wieder zusammenzusetzen. Anschließend kann der Empfänger die Datei auf gewöhnliche Art und Weise öffnen und bearbeiten.

So können Sie beispielsweise eine Datei von 950 MByte in zwei Datenpakete à 475 MByte aufteilen und damit auch auf eine CD brennen. Selbstverständlich können Sie größere Dateien auch so zerstückeln, dass die Datenpakete problemlos auf Disketten, USB-Sticks und dergleichen mehr passen. Wenn Sie die Dateien wieder brauchen und öffnen möchten, kopieren Sie die Datenpakete einfach auf ein Laufwerk mit genügend freiem Speicher und setzen die Fragmente per Mausklick wieder zusammen.

Im Internet werden eine ganze Reihe von kostenlosen File-Splittern angeboten. So finden Sie auf der Internetseite *http://www.acc.umu.se/˜max/* beispielsweise den MaxSplitter, womit Sie kleine und große Dateien in beliebige Fragmente aufteilen können. Dieses Tool erstellt auf Wunsch auch eine Batchdatei, womit Sie die Fragmente durch Doppelklick auf eine Batchdatei wieder automatisch zusammenfügen können.

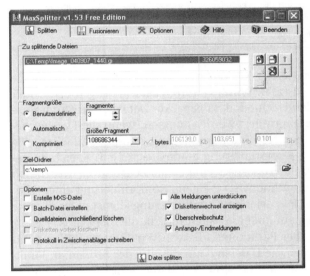

MaxSplitter: einfach Datei(en) auswählen und Größe der Zieldateien angeben.

Auf der Internetseite *www.freebyte.com/hjsplit/* finden Sie ebenfalls einen kostenlosen File-Splitter zum Download: HJSplit. Dieses Tool bietet im Gegensatz zum MaxSplitter zwar ein paar Optionen weniger an, dafür benötigt der File-Splitter aber auch keine Installation und lässt sich beispielsweise auch von einem USB-Stick aus starten. Ideal also für die Tool-Box des Powerusers auf dem USB-Stick.

2.2 Mit NTFS- und ZIP-Komprimierung automatisch Speicherplatz sparen

Zugegeben, heutige Festplatten haben meist genügend Speicherkapazität und Platzprobleme auf der Platte gehören nicht mehr zum Alltag. Doch wenn Bits und Bytes die Platte zu sprengen drohen, sollten Sie nicht benötigte Dateien komprimieren. Wenn Sie Dateien und Ordner, die Sie nur selten brauchen, komprimieren, können Sie einiges an wertvollem Plattenplatz einsparen, denn die Daten werden auf ein Minimum zusammengeschrumpft.

Windows XP enthält zwei Komprimierungsfunktionen

Windows XP ist mit zwei unterschiedlichen Komprimierungsfunktionen ausgestattet. Die einfachste Möglichkeit der Dateikomprimierung stellt der ZIP-komprimierte Ordner dar. Wenn Sie eine oder auch mehrere Dateien im Windows-Explorer markieren und im Kontextmenü *Senden an/ZIP-komprimierten Ordner* auswählen, werden die Daten in den ZIP-Ordner kopiert und dort gepackt. Wenn Sie Windows XP auf einem NTFS-formatierten Datenträger installiert haben, können Sie die Komprimierung auch in den Dateieigenschaften festlegen. Dabei müssen Sie jedoch berücksichtigen, dass die Komprimierung nur so lange gilt, wie sich die gepackte Datei auf einem NTFS-Laufwerk befindet. Wenn Sie also gepackte Daten auf eine Diskette schieben wollen, müssen Sie die *Senden an*-Funktion *ZIP-komprimierten Ordner* verwenden, da die NTFS-Komprimierung nicht für FAT- oder FAT32-Laufwerke zur Verfügung steht.

Für Zip-Dateien gibt es neben den in XP integrierten Tools auch professionelle Packprogramme für wenig Geld (z. B. WinZip – *http://www.winzip.com*). Leider hat die ZIP-Komprimierung den Nachteil, dass gepackte Dateien und Ordner immer wieder gepackt und entkomprimiert werden müssen, wenn die Dateien bearbeitet werden sollen. Bei der NTFS-Komprimierung ist das einfacher: Die Dateien werden bei aktivierter Komprimierung automatisch beim Speichern gepackt und beim Öffnen entpackt. Das spart einiges an Zeit und ist wesentlich komfortabler. Allerdings hat die Windows XP-eigene Komprimierung einen kleinen Haken: Sie können den NTFS-basierten Komprimierungsdienst nicht für eine Platz sparende Datensicherung auf anderen Datenträgern, die nicht in NTFS formatiert sind (z. B. Disketten oder Partitionen, die von Windows 9x/ME genutzt werden), verwenden. Sie müssen die Dateien dann mithilfe der *Senden an*-Funktion an den komprimierten ZIP-Ordner schicken, damit eine Komprimierung auch auf Nicht-NTFS-Laufwerken erreicht wird.

NTFS für Disketten und USB-Sticks

Standardmäßig können keine Disketten mit NTFS formatiert werden, da das Betriebssystem diese Funktion nicht unterstützt. Auf der Internetseite *www.sysinternals.com* können Sie aber ein Freewaretool namens NTFSFLP herunterladen, das genau diese Funktion ermöglicht. Weitere Informationen zu NTFSFLP und eine entsprechende Downloadmöglichkeit finden Sie auf der zuvor genannten Internetseite.Ist das gezippte Datenpaket etwas größer, können Sie die Datei auch auf einen USB-Stick schieben. Einzige Voraussetzung dafür, dass die gepackten Daten beim Schreiben auf dem Stick nicht gleich wieder ausgepackt werden, ist die Formatierung des Sticks mit NTFS. Allerdings können Sie den USB-Stick nur dann mit NTFS formatieren, wenn das Laufwerk nicht für das schnelle Entfernen vom Computersystem optimiert wurde. Prüfen bzw. ändern Sie also erst die Eigenschaften des USB-Sticks, bevor Sie sich an die Formatierung machen:

1 Rufen Sie die Systemsteuerung auf, wählen Sie *System* und starten Sie den Geräte-Manager.

2 Erweitern Sie den Abschnitt *Laufwerke* und markieren Sie den USB-Stick. Anschließend rufen Sie die Eigenschaften aus dem Kontextmenü heraus auf.

3 Holen Sie die Registerkarte *Richtlinien* hervor und aktivieren Sie die Option *Für Leistung optimieren*.

4 Übernehmen Sie die Einstellung mit einem Klick auf *OK* und schließen Sie die Fenster wieder.

5 Anschließend wechseln Sie in den Windows-Explorer und markieren den USB-Stick.

6 Öffnen Sie das Kontextmenü und wählen Sie *Formatieren* aus. Im Auswahlfenster *Dateisystem* wählen Sie *NTFS* aus.

Starten Sie die Formatierung, der USB-Stick sollte nun mit NTFS formatiert werden. Sollte das Dateisystem NTFS jedoch nicht zur Auswahl stehen, nehmen Sie die Formatierung via Kommandozeile vor:

1 Wechseln Sie in den Windows-Explorer und merken Sie sich den Laufwerkbuchstaben, der für den USB-Stick vergeben wurde.

2 Klicken Sie auf *Start/Ausführen* und geben Sie „cmd" ein. Daraufhin wird die Kommandozeile geöffnet.

3 Geben Sie nun den Befehl „format %Laufwerkbuchstabe% /FS:NTFS" ein, wobei Sie die Variable *%Laufwerkbuchstabe%* durch den eigentlichen Laufwerkbuchstaben ersetzen (z. B. *D* oder *E*). Ist der USB-Stick beispielsweise als Laufwerk E gemappt, geben Sie den Befehl „format E /FS:NTFS" ein.

Einzelne Dateien schnell komprimieren

Vorausgesetzt, Sie verfügen über mindestens ein NTFS-Laufwerk, dann können Sie nun Ihre Dateien komprimieren und wertvollen Plattenplatz sparen. Sie haben dabei die Möglichkeit, nur einzelne Dateien zu komprimieren oder gleich komplette Ordner.

Wenn Sie lediglich einzelne Dateien komprimieren wollen, dann gehen Sie wie folgt vor:

1 Starten Sie den Windows-Explorer unter *Start/Alle Programme/Zubehör* oder aus dem Kontextmenü der *Start*-Schaltfläche heraus.

2 Markieren Sie die Datei, die Sie komprimieren wollen, und öffnen Sie die *Eigenschaften* im Kontextmenü der jeweiligen Datei.

3 Klicken Sie auf die Schaltfläche *Erweitert* und wählen Sie die Option *Inhalt komprimieren, um Speicherplatz zu sparen* aus.

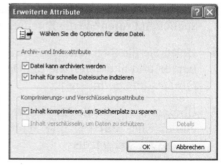

Die Datei komprimieren.

Mit einem Klick auf *OK* wird die Datei nun gepackt. Sie können den eingesparten Festplattenplatz sehen, wenn Sie im Fenster der Eigenschaften auf *Übernehmen* klicken. Denn jetzt wird die Anzeige aktualisiert und Sie können sehen, wie groß die Datei ist und wie viel Speicherplatz verwendet wird.

Wenn Sie diese Datei bearbeiten wollen, brauchen Sie sich um den Komprimierungsdienst nicht weiter zu kümmern. Öffnen Sie die Datei einfach und speichern Sie sie nach der Bearbeitung wieder. Die Komprimierung wird von Windows XP automatisch durchgeführt und auch aktualisiert.

Datei zu groß? – Da hilft das File-Splitting weiter!

Mit der Komprimierung können Sie Dateien zwar schrumpfen lassen und einiges an Plattenplatz sparen, doch haben Sie in der Regel keinen Einfluss auf die Größe der komprimierten Datei. Wenn Sie z. B. eine Datei mit einer Größe von 5 MByte auf eine Diskette packen wollen, wird selbst die komprimierte Datei die Kapazität der Diskette noch übersteigen, da Disketten maximal 1,44 MByte an Daten aufnehmen können. Für solche Fälle empfehlen wir Ihnen den Einsatz eines Splitting-Tools, womit Sie große Dateien in kleinere Dateien beliebiger Größe aufteilen und bei Bedarf wieder zusammenfügen können. Mehr zum File-Splitting finden Sie ab Seite 78.

Ganze Ordner Platz sparend komprimieren

Einmal angenommen, Sie haben all Ihre Urlaubsbilder eingescannt und im Ordner *Eigene Bilder* abgelegt. Nun brauchen Bilder – je nach verwendetem Format – einiges an Plattenplatz. Zwei und mehr MByte pro Datei sind da keine Seltenheit. Es wäre jetzt sehr lästig, wenn Sie jede Datei einzeln komprimieren müssten. Microsoft war sich dessen scheinbar bewusst und bietet Ihnen deshalb die Möglichkeit, mehrere Dateien auf einmal zu komprimieren.

Wenn Sie beispielsweise alle Dateien, die sich im Ordner *Eigene Bilder* befinden, mit wenigen Mausklicks komprimieren wollen, gehen Sie wie folgt vor:

1   Starten Sie den Windows-Explorer und markieren Sie den Ordner, dessen Inhalt Sie komprimieren wollen.

2   Im Kontextmenü des Ordners rufen Sie die *Eigenschaften* auf und klicken auf die Schaltfläche *Erweitert*.

3   Wählen Sie die Option *Inhalt komprimieren, um Speicherplatz zu sparen* aus und übernehmen Sie die Einstellung mit *OK*.

4   Daraufhin öffnet sich ein Fenster, in dem Sie angeben, ob nur der aktuelle Ordner oder besser gleich alle Unterordner und die darin enthaltenen Dateien gepackt werden sollen. Wenn Sie den Komprimierungsdienst auch für die Unterordner und Dateien aktivieren, werden künftig alle Dateien, die Sie in diesem Ordner ablegen, automatisch gepackt. Wählen Sie die entsprechende Option aus und schließen Sie das Fenster mit *OK*.

5   Wenn Sie nun einmal die Eigenschaften des Ordners öffnen, lässt sich der eingesparte Plattenplatz schnell feststellen. Denn wie in der folgenden Abbildung zu sehen ist, werden statt der ursprünglichen 7,68 MByte nur noch 3,83 MByte auf der Festplatte belegt.

Übrigens können Sie auch Ihr komplettes Laufwerk in einem Rutsch komprimieren. Hierzu markieren Sie das NTFS-Laufwerk im Windows-Explorer und wählen in den *Eigenschaften* aus, dass das komplette Laufwerk komprimiert werden soll. Diese Einstellung wird dann auch für alle Dateien und Ordner übernommen. Allerdings sei an dieser Stelle auch gesagt, dass sich das System dadurch um einiges verlangsamen wird. Denn wenn Sie Ihr Systemlaufwerk komprimieren, werden auch Windows-eigene Dateien, die zur Ausführung des Systems benötigt werden, gepackt. Somit müssen diese Dateien während des laufenden Betriebs ständig ge- und wieder entpackt werden.

2.3 Indizierte Dateien finden Sie einfach schneller

Windows XP steht Ihnen unterstützend zur Seite, wenn Sie nach bestimmten Dateien suchen. Denn es passiert gar nicht mal so selten, dass Sie eine Datei öffnen, bearbeiten oder einfach nur weiterleiten wollen, Sie aber den genauen Ablageort oder den Namen der Datei nicht mehr wissen. Sie können also nach Erstell- oder Änderungsdatum, nach der Dateigröße und nach enthaltenem Text suchen. Doch je mehr Dateien Sie verwalten müssen und je größer Ihre Ordnerstruktur ist, desto aufwendiger gestaltet sich meist auch die Suche.

Einige Erleichterung schafft hier die Indizierung, die Ihnen erweiterte Suchoptionen bereitstellt. Und so funktioniert es: Sie geben zunächst die Ordner an, in denen Sie im Allgemeinen Ihre Dateien ablegen. Anschließend starten Sie die Dateiindizierung. Dabei werden alle Dateien, die sich in den angegebenen Ordnern befinden, in einen Katalog aufgenommen. Wichtige Dateieigenschaften wie Änderungsdatum, Erstelldatum, Benutzer und viele mehr werden aufgenommen.

Lookout: Outlook-Elemente schneller finden

Auf der Internetseite *http://www.lookoutsoft.com/Lookout/* finden Sie ein recht nützliches Add-On für MS-Outlook, womit Sie Outlook-Elemente (Kontakte, Nachrichten, Besprechungen etc.) und auch Dateien schneller finden können. Während der Indexdienst die Suche nach Dateien auf der Festplatte beschleunigt, fördert Lookout die Suche nach Elementen innerhalb von Outlook und auch darüber hinaus. Lookout stellt demnach eine sinnvolle Ergänzung zum Indexdienst dar.

Wenn Sie nun nach einer bestimmten Datei suchen, deren Name und Ablageort Sie aber nicht kennen, können Sie eine Menge weiterer Suchbegriffe definieren, wodurch Dateien um einiges schneller gefunden werden.

Die Indizierung einrichten

Zunächst einmal müssen Sie die Indizierung einrichten. Dazu starten Sie die Computerverwaltung, indem Sie das Kontextmenü des *Arbeitsplatzes* (auf dem Desktop oder im Windows-Explorer) öffnen und *Verwalten* anklicken.

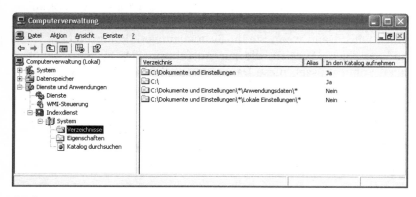

Die Computerverwaltung.

Den Indexdienst finden Sie unterhalb von *Dienste und Anwendungen*, erweitern Sie gegebenenfalls den Eintrag. Je nachdem, wo Sie Ihre Dateien speichern, legen Sie als Erstes die jeweiligen Ordner fest. Zwar sind standardmäßig schon einige Ordner definiert, doch werden Dateien in der Regel in weiteren Ordnern gespeichert, die noch hinzugefügt werden müssen.

Wenn Sie beispielsweise eine Datenpartition oder gar eine separate Festplatte verwenden, auf der Sie Ihre Dateien ablegen, fügen Sie den Pfad einfach hinzu. Markieren Sie *Verzeichnisse* und wählen Sie im Kontextmenü *Neu/Verzeichnis*. Wissen Sie den genauen Pfad, geben Sie ihn direkt in das Feld *Pfad* ein. Ansonsten wählen Sie den gewünschten Ordner einfach mit einem Klick auf *Durchsuchen* aus. Natürlich können Sie an dieser Stelle auch Netzlaufwerke hinzufügen.

Verzeichnisse im Windows-Explorer hinzufügen

Wenn Sie den Indexdienst nutzen und weitere Verzeichnisse hinzufügen wollen, geht das auch mithilfe des Windows-Explorers. Wählen Sie den Ordner aus und öffnen Sie dessen *Eigenschaften*. In den erweiterten Attributen legen Sie fest, dass der Inhalt für die schnelle Dateisuche indiziert werden soll.

Indexdienst starten

Haben Sie alle gewünschten Pfade hinzugefügt, starten Sie anschließend den Indexdienst. Markieren Sie *Indexdienst* und wählen Sie im Kontextmenü *Starten* aus. Sie werden daraufhin gefragt, ob der Indexdienst beim Computerstart automatisch aufgerufen werden soll. Wenn Sie *Nein* wählen, müssen Sie ihn künftig manuell starten. Das ist empfehlenswert, wenn Sie eher selten nach Dateien suchen, da der Indexdienst einiges an Ressourcen belegt.

Haben Sie die Frage Ihren Anforderungen entsprechend beantwortet, wird die Indizierung ausgeführt. Dabei werden alle Dateien, die in den zuvor definierten Ordnern abgelegt sind, in einem Katalog aufgenommen.

Je nachdem, wie viele Ordner durchsucht werden sollen, dauert die Indizierung ein paar Minuten. Anschließend können Sie Dateien suchen, wobei Sie zwischen folgenden Abfragen unterscheiden:

- *Standardabfrage*: Bei einer Standardabfrage geben Sie einfach den Suchbegriff ein. Daraufhin werden alle indizierten Dateien nach diesem Begriff durchsucht und das Ergebnis wird angezeigt.

- *Erweiterte Abfrage*: Wenn Sie beispielsweise nach Dateien suchen, deren Dateigröße größer als 1 MByte, aber kleiner als 5 MByte ist, nutzen Sie die erweiterte Abfrage. Mithilfe der Abfrage können Sie Werte festlegen und die Suche um ein Vielfaches verfeinern.

Wenn Sie lediglich eine Standardsuche durchführen wollen, genügt die gewöhnliche Suchfunktion von Windows. Sie brauchen für die Standardsuche nicht jedes Mal die Computerverwaltung zu öffnen. Wenn Sie dagegen eine erweiterte Suche durchführen wollen, verwenden Sie die Abfragefunktionen des Indexdienstes, die Sie in der Computerverwaltung aufrufen können.

Doch genug der Theorie, in den folgenden zwei Abschnitten erfahren Sie, wie Sie Dateien erfolgreich suchen.

Dateien mit der Standardabfrage suchen

Einmal angenommen, Sie suchen alle Dateien, die den Text *Microsoft* enthalten.

1 Starten Sie die Suchfunktion von Windows, indem Sie auf *Start/Suchen* klicken und wählen Sie *Dateien und Ordnern* aus.

2 Im Feld *Ein Wort oder ein Begriff innerhalb der Datei* geben Sie nun den Suchbegriff (in unserem Beispiel „Microsoft") ein und klicken auf *Suchen*. Daraufhin werden alle lokalen Festplatten nach dem gewünschten Suchbegriff durchsucht, und die gefundenen Dateien werden in der rechten Fensterhälfte angezeigt.

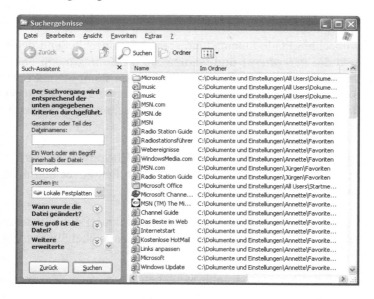

Wenn Sie nach *Microsoft* suchen, werden Ihnen vermutlich zahlreiche Dateien angezeigt werden. Sie können die Suche deshalb noch etwas verfeinern, um das Ergebnis etwas einzugrenzen. Möchten Sie beispielsweise alle Dateien anzeigen lassen, die *Microsoft* enthalten, aber zwischen dem *01.05.2004* und dem *31.05.2004* erstellt wurden, aktivieren Sie die Option *Wann wurde die Datei geändert?* und legen den gewünschten Zeitraum fest. Anschließend starten Sie die Suche mit *Suchen* erneut. Die Auswahl wird nun um einiges geringer ausfallen.

Dateien mit der erweiterten Abfrage suchen

Für die meisten Belange reicht die Standardsuche von Windows eigentlich aus. Doch es kann hin und wieder einmal vorkommen, dass Sie noch gezielter suchen müssen. Wenn Sie beispielsweise ein Netzwerk haben und Dateien in freigegebenen Ordnern suchen, kann dieses Prozedere ganz schön aufwendig werden.

Deshalb bietet der Indexdienst eine erweiterte Abfrage an. Mithilfe dieser Abfragesprache können Sie dann Formeln kreieren und Dateien wesentlich schneller und gezielter finden. Auch wenn sich die Abfragesprache erst einmal kompliziert anhört: Formeln sind schnell und kinderleicht erstellt. Im folgenden Beispiel suchen wir einmal nach einer Datei, die den Begriff *Microsoft* enthält und nach dem *01.05.2004* bearbeitet wurde.

1 Starten Sie die Computerverwaltung im Kontextmenü des *Arbeitsplatzes* und erweitern Sie den *Indexdienst* unter *Dienste und Anwendungen*.

2 Markieren Sie *Katalog durchsuchen*, Sie sehen in der rechten Fensterhälfte das Suchformular des Indexdienstes.

3 Wählen Sie die Option *Erweiterte Abfrage* aus. In das Suchfeld geben Sie nun die Formel „@access > 2004/05/01 AND $contents = Microsoft" ein und klicken auf *Suchen*. Bei Bedarf können Sie das Ergebnis auch sortieren – wählen Sie hierzu die gewünschte Sortierung in den Auswahlfeldern aus.

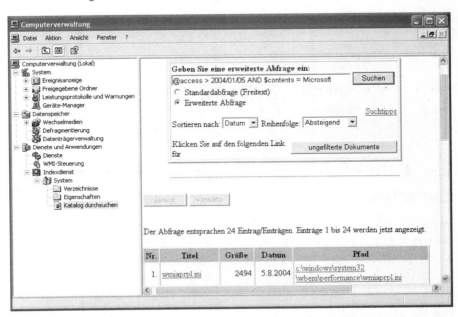

Der Indexdienst hält eine Menge an Suchkriterien bereit, die Sie in der Abfrageformel verwenden können. In der folgenden Tabelle haben wir einmal die wichtigsten Kriterien mit einer kurzen Beschreibung zusammengefasst. Eine Aufstellung aller Kriterien würde hier etwas den Rahmen sprengen, Sie finden aber eine Übersicht aller Möglichkeiten in der Hilfedatei des Indexdienstes.

Kriterium	Beispiel	Beschreibung
@Access	@Access = 2004/05/01	Datum, wann die Datei zuletzt bearbeitet wurde.
@Created	@Created = 2004/05/01	Datum, wann die Datei erstellt wurde.
@DocAuthor	$DocAuthor = Michael Müller	Name des Benutzers, der die Datei erstellt hat.
@DocCharCount	@DocCharCount=3000	Anzahl der Zeichen, die die Datei enthält.
@DocCreatedTm	@DocCreatedTm=13:00:00	Zeitpunkt, wann die Datei erstellt wurde.
$DocKeywords	$DocKeywords=Computer	Enthaltene Schlüsselwörter.
$DocTemplate	$DocTemplate=Normal.dot	Vorlagendatei, mit der die Datei erstellt wurde.
@DocWordCount	@DocWordCount=500	Anzahl der Wörter, die die Datei enthält.
@Write	@Write=2004/05/01 12:00:00	Zeitpunkt, wann die Datei zuletzt bearbeitet wurde.

Sie können mithilfe der Operatoren natürlich auch mehrere Kriterien miteinander verbinden. Die möglichen Operatoren finden Sie in der folgenden Tabelle.

Operator	Beschreibung
AND	Und
OR	Oder
NOT	Ungleich
NEAR	Neben

2.4 Schneller Datenaustausch über die Zwischenablage

Wenn Sie des Öfteren mit mehreren Anwendungen gleichzeitig arbeiten, können Sie Daten zwischen den Anwendungen einfach austauschen. Dafür hält Windows XP die Zwischenablage bereit, in die Sie Daten kopieren und bei Bedarf an anderer Stelle (oder in einem anderen Programm) wieder einfügen können. Dieses Verfahren nennt man auch Copy & Paste (Kopieren und Einfügen).

Die Zwischenablage gab es bereits in älteren Windows-Versionen und ist für fortgeschrittene Anwender nichts Neues. Allerdings ermöglicht Windows XP, die Zwischenablage computerübergreifend – in einem Netzwerk beispielsweise – zu nutzen.

Was Sie mit der Zwischenablage tun können

Die Zwischenablage ist ein separater Speicherbereich, der während einer aktiven Windows-Sitzung zur Verfügung steht. Sobald Windows gestartet wird, steht auch automatisch die Zwischenablage (auch Clipboard genannt) bereit. Das bedeutet, dass der Inhalt, der in die Zwischenablage kopiert wird, nur so lange zur Verfügung steht, bis der Computer heruntergefahren wird. Bei einem Computerneustart wird der Inhalt der Zwischenablage gelöscht.

Des Weiteren kann die Zwischenablage immer nur ein Objekt aufnehmen. Wenn Sie also ein Objekt in die Zwischenablage kopieren, wird der Inhalt – wenn Sie erneut *Kopieren* wählen – durch das neue Objekt überschrieben.

Für den Fall, dass Sie ein Objekt in die Zwischenablage kopieren, das Ihnen auch künftig zur Verfügung stehen soll, müssen Sie das Objekt speichern. Nach einem Computerneustart beispielsweise können Sie das Zwischenablageobjekt laden und wie gewohnt in Ihre Anwendungen einfügen.

Die Zwischenablage aufrufen

Bei früheren Windows-Versionen konnten Sie die Zwischenablage noch über das Startmenü, genauer gesagt unter *Zubehör/Systemprogramme* öffnen. Bei Windows XP fehlt dieser Eintrag, Sie müssen die Zwischenablage also über das Startmenü ausführen. Wenn Sie *Start/Ausführen* wählen, geben Sie einfach

```
clipbrd
```

ein, und die Zwischenablage wird gestartet. Standardmäßig wird erst die lokale Arbeitsmappe geöffnet. Wählen Sie *Fenster/Zwischenablage*, um den Speicherinhalt sehen zu können.

Der Datenaustausch via Zwischenablage

Der schnelle Datenaustausch mittels Zwischenablage erleichtert die Arbeit am Computer ungemein. Wenn Sie beispielsweise mit MS-Office arbeiten, können Sie Adressdaten in Outlook kopieren und in einen gewöhnlichen Brief einfügen, den Sie gerade mit Word erstellen. Sie sparen sich also die Arbeit, die Adresse neu einzugeben.

Natürlich können Sie auch Bilder über die Zwischenablage austauschen. Haben Sie einen Screenshot (ein Abbild des aktuellen Fensterinhalts) mit Alt+Druck erstellt, befindet sich das Bild zunächst in der Zwischenablage. Somit steht das Objekt ab sofort allen Windows-basierten Anwendungen zur Verfügung und kann jederzeit als neues Objekt in das aktuelle Dokument eingefügt werden. Im folgenden Beispiel zeigen wir Ihnen, wie Sie Daten zwischen mehreren Anwendungen austauschen.

Tastenkombinationen für die Zwischenablage

Sie werden des Öfteren Objekte in die Zwischenablage kopieren und an anderer Stelle wieder einfügen, da diese Standardfunktion sehr häufig genutzt wird und die Arbeit ungemein erleichtert. Wenn Sie [Strg]+[C] drücken, wird das markierte Objekt in die Zwischenablage kopiert. Mit [Strg]+[V] können Sie den Inhalt der Zwischenablage in Ihre Anwendung einfügen, so geht es einfach schneller.

Einmal angenommen, Sie haben die Verkaufserfolge des letzten Jahres in der Tabellenkalkulation Excel erfasst. Nun müssen Sie für Ihren Vorgesetzten eine Präsentation vorbereiten, in der diese Verkaufszahlen aufgezeigt werden sollen. Natürlich legen Sie Ihrem Chef jetzt keinen Ausdruck der Excel-Datei vor, sondern erstellen eine schmuckhafte PowerPoint-Folie, in die Sie die Excel-Statistik einfügen.

1   Öffnen Sie die Excel-Datei und markieren Sie den Datenbereich (Zeilen und Spalten), der statistisch aufbereitet werden soll. Im Menü *Einfügen* wählen Sie *Diagramm* aus und erstellen mithilfe des Assistenten die Grafik.

2   Starten Sie nun PowerPoint und entwerfen Sie die Präsentationsfolie, mit der Sie die Verkaufszahlen präsentieren werden, nach Ihren Wünschen.

3   Wechseln Sie mit [Alt]+[Tab] oder durch einen Klick auf das Symbol in der Taskleiste wieder zu Excel. Markieren Sie die Grafik und wählen Sie den Menübefehl *Bearbeiten/Kopieren*.

4   Aktivieren Sie erneut PowerPoint und positionieren Sie den Mauscursor an die Stelle, an der die Grafik nun eingefügt werden soll. Wählen Sie im Menü *Bearbeiten* den Befehl *Einfügen*. Die Grafik wird nun von der Zwischenablage in die PowerPoint-Folie eingefügt.

3. Windows XP – das multimediale Komplettpaket

Windows XP bringt alle Komponenten mit, um Ihnen ein perfektes multimediales Erlebnis zu bieten. Sei es nun das Abspielen von DVDs, vielleicht sogar angeschlossen an den Fernseher, oder das Abspielen von Audio-CDs über das Erstellen von eigenen Filmen bis hin zum Surroundklang bei Musik und Spielen.

3.1 Windows Media Player – für Ihre Medienbibliothek

Der Media Player – das Zentrum oder der Ausgangspunkt für alle Ihre Vorhaben. Wir wollen Ihnen aber auch Alternativen nennen, die an einigen Stellen einfach geeigneter sind als der Media Player. Durch verschiedenste Medienformate wird das Angebot von Multimedia-Anwendungen immer größer. Durch wachsende Datenübertragungsgeschwindigkeiten (beispielsweise DSL) wird die so genannte Streaming-Technologie, also das Betrachten von Videos und das Hören von Liedern direkt im Internet immer populärer.

Schon heute können Sie TV auch über den Rechner empfangen und abspielen, mehr Radiosender als je zuvor übers Internet empfangen. Die Grenzen zwischen Internet-TV und -Radio sind verschmolzen und lassen sich kaum noch trennen. All die Möglichkeiten, die Ihnen Windows XP hierzu liefert, stellen wir Ihnen hier vor und darüber hinaus noch sinnvolle Ergänzungen durch andere Produkte, um den Genuss vollends abzurunden. Da im Service Pack 2 von Windows XP noch der Media Player 9 mitgeliefert wird, wollen wir Ihnen dennoch einen Ausblick auf den bereits als finale Version existierenden Media Player 10 bieten, der eine konsequente Weiterentwicklung darstellt.

Windows Media Player – im Dschungel der abspielbaren Medienformate

Der Windows Media Player der 9er-Serie von Windows XP unterstützt jedes gebräuchliche Audio- und Videoformat, das zurzeit populär ist, sodass Sie erstmalig völlig auf Konkurrenzprodukte wie Winamp, RealPlayer oder iTunes von Apple verzichten können. Natürlich können Sie diese Produkte auch parallel einsetzen, und das sollten Sie auch, um das für Sie angenehmste Produkt zu finden. Unter folgenden Adressen finden Sie Winamp und den RealPlayer als Freeware:

www.winamp.com, *www.realmedia.com* und *www.apple.com/itunes/download/*

Wir wollen Ihnen an dieser Stelle keine Tabelle aufzeigen mit Abkürzungen, die einen mehr verwirren als alles andere, sondern vielmehr aufzeigen, wo Sie die Dateiformatunterstützung für einzelne Formate aktivieren können. Denn wenn Sie mehrere Produkte parallel nutzen, muss ein Player als Standard-Player für die einzelnen Formate festgelegt werden. So wie DOC-Dokumente standardmäßig mit dem Programm Word aufgerufen werden, so werden auch Audio- und Videoformate verschiedenen Programmen zugeordnet.

1 Wechseln Sie im geöffneten Media Player über den Menübefehl *Extras/Optionen* auf die Registerkarte *Dateiformate*. Hier werden die einzelnen Dateiformate aufgelistet und können mittels Haken ausgewählt werden.

2 Um sich anzeigen zu lassen, welche Dateiformate hinter den Endungen stecken, markieren Sie ein Format und lesen in der darunter stehenden Beschreibung, welche Formate sich genau dahinter verbergen.

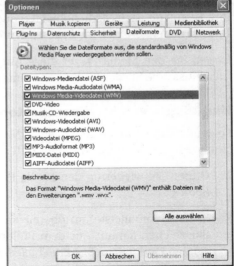

Unzählige Dateiformate werden vom Media Player unterstützt.

Verwalten von Multimedia-Dateien mit der Medienbibliothek

Schnell werden Ihre Festplatten überlaufen vor Audio- und Videodateien, wenn Sie erst einmal auf den Geschmack gekommen sind. Hier bietet es sich an, von Anfang an Ordnung zu halten und Ihre Dateien gut sortiert zu verwalten. Daher ist es auch durchaus sinnvoll, sich verschiedene Produkte von vorneherein zu betrachten, um sich hinterher nicht die ganze Arbeit des Kategorisierens erneut vorzunehmen.

Ordnung nach Audio- und Videodateien

Die Medienbibliothek bietet Ihnen die Möglichkeit, unabhängig vom Speicherort der Dateien selbige in eine strukturierte Ordnung zu bringen – unterteilt in Audio- und Videodateien, in Alben, Interpreten oder sogar geordnet nach Genres. Unabhängig vom Speicherort bedeutet, die Medienobjekte können auf mehreren Partitionen Ihrer Festplatten verteilt liegen und werden in der Medienbibliothek lediglich logisch katalogisiert – so, als ob Sie Verknüpfungen anlegen, werden diese auf die wahren Speicherplätze der Objekte zeigen. Sie können sogar so genannte Playlists erstellen, also eine Reihenfolge, in der Ihre Mediaobjekte abgespielt werden sollen. Mehr dazu erfahren Sie im nächsten Abschnitt „Ihre MP3-Jukebox".

Sortierung in der Medienbibliothek

Öffnen Sie den Media Player und klicken Sie in der linken Menüspalte auf die *Medienbibliothek*. Wenn Sie noch keine Dateien dort einsortiert haben, weist Sie der Media Player darauf hin, bietet freundlich seine Dienste an und fragt, ob er Ihre Festplatte nach Medienobjekten durchsuchen soll. Dabei sucht er nach allen Dateiformaten, die ihm zugewiesen wurden.

Lassen Sie den Media Player diese Aufgabe ausführen oder lesen Sie direkt im Anschluss, wie Sie der Bibliothek manuell Medienobjekte zufügen können.

Hinzufügen von Medienobjekten

Folgendermaßen fügen Sie beliebige Medienobjekte, die vom Media Player unterstützte Formate aufweisen, seiner Datenbank hinzu.

1 Öffnen Sie wiederum den Media Player und wechseln Sie in die *Medienbibliothek*.

2 In der Symbolleiste am oberen Rand klicken Sie auf den Button mit dem Pluszeichen darauf. Aus dem Pulldown-Menü wählen Sie dann eine der folgenden Optionen aus: *Aktuell wiedergegebenen Titel hinzufügen*, *URL hinzufügen* oder *Datei hinzufügen*.

3 Wählen Sie nun zum Beispiel die Option *Datei hinzufügen*. Es öffnet sich ein Fenster, in dem Sie durch Ihre Festplatten browsen können und die Dateien markieren müssen, die Sie hinzufügen möchten.

4 Der Media Player sortiert die Dateien dann anhand der Formate ein. Handelt es sich um komplette Alben, werden die Dateien in der Bibliothek sowohl in der Rubrik *Album* als auch in der Rubrik *Alle Audiodateien* oder entsprechend unter den Videoformaten geführt.

Titel	Interpret	Album	Komponist
Like Humans Do (Radiofassung)	David Byrne	Look Into The Eyeball	
Party Out of Bounds	The B-52's	Wild Planet	Cindy Wilson, Fred Schneider, Kate ...
Dirty Back Road	The B-52's	Wild Planet	The B-52's
Runnin' Around	The B-52's	Wild Planet	Cindy Wilson, Fred Schneider, Kate ...
Together Alone	ANNOUK	ANNOUK - TOGETER ALONE	
Time Is A Jailer	ANNOUK	ANNOUK - TOGETER ALONE	
The Other Side Of Me	ANNOUK	ANNOUK - TOGETER ALONE	

5 So erhalten Sie nach und nach eine große Bibliothek, in der Sie organisiert nach Titeln, Alben, Interpreten und Genres suchen können, um schnellstmöglich ein Medienobjekt Ihrer Wahl zu finden.

Durchsuchen der Medienbibliothek

Schneller als Sie es sich vorstellen können, wird sich Ihre Medienbibliothek füllen, wenn Sie erst einmal dem MP3-Fieber und dem „Rippen" verfallen sind, daher bietet sich dann die praktische Suchfunktion innerhalb der Medienbibliothek an.

Klicken Sie ganz einfach in der Symbolleiste innerhalb der Medienbibliothek auf die Schaltfläche *Suchen*. Geben Sie den Suchbegriff ein und starten Sie die Suche mit der Schaltfläche *Suchen starten*. Alle gefundenen Ergebnisse werden unter den eigenen Wiedergabelisten als *Suchergebnisse* in einer eigenen Liste wiedergeben und können einfach per Drag & Drop in eine andere Wiedergabeliste übernommen werden.

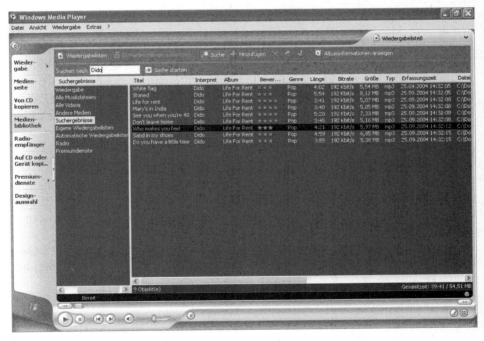

Die Medienbibliothek nach Titeln durchsuchen.

3.2 Ihre MP3-Jukebox

Mit dem Windows Media Player können Sie viel mehr als nur einfach Lieder abspielen: Er wird zu Ihrem Archiv und gleichzeitig zu Ihrer Stereoanlage für Partys. Kreieren Sie je nach Bedarf Playlists, die die Lieder aus Ihrem Archiv nach Ihrer Vorgabe abspielen. Sollten Sie die Möglichkeit haben, einen Beamer zu benutzen, können Sie sogar Visualisierungen zu Ihren Audiodateien an die Wände zaubern. Mit anderen Worten, der Media Player dient als mobile Diskothek.

Wenn Sie im Besitz eines tragbaren MP3-Players sind, können Sie Ihre Audiodaten mithilfe des Media Player auch auf diese Geräte übertragen, um Ihre Lieblingsmusik immer bei sich zu haben. Mit der neuen Generation des Media Player 10 werden immer mehr externe Geräte erkannt und unterstützt; siehe Abschnitt 3.7 „Der Nachfolger – Windows Media Player 10".

Wiedergabe von CD und MP3-Dateien

Um eine Audiodatei, sei es nun eine CDA-, eine WMA- oder MP3-Datei, abzuspielen, brauchen Sie nichts weiter zu tun, als sie mit der Maus mit einem Doppelklick aus dem Ordner heraus anzuklicken. Schon wird der Media Player automatisch gestartet und spielt die Audiodatei ab. Natürlich muss das jeweilige Audioformat dem Media Player zugeordnet sein. Genau das Gleiche passiert, wenn Sie eine Audio-CD in Ihr CD-R- oder DVD-Laufwerk einlegen.

Die andere Möglichkeit ist die, über den Menübefehl *Datei/Öffnen* im Media Player selbst eine Audiodatei zu öffnen. Browsen Sie bis zu dem Verzeichnis, in dem Sie Ihre Audiodateien abgelegt haben, markieren Sie das Lied und klicken Sie auf *Öffnen*, um die Wiedergabe zu starten. Alternativ können Sie auch eine URL öffnen, also einen Link im Internet, um von dort aus eine Audiodatei abzuspielen. Mehr dazu erfahren Sie im Abschnitt 3.5 „Audio- und Videostreaming".

Visualisierungen und Steuerung der Mediadateien

Neben dem einfachen Abspielen der Audiodateien können Sie noch einige Einstellungen vornehmen, um sowohl das Aussehen des Media Player selbst als auch die Visualisierungen zu steuern, die die Audiodateien optisch untermalen.

Um das Aussehen des Media Player zu ändern, klicken Sie einfach in der linken Menüleiste auf *Designauswahl* und suchen sich ein Design aus, das Ihnen am besten gefällt.

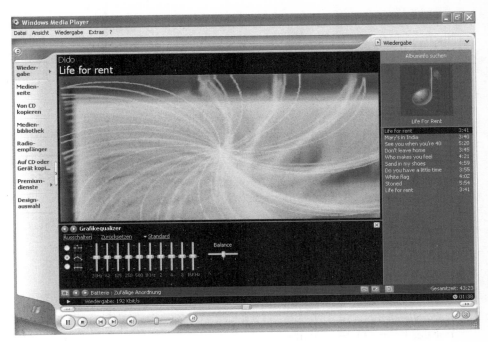

Wiedergabe von Audiodateien mit dem Media Player.

Zur Steuerung der Wiedergabe Ihrer Audiodateien finden Sie im unteren Bereich des Media Player-Rahmens Buttons, ähnlich denen an einer Stereoanlage, mit deren Hilfe Sie das Lied starten, stoppen oder auf Pause stellen können. Über die beiden Schieberegler stellen Sie die Lautstärke ein und mit dem anderen Regler können Sie an eine beliebige Stelle des Liedes vor- oder zurückspulen.

Der Media Player wartet mit verschiedenen Visualisierungen auf, um Ihre Audiodateien optisch zu begleiten. Zum Auswählen der Visualisierungen klicken Sie im Menü *Ansicht* auf *Visualisierungen* und suchen sich eine aus. Sollten Sie noch mehr Bedarf an zusätzlichen Visualisierungen haben, können Sie sich über den Menübefehl *Ansicht/Visualisierungen/Visualisierungen downloaden* weitere aus dem Internet beschaffen. Eine weitere Möglichkeit, die Visualisierung zu ändern, sind die drei Buttons direkt unterhalb des Visualisierungsfensters. Mit dem Button ganz links lässt sich eine neue Hauptgruppe an Visualisierungen auswählen und mit den beiden Buttons rechts davon zwischen den Untereffekten hin- und herwechseln.

Zusätzlich kann der Media Player zu den von Ihnen abgespielten Stücken weitere Informationen, wie zum Beispiel Albuminformationen oder zugehörige Songtexte, aus dem Internet herunterladen, soweit sie verfügbar sind. Klicken Sie hierzu auf den Button unten links in der Ecke des Hauptfensters des Media Player und wählen Sie den gewünschten Punkt aus. Hier können Sie auch einen Graphic Equalizer und die so genannten SRS WOW-Effekte aufrufen, zu denen wir im nächsten Abschnitt kommen. Auch Videoeinstellungen bezüglich Helligkeit und Farbtiefe können hier reguliert werden. Der Graphic Equalizer wird manuell über mehrere kleine Schieberegler eingestellt oder man wählt eine vorgegebene Einstellung für eine Musikrichtung aus.

Der Mini-Player-Modus

In vielen Situationen ist der Media Player einfach zu groß und sperrig, durch diesen neuen Modus wird der Media Player lediglich in der Taskleiste angezeigt und bietet direkten Zugriff auf alle Funktionen.

Aktivierungshinweis für den Mini-Player-Modus.

1 Nachdem Sie den Windows Media Player installiert haben, klicken Sie mit der rechten Maustaste auf einen leeren Bereich in der Taskleiste.

2 Wählen Sie den Kontextmenüpunkt *Symbolleisten* aus und klicken Sie dann mit der linken Maustaste auf *Windows Media Player.*

3 Sobald Sie nun den Windows Media Player öffnen, erscheint er als Navigationsleiste in der Taskleiste.

Ihre Lieblingshits auf der Festplatte

Ihre CD-Sammlung komplett auf der Festplatte – unglaublich, aber wahr: Dank raffinierter Komprimierung kann Windows jetzt Ihre Lieblingshits Platz sparend bereithalten – Hits auf Abruf. Und Sie sind Ihr eigener Mausklick-DJ. Was Sie dazu tun müssen? Im Windows Media Player finden Sie unter *Extras/Optionen/Musik kopieren* die notwendigen Einstellungen. Mit dieser Funktion kopieren Sie die Musikstücke in komprimierter Form (WMA oder MP3) auf die Festplatte.

MP3 nachrüsten

Von Haus aus steht Ihnen momentan nur das WMA-Format zur Verfügung. Für die MP3-Funktionalität müssen Sie erst noch ein Plug-In erwerben.

Softwarefirmen wie z. B. Cyberlink (*www.gocyberlink.com*) bieten entsprechende Plug-Ins bereits zum Erscheinen von Windows XP an. So ein Plug-In kostet etwa € 10,-. Das Besondere bei Cyberlink: In Verbindung mit einer speziellen XP-Edition bekommen Sie MP3-Plug-In und PowerDVD SE in einem attraktiven Paket.

MP3-Qualität: wenn möglich, 160 KBit/s oder mehr

56 KBit/s sind für gute Ohren zu wenig: Ich rate Ihnen bei MP3 zu 160 KBit/s oder 192 KBit/s – die Kompression ist dann kaum noch auszumachen. Heutzutage liegen die Raten in den Musik-Onlinestores meistens sogar bei 256 KBit/s.

WMA contra MP3 – wann Sie auf MP3 setzen sollten

An der Qualität des WMA-Verfahrens gibt es eigentlich nichts zu mäkeln – wo man vor einem Jahr seinem PC noch treu bleiben musste und maximal einen Windows CE-Kleincomputer für unterwegs benutzen konnte, dort kann man heute das WMA-Format ebenso wie das MP3-Format auch auf anderen Geräten verwenden, da das WMA-Format immer häufiger vorkommt. Man sollte jedoch beim Kauf von einem Mini-MP3-Player oder anderen Geräten, wie DVD-Player oder einem MP3-fähigem Autoradio, darauf achten, welche Formate es unterstützt. Beim Windows Media Player 10 ist es erstmals auch von Hause möglich, direkt ins MP3-Format zu komprimieren, Microsoft hat sich dem MP3-Standard gegenüber geöffnet.

Ogg Vorbis – die Open Source-Alternative

Auch wenn MP3 und WMA den Ton im Audiocodec-Bereich angeben, so gibt es doch Alternativen, die sich nicht zu verstecken brauchen und daher auch erwähnt werden sollten. Die wichtigste im Audiobereich ist Ogg Vorbis (Näheres zur Namensgebung und technische Details finden Sie unter *www.vorbis.com)*, die ein freier, offener und noch unpatentierter Standard ist. Laut den Betreibern der Seite *www.vorbis.com* klingt der Ogg-Standard besser und klarer als das MP3-Format, und vor allem wird die Plattformunabhängigkeit hervorgehoben. Alle Hörer sind herzlich eingeladen, auf der Webseite einen Hörtest zu machen, um selbst zu entscheiden, welches Format besser klingt.

Der Nachteil, der zurzeit noch besteht, ist die fehlende Unterstützung, sodass für Windows lediglich Winamp und foobar2000 dieses Format abspielen können. Da es sich um einen offenen Standard handelt, bleibt zu bezweifeln, dass sich die Hersteller der MP3-Player auf diesen Standard einlassen werden.

MP3 hat als Medienstar und Plattenfirmenschreck Aufsehen erregt und sich die Unterstützung der Unterhaltungsgeräte-Industrie erobert. Auch in den nächsten Jahren wird der digitale Quasi-Standard in Sachen Audio Bestand haben, wie man an den zahlreichen Musik-Onlinestores erkennt, die fast alle MP3 als Standard verwenden.

Musikstücke von CD auf die Festplatte kopieren und komprimieren

Auch ohne das MP3-Plug-In haben Sie schon die Möglichkeit, Ihre CDs auf Festplatte zu übertragen. Das Ganze funktioniert im Media Player unter der Rubrik *Von CD kopieren*.

Sie müssen nur noch die Stücke auswählen und starten den Kopiervorgang dann über *Musik kopieren*.

Zusatzinfos mitkopieren

Damit Sie auch genau wissen, was Sie da auf der Festplatte gespeichert haben, sollten Sie unter *Extras/Optionen/Musik kopieren/Dateiname* zusätzliche Optionen anwählen. Sinnvoll sind *Interpret* und *Album* – damit Sie Musikstücke besser einordnen und in der Medienbibliothek auch nach Alben geordnet anzeigen lassen können.

Mehr Informationen zum Themenkreis Media Player – Audio-CD und selbst gebrannte CDs finden Sie in Kapitel 4.1 ab Seite 130.

Playlists – selbst gemixt

Im obigen Abschnitt „Verwalten von Multimedia-Dateien mit der Medienbibliothek" haben Sie bereits die Medienbibliothek zur zentralen Verwaltung Ihrer Medienobjekte kennen gelernt. Nun ist es an der Zeit, eigene so genannte Playlists zu erstellen. Eine Playlist ist eine Liste von Liedern, mit der Sie die Abspielreihenfolge festlegen. Besonders praktisch ist das natürlich für Ihre Partys: So können Sie vorher schon mal Musik zusammenstellen – keiner muss sich mehr während der Party um die Musik kümmern, das lästige CD wechseln entfällt völlig. Oder aber die passende Wiedergabe für verschiedene Stimmungslagen – mit einem Mausklick haben Sie sofort das passende Musikprogramm parat.

Klicken Sie in der linken Menüleiste wiederum auf die Medienbibliothek. Sie sehen im linken Teilfenster die Verwaltungshierarchie der Medienobjekte, aufgeteilt in *Audio* und *Video* als Hauptgruppen, weiter unterteilt in *Alle Audiodateien*,

Interpreten, *Album* und *Genre*. Zusätzlich gibt es noch die *Eigenen Wiedergabelisten*, *Voreinstellungen für Radioempfänger* und *gelöschte Objekte*. Alles ist ähnlich wie der Windows-Explorer aufgebaut. Auch hier zeigt Microsoft die Umsetzung des Bemühens, allen Programmen ein gleiches Aussehen als Arbeitsgrundlage zu geben. Denn auch Outlook Express ist exakt nach diesem Schema aufgebaut.

So stellen Sie Ihre eigene Playlist zusammen

Ihre Lieblingslieder erreichen Sie nach der Zusammenstellung mit einem einzigen Doppelklick.

1 Klicken Sie auf das Symbol *Wiedergabelisten* oben links und dann auf *Neue Wiedergabeliste*, um den Vorgang zu beginnen.

2 Geben Sie Ihrer Wiedergabeliste einen passenden Namen und bestätigen Sie diesen mit *OK*.

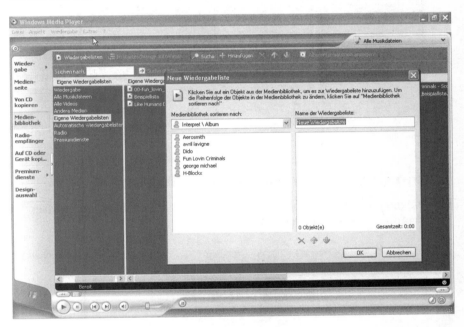

3 Zunächst erscheint Ihre neue Wiedergabeliste unter der Rubrik *Eigene Wiedergabelisten* in der Struktur im linken Teilfenster. Klicken Sie darauf, um sie auszuwählen. Sie sehen, dass diese noch völlig leer ist.

4 Um der Wiedergabeliste nun Lieder aus Ihrer Bibliothek hinzuzufügen, brauchen Sie diese beispielsweise nur unter der Rubrik *Alle Audiodateien* zu markieren und oben in der Symbolleiste auf *Hinzufügen* zu klicken.

5 In dem Pulldown-Menü wählen Sie dann ganz einfach Ihre neue Wiedergabeliste aus und die Lieder werden als Verknüpfungen oder so genannte Zeiger Ihrer Liste hinzugefügt.

6 Wenn Sie die Liste komplett erstellt haben, können Sie durch einen Doppel-klick auf Ihre Wiedergabeliste die Wiedergabe starten. Alternativ können Sie auch über das Pulldown-Menü oben rechts im Media Player-Fenster Ihre Wiedergabeliste aufrufen.

Aufruf Ihrer Wiedergabeliste über das Pulldown-Menü.

Totale Kontrolle – auch ohne Plug-Ins

Für einige neue Features, die wir Ihnen noch vorstellen möchten, müssen Sie die so genannten Erweiterungen einschalten.

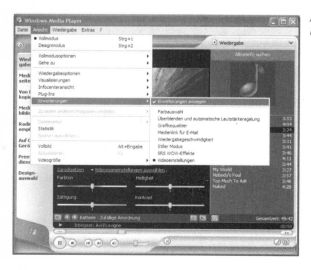

Aktivieren der Erweiterungen im neuen Media Player.

Öffnen Sie dazu das Menü *Ansicht*, dort das Untermenü *Erweiterungen* und markieren Sie den Punkt *Erweiterungen anzeigen*. Wenn Sie nun im Media Player in der linken Navigationsleiste auf den Punkt *Now Playing* klicken, sehen Sie im unteren Teil des Hauptfensters verschiedene Features, zwischen denen Sie mithilfe der Pfeile hin- und herschalten können.

3.3 VCDs und DVDs – Heimkino auf dem PC

Der Siegeszug der DVD ist unaufhaltsam und ungebrochen – bereits jetzt hat sie die herkömmliche CD abgelöst. In vielen Videotheken findet man sie in größerer Anzahl als herkömmliche Videokassetten, und dass, wo es vor zwei Jahren noch genau umgekehrt war – und auch ein guter DVD-Player kostet nicht mehr als ein guter Hi-Fi-Stereo-Videorekorder. Die DVD ist derzeit das heißeste Medium überhaupt – auf Standalone-Playern im Wohnzimmer und in Verbindung mit DVD-ROM und PC. Medien sind in verschiedenen Standards gebräuchlich, Regionalcodes lassen sich abschalten – mit etwas Geduld kann man auch DVDs auf normale CDs kopieren. Last, but not least verleiht die Verfügbarkeit der Consumer-DVD-Brenner, die bereits die 12fache Brenngeschwindigkeit erreicht haben, dem Thema eine neue Dimension.

DVD unter Windows XP – hier mit dem PowerDVD-Player.

DVD Standards, Formate und Eigenheiten

DVD (Digital Versatile Disc) – Ursprünglich Digital Video Disc genannt. Eine DVD bietet bis zu 17 GByte Speicherkapazität auf vier Informationsschichten – allerdings sind DVD-17-Discs noch nicht auf dem Markt. DVDs mit nur einer Schicht besitzen 4,7 GByte Speicherkapazität, ausreichend für bis zu 133 Minuten Video mit MPEG-2-Kompression und verschiedenen Audiospuren. Da die weitaus größte Anzahl aller Filmproduktionen unter 133 Minuten liegt, ist dies immer ausreichend.

DVD-R -DVD -RAM, DVD-RW, DVD+RW – Beschreibbare DVDs sind momentan noch sehr teuer. Die verschiedenen Laufwerktypen sollen alle in der Lage sein, DVD-ROMs, alle CD-Formate, DVD-Rs und DVD-RWs lesen zu können, DVD-RAM bleibt dabei außen vor. Umgekehrt wird aber leider kein Schuh draus: Die DVD+RW-Medien werden aufgrund der unterschiedlichen Reflexion und des Defect Managements von existierenden DVD-Playern nicht erkannt – dazu bedarf es wieder einmal einer neuen Laufwerkgeneration. Neuere Rekorder dieser Bauart sollen dann 4,7 GByte speichern können.

DVD-Typ	Beschreibung
DVD-5	Einseitig beschriebene DVD mit einer Schicht. Bietet 4,7 GByte Datenkapazität.
DVD-9	Einseitig beschriebene DVD mit zwei Schichten. Bietet 8,5 GByte Datenkapazität.
DVD-10	Zweiseitig beschriebene DVD mit jeweils einer Schicht. Bietet 9,4 GByte Datenkapazität.
DVD-17	Zweiseitig beschriebene DVD mit jeweils zwei Schichten. Bietet 17 GByte Datenkapazität.
DVD-18	Dasselbe wie DVD-17. Offensichtlich werden hier zwei Begriffe fröhlich durcheinander gewürfelt. Die Datenkapazität liegt trotzdem bei 17 GByte.

DivX – die Konkurrenz zum MPEG-2-Format?

Die DivX vorausgehende Entwicklung sollte als MPEG-4 eine alternative Vertriebsform möglich machen und für PayPerView- oder VideoOnDemand-Geschäftsmodelle genutzt werden. Furore machte nun die sagenumwobene Veröffentlichung des Verfahrens und ein daraufhin in freien Softwareprojekten kreierter Codec, der die Komprimierung geschickter und platzsparender handhabt als der bei DVDs verwendete MPEG-2-Indstriestandard. Beliebt wurde der Codec durch seine Fähigkeiten in Sachen Komprimierung. Kult-Serien als 20 bis 30 MByte große Datei im Internet, Spielfilme, die zum Kinostart bereits in Tauschbörsen kursieren und auf eine CD-R passen – der Codec hat Dateigrößen ermöglicht, die mit ansprechender Qualität auch heute schon eine Verbreitung der Filme über das Internet möglich werden lassen. Vor allem seit die Standalone-DVD-Player in der Lage sind, auch DivX-Formate abzuspielen, sodass etwaiges Umwandeln in MPEG-2 komplett entfällt, was natürlich die Tauschbörsen weiter angeheizt hat.

Informationen zu DivX und Codec-Download

Mehr Informationen zum DivX-Codec, Playern und weiteren Tools finden Sie auf den Seiten *http://www.divx.com*. Sie bekommen dort auch den Codec, nach dessen Installation Ihr Media Player DivX-Filme abspielen kann.

DVDs anschauen – Media Player und alternative Softwareplayer für mehr Kinogenuss

Neuere Rechner sind in der Regel von vornherein in der Lage, DVD-Videos ohne zusätzliche Hardwareunterstützung wiederzugeben – ein Softwareplayer natürlich vorausgesetzt, der der Media Player mit entsprechend installiertem Decoder sein kann. Oder ein Player von Drittanbietern, der die eine oder andere Zusatzfunktion bietet. Wir werden Ihnen gleich noch einige vorstellen. Ein Softwareplayer leistet nur mithilfe der CPU die gesamte Arbeit, von der Dekodierung des MPEG-Videos bis zur Übermittlung der Tondaten an die Soundkartentreiber.

Kann Ihr PC flüssig DVDs abspielen?

Die minimalen Systemvoraussetzungen für Videos mit 24 Frames pro Sekunde liegen bei:

- 300er Pentium II oder AMD 350 MHz oder kompatible CPUs dieser Leistungsklasse (je mehr desto besser). Hier sehen Sie schon, dass die Geräte der heutigen Generation keinerlei Problem mit dem Abspielen von DVDs haben, da die Spezifikationen weit unter den heute üblichen liegen.

- Aktiviertes Busmastering. Im Gegensatz zu älteren Windows-Versionen versucht Windows XP, den DMA-Modus automatisch zu aktivieren.

- AGP-Grafikkarte, nicht alle Anwendungen geben sich auch mit einer PCI-Karte zufrieden (Probleme beim so genannten Overlay).

Was die Software betrifft, so existieren mittlerweile eine gute Hand voll Produkte. Einige dieser Player arbeiten sehr gut, andere benötigen noch einige investierte Arbeit, um zufrieden stellende Ergebnisse liefern zu können. Zu Ersteren gehören vornehmlich die von Quadrant International lizenzierten Softwareplayer, die unter verschiedenen Namen unter die Leute gebracht werden, sowie Power-DVD-Player von CyberLink.

Die populärsten Software-DVD-Player:

- **PowerDVD** von CyberLink (*http://www.gocyberlink.com*). Bewertung: gut bis sehr gut.

Kontrolleiste vom PowerDVD

- **CinePlayer** von Sonic (*http://www.sineplayer.com/*). Die Decoding-Engine befindet sich auch in verschiedenen anderen Produkten, so zum Beispiel von Elsa (**ELSAMovie**, *http://www.elsa.de*) für die Grafikkartenprodukte Elsa

Erazor II, Elsa Victory II und Elsa Victory Erazor LT und **ATI DVD Player** von ATI Technologies (*http://www.atitech.com/*). Bewertung: gut bis sehr gut.

■ **WinDVD** von Intervideo Inc. (*http://www.intervideoinc.com/*). Bewertung: gut bis sehr gut. Wenn allerdings statt auf die hauseigene Decoding Engine auf Microsofts DirectShow gesetzt wird, kann es je nach Systemkonfiguration dazu kommen, dass selbst 400er-Pentiums keine besonders guten Ergebnisse liefern.

■ **XingDVD** von Xing (*http://www.xingtech.com/*). Bewertung: gut bis sehr gut, unterstützt allerdings in der aktuellen Version keine Hardware Motion Compensation.

■ **SoftPC-DVD** von Creative Labs (*http://www.soundblaster.com/promo/com dex/soft-pcdvd.html*). Bewertung: okay.

■ **SoftDVD** von ehemals Zoran, jetzt Roxio (*http://www.roxio.com*). Bewertung: geht so bis mäßig. Einzig die neuste Version SoftDVD III soll bessere Ergebnisse liefern, wird allerdings derzeit nicht an Endkunden abgegeben.

Einige dieser Player werden als Einzelprodukte ausgeliefert und funktionieren mit jeder Hardware (beispielsweise PowerDVD und WinDVD), andere sind OEM-Produkte, die mit Decoderkarten ausgeliefert werden, und wieder andere sind auf bestimmte Grafikkarten abgestimmt (beispielsweise sämtliche CineMaster-Varianten). Decoderkarten sind im Übrigen auf den Softwareplayer angewiesen, mit dem sie ausgeliefert werden. Drittprodukte sind praktisch nie bereit, auch mit der (für sie) fremden Karte zusammenzuarbeiten.

DVDs im Media Player wiedergeben

Eine DVD-Wiedergabe starten Sie über den Menübefehl *Wiedergabe/DVD VCD oder CD-Audio*. Alternativ dazu können Sie die DVD in der Wiedergabeliste unter der dort aufgeführten DVD oder dem registrierten Titel bzw. Kapitel des Films aufrufen.

DVD-Features: Untertitel, Kamerawinkel, Sprache

Über den Menübefehl *Ansicht/DVD-Features* lassen sich leicht Untertitel an- bzw. ausschalten, die Sprache für Untertitel und Auswahlmenü der DVD sowie die zur Verfügung stehenden Kamerawinkel auswählen.

Wie gesagt: Zum Abspielen von DVDs braucht es ein DVD-ROM-Laufwerk und einen Softwaredecoder, der z. B. mit einem der oben genannten Software-DVD-Player oder einer Decoderkarte auch für den Media Player verfügbar wird – ansonsten sind die Steuerelemente für DVD nicht im Media Player angezeigt.

Sind die Voraussetzungen erfüllt, dann wird der Media Player zu einem komfortabel zu bedienenden Allzweckgerät. Für die schnelle Änderung der Bildgröße hält er zudem die folgenden Tastenkombinationen bereit:

Alt + Enter	Schaltet bei Videos in den Vollbildmodus um.
Alt + 1 / Alt + 2 / Alt + 3	Zoomfaktoren 50 %/100 %200 %.
Strg + I	Capturing eines einzelnen Standbildes bei der Wiedergabe einer DVD.

Abschließend sei gesagt, dass selbst mit dem aktuellen Windows Media Player 10 nicht alle DVDs problemlos abspielbar sind. Die beste Alternative zum Windows Media Player ist der oben genannte PowerDVD, der wirklich nahezu alle Formate und vor allem alle DVDs abspielt.

Das Betriebssystem und DVDs

DVDs nutzen zurzeit noch MicroUDF, eine Mischung aus UDF und ISO 9660, wobei das ISO-Dateisystem notwendig ist, damit auch jene Betriebssysteme auf die Daten einer DVD zugreifen können, die UDF nicht von sich aus erkennen können.

Bei Windows XP ist UDF bereits ins Betriebssystem selbst integriert, ähnlich wie vorher bei Windows 98/2000 und kann somit auch problemlos mit reinen UDF-formatierten Disks umgehen.

DirectShow/DirectMedia

Viele Softwareplayer setzen auf DirectShow von Microsoft auf, das eine nicht zu unterschätzende Unterstützung von DVD-Video und MPEG-2 aufweist. DirectX wird als Komponente von Windows XP automatisch mit installiert, sodass es keinerlei Aufwand bedarf, sich diese Komponente extra aus dem Internet herunterzuladen. Die aktuelle Version ist 8.0 und steht unter *http://www.microsoft.com/directx* zum Download bereit, der sich jedoch erst bei einem erneuten Versions-Update lohnen würde.

Regionalcodes

Regionalcodes entsprangen dem Druck Hollywoods und der Vertriebspolitik der Filmindustrie. In der Regel starten Filme außerhalb der USA zu einem Zeitpunkt, an dem in den Vereinigten Staaten selbst bereits die Video- und DVD-Fassungen auf den Markt kommen. Durch diese zeitliche Verschiebung wäre die Ausbeute in der Kinowirtschaft der jeweiligen Länder gefährdet, wenn der Verbraucher die aktuellsten Filme bereits via Import auf DVD erstehen kann.

Der Regionalcode soll sicherstellen, dass Disks nur in den Ländern abgespielt werden können, in dem der Player gekauft wurde. Stimmt der Code der Disk nicht mit jenem des Laufwerks überein, kann sie nicht angeschaut werden. Beispielsweise enthält jeder in Deutschland verkaufte DVD-Videoplayer (und einige DVD-ROM-Laufwerke) den für Europa vorgesehenen fest implementierten Regionalcode. Disks aus den USA oder Mexiko können nicht abgespielt werden.

Einen Zwang für die Hersteller von DVDs, diesen Code in ihre Produkte einzufügen gibt es allerdings nicht. Deshalb gibt es auch so genannte Code 0- oder Code Free-Discs, in der Regel sind dies aber dokumentarische oder pornografische (Mach-)Werke. Für DVD-ROMs oder DVD-Audios gibt es ebenfalls keinerlei Länderkodierung.

Der Regionalcode besteht nur aus einem einzigen Byte auf DVD, der abgetastet und mit dem implementierten verglichen wird. In der Regel wird dem Verbraucher eine fünfmalige Änderung des Codes zugestanden, danach bleibt er so lange auf dem zuletzt eingestellten sitzen, bis er Gegenmaßnahmen ergreift. (Die Hoffnung, dass der Player den endgültig gespeicherten Code irgendwann einmal vergisst, ist müßig.)

Der jeweilige Regionalcode ist auf jeder Verpackung aufgedruckt:

Code 1	Die USA sowie unterschiedliche Territorien außerhalb der Grenzen der Vereinigten Staaten und Kanada.
Code 2	Japan, Europa, Südafrika und der Mittlere Osten bis einschließlich Ägypten.
Code 3	Südostasien und Ostasien einschließlich Hongkong.
Code 4	Australien, Neuseeland, die Pazifischen Inseln, Mittelamerika, Mexiko, Südamerika und die Karibik.
Code 5	Die GUS-Staaten einschließlich sämtlicher anderer ehemaligen Mitglieder der Sowjetrepublik, Indien, Afrika, Nordkorea und die Mongolei.
Code 6	China.

3.4 Kino- & Gamesound von allen Seiten – Surround Sound

Der PC wird immer mehr zur Multimedia-Maschine, die aufgrund sehr guter Soundkarten und neuer Technologien wie dem WOW-Effekt mit TruBass eine unglaubliche Dynamik erzeugen kann. So klingen Ihre einfachen PC-Lautsprecher plötzlich wie eine Surroundanlage. Ebenso können Sie Ihre Soundkarte mit Ihrem Hi-Fi-Verstärker verbinden und so Ihre Audio- und Videodaten aus dem PC über Ihre Hi-Fi-Anlage genießen. Wir wollen Ihnen in diesem Abschnitt die Vorteile und Möglichkeiten der neuen Technologie näher bringen.

Was brauche ich für das perfekte Klangerlebnis?

Als Erstes brauchen Sie eine gute Soundkarte, wobei heutzutage gute Karten sehr günstig zu erwerben sind. So zahlen Sie zum Beispiel für eine Soundkarte von Creative Labs Soundblaster Audigy 5.1 (5.1 steht für den neusten Standard von Dolby Digital) ca. 45 Euro, eine Soundblaster Audigy 7.1 bekommen Sie schon ab 80 Euro und haben eine hervorragende Soundkarte. Natürlich gibt es auch preiswertere Modelle, nur sollten Sie immer darauf achten, dass Ihre Soundkarte einen digitalen Ausgang hat, der den Soundgenuss noch weiter erhöht, wenn Sie eine entsprechende Surroundanlage besitzen.

Als Nächstes folgen die Lautsprecher. Grundsätzlich können Sie hier zwischen eigenen Lautsprechern für Ihren PC und dem Anschluss des PCs an Ihre Hi-Fi-Anlage wählen. Entscheiden Sie sich für eigene PC-Lautsprecher, haben Sie nun die Qual der Wahl. Abhängig von Ihren Ansprüchen reicht hier die Palette von ca. 10 Euro bis hinauf zu 500 Euro. Wenn Sie eine Soundkarte nach dem 5.1- oder 7.1-Dolby-Digital-Standard haben, können Sie zum Beispiel ein Surroundsystem erwerben, um den Hörgenuss perfekt zu machen. Wollen Sie den digitalen Ausgang nutzen, müssen Sie ein Hi-Fi-Surroundgerät besitzen, das ebenfalls diesen digitalen Anschluss unterstützt. Aber auch einfache Mehrwege-PC-Lautsprecher reichen den meisten Benutzern aus. Hier kann der Sound mittels Software (WOW-Effekt mit TruBass) aufgepeppt werden.

Zusammenfassend müssen Sie in diesem Fall wirklich allein entscheiden, wie viel Geld Sie ausgeben wollen und wie hoch Ihre Ansprüche an den Sound sind, bezogen auf Musik, Videos und Spiele.

Was ist Dolby Surround, was Dolby Digital?

Um Ihnen die Wahl etwas zu erleichtern, möchten wir Ihnen ein paar Hintergrundinformationen zu den Dolby-Systemen liefern und einen Link an die Hand geben, wo Sie sich ausgiebig über Dolby, Lautsprechersysteme, deren Vor- und Nachteile und deren optimale Platzierung informieren können.

Dolby Surround – oder 4-Kanal-Sound

Dolby Surround machte es erstmals möglich, zu Hause professionellen Sound zu genießen. Jedes Stereomedium, seien es CDs oder Spiele, wurde mit vier Kanälen auf zwei Spuren versehen. Diese Medien konnten sowohl über normale Stereo-Lautsprechersysteme als auch über 4-Kanal-Systeme abgespielt werden (left, center, right und Surround). Nur war dann auch ein Dolby Surround Pro Logic Decoder notwendig, um die vier Kanäle sauber zu splitten. Alternativ gibt es dann noch den Virtual Dolby Surround Sound, der zwischen zwei PC-Boxen einen virtuellen Lautsprecher durch Frequenzverschiebungen erzeugt und dem Benutzer einen Surround Sound vorgaukelt.

Dolby Surround Multimedia

Dolby Surround Multimedia ist eine weitere Möglichkeit, mit nur zwei Lautsprechern (links und rechts vom Monitor) einen Surround Sound hinzubekommen. Im Gegensatz zu Frequenzverschiebungen werden hier spezielle Boxen benötigt, mit jeweils drei verschieden ausgerichteten Lautsprechern. Die jeweils inneren leiten den Sound nach innen, um einen Center-Kanal zu bilden, die mittleren sind genau auf den Benutzer ausgerichtet für Left- und Right-Beschallung, und die beiden Äußeren richten den Sound gegen die Wände, um so den Surroundeffekt zu erzeugen. Bei Dolby Surround Multimedia liegt der zentrale virtuelle Punkt näher als bei einem reinen 4-Kanal-System, jedoch weiter weg als bei Virtual Dolby Surround. Der Surroundeindruck hängt somit natürlich stark von der Raumgeometrie ab, also der Nähe der Boxen zu den Wänden, was bei Virtual Dolby Surround völlig raumunabhängig ist.

Dolby Digital – der 5.1- und 7.1-Standard

Noch weitaus beeindruckender als der 4-Kanal-Sound ist der 5.1-Kanal-Surround-Sound, der auch einfach Dolby Digital genannt wird. Hier werden anstelle der vier Kanäle fünf volle Kanäle bereitgestellt (left, center, right, left Surround und right Surround plus einem sechsten Kanal für kraftvolle Niedrigfrequenz-Effekte (LFE)). Die Bezeichnung 5.1 und nicht 6 ist einfach erklärt: Der LFE-Kanal braucht nämlich gerade mal ein Zehntel der Bandbreite der anderen Kanäle und wird daher als .1-Kanal bezeichnet. Dolby Digital ist in der Lage, noch präzisere Surround Sounds zu liefern, die einfach noch realistischer wirken, was nicht zuletzt durch die Niedrigfrequenzbässe des sechsten Kanals verstärkt wird. Der LFE-Kanal bringt Bässe hervor, die bis zu 10 dB lauter sind als bei sonstigen Dolby-Systemen. Diese Technologie gab es zuerst nur für Kinofilme und nun bereits seit einiger Zeit auch für DVD-ROMs und DVD-Video-CDs. Ebenso kann sie mittels digitalem Kabel oder Satellitensystem empfangen werden. Natürlich ist auch dieser Standard abwärtskompatibel, kann also auch mit zwei Boxen genutzt werden. Der aktuelle Standard ist 7.1, nur bedenken Sie, dass nur das entsprechende Surroundsystem vorhanden sein muss, um diesen Standard voll zu nutzen. Im Moment gibt es nur wenige dieser wirklichen 7.1-Surroundsysteme, und ob man den Unterschied dann wirklich hört, ist ebenfalls sehr zweifelhaft. Daher geht die Empfehlung klar zu einem 5.1-System, was ausgereift und schon im niedrigen Preissegment bis 100 Euro guten Sound liefert.

Virtual Dolby Digital

Ähnlich wie bei Virtual Dolby Surround generiert Virtual Dolby Digital einen virtuellen Mittelpunkt zwischen den zwei PC-Lautsprechern und gaukelt dem Benutzer einen Center-Kanal vor (siehe Virtual Dolby Surround). Zuerst werden alle fünf Kanäle dekodiert, um dann das Surroundsignal in die Left- und Right-Kanäle zu mischen – was softwareseitig geschieht – um dieses schließlich an die Lautsprecher weiterzugeben, wodurch ein imaginärer Surroundeffekt erzeugt wird.

Für weitere Informationen besuchen Sie einfach einmal die Seiten von Dolby, die in Form von PDF-Dokumenten auch sehr genaue Skizzen zu den verschiedenen Systemen liefern *www.dolby.com*.

Der WOW-Effekt mit TruBass

Als Gegenstück zu Virtual Dolby Digital wartet der Windows Media Player mit der WOW-Technologie der Firma SRS Labs (*www.srslabs.com*) auf.

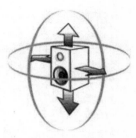

Der WOW-Effekt ist eine interessante Alternative zu teuren Boxensystemen und ebenfalls zu seinem Konkurrenten *Virtual Dolby Digital*. Microsoft hat dieses Feature von SRS Labs in den Windows Media Payer integriert, um das virtuelle Klangbild für den multimedialen Genuss zu Hause in puncto Dynamik und Qualität drastisch zu erhöhen. Speziell für digital komprimierte Dateien wie WMA-, WAV- und MP3-Dateien. Denn gerade bei digitalen Audiodateien fehlt oftmals die Dynamik, die Wärme und vor allem der Tiefenbereich. Durch den WOW-Effekt klingen plötzlich alle noch so kleinen Boxen viel gewaltiger. Dies

Virtueller Surround-Sound mit nur zwei Lautsprechern.

gibt es im Softwarebereich sowie für das Fernsehen oder Spielekonsolen als kleines Gerät, das zwischen Signal und Konsole eingebunden wird. Zusätzlich erhalten die Audiodateien durch den TruBass von SRS Labs einen tiefen, sehr dynamischen aber kontrollierten Bass, sodass die riesigen Subwoofer entfallen.

Vorteile des WOW-Effekts und TruBass

Die beiden Verfahren verbessern die Dynamik des Stereosignals scheinbar, das imaginäre Klangbild wirkt „breiter" und monumentaler. Durch ergänzende niedrige Frequenzbereiche werden kompressionsbedingte Verluste im Bassbereich aufgefangen. Insgesamt wirkt das Hörbild edler – es passt vor allem gut zu kleinen Lautsprechern, die üblicherweise auf dem Schreibtisch postiert sind und mit fehlendem Volumen und geringer Basisbreite einen solchen Höreindruck sonst nicht vermitteln könnten.

Einschalten des WOW-Effekts

Sie können beim Abspielen Ihrer Audiodateien mit dem Windows Media Player jederzeit den Effekt ein- und ausschalten.

1   Öffnen Sie den Windows Media Player über das Startmenü und wählen Sie ein Lied aus, das Sie gern hören möchten.

2   Hierzu öffnen Sie entweder eine Playlist über das Pulldown-Menü oben rechts im Media Player-Fenster, oder Sie gehen über den Menübefehl *Datei/Öffnen* und wählen eine Audiodatei aus.

3 Über den kleinen Button unten links in der Ecke des Hauptfensters öffnen Sie ein Pulldown-Menü, in dem Sie den Punkt *SRS WOW-Effekt* auswählen.

4 Neben den beiden Schiebereglern für den WOW-Effekt und den TruBass finden Sie einen Button, der entweder mit *Aus* oder *Ein* betitelt ist. Sollte er mit *Aus* beschriftet sein, klicken Sie ihn an, damit *Ein* angezeigt wird.

5 Jetzt können Sie noch zwischen verschiedenen Lautsprechertypen wählen und mit den Schiebereglern das Feintuning übernehmen.

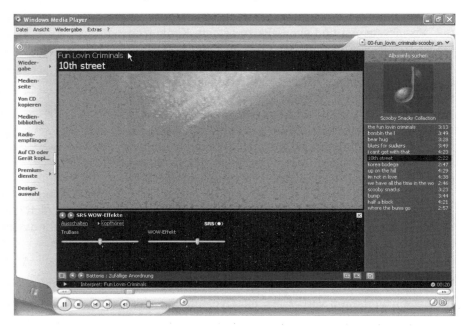

Codec-Updates und Lizenzen im Griff

Da sich oben erwähnte Codecs zum Abspielen der verschiedenen Audiodateiformate häufig ändern, bietet der Media Player eine automatische Update-Funktion an, um die Codecs automatisch in Intervallen zu überprüfen. Ebenso die Lizenzen, die für einige Webseiten notwendig sind, um sich das dortige Angebot zu Nutze machen zu können.

1 Klicken Sie auf das Menü *Extras* im Media Player und dort auf den Unterpunkt *Optionen*.

2 Wechseln Sie, wenn nötig, zur Registerkarte *Player* und legen Sie fest, wie oft auf ein *Update* der Codecs überprüft werden soll und ob der Media Player aktualisierbare *Codecs automatisch downloaden* soll.

3   Sie sollten hier unbedingt den Haken vor *Lizenzen automatisch erwerben* entfernen, um nicht Gefahr zu
laufen, unfreiwillig Lizenzen zu erwerben, die wahrscheinlich Geld kosten.

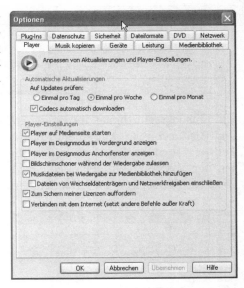

3.5 Audio- und Videostreaming

Vor ein bis zwei Jahren war es durchaus wenigen vorbehalten, Audio- und Videodateien aus dem Internet direkt im Streaming-Verfahren abzuspielen. Zum einen
waren die Rechner nicht leistungsstark genug, zum anderen die Übertragungsraten zu gering. Da es mittlerweile schon schwer wird, neue Rechner mit Prozessoren unter 750 MHz zu bekommen und ein 56-KBit/s-Modem – wenn nicht sogar
schon ISDN mit Kanalbündelung, also bis zu 128 KBit/s, oder DSL mit Geschwindigkeiten von bis zu 3.000 KBit/s – den heutigen Standard in der Datenübertragung darstellt, ist auch das Videostreaming kein Problem mehr. Als Streaming
bezeichnet man eine Technologie, bei der man sich Video- oder Audiodateien
nicht mehr auf seine eigene lokale Festplatte herunterlädt, sondern sich die Lieder oder Videos direkt im Internet anhört oder anschaut. In den folgenden Erläuterungen gehen wir davon aus, dass Sie entweder bereits eine Verbindung geöffnet haben oder eine funktionierende DFÜ-Verbindung zur Verfügung steht.

Streaming Media

Als Streaming Media bezeichnet man das so genannte Streaming Video, das gleichzeitig mit
Sound abgespielt wird. Bei Streaming Media Files muss der Benutzer nicht mehr warten, bis
eine große Video- oder Audiodatei heruntergeladen ist, sondern die Mediadaten werden in
einem kontinuierlichen Strom gesendet und direkt abgespielt. Alles, was man dazu benötigt, ist
eine schnelle Datenverbindung (ab 56 KBit/s) und einen Player, der in den IE6 integriert sein
kann oder wie der Media Player allein stehend ist. Der Großteil aller Streaming Media Files
nutzt die Technologien des RealMedia Player G2 von RealNetwork, Microsoft Windows Me-
dia-Technologien (inklusive NetShow Services und Theater Server) und VDO. Microsoft benutzt den MPEG-Standard zur Kompression für Videodaten. (Das Programm, das die Kom-

pression und Dekompression vollzieht, wird auch als Codec bezeichnet, das heißt, man braucht jeweils den entsprechenden Codec, mit dem die Daten komprimiert wurden). Microsofts Technologien bieten Streaming Audio bis zu 128 Kbps und Streaming Video bis zu 8 Mbps (für den NetShow Theater Server). Das Format von Microsofts Streaming Media Files ist das so genannte Advanced Streaming Format (ASF).

Als Einstiegsseite bietet Ihnen der Windows XP Media Player die Seite *WindowsMedia.com* an. Mit einem Klick auf den Link *International* oben rechts im Fenster haben Sie die Auswahl zwischen verschiedenen internationalen Angeboten der Webseite *WindowsMedia.com*. Eine weitere Musikseite ist *www.mp3.com*, von der Sie freie MP3-Dateien herunterladen können.

Ihre Mediastartseite im Internet: WindowsMedia.com.

Neben Musik bietet Ihnen die WindowsMedia.com-Webseite noch die Rubriken *Video* und *Radio* an, die Sie über die Registerkarten aufrufen können.

Umgang mit lizenzierten Medien

Neben den freien MP3-Dateien gibt es noch solche, für die Sie Gebühren bezahlen müssen und somit eine so genannte Lizenz erwerben. Diese wird dann automatisch auf Ihrem Rechner gespeichert. Die Lizenz wird verschlüsselt an Sie übertragen und Ihr Player muss sie dann als eine Art Schlüssel zum Abspielen dieser Audiodateien verwenden. Um zu gewährleisten, dass der Schlüssel nicht verloren geht, sollten Sie ihn sichern.

1 Klicken Sie im Media Player auf das Menü *Extras* und dort auf die *Lizenzverwaltung*.

2 Geben Sie in dem Dialogfenster den Speicherort an und klicken Sie danach auf die Schaltfläche *Jetzt sichern*.

3 Merken Sie sich den Speicherort gut, damit Sie im Fall der Fälle die bezahlte Lizenz wiederherstellen können.

Radio aus dem Internet – Vielfalt ohne Grenzen

Eine Besonderheit der Streaming-Technologien sind die unzähligen Radiostationen, die Sie über das Internet erreichen können. Durch immer bessere und schnellere Datenanbindungen können Sie Radiosender von überall auf der Welt über das Internet empfangen und auf Ihrem PC hören. Auch der Windows Media Player ist als Radioempfänger einsetzbar, sodass die Drittanbieterprogramme immer mehr in den Hintergrund treten – natürlich nicht ganz, da RM-(RealMedia-) Dateien ein sehr beliebtes, gut zu komprimierendes Format aufweisen und somit der RealMedia Player unumgänglich ist. Als Voraussetzung müssen Sie natürlich auch hierbei über eine funktionierende Internetverbindung online sein, um den Radioempfang zu realisieren.

Finden und abspielen eines Radiosenders

1 Öffnen Sie den Windows Media Player und wählen Sie in der Menüleiste am linken Fensterrand den Punkt *Radioempfänger* aus.

2 Hier finden Sie im rechten Teil des Fensters Kategorien, in denen die Angebote bereits vorsortiert sind, um Ihnen die Auswahl zu erleichtern. Klicken Sie auf die von Ihnen bevorzugte Musikrichtung.

3 Alternativ können Sie auch einen Suchbegriff eingeben oder über die Schaltfläche *Find More Stations* nach weiteren Radiostationen suchen.

4 Ganz gleich, ob Sie einen Suchbegriff eingegeben oder eine Kategorie ausgewählt haben, werden Ihnen nun im Hauptfenster des Media Player unter den *Featured Stations* die entsprechenden Radiosender aufgelistet.

5 Rechts neben jedem Radiosender haben Sie kleine Pfeile, auf die Sie klicken müssen, um sich die Details einblenden zu lassen. Es wird Ihnen eine kurze Beschreibung, die Verbindungsgeschwindigkeit und der tatsächliche Standort genannt.

6 Über das Symbol *Zu "Eigene Sender" hinzufügen* können Sie einen markierten Radiosender zu Ihren „Favoriten" hinzufügen, die unter der Registerkarte *Eigene Sender* unten am Fensterrand wiederzufinden sind.

7 Zusätzlich können Sie noch die Website des Senders, soweit vorhanden, über den Link *Webseite besuchen* besuchen.

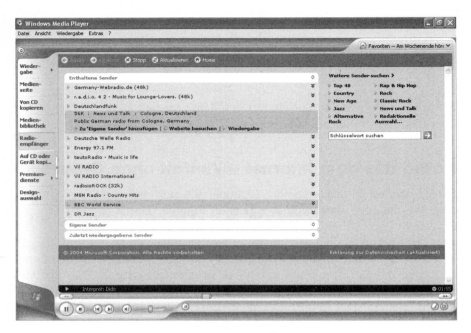

8 Durch einen Klick auf *Wiedergabe* wird die Übertragung gestartet, das heißt, es wird zuerst ein Teil gepuffert, damit bei Schwankungen in der Daten-stromübertragung keine Aussetzer auftreten, indem immer eine gewisse Da-tenmenge vorab zwischengespeichert wird.

Aufnehmen einer Radioübertragung

Auch beim Internetradio stehen Ihnen alle Möglichkeiten des normalen Radios zur Verfügung. Sie können also auch Ihre Lieblingssendungen aufnehmen. Das Format, in dem die aufgenommenen Daten gespeichert werden, nennt sich ASF (**A**udio **S**treaming **F**ile). Leider ist eine solche Aufnahme nicht mit dem Media Player allein möglich, sondern bedarf abermals eines Drittanbietertools, des ASF Recorders. Hierbei handelt es sich um ein sehr kleines Tool, das z. B. unter der folgenden URL zu finden ist: *www.chip.de/downloads*. Der Media Player ist nur in der, Lage diese Streaming Files abzuspielen, jedoch kann er sie nicht direkt auf die Festplatte schreiben. Der ASF Recorder ist auch im Softwarebereich der Web-seite *www.divx-digest.com* erhältlich.

Über den Menüpunkt *File* können Sie eine beliebige URL eingeben, von der aus Sie eine Streaming-Audiodatei empfangen und dann mittels des Recorders auf-nehmen möchten.

Das Programm lässt sich sowohl in den Internet Explorer integrieren, von der Be-fehlszeile oder als allein stehende Applikation starten, wie in der folgenden Ab-bildung zu sehen ist. Als Begleitmaterial zum ASF Recorder finden Sie eine aus-führliche Anleitung vor, sodass wir an dieser Stelle nicht näher auf seine Bedie-nung eingehen möchten.

Der ASF Recorder nimmt Ihre Lieblingsradiosendung auf.

Zum Auffinden von Webseiten, die Internetradiosender anbieten, reicht in jeder Suchmaschine die Eingabe eines Suchbegriffs wie „Internetradio" oder „Radiostation", um Ihnen unzählige Ergebnisse zu liefern. Zusätzlich finden Sie unter den *Favoriten* im Internet Explorer 6 auch einen vordefinierten Link *Radio Station Guide*, über den Sie ebenfalls unzählige Webseiten mit Radiostationen finden.

3.6 Systemeinstellungen für multimediales Vergnügen

Wie auch schon unter Windows 2000 bietet Windows XP in allen multimedialen Bereichen 32-Bit-Systemkomponenten an, um ein perfektes audiovisuelles Erlebnis zu garantieren. Seien es nun digitale Video- und Audioformate, Midi-Dateien oder auch 3-D-gerenderte Anwendungen. Alles ist perfekt in das Betriebssystem integriert und bietet somit eine schnellstmögliche Verarbeitung der Daten.

Im Normalfall brauchen Sie keine Einstellungen bezüglich Multimedia-Geräten vorzunehmen, da diese meist optimal konfiguriert sind. Sollte es aber dennoch zu Problemen kommen – sei es durch zusätzliche Hardware oder auch durch Software, die sich mit einigen Einstellungen nicht verträgt – sollten Sie in der Lage sein, diese schnell und problemlos zu beseitigen.

Alle speziellen Multimedia-Anwendungen werden über die Systemsteuerung eingestellt. Prüfen Sie deshalb den Gerätestatus und die Einstellungen:

1 Öffnen Sie das Startmenü, klicken Sie dort auf die Systemsteuerung und hier wiederum auf *Sounds und Audiogeräte*. Die anderen Auswahloptionen in diesem Fenster bringen Sie zu dem gleichen Eigenschaftsfenster, nur auf jeweils eine andere Registerkarte.

2 Auf der Registerkarte *Hardware* finden Sie alle Komponenten bezüglich der Audiowiedergabe, daher sehen Sie hier auch die CD- und DVD-Laufwerke mit abgebildet.

3 Markieren Sie einfach die zu überprüfende Komponente und klicken Sie dann auf die Schaltfläche *Eigenschaften*.

4 Hier sehen Sie nun die Eigenschaften des Geräts im Einzelnen. Sie können neue Treiber installieren oder das Gerät über das Pulldown-Menü deaktivieren.

Alle übrigen die Hardware betreffenden Einstellungen können Sie über den Geräte-Manager einstellen. Klicken Sie hierzu im Startmenü mit der *rechten Maustaste* auf den *Arbeitsplatz*, dann auf *Eigenschaften*. Wechseln Sie zur Registerkarte *Hardware* und klicken Sie hier auf den *Geräte-Manager*. Unter *Audio-, Video- und Game Controller* finden Sie an dieser Stelle die *Mediensteuerungsgeräte*, um Funktionen wie das Starten und Stoppen der Wiedergabe von Medienobjekten zu steuern, die sich nicht nur auf Microsofts Media Player beziehen.

3.7 Der Nachfolger – Windows Media Player 10

Da Microsoft sein Betriebssystem Windows XP Home mit einem alten Windows Media Player ausliefert, sollten Sie diesen schon mit dem neuen Windows Media Player 9 upgedatet haben. Da der Windows Media Player 10 bei Auslieferung des Windows XP Service Pack 2 noch nicht fertig war, ist immer noch der Windows Media Player 9 der Standard. Jedoch können Sie jetzt den Windows Media Player Version 10 völlig kostenfrei von der Webseite *www.microsoft.com/windows/ windowsmedia/mp10* herunterladen. Wenn Ihr Ländercode im Browser auf Deutsch eingestellt ist, wird automatisch die deutsche Version heruntergeladen.

Nach dem erfolgreichen Download der Datei können Sie diese mit einem Doppelklick installieren. Während der Installation, die sehr unkompiliziert ist, werden Sie aufgefordert, den Lizenzvertrag anzunehmen und einige Einstellungen vorzunehmen. Im nachfolgenden Bild sind diese Optionen dargestellt.

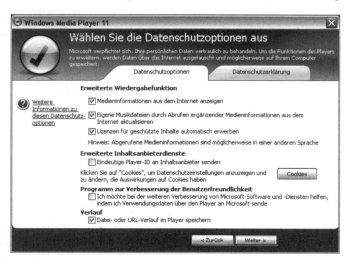

Einstellungen während der Installation.

Hier sollten Sie alle Optionen entfernen, da es sich teilweise um Informationen handelt, die an Werbeanbieter gesendet werden. Sollten Sie einige Optionen wie zum Beispiel das Abrufen der Medieninformationen Ihrer eingelegten CDs später nutzen wollen, können Sie alle Optionen auch nachträglich aktivieren. Um den Media Player immer auf dem neusten Stand zu halten, sollten Sie regelmäßig in der Menüleiste unter ? den Punkt *Auf Updates überprüfen* anwählen, um die Update-Routine zu starten. Es wird dann überprüft, ob eine neue Version des Players verfügbar ist.

Playlist erweitern

Sobald Sie eine Playlist wie oben beschrieben („Playlists – selbst gemixt") erstellt hatten, mussten Sie den Media Player maximieren, um neue Lieder hinzufügen. Mit der 10er-Serie steht Ihnen ein neues Kontextmenü zur Verfügung. Öffnen Sie einfach einen Ordner auf Ihrer Festplatte, in dem Sie Lieder gespeichert haben, und klicken Sie mit der rechten Maustaste auf das Lied, das Sie Ihrer Playlist hinzufügen möchten. Nun stehen Ihnen im Kontextmenü neben dem Befehl *Mit Windows Media Player wiedergeben* vier weitere Befehle zur Verfügung.

Mit dem Befehl *Zur Wiedergabe hinzufügen* fügen Sie das Lied der zurzeit aktiven Wiedergabeliste hinzu. Mit dem Befehl *Zur Wiedergabeliste hinzufügen* öffnen Sie alle im Media Player gespeicherten Wiedergabelisten, um diejenige auszuwählen, zu der Sie das Lied hinzufügen möchten.

Play in Winamp
Enqueue in Winamp
Add to Winamp's Bookmark list
Öffnen
Zur Synchronisierungsliste hinzufügen
Zur Brennliste hinzufügen
Zur Wiedergabe hinzufügen
Zur Wiedergabeliste hinzufügen...
Mit Windows Media Player wiedergeben
Erase
Split File with GSplit

Neues Kontextmenü für MP3-Dateien.

Die beiden anderen Befehle, *Zur Brennliste hinzufügen* und *Zur Synchronisationsliste hinzufügen*, sind zum einen zum direkten Brennen einer Auswahl an Liedern auf eine leere CD (sofern ein CD-Brenner vorhanden ist) und zum anderen, um die Auswahl an Liedern mit einem angeschlossenen mobilen Gerät zu synchronisieren. Wenn Sie einen dieser Befehle ausführen, wird der Menüpunkt *Brennen* oder entsprechend *Synchron.* aufgerufen, und Sie können mit einem weiteren Mausklick die Synchronisation bzw. den Brennvorgang starten.

MP3 mit an Bord

Seit dem Windows Media Player 10 hat Microsoft sich entschieden, auch das MP3-Format mit ins Boot zu nehmen. Ab sofort können Sie mit dem Media Player Ihre Audio-CDs auch in das wohl populärste Format, nämlich MP3, „rippen". Dazu müssen Sie allerdings zuerst mit einem rechten Mausklick in die Titelleiste des Windows Media Player das Kontextmenü aufrufen und dann im Menü *Extras/Optionen/Musik kopieren* das Format *MP3* aus dem Pulldown-Menü auswählen. Nun wählen Sie noch die gewünschte Qualität aus, wobei wir Ihnen hier eine Rate von 192 KBit/s oder mehr empfehlen, denn dann hört man nahezu keine Klangverluste mehr, die durch Komprimierungsverfahren natürlich immer entstehen.

Zusätzlich können Sie noch über die Schaltfläche *Ändern* den Ordner auswählen, in den die „gerippten" Audiodaten gelegt werden sollen, sowie über die Schaltfläche *Dateiname* die Namensgebung der einzelnen Audiodateien bestimmen.

Über *Albuminformationen suchen* können die Informationen aus dem Internet abgerufen werden. Werden die Dateien eindeutig im Internet erkannt, werden das Cover, die Liedtitel sowie eine Bewertung des Albums angezeigt. An dieser Stelle können Sie die Liedtitel noch frei editieren, wenn Sie möchten, oder über die Schaltfläche *Beenden* die Suche beenden und die gefundenen Liedtitel übernehmen.

Rip-Optionen des Windows Media Player 10.

Starten Sie jetzt den Rip-Vorgang über den Schalter *Musik kopieren*. Haben Sie die Namenskonvention vorher im Menü *Extras/Optionen* festgelegt, wird gemäß Ihren Angaben diese Audio-CD gerippt und im Dateisystem abgelegt.

Rippen einer Audio-CD ins MP3-Format.

Synchronisieren und brennen – zentral kontrolliert

Die beiden Menüpunkte *Brennen* und *Synchron.* ermöglichen es Ihnen, Ihre MP3-Sammlung ganz nach Ihren Wünschen zu einer Audio-CD zusammenzustellen und direkt aus dem Windows Media Player heraus zu brennen. Dazu klicken Sie auf den Menüpunkt *Brennen* und wählen über die Schaltfläche *Wiedergabeliste bearbeiten* die zu brennenden Lieder aus. Legen Sie dann einen leeren CD-Rohling ein und starten Sie über die Schaltfläche *Brennen starten* den Prozess.

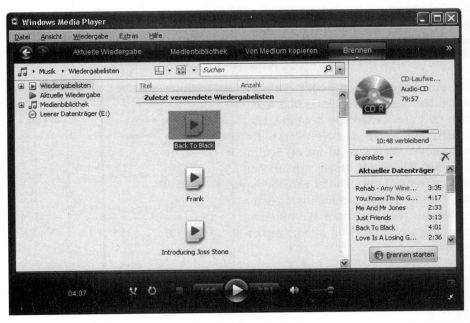

Brennen der eigenen Musikzusammenstellungen auf eine Audio-CD.

Eine weitere Verbesserung hat Microsoft bei der Synchronisierungsfunktion vorgenommen. So unterstützt der Windows Media Player 10 fast alle gängigen MP3-Sticks und -Player sowie PDAs mit Windows CE- bzw. Pocket PC-Betriebssystem. Verbinden Sie Ihren MP3-Player einfach mit Ihrem Computer (meistens geschieht dies per USB) und öffnen Sie den Media Player. Klicken Sie auf den Menüpunkt *Synchron.*, sehen Sie im linken Detailfenster noch eine leere Playlist, die Sie über die Schaltfläche *Edit Playlist* füllen können. Im rechten Detailfenster sehen Sie Dateistruktur Ihres MP3-Players. Wählen Sie nun rechts einen Ordner aus, in den Sie die Lieder der Playlist im linken Fenster kopieren oder synchronisieren möchten. Zuletzt klicken Sie einfach auf die Schaltfläche *Synchronisieren starten*, um den Kopiervorgang zu starten.

Über die Schaltfläche *Synchronisieren einrichten* können Sie sogar voreinstellen, welche Ihrer Playlists, automatisch oder manuell, beim Verbinden des MP3-Players mit Ihrem Computer synchronisiert werden. So laden Sie zum Beispiel

Ihren Player immer mit den Liedern auf, die zurzeit von Ihnen am häufigsten gehört werden oder von Ihnen die höchste Bewertung, d. h. die meisten Sterne, bekommen haben. In der Medienbibliothek klicken Sie einfach auf ein Lied mit der rechten Maustaste und vergeben über den Menüpunkt *Rate* 1 bis 5 Sterne.

Videos flüssig abspielen

Oft kommt es bei Videos, vor allem wenn sie aus dem Internet heruntergeladen werden, zu störenden Wacklern und sogar Aussetzern. Hierzu können Sie durch größere Puffereinstellung die Leistung des Media Player erhöhen. Geben Sie einfach die Sekunden vor, die vom Video zuvor zwischengespeichert werden, bevor das Video beginnt. Somit vermeiden Sie die oben beschriebenen Aussetzter.

Hierzu öffnen Sie den Punkt *Optionen* unter dem Menüpunkt *Extras* und wechseln dort zur Karteikarte *Leistung*. Hier stellen Sie unter der Netzwerkpufferung einen Wert von 40 bis 60 Sekunden ein. Bei den heutigen erhältlichen Videokarten sollte auch der Schieberegler für die Videobeschleunigung ganz rechts auf dem höchsten Wert stehen, um die Videokarte nicht zuletzt auszubremsen.

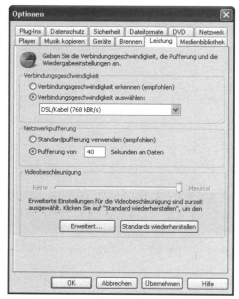

Leistungsoptionen für Videos verbessern.

Mixen Sie Ihre Musik wie ein Profi-DJ

Eines der neuen Features im Media Player ist die Überblendfunktion, d. h., die Lieder fließen ineinander über, um die Stille zwischen den Stücken zu vermeiden. Eingestellt wird das Feature über *Ansicht/Erweiterungen/Überblenden und Automatische Lautstärkeregelung*. Vielleicht hatten Sie auch schon öfter das Problem, dass Sie mehrere Lieder in Ihrer Playlist hatten, die aber alle unterschiedliche Qualitäten aufwiesen und somit die Musik mal zu laut oder zu leise war. Dies können Sie nun durch die so genannte automatische Lautstärkeregelung beheben. Hierbei wird die Lautstärke auf einen Durchschnittswert gebracht, um Lautstärkeschwankungen zu vermeiden.

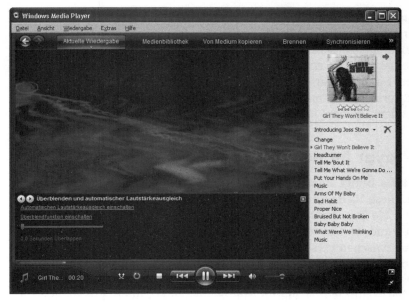

Crossfading und Volume Leveling.

Verändern Sie die Abspielgeschwindigkeit

Wenn Sie die Geschwindigkeit eines Liedes verlangsamen oder auch beschleunigen wollen, ohne dass entweder der Ton oder die Stimmlange beim Gesang verändert wird, können Sie dies über das Feature *Wiedergabegeschwindigkeit* realisieren.

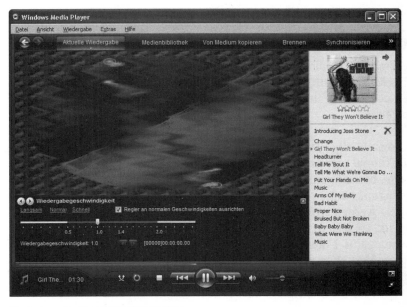

Verändern der Abspielgeschwindigkeit.

Weitere Einstellungen bezüglich Graphik-Equalizer, SRS (WOW), Videoeinstellungen oder Einstellungen der Farbe des Players lassen sich ebenfalls in diesem Fenster vornehmen. Alles in allem ist der neue Media Player ein kompletteres Paket, als er jemals war. Es entfällt das lästige Suchen und Herunterladen von Zusatz-Plug-Ins. Natürlich darf man nicht vergessen, dass Programme wie Winamp all diese Features schon lange kennen und anbieten, nur eben nicht als Komplettpaket in dem Umfang, in dem Microsoft es nun praktiziert.

Neuer Player im neuen Look

Der neue Player bringt auch einige neue Designs mit sich und bietet Ihnen die Möglichkeit, diese Vielfalt durch Downloads aus dem Internet noch zu erhöhen. Dazu klicken Sie mit der rechten Maustaste irgendwo auf die Titelleiste des Media Player und wählen im Kontextmenü den Punkt *Designauswahl* aus; Sie können dann zwischen verschiedenen Designs wählen. Ein Klick auf den Haken *Design übernehmen*, und Sie sehen das ausgewählte Design. Über die Schaltfläche *Weitere Designs* haben Sie die Möglichkeit, aus noch mehr Designs im Internet zu wählen. Natürlich ist hierfür eine eingerichtete Internetverbindung die Voraussetzung. Um auch neben dem Playerdesign die richtige visuelle Untermalung für seine Musik zu bekommen, kann man über das Menü *Ansicht* und den Unterpunkt *Visualisierungen* aus einer weiten Palette an Visualisierungen auswählen oder sogar über den Punkt *Visualisierungen downloaden* neue herunterladen. Ihre gewählte Visualisierung wird auch am unteren Rand über dem Zeitbalken angezeigt. Über drei Symbole in der Leiste können Sie die Visualisierung vergrößern oder sogar im Vollbildmodus laufen lassen. Mit der (Esc)-Taste können Sie den Vollbildmodus dann auch jederzeit wieder verlassen.

Lizenzen vor dem Update sichern

Da mit dem Windows Media Player 10 auch eine überarbeitete Version des DRM (**D**igital **R**ights **M**anagement) ausgeliefert wird, sollte man seine bereits erworbenen Lizenzen per Backup in Sicherheit bringen, ansonsten können ältere Lizenzen verloren gehen.

Neu im Windows Media Player 10 ist auch das **M**edia **T**ransfer **P**rotocol (MTP). MTP ist bidirektional verwendbar und damit die Voraussetzung für das ebenfalls heiß diskutierte, neu eingeführte digitale Rechtemanagement „Janus". Player, die Janus unterstützen, können die Lizenzen für DRM-geschützte Musik eigenständig betreuen. So werden wohl Player auf den Markt kommen, die im Abo-Dienst bezogene Musik abspielen können. Unklar ist derzeit, wie genau dieses Abo-Modell aussehen kann. Napster hat ein Modell entwickelt, bei dem die Musiktitel nach Kündigung des Abos verfallen! Auf Dauer wird sich das eine oder andere Rechtemanagement durchsetzen, noch kann man ihm aber einigermaßen entgehen.

Um die Lizenzen zu sichern, klicken Sie im Kontextmenü der Titelleiste des Windows Media Player 10 auf *Extras/Lizenzen verwalten*, um dort wie in unten stehender Abbildung ein Backup vorzunehmen.

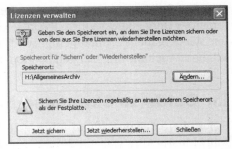

Führen Sie regelmäßig ein Lizenz-Backup durch, damit alle digital erworbenen Lizenzen auch weiterhin gesichert sind. Dies gilt vor allem beim Upgrade des 9er-Media Player auf den 10er-Media Player.

Backup der Lizenzen.

In einem ersten Test konnten z. B. die MP3s aus dem MSN Onlinestore (wird derzeit noch von OD2 zusammengestellt) nicht einfach in ein anderes Format konvertiert werden.

Verbesserte Library-Optionen – alles auf einen Klick

Die Medienbibliothek erreichen Sie durch einen Klick auf den gleichnamigen Menüpunkt. Dies ist sozusagen die Zentrale Ihres Media Player 10. Von hier aus können Sie zum Beispiel über die Schaltflächen unten rechts direkt Ihre ausgewählten Wiedergabelisten synchronisieren oder aus der Wiedergabeliste ganz einfach per Mausklick eine Audio-CD brennen. Hier verwalten Sie auch alle Lieder und Ihre Playlists.

Die Medienbibliothek – die Steuerzentrale Ihres Media Player.

Über das Pulldown-Menü *Medienbibliothekoptionen* können Sie auch das Verhalten eines Doppelklicks einstellen, also ob direkt das Lied gespielt oder der aktuellen Wiedergabeliste hinzugefügt wird, die Sie am rechten Rand anzeigen lassen können. Auch die angezeigten Spalten können Sie an dieser Stelle auswählen.

Ihr Guide zu Streaming Media-Inhalten

Der frühere Schalter *Radio* führt jetzt zu MSN Radio, einer Unterabteilung von MSN Music. Alles was mit Streaming Media aus dem Internet verbunden ist, verbirgt sich jetzt hinter der Schaltfläche *MSN Music*, Ihrem Führer ins Web. Dort finden Sie dann auch in oberster Reihe den Punkt *Radio*, der Sie zu den Radiostationen bringt. Ab dem Aufruf der Schaltfläche *Guide* wird der Media Player quasi zum Webbrowser, der Sie durch die Inhalte von Microsofts MSN Music führt.

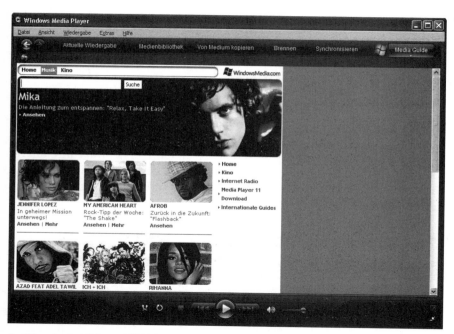

Ihr Führer in die Welt von MSN Music.

Da Sie bei der Auswahl der verschiedenen Internetradiosendern die Webseiten von MSN Music verlassen und über diese Radiowebseiten dann einen Audiostream empfangen, warnt Sie der Windows Media Player vor den erweiterten Webinhalten, die Sie aufrufen wollen.

Natürlich sollten Sie immer darauf achten, was Sie aus dem Internet herunterladen und auf welchen Seiten Sie sich befinden, doch ist die Gefahr eines Audiostreams aus dem Internet eher als gering einzustufen, auch wenn natürlich theoretisch gefährlicher Datencode auf Ihren Computer gelangen könnte.

Diese Warnung können Sie daher beruhigt mit *Ja* beantworten, sie sollte Sie eher daran erinnern, nicht zu arglos zu surfen und sich klarzumachen, dass das Radiohören genauso im Internet stattfindet wie auch das Surfen auf anderen Webseiten.

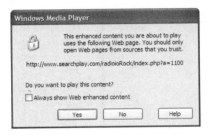

Warnung vor
erweitertem Webinhalt.

Medien-Links an Freunde senden

Sollten Sie im Internet auf interessante Medienlinks gestoßen sein, ganz gleich ob es ein Video ist oder MP3s sind, können Sie diese ganz einfach per Mausklick an Freunde verschicken. Voraussetzung hierfür ist ein eingerichtetes E-Mail-Programm wie zum Beispiel Outlook oder Outlook Express. Wenn Sie nun den Link zu einem Video, das Sie sich gerade anschauen, versenden wollen, öffnen Sie das Menü *Ansicht*, dort die Erweiterungen und wählen den Unterpunkt *Medienlink für E-Mail*. Jetzt haben Sie im Erweiterungsfenster unter der Visualisierung die Option *Medienlink in einer E-Mail senden*. Klicken Sie hierauf, um Ihr installiertes E-Mail-Programm zu öffnen. Zuletzt wählen Sie noch den Empfänger aus, und schon erfahren Ihre Freunde die URL des Videos.

Zusatzprodukt

Ein weiteres Produkt der neuen Media-Serie von Microsoft ist der Windows Media Encoder, mit dem Sie Audio- und Videoaufnahmen erstellen, Live Events empfangen und senden sowie Mediafiles konvertieren oder auf Ihren Desktop in Form eines Films aufnehmen können. Das Programm finden Sie unter folgender Adresse:

www.microsoft.com/windows/windowsmedia/download

---

4. DVDs und CDs brennen mit Windows XP

Bisher benötigten Sie zum Brennen von CDs eine Spezialsoftware. Dies hat sich jedoch mit Windows XP grundlegend geändert: Jetzt können Daten oder auch Ihre Lieblingslieder direkt per Drag & Drop gebrannt werden – mit einem einzigen Klick sogar Multisession-CDs: Sie können so oft neue Daten zu Ihrer CD hinzufügen, bis diese voll ist. Sie verwenden Ihren Brenner also fast genau wie ein Festplattenlaufwerk, auf das Sie neue Daten kopieren. Ihre Lieblingsmusik brennt der Windows Media Player auf eine CD. Trotz dieser neuen Features ist für andere CD-Formate oder auch für schreibgeschützte CDs die Nutzung eines anderen Brennprogramms allerdings unvermeidbar.

4.1 CDs brennen – Daten, Audio und MP3

Zwar bietet Windows nicht im Geringsten den Funktionsumfang wie beispielsweise ein Brennprogramm wie Nero, jedoch stellt es eine nicht zu unterschätzende Möglichkeit der Datensicherung zur Verfügung. Sie sind so in der Lage, Dateien durch einfaches Kopieren oder Verschieben permanent auf einem Rohling zu sichern, ohne komplexe Brennprogramme zu öffnen. Es ist so einfach, man vergisst fast, dass man gerade Daten brennt. Zunächst wollen wir Ihnen die Vorgehensweise zum Brennen von Daten- und Audio-CDs zeigen, um später Lösungen für kompliziertere Fälle wie das Brennen von Spielen oder Video-CDs anzubieten. Hierbei stellen wir Ihnen sowohl eine kostenlose Lösung mit dem freien Brennprogramm CDBurnerXP Pro vor als auch die aktuelle Version Nero Burning Rom sowie den dazugehörigen Wizard Nero Express. Bei allen Beschreibungen der verschiedenen Möglichkeiten, mit Windows XP oder Drittanbietersoftware CD-Rs zu brennen, gehen wir im Folgenden davon aus, dass Sie einen CD-R-Brenner oder eine Kombination von CD-R und DVD-R installiert haben.

Audio-CDs für die Hi-Fi-Anlage selbst gemacht

MP3 wird für die wenigsten ein Fremdwort sein, es geistert ja bereits seit Jahren immer wieder als Gespenst durch alle Nachrichten: Der Schreck und der Untergang der Musikindustrie haben sich längst zum unwiderruflichen Standard entwickelt, sei es in Form von tragbaren MP3-Abspielgeräten oder sogar MP3-fähigen Autoradios. Auch Windows XPs hauseigener Media Player kann dieses Format verarbeiten.

Sie haben Ihe Musik bereits von CD auf die Festplatte übertragen (vgl. S. 90), MP3-Dateien von Freunden oder aus dem Internet, Sie haben Internetradio aufgezeichnet (vgl. S. 107) und wollen jetzt eine Audio-CD erstellen? Kein Problem mit Windows XP. Aus dem Media Player heraus haben Sie ruck, zuck einen Silberling mit Ihrer Lieblingsmusik gebrannt. Die komprimierten Musikdateien besitzen mitunter aber nicht die ursprüngliche Qualität der Original-CD. Sie sollten für 1:1-Kopien besser einen Audio-Grabber verwenden oder im Windows Media Player die Qualitätsstufe heraufsetzen.

Sauberer Sound

Trotz korrekten Auslesens der Audiodaten von der Original-CD kann es vorkommen, dass die Aufnahme deutliche Störgeräusche wie Knistern oder Knacksen enthält. Grund dafür sind eventuelle Verunreinigungen oder Kratzer auf der Quell-CD.

Anders als ein Hi-Fi-Player interpoliert (fehlende Daten werden aufgrund eines Fehleralgorithmus nachberechnet) ein Computer-CD-ROM-Laufwerk beim Audiograbbing fehlende oder beschädigte Daten nicht. Das bedeutet, etwaige Fehler sind in der aufgezeichneten Datei zu erkennen. Die Audio-CD sollte deswegen vor dem Auslesen der Daten gründlich gereinigt werden. Dazu benutzt man am besten ein weiches, fusselfreies Tuch, bei hartnäckigeren Verschmutzungen darf auch zu destilliertem Wasser und etwas Spülmittel gegriffen werden.

Ist die Unterseite der CD-ROM verkratzt, kann das Polieren mit einer speziellen Chrom- oder Plastikglaspolitur helfen. Vorsicht: Nicht jede Haushaltspolitur ist zum Reinigen der empfindlichen Silberscheiben geeignet.

MP3s

MP3 (MPEG-1 Audio Layer-3) ist eine Standardtechnologie und ein Format, um eine Musikse-quenz durch Kompression in ein sehr kleines Format zu pressen. Das alles sogar ohne Quali-tätsverluste bis zu einem Zehntel der ursprünglichen Originalgröße. Sie können MP3-Dateien ganz einfach an der Endung .mp3 erkennen. Im Internet gibt es unzählige Seiten, von denen Sie sich MP3-Dateien herunterladen können, wobei viele als Tarnung mit Komprimierprogram-men gepackt sind, um eine andere Dateiendung zu erhalten. Mit dem Windows XP Media Player können Sie dieses Format abspielen, ebenso wie mit anderen Playern wie dem populären Winamp, der als Freeware unter www.winamp.com zu bekommen ist. MP3-Dateien werden nor-malerweise heruntergeladen und dann abgespielt – im Gegensatz zu Streaming Sound Files, wie sie der RealPlayer von Macromedia nutzt. Jedoch ist es ebenfalls möglich, MP3-Dateien als Streaming Sound Files zu verwenden.

WMA- und MP3-Dateien umwandeln und brennen

MP3-Dateien und Musikstücke im WMA-Format sind zwar schön klein und Platz sparend, können aber leider auf herkömmlichen Hi-Fi-CD-Spielern nicht abge-spielt werden. Daher müssen Sie zuvor in das WAV-Dateiformat umgewandelt werden, um sie zu einer Audio-CD zu brennen. Wir beschreiben Ihnen hier zu-erst die Variante mit dem Windows XP Media Player und später in Kapitel 4.2 eine Alternative mit dem Brennprogramm Nero.

1   Öffnen Sie den Windows Media Player über das Startmenü und wählen Sie am linken Rand den Punkt *Auf CD oder Gerät kopieren* aus.

2   Im Pulldown-Menü über dem linken Detailfenster können Sie die Quelle aus-suchen, an der sich die MP3-Dateien befinden, die Sie brennen möchten, sie-he Kapitel 3.1.

3   Im linken Bereich des Fensters wird die ausgesuchte Quelle angezeigt, wo Sie nun mittels Haken die Lieder auswählen können, die Sie umwandeln und brennen möchten.

4   Sollte Ihre Auswahl die Kapazität Ihres Rohlings überschreiten, so wird Ihnen dies in der Spalte *Status* durch den Kommentar *passt nicht* angezeigt. Ver-wirrenderweise wird diese Meldung auch bei einer nicht eingelegten CD an-gezeigt, sodass Sie immer darauf achten sollten, ob Sie einen Rohling in Ih-ren Brenner eingelegt haben.

5 Kontrollieren Sie im rechten Teil des Fensters, ob Ihr Brenner ausgewählt und ein Rohling eingelegt ist. Dies können Sie unten rechts im Fenster erkennen. Dort wird Ihnen die Kapazität des eingelegten Mediums angezeigt.

6 Nachdem Sie Ihre Auswahl getroffen haben, klicken Sie oben rechts auf die Schaltfläche *Kopieren*, um den Konvertierungs- und Brennvorgang zu starten.

7 Die komplette Schriftfarbe wird nun grau und ein Fortschrittsbalken zeigt Ihnen den Konvertierungsstatus der einzelnen Medienobjekte an.

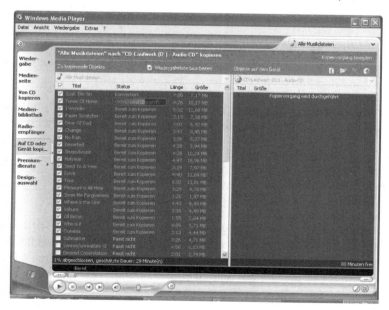

8 Wenn der Brennvorgang abgeschlossen ist, werden Ihnen im rechten Teil des Fensters die entsprechenden Medienobjekte angezeigt und unten rechts die Gesamtspielzeit Ihrer eben erstellten Audio-CD.

9 Anders als beim Brennen einer Daten-CD wie oben beschrieben können Sie nicht mehrmals Lieder hinzufügen, sprich eine Multisession-CD erstellen. Diese Option gibt es nur bei Daten-CDs. Daher haben die immer noch ausgewählten Dateien im linken Teil des Fensters auch nun den Status *passt nicht*, weil der bereits gebrannte Rohling *abgeschlossen* ist, wie man in der Fachsprache sagt.

10 Jetzt können Sie die Audio-CD auf jedem herkömmlichen CD-Spieler abspielen.

Um zu vermeiden, dass Ihre selbst gebrannte Audio-CD kopiergeschützt wird, sollten Sie vor dem Brennen von Audio-CDs im Menü *Extras/Optionen* auf der Registerkarte *Musik kopieren* den Kopierschutz ausschalten.

So archivieren Sie Ihre Audio-CDs

Der große Vorteil von MP3 oder dem Windows XP-eigenen WMA-Format liegt nun mal in der geringen Größe der Dateien, vergleicht man sie mit dem herkömmlichen CDA-(**CD A**udio Track-)Format, das die Audio-CDs benutzen. Die Musikdateien werden ungefähr um den Faktor 6 bis 10 komprimiert, ohne einen Qualitätsverlust zu erleiden.

Nehmen Sie also Ihren Rechner und archivieren Sie dort Ihre Audio-CDs oder stellen Sie sich ganz einfach beliebig gemischte Audio-CDs zusammen. Oftmals ist es auch praktisch, seinen Rechner als Stereoanlage zu nutzen. Schließen Sie den Rechner mit der Soundkarte an Ihren Verstärker an und stellen Sie Playlists von mehreren Stunden für Ihre Partys zusammen, ohne eine einzige CD wechseln zu müssen. Dazu müssen Sie aber zuerst Ihre Audio-CDs auf Ihre Festplatte kopieren und dann ins MP3- bzw. WMA-Format konvertieren. Hier zeigen wir Ihnen, wie dies problemlos mit dem Windows Media Player funktioniert, und geben Ihnen noch Tipps, welche andere Software von Drittanbietern empfehlenswert ist.

1 Legen Sie eine Audio-CD in Ihr CD-R-Laufwerk ein. Windows XP erkennt diese selbstständig und bietet Ihnen in einem Dialogfenster an, die CD im Windows-Explorer zu öffnen, sie mit dem Windows Media Player abzuspielen oder keine Aktion durchzuführen. Zusätzlich können Sie mittels eines Hakens noch eine dieser Optionen als Standardeinstellung für alle zukünftig eingelegten Audio-CDs wählen.

2 Wählen Sie die Option *Keine Aktion durchführen*.

3 Im Anschluss öffnen Sie über das Startmenü den Windows Media Player und wählen dort im Auswahlmenü am linken Rand die Option *Von CD kopieren* aus.

4 Es werden nun die Stücke der CD angezeigt, aber noch ohne Titel und Komponisten bzw. als unbekannter Interpret.

5 Um die CD automatisch erkennen zu lassen, müssen Sie eine Internetverbindung öffnen und dann auf die Schaltfläche *Namen abrufen* rechts oben im Fenster des Windows Media Player klicken. Dadurch wird eine Suche in einer Musikdatenbank gestartet.

6 Wenn die CD in der Datenbank gefunden wurde, werden die Lieder nun mit Titel und korrektem Interpreten angezeigt. Wahlweise können Sie über die Schaltfläche *Albumdetails* ebenfalls über das Internet zusätzliche Angaben, wie zum Beispiel Informationen über die Band erhalten.

7 Wählen Sie mithilfe der Haken vor jedem Lied aus, welche Lieder Sie auf Ihre Festplatte kopieren wollen.

8 Durch einen Klick auf die Schaltfläche *Musik kopieren* werden die ausgewählten Tracks auf die Festplatte kopiert und in das WMA-Format umgewandelt – standardmäßig in das Verzeichnis *Eigene Dateien* und dort in das Unterverzeichnis *Eigene Musik*.

9 Sie müssen nun noch ein Dialogfenster bestätigen, das wegen des Musikkopierschutzes eingebaut ist. Wenn Sie den Haken in diesem Dialogfenster nicht setzen, ist der Musikkopierschutz aktiv. Das bedeutet, Sie können die Lieder einzig und allein auf Ihrem Rechner abspielen und nicht auf anderen. Setzen Sie den Haken, um die Lieder auch auf andere Rechner kopieren zu können.

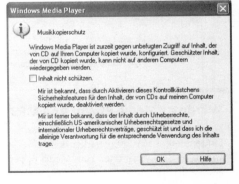

10 Anhand der Fortschrittsbalken können Sie den aktuellen Stand des Kopier- und Konvertierungsvorgangs beobachten.

11 Nach dem erfolgreichen Kopieren finden Sie Ihre Lieder in der Medienbibliothek (linke Menüleiste) wieder und können sie abspielen bzw. zu Playlists zusammenfassen, ganz nach Belieben.

Qualität erhöhen und Speicherort festlegen

Standardmäßig ist die Qualität, mit der die Lieder von einer Audio-CD kopiert werden, auf 64 KBit/s eingestellt, was zwar mit *CD-Qualität* bezeichnet wird, aber über die Musikanlage abgespielt nicht an die Qualität einer CD heranreicht. Um diese Einstellung zu ändern, öffnen Sie den Windows Media Player und wählen den Menübefehl *Extras/Optionen/Musik kopieren*. Dort können Sie zum einen über die Schaltfläche *Ändern* Einstellungen zum Speicherort der kopierten Audio-CD-Tracks und zum anderen über *Erweitert* Einstellungen über die Namen der zu speichernden Tracks vornehmen, also ob z. B. der Name des Interpreten und der Titel oder nur der Titel als Name der gespeicherten Tracks dienen soll.

Unter den *Kopiereinstellungen* können Sie über den Schieberegler bestimmen, mit welcher Qualität die Daten in das WMA-Format konvertiert werden. Als Empfehlung sollten Sie kein Lied unter 128 KBit/s konvertieren, wenn Sie die Lieder in CD-Qualität erhalten möchten.

Um nähere Informationen zum WMA-Format zu erhalten, können Sie über die Schaltfläche *Vergleichen Sie Windows Media-Audioformat mit anderen Formaten* im Internet weitere Informationen abrufen.

Qualität erhöhen und Namensgebung bestimmen.

Windows Media Player und MP3

Um Audiodaten auch in das MP3-Format zu konvertieren, muss ein zusätzlicher Encoder von Drittanbietern heruntergeladen oder eine Software von anderen Anbietern genutzt werden. Um nähere Informationen zum Media Player und dem Umgang mit MP3-Dateien zu erhalten klicken Sie bei aktivierter Internetverbindung auf die Schaltfläche *MP3-Informationen*. Da jetzt bereits der Windows Media Player 10 zum Download bei Microsoft bereitsteht, können Sie nun auch auf Drittanbieter verzichten, da er ab sofort von Hause aus auch MP3 beherrscht.

Daten-CDs erstellen

Öffnen Sie über das Startmenü ganz einfach den *Arbeitsplatz*. Dort finden Sie auch Ihren CD-Brenner unter der Rubrik *Geräte mit Wechselmedien*. Wählen Sie diesen ganz einfach durch einen Doppelklick mit der linken Maustaste aus.

1 Zuerst werden Sie ein leeres Fenster sehen, da ja noch keine Daten zum Brennen bereitgestellt werden. Dies ist der kleine Unterschied zum Kopieren oder Verschieben von Daten zwischen Ordnern auf einer oder auf verschiedenen Festplatten. Die Daten werden nicht bereitgestellt, denn Sie befinden sich ja erst nach erfolgreichem Brennvorgang auf der CD-R.

2 Sobald Sie Daten per Drag & Drop kopiert oder auf das CD-RW-Laufwerk verschoben haben, erscheint auf der linken Seite die Option *Dateien auf CD schreiben*, die zuvor ausgeblendet war.

3 Klicken Sie nun auf die Option *Dateien auf CD schreiben*, um den Assistenten zum Schreiben von CDs zu starten.

4 Als Erstes können Sie einen Namen für die CD eingeben, der dann der Anzeigename der CD sein wird, wenn Sie diese in ein CD-Laufwerk einlegen. Durch das Anklicken der Option *Assistent nach Abschluss des Schreibvorgangs schließen* wird der Assistent automatisch geschlossen. Diese Option werden Sie nach einiger Zeit automatisch benutzen, um die ganzen offenen Fenster zu vermeiden.

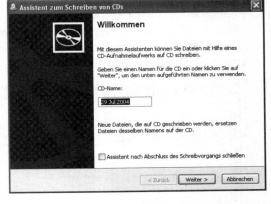

Grundsätzlich sollten Sie solche Assistenten am Anfang ruhig verwenden, bis die Einstellungen, die Sie vornehmen, nicht nur Routine geworden, sondern auch wirklich verstanden sind.

5 Sollten Sie noch keine leere CD, also einen leeren Rohling eingelegt haben, meldet Windows XP das Fehlen des Datenträgers und fordert Sie auf, einen Rohling einzulegen.

6 Das Brennen der CD wird nun durchgeführt und am Ende des Vorgangs können Sie eine weitere CD mit Ihren Daten beschreiben, wenn Sie mehrere Kopien anfertigen möchten.

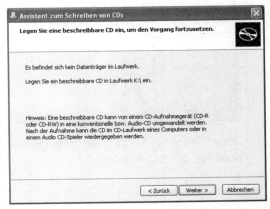

Ansonsten fahren Sie mit *Fertig stellen* fort.

Multisession – etappenweise brennen

Selten haben Sie genug Daten, um eine CD vollständig zu beschreiben, es sei denn, Sie machen Kopien von CDs. Mit Windows XP haben Sie die Möglichkeit, die CDs etappenweise zu brennen. In der Fachsprache nennen sich solche CDs Multisession-CDs.

1 Legen Sie eine CD, auf der sich bereits ein paar Daten befinden, in Ihren Brenner ein.

2 Fügen Sie per Drag & Drop neue Daten hinzu, die Sie brennen wollen. Sie haben nun das folgende Bild vor sich: Es werden im oberen Teil des Fensters die zu brennenden Daten und unten die bereits auf der CD vorhandenen Daten angezeigt.

3 Klicken Sie ganz einfach wieder im Fenster links oben auf *Dateien auf CD schreiben* und folgen Sie den Anweisungen des oben beschriebenen Assistenten zum Brennen einer CD.

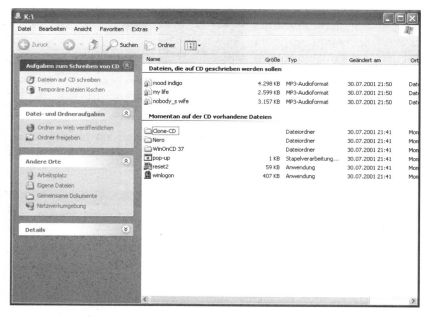

4 Diesen Vorgang können Sie so lange wiederholen, bis Sie die Kapazität Ihres Rohlings erschöpft haben.

4.2 CDs kopieren und ISO-Images brennen

Fernab von Tools, mit denen sich geschützte CDs vervielfältigen lassen und der Urheberschutz dadurch verletzt wird, gibt es nützliche Tools, mit denen man ganz legal ungeschütztes Material wie z. B. die eigenen CDs oder ISO-Images aus dem Internet brennen kann. Der ISO-Recorder ist ein solches Tool, das perfekt die Brennfunktionalität von Windows XP ergänzt und sich unauffällig ins System integriert.

Kopieren, Images erstellen und brennen mit dem ISO-Recorder

Der ISO-Recorder ist ein feines kleines Plug-In von Alex Feinman. Er ermöglicht Ihnen, über das Kontextmenü sowohl CD-Images (ISO-Dateien) als auch CD-Direktkopien zu erzeugen, eine gute Erweiterung der Windows XP-eigenen Brennfunktion. Das Freewareprogramm können Sie im Downloadbereich diverser öffentlicher FTP-Server bekommen – so z. B. auch auf der Webseite von *www. chip.de*.

Nach einer sehr einfachen Installation, bei der Sie lediglich den Speicherort des Programms angeben müssen, stehen Ihnen die beiden bisher fehlenden Optionen, nämlich die CD-Kopie und das Erzeugen eines Images, zur Verfügung.

1 Legen Sie die CD ein, von der Sie ein Image bzw. eine Kopie erzeugen möchten, und öffnen Sie den Arbeitsplatz oder den Windows-Explorer.

2 Klicken Sie nun mit der rechten Maustaste auf das CD-ROM-Laufwerk, in dem sich die CD befindet. Wählen Sie den Menüpunkt *Copy CD to CD* aus, um den ISO-Recorder zu starten.

3 Als Nächstes wählen Sie den CD-Recorder aus und entscheiden, ob Sie ein CD-Image auf Ihrer Festplatte erzeugen oder eine Direktkopie vom CD-ROM-Laufwerk zum Brenner starten wollen. Entsprechend Ihren Wünschen führt das Tool dann die gewählten Kopieraufgaben durch.

Workshop zum ISO-Recorder

Einen kompletten Workshop sowie einen Testbericht über diese sinnvolle Erweiterung der Windows-eigenen Bordmittel finden Sie im Internet unter *http://www.databecker.de/windowsxp*. Dort finden Sie nicht nur weitere Informationen, sondern auch die jeweils aktuelle Downloadadresse zum ISO-Recorder.

ISOs brennen mit dem ISO-Recorder

Entsprechend einfach ist das Brennen von ISO-Dateien auf CD-R/-RW. Wenn Sie sich beispielsweise die ISO-Dateien einer neuen Linux-Distribution aus dem Internet gezogen haben, hilft Ihnen der ISO-Recorder, diese ruck, zuck auf CD zu brennen

1 Starten Sie den Windows-Explorer und suchen Sie das zu brennende ISO-Image heraus. Klicken Sie mit der rechten Maustaste auf das ISO-Image und wählen Sie *Copy image to CD* im Kontextmenü.

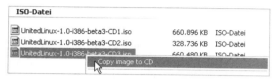

2 Der Assistent startet, und nach Auswahl von Datei und Recorder werden Sie, sofern Sie noch keinen CD-Rohling eingelegt haben, zur „Fütterung" des Brenners mit einem CD-R-/CD-RW-Medium aufgefordert.

3 Anschließend kann gebrannt werden.

Flexibler brennen mit Nero Burning Rom

Windows XP brennt Mediadateien und Multisession-Daten-CDs, aber das sind bei weitem nicht alle Formate und Optionen, die spezialisierte Brennprogramme bieten. So gibt es viele weitere Formate und Möglichkeiten, CDs zu brennen. Sei es eine Kopie oder eine Mischung aus Daten- und Audiodateien oder Video-CDs. Da die Palette, die dieses Thema ausmacht, viel zu umfangreich ist, beschränken wir uns hier darauf, Ihnen ein sehr populäres und gutes Brennprogramm namens Nero Burning Rom vorzustellen. Es ist ein Produkt der Firma Ahead und ist unter der Webseite *www.ahead.de* als Trial-Version zu bekommen. Dort sowie bei fast jedem Computerhändler in Ihrer Nähe können Sie das Produkt auch kaufen. Viel Komplettrechner, die Sie heutzutage erwerben können, haben Nero sogar schon als Vollprodukt beiliegen.

Installation von Nero

Nachdem Sie das Vollprodukt erworben oder die Demoversion aus dem Internet heruntergeladen haben, starten Sie die Installation des Programms über die Datei *nexxxxup.exe* (xxxx steht für die aktuelle Versionsnummer).

1 Als Erstes erscheint der Installations-Wizard mit einem großen Begrüßungsfenster, das Sie mit den Copyright-Bestimmungen vertraut macht und darauf hinweist, alle laufenden Programme zu beenden, bevor Sie mit der Installation fortfahren.

2 Akzeptieren Sie die Lizenzvereinbarung und klicken Sie auf *Weiter*, nachdem Sie alle geöffneten Anwendungen geschlossen haben.

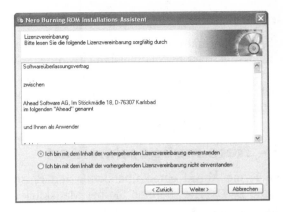

3 Danach müssen Sie den Installationspfad auswählen und Ihren Benutzernamen, den Firmennamen und die Seriennummer eingeben, sofern Sie das Produkt erworben haben. Wenn Sie die Seriennummer leer lassen, wird Nero später beim ersten Start erneut nach der Nummer fragen, und wenn keine Angabe der Nummer stattfindet, wird Nero als Demoversion gestartet. Bestätigen Sie dieses Dialogfenster wieder mit *Weiter*.

4 Im nächsten Schritt können Sie noch auswählen, ob die Installationsroutine Verknüpfungen auf Ihrem Desktop erzeugen soll und ob Nero Smart Start automatisch bei einer eingelegten CD gestartet werden soll.

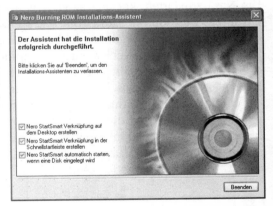

Unter *Start/Alle Programme* finden Sie jetzt den Eintrag *Nero*, darin sind das Nero-Symbol, eine Verknüpfung zur Hilfedatei sowie das Symbol *Nero Smart Start* zu finden, das Sie auch auf Ihrem Desktop wiederfinden, wenn Sie diese Option zum Abschluss der Installation ausgewählt haben.

CDs brennen aller Art mit Nero

Mit Nero können Sie fast jegliches CD-Format oder besser gesagt jeden Typ von CD brennen. Direkt zu Beginn sei gesagt, dass für die meisten CDs die Standard-vorgaben beibehalten werden sollten und nur bei Problemen eine Feineinstel-lung vorgenommen werden sollte. Lohnenswert ist in diesem Zusammenhang auch ein Besuch der Seite *www.disc4you.de*.

Einsteiger oder Profi – Nero maßgeschneidert

Mit Nero Smart Start bietet die Firma Ahead einen übersichtlichen Einstiegs-punkt zum Brennen Ihrer CDs und DVDs. Hier können Sie per Mausklick auch zugleich entscheiden, ob Sie mit der klassischen Nero-Version (im Folgenden Expertenmodus genannt) oder mit Nero Express arbeiten wollen.

Mit Nero Express bietet Ahead eine neue Oberfläche, die sowohl den Einsteigern als auch den Profis helfen soll, schnell und unkompliziert die Art von CD oder DVD zu brennen, die sie benötigen. Einsteiger werden durch wenige und zu-gleich übersichtlich gestaltete Schaltflächen sicher bis zum Ziel geführt. Profis hingegen können durch einblendbare Zusatzfunktionen auch die letzte Feinheit einstellen, um die perfekte CD oder DVD zu brennen.

In jedem Dialogfeld haben Sie jederzeit die Möglichkeit, zwischen der Express-Variante und der Experten-Variante hin- und herzuspringen. Nero Express ist nichts als ein übersichtlicher Aufsatz für Nero, der gerade Einsteigern helfen soll, sich durch den Dschungel verschiedenster Formate zu kämpfen.

Um Nero zu starten, klicken Sie ganz einfach auf das Symbol *Nero Smart Start* auf Ihrem Desktop oder unter *Start/Alle Programme/Nero*. Als Erstes sehen Sie einen übersichtlich gestalteten Wilkommensbildschirm mit sechs Hauptsymbo-len, hinter denen sich verschiedene Brennformate und Zusatzwerkzeuge verste-cken, die Nero bereithält. Zunächst können Sie über das Symbol mit den zwei Köpfen unten links zwischen dem Expertenmodus und dem Einsteigermodus, der voreingestellt ist, wählen. Im Expertenmodus erscheint selbiger Begriff unten rechts im Fenster, und die zwei Köpfe tragen Sonnenbrillen. Wir wollen Ihnen hier zuerst ein Beispiel im Einsteigermodus vorstellen und weiter unten im Ab-schnitt „Feintuning des Brennvorgangs mit Nero – MP3-Dateien werden zur Au-dio-CD" den Expertenmodus zeigen.

Smart Start oder Nero Express

Smart Start ist so etwas wie ein Einstiegspunkt, d. h., Sie können auch über *Start/Alle Program-me/Nero/Nero 6 Ultra Edition/Nero Express* direkt mit Nero Express beginnen. Hier sieht der Startbildschirm etwas anders aus. Aber auch hier wählen Sie zu Beginn das gewünschte Format, um dann mit Nero Express, wie nach dem Einstieg über Nero Smart Start, fortzufahren.

Nero Smart Start –
der Anfang

1 Wenn Sie nun den Mauszeiger über die Symbole bewegen, werden Ihnen die verschiedenen Formate angezeigt, aus denen Sie das gewünschte Format auswählen. Eine Übersicht über die angebotenen Formate finden Sie weiter unten in der Tabelle „Unterstützte Formate".

2 Wählen Sie das Format aus, das Sie benutzen möchten, indem Sie auf das gewünschte Format klicken, das unter den Gruppensymbolen erscheint. Wir haben in diesem Beispiel eine Daten-CD gewählt.

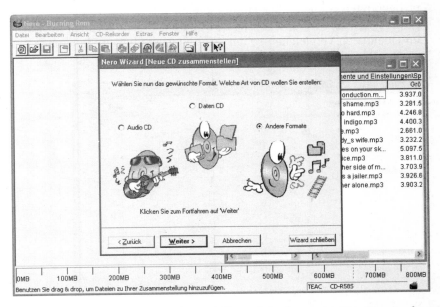

3 Über die Schaltfläche *Hinzufügen* öffnet sich ein neues Fenster, in dem Sie wie im Windows-Explorer navigieren können und wieder über die Schaltfläche *Hinzufügen* Daten Ihrer Auswahl hinzufügen. Ist Ihre Auswahl komplett, schließen Sie dieses Fenster über die Schaltfläche *Fertig* und gelangen so zum vorigen Fenster zurück. Über die Schaltfläche *Weiter* gelangen Sie zum nächsten Dialogfenster.

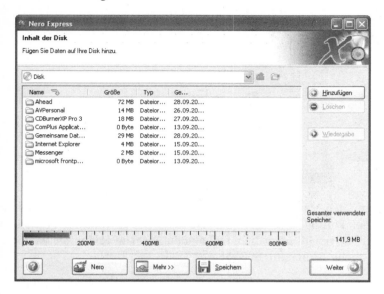

4 Wählen Sie nun nur noch den Brenner aus, mit dem Sie die Daten schreiben wollen, und gegebenenfalls die Geschwindigkeit, den Namen und die Anzahl der benötigten Kopien. Hier können Sie auch auswählen, ob diese CD eine Multisession-CD wird und ob Sie die Daten nach dem Brennen nochmals mit den Quelldaten vergleichen sollen. Zum Starten klicken Sie einfach auf den Schalter *Brennen*.

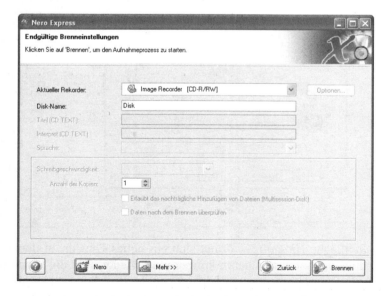

Über die Schaltfläche *Mehr* erhalten Sie in jedem der Dialogfenster jeweils weitere Optionen, um Feintuning zu betreiben. Aus Übersichtsgründen sind diese jedoch standardmäßig ausgeblendet. Anders als in früheren Nero-Versionen öffnet sich hier ein neues Fenster, in dem die erweiterten Optionen einzustellen sind.

Zusatzfunktionen verbergen sich hinter der Schaltfläche Mehr.

In der nachfolgenden Liste sind alle Formate aufgeführt, die von Nero unterstützt werden.

Unterstützte Formate

- CD-ROM/DVD-ROM
- CD/DVD Copy
- Audio-CD
- Digital Audio-CD
- Audio-CD/Daten
- MP3-/WMA-CD/-DVD
- Video-CD
- Super-Video-CD
- Mini-DVD
- CD Extra
- CD-Kopie
- Disk-Image brennen
- Mixed Mode-CD
- Bootable CD/DVD

Was nicht mit an Bord ist

Nero hat sich in den letzten Jahren immer mehr zu einer kompletten Brennlösung für nahezu alle Formate entwickelt, sodass fast alle zusätzlichen Plug-Ins überflüssig geworden sind. Die vier, die noch übrig geblieben sind, wollen wir hier dennoch kurz erwähnen.

Die Plug-Ins mp3PRO, DVD-Video und Multichannel sind alle über den Webshop der Webseite *www.ahead.de* erhältlich. Zusätzlich bekommen Sie dort auch noch einen kostenfreien WMA-Encoder, um auch aus WMA-Dateien Audio-CDs zu brennen, angeboten.

Darf's zum Schluss noch ein wenig mehr sein?

Nach hoffentlich erfolgreichem Beenden des Brennvorgangs bietet Ihnen Nero Express noch die Option an, das gleiche Projekt erneut zu brennen, ein neues Projekt zu erstellen oder den mitgelieferten Cover-Designer zu starten, um Ihre Musik-CD mit einem schönen Cover zu komplettieren.

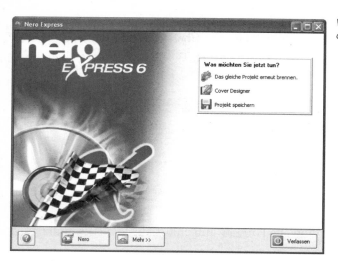

*Was wollen Sie
als Nächstes tun?*

Feintuning des Brennvorgangs mit Nero – MP3-Dateien werden zur Audio-CD

Nach einigen gebrannten Rohlingen werden Sie wahrscheinlich auf Nero Express verzichten. Ohne den Wizard haben Sie noch mehr Möglichkeiten, in den Brennprozess einzugreifen und feinere Einstellungen vorzunehmen. Hier sei nochmals erwähnt, dass Sie bereits über Kenntnisse einiger Begriffe und über einige Erfahrung im Bereich des CD-Brennens mitbringen sollten, um sich durch den Dschungel der Einstellungen durchzukämpfen.

Um eine neue Zusammenstellung für Ihren Rohling zu erstellen, klicken Sie ganz einfach auf *Datei/Neu*. Sollten Sie wieder Erwarten Probleme mit den vielen Einstellungsmöglichkeiten im Expertenmodus haben, können Sie über das Symbol mit dem „brennenden X" in der Symbolleiste oder über die Schaltfläche *Nero Express* im Fenster *Neue Zusammenstellung* jederzeit zur übersichtlicheren Variante Nero Express wechseln.

1   Wählen Sie im Fenster *Neue Zusammenstellung* das Format aus, das Sie brennen wollen. Auf den verschiedenen Registerkarten können Sie nun die Einstellungen Ihrem ausgewählten Format entsprechend vornehmen. Anhand einer Audio-CD wollen wir dies nun durchspielen. (Nero wandelt bei der Erstellung einer Audio-CD MP3-Dateien in CDA-Dateien um, damit die CD auch in Hi-Fi-CD-Playern abgespielt werden kann.)

2   Wählen Sie das Format *Audio CD* aus. Nun ist es gleich, ob Sie auf *Neu* klicken, die Musikdateien hinzufügen und dann kurz vor dem Brennen die Einstellungen vornehmen oder direkt jetzt am Anfang. Wir wollen hier direkt die Einstellungen vornehmen.

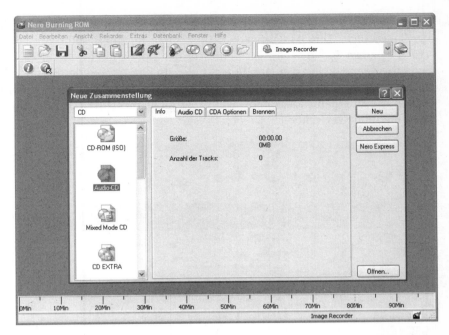

3 Auf der Registerkarte *Audio CD* können Sie der CD Merkmale wie Titel, Produzent und Kommentare mitgeben, die dann später als Eigenschaften der CD angezeigt werden.

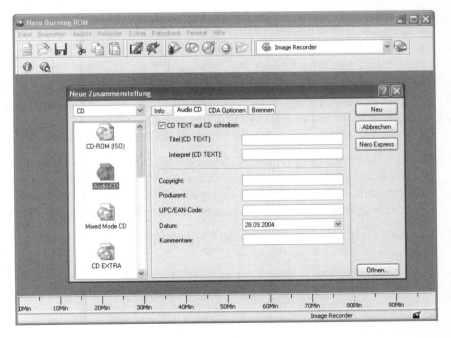

4 Unter den *CDA Optionen* finden Sie Ihre installierten CD-ROM-Laufwerke. Bei langsamen CD-ROM-Laufwerken (nur ältere Rechner) sollte die Option *Track vor dem Brennen auf Festplatte cachen* aktiviert sein, damit es beim Schreibvorgang nicht zu einem Buffer Underrun kommt und der Brenner den Schreibvorgang abbricht. Die Option *Stille am Ende von CDA Track entfernen* sollten Sie nur dann auswählen wenn Sie nicht die DAO (**D**isk **at O**nce)-Brennmethode verwenden.

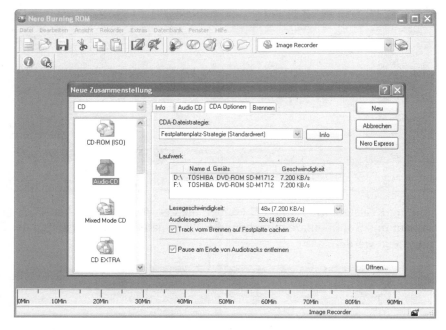

5 Die letzte Registerkarte betrifft die direkten Brenneinstellungen. Die Option *CD fixieren* sollte immer angewählt sein, mit der einzigen Ausnahme der Multisession-CD. Wählen Sie die Schreibgeschwindigkeit aus. Es kann nützlich sein, bei einigen Rohlingen die Geschwindigkeit herunterzusetzen.

Wählen Sie gerade bei Audio-CDs immer die DAO-Methode (sofern Ihr Brenner diese unterstützt). Die *maximale Geschwindigkeit* ermitteln und das *Simulieren* sollten nur bei häufig auftretenden Problemen mitverwendet werden, da diese Optionen den Brennvorgang um ein erhebliche Maß verlängert.

6 Klicken Sie nun zum Abschließen der Einstellungen auf *Neu*.

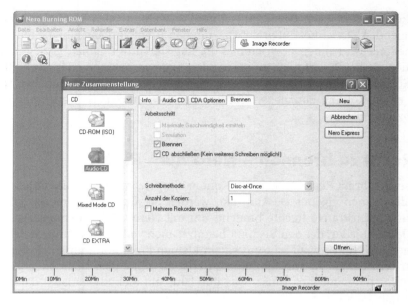

7 Jetzt sehen Sie zwei Fenster: Links Ihren CD-Rohling und rechts einen Explorer, um Ihre Lieder auf Ihrer Festplatte zu lokalisieren.

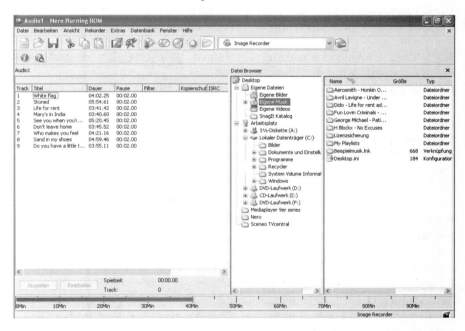

8 Per Drag & Drop ziehen Sie einfach Ihre gewünschten MP3-Lieder in das linke Fenster. Der blaue Balken unten zeigt Ihnen an, wie viele Minuten die Lieder auf Ihrem Rohling in Anspruch nehmen, also ob alles passt. Die MP3-Dateien werden automatisch konvertiert, um die CD für normale CD-Player abspielbar bzw. hörbar zu machen.

9 Klicken Sie nun nach Beendigung Ihrer Auswahl auf das Symbol mit dem brennenden Streichholz über der CD, um den Brennvorgang einzuleiten. Abschließend wird Ihnen noch einmal die Registerkarte *Brennen* gezeigt. Hier können Sie bei Bedarf noch einmal Änderungen vornehmen oder direkt über die Schaltfläche *Brennen* den Vorgang starten. Falls Sie vergessen haben sollten, einen Rohling einzulegen, fordert Sie Nero automatisch auf, dies nun nachzuholen.

Das Recht zu brennen – Nero Burn Rights

Wenn Sie auf Ihrem Rechner mehrere Konten eingerichtet haben, damit jeder in der Familie seinen eigenes Desktop hat, werden Sie vielleicht bemerkt haben, dass man administrative Rechte braucht, um mit Nero CD-Rs brennen zu können. Da ja nicht jeder, der den Rechner benutzt, auch volle administrative Rechte bekommen soll, hilft Ahead hier mit einem kleinen Programm, um auch normalen Benutzern das Recht zum Brennen zu erteilen, ohne dass man jeden gleich zum Administrator machen muss, was durchaus ein Sicherheitsrisiko darstellt, da ein Mitglied der Gruppe der Administratoren Vollzugriff auf den ganzen Rechner besitzt.

Unter folgender Adresse finden Sie ganz unten auf der Website unter *Utilities* das Programm Nero Burn Rights: *http://www.ahead.de/de/Nero_BurnRights.html*.

Nach dem Download machen Sie einfach einen Doppelklick auf das Programm, um die Installation zu starten. Die Installation besteht lediglich aus dem Bestätigen der Installation und dem Neustarts des Rechners. Wenn Sie bestätigen, den Rechner neu zu starten, können Sie noch die Brennrechte vergeben, die dann nach dem Neustart wirksam werden.

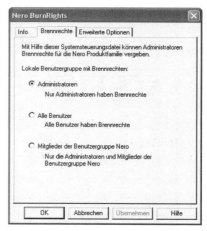

Wenn Sie den Rechner neu gestartet haben, klicken Sie mit der rechten Maustaste auf *Arbeitsplatz*, den Sie entweder auf Ihrem Desktop oder unter *Start* finden, und wählen im Kontextmenü *Verwalten* aus. Alternativ können Sie auch über *Start/Systemsteuerung* und

Wer darf mit Nero brennen?

die Kategorie *Benutzerkonten* zu den Gruppen gelangen. Dort finden Sie die Benutzergruppen *Administratoren* und *Benutzer*. Fügen Sie nun die Benutzer, die mit Nero brennen können sollen, der Gruppe hinzu, die Sie in Nero Burn Rights ausgewählt haben.

4.3 Die kostenlose Lösung – CDBurnerXP Pro

Natürlich gehört Nero mittlerweile zum absoluten Standard, wenn es um das Thema Brennen von CDs und DVDs geht, nur was ist, wenn man es kaufen muss und es nicht als Vollversion dem PC beiliegt? Hier schafft ein geniales Freeware-produkt Abhilfe. CDBurnerXP Pro in der Version 3 ist ein vollwertiger Ersatz für Nero. Sie können sich das Brennprogramm auf der Webseite *http://www.cdburnerxp.se* herunterladen. Neben etlichen Formaten, die von CDBurnerXP Pro unterstützt werden, fällt positiv der integrierte AudioGrabber auf, der aus Ihren Audio-CDs ganz einfach MP3-, WAV-, WMA- und sogar Ogg Vorbis-Dateien ex-trahiert.

Da es sich bei der Oberfläche um eine Nero sehr nahe stehende Variante handelt, wollen wir Ihnen hier den AudioGrabber kurz vorstellen und etwas genauer auf einige Einstellungsmöglichkeiten eingehen. Man muss jedoch auch erwähnen, dass es nicht wie bei Nero einen stark vereinfachten Express-Modus gibt, der den Einsteiger perfekt ohne Verwirrung bis zum Ziel geleitet. Sie sollten also schon über einige Erfahrung mit dem Brennen von CDs gesammelt haben, wenn Sie sich auf dieses Produkt einlassen. Es kann also sowohl eine sinnvolle Ergänzung sein als auch bis hin zum vollen Ersatz für Nero dienlich sein.

Das Setup-File kann nach dem Herunterladen recht unkompliziert mittels einer einfachen Setup-Routine installiert werden. Nach einem Willkommensbildschirm, der Eingabe des Installationspfads und des Akzeptierens der Lizenzbestimmung ist der CDBurnerXP Pro schnell installiert. Über das Symbol auf dem Desktop oder über *Start/Alle Programme CDBurnerXP Pro 3/CDBurnerXP Pro 3* kann das Programm gestartet werden, und erscheint nach einem so genannten Splash-Screen in den Windows XP-Farben mit folgendem Bild.

Startbildschirm von CDBurnerXP Pro.

Ein Meister der Audioformate

Hier wollen wir Ihnen demonstrieren, welche ergänzenden Fähigkeiten CDBurnerXP Pro im Vergleich zu Nero mitbringt. Wir rippen eine Audio-CD in das gewünschte Format, was in den meisten Fällen MP3 oder WMA sein wird. Aber auch Ogg Vorbis ist ein aufstrebendes Format, das der CDBurnerXP Pro spielend beherrscht.

1 Klicken Sie im Dialogfenster *New Compilation* auf den Schalter *CD-Ripper*, um den AudioGrabber zu starten.

2 Im darauf folgenden Dialogfeld stehen Ihnen die Karteikarten *AudioGrabber Options* und *Grab Audio Tracks* zur Verfügung. Sollten die meisten Optionen ausgegraut sein, ist keine Audio-CD im ausgewählten Laufwerk. Hier legen Sie weiterhin das Format der zu grabbenden Musikstücke fest sowie auch den Speicherort und die Syntax, die zur Speicherung der einzelnen Lieder verwendet werden soll.

3 Klicken Sie anschließend auf die Schaltfläche *Advanced Format Options*, um weitere Feineinstellungen für das gewählte Format vorzunehmen. Die einzige Karteikarte, die für Einsteiger interessant ist, ist *General*. Hier sollten Sie die Qualität der Bitrate auf mindestens 256 KBit/s anheben, was dem heutigen Standard bei MP3s entspricht. Die anderen Karteikarten fallen in einen Bereich des Feintunings, das den Rahmen dieses Buchs sprengen würde, daher beschränken wir uns auf das Wesentliche. Verlassen Sie die Encoder-Optionen mit *OK*.

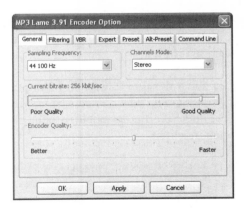

4 Wechseln Sie nun zur Karteikarte *Grab Audio Tracks*. Hier können Sie bei einer bestehenden Internetverbindung von FreeDB online die Albuminformationen abrufen, damit Ihre MP3s auch sauber mit Namen ganz nach den Vorgaben Ihrer Syntax abgelegt werden. Nun wählen Sie noch alle zu rippenden Lieder aus und und starten dann mit dem Schalter *Grab Track to Mp3* das Grabben.

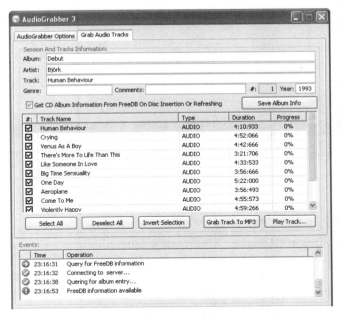

5 Jetzt werden alle ausgewählten Lieder gerippt und nach Ihren Syntaxvorgaben am voreingestellten Speicherort abgelegt

Images und ISO-Files fest im Griff

Ein weiterer Pluspunkt ist die Möglichkeit, sowohl Imagefiles in ISO-Files zu konvertieren als auch von einem ISO-File direkt eine CD zu brennen. Klicken Sie hierzu im Willkommensbildschirm auf den Schalter *Data/DVD*. Das folgende Fenster erinnert stark an Nero, sodass die Handhabung sehr leicht fallen wird, wenn bereits Erfahrungen mit Nero vorhanden sind.

Öffnen Sie das Menü *File* und wählen Sie einen der drei folgenden Menüpunkte aus: *Save Image as ISO File, Write Disc from ISO File* oder *Convert ISO Image*, je nachdem, ob Sie ein BIN-File in ein ISO-File konvertieren möchten oder ob Sie eine CD aus einem ISO-File heraus brennen möchten.

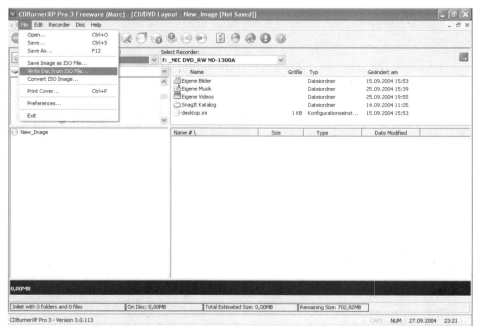

ISO-Files auf CD brennen.

Die Schaltzentrale fürs Feintuning

Um in die Optionen für den CDBurner XP Pro zu gelangen, müssen Sie nur im Willkommensbildschirm bzw. im *Audio-* oder *Daten/DVD*-Modus auf das Symbol mit den beiden roten Haken klicken, um die Optionen zu öffnen. Hier finden Sie eine Menge an Einstellungen, die das Aussehen und das Verhalten des Programms selbst steuert, sei es nun das Arbeitsverzeichnis auf der Festplatte oder das Auswerfen der CD nach erfolgreichem Brennvorgang. Auf der Karteikarte *Backup* können Sie z. B. lediglich Ihre Konfiguration abspeichern, um sie im Notfall möglichst zeitnah wiederherzustellen. Viele der Einstellungen sind selbsterklärend und werden daher hier auch nicht behandelt. Eine weitere Hilfe ist in vielen Fällen auch die deutsche Onlinehilfe des Produkts, die auf der Webseite *http://www.cdburnerxp.se/help/german/other-settings.php* zu finden ist.

Wie auch bei Nero gibt es die Möglichkeit, die Rechte so zu verändern, dass auch einfache Benutzer des Computers in der Lage sind, CDs und DVDs zu brennen. Diese Einstellung heißt bei Nero Nero Burn Rights und ist bei diesem Tool unter den *Options* auf der Karteikarte *Device Access* zu finden. Hier wird ein Dienst installiert, der die Zugriffsrechte auf die Geräte steuert.

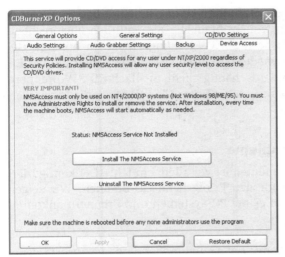

Brennrechte werden bei CDBurnerXP Pro per Dienst zur Verfügung gestellt.

4.4 Wertvolle Tipps zum Brennen

Auch mit der Burn-Proof-Technologie und aufgrund der Tatsache, dass Windows XP ein multitaskingfähiges Betriebssystem ist, sollten Sie während des Brennvorgangs darauf verzichten, Ihren Rechner zu sehr mit anderen Anwendungen zu strapazieren, da es sich bei dem Brennvorgang um einen sehr anfälligen Prozess handelt.

Die Rohling-Frage

Fast jeder stellt sich einmal diese Frage: Sie stehen vor einem Regal mit den verschiedensten Rohlingen, vor allem sind auch die Preise sehr unterschiedlich. Für welche entscheidet man sich, für die teuren oder vielleicht doch für die Rohlinge von Aldi? Natürlich gibt es durchaus Qualitätsunterschiede, aber Sie sollten sich am Ende immer für die Rohlinge entscheiden, mit denen Ihr Brenner am besten zurechtkommt, d. h. für die Sorte, bei der Sie am wenigsten Ausschuss haben. Bei den niedrigen Preisen für Rohlinge heutzutage sollten Sie ruhig mehrere testen, um die richtige Marke für Ihren Brenner zu finden.

Einzig und allein, wenn Sie Audio-CDs erstellen bzw. kopieren oder wichtige Daten-Backups machen, sollten Sie ein wenig mehr Geld für Rohlinge ausgeben und zu Markenrohlingen greifen, um länger Spaß an Ihren selbst gebrannten CDs zu haben. Einige Hersteller zertifizieren sogar ihre Rohlinge für eine bestimmte Geschwindigkeit. Speziell bei CD-RW-Medien ist zu beachten, dass Brenner und Brennsoftware diese Zertifizierung auslesen und dann auch nur mit diesem Tempo schreiben, auch wenn die Hardware eine höhere Geschwindigkeit erlauben würde.

Achten Sie beim Kauf noch auf die Kapazität: Wenn Sie z. B. eine Kopie einer Audio-CD mit Überlänge machen wollen, brauchen Sie natürlich entsprechend große Rohlinge. Die neuen Highspeed-CD-RW-Rohlinge (auch in höheren Geschwindigkeiten wie z. B. 10fach wieder beschreibbar) können aufgrund der Erweiterung des Orange-Book-Standards häufig nicht in 4fach-CD-RW-Brennern eingesetzt werden, da diese nicht als beschreibbare CD-RW-Medien erkannt werden.

Brennen ohne Hardwareprobleme

Neben modernen Hardwarekomponenten ist vor allem ein fehlerfrei konfiguriertes Betriebssystem entscheidend für den Erfolg beim CD-Brennen. Wir zeigen Ihnen in diesem Abschnitt, worauf es bei PC-Systemen und Brennern ankommt und worauf Sie achten sollten.

Die Burn-Proof-Technologie von Sanyo hat sich zum Standard gemausert (weitere Informationen finden Sie unter folgender Adresse: *http://www.burn-proof. com*). Aber auch wer nicht über einen Brenner der neusten Generation verfügt, kann mit wenigen Handgriffen den gefürchteten Buffer Underrun vermeiden (wenn die Daten zu langsam an den Brenner geliefert werden, unterbricht dieser den Brennvorgang und der Rohling ist Ausschuss). Wir wollen Ihnen zeigen, wie sich das PC-System mit wenigen Handgriffen optimal fürs Brennen konfigurieren lässt.

Buffer Underrun vermeiden auch ohne Burn-Proof

Burn-Proof ist eine Hardwareentwicklung, die sicherstellt, dass der Brenner bei einer Unterbrechung des Datenstroms von CD-ROM-Laufwerk oder Festplatte den Schreibvorgang unterbricht und an der gleichen Stelle erneut aufnimmt, sobald der Daten-Cache wieder ausreichend gefüllt ist.

DMA-Modus – als Krisenfaktor

Um unter Windows die Datentransferleistung zwischen den Laufwerken zu optimieren, sollte immer der DMA-Zugriff aktiviert sein. Unter *Systemsteuerung/System/Gerätemanager* ist der DMA-Eintrag für die CD-ROM-Laufwerke zu finden. Über *Einstellungen/Eigenschaften* kann der DMA-Modus dauerhaft aktiviert werden. Wird dieser vom CD-ROM-Laufwerk unterstützt, ist er auch nach einem Neustart des Systems noch aktiv.

Gleichmäßiger Datenstrom durch schnelle Platten

Damit ein möglichst gleichmäßiger Datenstrom gewährleistet ist, müssen zwei Dinge beachtet werden: Zum einen sollten Sie auch bei modernen und leistungsfähigen Festplatten die schnellste Partition als Datenquelle auswählen. Programme wie Nortons Speed Disk oder Aheads Nero Burning Rom können die Datenübertragungsraten einer jeden Partition bzw. Platte ermitteln. Wenn Sie die Option *CD kopieren* auswählen, finden Sie auf der Registerkarte *Image* die Schaltfläche *Die Geschwindigkeit aller Laufwerke testen*. Ein Klick und Nero testet für Sie die Datenübertragungsgeschwindigkeit Ihrer Laufwerke, bzw. Partitionen.

Gerade bei älteren langsameren Platten empfiehlt es sich, die Partition nach dem Kopieren der zu brennenden Daten, also vor dem Brennvorgang zu defragmentieren. Insbesondere gilt dies für Audiodaten, da Verzögerungen beim Einlesen hier schnell zu Störgeräuschen auf der CD führen. Sie hören dann vor allem beim Abspielen über eine normale Hi-Fi-Anlage knackende Geräusche, die insbesondere am Anfang und Ende der Lieder auftreten. Haben Sie ein neues Komplettsystem gekauft, ist diese Vorsichtsmaßnahme nicht mehr nötig, da die Festplatten schnell genug arbeiten und sich auch die Technologie der Brenner in den letzten Jahren enorm verbessert hat.

Hardwareupdate durch neuste Firmware

Wie bei Motherboards kann auch bei CD-Brennern ein Firmware-Update die Lösung für unerklärliche Probleme oder Inkompatibilitäten sein. Neben einer verbesserten Systemstabilität bieten aktuelle Firmwareversionen zudem Support für neue Rohlingtypen. Ähnlich wie bei einem Motherboard-BIOS-Update sollte eine Aktualisierung der Firmware erst durchgeführt werden, wenn im Betrieb Probleme auftreten. In vielen Fällen geben die Hersteller auf ihren Internetseiten detailliert an, welche Fehler die einzelnen Firmwareversionen beheben. Über die Support- und Serviceseiten der Firma Ahead bekommen Sie detaillierte Informationen über die neusten Firmwareversionen fast aller gängigen Brenner.

Sollte ein Update erforderlich werden, so suchen Sie einfach die Webseite des Herstellers Ihres Geräts auf und besorgen sich dort die Firmwareversion. Dort finden Sie auch in aller Regel Anleitungen zum Durchführen des Firmware-Updates. Beachten Sie diese Anleitung genau, um Ihren Brenner nicht zu beschädigen, denn bei einigen Herstellern wird nach einem Firmware-Update keine Garantie mehr übernommen. Zwar ist die Prozedur einfacher als bei Motherboards, aber sie sollte mit Vorsicht durchgeführt werden.

Energieoptionen ausschalten

Schalten Sie während des Brennvorgangs den Bildschirmschoner wie auch die Energieverwaltung aus. Sie finden die Einstellungen für die Energieverwaltung unter *Systemsteuerung/Leistung/Wartung/Energieoptionen*. Stellen Sie hier unter *Standby* und *Festplatten ausschalten* die Option *Nie* ein.

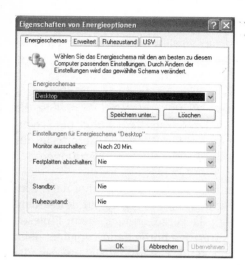

Schalten Sie den Stand-by-Modus aus, um sicher zu brennen.

Hintergrundprogramme und virtueller Arbeitsspeicher

Auch alle anderen Programme, die im Hintergrund laufen (Virenscanner, Norton Utility etc.) sollten beendet werden. Da Windows XP den virtuellen Speicher eigenständig verwaltet, was jedoch beim Brennvorgang nicht wünschenswert ist, sollten Sie den virtuellen Speicher fest einstellen, denn Windows könnte ja auf die Idee kommen, den virtuellen Speicher beim CD-Brennen zu verändern. Damit dieser ungewollte Zugriff auf die Festplatte verhindert wird, müssen Sie eine feste Größe für den virtuellen Arbeitsspeicher festlegen.

Dies geschieht manuell in der Systemsteuerung unter *Systemsteuerung/Leistung/Wartung/ System/Erweitert*. Klicken Sie auf dieser Registerkarte unter der Option *Systemleistung* auf *Einstellungen*. Wechseln Sie zur Registerkarte *Erweitert* und dort auf *Virtueller Arbeitsspeicher/Ändern*. Klicken Sie hier zunächst auf die Schaltfläche *Benutzerdefinierte Größe* und wählen Sie bei *Minimum* und *Maximum* die gleiche Größe. Als Faustregel nehmen Sie das Doppelte Ihres Arbeitsspeichers, also bei 128 MByte geben Sie 256 MByte ein.

Stellen Sie eine benutzerdefinierte Auslagerungsdatei ein.

Schreiboptionen – was sie für Ihre CD bedeuten

TOC – Table Of Contents

Enthält eine Liste der Dateien und Adressen einer CD bzw. Session. Vergleichbar mit der FAT bei HDs. Die TOC steht am Anfang einer CD und enthält alle Informationen über den Aufbau der CD. Darin enthalten sind die Startadressen und Längen aller Tracks, die Gesamtlänge des Datenbereichs sowie Informationen über die einzelnen Sessions. Die TOC wird im Lead-In-Bereich gespeichert, und zwar in den so genannten Q Subchannels.

DAO (Disc-At-Once)

DAO (**D**isc-**A**t-**O**nce) ist das Gegenstück zu TAO (**T**rack-**A**t-**O**nce). Wird eine CD-R/-RW im DAO-Modus beschrieben, so werden alle Blöcke einer CD in einem Rutsch, ohne mit dem Laserkopf abzusetzen, beschrieben. Das Schreiben im DAO-Modus ist insbesondere beim Brennen von Audio-CDs zu bevorzugen, da beispielsweise die Pausenlängen zwischen den einzelnen Tracks gezielt gesetzt werden können, außerdem keine Linkblöcke zwischen den Tracks angelegt werden müssen (erzwungene kurze Pause) und ferner das Schreiben von CD-Text ermöglicht wird.

CD-Images erzeugen

Eine wichtige Funktion für das fehlerfreie Brennen von CDs ist das Erzeugen von CD-Images. Ein solches Image brennt man dann von der schnelleren Festplatte auf den CD-Rohling, statt eine direkte 1:1-Kopie vom CD-ROM-Laufwerk anzufertigen. Bei Nero ist diese Funktion allerdings gut versteckt. Im Menüpunkt *CD-Rekorder/Rekorderauswahl* wählt man den Image-Recorder als CD-Brenner und startet dann den Brennvorgang wie gewohnt.

Das so erstellte Image lässt sich über *Datei/CD-Image brennen* später auf einen Rohling schreiben – zuvor muss aber der CD-Brenner wieder als Recorder ausgewählt werden. Einfacher geht es, wenn im Menüpunkt *CD kopieren* die Option *Direktkopie* deaktiviert wird. In diesem Fall wird automatisch eine Imagedatei erstellt.

ISO-Image brennen

Grundsätzlich erstellt und brennt ein Programm wie Nero CD-Images in einem eigenen Format. Allerdings ist es mit Nero auch möglich, Standard-ISO-Dateien auf CD-Medien zu brennen.

Zunächst öffnet man dazu den Imagedialog über *Datei/CD-Image brennen*. Dann wählt man als Dateityp *.* aus und selektiert anschließend die ISO-Datei. Ist diese ein Standard-Mode-1-Image, kann man im folgenden Dialog die Einstellungen belassen, wie Nero sie vorgibt. Ist die zu brennende Datei mit anderen Einstellungen erstellt, müssen in dem Dialogfeld genau die vom Ersteller angegebenen Daten eingetragen werden.

ISO-Images aus dem Internet

Oft ist Software im Internet auch als Image erhältlich (z. B. Linux-Distributionen ☺). Diese Images sind entsprechend der angeführten Beschreibung zu brennen – auch wenn Sie andere oder keine Dateierweiterungen besitzen.

4.5 Die wichtigsten Brennformate

ISO 9660, der Urvater: Das erste und immer noch am weitesten verbreitete Dateisystem für CD-ROMs ist das hierarchische ISO 9660-Format, das dem MS-DOS-System sehr ähnelt. Es erlaubt Dateinamen bis zu einer Länge von acht Zeichen und ein Dateiattribut von drei Zeichen. Im Vergleich zum MS-DOS-Format ist die Verzeichnistiefe allerdings auf acht Ebenen beschränkt.

Die Namen von Dateien und Verzeichnissen dürfen auf einer CD im ISO 9660-Format nur Großbuchstaben, Ziffern und als einziges Sonderzeichen den Bindestrich enthalten. Eine weitere Einschränkung stellt die Begrenzung der Gesamtlänge von Verzeichnis- und Dateinamen dar. Diese setzt sich aus der Zeichenlänge des Verzeichnispfads, in dem die Datei steht, und ihrem eigenen Dateinamen zusammen. Sie darf eine Gesamtlänge von 255 Zeichen nicht überschreiten.

Für jede Session, die auf einen Rohling gebrannt wird, werden für Lead-In und Lead-Out 11.500 Blöcke, also ungefähr 20 MByte belegt, die an effektiv nutzbarem Speicherplatz auf dem Medium verloren gehen. Der Anwender nutzt also, wenn er des Öfteren kleinere Datenmengen sichert, einen Großteil der Speicherkapazität des CD-Mediums für Informationen zur Dateistruktur.

Der entscheidende Vorteil des ISO 9660-Formats liegt in der hohen Kompatibilität: Es wird praktisch von jedem Betriebssystem unterstützt, und auch das älteste CD-ROM-Laufwerk kann ein solches Medium lesen.

- **Joliet:** Joliet ist ein von Microsoft standardisiertes Dateisystem, das auf dem ISO 9660 basiert und für Windows 95 entwickelt wurde. Das Joliet-Filesystem erlaubt die Verwendung von bis zu 63 Zeichen langen Dateinamen und benutzt den internationalen Unicode-Zeichensatz. Der Verzeichnispfad inkl. Dateinamen darf maximal 120 Zeichen lang sein. Das Dateisystem wird derzeit nur von Windows 95/NT-Systemen unterstützt. Da Joliet auch die entsprechenden DOS-Dateinamen aufzeichnet, sind die Dateien auch unter DOS und Windows 3.x lesbar.

■ **Picture CD:** Picture CD ist ein von Kodak und Intel gemeinsam entwickeltes Format zum Speichern von Bildern. Obwohl der Name glauben macht, dass es sich um ein neu entwickeltes Format handelt, ist es doch eine simple Daten-CD, die von einem Fotografen erstellt werden kann. Als vorteilhaft dürfte sich der im Vergleich zu Photo CD deutlich günstigere Preis erweisen.

■ **Video-CD:** Eine Video-CD enthält MPEG-Full-Motion-Videosequenzen. Der Standard für die Erstellung von Video-CDs wurde 1993 von Philips und JVC im White Book festgeschrieben. Dabei enthält der erste Track einerseits das CD-i-Abspielprogramm für die Video-CD und andererseits die Verzeichnisse CDI, MPEGAV und VCD basierend auf dem ISO 9660-Dateisystem. Die folgenden Tracks im Format CD-ROM/XA-Mode 2/Form 2-Sektoren enthalten die in MPEGAV aufgelisteten und MPEG-kodierten Audio-/Videosequenzen.

5. Digitale Fotos und Videos bearbeiten

Digitalfotos verdrängen die Kleinbildkamera: Multimedia-Geräte wie der Scanner gehören wahrscheinlich auch längst zu Ihrer Computerausstattung wie ein Drucker und ein CD-Brenner. Jetzt hält auch schon die Videotechnik Einzug in den Computeralltag: Was beim Kinofilm normal ist, wird auch am PC immer beliebter: digital filmen, schneiden und nachbearbeiten und perfekte Videos am PC auf CD brennen oder im Internet vorführen.

Digitalfotos, Scans & Video: Bearbeitung ohne jedes Zusatztool?

In Sachen digitale Bilder unterstützt Sie Windows XP Home mit einem „Rundum-Sorglos-Paket". Man kann ohne Übertreibung behaupten: Nie ging es leichter, digitale Endgeräte zu installieren, Bilder nachzuarbeiten, Bilder zu verwalten und seinen ganz privaten Film zusammenzustellen!

Die Ausgangsposition ist auch beim Video immer dieselbe: Gelangt beim Scanner vorhandenes Bildmaterial aus Ihrem Fotoalbum, beim digitalen Fotoapparat Bilder direkt auf den PC, so haben jetzt auch die bewegten Bilder aus dem Camcorder ihren Weg in den PC gefunden. Haben Sie das Bildmaterial erst einmal auf Ihrem Computer, hält Windows eine Menge an Funktionalität bereit, damit Sie Ihre Bilder optimal drucken, per E-Mail verschicken, Videofilme schneiden und im Internet präsentieren können. In diesem Kapitel erfahren Sie deshalb alles über:

■ Das Anschließen von Scannern, digitalen Kameras bzw. Camcordern und Kartenlesern mit den verschiedenen Anschlussmöglichkeiten.

■ Die Möglichkeiten, wie Sie Ihr Bild vom Scanner, der Kamera/dem Camcorder oder von einem Kartenleser in Ihren Computer bekommen.

■ Das Drucken Ihrer Bilder, das Bestellen von Abzügen über das Internet, das Anzeigen Ihrer Bilder in Form einer Diashow und das Veröffentlichen Ihrer Bilder im Web. Weiterhin werden wir Ihre Bilder als Mail versenden, speichern und verwalten. Auch auf die Nacharbeitung der Bilder werden wir in diesem Kapitel eingehen.

■ Das Verwalten von Bildern im Internet und auf Ihrem Computer.

■ Das Erstellen von Videoclips mit Übergangseffekten. Weiterhin erfahren Sie, wie ein Film gespeichert, wiedergegeben und per E-Mail versendet werden kann.

Anschluss für Scanner und Digitalkameras – serielle Schnittstelle, USB und FireWire

Wenn Sie eine Kamera, einen Scanner oder einen Camcorder an Ihren Computer anschließen, gibt es in der Regel verschiedene Möglichkeiten. Durchgesetzt haben sich derzeit die Anschlüsse „seriell", USB und FireWire. Die im Handel befindlichen Geräte haben zumeist einen oder mehrere dieser Anschlüsse. Denken Sie daran, dass der entsprechende Anschluss an Ihrem Computer zur Verfügung steht.

Kameras tauschen zumeist über die serielle COM-Schnittstelle (serielle Schnittstelle) und USB (**U**niversal **S**erial **B**us) ihre Daten mit dem PC aus, Videokameras über den so genannten FireWire, der auch mit seiner Normnummer IEEE 1394 (Institute of Electrical and Electronics Engineers – eine Vereinigung der amerikanischen Elektro- und Elektronikingenieure) oder der in der Apple-Welt üblichen

Bezeichnung iLink auftaucht. Wenn Ihre Digitalkamera eine serielle Schnittstelle hat oder Sie mit mehreren Speichermedien arbeiten, können Sie sich mit einem Lesegerät für die Speicherkarten das Leben vereinfachen: Das USB-Kartenlesegerät ist schneller und der Kartenwechsel komfortabler.

Serielle Schnittstelle - Die COM 1 bzw. 2 ist der auch als RS232 bekannte „Dinosaurier" Ihrer PC-Schnittstellen – über ihn können Geräte wie eine serielle Maus, ein externes Modem etc. angeschlossen werden. Wie für ein Modem gilt auch für die Übertragung Ihrer Bilder: Mit 115.000 Bits/s ist diese Verbindung ausgereizt. Was für ein Internetmodem noch ausreicht, erfordert bei Bildern mit „High Quality" schon eine Menge Geduld!

Ihre COM-Ports und wie sie Ihr PC „sieht"

COM1 ist der erste Port beim PC. Die Schnittstelle kommuniziert über Speicherbereiche für die Ein- und Ausgabe (E/A) – beim COM1 gewöhnlich an der Adresse 03F8H. In der Regel ist dem COM1-Port der IRQ 4 zugewiesen. COM2 ist der zweite Port mit einem E/A-Bereich bei der Adresse 02F8H und dem IRQ 3. COM3 befindet sich (sofern vorhanden) gewöhnlich bei 03El8H und IRQ 4. Diese Einstellungen können aber zumeist über das BIOS eingestellt werden. Manche Geräte oder Treiber verwenden virtuelle COM-Schnittstellen – in vielen Systemen wird COM3 als Alternative für COM1 oder COM2 verwendet, falls an COM1 und COM2 bereits Peripheriegeräte angeschlossen wurden.

Schneller und komfortabler – USB: Ihr Universal Serial Bus (**u**niverseller **s**erieller **B**us) ist die zeitgemäßere Variante der seriellen Verbindung. Mit einer Geschwindigkeit von bis zu 1,5 Megabit pro Sekunde (Mbps) holen Sie Ihr Material in den PC. Über den USB-Bus können Sie bis zu 127 Geräte anschließen, am COM-Port in der Regel nur eines.

Während bei den älteren Modellen die Verbindung zu Ihrem Computer die COM-Schnittstelle ist, werden Sie bei den neueren Geräten in der Regel eine USB-Verbindung vorfinden. Die USB-Verbindung hat ganz klar den Vorteil, dass Sie beim Verbinden von Multimedia-Geräten mit dem Computer einfach das Kabel in die USB-Buchse Ihres PCs einstecken und sofort loslegen können. Bei einer COM-Verbindung werden Sie in der Regel zuerst einen so genannten Twain-Treiber installieren müssen und anschließend das System neu starten. Das ist nicht weiter schlimm – nur aufwendiger. Weiterhin ist eine USB-Verbindung wesentlich schneller. Externe CD-Laufwerke, Drucker, USB-Modems wie auch Maus, Tastatur, Scanner und eben Kameras: USB ermöglicht Ihnen, die Geräte während des Betriebs zu verkabeln (Hot Plugging) – Windows XP wird das merken, in der Regel die entsprechenden Treiber laden und Ihnen passende Software zur Nutzung des Geräts bereitstellen.

USB 2.0 ist die neuste Variante des USB und will FireWire Konkurrenz machen. Weitere technische Informationen zum USB sind unter der Webadresse *http:// www.usb.org* abrufbar.

FireWire – IEEE 1394: FireWire ist die auf dem Markt der Digitalcamcorder verbreitetste Verbindung zum PC. Im Gegensatz zum Datenrinnsal USB 1.0 taugte diese Verbindung für die Übertragung von DV-Bildern und hat sich konsequent als Standard etabliert. Neben dem unkomplizierten Anschluss ist die Verbreitung als „Onboard"-Schnittstelle bei Laptops hervorzuheben – neue Laptops besitzen die Buchse für den heißen Draht bereits. Wer noch keine solche Schnittstelle in seinem PC hat, kann schon unter 30 € nachrüsten.

Die Website der IEEE ist unter der Adresse *http://www.ieee.org* erreichbar.

5.1 Scanner und Kameras für digitale Bildkopien

Es gibt Handscanner, Flachbettscanner, mobile Scanner für unterwegs, Kombigeräte, in die ein Scanner integriert ist, und viele weitere mehr. Alle haben das gleiche Ziel wie die immer beliebter werdenden Digitalkameras: die Bilder vom Kegelausflug, vom Kurzurlaub in Frankreich oder dem 80. Geburtstag der Oma in den Computer zu übertragen. Damit das reibungslos funktioniert, ist es notwendig, den Scanner ordnungsgemäß an Ihren Computer anzuschließen. Für die heute gebräuchlichen Scanner ist eine einfache Installation wie im Fall der folgenden Inbetriebnahme eines USB-Scanners die Regel.

Neuer Scanner? – Transportsicherung entfernen und Hinweise des Herstellers beachten!

Wenn Sie einen neuen Scanner anschließen – unbedingt die Herstellerhinweise für die erste Inbetriebnahme genau beachten: Meistens sind der Scanschlitten und weitere bewegliche Teile des Scanners mit einem Klebeband gesichert. Es ist sehr wichtig, diese Transportsicherung vor der ersten Benutzung und Installation zu entfernen, damit keine bleibenden Schäden hinterlassen werden. Wenn Ihr Scanner über zusätzliche Hardware – eine so genannte SCSI-Controllerkarte – betrieben wird, dann muss diese zuerst installiert werden. Weitere Informationen hierzu finden Sie in Kapitel 15.

Wie schon erwähnt – es gibt unterschiedliche Anschlüsse und eine Fülle von verschiedenen Scannern. Werfen Sie vor Inbetriebnahme Ihres Scanners einen Blick in Ihr Benutzerhandbuch und beachten Sie die dort aufgeführten Hinweise.

USB-Scanner anschließen und installieren

Der hier angeschlossene Scanner hat einen USB-Anschluss, es ist ein Hewlett-Packard ScanJet 6200C. Um einen solchen oder ähnlichen Scanner zu installieren, führen Sie die folgenden Schritte durch:

1   Stecken Sie das Stromkabel bzw. Netzteilkabel und das USB-Kabel in die entsprechenden Buchsen des Scanners. Sind Sie sich nicht sicher, welches Kabel in welche Buchse gesteckt wird, sehen Sie unbedingt in das Benutzerhandbuch.

2   Stecken Sie jetzt zuerst das Stromkabel bzw. das Netzteil in die Steckdose und das USB-Kabel in einen freien USB-Steckplatz Ihres Computers. Am besten ist es, wenn bei dieser Aktion Ihr Computer bereits gestartet ist. Windows XP erkennt sofort, dass neue Hardware angeschlossen wurde.

3   Windows XP erkennt die Inbetriebnahme des USB-Geräts und teilt Ihnen dies mit einer Sprechblase (QuickInfo) mit. Während dieser Zeit sucht Windows XP den entsprechenden Treiber, den Microsoft bereits mitliefert – denken Sie an die HCL (Hardwarekompatibilätsliste). Wird kein passender Treiber gefunden, werden Sie nach einem Treiber des Herstellers gefragt, den Sie auf CD oder Diskette mitgeliefert bekommen haben.

4   Hat Windows XP Home Ihren Scanner ordnungsgemäß installiert, bekommen Sie eine weitere QuickInfo. Die folgende Abbildung zeigt eine derartige Meldung.

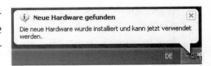

Die Scannerinstallation überprüfen

Bevor Sie sich gleich in die Arbeit stürzen, um Ihre Bilder in den Computer einzuscannen, können Sie vorab einen Scannertest durchführen. Dieser Test garantiert Ihnen, dass bei der Installation nichts „schief" gelaufen ist. Sollte der Test positiv verlaufen, haben Sie auf jeden Fall die Gewissheit, dass es bei späteren Komplikationen nicht an Ihrer Installation liegt. Kurz gesagt – Sie tun sich einfach bei der Fehlerbehebung leichter. Um einen Scanner zu testen, führen Sie folgende Schritte durch:

1   Öffnen Sie die Systemsteuerung im Startmenü und klicken Sie anschließend auf die Kategorie *Drucker und andere Hardware*. Es erscheint das gleichnamige Dialogfeld.

2   Klicken Sie auf das Systemsteuerungssymbol *Scanner und Kameras*. Es öffnet sich das Dialogfeld *Scanner und Kameras* mit den entsprechend installierten Geräten. Die folgende Abbildung zeigt ein solches Fenster.

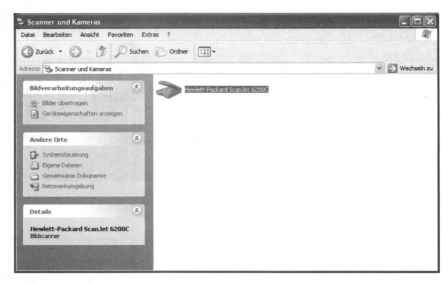

Markieren Sie das entsprechende Gerät – im neuen Explorer von *Scanner und Kameras* erscheinen sofort die möglichen *Bildverarbeitungsaufgaben*.

3 Klicken Sie mit der Maus auf den Link *Geräteeigenschaften anzeigen*. Es erscheint das *Eigenschaften*-Fenster des entsprechenden Geräts mit den Registerkarten *Allgemein, Ereignisse* und *Farbverwaltung*.

4 Klicken Sie auf die Schaltfläche *Scanner testen*.

Der Scannertest wurde erfolgreich durchgeführt

5 Ist der Scannertest positiv ausgefallen, können Sie nun loslegen und Ihre Bilder in den Computer einscannen. Wie das geht, ist in diesem Kapitel auf Seite 180 beschrieben.

Digitalkameras installieren – mit serieller Schnittstelle oder USB

Es gibt bereits unzählige digitale Kameras und Videorekorder auf dem Markt – und es werden täglich mehr. Sie werden günstiger und immer leistungsfähiger. Kurz auf den Punkt gebracht: Der Kamera- und Camcorder-Markt überschlägt sich, ja man müsste fast annehmen, die Produkte überholen sich selbst. Aber was nützt ein noch so tolles digitales Multimedia-Gerät, wenn man das Erfasste nicht überarbeiten kann?

Anschlussmöglichkeiten für die digitale „Knipse"

Damit Sie Windows XP für Ihre digitalen Fotoquellen nutzen können, müssen Sie Ihre Kamera oder Ihren Camcorder an Ihren Computer anschließen. Im Gegensatz zu den Scannern, die in der Regel mit einer USB-Schnittstelle ausgestattet sind, sind ältere Kameras mit einer seriellen Schittstelle ausgestattet. Auch eine Anzahl von Camcordern ist zur Übertragung von Einzelbildern noch mit der seriellen Schnittstelle bestückt. USB oder seriell – Ihre Kamera findet Anschluss, keine Angst – unterschiedlich ist jedoch die Vorgehensweise: Bei der USB-Verbindung wird die neue Hardware in der Regel wie die im vorigen Abschnitt behandelten Scanner automatisch erkannt, sodass Sie ohne großen Aufwand die Kamera nutzen können. Bei einer seriellen Schnittstelle müssen Sie den entsprechenden Treiber noch selbst installieren. Wie Sie das am besten machen, erfahren Sie auf den Seiten 170 und 171. Dieses Kapitel kann natürlich nicht für alle im Handel vertretenen Kameras eine komplette Installationsanweisung abdecken, das würde den Rahmen und die Seitenzahl dieses Buchs locker sprengen. Ich möchte jedoch drei „typische" Installationen von handelsüblichen Kameras vorstellen. In der Regel finden Sie sich in einem der drei folgenden Szenarien wieder:

Szenario 1: Sie sind im Besitz einer digitalen Kamera/Camcorder mit USB-Anschluss. Der Treiber ist vorhanden und wird automatisch geladen bzw. angefragt.

Szenario 2: Sie sind im Besitz einer digitalen Kamera/Camcorder mit serieller Schnittstelle. Der Treiber ist vorhanden und von Microsoft zertifiziert.

Szenario 3: Sie sind im Besitz einer digitalen Kamera/Camcorder mit USB oder seriellem Anschluss und der Treiber ist nicht vorhanden bzw. nicht von Microsoft zertifiziert.

Digitale Kamera installieren – mit USB-Anschluss

Das erste Szenario: Sie sind im Besitz einer digitalen Kamera mit USB-Anschluss. Die Installation erfolgt entsprechend dem USB-Scanner.

1 Verbinden Sie Kamera und PC. Stecken Sie dazu das USB-Kabel in die dafür vorgesehene Buchse Ihrer digitalen Kamera und bei gestartetem Windows XP Home in eine freie USB-Schnittstelle Ihres Computers. Schalten Sie wenn nötig Ihre Kamera ein – manche Kameras schalten sich auch automatisch ein.

2 Nach kurzer Zeit erscheint rechts unten in der Taskleiste eine gelbe Sprechblase (QuickInfo) mit der Nachricht, dass neue Hardware gefunden wurde. Windows XP sucht jetzt nach dem entsprechenden Treiber. Ist der Treiber zertifiziert bzw. steht Ihre Kamera in der HCL, findet XP den richtigen Treiber in seiner mitgelieferten Treibertabelle. Bei neueren Kameras wird das Gerät auch einfach als Wechselmedium (vgl. Kartenleser auf Seite 178) entsprechend wie ein Disketten- oder Ziplaufwerk angezeigt. Sie brauchen nichts zu tun: Windows installiert Ihre Kamera optimal.

3 Mit der Meldung, ebenfalls in Form einer gelben Sprechblase (QuickInfo), dass die neue Hardware installiert wurde und jetzt verwendet werden kann, zeigt Ihnen Windows XP, dass der Installationsvorgang abgeschlossen ist.

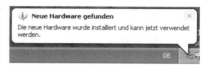

4 Jetzt ist Ihre Kamera bereit: Um nun Ihre Bilder von der Kamera/Camcorder auf Ihren Computer zu bekommen, müssen Sie die Kamera einfach bei laufendem Windows einstecken. Sie bekommen dann in der Taskleiste das Symbol für einen USB-Massenspeicher angezeigt.

Kurz darauf meldet sich der Assistent, der Ihnen mögliche Aufgaben für die weitere Arbeit anbietet. Hierzu mehr in Kapitel 5.2 „Bilder von Scanner und Kamera auf den PC holen".

Digitale Kamera mit serieller Schnittstelle installieren

Das zweite Szenario: Eine Kamera oder ein Camcorder mit serieller Schnittstelle für die Übertragung digitaler Einzelaufnahmen. Hier müssen Sie ein bisschen mehr tun, damit Windows Ihre Kamera erkennt. Wie im Vorfeld schon beschrieben, erkennt Windows Hardware mit USB-Schnittstelle automatisch. Dieser Luxus bleibt der seriellen Schnittstelle verwehrt. Um nun eine Kamera mit seriellem Anschluss zu installieren, gehen Sie wie folgt vor:

1 Stecken Sie das serielle Kabel in die dafür vorgesehene Buchse Ihrer digitalen Kamera/Camcorder. Lesen Sie hierzu das entsprechende Kapitel im Benutzerhandbuch Ihrer Kamera.

2 Stecken Sie nun das serielle Kabel in eine freie serielle Schnittstelle Ihres Computers und schalten Sie Ihre Kamera ein.

3 Öffnen Sie im Startmenü die Systemsteuerung und klicken Sie anschließend auf die Kategorie *Drucker und andere Hardware*. Öffnen Sie das Systemsteuerungssymbol *Scanner und Kameras*.

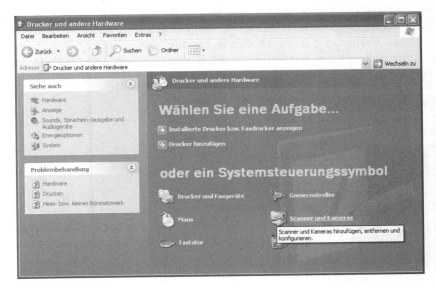

4 Klicken Sie bei den Bildverarbeitungsaufgaben auf den Link *Bildverarbeitungsgerät hinzufügen*, um Ihre Kamera/Camcorder zu installieren. Es erscheint der *Assistent für Scanner- und Kamerainstallation*. Klicken Sie auf *Weiter*, um den Willkommensbildschirm zu übergehen. Installieren Sie nun den entsprechenden Treiber, indem Sie den Hersteller im linken Feld und das Modell im rechten Fenster auswählen. Gibt es einen zertifizierten Trei-

ber, werden Sie Ihr Modell finden. Ist Ihre Kamera nicht in der Auswahlliste, empfehle ich Ihnen, die Installation abzubrechen, um den entsprechenden Treiber zu besorgen. Die Treiber-CD enthält in der Regel keinen zertifizierten Treiber (bei der Herstellung der Kamera war Windows XP noch nicht auf dem Markt). Besorgen Sie sich am besten einen zertifizierten Treiber über das Online-Update oder über das Internet. Kapitel 15 beschäftigt sich mit diesem Thema.

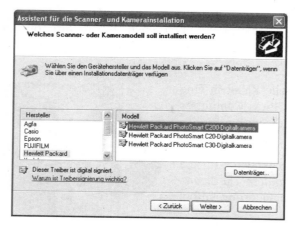

5 Haben Sie Ihre Kamera ausgewählt, klicken Sie auf *Weiter*, um den Installationsvorgang fortzusetzen. Windows zeigt Ihnen nun alle verfügbaren Anschlüsse. Wählen Sie Ihren Anschluss aus oder lassen Sie Windows über die automatische Anschlusserkennung die Kamera suchen. Die folgende Abbildung zeigt ein derartiges Fenster.

6 Klicken Sie *Weiter* und geben Sie einen Namen für Ihre Kamera/Camcorder ein. Sie können auch das Namensangebot von XP annehmen. Klicken Sie auf *Weiter* und anschließend auf *Fertig stellen*, um die Installation abzuschließen.

Ist die Installation erfolgreich abgeschlossen, erscheint ein entsprechendes Symbol Ihrer Kamera. Erfolgreich bedeutet, wenn Sie nun auf das neu installierte Symbol klicken, erscheinen in der Aufgabenleiste unter den *Geräteaufgaben* zwei Einträge: *Bilder übertragen* und *Geräteeigenschaften anzeigen*. Steht nur *Geräteeigenschaften anzeigen* unter den *Geräteaufgaben*, ist die Installation nicht optimal verlaufen. Sollte das der Fall sein, blättern Sie zum Abschnitt „Troubleshooting – die Digitalkamera lässt sich nicht korrekt installieren" im weiteren Verlauf des Kapitels auf Seite 174 vor.

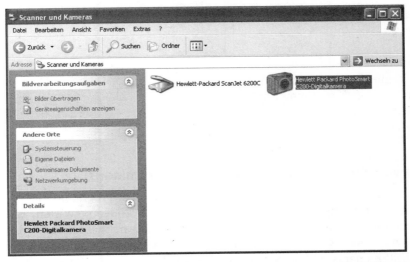

Optimal installierte Kamera – von der neuen Explorer-Leiste kann man nun direkt Bilder übertragen.

Wenn Sie nun Bilder von Ihrer Kamera auf Ihren Computer übertragen möchten, klicken Sie auf *Bilder übertragen* in der Aufgabenleiste des Explorers. Auf Seite 183 in diesem Kapitel beschäftigen wir uns ausschließlich mit dem Thema Bilder von der Kamera auf den Computer übertragen.

Kurzcheck: Funktioniert die Kamera mit seriellem Anschluss?

Auch bei der seriellen Anschlussvariante sollten Sie die Installation überprüfen. Verläuft der Test positiv, haben Sie auf jeden Fall die Gewissheit, dass bei späteren Komplikationen es nicht an Ihrer Installation liegt. Um die serielle Verbindung der Kamera zu testen, führen Sie folgende Schritte durch:

1 Öffnen Sie die Systemsteuerung im Startmenü und klicken Sie anschließend auf die Kategorie *Drucker und andere Hardware*. Es erscheint das gleichnamige Dialogfeld.

2 Klicken Sie auf das Systemsteuerungssymbol *Scanner und Kameras*. Es öffnet sich das Dialogfeld *Scanner und Kameras* mit den entsprechend installierten Geräten. Markieren Sie das betreffende Kameraobjekt, indem Sie einmal auf

das Symbol klicken. Es erscheint in der linken Hälfte Ihres Explorers in der Aufgabenliste unter *Geräteaufgaben*.

3 Klicken Sie mit der Maus auf den Link *Geräteeigenschaften anzeigen*. Es erscheint das *Eigenschaften*-Fenster des entsprechenden Geräts mit den Registerkarten *Allgemein* und *Farbverwaltung*.

4 Klicken Sie auf die Schaltfläche *Kamera testen*.

Ist der Kameracheck zufrieden stellend verlaufen, können Sie nun Ihre Bilder von der Kamera auf Ihren Computer kopieren. Wie das geht, ist in diesem Kapitel auf Seite 180 beschrieben.

Anschluss von Kameras mit älteren Hilfsprogrammen?

Bei vielen seriellen und USB-Kameras werden vom Hersteller Programme beigelegt, die die Übertragung durchführen und die digitalen Bilder verwalten. Bei älteren Windows-Versionen kam man um diese Zusatzsoftware nicht herum – die Möglichkeiten von XP für den Anschluss von Kameras gab es in der Form ja noch nicht. Bei USB-Kameras sollten Sie die neuen Möglichkeiten von XP nutzen. Haben Sie sich an die Software, die Ihrer Kamera beilag, z. B. unter Windows 9x/ME jedoch so gewöhnt, dass Sie sie auch unter XP weiterverwenden wollen, dann können Sie das ebenfalls tun.

Wenn Sie ältere Hilfssoftware an der seriellen Schnittstelle nutzen wollen, so ist dies in der Regel unproblematisch. Um die volle Funktionalität von Windows XP zu erschließen, kommen Sie um geeignete Treiber nicht herum. Sind diese nicht mehr zu bekommen, dann nutzen Sie die alte Software – der Assistent für den bequemen Import von Bildern bleibt Ihnen dann zwar verwehrt, die Optionen für die Arbeit mit Bilderordnern können Sie dennoch nutzen.

Troubleshooting – die Digitalkamera lässt sich nicht korrekt installieren

Bei Windows XP kommt es nicht mehr so oft vor, jedoch ausschließen kann man es auch nicht: Die digitale Kamera lässt sich nicht korrekt installieren. Das kann viele Gründe haben. Überprüfen Sie deshalb der Reihe nach die folgenden Punkte.

Funktioniert die Anschlussschnittstelle (USB/serielle Schnittstelle)?

Kennen Sie das auch: Sie haben alles richtig installiert und konfiguriert und trotzdem geht Ihre Kamera nicht? Meistens zweifelt man zuerst immer an sich und stellt die eigene Installation in Frage. Und dabei liegt das Problem ganz woanders – der Anschluss Ihres Computers funktioniert nicht. Checken Sie Ihren Anschluss auf Funktionstüchtigkeit, bevor Sie zum x-ten Mal Ihre Software löschen und neu installieren.

1   Klicken Sie im Startmenü auf *Arbeitsplatz* und anschließend auf *Systeminformation anzeigen*. Es öffnet sich ein weiteres Fenster. Klicken Sie auf die Registerkarte *Hardware* und öffnen Sie den Geräte-Manager.

2   Klicken Sie auf das Pluszeichen, das sich vor dem Symbol *Anschlüsse (COM und LPT)* bzw. vor dem Symbol *USB-Controller* befindet, um den Gerätebaum zu erweitern. Es werden jeweils alle Anschlüsse aufgelistet.

3   Sind bei der entsprechenden Schnittstelle Ausrufezeichen zu sehen, dann ist das ein Zeichen dafür, dass für das Gerät nicht genügend Ressourcen zur Verfügung stehen. Im Klartext: Es besteht ein Gerätekonflikt. Sind rote Kreuze zu sehen, dann müssen Sie neue Treiber installieren oder Ihr Gerät ist deaktiviert. Die folgende Abbildung zeigt derartige Konflikte.

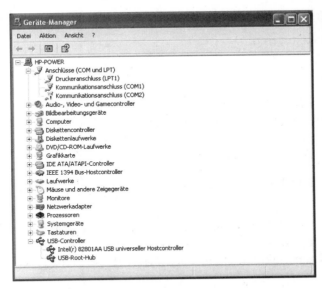

Gerätekonflikt – COM2-Schnittstelle und USB-Root-Hub.

Gerätekonflikt – Ressourcenänderung durchführen

Haben Sie tatsächlich einen Gerätekonflikt entdeckt, dann gehen Sie wie folgt vor, um dem Gerät eine freie Ressource zuzuweisen:

1 Klicken Sie im Geräte-Manager mit der rechten Maustaste auf das entsprechende Gerät mit dem gelben Ausrufezeichen. Es erscheint ein Kontextmenü. Klicken Sie auf *Eigenschaften*. Ein weiteres Fenster öffnet sich.

2 Öffnen Sie die Registerkarte *Ressourcen*. Es erscheinen die Ressourceneinstellungen und eine Liste mit den in Konflikt stehenden Geräten. Sehen Sie die Einstellungen nicht, kann es sein, dass Sie zuerst auf die Schaltfläche *Manuell konfigurieren* klicken müssen. Die folgende Abbildung zeigt eine derartige Registerkarte.

3 Wählen Sie in der Liste *Einstellung basiert auf* eine passende Einstellung. Welche die richtige Einstellung ist, sehen Sie nach Auswahl der Einstellung daran, ob Ihr Ressourcentyp den roten, durchgestrichenen Kreis verliert. Können Sie keine Änderung durchführen, müssen Sie das Kontrollkästchen *Automatisch konfigurieren* deaktivieren.

4 Klicken Sie auf *OK* und starten Sie den Computer neu, um die Einstellungen zu speichern und zu aktivieren.

Gerät aktivieren

Befindet sich an Ihrer Schnittstelle ein rotes Kreuz, dann ist das Gerät wahrscheinlich vom System deaktiviert worden. Ist dies nicht der Fall, dann hilft meistens eine Treiberaktualisierung. Um Ihr Gerät zu aktivieren, gehen Sie wie folgt vor:

1 Klicken Sie mit der rechten Maustaste auf das deaktivierte Gerät. Es erscheint das Kontextmenü.

2 Klicken Sie auf den Befehl *Aktivieren*. Verschwindet das rote Kreuz, können Sie auf diese Schnittstelle zugreifen. Verschwindet das Kreuz nicht, dann müssen Sie Ihren Treiber aktualisieren. Das Kapitel 15 beschäftigt sich mit diesem Thema.

Die häufigste Ursache für Stress mit der Kamera dürften jedoch falsche bzw. nicht zertifizierte oder fehlende Treiber sein.

Kein signierter Treiber?

1 Verbinden Sie Kamera und PC mit dem USB-Kabel (evtl. Kamera jetzt einschalten). Windows XP erkennt die neue Hardware und meldet dies.

2 Findet Windows XP keinen dazugehörigen Treiber in seiner mitgelieferten Treibertabelle, meldet sich der Assistent zum Suchen neuer Hardware. Dieser Assistent möchte Ihnen helfen, nach einem passenden Treiber zu suchen und die Kamera richtig zu installieren.

Wird vom Assistenten kein signierter Treiber gefunden, erscheint eine entsprechende Warnmeldung auf dem Bildschirm.

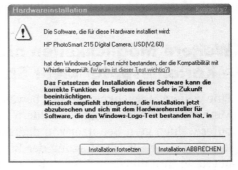

3 Windows gibt die Empfehlung aus, die Installation abzubrechen und nur einen zertifizierten Treiber einzusetzen. Entscheiden Sie sich dennoch, die Installation fortzusetzen, könnten Sie das Glück haben, dass Ihre Kamera/Camcorder trotzdem funktioniert. Gehen Sie aber davon aus, dass Ihre Installation nicht optimal verlaufen ist.

Zertifizierte Treiber – immer und immer wieder

Ich empfehle es auch an dieser Stelle: Installieren Sie keine Hardware ohne zertifizierten Treiber. Sollten Sie jedoch die Installation fortsetzen und fertig stellen, sollten Sie so schnell wie möglich den aktuellen und zertifizierten Treiber nachinstallieren. Sie werden sonst nicht besonders viel Freude an Ihrer neuen Kamara/Camcorder in Verbund mit Ihrem Computer haben.

Nicht zertifizierte Treiber trotz Warnmeldung installieren

Sie können an dieser Stelle auch den Assistenten übergehen bzw. ihn zwingen, einen unsignierten Treiber zu installieren:

1 Klicken Sie auf die Schaltfläche *Installation fortsetzen*, wenn Sie sich gegen die Warnmeldung von Windows XP entschieden haben. Windows installiert nun den Treiber, der ihm zur Verfügung gestellt wurde.

2 Jetzt erstellt Windows XP einen Systemwiederherstellungspunkt: Mit ihm können Sie jederzeit zu einer funktionsfähigen Windows-Version zurückkehren. Windows XP erstellt diesen Wiederherstellungspunkt automatisch, wenn eine Installation „droht", die Stabilität des Betriebssystems zu gefährden – die Installation eines nicht zertifizierten Treibers ist für Windows XP ein solcher Fall.

3 Klicken Sie auf *Fertig stellen*, um das Gerät endgültig zu installieren. Windows XP meldet die Fertigstellung mit einer gelben Sprechblase (QuickInfo).

Weitere Möglichkeiten nicht nur bei alten Kameras – Kartenleser für mehr Speed

Eine weitere Möglichkeit, die sich bewährt hat, sind die Kartenleser. Diese schnelle Methode zur Übertragung von Bildern und Daten auf Ihren bzw. von Ihrem Computer wählen gern Benutzer von digitalen Kameras/Camcorder, die einen seriellen Anschluss zur Übertragung der Bilder verwenden müssen. So ein Lesegerät überträgt Ihre Bilder und Daten bis zu 30-mal schneller als mit seriellen Kabeln. Legen Sie Ihre MultiMedia-Card bzw. Ihre CompactFlash-Card in das Lesegerät ein und übertragen Sie Ihre Dateien wie üblich mit der Drag & Drop-Funktion (Ziehen und Ablegen). Das Tolle an diesen Kartenlesern ist, dass sich die MultiMedia-Card bzw. die CompactFlash-Card nach der Installation wie ein Wechseldatenträger (weiteres Laufwerk im System) darstellt. Sie können damit arbeiten wie mit einer weiteren Festplatte oder einem Diskettenlaufwerk. Weitere Vorteile sind neben der schnellen und leichten Übertragung von Dateien, dass in der Regel keine Netzadapter oder Batterien erforderlich sind. Die Kartenleser verwenden die Stromversorgung Ihres Computersystems. Ein weiteres Highlight ist die problemlose Installation. Die folgende Abbildung zeigt ein derartiges Gerät.

Kartenleser können Ihre
Kameramedien direkt auslesen.

Kartenleser installieren

Einen Kartenleser unter Windows XP Home zu installieren, geht relativ schnell und ziemlich unspektakulär. Der Effekt nach der Installation ist dafür bemerkenswert. Gehen Sie wie folgt vor:

1 Stecken Sie Ihren Kartenleser in eine freie USB-Buchse Ihres Computers. Windows erkennt, dass ein neues Gerät installiert werden soll und meldet dies mit einer gelben Sprechblase (QuickInfo) unten rechts in der Taskleiste.

2 Hat Windows den entsprechenden Treiber für die Hardware gefunden, wird ein Laufwerk angelegt.

3 Anschließend meldet es, ebenfalls mit einer gelben Sprechblase, dass die neue Hardware installiert wurde und jetzt verwendet werden kann.

4 Klicken Sie im Startmenü auf *Arbeitsplatz*. Es öffnet sich das Dialogfeld *Arbeitsplatz*. In der Kategorie *Geräte mit Wechselmedien* erscheint ein weiterer Datenträger – Ihr Kartenlesegerät.

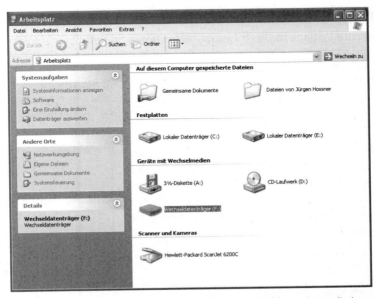

Der Kartenleser zeigt sich im Explorer als weiterer Wechseldatenträger mit eigenem Laufwerkbuchstaben.

5.2 Bilder von Scanner und Kamera auf den PC holen

Der erste Schritt, die Verbindung vom Multimedia-Gerät zum Computer, ist geschafft. Ist der „Installationscheck" positiv verlaufen, können Sie jetzt ganz entspannt den zweiten Schritt angehen – die Bilder vom Scanner der Kamera und Lesegerät zu Ihrem Computer zu transportieren. Hierzu teile ich, der Übersicht zuliebe, das Scannen, die digitale Kamera/Camcorder und den Kartenleser in drei Sessions auf.

Beginnen werden wir mit dem Scannen von Bildern, danach beschäftigen wir uns mit der digitalen Kamera bzw. dem Camcorder und zum Schluss mit den Kartenlesern. Haben Sie nichts zu scannen, übergehen Sie die Session und fahren gleich bei den digitalen Kameras fort. Lesen Sie Ihre Bilder über einen Kartenleser ein, dann springen Sie direkt zu den Lesegeräten oder umgekehrt.

Scannen – das Erfassen von „echten" Bildern

Obwohl es eine große Zahl von Scannervarianten gibt (Trommelscanner, Handscanner etc.), ist der Flachbettscanner nicht zuletzt wegen seines günstigen Preises und der einfachen Bedienung der verbreitetste. Bei einem Flachbettscanner legen Sie die zu kopierende Vorlage mit der zu kopierenden Seite nach unten auf eine Glasfläche. Anhand des folgenden Scanvorgangs auf einem Flachbettscanner erfahren Sie, wie man mit der Windows XP-eigenen Software Bilder mit dem Scanner einliest.

Vom Scanner zum Computer – Step by Step

Um die gewünschte Vorlage in Ihren Computer zu holen, gehen Sie wie folgt vor:

1 Legen Sie die Vorlage wie im Scannerhandbuch beschrieben in den betriebsbereiten Scanner und starten Sie die Systemsteuerung im Startmenü.

2 Klicken Sie anschließend auf die Kategorie *Drucker und andere Hardware*. Es erscheint das gleichnamige Fenster.

3 Klicken Sie auf das Systemsteuerungssymbol *Scanner und Kameras*. Es erscheint das Fenster mit dem entsprechenden Scanner. Klicken Sie auf das Scannersymbol Ihres Scanners – im Explorer öffnen sich die *Bildverarbeitungsaufgaben* mit den Einträgen *Bilder übertragen* und *Geräteeigenschaften anzeigen*.

4 Klicken Sie auf den Link *Bilder übertragen*. Es öffnet sich der *Assistent für Scanner und Kameras*. Klicken Sie auf *Weiter*, um den Willkommensbild-schirm zu übergehen. Es erscheint das Dialogfeld *Scannereinstellungen aus-wählen*.

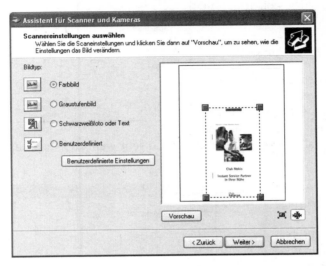

5 Markieren Sie den gewünschten Bildtyp und klicken Sie dann auf die Schalt-fläche *Vorschau*, um die Qualität des Scanvorgangs zu begutachten. Das ge-scannte Bild erscheint im Vorschaufenster.

6 Führen Sie den Mauszeiger auf die Ziehpunkte und verschieben Sie dann mit gedrückter Maustaste entsprechend den gewünschten Bereich, der letztend-lich gescannt werden soll.

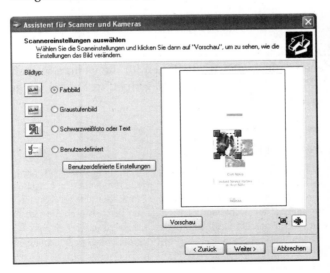

7 Nutzen Sie die *Erweiterten Eigenschaften*, um die Qualität Ihres Bildes zu verbessern: Ist Ihnen das Bild in der Vorschau zu dunkel bzw. zu hell, stimmt der Kontrast nicht oder wollen Sie die Auflösung etwas nach oben schrauben, dann klicken Sie auf die Schaltfläche *Benutzerdefinierte Einstellungen*.

8 Klicken Sie auf *Weiter*, um den Vorgang fortzusetzen, und vergeben Sie einen *Dateinamen* und das entsprechende *Dateiformat*. JPG ist ein gutes Format, da es in der Regel überall gelesen werden kann und sehr wenig Speicherkapazität benötigt.

9 Wählen Sie den Ordner, in dem die gescannte Vorlage gespeichert werden soll. Sie können den vorgeschlagenen Pfad annehmen oder einen anderen Ordner verwenden bzw. neu anlegen, indem Sie auf die Schaltfläche *Durchsuchen* klicken.

10 Klicken Sie auf *Fertig stellen*. Es öffnet sich der Explorer mit Ihrem gescannten Bild und der neuen Aufgabenleiste, die Ihnen für die weitere Vorgehensweise verschiedene Möglichkeiten zur Verfügung stellt. In Kapitel 6.3 gehen wir näher auf die einzelnen Aufgaben ein.

Bilder auch ins Internet übertragen?

Wenn Sie die Bilder auch auf Ihre Internetseiten übertragen wollen, dann markieren Sie nach Schritt 9 der Anleitung das Optionsfeld *Diese Bilder auf einer Website veröffentlichen*. Entscheiden Sie sich für *Ja*, müssen Sie eine *Zielwebsite* angeben, auf der Sie Ihre Bilder ablegen können. Für diese Aktion müssen Sie am Internet angeschlossen sein. Möchten bzw. können Sie sich nicht entscheiden, markieren Sie das Optionsfeld *Nein*. Sie können später zu jeder Zeit Ihre Bilder immer noch ins Internet stellen. Klicken Sie auf *Weiter*, um das Bild bzw. den ausgewählten Bereich zu scannen.

Digitale Fotos von der Kamera in den Computer übertragen

Zum einen gibt es digitale Kameras, mit denen Sie ausschließlich Bilder digital erfassen können. Zum anderen gibt es aber auch noch die so genannten Camcorder – digitale Videokameras. Wo liegt da der Unterschied, werden sich einige jetzt fragen? Es ist eigentlich ganz einfach. Mit einem Camcorder können Sie neben digitalen Bildern (Snapshots) auch noch Videos aufnehmen. An dieser Stelle möchte ich gleich darauf hinweisen, dass wir uns in diesem Abschnitt ausschließlich mit den unbewegten digitalen Bildern auseinander setzen. In Kapitel 5.6 auf Seite 220 gehen wir dann näher auf das Thema Videobearbeitung näher ein. Nach erfolgreicher Installation Ihrer Kamera wird diese als eigenes Device (Gerät) angezeigt.

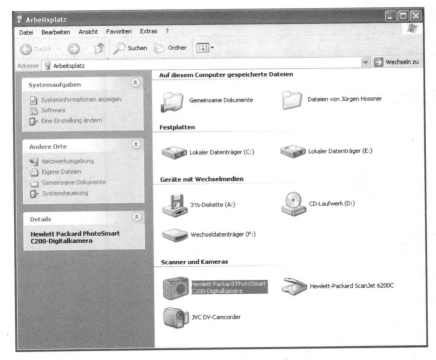

Scanner und Kameras – eine eigene Kategorie im Explorer-Arbeitsplatz.

Von der Kamera zum Computer – Step by Step

Wie bei einem Datenträger haben Sie auch hier die Möglichkeit, direkt über den Arbeitsplatz auf Daten zuzugreifen, oder Sie gehen über den Explorer. Die eleganteste Art ist es, Daten von der Kamera zum Computer mithilfe des Assistenten zu übertragen. Die fortgeschrittenen User unter Ihnen können natürlich über den Explorer direkt auf die Kamerainhalte zugreifen und diese bearbeiten, oder Sie klicken in dem Dialogfeld *Arbeitsplatz* doppelt auf das entsprechende Symbol

Ihrer Kamera. Bei beiden Möglichkeiten gelangen Sie direkt zum Inhalt der Kamera. Im Folgenden jedoch wird eine Übertragung mit dem Windows-Assistenten beschrieben.

1 Klicken Sie doppelt auf das Objekt *Arbeitsplatz*, das sich auf Ihrem Desktop befindet. Es erscheint der Explorer für Ihren Arbeitsplatz. Befindet sich kein Objekt *Arbeitsplatz* auf Ihrem Desktop, dann öffnen Sie den Arbeitsplatz über das Startmenü. Klicken 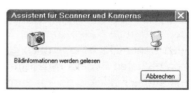 Sie hier mit der rechten Maustaste auf das Objekt Ihrer Kamera. Es öffnet sich das Kontextmenü. Starten Sie den Befehl *Bilder übertragen*. Die Bildinformationen Ihrer Kamera werden eingelesen. Weiterhin prüft Windows XP die Verbindung zur Kamera.

2 Sind die Bildinformationen von XP eingelesen, erscheint der Willkommensbildschirm. Klicken Sie auf *Weiter*, um den Übertragungsvorgang fortzusetzen. Die Bilder werden eingelesen und im anschließenden Fenster aufgelistet.

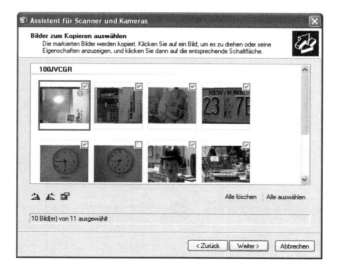

Wählen Sie durch Markieren der entsprechenden Kontrollkästchen in der rechten oberen Ecke des einzelnen Bildes die zu kopierenden Bilder. Standardmäßig sind alle mit einem grünen Haken markiert.

3 Wenn Sie ein Bild markieren, indem Sie es anklicken, haben Sie die Möglichkeit, das ausgewählte Bild mit dem oder gegen den Uhrzeigersinn zu drehen. Weiterhin können Sie die Eigenschaften des markierten Bildes einsehen. Die folgende Abbildung zeigt die entsprechenden Symbole.

Sind Sie mit Ihren Aufnahmen nicht zufrieden, wollen alle Aufnahmen von der Kamera löschen und keine Bilder auf Ihren Computer übertragen, dann klicken Sie auf *Alle löschen*.

Haben Sie entsprechend Ihre Bilder ausgewählt und in die richtige Position gedreht, klicken Sie auf *Weiter*, um den Vorgang fortzusetzen.

4 Geben Sie einen *Bildnamen* und den *Zielordner*, in dem Sie Ihre Dateien auf Ihrem Computer speichern möchten, ein.

5 Markieren Sie das Kontrollkästchen *Bilder nach dem Kopieren vom Gerät löschen*, wenn Sie Zeit sparen möchten. Haben Sie alle Einstellungen durchgeführt, klicken Sie auf *Weiter*.

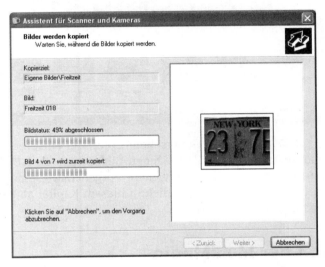

6 Die Bilder werden jetzt gemäß Ihren Einstellungen im Vorfeld des Assistenten von der Kamera auf Ihren Computer in den entsprechenden Ordner mit den entsprechenden Namen übertragen.

7 Markieren Sie das Optionsfeld *Diese Bilder auf einer Website veröffentlichen*. Entscheiden Sie sich für eine Veröffentlichung, müssen Sie eine *Zielwebsite* angeben, auf der Sie Ihre Bilder ablegen können. Möchten Sie Abzüge online bestellen, dann markieren Sie das entsprechende Optionsfeld. Für diese beiden Aktionen müssen Sie am Internet angeschlossen sein. Möchten bzw. können Sie sich nicht entscheiden, markieren Sie das Optionsfeld *Nichts weiteres*. Sie können später jederzeit Ihre Bilder immer noch ins Internet stellen. Klicken Sie auf *Weiter*.

8 Klicken Sie auf *Fertig stellen*. Anschließend erscheint sofort der entsprechende Explorer des Zielordners mit allen übertragenen Bilddateien. Ihre Bilder befinden sich nun auf Ihrem Computer. Die weitere Vorgehensweise mit all Ihren Möglichkeiten beschreiben wir ausführlich in diesem Kapitel ab Seite 188 „Erste Schritte mit den Bild-Aufgaben".

Kartenleser – von der MultiMedia-Card/CompactFlash-Card in den Computer

Was bei der herkömmlichen Fotografie der Film, ist bei der digitalen das Speichermedium. Die gebräuchlichsten Medien sind CompactFlash-Card und Smart Media; beides sind so genannte Flash-Speicherkarten ohne bewegliche Teile. Wie schon bei der Installation im vorherigen Kapitel erwähnt, sind die Lesegeräte ein häufig eingesetztes Mittel für den Transport der Bilddateien von der Kamera zum Computer – und das nicht nur wegen der schnellen Übertragungsrate. Weiterhin sind sie in der Anschaffung recht preisgünstig und während der Benutzung pflegeleicht und flexibel einsetzbar. Die Speicherkarten selbst gibt es in den verschiedensten Größen und können in jedem Elektrofachgeschäft oder beim örtlichen Fotohändler erworben werden. Die gängigsten Größen sind 4, 8, 16, 32, 48 und 64 MByte. Weitere Größen wie 96, 128, ja sogar bis 512 MByte Speicherkapazität sind kein Problem mehr. Hier gilt die einfache Regel: Je mehr Speicherplatz, um so teurer die Speicherkarte. In diesem Fall macht es auf jeden Fall Sinn, das reichhaltige Angebot im Internet zu vergleichen, um den einen oder anderen Euro zu sparen. Sie können beim Kauf einer Karte nichts falsch machen, da alle

Karten vom gleichen Typ genormt sind – völlig unabhängig davon, welchen Hersteller Sie auswählen.

MultiMedia-Card mit 64 MByte Speicherkapazität.   CompactFlash-Card mit 192 MByte Speicherkapazität.

Von der Card in den Computer – Step by Step

Sie haben nun fleißig mit Ihrer digitalen Kamera bzw. mit Ihrem Camcorder Bilder „geschossen" und möchten diese auf Ihrem Computer weiterbearbeiten. Gehen Sie wie folgt vor:

1 Nehmen Sie die MultiMedia- bzw. die CompactFlash-Card aus Ihrer Kamera. Es ist sinnvoll, hierzu das Benutzerhandbuch zu Rate zu ziehen. Es zeigt Ihnen, wie Sie die Karte richtig einsetzen bzw. entfernen. Meistens sind die Steckplätze ziemlich versteckt und auf den ersten Blick nicht gleich zu finden. Ein falsches Einstecken oder Entfernen führt schnell zu einer Beschädigung Ihrer Kamera bzw. Karte.

2 Stecken Sie die Karte in Pfeilrichtung in den entsprechend dafür installierten Kartenleser. Es öffnet sich ein Fenster mit einer Auswahl von verschiedenen Aktionen, die Sie durchführen können. Sie haben die Möglichkeit, die Bilder mit dem Fotodruck-Assistenten gezielt auszudrucken, sie zuerst über eine Diashow anzeigen zu lassen, in einen Ordner auf Ihren Computer zu kopieren oder einen anderen Ordner zu öffnen, um Dateien anzuzeigen.

3 Markieren Sie *Bilder in einen Ordner auf Computer kopieren – mit Assistent für Scanner und Kameras*. Markieren Sie das Kontrollkästchen *Immer die ausgewählte Aktion durchführen*, um in Zukunft dieses Dialogfeld zu übergehen. Haben Sie nicht vor, immer Ihre Bilder zuerst auf den Computer zu kopieren, dann lassen Sie einfach den Haken weg. Klicken Sie auf *OK*.

4 Nun startet der *Assistent für Scanner und Kamera*. Klicken Sie auf *Weiter*, um fortzufahren. Der fortgeschrittene Benutzer kann auch direkt auf den Karteninhalt zugreifen, indem er einmal auf den Link *fortgeschrittene Benutzer* klickt.

5 Wählen Sie durch Markieren der entsprechenden Kontrollkästchen in der rechten oberen Ecke des jeweiligen Bildes die zu kopierenden Bilder. Weiterhin haben Sie die Möglichkeit, das ausgewählte Bild mit dem oder gegen den Uhrzeigersinn zu drehen.

6 Haben Sie entsprechend Ihre Bilder ausgewählt und in die richtige Position gedreht, klicken Sie auf *Weiter*, um den Vorgang fortzusetzen. Geben Sie den Bildern noch einen Namen und legen Sie die Position fest, in welchem Laufwerk und Ordner die Bilddateien abgelegt werden sollen. Anschließend klicken Sie auf *Weiter*.

7 Die Bilddateien werden jetzt gemäß Ihren Einstellungen im Vorfeld des Assistenten von der Karte auf Ihren Computer in den entsprechenden Ordner mit den von Ihnen ausgewählten Namen übertragen.

8 Wollen Sie die Bilder auf einer Website veröffentlichen oder gleich online Abzüge bestellen, dann markieren Sie die entsprechende Option. Diese Optionen funktionieren nur im Verbund mit dem Internet. Klicken Sie auf *Nichts weiteres*, um Ihre Bilder zu bearbeiten.

9 Klicken Sie auf *Fertig stellen*, um den Assistenten zu beenden. Nun befinden sich Ihre Bilddateien auf dem Computer. Die weitere Vorgehensweise mit all Ihren Möglichkeiten beschreiben wir in der nachfolgenden Anleitung „Erste Schritte mit den Bild-Aufgaben".

Assistent für Scanner und Kameras

Der Assistent für die Karte ist hundertprozentig derselbe, der auch von den Kameras verwendet wird. Aus diesem Grund habe ich bei der Karte die Step by Step-Punkte auf das Wesentliche zusammengepresst, um das Thema nicht unnötig zu strapazieren. Waren die Punkte zu oberflächlich bzw. nicht aussagekräftig genug, finden Sie in diesem Kapitel auf Seite 184 eine detailliertere Beschreibung der einzelnen Punkte.

Erste Schritte mit den Bild-Aufgaben

Haben Sie die Bilder auf den PC geholt, dann können Sie loslegen. Microsoft hat Ihnen für Bilder eine Reihe typischer Aufgaben zusammengestellt, die man immer wieder durchführen will. Die Aufgabenleiste mit den Feldern *Bildaufgaben*, *Datei- und Ordneraufgaben*, *Andere Orte* und *Details* bietet Ihnen für die Weiterbearbeitung Unterstützung. Als Erstes werden Sie die *Datei- und Ordneraufgaben* benötigen: *Datei umbenennen* – wenn man sinnvolle Namen vergeben will, *Datei verschieben* – wenn die Bilder anders einsortiert werden sollen, *Datei kopieren* – wenn man die Bilder mehrmals benötigt oder auf Disketten mitnehmen will, *veröffentlichen, versenden, löschen* ... eigentlich sprechen diese Aufgaben schon für sich.

*Direkter Zugriff auf oft benötigte Funktionalität –
die Dateiaufgaben für Bilder.*

Im Folgenden kommen wir auf die Funktionalität zu sprechen und geben die einen oder anderen Tipps, was noch an tollen Features im Verborgenen schlummert.

*Für bestimmte Aufgaben ist man
mit dem Kontextmenü ebenso schnell
bei der Sache.*

5.3 Bilder vorführen, drucken und per E-Mail versenden

Haben Sie die gewünschten Bilder auf Ihren Computer geholt, dann können Sie sofort eine Diashow am PC veranstalten oder ein Album im Internet für Freunde und Bekannte einrichten, die etwas weiter weg wohnen. Für den „Hausgebrauch" bietet Windows XP Ihnen alles Nötige – Sie kommen ohne zusätzliche Software aus: XP hilft und greift Ihnen kräftig unter die Arme – legen Sie gleich los mit dem neuen Explorer und dessen Aufgabenleiste.

Die Aufgabenleiste hilft Ihnen sofort weiter

Sicherlich ist Ihnen der neue Explorer mit seiner Aufgabenleiste sofort aufgefallen. Der eine oder andere wird sich auch schon damit vertraut gemacht haben. Dann wird Ihnen auch nicht entgangen sein, dass die Aufgabenleiste kein starres, sondern ein sehr aktives und lebhaftes Element ist.

Die Aufgaben, die mit der Bildbearbeitung in Verbindung stehen, bekommen Sie beim Öffnen eines Bilderordners angezeigt – gehen Sie einfach in einen Ihrer Ordner, in dem Sie Bilddateien gespeichert haben. Folgendes Explorer-Fenster öffnet sich:

Bildbearbeitung leicht gemacht – der Explorer mit der neuen Aufgabenleiste.

Keine Aufgabenleiste in Sicht?

Ihr Explorer zeigt keine Aufgaben, sondern nur die Ordnerspalte? Dann klicken Sie in der Symbolleiste auf die Schaltfläche *Ordner* und schon sind Sie bei den Aufgaben. Weiterhin kann es möglich sein, dass Ihr Explorer-Fenster zu klein ist, um noch zusätzlich eine Aufgaben- oder Ordnerspalte anzeigen zu können. Wenn Sie das Fenster vergrößern, wird ab einer bestimmten Größe ganz automatisch die Aufgaben- bzw. Ordnerspalte eingeblendet. Sehen Sie statt „richtiger" Bilder „nur" Dateisymbole, dann klicken Sie in der Menüleiste auf *Ansicht* und anschließend auf *Miniaturansicht* oder *Filmstreifen*.

Diashow auf dem PC – so geht's

Sobald Sie die entsprechenden Ordner bzw. Bilddateien im Explorer öffnen, erscheint in der Aufgabenliste das Feld *Bildaufgaben*. Mit seinen Aufgaben wie *Bilder von Scanner oder Kamera übertragen*, *Als Diashow anzeigen*, *Abzüge online bestellen* und *Bilder drucken* können Sie die ersten „wichtigen" Aufgaben abarbeiten. Um die Diashow zu starten, müssen Sie nur die entsprechende Aufgabe anklicken.

Ohne Umwege zum Ziel – Bildaufgaben.

Die von Ihnen ausgewählten Bilder (ohne Auswahl: alle Bilder im Ordner) werden nun automatisch als Vollbild nacheinander angezeigt. Die folgende Abbildung zeigt ein Bild im Diashow-Format.

Diashow unter Windows XP Home – Ihre Bilder werden im Vollbildmodus angezeigt.

Diawechsel – Automatisch oder per Mausklick

Bewegen Sie während der Diashow Ihre Maus, erscheint oben rechts ein kleines Steuermenü, das Ihnen das Navigieren der Show erleichtern soll. Sie können damit die *Diashow starten, anhalten, vorheriges* und *nächstes Bild anzeigen* und die *Diashow beenden*. Durch Drücken der (Esc)-Taste beenden Sie ebenfalls die Diashow.

Die neusten Bilder fehlen noch? – Nachschub für die Bildersammlung auf die Schnelle

Haben Sie noch nicht die aktuellsten Bilder aus der Kamera überspielt? Kein Problem, die Bildaufgabe *Bilder von Scanner oder Kamera übertragen* hilft weiter: Auch in einem Bilderordner können Sie den Assistenten aufrufen, um „Nachschub" für Ihre Sammlung zu holen. Klicken Sie den Punkt an und starten Sie den *Assistenten für Scanner und Kameras*. Den Umgang mit ihm haben Sie auf Seite 183 kennen gelernt.

Bilder drucken

Möchten Sie Ihre Bilder auf Papier bringen, dann verwenden Sie den Aufgabenpunkt *Bilder drucken*. Die fortgeschrittenen Benutzer können natürlich auch direkt von der Kamera aus drucken. Gehen Sie wie folgt vor, wenn Sie den Fotodruck-Assistenten nutzen möchten:

1 Starten Sie den Fotodruck-Assistenten, indem Sie auf *Bilder drucken* klicken. Klicken Sie auf *Weiter*, um den Willkommensbildschirm zu überspringen. Es erscheint die Fotoauswahl.

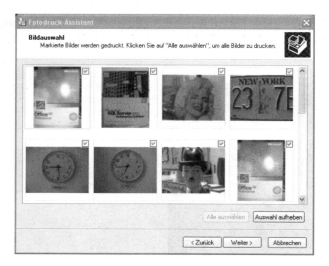

2 Wählen Sie die zu druckenden Bilder aus, indem Sie mit einem Klick (grünen Haken einfügen bzw. entfernen) das entsprechende Kontrollkästchen markieren. Sie haben weiterhin die Möglichkeit, mit den Schaltflächen *Alle auswählen* an jedes Bild einen grünen Haken zu platzieren bzw. mit *Auswahl aufheben* aus allen Kontrollkästchen die grünen Haken zu entfernen. Klicken Sie auf *Weiter*.

3 Wählen Sie den Drucker- und Papiertyp aus und klicken Sie anschließend auf *Weiter*, um den Vorgang fortzusetzen. Es erscheint die Layoutauswahl.

4 Der Assistent stellt Ihnen neun verfügbare Drucklayouts zur Verfügung. Je nach Anforderung können Sie sich für ein Layout entscheiden. Klicken Sie auf *Weiter*, um die Bilder nun an den Drucker zu senden.

5 Klicken Sie auf *Fertig stellen*, um den Vorgang abzuschließen.

Kontaktbogen mit Bildnamen

Ganz besonders praktisch ist bei Papierbildern das Indexbild, mit dem man den ganzen Film auf einem Papierbild inklusive der Bildnummer auf dem Negativstreifen erhält. Und wie gewohnt: Was „analog" üblich ist, findet man nun auch schon in Windows XP. Einen „Kontaktbogen" mit 7 x 5 Bildern auf einem DIN-A4-Papierausdruck bekommen Sie, indem Sie das Layout *Kontaktabzüge* wählen.

Das Layout Kontaktabzüge liefert Ihnen eine übersichtliche Bilderliste mit Vorschaubildern.

So können Sie die Bilder eines Ordners übersichtlich auf Papier bringen, wenn Sie für bestimmte Vorhaben Bilderlisten zusammentragen oder Freunden einfach nur eine Liste zum Bestellen der Bilder zur Verfügung stellen wollen.

Kennzeichnen Sie auf dem Kontaktbogen einfach die Bilder, die Sie „nachbestellen" wollen. Anschließend machen Sie einen „Schnappschuss" vom Kontaktbogen und senden ihn zurück. Der Empfänger kann jetzt ohne Probleme die Kopien erstellen und sie Ihnen dann wiederum per E-Mail zukommen lassen.

Eine Bestellliste im Einsatz – so können Freunde einfach ankreuzen, welches Bild sie auch ausgedruckt oder über das Internet als echte Fotos haben wollen.

Abzüge online bestellen

Können Sie sich vorstellen, dass bei Ihnen der Postbote klingelt und Ihnen die Bilder, die Sie vor ein paar Tagen online bestellt haben, ins Haus liefert? – Mit Windows XP ist das jetzt kein Problem mehr. Mit einem Assistenten, den Ihnen Windows zur Verfügung stellt, ist die Onlinebestellung ein „Kinderspiel" – und was noch viel wichtiger ist, er hält, was er verspricht.

Wenn Sie die Abzüge Ihrer Digitalbilder über das Internet bestellen wollen, gehen Sie wie folgt vor:

1 Klicken Sie auf den Punkt *Abzüge online bestellen*. Es startet der *Assistent für die Onlinebestellung von Abzügen*. Klicken Sie auf *Weiter*, um den Willkommensbildschirm zu übergehen.

2 Wählen Sie die gewünschten Bilder aus, indem Sie das entsprechende Kontrollkästchen mit einem grünen Haken aktivieren. Klicken Sie auf *Weiter*. Windows stellt nun eine DFÜ-Verbindung her.

3 Wählen Sie eine Firma aus, die Ihre Fotos drucken soll. Windows bietet Ihnen verschiedene Firmen für den Fotodruck standardmäßig an. Klicken Sie auf *Weiter*.

4 Wählen Sie die Bilder, das Format und die Menge der von Ihnen gewünschten Abzüge aus und klicken Sie anschließend auf *Weiter*. Windows verlangt nun Ihren Passport. Geben Sie Ihre E-Mail-Adresse und anschließend Ihr Kennwort ein.

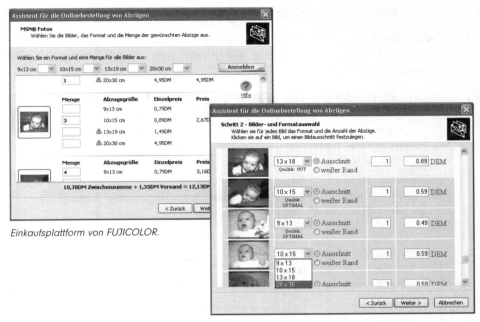

Einkaufsplattform von FUJICOLOR.

Einkaufsplattform von Foto Quelle und Karstadt.

.NET Passport – der Ausweis fürs Internet

Um eine Onlinebestellung durchführen zu können, benötigen Sie einen so genannten .NET Passport. Dieser kostenlose, elektronische Ausweis berechtigt Sie zum Beispiel zum Onlineshopping.

---

5 Fügen Sie jetzt noch Ihre Zahlungsoptionen hinzu und folgen Sie einfach den Bildschirmanweisungen, um Ihre Onlinebestellung fertig zu stellen.

Bilder im Web veröffentlichen und ablegen

Sicherlich haben einige Ihrer Bekannten und Verwandten bereits Internet und Mail, sodass Sie Ihre Bilder für andere zugänglich machen können. Mit dem Punkt *Datei im Web veröffentlichen* können Sie Dateien ins Web kopieren. Somit haben Sie die Möglichkeit, an jedem Ort dieser Erde mit Internetanschluss auf Ihre Bilddateien zuzugreifen.

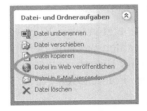

Per Assistent zum Internetalbum.

Möchten Sie Ihre Dateien ins Web kopieren, gehen Sie wie folgt vor:

1 Klicken Sie auf den Punkt *Datei im Web veröffentlichen*. Es startet der *Web-publishing-Assistent*. Klicken Sie auf *Weiter*, um den Willkommensbild-schirm zu übergehen.

2 Wählen Sie mindestens ein Bild aus und klicken Sie an-schließend auf *Weiter*. Sind Sie bereits online, dauert es wenige Sekunden bis zur Anmeldung. Sind Sie off-line, stellt Windows zuerst einmal eine DFÜ-Verbindung her.

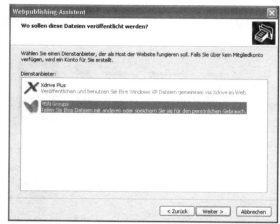

3 Wählen Sie die Plattform *MSN Groups* aus. Klicken Sie auf *Weiter*, um den Vor-gang fortzusetzen.

4 Möchten Sie die ausgewählten Dateien im Web veröffentlichen, sodass ande-re Benutzer darauf zugreifen können, dann markieren Sie das entsprechende Optionsfeld. Wollen Sie aber das Internet als Speicherort für Ihre Daten nut-zen, dann markieren Sie das Optionsfeld *Persönlich – Diese Dateien werden im Web veröffentlicht, sodass nur Sie selbst darauf zugreifen können*. Haben Sie sich für eine Variante entschieden, dann klicken Sie auf *Weiter*.

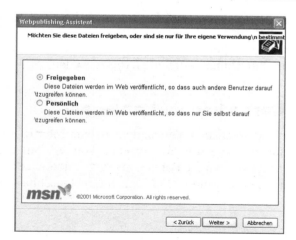

5 *Wo möchten Sie die Dateien veröffentlichen?* werden Sie jetzt gefragt. Klicken Sie auf *Eine neue Community im Web erstellen* oder wählen Sie eine bereits erstellte Community aus und klicken Sie anschließend auf *Weiter*. Anwender, die bereits eine erstellte Community ausgewählt haben, können den Punkt 5 überspringen und sofort mit Punkt 6 weitermachen.

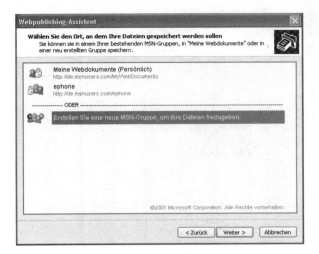

6 Geben Sie Ihrer neuen Community einen Namen und tragen Sie Ihre E-Mail-Adresse ein (Passport). Markieren Sie das Optionsfeld *Ja* bei den Verhaltensregeln und entscheiden Sie sich, ob ein Link für diese Community unter *Favoriten* und unter *Netzwerkumgebung* hinzugefügt werden soll. Klicken Sie auf *Weiter*, um fortzufahren.

7 Wählen Sie jetzt den *Zielordner* innerhalb Ihrer Community aus, in dem Sie die Dateien ablegen wollen. Markieren Sie die *Ablagebox* im Ordner *Bilder* und klicken Sie anschließend auf *Weiter*.

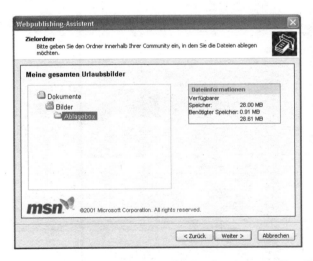

Wählen Sie die Größe Ihrer Bilder für die Veröffentlichung aus (Auflösungen: 640 x 480, 800 x 600 und 1.024 x 786). Je geringer die Auflösung, um so schneller werden die Bilder an den Empfänger übertragen. Verwenden Sie eine hohe Auflösung, dann bekommt der Empfänger eine bessere Qualität, muss aber länger auf die Bilder warten. Klicken Sie auf *Weiter*, um den Kopiervorgang zu starten.

8 Klicken Sie auf *Fertig stellen*, wenn der Kopiervorgang abgeschlossen ist, um die Dateien in einem Browser anzuzeigen. Hierzu klicken Sie in der linken Spalte auf den Link *Fotoalbum* und anschließend auf den Link *Ablagebox*. Es erscheint Ihr Fotoalbum mit den soeben kopierten Bildern.

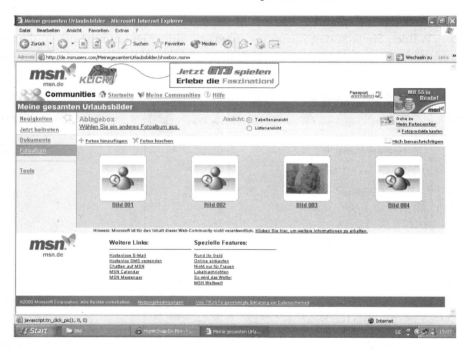

Abrufen meiner Onlinedaten – MSN Community

Um Ihre Daten zu jeder Zeit und an jedem Ort abzurufen bzw. Ihrer Familie und Freunden zur Verfügung zu stellen, gehen Sie wie folgt vor:

1 Öffnen Sie Ihren Internetbrowser und geben Sie folgende URL ein: *http://www.msn.de*. Es erscheint die Homepage von MSN. Öffnen Sie den Link *Communities & Chat*. Direkt auf die Communites & Chat-Site kommen Sie mit der Adresse *http://www.communities.msn.de/people*.

2 Geben Sie den Namen der gewünschten Community im Anzeigefeld *Eine Community suche* an und klicken Sie anschließend auf *Go*. MSN zeigt alle unter dem Namen gefunden Communities. Wählen Sie die gewünschte Community aus.

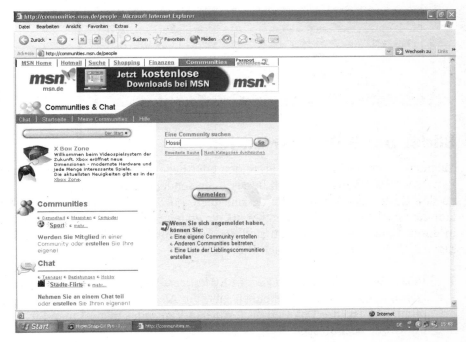

3 Klicken Sie in der linken Spalte auf *Fotoalbum*. Es erscheinen alle Fotoalben und die entsprechenden Bilder. Klicken Sie auf das gewünschte Album, um den Inhalt anzeigen zu lassen.

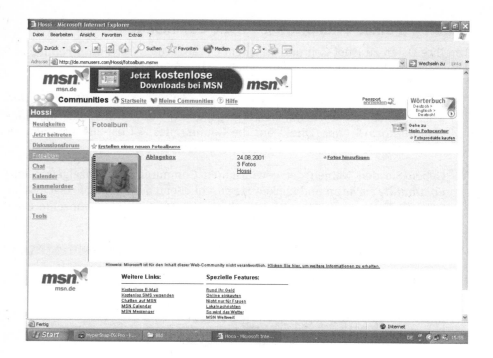

Bilder per E-Mail versenden

Möchten Sie schnell mal Ihren Freunden oder Bekannten ein nettes Bild von der Party nach Hause mailen? Noch besser – Sie senden während der Party ein Bild zu den Gästen nach Hause, die derzeit noch auf der Hochzeit sind. Ihre Gäste kommen nach Hause und haben bereits die ersten Schnappschüsse der Hochzeit in ihrem Computer. Sie können sich das nicht vorstellen? Viel zu umständlich, sagen Sie? Nein, gehen Sie einfach wie folgt vor:

1 Klicken Sie auf den Punkt *Datei in E-Mail versenden*. Es öffnet sich ein Dialogfeld, das Ihnen die Möglichkeit gibt, die Anzeigegröße Ihrer Bilddatei zu optimieren. Ist Ihre Datei zu groß für den Versand – hier können Sie sie in ihrer Größe beeinflussen:

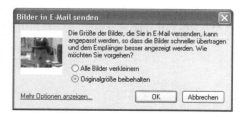

2 Ist die Datei nicht allzu groß, dann können Sie sie mit der Einstellung *Originalgröße beibehalten* senden. Klicken Sie auf *Mehr Optionen anzeigen*, um die Größe der Bilder feiner anzupassen.

3 Klicken Sie auf *OK*, wenn Sie den Optimierungsgrad eingestellt haben. Es öffnet sich Ihr primärer E-Mail-Editor – im Anhang befindet sich bereits die ausgewählte Bilddatei.

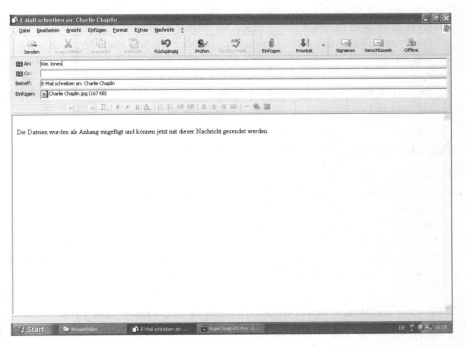

4 Füllen Sie jetzt nur noch die Empfängeradresse aus, schreiben Sie ein paar nette Zeilen zum Gruß und klicken Sie auf *Senden*.

5.4 Nachbearbeiten – schärfer machen, auf Format bringen und mehr

Haben Sie unbewusst störende Dinge auf Ihrem Bild, sei es eine leere Flasche auf dem Tisch, ein Fleck im Hintergrund oder hat der Autofokus die Schärfe nicht ganz auf den Punkt gebracht, gibt es kein Grund zur Verzweiflung. Es gibt zwischenzeitlich jede Menge Bildbearbeitungssoftware. Auch die Unterschiede dieser Software sind riesig. Es gibt von einfachen Bearbeitungstools, die nichts kosten, bis hin zur professionellen Bildbearbeitungssoftware, die gut und teuer ist.

Was auch immer Sie am PC mit den Bildern aus der digitalen Kamera machen möchten – Sie brauchen dazu Software. Zur Grundausstattung einer digitalen Kamera gehört immer ein Programm zum Bearbeiten der Bilder. Windows stellt ebenfalls Programme für die Bildbearbeitung zur Verfügung. Anwendern mit hohen Ansprüchen wird das jedoch nicht ausreichen. Hier müssen Sie weiterhin auf externe Software zurückgreifen.

Eine weitere interessante Variante, die zwar erst in den Startlöchern steht, ist die Bearbeitung und Verwaltung im Internet. Eine immer größere Fangemeinde von Hobby- bis zu Profi-Fotografen nutzen diese Onlinetools. Microsoft bietet zum Beispiel über sein Internetportal MSN, nicht nur die Möglichkeit, Ihre Bilddateien zu speichern (siehe Seite 195), sondern darüber hinaus auch Möglichkeiten, um die Bilder zu bearbeiten. Microsoft setzt dafür sein Bildbearbeitungsprogramm Picture It ein. Auch Drittanbieter wie zum Beispiel Kodak bieten Ihnen die Möglichkeit, Ihre Bilder online nachzubearbeiten. Nach der Bearbeitung mithilfe der Bordmittel von Windows XP lernen Sie auch diese Varianten kennen.

Nachbearbeiten von Bildern im Photo Editor

Nicht jeder hat die Möglichkeit, seine Bilder im Internet entsprechend seinen Anforderungen nachzubearbeiten. Auch muss der Benutzer sich erst an diese Art der Arbeitsweise gewöhnen. Und bis das so weit ist, bearbeiten Sie einfach Ihre Bilder mit der entsprechenden Software von Windows bzw. mit der Software, die Sie mit der Kamera mitgeliefert bekommen haben. Im Folgenden möchte ich die Bildbearbeitungsmöglichkeiten von Windows XP aufzeigen. Dazu wird der PhotoEditor von Microsoft benötigt, der im Office-Paket von Microsoft erhältlich ist.

Von der exakten Vorschau zur Kosmetikbehandlung im Photo Editor

1 Öffnen Sie den Ordner mit den Bilddateien, die Sie nachbearbeiten wollen. Es erscheint der Explorer. Ich habe mich für die Ansicht *Filmstreifen* entschieden. Ihr Explorer kann anders aussehen – je nachdem, welche Ansicht Sie ausgewählt haben. Um die gleiche Ansicht zu bekommen, klicken Sie in der Menüleiste auf *Ansicht* und anschließend auf *Filmstreifen*. Die folgende Abbildung zeigt ein Explorer-Fenster mit einer derartigen Einstellung. Gefällt Ihnen das nicht – kein Problem, wählen Sie eine andere Ansicht aus.

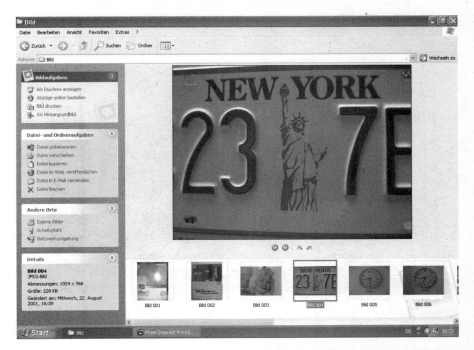

2 Klicken Sie mit der rechten Maustaste auf das Bild, das Sie nachbearbeiten möchten. Es erscheint das Kontextmenü. Klicken Sie auf den Befehl *Öffnen mit* und anschließend auf *Programm auswählen*. Es öffnet sich das Dialogfeld *Öffnen mit*.

Windows XP stellt alle möglichen Bildbearbeitungsprogramme, die installiert sind, in einem Dialogfeld zusammen – wählen Sie aus.

3 Wählen Sie das Bildbearbeitungsprogramm aus, mit dem Sie Ihr Bild bearbeiten möchten. Haben Sie einen Favoriten, markieren Sie das Kontrollkästchen *Dateityp immer mit dem ausgewählten Programm öffnen*. Das hat zur Folge, dass Sie beim späteren Bearbeiten weiterer Bilder direkt ohne diesen Zwischenschritt mit dem ausgewählten Bildbearbeitungsprogramm starten. Meine Auswahl fällt auf Microsoft Photo Editor. Klicken Sie auf *OK*, um das Programm zu starten.

Der Photo Editor hat zugelegt, aber alles kann er leider (noch) nicht

An dieser Stelle möchte ich noch einmal ausdrücklich darauf hinweisen, dass der Photo Editor eines von vielen Bildbearbeitungsprogrammen ist – schön ist, dass er gleich bei Windows mit dabei ist. Dieser Abschnitt kann natürlich kein Benutzerhandbuch für ein Grafikprogramm ersetzen. Das ist auch nicht notwendig – so viele Funktionen mehr gibt es gar nicht, die Details und Optionen sind relativ selbsterklärend, wie Sie in den folgenden Anleitungen feststellen werden. Wenn Sie sich ein wenig mit dem Photo Editor beschäftigen, erkennen Sie schnell die Vorteile des schlanken Programms, aber auch, wo dessen Grenzen sind.

Zuschneiden – den richtigen Ausschnitt wählen

Es kommt nicht selten vor, dass man etwas mehr auf dem Foto erfasst hat als gewünscht. Mit dem Befehl *Zuschneiden* können Sie gezielt einen gewünschten Bereich aus Ihrem Bild selektieren.

1 Klicken Sie in der Menüleiste auf das Symbol *Markieren* und ziehen Sie anschließend mit gedrückter linker Maustaste den gewünschten Bereich auf. Lassen Sie die Maustaste los, wenn der Bereich definiert wurde.

2 Der von Ihnen gekennzeichnete Bereich wird nun mit einer Ameisenkolonne umrandet. Weiterhin finden Sie Ziehpunkte, mit denen Sie den Bereich nochmals nachkorrigieren können.

3 Hat die Umrandung nicht ganz hingehauen, dann korrigieren Sie an den aufgezeigten Ziehpunkten nach. Fahren Sie einfach mit der Maus an einen Ziehpunkt – aus Ihrem Mauszeiger wird ein Doppelpfeil. Halten Sie jetzt die linke Maustaste fest und ziehen Sie den Bereich in die Richtung, in die Sie korrigieren möchten. Lassen Sie die Maustaste los – Ihr Bereich ist jetzt nachkorrigiert.

4 Klicken Sie nun auf die rechte Maustaste. Es erscheint das Kontextmenü. Führen Sie den Befehl *Zuschneiden* aus, indem Sie ihn anklicken. Ihr ausgewählter Bereich wird daraufhin zugeschnitten – der Rest entfernt.

Auf Format bringen und Größen ändern

Ist das, was Sie mit Ihrer Kamera erfasst haben, zu klein und Sie würden es gern vergrößert haben wollen, setzen Sie den Befehl *Größe ändern* ein.

1 Klicken Sie in der Menüleiste auf den Befehl *Bild* und anschließend auf *Größe ändern*. Geben Sie entweder die Breite und Höhe ein oder verändern Sie die prozentuale Größe. Egal, ob Sie die Höhe oder Breite verändern, das Bild wird sich in der Proportion nicht ändern. Sie können mit den Maßeinheiten *cm*, *Zoll* oder *Pixel* arbeiten oder mit der Prozentskala.

Möchten Sie jedoch bewusst eine Verzerrung durchführen, dann markieren Sie das Kontrollkästchen *Verzerrung zulassen* – Sie könnten unseren Charlie damit etwas fülliger aussehen lassen. Verändern Sie die Größe Ihres Bildes nach Belieben.

2 Klicken Sie auf *OK*, wenn Sie alle Einstellungen vorgenommen haben.

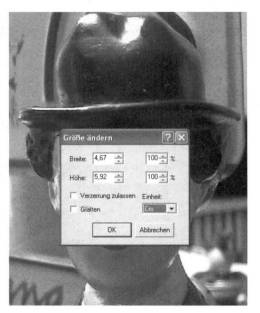

Drehen – Bilder vom Kopfstand ins Lot bringen

Hat Ihr Bild eine kleine Schieflage oder möchten Sie es sogar um ganze 90° oder 180° drehen? Vielleicht wollen Sie Ihr Bild spiegeln oder Grad für Grad allmählich in eine andere Lage drehen. Dann nutzen Sie den Befehl *Drehen*:

1 Klicken Sie in der Menüleiste auf den Befehl *Bild* und anschließend auf *Drehen*. Es erscheint das Dialogfeld *Drehen*.

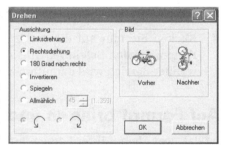

2 Wählen Sie die geeignete Drehung – Sie finden dazu eine Art Vorschau, die die Drehbewegung anschaulicher macht (*Vorher-Nachher*). Haben Sie den „Dreh raus", dann bestätigen Sie Ihren Änderungswunsch mit *OK*.

– *Linksdrehung*: Markieren Sie das Optionsfeld *Linksdrehung*, macht Ihr Bild eine 90°-Drehung nach links.

– *Rechtsdrehung*: Markieren Sie das Optionsfeld *Rechtsdrehung*, macht Ihr Bild eine 90°-Drehung nach rechts.

– *180 Grad nach rechts*: Markieren Sie das Optionsfeld *180 Grad nach rechts*, macht Ihr Bild natürlich eine 180°-Drehung nach rechts.

– *Invertieren*: Markieren Sie das Optionsfeld *Invertieren*, macht Ihr Bild nichts anderes als eine 180°-Drehung nach links.

– *Spiegeln*: Haben Sie ein Spiegelbild fotografiert oder soll die Schwiegermutter auf der anderen Seite stehen – markieren Sie das Optionsfeld *Spiegeln*.

– *Allmählich*: Wenn Ihnen die vorherigen Einstellungsmöglichkeiten zu grob sind, dann können Sie Grad für Grad nach links oder rechts drehen. Geben Sie die Gradzahl ein und markieren Sie mit den Pfeilen die Richtung.

Nachwürzen oder weicher machen – Schärfeeinstellung

Hat der Autofokus Ihrer Kamera nicht die Bildschärfe erreicht, die Sie gern gesehen hätten, dann haben Sie hier die Möglichkeit, den Focus etwas schärfer zu stellen (es ist dann zwar nicht wirklich schärfer – die Konturen werden herausgehoben). Hierzu klicken Sie in der Menüleiste auf den Befehl *Effekte* und anschließend auf *Scharfzeichnen*. Verschieben Sie mit der linken Maustaste den Regler in die entsprechende Richtung und klicken Sie anschließend auf *OK*, um das Ergebnis zu begutachten.

Erscheint Ihr Bild jedoch zu „hart", haben Sie auch noch die Möglichkeit, Ihr Bild ein wenig „weicher" erscheinen zu lassen. Klicken Sie in der Menüleiste auf den Befehl *Effekte* und anschließend auf *Weichzeichnen*. Verschieben Sie mit der linken Maustaste den Regler in die entsprechende Richtung und klicken Sie anschließend auf *OK*, um das Ergebnis zu begutachten.

Dialogfeld Scharfzeichnen ...   Dialogfeld Weichzeichnen ...

Helligkeit und Kontrast ausgleichen

Erscheint Ihr Bild ein wenig zu dunkel, weil Sie den Blitz vergessen haben, oder möchten Sie Ihr Bild ein wenig kontrastreicher gestalten, dann ist die *Ausgleichung* das richtige Werkzeug.

Während Sie die Regler verschieben, können Sie das Ergebnis sofort beurteilen. Sind Sie mit Ihren Einstellungen zufrieden, klicken Sie auf *OK*. Haben Sie durch das Hin- und Herschieben des Reglers Ihr Bild total verstellt und sind unzufrieden, dann klicken Sie auf *Abbrechen* und fangen noch mal von vorn an. Diesen Befehl finden Sie unter *Bild/Ausgleichung*.

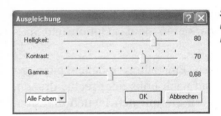

Stellen Sie die Helligkeit, den Kontrast und das Gamma Ihres Bildes nach – mit dem Dialogfeld Ausgleichung.

Bildeffekte – von Wasserfarbe bis Kohlezeichnung

Der Microsoft Photo Editor stellt Ihnen eine relativ große Auswahl von Bildeffekten zur Verfügung. Möchten Sie, dass Ihr Bild wie ein Gemälde, wie ein Plakat oder gar wie eine Bleistiftzeichnung aussieht, dann liegen Sie bei den Bildeffekten genau richtig.

Die folgenden Abbildungen zeigen Ihnen ein paar Beispiele aus der Ihnen zur Verfügung stehenden Auswahl. Klicken Sie in der Menüleiste auf *Effekte* und wählen Sie dann den gewünschten Effekt aus. Bei den meisten Effekten können Sie je nach Wunsch die Intensität beeinflussen.

Jedes Dialogfeld hat ein Vorschaufenster, das Ihnen die Möglichkeit bietet, im Vorfeld das Ergebnis anzusehen, bevor Sie dann endgültig auf *OK* klicken.

Original *Negativ* *Plakateffekt* *Solarisation* *Kreide und Zeichenkohle*

Relief *Zeichenstift* *Wasserfarbe* *Buntglas* *Stempel*

5.5 Bilder verwalten – in lokalen Bilderordnern und im Internet

Sicherlich geht es Ihnen nicht anders und Sie fragen sich: „Wohin mit dem ganzen fotografierten Material?" Nicht selten muss hierfür der gute alte Schuhkarton herhalten. Man hat vor lauter Fotografieren gar keine Zeit mehr, das auf Bild Erfasste in ein Album einzukleben – und Spaß macht es eigentlich auch nicht.

Im Gegensatz zur Analogfotografie können Sie bei der Digitalfotografie die Bilder sofort an Ihren Computer übermitteln und dort speichern. Dies hat den Vorteil, dass Sie Ihre Bilder nicht mehr einkleben müssen. Was Ihnen jedoch nicht erspart bleibt, ist die Organisation Ihrer Ablage. Die nimmt Ihnen Windows XP zwar nicht ab – XP erleichtert jedoch das Ganze mit seiner neuen Explorer-Ansicht und deren Vorschaumöglichkeiten.

Sie können sich entscheiden – Ordnung halten oder suchen ...

Vorab schon die besten drei Vorgehensweisen, wie Sie Ihre Bilder leichter wiederfinden. Zum Ordnen ist man die letzten Wochen nicht gekommen und eigentlich sollten die Bilder ja in diesem oder jenem Ordner sein ... sind es aber nicht?

Suchen nach Bildernamen

Der einfachste Fall: Sie haben den Bildern Namen verpasst – und sie müssen irgendwo auf der Festplatte sein ... Glücklicherweise beginnen alle mit „Freizeit". Ein weiteres Problem kann auf Sie zukommen, wenn Sie mehrere Festplatten bzw. Partitionen haben. Befinden sich die Bilder jetzt auf der Festplatte C: oder doch vielleicht auf D:? Damit Ihre Suche über den Bildernamen erfolgreich verläuft, gehen Sie wie folgt vor:

1   Klicken Sie mit der rechten Maustaste auf *Start*. Es erscheint das Kontextmenü. Öffnen Sie den *Explorer* und klicken Sie anschließend in der Symbolleiste auf *Suchen*.

Auf der linken Seite Ihres Explorers erscheint der *Such-Assistent*, der Sie bei der Suche unterstützen möchte.

2   Klicken Sie bei der Frage „*Wonach soll gesucht werden?*" auf den Link *Bildern, Musik und Videos*. In diesem Beispiel suchen wir nach den Freizeitbildern auf der/den Festplatte/n:

3 Geben Sie im unten angezeigten Feld *Gesamter oder Teil des Dateinamens* den Namen ein, in unserem Fall „Freizeit". Auch ein Namensfragment wie zum Beispiel „Freiz" wird Sie zum Ziel führen.

4 Klicken Sie jetzt noch auf *Erweiterte Suchoptionen verwenden* und wählen Sie im Listenfeld *Suche in* die Option *Lokale Festplatten* aus, damit alle möglichen Festplatten bei der Suche berücksichtigt werden.

5 Klicken Sie auf *Suchen*, um den Suchvorgang zu starten. War der Suchvorgang erfolgreich, werden alle gefundenen Dateien im rechten Bereich des Explorers aufgelistet. Die folgende Abbildung zeigt ein derartiges Suchergebnis.

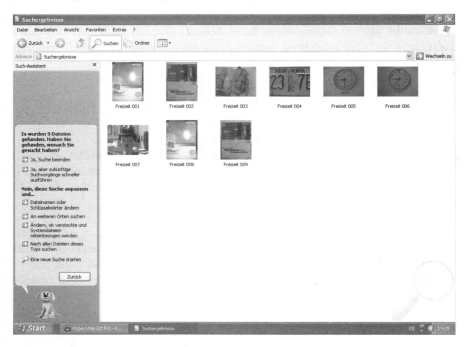

Der PC-Joker – ein Sternchen (*), wenn man nicht weiterweiß

Den PC-Veteranen unter Ihnen ist dieser Joker sicherlich ein Begriff. Wenn man in den früheren Versionen im Explorer nach etwas gesucht hat, von dem man nicht den kompletten Dateinamen wusste, musste der Rest mit einem *, dem Asterisk (Sternchen) aufgefüllt werden. Diesen Joker benötigen Sie unter Windows XP nicht mehr.

Die Suche nach „Freizeit" auf der Festplatte kann wie gesagt nur dann erfolgreich sein, wenn Sie die Dateien auch wirklich einmal unter diesem Namen importiert haben. Hatten Sie keine Zeit zur Umbenennung oder erinnern Sie sich nicht an den Namen, unter dem Sie den Assistenten die Bilder haben übertragen lassen – Pech gehabt. Vielleicht hilft ja ein Datum weiter.

Suchen nach Bildern aus bestimmten Zeiträumen

Wenn Sie sich erinnern, wann Ihr Urlaub war und Sie in etwa einschätzen können, wann Sie die Bilder übertragen haben, kann Ihnen der Such-Assistent recht gut helfen. Die Erfahrung zeigt auch: Wenn Sie nichts mehr über den vergebenen Dateiname etc. wissen, den Zeitraum bekommt man immer „irgendwie" zusammen.

1 Dazu rufen Sie im Such-Assistenen den Punkt *Bildern, Musik und Videos* auf. Markieren Sie das Kontrollkästchen *Nach Bildern und Fotos suchen* und öffnen Sie die *Erweiterten Suchoptionen.*

2 Wählen Sie unter dem Punkt *Wann wurde die Datei geändert?* einen Zeitraum. Sind Sie sich ziemlich sicher, können Sie über das Optionsfeld *Datumsangabe* den genauen Zeitraum eingeben.

Suchen nach ...

Weder Bildname noch Datum können Hinweise geben? Ganz schlecht – jetzt brauchen Sie ein Gespür dafür, wo die Bilder in etwa sein könnten oder eine Menge Zeit, in der Windows Ihnen alle Bilddateien heraussucht und Sie dann die ganzen 2.596 Bilder in der Miniaturansicht durchgehen. Kann man machen, muss aber nicht!

Im Folgenden möchte ich Ihnen jedoch zeigen, wie Windows XP helfen kann, Ihre Bilder zu speichern und wiederzufinden.

Weiterhin möchte ich Ihnen einen Ausblick in die „zukünftige Gegenwart" geben – das Webalbum. Auch wenn es noch in den Kinderschuhen steckt und der ganz große Durchbruch noch auf sich warten lässt, wird es sich ganz klar in diese Richtung entwickeln – von der Bildverwaltung über die -bearbeitung bis hin zur Bestellung von Abzügen im Internet. Das Rundum-Sorglos-Paket für Ihre digitalen Bilder.

Bildordner statt Papierbilder einkleben

Gerade wenn es auf die schnelle Übermittlung und Verarbeitung der Bilder ankommt, verspricht die digitale Fotografie viele Vorteile. Anders als bei herkömmlicher Fotografie kann man die Bilder unmittelbar nach der Aufnahme auf einem kleinen Farbbildschirm betrachten und bei Bedarf sofort löschen. Die Bilder jedoch, die man behalten und eventuell nacharbeiten möchte, sollte man auf seinem Computer speichern – allein, um den begrenzten Speicher der Kamera nicht unnötig zu belasten. Wir wissen ja, dass der Speicher, sei es in Form einer Flash-Card oder einer MultiMedia-Card, zurzeit noch recht teuer ist (der Preis liegt pro Megabyte zwischen 1,50 und 3 €, je nach Fabrikat und Händler). Es stellt sich für Sie jetzt nur noch die Frage: Speichere ich meine Bilder im Internet ab, um jederzeit an jedem Ort auf die Bilddateien zugreifen zu können – das ist sehr Speicherplatz schonend – oder doch lieber erst einmal auf meinem PC?

Bildordner anlegen und konfigurieren

Wenn Sie Ihre Bilder von der Kamera auf Ihren Computer übertragen, empfehle ich Ihnen, einen Hauptordner für alle Bilder zu nutzen. Diesen Hauptordner unterteilen Sie dann wiederum in weitere Ordner, zum Beispiel nach Thema oder Datum. Ganz egal, wie Sie Ihre Ordner organisieren – vergeben Sie aussagekräftige Namen für die jeweiligen Ordner, damit Sie gleich den Inhalt aufgrund der Namensvergabe erkennen. Als Hauptordner stellt Windows XP den Ordner *Eigene Bilder* zur Verfügung. Dieser Ordner ist von Windows intern so organisiert, dass er mit Ihrer Anmeldung zur Verfügung gestellt wird, weil er entsprechend in Ihrem Profil eingebettet ist. Das hat einen riesigen Vorteil: Sie kommen mit anderen Anwendern und deren Bildern nicht in Konflikt, denn jeder Benutzer hat seinen individuellen *Eigene Bilder*-Ordner. Hier haben Sie dann die Möglichkeit, Ihre eigenen Ordner zu erstellen.

1 Klicken Sie im Startmenü auf *Eigene Bilder*. Es öffnet sich der Explorer *Eigene Bilder*. Je nach Auswahl präsentiert sich der Explorer in einer anderen Ansicht. Die folgende Abbildung zeigt den Explorer *Eigene Bilder* mit der Ansicht *Filmstreifen*.

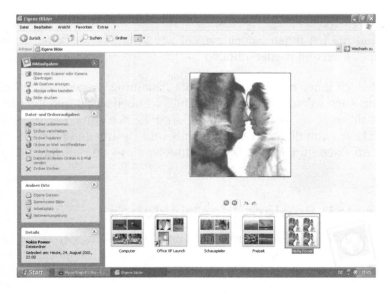

2 Klicken Sie in der *Menüleiste* auf den Menüpunkt *Ansicht* und wählen Sie anschließend Ihre bevorzugte Ansicht aus. Sie können wählen zwischen *Filmstreifen*, *Miniaturansicht*, *Kacheln*, *Symbole*, *Liste* und *Details*. Wobei *Filmstreifen* gegenüber den anderen Ansichten eine völlig neue Einstellungsvariante ist und bevorzugt für die Bildverwaltung entwickelt wurde.

3 Möchten Sie einen Ordner öffnen, klicken Sie doppelt auf ein Ordnersymbol, um sich den Inhalt anzeigen zu lassen. In der Ordnerleiste werden nun die einzelnen Bilder aufgelistet.

4 Möchten Sie einen neuen Ordner erstellen, klicken Sie mit der rechten Maustaste in der Ordnerleiste in einen freien Bereich. Es erscheint das Kontextmenü. Klicken Sie auf *Neu* und anschließend auf *Ordner*.

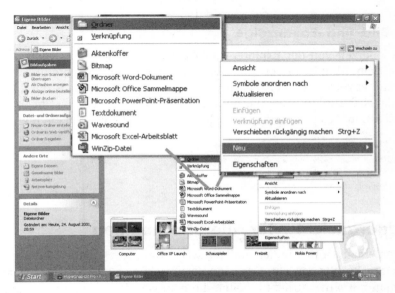

5 Es erscheint ein neues Ordnersymbol, das Sie jetzt entsprechend beschriften können: Überschreiben Sie einfach den von Windows vergebenen, blau markierten Namen *Neuer Ordner*.

6 Sie können jetzt Ihre Bilddateien in Ihrem neu erstellten Ordner ablegen, indem Sie die Dateien über den Assistenten in den Ordner kopieren (siehe Kapitel 5.2 „Bilder von Scanner und Kamera auf den PC holen" auf Seite 180) oder direkt von der Kamera oder dem Scanner in den Ordner kopieren – mit dem Befehl *Bilder von Scanner oder Kamera übertragen* unter den *Bildaufgaben* in der Aufgabenleiste.

7 Mit der Ansicht *Filmstreifen* haben Sie weiterhin die Möglichkeit, die Bilder in alphabetischer Reihenfolge zu betrachten und im Uhrzeigersinn und gegen den Uhrzeigersinn zu drehen und entsprechend zu speichern. Dafür stellt Windows XP Home eigens eine Navigationsleiste zur Verfügung.

Windows-Bild- und -Faxanzeige

Sie können jederzeit von der Explorer-Ansicht in die Windows-Bild- und -Faxanzeige wechseln. Mithilfe dieser Anzeige können Sie Bilddokumente und auch Faxdokumente anzeigen, drehen und grundlegende Aufgaben damit durchführen, ohne dabei ein Bildbearbeitungsprogramm öffnen zu müssen. Um in die Windows-Bild- und -Faxanzeige zu wechseln, klicken Sie doppelt auf ein Bild.

Die Navigationsleiste in der Windows-Bild- und -Faxanzeige.

Die Ordneransicht – für alle übernehmen

Wenn Sie von einem Ordner in den anderen wechseln, dann speichert jeder Ordner die zuletzt gewählte Ansicht. Das kann gewünscht sein, aber auch sehr nervig, wenn man mit einer Ansicht arbeitet, die man gewohnt ist und somit auch favorisiert. Machen Sie jetzt Schluss damit, indem Sie die gewünschte Ansicht für alle Ordner definieren.

1   Öffnen Sie den Explorer und wählen Sie die Ansicht, die Sie für alle Ordner verwenden möchten. Klicken Sie anschließend in der Menüleiste auf *Extras* und danach auf *Ordneroptionen*. Öffnen Sie die Registerkarte *Ansicht*.

2   Klicken Sie auf die Schaltfläche *Für alle übernehmen*. Bestätigen Sie die Meldung *Alle Ordner so einrichten, dass die Darstellung mit der des aktuellen Ordners übereinstimmt* mit *Ja*.

Die Ansicht wird jetzt auf alle Ordner übertragen. Klicken Sie auf *Alle zurücksetzen*, um die Übereinstimmung wieder aufzuheben.

3 In der Liste *Erweiterte Einstellungen* haben Sie weitere Möglichkeiten, Ihre Ordner zu konfigurieren.

4 Möchten Sie, dass Windows die herkömmlichen Ordner verwendet oder wollen Sie sie durch einen einfachen Klick und nicht durch einen Doppelklick öffnen, dann klicken Sie auf die Registerkarte *Allgemein* in den *Ordneroptionen* und markieren die entsprechenden Optionsfelder.

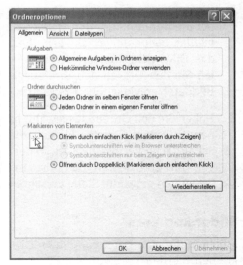

Dateiaufgaben zum Ordnung halten

Weitere Aufgaben stellt das bereits bekannte Feld *Dateiaufgaben* zur Verfügung. Sie können direkt eine *Datei umbenennen, verschieben, kopieren, im Web veröffentlichen*, mit *E-Mail versenden, drucken* und *löschen*.

*Weitere Möglichkeiten,
direkt eine Bilddatei zu bearbeiten.*

Dateien einen anderen Namen geben – umbenennen

Möchten Sie einer Bilddatei einen anderen Dateinamen geben, können Sie das im Nachhinein tun. Markieren Sie hierzu einfach die betreffende Datei, die Sie umbenennen möchten, und klicken Sie auf den Punkt *Datei umbenennen*. Der alte Dateiname wird blau hinterlegt. Vergeben Sie den neuen Namen, indem Sie einfach den alten Dateinamen überschreiben.

Dateien anders einordnen – einfach per Maus verschieben

Möchten Sie eine Datei von einem Ordner an einen anderen Ort verschieben, dann können Sie den Dateiaufgabenpunkt *Datei verschieben* dazu nutzen. Es können mehrere Elemente gleichzeitig verschoben werden: Wählen Sie mit gedrückter [Strg]-Taste vereinzelte Bilder, mit gedrückter [Umschalt]-Taste aufeinander folgende Bilder auf einmal aus.

1 Klicken Sie auf den Punkt *Datei verschieben*, bei mehreren markierten Dateien auf *Ausgewählte Elemente verschieben*. Es erscheint das Dialogfeld *Elemente verschieben*. Wählen Sie den Ort, an den Ihre ausgewählte/n Bilddatei/en verschoben werden soll/en.

2 Haben Sie den Ordner ausgewählt bzw. einen neuen Ordner erstellt, klicken Sie auf die Schaltfläche *Verschieben*. Die Datei wird nun von ihrem früheren Standort an die von Ihnen neu gewählte Stelle verschoben.

Bilder kopieren

Möchten Sie eine Datei von einem Ordner an einen anderen Ort kopieren, dann können Sie den Dateiaufgaben-Punkt *Datei kopieren*, bei mehreren markierten Dateien *Ausgewählte Elemente kopieren* dazu nutzen. Es können mehrere Elemente gleichzeitig kopiert werden: Wählen Sie mit gedrückter ⟨Strg⟩-Taste vereinzelte Bilder, mit gedrückter ⟨Umschalt⟩-Taste aufeinander folgende Bilder auf einmal aus.

1 Klicken Sie auf den Punkt *Datei kopieren*, bei mehreren markierten Dateien auf *Ausgewählte Elemente kopieren*. Es erscheint das Dialogfeld *Elemente kopieren*. Wählen Sie den Ort, an den die ausgewählte Bilddatei kopiert werden soll.

2 Haben Sie den Ordner ausgewählt bzw. einen neuen Ordner erstellt, klicken Sie auf die Schaltfläche *Kopieren*. Die Datei wird nun an die von Ihnen neu gewählte Stelle kopiert.

Profi-Optionen für Bilderordner

Trotz einer guten Ordner- und Dateiverwaltung kann man bei einer großen Anzahl von Dateien schnell die Übersicht verlieren. Hier sind gute Sortiertools gefragt, die einem die Möglichkeit geben, nach den verschiedensten Kriterien zu sortieren, ja sogar zu gruppieren. Ja, Sie lesen richtig. Unter Windows XP ist es jetzt möglich, seine Ordner und Dateien zu gruppieren. Damit erhalten Sie im Handum-drehen eine ganz neue Ansicht im Explorer. Auch die gewünschten Details, die Sie bei einer Vorschau sehen wollen, können Sie jetzt ganz nach Ihren Wünschen anpassen.

Die Ansicht mit vielen Informationen – die Details

Die Ansicht *Details* ist eine von sechs möglichen Ansichten. Damit bekommen Sie am schnellsten die meisten Informationen über alle Dateien und Ordner auf einen Blick. Auch das Sortieren und Gruppieren lässt sich in der Ansicht am elegantesten durchführen. Müssen Sie sich durch einen großen Datenbestand „durchwühlen", dann empfehle ich Ihnen, mit der *Details*-Ansicht zu arbeiten,

Sortieren von einzelnen Feldern

1 Öffnen Sie den Explorer und klicken Sie in der Menüleiste auf den Befehl *Ansicht* und anschließend auf *Details*. Sie bekommen die Dateien jetzt zwar „nur" symbolisch angezeigt – erhalten dafür aber eine weitere Kopfleiste mit den entsprechenden Detailinformationen. Standardmäßig befinden sich in der Kopfleiste die Felder *Name, Größe, Typ* und *Geändert am*.

2 Klicken Sie in der Kopfleiste auf das Feld *Name*, wird auf- bzw. absteigend sortiert. Ein Pfeil zeigt Ihnen die Sortierreihenfolge an. Diese Sortierung ist mit jedem Feld in der Kopfleiste möglich.

Die Kopfleiste wächst – weitere Felder einfügen

1 Klicken Sie mit der rechten Maustaste auf die Kopfleiste. Es erscheint ein Kontextmenü mit allen möglichen Feldern. Markieren Sie mit der linken Maustaste weitere Felder, um sie der Kopfleiste hinzuzufügen. Klicken Sie auf *Weitere*, um die Anzahl der Feldauswahl zu erhöhen.

2 Geben Sie jetzt noch die Breite der ausgewählten Spalte an und klicken Sie auf *OK*, um die Einstellungen umzusetzen.

3 Gehen Sie entsprechend vor, wenn Sie Felder aus der Kopfzeile entfernen wollen.

Richtig cool – in Gruppen anzeigen

Klicken Sie in der Menüleiste auf *Ansicht* und anschließend auf *Symbole anordnen nach*. Klicken Sie auf den Befehl *In Gruppen anzeigen*. Klicken Sie jetzt nur noch auf das Feld in der Kopfzeile, nach dem gruppiert werden soll. Ihre Ansicht im Explorer verändert sich entsprechend.

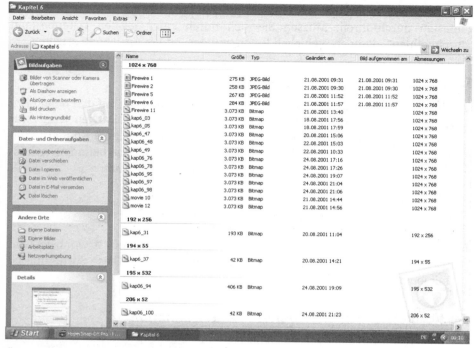

Übersichtlich – die neue Gruppierungsfunktion im Explorer.

So passen Sie einen einzelnen Ordner an

1 Klicken Sie mit der rechten Maustaste auf den Ordner, den Sie anpassen möchten. Es erscheint das Kontextmenü. Klicken Sie auf *Eigenschaften*.

2 Öffnen Sie die Registerkarte *Anpassen*. Sie können nun den *Ordnertyp*, die *Ordnerbilder* und die *Ordnersymbole* anpassen.

Ordnertyp: Wählen Sie im Listenfeld *Diesen Ordner als Vorlage verwenden* eine Vorlage aus. Standardmäßig bekommen alle Ordner den Ordnertyp *Dokumente (für alle Dateitypen)*. Wenn Sie jetzt zum Beispiel einen Ordner nur für Videos erstellen möchten, dann wählen

Sie die Vorlage *Videos* aus. Mit dieser Auswahl werden bestimmte Funktionen mitgeliefert, die sich dann speziell auf die Aufgabenliste und Bearbeitung von Bildern und Musik auswirken. Sollen alle weiteren Unterordner, die in diesem Ordner erstellt werden bzw. sich bereits darin befinden, automatisch dieselbe Vorlage erhalten, dann markieren Sie das Kontrollkästchen *Vorlage für alle Unterordner übernehmen*.

Ordnertyp: Bilder.

Ordnertyp: Video.

Ordnertyp: Musik.

Die Aufgabenleiste passt sich dem Ordnertyp an.

– *Ordnerbilder*: Klicken Sie auf *Bild auswählen*, um ein Bild zu bestimmen, das für den Ordner stehen soll. Klicken Sie auf *Wiederherstellen*, werden die vier zuletzt im Ordner bearbeiteten Dateien angezeigt, um den Ordnerinhalt zu repräsentieren.

– *Ordnersymbole*: Durch Anklicken von *Anderes Symbol* können Sie die Grafik, die für den Ordner steht, in allen Ansichten ändern. Einzige Ausnahme ist die Miniaturansicht.

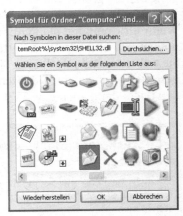

Wählen Sie für Ihren Ordner ein anderes Symbol aus.

5.6 Vom Camcorder zum fertigen Film – Videoschnitt auf dem PC

Das Geburtstagsvideo ist im Camcorder oder/und die Bilder in der digitalen Kamera. Jetzt möchten Sie aus Ihren hart erkämpften Bildern etwas Einmaliges zusammenstellen – Ordnung und eine Reihenfolge in das Bildmaterial bringen. Sicherlich geht es Ihnen wie den meisten Hobbyfilmern und -fotografen – am Ende hat man Unmengen Film- und Bildmaterial. Total übertrieben, sagen Sie sich. Hinzu kommt noch, dass wahrscheinlich viel doppeltes Material dabei ist. Teils gelungene Aufnahmen, teils weniger Vorzeigbares. Machen Sie Schluss damit und werden Sie mit Windows XP Home Ihr eigener Regisseur. Erstellen Sie aus einzelnen Bildern einen Videofilm und erweitern das Ganze um einzelne Filmsequenzen, die Sie mit Ihrem Camcorder aufgenommen haben. Stellen Sie ein kurzweiliges Geburtstagsvideo zusammen und senden Sie es gleich per E-Mail an alle Freunde und Bekannte.

So kommt der Film auf die Festplatte

Um das Filmmaterial von Ihrem Camcorder in den Computer zu bekommen, benötigen Sie eine Schnittstelle, die es Ihnen erlaubt, via Verbindung mit einem Kabel von der digitalen Videokamera (Camcorder) zum Computer den Film auf Ihre Festplatte zu kopieren. Die Schnittstelle, die Ihnen das ermöglicht, heißt FireWire und ist eine Hochgeschwindigkeitsschnittstelle, die ursprünglich von Apple entwickelt wurde und sich unter der Bezeichnung IEEE 1394 als Industriestandard durchgesetzt hat. Sie ermöglicht nicht nur hohe Übertragungsgeschwindigkeiten von bis zu 400 Millionen bps, sondern auch eine fast 30-mal größere Bandbreite als USB 1.1. Dadurch eignet sie sich ideal für die verlustfreie Übertragung extrem großer Datendateien.

Wenn Ihr Computer standardmäßig keinen FireWire-Anschluss besitzt, dann benötigen Sie eine FireWire-Karte – am besten für einen PCI-Steckplatz. Besorgen Sie sich eine und installieren Sie sie in Ihren Computer. Für ältere Videokameras besorgen Sie sich eine Videoschnittkarte für analoge Videosignale. Unter Umständen reicht dann auch eine TV-Karte mit Video-In-Buchse aus.

PCI-Steckplatz (Slot) – eine Erweiterungsmöglichkeit für Ihren Computer

PCI steht für **P**eripheral **C**omponent **I**nterconnect. Ein PCI-Slot ist ein Steckplatz auf der PC-Hauptplatine, der Ihnen die Möglichkeit bietet, Ihren Computer aufzurüsten. In der Regel stehen mehrer PCI-Slots zur Verfügung.

FireWire richtig installieren

Sie brauchen nicht gleich zu erschrecken: Auch wenn Sie mit der Technik nicht viel am Hut haben – es ist wirklich kein Hexenwerk, heutzutage eine PCI-Karte in Ihren Computer einzubauen. Gehen Sie einfach die nächsten Schritte durch, um Ihre neue FireWire-Karte zu installieren.

1 Schalten Sie den Computer aus und stecken Sie alle angeschlossenen Geräte ab.

2 Öffnen Sie das Computergehäuse wie im Benutzerhandbuch für Ihren Computer beschrieben. Um etwaige statische Ladung von sich abzuleiten, die den Computer oder die FireWire-Karte beschädigen könnte, berühren Sie ein beliebiges Stück blankes Metall am Computergehäuse.

3 Suchen Sie die PCI-Steckplätze auf der PC-Hauptplatine Ihres Computers. Sie können einen beliebigen freien PCI-Steckplatz verwenden.

4 Entfernen Sie die Metallplatte, die die Rückwandöffnung für den ausgewählten PCI-Steckplatz abdeckt.

5 Stecken Sie die FireWire-Karte in den PCI-Steckplatz ein und richten Sie die Rückwand-Einbauschiene sorgfältig am Computergehäuse aus. Achten Sie darauf, dass die Goldkante vollständig in den Steckplatz eingesteckt ist.

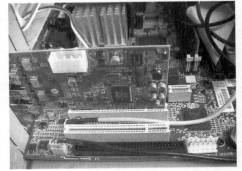

6 Sichern Sie die Karte mit der Schraube oder Klammer, mit der die Rückwandabdeckung befestigt war.

7 Schließen Sie das Computergehäuse und schließen Sie alle Peripheriegeräte wieder an den Computer an.

Cool bleiben – alles Plug & Play

Den ersten Schritt hätten Sie geschafft – die FireWire-Karte ist installiert. Jetzt müssen Sie nur noch die neue Hardware mit Windows bekannt machen, und das ist unter Windows XP sehr unspektakulär. Nachdem Sie die FireWire eingebaut und alle Peripheriegeräte angeschlossen haben, schalten Sie einfach Ihren PC ein. Windows installiert jetzt automatisch Ihre Karte, und das geht in der Regel so schnell, dass Sie gar nichts davon mitbekommen.

Hat Windows die FireWire-Karte korrekt installiert?

Vertrauen ist gut, Kontrolle ist besser. Gemäß diesem Leitspruch sollten Sie, bevor Sie nun Ihren Camcorder an die FireWire-Karte anschließen, die automatische Installation checken. Und mit wem macht man das am besten unter Windows? Richtig, mit dem Geräte-Manager.

1 Klicken Sie im Startmenü auf *Arbeitsplatz* und anschließend bei den Systemaufgaben auf den Link *Systeminformationen anzeigen*. Es erscheint das Fenster *Systemeigenschaften*.

2 Öffnen Sie das Register *Hardware* und klicken Sie anschließend auf die Schaltfläche *Geräte-Manager*. Die folgende Abbildung zeigt eine korrekt installierte FireWire-Karte.

3 Klicken Sie mit der rechten Maustaste auf den IEEE-1394-Controller. Es erscheint das Kontextmenü. Klicken Sie auf *Eigenschaften*.

4 Zeigt der *Gerätestatus* auf der Registerkarte *Allgemein* „Das Gerät ist betriebsbereit" und zeigt der *Gerätekonflikt* auf der Registerkarte *Ressourcen* „Keine Konflikte" an, dann können Sie von einer korrekten Installation ausgehen. Ihre FireWire-Karte ist jetzt einsatzfähig.

Installation fehlgeschlagen?

Ist die Installation Ihrer Karte fehlgeschlagen, dann hilft Ihnen Kapitel 16 weiter – dieses Kapitel beschäftigt sich mit dem Installieren und Konfigurieren neuer Geräte.

Anschließen der digitalen Videokamera (Camcorder)

FireWire ist ein technologischer Durchbruch, der eine automatische Konfiguration ohne Vergabe von Gerätekennungen ermöglicht und ohne Abschlusswiderstand auskommt. FireWire-Geräte, egal, ob Videokamera, ZIP-Laufwerke, Scanner, Drucker oder andere Peripheriegeräte, können bei laufendem Betrieb angeschlossen und sogar in Reihe (nacheinander) geschaltet werden. FireWire unterstützt bis zu 63 Geräte. Auf einen Nenner gebracht: Geräte werden bei laufendem Betrieb ein- und ausgestöpselt, ohne dass Daten- oder Umwandlungsverluste befürchtet werden müssen.

1   Verbinden Sie nun die digitale Videokamera (Camcorder) mit Ihrer neu installierten FireWire-Karte, indem Sie das FireWire-Verbindungskabel zum einen in die dafür vorgesehene Buchse Ihres Camcorders (in der Regel wird die Buchse mit DV IN/OUT bezeichnet) und zum anderen in die Buchse Ihre Karte einstecken. Sollten Sie nicht sofort die richtige Buchse an Ihrem Camcorder finden, ziehen Sie das Benutzerhandbuch Ihrer digitalen Videokamera hinzu.

FireWire-Buchse – Verbindung zum PC.

FireWire-Stecker – auf dem Weg zur Verbindung mit dem Camcorder.

2   Ist die Verbindung hergestellt, dann schalten Sie Ihre digitale Videokamera (Camcorder) ein.

3   Windows erkennt bei der ersten Installation, dass eine neue Hardware installiert wurde. Diese Erkennung wird Ihnen durch eine Folge von gelben Sprechblasen (QuickInfos) in der Taskleiste angezeigt.

4   Ist die einmalige Bekanntmachung zwischen Kamera und Windows beendet, startet automatisch der Assistent, der Ihnen nun die Möglichkeit anbietet, zwischen *Video aufnehmen mit Windows Movie Maker* oder *Keine Aktion durchführen* zu wählen.

5   Klicken Sie auf *Video aufnehmen mit Windows Movie Maker* und bestätigen Sie mit der Schaltfläche *OK*. Es öffnet sich der Movie Maker mit einem weiteren Fenster *Aufnahme*. In diesem Fenster haben Sie nun die Möglichkeit, Ihren Film bzw. bestimmte Ausschnitte auf Ihre Festplatte zu kopieren und anschließend mit Movie Maker zu bearbeiten.

Assistent ausschalten – kein Problem

Möchten Sie nicht, dass jedes Mal beim Einschalten Ihrer digitalen Videokamera dieser Assistent erscheint, dann wählen Sie Ihre favorisierte Aktion einmal aus und markieren anschließend das Kontrollkästchen *Ausgewählte Aktion immer durchführen*.

Aufnehmen – vom Camcorder auf die Festplatte

Mit dem Dialogfeld *Aufnehmen im Movie Maker* haben Sie nun die Möglichkeit, Ihren Camcorder vom PC aus zu steuern, die Aufnahmequalität einzustellen, Clips zu erstellen und ein Aufnahmelimit zu bestimmen. Weiterhin sehen Sie, wie viele Stunden und Minuten Ihnen an Kapazität auf der Festplatte zur Verfügung stehen.

1 Klicken Sie auf die Schaltfläche *Aufnahme*, um den Film oder eine Filmsequenz auf Ihre Festplatte zu kopieren. Die Aufnahme läuft.

2 Klicken Sie auf die Schaltfläche *Beenden*, um den Film oder die Filmsequenz zu beenden und zu speichern.

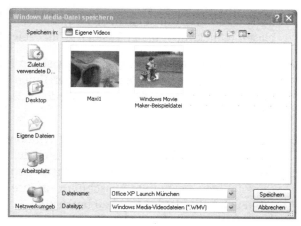

3 Wählen Sie im Listenfeld *Speichern in* den Speicherort und vergeben Sie einen Dateinamen. Klicken Sie auf *Speichern*. Ihr Filmmaterial befindet sich nun auf Ihrer Festplatte und kann jetzt zum Beispiel mit dem Movie Maker nachbearbeitet werden.

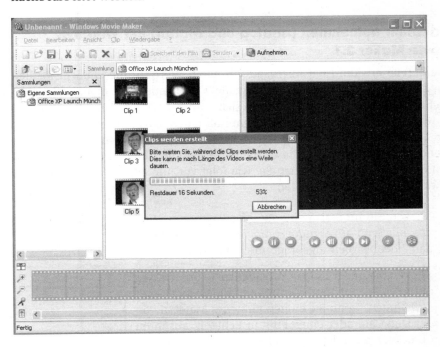

5.7 Sparen Sie sich teure Videoschnittprogramme mit dem Movie Maker 2.1

Sicherlich haben Sie sich schon Gedanken über verschiedene Videoschnittprogramme gemacht, um Ihre Filme und Bilder zu spannenden und kurzweiligen Videoclips zusammenzustellen. Windows XP Home hat mit dem Movie Maker ein Programm an Bord, mit dem Sie schnell und ohne großen Aufwand einen Videofilm zusammenstellen können. Werden Sie Ihr eigener Regisseur und bearbeiten Sie digitale Videos direkt am PC. Microsoft hat bei Windows Movie Maker 2.1 ordentlich Hand angelegt, Fehler verbessert und das Programm um viele Funktionen erweitert, die den Benutzern der ersten Version gefehlt haben. Herausgekommen ist eine leistungsstarke und einfach zu bedienende Videoschnittsoftware.

Ihr erstes Filmprojekt mit dem Movie Maker 2

Das Erstellen eines Filmes erfolgt in drei Schritten: Im ersten Schritt wird zunächst das Material importiert oder über einen digitalen Camcorder aufgenommen. Im zweiten Schritt wird das Material bearbeitet: die Szenen werden geschnitten und getrimmt, mit Überblendeffekten und Titeltexten zaubern Sie richtig „großes Kino". Im letzten Schritt erfolgt das Brennen auf CD, speichern auf Festplatte oder das Verschicken per Mail.

Videofilm aufnehmen (analog und digital) mit Windows Movie Maker 2.1

Wie bereits erwähnt, hat Microsoft vor allem Wert auf die einfache Bedienung gelegt. Wird beispielsweise eine digitale Videokamera an einen Windows XP-Rechner angeschlossen, dann öffnet sich automatisch ein Autoplay-Dialog Fenster, dass die Aufnahme eines Filmes mithilfe des Movie Maker 2.1 anbietet. Folgen Sie den Anweisungen des Assistenten. Die Anweisungen sind so selbstsprechend, dass ich Ihnen an dieser Stelle die Beschreibung ersparen kann. Öffnet sich der Assistent nicht, gehen Sie wie folgt vor, um einen Videoclip unter Windows Movie Maker zu erstellen.

1 Klicken Sie im Startmenü auf *Alle Programme* und anschließend auf *Windows Movie Maker*. Es startet das Videobearbeitungsprogramm von Windows.

2 Klicken Sie in der linken Aufgabenleiste unter *Video aufnehmen*, auf den Menüpunkt *Video von Gerät aufnehmen*, wenn Sie aufgenommenes Material von der Digi-Cam oder einen Film in Echtzeit, auf Ihren Computer zum Bearbeiten speichern wollen. Um einen oder mehrere vorhandene Clips von der Festplatte einzulesen, wählen Sie den Eintrag *Video importieren*. Alternativ können Sie auch die Tastenkombination Strg+I drücken. Der Import von Fotos und Musikdateien (MP3, WAV und WMA) funktioniert genauso.

3 Geben Sie einen Dateinamen für Ihr aufgenommenes Video ein und wählen Sie einen entsprechenden Speicherort. Der Standartspeicherort ist immer *Eigene Dateien*. Bevorzugen Sie einen anderen Speicherort, klicken Sie auf die Schaltfläche *Durchsuchen*. Klicken Sie auf *Weiter*. Wählen Sie nun die Einstellung, mit der Sie das Video aufnehmen möchten. Klicken Sie auf *Weiter*.

4 Wählen Sie nun das Aufnahmeverfahren. Sie haben die Wahl, ein ganzes Band oder nur Teile davon zu überspielen. Wenn Sie nur Teile des Bandes manuell aufnehmen, sparen Sie Festplattenplatz. Markieren Sie das Kontrollkästchen *Vorschau anzeigen während der Aufnahme*. Dieses Vorschaufenster hat eine integrierte Kamera-Steuerung, um schnell durchs Band zu spulen.

Welche Einstellung ist die richtige?

Movie Maker 2.1 nimmt sowohl von analogen Datenquellen (TV-Karte/Webcam) als auch von digitalen Camcordern auf. Wir empfehlen die Aufnahme im DV-Format, um das Ausgangsmaterial verlustfrei auf die Festplatte zu bekommen. Beachten Sie jedoch, dass 20 Minuten dieses Formates ca. 4 GByte Ihrer Festplatte belegt. Wissen Sie jedoch von vornherein, dass Ihr Videoprojekt nur für die Wiedergabe am PC gedacht ist, markieren Sie das Optionsfeld *Optimale Qualität zur Wiedergabe auf eigenem Computer*. Ist die Wiedergabe z. B. auf einem PocketPC gedacht, markieren Sie das Optionsfeld *Weitere Einstellungen* und wählen Sie im Listenfeld *Video für PocketPC*. Das Video wird dann in der Größe 320 x 240 Pixel aufgezeichnet.

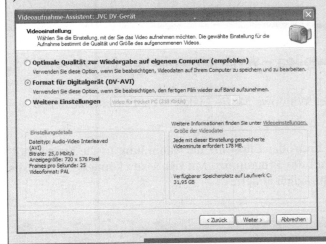

5 Klicken Sie auf die Schaltfläche *Aufnahme starten*, um nun entsprechende Teile vom Band auf die Festplatte zu überspielen. Klicken Sie auf *Aufnahme beenden*, wenn Sie den Videoclip beenden wollen. Um weitere Videoclips aufzunehmen, wiederholen Sie die beiden Schritte.

Szenenerkennung – Erstellen von Clips

Windows Movie Maker zerlegt auf Wunsch bereits nach der Aufnahme das Video in mehrere Einzelclips (Szenenerkennung). Sie können die Szenenerkennung auch abschalten: Entfernen Sie einfach das Häkchen im Kontrollkästchen *Clips erstellen beim Beenden des Assistenten* links unten im Videoaufnahmefenster.

Freier Speicherplatz (geschätzt):
31,95 GB Restspeicherplatz auf Laufwerk C:

Steuerungen der digitalen Videokamera

☑ Clips erstellen beim Beenden des Assistenten
☐ Lautsprecher ausschalten
☐ Aufnahmezeitlimit (hh:mm): 02:00

Bandposition: 00:09:44:18

Videofilm zusammenstellen – Wechseln zwischen Storyboard und Zeitachse

Um ein Videoprojekt unter Windows Movie Maker 2.1 zusammenzustellen, gehen Sie wie folgt vor:

1 Ziehen Sie die Bilder und/oder Clips aus der Sammlung in die Storyboard-Leiste am unteren Rand des Programms. Mit der Maus können Sie hier die Reihenfolge noch nachträglich ändern.

2 Falls nicht das Storyboard sondern die Zeitachse an derselben Stelle angezeigt wird, schalten Sie über die Schaltfläche *Zeigt Storyboard an* bzw. *Zeigt Zeitachse an* einfach um. Alternativ drücken Sie die Tastenkombination Strg+T, um zwischen den beiden Ansichten zu wechseln.

3 Klicken Sie auf das Symbol *Storyboard wiedergeben*, um die zusammengestellten Bilder/Clips ablaufen zu lassen. Alternativ drücken Sie die Tastenkombination Strg+W. Im Vorschaufenster wird nun das Ergebnis des Storyboards angezeigt.

Videos schneiden und kürzen

Um einen Videoclip zu kürzen oder zu schneiden, wechseln Sie am besten zur Zeitachsenansicht. Gehen Sie hierzu wie folgt vor:

1 Klicken Sie auf die Schaltfläche *Zeigt Zeitachse an* oberhalb des Storyboards. Um einen Clip am Anfang oder am Ende zu kürzen, klicken Sie zuerst auf den entsprechenden Clip und fahren anschließend mit der Maus an den rechten oder linken Rand des Clips, bis ein roter Pfeil erscheint.

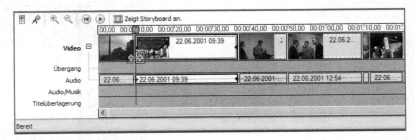

2   Ziehen Sie den Pfeil an die Position, an der Sie den Clip beenden oder starten wollen. Den genauen Bildausschnitt sehen Sie rechts oben im Vorschaufenster.

3   Wenn Sie einen längeren Videoclip in zwei Teile schneiden wollen, fahren Sie mit der Zeitnadel an die gewünschte Schnittposition und drücken Sie die Tastenkombination [Strg]+[L]. Alternativ können Sie das Split-Symbol recht unten unter dem Vorschaufenster benutzen. Um hundertprozentig genau zu schneiden, spielen Sie im Vorschaufenster den aktuellen Clip schrittweise vor- oder rückwärts ab. Verwenden Sie dazu die Symbole unterhalb der Vorschau oder die Tastenkombinationen [Alt]+[←] oder [Alt]+[→].

Videoclip schneiden – keine [!] Veränderung am Original

Beim Kürzen bzw. schneiden wird der Originalclip nicht verändert. Das Programm Movie Maker 2.1 verwendet lediglich einen Teilbereich des Videoclips für das Projekt.

Effekte und Titeltexte im Videoclip einsetzen

Im Gegensatz zur Vorversion bietet der Windows Movie Maker 2.1 eine Vielzahl von Überblendeffekten sowie ein Titelwerkzeug für ansehnliche Abspänne und Intros.

1   Klicken Sie in der linken Aufgabenleiste unter dem Punkt *Filme bearbeiten* auf die Link *Videoeffekte anzeigen* oder *Videoübergänge anzeigen*, um alle Effekte anzuzeigen. Um einen Effekt auszutesten, markieren Sie diesen einfach mit der Maus und starten im Vorschaufenster die Play-Taste. Alternativ können Sie auch die [Leertaste] drücken.

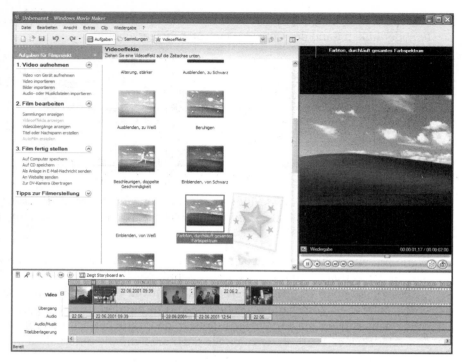

2 Gefällt Ihnen ein Videoeffekt bzw. ein Videoübergang, ziehen Sie ihn einfach per Drag & Drop zwischen zwei Videoclips. Dabei ist es egal, ob Sie sich in der Storyboard- oder in der Zeitachsenanzeige befinden. Für den Effekt erscheint symbolisch ein blauer Stern.

3 Um die Wirkung zu kontrollieren, starten Sie die Anzeigenvorschau einfach mit der Play-Taste oder ⌊Leertaste⌉. Sie können einen Videoeffekt jederzeit einfach gegen einen neuen austauschen, indem Sie obigen Vorgang wiederholen.

4 Klicken Sie jetzt in der linken Aufgabenleiste auf den Punkt *Titel oder Nachspann erstellen*. Es startet ein Assistent für Titeltexte. Der Vorgang ist selbsterklärend und die Voreinstellungen sind recht ansehnlich. Aus diesem Grund erspare ich Ihnen an dieser Stelle die Beschreibung. Sehr praktisch ist der Punkt *Nachspann am Ende des Films hinzufügen*. Hier füllt man die Texte wie in einer Tabelle aus, die Formatierung übernimmt das Programm. In alle Optionen können Sie das Textformat und die Farbe anpassen. Auch die Animation des Titels etwa durch schnelles Einblenden oder Lauftexte gelingt ganz einfach und lässt sich sofort im Vorschaufenster begutachten.

> **Titeltexte und Abspänne in der Zeitachsenansicht**
>
> Titeltexte und Abspänne werden in der Zeitachsenansicht auf der vierten Videospur angezeigt und lassen sich nachträglich noch verschieben oder schneiden.

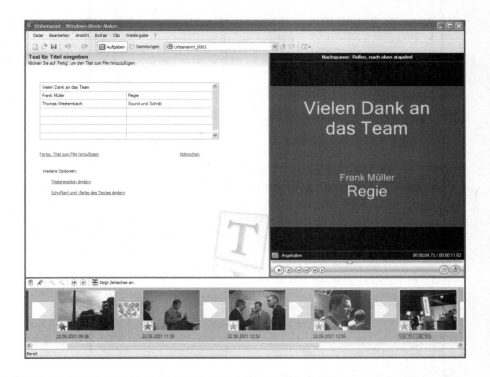

Standbilder von Videos aufnehmen

Ihre Videoaufnahmen zeigen ein Bild, das Sie wahnsinnig gern auch als Foto hätten? Movie Maker 2 verschafft Ihnen Ihr Traummotiv: Mit nur einem Klick wandelt er Einzelbilder – so genannte „Frames" – in ein JPEG-Format um.

Spielen Sie das Video einfach ab. Wählen Sie dann im Vorschaufenster den gewünschten Frame und klicken Sie auf *Extras/Einzelbild aus Vorschau erzeugen*. Noch schneller geht's, wenn Sie auf das *Foto*-Symbol rechts unten der Vorschau klicken.

Effekte verstärken oder abschwächen

Videoeffekte wie *Graustufe* oder *Verlangsamen, halbe Geschwindigkeit* wenden Sie einfach per Drag & Drop auf den Videoclip an.

1   Um einen die Wirkung des Effekts zu verdoppeln, wiederholen Sie einfach, den Drag & Drop-Vorgang. Um ein Videoclip viermal so schnell wie das Original abzuspielen, wenden Sie den Videoeffekt *Beschleunigen, doppelte Geschwindigkeit* zweimal an.

2   Um einen Effekt wieder zu entfernen, klicken Sie mit der rechten Maustaste auf den blauen Stern (Video-Kontextmenü) auf den Menüpunkt *Videoeffekte*. Es öffnet sich das Fenster *Videoeffekte hinzufügen oder entfernen*. Hier erhalten Sie eine Übersicht aller angewandten Effekte. Mit *Entfernen* löschen Sie einen Filter aus der Liste *Angezeigte Effekte*.

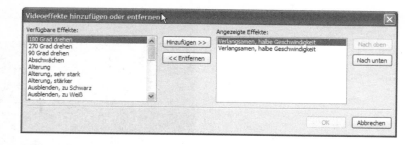

Videoeffekte verstärken oder abschwächen

Attraktive Effekte wie Schwarz-Weiß oder Zeitlupe wenden Sie einfach per Drag & Drop auf den Videoclipan. Um die Wirkung zu verdoppeln, weiderholen Sie den Vorgang einfach. Um z. B. ein Video viermal so schnell wie das Orginal abzuspielen, wenden Sie den Videoeffekt *Beschleunigen, doppelte Geschwindigkeit* einfach gleich zweimal an.

Einmal ist kein Mal, meine Sie? Movie Maker 2.1 unterstützt auch Ihre anspruchsvollen Gestaltungswünsche. Sie können mehrere Effekte überlagern und so zum Beispiel ein Video gleichzeitig schäfen und im antiken Sepia-Ton einfärben. Sogar aus weniger gelungenen Aufnahmen lässt sich somit noch viel herausholen.

Sie haben einen Effekt ausprobiert und die gewünschte Wirkung nicht ganz erzielt? Bleiben Sie locker. Um einen Effekt wieder zu entfernen, klicken Sie im Video-Kontextmenü auf *Videoeffekte*, dort erhalten Sie eine Übersicht aller angewandten Effekte.

Mit *Entfernen* löschen Sie den entsprechenden Filter aus der Liste.

Eigene Musik – Einbinden von Sound

Möchten Sie Ihren gerade erstellten Videofilm/-clip mit Musik hinterlegen, dann importieren Sie einfach Ihre Sounddatei und ziehen diese dann per Drag & Drop in den unteren Filmstreifen. Dabei gehen Sie genauso vor, wie Sie es gerade mit den Bildern gemacht haben.

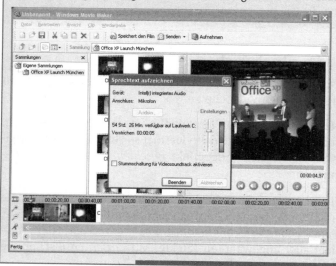

Ton eines Videoclips ausschalten oder verändern

Mit Movie Maker 2.1 steht Ihnen nicht nur ein Videoexoperte, sondern auch ein wahrer Ton-Meister zur Verfügung. Das Ausschalten oder Verändern der Tonspur Ihres Videoclips ist dadurch ein Kinderspiel.

Sie wollen störende Nebengeräusche im Film ausschalten? Markieren Sie dazu die Audiospur des Clips in der Zeitachse und wählen Sie im Kontextmenü *Ton aus*. Alternativ dazu können Sie die Lautstärke reduzieren oder erhöhen. Auch ein Ein- und Ausblenden ist möglich.

Videoclip speichern

Sie haben nun Ihren ersten Videoclip in eigener Regie zusammengestellt, dann sollten Sie ihn unbedingt speichern, damit er nicht verloren geht und Sie ihn jederzeit ansehen können. Die Speicheroptionen sind voll und ganz auf dasd Windows-Media-Format ausgelegt. Um den Film korrekt zu speichern, gehen Sie wie folgt vor:

1 Klicken Sie in der linken Aufgabenleiste unter dem Punkt *Film fertig stellen* auf den Link *Auf Computer speichern*. Es startet der *Assistent zum Speichern eines Films*.

2 Vergeben Sie einen Dateinamen und wählen Sie einen Speicherort aus. Klicken Sie auf *Weiter*. Standardmäßig wird beim Abspeichern auf der Festplatte die ressourcenschonende Windows Media Video-Technologie mit der Version 9 (WMV-9-Technologie) genutzt. Sie dürfen aber auch die maximale Dateigröße oder eine feste Ausgabegröße oder Bitrate vorgeben. Der Windows Movie Maker 2.1 passt dann automatisch die Größe bzw. das Format des Films an. Klicken Sie hierzu auf *Weitere Optionen anzeigen*. Klicken Sie auf *Weiter*.

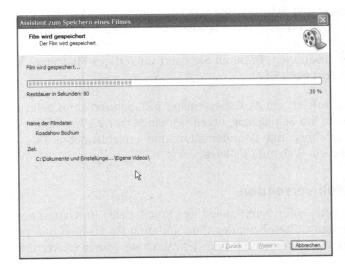

3 Der Film wird nun gespeichert. Möchten Sie den Film gleich ansehen, klicken Sie auf *Fertig stellen*. Möchten Sie den Film erst später ansehen, dann entfernen Sie das Häkchen aus dem Kontrollkästchen *Film wiedergeben, wenn auf Fertig stellen geklickt wird*.

Videoclip wiedergeben

Möchten Sie nicht gleich, sondern später der Familie, Ihren Bekannten und Verwandten oder sich selbst den Videofilm vorführen, gehen Sie wie folgt vor:

1 Klicken Sie einfach im Startmenü auf *Alle Programme* und anschließend auf den *Windows Media Player*.

2 Klicken Sie in der Menüleiste auf den Menüpunkt *Datei* und anschließend auf *Öffnen*. Wählen Sie den entsprechenden Videoclip aus. Klicken Sie auf die Schaltfläche *Öffnen*, um den Film zu starten.

Von fern so nah – Videos gemeinsam betrachten

Sie wollen Ihre schönsten Erinnerungen mit guten Freunden oder der Familie teilen? Mit Movie Maker 2.1 spielen Entfernungen keine Rolle mehr. Ob Sie Ihren fertigen Film auf der Festplatte oder auf CD speichern oder ihn per Web oder per E-Mail versenden – Ihr Film kommt bei Ihrem Publikum an.

Sie waren mit Ihren Münchner Freunden beim Skifahren und wollen Ihnen jetzt die schönsten Abfahrten als dynamisches Video zeigen? Kein Problem, auch wenn Sie in Hamburg sitzen. Einfach die schönsten Szenen auswählen, mit Movie Maker 2.1 schneiden, Effekte und Musik datzu und das Ganze per Mail verschicken – fertig.

Klein-Maxi macht die ersten Schritte, und die Patentante wohnt wohnt in New York? Filmen Sie die Gehversuche Ihres Sprösslings, wählen Sie die drolligsten Szenen mit Movie Maker 2 aus, fügen Sie sie mit den passenden Übergängen zu einer netten Episode zusammen. Brennen Sie dann Ihr fertiges Meisterwerk auf CD – und ab geht die Post nach USA.

Ihr Musiker-Freund absolviert ein Auslandssemster in Japanund kann beim Konzert „seiner" Band nicht am Schlagzeug sitzen? Movie Maker 2.1 macht aus dem Mitschnitt ein Live-Erlebnis: mit Soundeffekten und engeblendeten Dias verschönert, geht Ihr Film via Web auf die Reise.

Videoclip via E-Mail versenden

Ist der Film von der Party oder vom Spielen des Enkelkindes im Garten erstellt und Sie möchten ihn den Gästen bzw. der Oma und dem Opa zeigen und per E-Mail versenden, erleichtert Ihnen auch hier der Windows Movie Maker die Arbeit.

1 Klicken Sie in der Aufgabenleiste auf den Punkt *Als Anlage in E-Mail-Nachricht senden*. Der Film wird gespeichert. Nach erfolgreicher Speicherung kann der Film als Anlage in einer E-Mail-Nachricht gesendet werden. Klicken Sie auf *Weiter*.

2 Es öffnet sich Ihr E-Mail-Programm mit dem entsprechenden Videofilm als Anhang. Geben Sie jetzt noch die Empfängeradresse, Betreff und einen entsprechenden Text ein. Klicken Sie auf *Senden*.

Video-CD/-DVD für den DVD-Player brennen

Wenn Sie einen DVD-Player und einen CD- bzw. DVD-Brenner in Ihrem PC installiert haben, können Sie Ihren Film, den Sie gerade in Movie Maker erstellt haben, mit einem handelsüblichen Brennprogramm wie Nero Burning Rom auf CD oder DVD brennen. Nero kann ab der Version 5.5 DVDs brennen.

1 Legen Sie eine CD-R/-RW oder eine DVD-R/-RW in das entsprechende Brennlaufwerk Ihres Computers und starten Sie Nero Burning Rom. Wählen Sie nun die neue Zusammenstellung *Video-CD*. CDs, die mit der Zusammenstellung *Video-CD* erstellt sind, können von DVD-Playern abgespielt werden. Übernehmen Sie alle Einstellungen und klicken Sie auf die Schaltfläche *Neu*.

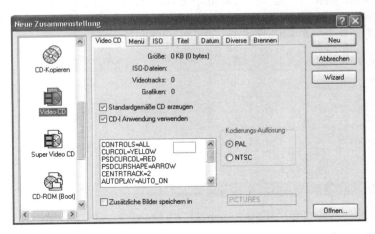

2 Ziehen Sie mit Drag & Drop Ihren Film vom *Datei Browser* in das Fenster *Video1*. Klicken Sie im Menü auf *Datei/CD brennen*. Es öffnet sich das Fenster *CD Brennen*.

3 Hier haben Sie noch einmal die Möglichkeit, verschiedene Einstellungen vorzunehmen, u. a. können Sie jetzt noch die Schreibgeschwindigkeit und die Brennmethode auswählen. Klicken Sie auf die Schaltfläche *Brennen*, um den Brennvorgang zu starten.

4 Klicken Sie auf *OK*, wenn der Brennvorgang erfolgreich war. Klicken Sie auf die Schaltfläche *Verwerfen*, um das Fenster *CD Brennen* zu schließen. Beenden Sie das Programm Nero Burning Rom.

Video-CD vs. Super-Video-CD

Die neue Zusammenstellung Super-Video-CD hat eine bessere Qualität als die Zusammenstellung Video-CD. Allerdings benötigen Sie ein kostenpflichtiges Add-On, um die Zusammenstellung Super-Video-CD im MPEG-2-Format abspielen zu können.

Videoclip an Webserver senden

Die Funktion *Film an Webserver senden* ist möglicherweise die einfachste Methode für viele Benutzer, um Ihre Filme weiterzugeben. Diese Funktion ermöglicht den Upload größerer Dateien und den Empfang mittels Download oder Streaming. Mit dieser Funktion können Benutzer unter verschiedenen Streaming-Dienstanbietern auswählen oder Inhalte auf ihre eigenen Websites laden. So senden Sie einen Film an einen Videohostinganbieter im Web. Was ein Videohostinganbieter ist, wird am Ende des Kapitels beschrieben.

1 Klicken Sie im Menü *Datei* auf *Filmdatei speichern* und klicken Sie dann auf *Das Web*. Sie können auch im Aufgabenbereich *Aufgaben für Filmprojekt* unter *Film fertig stellen* auf *An Website senden* klicken.

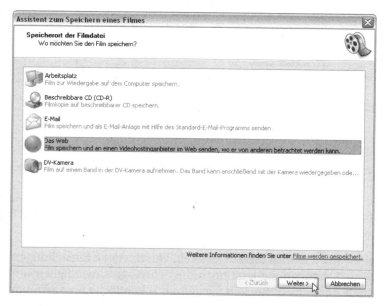

2 Geben Sie im Feld *Dateinamen für gespeicherten Film eingeben* einen Namen für den Film ein.

3 Führen Sie auf der Seite *Filmeinstellung* eine der folgenden Aktionen aus:

– Wählen Sie eine der Filmeinstellungen, die am besten zur Internetverbindungsgeschwindigkeit des Zielpublikums passt.

– Klicken Sie auf *Weitere Optionen anzeigen* und wählen Sie eine der weiteren Filmeinstellungen aus.

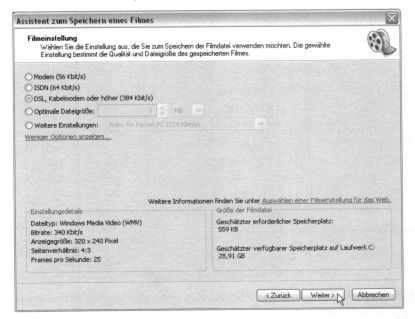

4 Klicken Sie auf *Weiter* und warten Sie, bis der Film gespeichert ist.

5 Führen Sie auf der Seite *Videohostinganbieter wählen und anmelden* eine der folgenden Aktionen durch:

– Wenn Sie bereits ein Konto bei einem Videohostinganbieter haben, klicken Sie in der Liste *Anbietername* auf diesen Videohostinganbieter, geben im Feld *Benutzername* Ihren Benutzernamen und anschließend im Feld *Kennwort* Ihr Kennwort ein. Wenn Sie das Kennwort speichern möchten, aktivieren Sie das Kontrollkästchen *Kennwort speichern*.

– Haben Sie noch kein Konto bei einem Videohostinganbieter, klicken Sie auf *Jetzt anmelden*, um eine Liste der für Ihr Land bzw. Ihre Region verfügbaren Anbieter anzuzeigen. Melden Sie sich dann an und richten Sie ein Konto bei einem Anbieter ein. Melden Sie sich mit Ihrem neuen Benutzernamen und Kennwort an.

– Der *Assistent zum Speichern eines Films* bei einem Videohostinganbieter kann nicht abgeschlossen werden, denn für Ihr Land oder Ihre Region steht gegenwärtig kein Webanbieter für das Videohosting zu Verfügung (siehe Hinweis unten). Hier haben Sie nur die Möglichkeit, eine *Kopie des*

Films auf Ihren Computer zu speichern und diese anschließend zu Ihrer, sofern vorhanden, persönlichen Website upzuloaden. Klicken Sie hierzu auf den Link *Kopie des Filmes auf dem Computer speichern.*

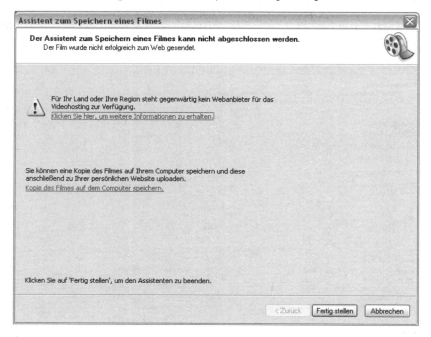

6 Warten Sie, bis der Film an den Server des angegebenen Videohostinganbieters gesendet wurde.

7 Führen Sie eine der folgenden Aktionen aus:

– Aktivieren Sie das Kontrollkästchen *Film über das Web abspielen, nachdem auf „Fertig stellen" geklickt wurde,* um den Film nach dem Schließen des Assistenten auf der Website wiederzugeben.

– Klicken Sie auf *Kopie des Filmes auf dem Computer speichern,* um eine Kopie des Films lokal auf dem Computer zu speichern und eine Kopie auf den Server des Videohostinganbieters upzuloaden.

In Ihrem Land oder in Ihrer Region sind keine Videohostinganbieter verfügbar

Der Film kann nicht an einen Videohostinganbierter im Web gesendet werden, weil es in Ihrem Land oder Ihrer Region keine Anbieter gibt. Die geografische Region bzw. das Land wird von der aktuellen Einstellung unter *Regions- und Sprachoptionen* in der Systemsteuerung bestimmt. Windows Movie Maker ermittelt anhand der Einstellung für den Standort, ob für das angegebene Land bzw. die angegebene Region Videohostinganbieter verfügbar sind. Die folgende Website enthält Links zu verschiedenen Sites, die Webhosting für Video bereitstellen: *http:// windowsmedia.com/mediaguide/homevideo/immhosting.asp.*

Videohostinganbieter – was ist das?

Videohostinganbieter sind Drittanbieter, die es Ihnen gestatten, Ihre Filme auf ihren Webservern zu speichern. In Windows Movie Maker 2.1 stehen Ihnen eine Reihe von Videohostinganbietern zur Wahl. Nachdem Sie Ihren Film an den Webserver gesendet haben, können Sie Bekannten und Verwandten die Webadresse mitteilen, damit diese sich den Film im Web anschauen können.

6. Drucken und faxen mit Windows

Sicherlich wollen Sie irgendwann Ihre Texte und Bilder auf Papier ausdrucken. Aus diesem Grund ist ein Drucker an einer EDV-Anlage gar nicht mehr wegzudenken und derzeit die wichtigste Ausgabeperipherie überhaupt. Die bisherige Entwicklung der Drucker läuft durchaus konform mit der der PCs: Bei fallenden Preisen steigt die Leistungsfähigkeit. Dieses Kapitel soll Ihnen den nötigen Durchblick im Druckerdschungel verschaffen. Weiterhin werden wir Ihren Computer zum Faxgerät umrüsten, damit Sie direkt von Ihrem PC aus Faxdokumente versenden und empfangen können.

Installieren, einrichten und perfekt nach Wunsch drucken

Bevor Sie einen Drucker benutzen können, müssen Sie ihn erst mit Windows bekannt machen – ihn installieren. Dafür benötigen Sie ein paar Minuten. Sie erfahren auch, was es mit dem Standarddrucker auf sich hat und wie Sie einen Drucker im Netzwerk benutzen oder Ihren eigenen Drucker im Netzwerk anderen Netzwerkteilnehmern zur Verfügung stellen.

Sicher wollen Sie es zuweilen nicht beim „einfachen" Drucken belassen, sondern benötigte Daten schneller zu Papier bringen oder bestimmte Bereiche einer Datei gezielt ausgeben. Gehören Sie zu den Anwendern, die viel drucken, ist Übersicht über Ihre Druckaufträge ein Muss. Verwalten Sie Ihre Druckaufträge gezielt. Finden Sie heraus, in welchem Status sich Ihr aktueller Druckauftrag befindet. Drucken Sie zeitverzögert, wenn Sie niemanden stören möchten.

Wir werden uns mit den wichtigen Druckereinstellungen beschäftigen und die Qualität Ihrer Ausdrucke nach oben schrauben.

Verwandeln Sie Ihren Computer in ein Faxgerät, um Faxdokumente zu versenden und zu empfangen. Wir werden den Faxdienst installieren und entsprechend einrichten, damit Sie direkt aus einer Anwendung heraus ein Dokument als Fax versenden können.

6.1 Druckerinstallation leicht gemacht

Damit Ihr Drucker auch das druckt, was Sie möchten, muss Windows die Daten in die „Sprache" übersetzen, die Ihr Drucker versteht. Der Fachausdruck hierfür heißt Treiber. Windows benötigt also für jeden Drucker einen Druckertreiber, um ein reibungsloses Funktionieren zu garantieren. Für die neuen Drucker liefert Windows XP den passenden Treiber mit. Sollte das jedoch bei Ihrem Drucker nicht der Fall sein, verwenden Sie den mitgelieferten Treiber bzw. laden ihn aus dem Internet herunter.

Einen neuen Drucker installieren

Sie sind stolzer Besitzer eines neuen Druckers und möchten ihn gleich ausprobieren? Dem steht eigentlich nichts im Weg. Nehmen Sie sich ein paar Minuten Zeit, den Drucker mit dem Betriebssystem Windows XP Home bekannt zu machen und schon werden Sie die ersten Ausdrucke auf Papier bringen. Damit das klappt, entfernen Sie die Verpackung und lösen die entsprechenden Transportsicherungen laut beiliegendem Handbuch.

Transportsicherung – schon entfernt?

Es kommt nicht selten vor, dass man nach dem Auspacken seinen Drucker sofort an den Computer anschließt, ihn einschaltet und anschließend gleich den ersten Druck durchführen möchte. Achtung: Denken Sie daran, dass in der Regel die Drucker durch so genannte Transportsicherungen geschützt werden. Entfernen Sie alle beschriebenen Sicherungen, um größeren Schaden zu vermeiden.

Automatische Treiberinstallation bei USB-Druckern

1 Stellen Sie Ihren Drucker auf, versorgen Sie ihn mit Strom (meist externes Netzteil, ansonsten so genanntes Kaltgerätekabel) und schließen Sie das Druckerkabel wie im Handbuch angegeben an den Drucker an.

2 Bei einem Druckerkabel für die so genannte parallele Schnittstelle stecken Sie das Kabel jetzt noch bei Ihrem noch ausgeschalteten PC in die dafür vorgesehene Buchse und starten dann den Computer. Einen USB-Drucker können Sie auch bei eingeschaltetem PC über die USB-Buchsen einstecken.

3 Ein neuerer Drucker wird automatisch erkannt und Windows installiert von ganz allein den nötigen Druckertreiber, wenn dieser in den Werktreibern von Windows vorhanden ist. Für neue oder Windows noch unbekannte Treiber müssen Sie einen Speicherort angeben, an dem sich diese Treiber befinden (z. B. auf mitgelieferter CD-ROM).

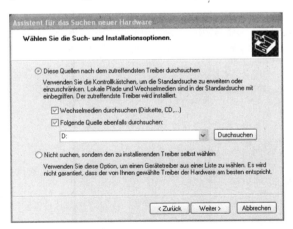

4 Hat Windows die Treiber akzeptiert, wird Ihnen dies in einer gelben Sprechblase in der Taskleiste mitgeteilt.

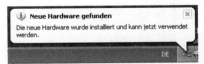

Treiberinstallation bei Parallelport-Anschluss

1 Haut es mit der automatischen Druckererkennung nicht hin, macht das erst mal gar nichts: Klicken Sie im Startmenü auf *Systemsteuerung* und anschließend auf die Kategorie *Drucker und andere Hardware*.

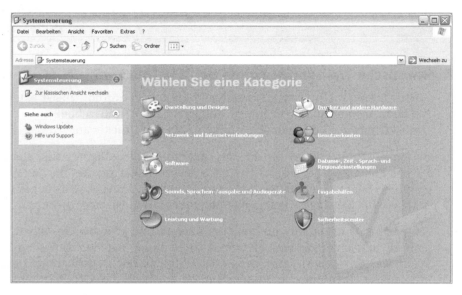

2 Klicken Sie auf die Aufgabe *Drucker hinzufügen*, um den Druckerinstallations-Assistenten zu starten. Er wird Ihnen helfen, den richtigen Druckertreiber zu installieren. Klicken Sie auf *Weiter*, um den Willkommensbildschirm zu überspringen. *Lokaler Drucker* ist schon eingestellt, sodass Sie gleich noch einmal auf *Weiter* klicken.

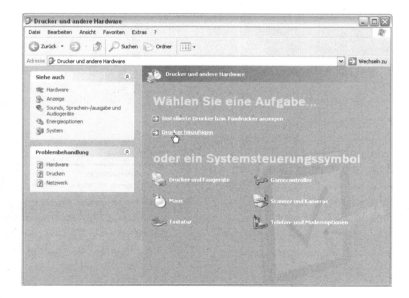

3 Nun legen Sie fest, an welcher Schnittstelle Ihr Drucker angeschlossen ist. Die richtige Wahl ist fast immer *LPT1*, das ist in der Regel auch der empfohlene Druckeranschluss von Windows und somit standardmäßig auch schon eingestellt. Klicken Sie auf *Weiter*.

4 Wählen Sie in der linken Spalte den Hersteller Ihres Druckers aus. Wenn Sie den Anfangsbuchstaben des Herstellernamens eintippen, springen Sie schon in die Nähe des gewünschten Eintrags.

5 Klicken Sie in der rechten Liste auf Ihr Druckermodell. Liegt Ihrem Drucker eine Diskette oder CD bei, legen Sie den Datenträger in das entsprechende Laufwerk und klicken anschließend auf die Schaltfläche *Datenträger*.

6 Geben Sie Ihrem Drucker einen vernünftigen Namen und markieren Sie, ob dieser Drucker als Standarddrucker verwendet werden soll. Ist das Ihr einziger Drucker, aktivieren Sie die Option *Ja*. Klicken Sie anschließend auf *Weiter*.

7 Befindet sich Ihr Computer in einem Netzwerk, werden Sie nun gefragt, ob Sie ihn für weitere Nutzer im Netzwerk freigeben möchten. Markieren Sie *Drucker nicht freigeben*. Fortgeschrittene Anwender können selbstverständlich an dieser Stelle die Freigabe durchführen, sie wird aber noch separat in diesem Kapitel beschrieben. Klicken Sie auf *Weiter*.

8 Ist Ihr Drucker schon startklar, können Sie eine *Testseite ausdrucken* lassen. Wenn nicht, klicken Sie auf *Nein* und anschließend auf *Weiter*, um die Druckerinstallation fortzusetzen. Sie können jederzeit die Testseite auch später ausdrucken.

9 Klicken Sie auf *Fertig stellen*, um die Installation abzuschließen. Der Assistent kopiert jetzt die entsprechenden Dateien und druckt anschließend die Testseite, wenn Sie im Vorfeld das *JA* bei *Testseite ausdrucken* aktiviert haben. Windows XP hat Ihren Drucker erkannt und korrekt installiert.

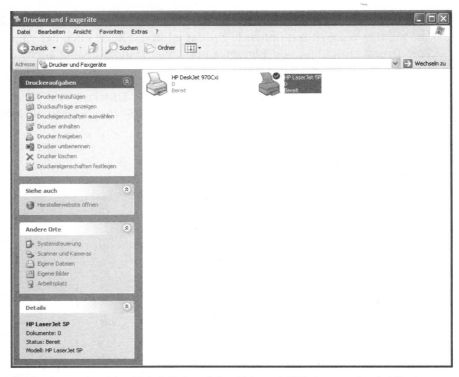

Der Drucker wurde erfolgreich installiert – mit dem Haken zeigt Windows an, dass bei Druck-
aufträgen auf diesen Drucker zugegriffen wird. Soll bei Verfügbarkeit mehrerer Drucker ein anderer
zum Einsatz kommen, müssen Sie das im Druckdialog explizit angeben.

6.2 Drucken mit perfekten Einstellungen

Zurzeit ist das papierlose Büro schwer vorstellbar – manchmal habe ich eher das
Gefühl, dass der Papierverbrauch mit der EDV eher zugenommen als abgenom-
men hat. Das kommt wahrscheinlich daher, dass man zum Beispiel einen Brief,
den man in Word geschrieben hat, nach jeder Veränderung ausdrucken lässt, um
eine Korrekturlesung durchzuführen, oder dass der Drucker mehr ausdruckt, als
man eigentlich möchte oder vielleicht gerade das Falsche. Damit Ihnen das nicht
passiert, haben wir uns entschieden, diesem Thema ein Kapitel zu widmen.

Vertraut werden mit Druck-Basics und Einstellungen

Wollen Sie nicht die komplette Datei, sondern nur ein paar Seiten ausdrucken
oder benötigen Sie eine dreifache Ausführung Ihrer Arbeit? Dann haben Sie in
dem Dialogfeld *Drucken* alle Möglichkeiten, Ihren Ausdruck nach Ihren Wünschen einzustellen.

Die wichtigsten Einstellungen, die Sie kennen sollten

In vielen Programmen werden Sie ein Druckersymbol vorfinden, über das Sie einen Ausdruck mit den Standardeinstellungen starten können.

Druckersymbol – in den meisten Symbolleisten
der heutigen Anwendungen wiederzufinden.

Wollen Sie besondere Optionen für einen Ausdruck einstellen, müssen Sie den Ausdruck über *Datei/Drucken* starten, wodurch der Druckdialog aufgerufen wird. Über ihn können Sie Einstellungen für den Ausdruck festlegen. Solche Einstellungen können z. B. die Anzahl der zu druckenden Exemplare, ein eingeschränkter Seitenbereich oder Einstellungen zu Qualität und Farbe (S/W oder farbig?) sein.

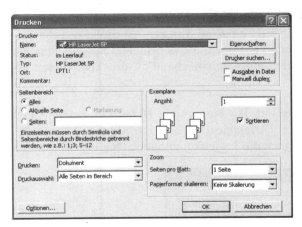

Dialogfeld Drucken.

Die folgenden Einstellungen sind dem Dialogfeld *Drucken* aus dem Office-Paket von Microsoft entnommen. Anhand dieses Druckdialogs lernen Sie die Druckeinstellungen und -optionen exemplarisch kennen. Viele andere Programme haben entsprechende Einstellungen, sodass die folgenden Punkte dort ebenfalls zu finden sind – oder zumindest in ähnlicher Form vorkommen.

Ausgabe in Datei	Markieren Sie dieses Kontrollkästchen, wenn Sie Ihren Ausdruck in eine Datei umleiten wollen, um vielleicht an einem anderen PC den tatsächlichen Ausdruck durchzuführen.
Seitenbereich	Markieren Sie *Alles* (Standardeinstellung), wenn Sie den kompletten Inhalt Ihrer Datei ausdrucken wollen. Möchten Sie jedoch nur die Seite, die sich gerade auf Ihrem Bildschirm befindet, auf Papier bringen, markieren Sie *Aktuelle Seite*. Haben Sie einen bestimmten Bereich in Ihrer Datei markiert (schwarz hinterlegt), können Sie auch auf die Auswahl *Markierung* zugreifen und nur diese Passage ausdrucken. Hier wird nur der tatsächlich markierte Bereich ausgedruckt. Bei bestimmten Seiten, klicken Sie auf *Seiten*. Einzelseiten müssen durch Semikola (Strichpunkte) und Seitenbereiche durch Bindestriche getrennt werden, zum Beispiel: 1;3;5-12.

Exemplare	Geben Sie die Anzahl der Ausdrucke ein und wählen Sie mit dem Kontroll-kästchen, in welcher Reihenfolge der Ausdruck durchgeführt werden soll.
Drucken	Wählen Sie im Listenfeld *Drucken*, was Sie ausgedruckt haben wollen. Sie können neben Ihrem Dokument (Standard) auch noch die Dokumenteneigen-schaften, Kommentare, Formatvorlagen, AutoText-Einträge (Textbausteine) oder sogar die Tastenbelegung ausdrucken. Weiterhin können Sie entschei-den, ob Sie jede Seite haben wollen oder vielleicht doch nur die mit den geraden Zahlen.
Zoom	Möchten Sie für bestimmte Zwecke, z. B. für eine Textvorschau, nur die Hälfte der tatsächlich benötigten Papiermenge verwenden, wählen Sie 2 Seiten (oder mehr) pro Blatt.
Eigenschaften	Die Druckereinstellungen – über diese Schaltfläche greifen Sie auf den installierten Drucker und dessen Eigenschaften zu. Mehr dazu ab Seite 258.

Ausdruck direkt aus der Anwendung

Die gängigste Art, das Erarbeitete auf Papier zu drucken, ist direkt aus der An-wendung heraus. Sie haben gerade als Vorstand des örtlichen Sportvereins die Einladung fertig gestellt und wollen diese entsprechend ausdrucken. Hierzu ge-hen Sie wie folgt vor:

1 Klicken Sie in der Menüleiste auf den Menüpunkt *Datei* und anschließend auf *Drucken*. Es erscheint das Dialogfeld *Drucken*. Die Microsoft Word-An-wender unter Ihnen können auch die Tastenkombination [Strg]+[P] drücken.

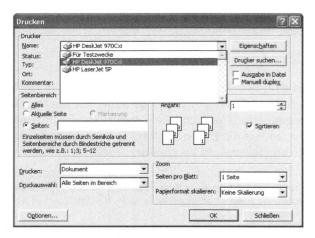

2 Im Listenfeld erscheint der Drucker, den Sie als Standarddrucker definiert haben. Sind mehrere Drucker installiert, können Sie im Listenfeld *Name* den gewünschten Drucker auswählen. Die oben aufgeführte Abbildung zeigt die Möglichkeit, zwischen zwei Druckern zu wählen.

3 Haben Sie einen Drucker ausgewählt, auf dem Sie Ihre Datei ausdrucken wol-len, kontrollieren Sie die Anzahl der Drucke (hier soll ein Exemplar gedruckt werden – die restlichen werden später kopiert). Danach klicken Sie auf die Schaltfläche *OK*, um die komplette Datei auszudrucken.

Schnelle Entwürfe und sparsamerer Ausdruck

Kennen Sie das auch, dass Sie einen Brief zur Zwischenkontrolle mehr als einmal ausdrucken lassen? Warum dafür die beste Qualität einsetzen und somit unnötig Tinte bzw. Toner verschwenden? Sparen Sie sich das Geld und installieren Sie sich einen Drucker, mit dem Sie Probeausdrucke durchführen. Das kann durchaus derselbe Drucker sein, mit dem Sie auch endgültig Ihr Dokument in hoher Qualität ausdrucken. Sie installieren einfach Ihren Drucker ein zweites Mal und verändern die Eigenschaften.

1   Klicken Sie im Startmenü auf *Drucker und Faxgeräte*. Es öffnet sich das Fenster, dass alle Ihre installierten Drucker anzeigt. Klicken Sie bei den Druckeraufgaben in der Aufgabenleiste auf *Drucker hinzufügen*.

2   Installieren Sie nun einfach Ihren Drucker ein zweites Mal. Im Druckerinstallations-Assistenten markieren Sie *Lokaler Drucker* und verwenden denselben Druckeranschluss (LPT1:). Behalten Sie den existierenden Druckertreiber bei und vergeben Sie einen Namen für Ihren Drucker, zum Beispiel *Für Testdrucke*. Beantworten Sie die Standarddruckerfrage mit *Nein* und geben Sie Ihren Drucker nicht frei (nur bei Netzwerkinstallation). Verzichten Sie auf eine Testseite.

3   Es erscheint ein neues Druckersymbol mit der Bezeichnung *Für Testdrucke*. Markieren Sie den Neuling in der Druckerfamilie, indem Sie das Symbol einmal anklicken. Der Drucker ist jetzt blau markiert.

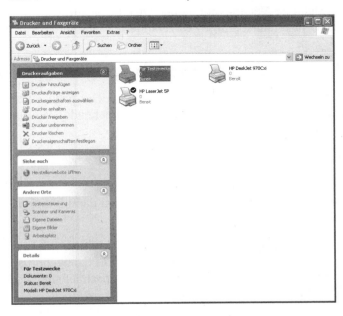

4 Klicken Sie in der Aufgabenleiste unter dem Aufgabenpunkt *Druckeraufga-ben* den Befehl *Druckeigenschaften auswählen*. Es erscheint das Fenster *Druckeinstellungen* Ihres markierten Druckers mit den beiden Registerblät-tern *Layout* und *Papier/Qualität*. Die folgende Abbildung zeigt ein derartiges Fenster.

5 Klicken Sie auf das Register *Papier/Qualität*, um die *Qualitätseinstellungen* und die *Farbe* einzustellen. Ändern Sie die *Qualitätseinstellungen* von *Nor-mal* auf *Entwurf* und stellen Sie die *Farbe* auf *Schwarzweiß* um, um die Farb-patrone nicht unnötig zu strapazieren.

6 Klicken Sie auf die Schaltfläche *OK*, um die Einstellungen für diesen Drucker zu speichern. Künftig können Sie frei entscheiden, ob Sie Ihren Druck zur Probe oder als endgültige Version mit hoher Qualität ausdrucken lassen, ohne jedes Mal die Druckereinstellungen zu verändern.

Den Ausdruck direkt vom Windows-Explorer starten

Sie befinden sich gerade im Windows-Explorer auf der Suche nach einer be-stimmten Datei. Sie werden fündig und wollen die entsprechende Datei gleich ausdrucken lassen. Gehen Sie wie folgt vor:

1 Starten Sie den Windows-Explorer und suchen Sie sich die gewünschte Datei heraus, die Sie ausdrucken lassen möchten.

2 Markieren Sie die entsprechende Datei, indem Sie einmal darauf klicken. Sie ist nun blau markiert.

3 Klicken Sie nun in der Aufgabenleiste auf den Menübefehl *Datei drucken*, um den Ausdruck zu starten. Windows öffnet automatisch das dazugehörige An-wendungsprogramm, aktiviert den Druck und schließt anschließend das Pro-gramm.

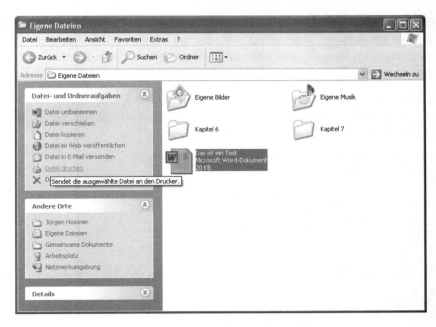

4   Ihr Drucker startet jetzt den Ausdruck.

Alternativ: Drucken über das Kontextmenü

Sie können auch mit der rechten Maustaste auf die zu druckende Datei klicken. Es erscheint das Kontextmenü. Klicken Sie auf den Menübefehl *Drucken*, um den Ausdruck zu starten.

Den Ausdruck direkt vom Windows-Explorer starten – mit mehreren Druckern

Benutzen Sie jedoch mehrere Drucker, stolpern Sie sehr schnell über das Problem, dass Sie beim direkten Ausdruck Ihrer Datei keine Auswahl auf einen bestimmten Drucker haben. Es wird automatisch für den Druck Ihrer Datei immer der aktuelle Standarddrucker von Windows herangezogen. An dieser Stelle haben Sie die Möglichkeit, Ihre Datei über den Kontextmenübefehl *Senden an* zu drucken. Das Ganze lohnt sich auch, wenn Sie „nur" mit einem Drucker arbeiten. Sie können ja Ihren Drucker mehrmals mit verschiedenen Eigenschaften installieren, um zum Beispiel für einen Probedruck weniger Tinte bzw. Toner zu verwenden. Das spart Geld und Zeit. Wie man die Eigenschaften eines Druckers einstellt, erfahren Sie auf Seite 258 in diesem Kapitel.

1   Öffnen Sie das Dialogfeld *Drucker und Faxgeräte* im Startmenü. Ein Fenster öffnet sich und zeigt alle installierten Drucker an.

2   Lassen Sie das Dialogfeld *Drucker und Faxgeräte* auf dem Bildschirm stehen und öffnen Sie nun im Startmenü den Befehl *Ausführen*. Geben Sie in die Befehlszeile den Befehl *sendto* ein und klicken Sie anschließend auf *OK*. Es erscheint ein weiteres Fenster mit allen zurzeit möglichen Empfängern. Diese Empfänger erscheinen, wenn Sie im Kontextmenü auf den Menübefehl *Senden an* klicken.

3 Klicken Sie nun im Aufgabenbereich von *sento* auf *Neuen Ordner erstellen*, um für Ihre Drucker einen Unterordner zu erstellen. Vergeben Sie einen Namen und bestätigen Sie mit der (Enter)-Taste.

4 Ziehen Sie jetzt per Drag & Drop mit der rechten Maustaste alle Drucker von dem Dialogfeld *Drucker und Faxgeräte* in das *SendTo*-Fenster und lassen es auf den gerade erstellten Druckerordner fallen. Klicken Sie im Kontextmenü auf *Verknüpfung(en) hier erstellen*.

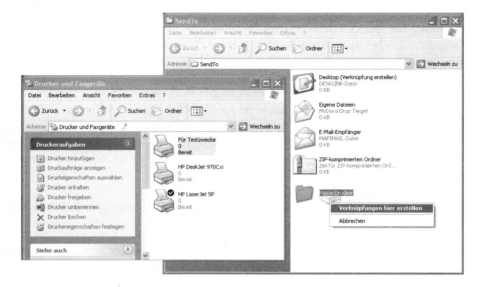

5 Das ist alles. Wenn Sie in Zukunft aus dem Windows-Explorer eine Datei drucken wollen, klicken Sie sie mit der rechten Maustaste an und wählen anschließend im Kontextmenü den Menübefehl *Senden an*. Suchen Sie sich ab jetzt Ihren Drucker aus, auf dem Sie ausdrucken wollen.

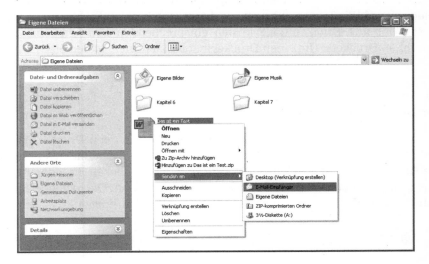

6.3 Ausdrucke steuern, verwalten und kontrollieren

Windows XP steuert, verwaltet und kontrolliert Ihre Ausdrucke ganz ruhig und unauffällig. Das macht Windows eigentlich ganz gut, und solange jeder gewünschte Ausdruck auch auf dem Drucker erscheint, gibt es keinen Handlungsbedarf. Was ist aber, wenn der Druck auf sich warten lässt? Was ist, wenn Sie aus Versehen 50 Seiten einer Datei zum Drucken freigegeben haben, ohne dass Sie es wollten? Was ist, wenn Sie den Druck erst über Nacht starten wollen, um nicht unnötig den Platz für andere Tagesgeschäfte zu blockieren? – Dann ist es gut, hinter die Kulissen zu schauen, um die entsprechenden Druckaufträge manuell zu steuern, zu verwalten und zu kontrollieren.

Druckerspooler – Druckaufträge stehen Schlange

Windows XP stellt für Ihre Druckaufträge einen Druckerspooler zur Verfügung. Ein Druckerspooler ist nichts anderes als ein Ort, an dem alle Druckaufträge der Reihe nach gesammelt werden. In diesem Druckerspooler können Sie den Dokumentnamen, den Status, den Besitzer des Dokuments, die Anzahl der zu druckenden Seiten, die Dateigröße, das Datum und die Uhrzeit des Druckauftrags ablesen und erfahren, über welchen Anschluss gedruckt wird. In diesem Kapitel werden wir uns mit dem Druckerspooler von Windows XP vertraut machen.

Die Druckzentrale öffnen und die Druckaufträge verwalten

Jeder von Ihnen installierte Drucker bekommt einen eigenen Druckerspooler zugeordnet, sodass für Sie schon durch das Selektieren des Druckers keine Missverständnisse aufkommen können. Wenn Sie einen neuen Drucker bei Windows anmelden, ist es Windows völlig egal, ob dieser Drucker wirklich existiert. Windows schreibt Ihre Druckaufträge in den entsprechenden Druckerspooler des ausgewählten Druckers. Um einen Druckerspooler zu öffnen, gehen Sie wie folgt vor:

1 Klicken Sie im Startmenü auf *Drucker und Faxgeräte*. Das Fenster mit Ihren installierten Druckern öffnet sich.

2 Klicken Sie doppelt auf den gewünschten Drucker, um den Druckerspooler zu öffnen. Solange sich im Druckerspooler Druckaufträge befinden, erscheint im Gerätefeld in der Taskleiste ein Druckersymbol. Klicken Sie doppelt auf das Symbol, um ebenfalls den Druckerspooler zu öffnen. Die folgende Abbildung zeigt einen Druckerspooler mit mehreren Druckaufträgen:

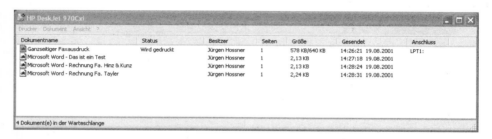

Haben Sie alle aktuellen Druckaufträge auf dem Bildschirm, bekommen Sie einen ersten Überblick über folgende Punkte:

Dokumentenname	Unter der Rubrik *Dokumentenname* finden Sie das Anwendungsprogramm und den entsprechenden Dateinamen des zu druckenden Dokuments.
Status	Der *Status* berichtet über den aktuellen Stand Ihres Druckvorgangs. *Wird gedruckt*, *Angehalten* oder *Warteschlange* sind die drei möglichen Statusmeldungen.
Besitzer	Unter der Spalte *Besitzer* wird der Anwendername der Person aufgeführt, die das Dokument an den Drucker gesendet hat.
Seiten	Die Spalte *Seiten* zeigt die Gesamtzahl der zu druckenden Seiten.
Größe	Die Anzeige besteht, sofern gerade gedruckt wird, aus zwei Größen: Die vordere Zahl zeigt die bereits gelieferte Menge an den Drucker, die zweite Zahl zeigt die Gesamtgröße der Datei.
Gesendet	Hier steht die Uhrzeit und das Datum, an dem das Dokument an den Drucker gesendet wurde.
Anschluss	Der Anschluss, der vom Drucker verwendet wird.

Ungewollte Ausdrucke stoppen – Druckaufträge löschen

Es passiert immer wieder: Sie drucken einen Text aus und während Sie schon drucken, fallen Ihnen noch haufenweise Fehler auf. Oder: Sie wollen schnell noch eine wichtige Studie ausdrucken und während Sie die 120 Seiten drucken, fällt Ihnen auf, dass Sie das falsche Dokument geöffnet haben ...

Jetzt heißt es schnell handeln und den Schaden begrenzen: In Word können Sie beispielsweise die (Esc)-Taste drücken oder auf *Abbrechen* klicken, um Drucke, die für den Druck vorbereitet werden, abzubrechen. Hat Ihre Anwendung die Druckdaten schon an die Druckerwarteschlange weitergegeben, hilft Ihnen das natürlich nicht mehr ...

Man muss einen Druckauftrag nicht gleich kopflos löschen – erst mal anhalten und überprüfen, ob man sich gerade nur unsicher ist und vielleicht doch irrt – ganz besonders, wenn ein anderer den Druckauftrag gestartet hat. Windows hat für Sie einen flexiblen „Notaus": Sie können den Drucker über das Taskleistensymbol anhalten. Um im Fall des Falles schnell einzugreifen, gehen Sie so vor:

Druckaufträge anhalten und löschen oder wieder fortsetzen

1 *Druckauftrag anhalten*: Um einen Auftrag anzuhalten, klicken Sie mit der rechten Maustaste auf den entsprechenden Druckauftrag und wählen anschließend im Kontextmenü den Befehl *Anhalten*. Es erscheint die Statusmeldung *Angehalten*.

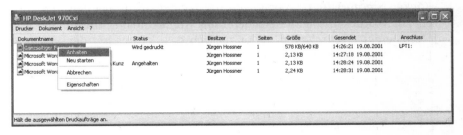

2 Ihr Drucker druckt die eine oder andere Seite noch aus, die sich im Druckerspeicher befindet und unterbricht dann den Ausdruck.

3 Der Druckauftrag bleibt, auch wenn Sie Ihren PC ausschalten, im Druckerspooler mit dem Status *Angehalten* bestehen, bis Sie sich für die weitere Vorgehensweise entschieden haben.

4 *Druckauftrag fortsetzen* bzw. *Neu starten*: Haben Sie sich entschieden, den Druckauftrag fortzusetzen bzw. komplett von Anfang an neu zu starten, weil Sie vielleicht zwischendurch den Toner oder die Tintenpatrone ausgetauscht haben, klicken Sie mit der rechten Maustaste auf den Druckauftrag mit dem Status *Angehalten*. Es erscheint das Kontextmenü.

5 Klicken Sie auf den Befehl *Fortsetzen*, um den Druck an der unterbrochenen Stelle fortzusetzen, oder klicken Sie auf *Neu starten*, um Ihren Druckauftrag von Anfang an noch mal zu starten.

6 *Druckauftrag löschen*: Haben Sie sich entschieden, den Druckauftrag zu löschen, klicken Sie ihn an und drücken auf Ihrer Tastatur die (Entf)-Taste. Der Auftrag wird gelöscht und verschwindet wenig später aus dem Drucker-spooler.

Prioritäten vergeben und Druckzeiten einstellen

Stehen mehrere Druckaufträge in der Warteschlange, müssen Sie nicht warten, bis Ihr Auftrag an die erste Stelle vorrückt. Sie haben in den Eigenschaften der einzelnen Druckaufträge die Möglichkeit, die Druckpriorität zu beeinflussen. Sie sind auch nicht verpflichtet, sofort und jetzt Ihre Ausdrucke auf Papier zu bringen. Verlegen Sie Ihre Ausdrucke auf die Nacht, um niemanden im Büro zu stören bzw. den Drucker im Tagesgeschäft nicht für längere Zeit zu blockieren.

1 Klicken Sie im Druckerspooler mit der rechten Maustaste auf den entsprechenden Druckauftrag. Es erscheint das Kontextmenü. Klicken Sie auf den Menübefehl *Eigenschaften*. Es öffnet sich das Fenster mit den allgemeinen Eigenschaften des ausgewählten Dokuments.

2 Erhöhen Sie die *Priorität* Ihres Druckauftrags, indem Sie den Regler nach rechts bewegen. Klicken Sie hierzu mit der linken Maustaste auf den Schieberegler und bewegen Sie ihn mit gedrückter Maustaste nach rechts zu *Höchste*. Sie haben die Wahl zwischen *Niedrigste* (Priorität) = 1 und *Höchste* (Priorität) = 99.

3 Markieren Sie im *Zeitplan* den Punkt *Nur von* und vergeben Sie entsprechende Zeitfenster, indem Sie die Uhrzeit eintippen oder mit den Pfeilen die Uhrzeit mit der Maustaste verändern.

4 Klicken Sie auf die Schaltfläche *Übernehmen*, um die Einstellungen für den Druckauftrag zu speichern. Wenn Sie es wollen, können Sie diese Einstellungen für jeden im Druckerspooler befindlichen Auftrag durchführen.

Offlinemodus: nicht nur praktisch für das Notebook

Sind Sie zum Beispiel mit Ihrem Notebook unterwegs oder ist der Drucker für längere Zeit belegt, können Sie im Offlinemodus drucken. Was bedeutet das? Es bedeutet, dass Sie Ihr Dokument wie gewohnt erstellen und ausdrucken. Der einzige Unterschied ist der, dass zu diesem Zeitpunkt noch kein Ausdruck erfolgt, da Ihr Druckeranschluss im Offlinemodus arbeitet. Die Druckaufträge sind jedoch im Druckerspool bereit zum Ausdruck. Schließen Sie Ihren Drucker irgendwann später an und setzen Sie Ihren Drucker wieder auf online, werden die Aufträge sofort und ohne Umschweife vom Drucker ausgegeben:

1 Klicken Sie im Startmenü auf *Drucker und Faxgeräte*. Das entsprechende Fenster mit den installierten Drucker(n) öffnet sich.

2 Klicken Sie mit der rechten Maustaste auf den Drucker, auf dem Sie das verzögerte Drucken einrichten möchten. Es erscheint das Kontextmenü. Wählen Sie *Drucker offline verwenden*. Ihr Drucker bekommt jetzt den Status *offline*.

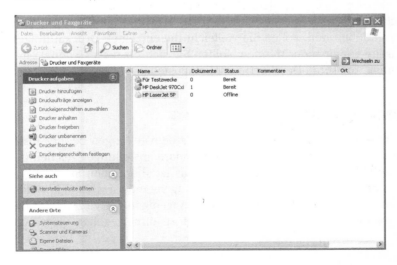

3 Drucken Sie nun wie gewohnt auf Ihren Drucker. Alle Aufträge werden im Druckerspooler gesammelt und gespeichert. Sogar dann, wenn Sie Ihren Computer herunterfahren.

4 Steht Ihnen der Drucker wieder zur Verfügung und Sie möchten nun Ihre gesammelten Druckaufträge zu Papier bringen, klicken Sie mit der rechten Maustaste auf den Drucker mit dem Status *offline* und klicken Sie auf *Drucker online verwenden*. Jetzt verarbeitet Windows alle im Druckerspooler angesammelten Aufträge und sendet sie zum Drucker.

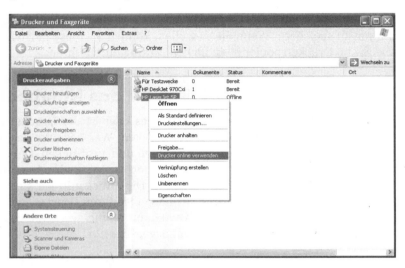

6.4 Druckereinstellungen unter der Lupe

Haben Sie Lust auf eine Tour durch den Registerdschungel der Druckereinstellungen? Wollen Sie, dass nach dem Drucken Ihre Druckaufträge nicht gelöscht, sondern weiter im Spooler gespeichert werden? Möchten Sie die Druckqualität nach oben schrauben und wollen Sie vielleicht die einzelnen Druckaufträge mit einer Trennseite voneinander trennen, sollten Sie sich für dieses Kapitel ein wenig Zeit nehmen, um Ihren Drucker optimal einzustellen.

Die Eigenschaften Ihres Druckers

Jeder installierte Drucker hat bestimmte Standardeinstellungen bei der Installation mit auf seinen Weg bekommen. Diese Standardeinstellungen reichen in der Regel für einen ordentlichen Ausdruck aus. Was ist aber, wenn Sie aus irgendwelchen Gründen die eine oder andere Einstellung verändern wollen, ja vielleicht sogar müssen? Dann ist es gut, wenn Sie sich ein wenig in der Vielzahl der Registerkarten zurechtfinden. Um die Eigenschaften zu öffnen, gehen Sie wie folgt vor:

1 Klicken Sie im Startmenü auf *Drucker und Faxgeräte*. Es öffnet sich ein Fenster mit den installierten Druckern.

2 Klicken Sie mit der rechten Maustaste auf das Druckersymbol, bei dem Sie die Eigenschaften verändern wollen. Es erscheint das Kontextmenü. Öffnen Sie die *Eigenschaften*.

3 In dem Dialogfeld *Eigenschaften* finden Sie, je nach Druckertyp, verschiedene Registerkarten. Die Anzahl der Registerkarten variiert von Druckertyp zu Druckertyp. Windows stellt Ihnen nur die Registerkarten zur Auswahl, die sinnvoll sind. Was man jedoch als Richtwert nehmen kann, ist, dass bei einem Farbdrucker die Registerkarten *Allgemein*, *Freigabe*, *Anschlüsse*, *Erweitert*, *Farbverwaltung*, *Geräteeinstellungen* und *Dienste* zu finden sind. Bei einem Schwarzweißdrucker fallen die Registerkarten *Farbverwaltung* und *Dienste* weg – macht auch Sinn, da ja bei einem Schwarzweißdrucker keine Farben zu verwalten sind.

Druckernamen zur Identifizierung und Kommentare als Gedächtnisstütze

Über das Startmenü kommen Sie zum Punkt *Drucker und Faxgeräte* – beim Drucker, den Sie einstellen wollen, wählen Sie im Kontextmenü (rechter Mausklick) *Eigenschaften*. Alternative: In der Aufgabenliste zum Drucker über den Punkt *Druckereigenschaften einstellen*.

Im Register *Allgemein* haben Sie die Möglichkeit, Ihrem Drucker einen anderen Namen zu verpassen und den Standort des Druckers anzugeben. Darüber hinaus können Sie noch einen Kommentar eingeben. Bei mehreren Druckern kann Ihnen das für eine erste Standortbestimmung sehr nützlich sein. Diese Einstellungen haben jedoch keinerlei Auswirkung auf die Funktionalität Ihres Druckers. Sie dienen ausschließlich zur Information.

Das Register Allgemein mit den ersten Informationen des Druckers.

Namen und Beschreibungen vergeben

1 Über das Startmenü kommen Sie zum Punkt *Drucker und Faxgeräte* – beim Drucker, den Sie einstellen wollen, wählen Sie im Kontextmenü *Eigenschaften* oder in der Aufgabenliste *Druckereigenschaften einstellen.*

2 Geben Sie Ihrem Drucker einen vernünftigen Namen und füllen Sie das Feld für den Standort aus. Wenn Sie möchten, können Sie ja im Feld *Kommentar* etwas Signifikantes bemerken. Die obige Abbildung zeigt eine mögliche Beschreibung.

3 Klicken Sie auf *OK*, um den Namen des Druckers und die zusätzlichen Einträge zu speichern.

Standardeinstellungen ändern: Qualität, Farbeinsatz und Blattausrichtung

Möchten Sie jedoch die Druckerqualität hochschrauben und weitere Druckeinstellungen verändern, die sich auf alle zukünftigen Ausdrucke auswirken – kein Problem:

1 Über das Startmenü kommen Sie zum Punkt *Drucker und Faxgeräte* – beim Drucker, den Sie einstellen wollen, wählen Sie im Kontextmenü *Eigenschaften* oder in der Aufgabenliste *Druckereigenschaften festlegen.*

2 Klicken Sie auf die Schaltfläche *Druckeinstellungen*. Es öffnet sich ein weiteres Fenster mit den Registerkarten *Layout* und *Papier/Qualität*.

3 Markieren Sie auf dem Register *Layout*, ob Ihre Arbeiten hauptsächlich im *Hoch-* oder *Querformat* (*Orientierung*) ausgedruckt werden sollen, ob der *Duplex-Druck* (erscheint nur bei Druckern, die einen beidseitigen Druck durchführen können) aktiviert werden soll und in welcher *Seitenreihenfolge*

Ihre Ausdrucke am Drucker erscheinen sollen. Benötigen Sie für jeden Ausdruck, den Sie mit diesem Drucker machen, eine Kopie, erhöhen Sie das Listenfeld *Seiten pro Druck* von 1 auf 2.

4 Klicken Sie auf das Register *Papier/Qualität*, um die Druckqualität anzupassen. Sie können nun die *Papierquelle* sowie die *Papierart* auswählen. Weiterhin bietet Ihnen dieses Register die Möglichkeit, die Qualität und die Farbe Ihres Ausdrucks einzustellen.

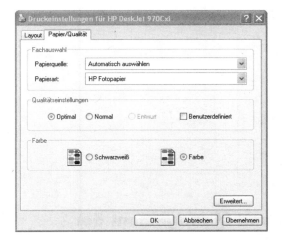

5 Klicken Sie auf die Schaltfläche *Erweitert*, um weitere Druckermerkmale wie *Helligkeit*, *Intensität*, *Farbton*, *Sättigung* und vieles mehr einzustellen.

6 Haben Sie die erweiterten Optionen eingestellt, klicken Sie auf *OK*, um die Einstellungen zu speichern. Klicken Sie erneut auf die Schaltfläche *OK*, um die Druckereigenschaften zu verlassen.

Ihre Anschlüsse im Überblick

Auch hierfür gelangen Sie über das Startmenü und *Drucker und Faxgeräte* zu den benötigten *Eigenschaften*. Über das Register *Anschlüsse* bekommen einen genauen Überblick, an welchen Anschlüssen Ihre Druckgeräte angeschlossen sind. In der Regel wird das bei der Installation des Druckers abgefragt und der Reihe nach vergeben. Haben Sie einen Drucker im Einsatz, wird in der Regel immer der LPT (Line Printer)1:-Anschluss von Windows vergeben. Im Volksmund ist der LPT-

Anschluss auch als parallele Schnittstelle bekannt. Normalerweise hat ein Standard-PC eine solche Schnittstelle – weitere können über Erweiterungskarten nachgerüstet werden.

An welchen Anschluss ist Ihr Drucker angeschlossen – wählen Sie den richtigen aus.

Erlaubte Druckzeiten und Management der Druckaufträge

Über die *Eigenschaften* Ihres Druckers gelangen Sie zum Register *Erweitert*. Hier haben Sie einige Möglichkeiten, das Verhalten Ihres Druckauftrags zu beeinflussen. Sie können die Druckzeiten, an denen Ihr Drucker für die Bearbeitung Ihrer Aufträge zur Verfügung steht, einstellen und die Druckpriorität verändern. Sie entscheiden, wann der Auftrag vom Drucker ausgeführt wird, indem Sie den Druckerspooler nach Ihren Wünschen einrichten. Weiterhin können Sie auswählen, was mit Ihren Aufträgen im Druckerspooler geschehen soll. Für die „Vieldrucker" unter Ihnen empfiehlt es sich, eine Trennseite einzurichten, um

die unterschiedlichen Druckaufträge voneinander zu trennen.

1 Klicken Sie auf *Verfügbar von* und geben Sie ein Zeitfenster ein, an dem Ihr Drucker für Ausdrucke zur Verfügung steht. Im Listenfeld *Priorität* haben Sie die Möglichkeit, zwischen dem niedrigsten (1) und dem höchsten (99) einen bestimmten Wert einzustellen.

2 Entscheiden Sie sich, ob Sie die *Druckaufträge direkt zum Drucker leiten* oder über den Druckerspooler drucken lassen. Wenn Sie Ihre Druckaufträge über einen Spooler ausdrucken lassen, haben Sie die Möglichkeit, die Aufträge zu kontrollieren und zu verwalten (siehe Seite 253).

3 Möchten Sie, dass der Druckerspooler Ihre Druckaufträge nicht nach dem Drucken löscht, damit Sie Ihren Ausdruck zuerst in Ruhe kontrollieren können, markieren Sie das Kontrollkästchen *Druckaufträge nach dem Drucken nicht löschen*.

4 Klicken Sie auf die Schaltfläche *Trennseite*, wenn Sie eine Trennseite einrichten möchten. Es erscheint das Fenster *Trennseite*.

5 Klicken Sie auf die Schaltfläche *Durchsuchen*, um eine Trennseite auszuwählen. Windows bringt vier Trennvorschläge mit, die mit der Erweiterung *.sep* ausgestattet sind.

PCL.SEP – die optimale Trennseite für PCL-fähige Drucker

Wählen Sie bei PCL-fähigen Druckern (z. B. HP-Drucker) immer *pcl.sep*! Unabhängigkeit vom PCL-Format verschaffen auf Kosten der Druckgeschwindigkeit die PostScript-Trennseiten. Die *pcl.sep* wird schnell gedruckt und enthält den Namen des Besitzers, die Jobnummer, das Druckdatum und die Uhrzeit. Selbstverständlich dürfen Sie auch eine andere Seite verwenden. Sie werden sich meiner Meinung nach nicht lohnen! Sie bekommen zwar mehr Informationen, mit denen Sie mehr oder weniger etwas anfangen können, aber Sie haben längere Druckzeiten. Die Trennseite *pcl.sep* erfüllt voll und ganz ihren Zweck als Trennseite.

Geräteeinstellungen für Papierschacht und Formate

Auf der Registerkarte *Geräteeinstellungen* haben Sie die Möglichkeit, unterschiedliche Papierformate auf verschiedene Papierschächte zu verteilen. Das gibt Ihnen die Möglichkeit, mit verschiedenen Papiergrößen zu arbeiten, ohne jedes Mal die Geräteeinstellungen manuell zu verändern. Die Geräteeinstellungen variieren von Druckertyp zu Druckertyp.

Stellen Sie die Hardware Ihres Druckers entsprechend ein.

Dienste – Wartungsprogramme für Tintenstrahler

Die Registerkarte *Dienste* steht nicht jedem Druckertyp zur Verfügung. Ich wollte jedoch nicht darauf verzichten, da viele Heimanwender einen Tintenstrahldrucker einsetzen und somit auch die meisten von Ihnen das Register *Dienste* zur Verfügung haben werden. Die Registerkarte *Dienste* stellt je nach Tintenstrahldrucker verschiedene Wartungsarbeiten zur Verfügung, die nicht zu unterschätzen sind. Gerade bei den Tintenstrahldruckern ist es zu empfehlen, ab und an die Tintenpatronen zu reinigen, damit das Druckbild durch Papierfuseln und sonstige Schmutzteilchen, die sich im Laufe der Zeit ansammeln, nicht beeinträchtigt wird.

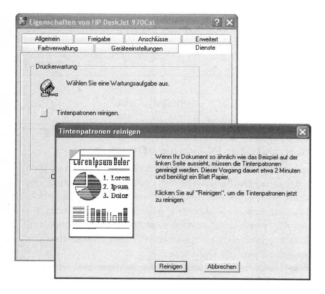

1 Schalten Sie Ihren Drucker ein und klicken Sie auf die Schaltfläche *Tintenpatronen reinigen*. Klicken Sie erneut auf *Reinigen*, um den Wartungsdienst zu starten.

2 Ihr Drucker wird jetzt einige Geräusche von sich geben und eine Seite mit Zeichen und Farbmustern ausdrucken. Sie wird Ihnen das Ergebnis der Reinigung zeigen.

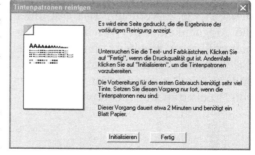

3 Sind Sie mit dem Probedruck zufrieden, dann klicken Sie auf *Fertig stellen*, um den Reinigungsprozess zu beenden. Sind Sie nach diesem ersten Versuch nicht mit dem Ergebnis zufrieden, klicken Sie auf *Initialisieren*, um einen weiteren Reinigungsvorgang zu starten.

4 Wiederholen Sie den Vorgang drei- bis viermal. Wenn sich das Ergebnis nicht verbessert hat, wechseln Sie die Tintenpatrone aus oder setzen Sie sich mit Ihrem Händler in Verbindung.

Farbverwaltung – Abstimmung zwischen Bildschirmfarben und Drucker

Mit der Registerkarte *Farbverwaltung* können Sie Ihrem Farbdrucker verschiedene Farbprofile zuordnen. Die Farbprofile steuern die Farbausgabe des Druckers und gewährleisten die optimale Farbabstimmung zwischen Bildschirm und Drucker. Windows liefert von Haus aus ein Standardfarbprofil mit, das aus dem RGB-Farbraum entwickelt wurde – das sRGB Color Space Profile. Dieses Profil reicht in der Regel aus.

Sollten Sie jedoch starke Unterschiede zwischen Ihrem Bildschirm und dem Ausdruck feststellen, mit denen Sie nicht leben können, haben Sie die Möglichkeit, Ihrem Drucker weitere Farbprofile zuzuordnen.

sRGB-Farbraum – was ist das eigentlich?

sRGB steht für standardisiertes Rot, Grün, Blau. Es wurde von Hewlett-Packard und Microsoft erstmals 1996 vorgeschlagen. Das Hauptproblem bei den computerbasierten Bildbearbeitungsprogrammen ist die Farbdarstellung. Idealerweise sollte sie möglichst auf allen Aus- und Eingabegeräten sowie innerhalb der Anwendersoftware gleich sein. Bisher wurde bei professionellen Anwendungen die Farbechtheit durch standardisierte Farbräume in Verbindung mit Profilen gewährleistet. Der Farbraum eines Geräts ist die Summe aller Farben, die mit diesem erfasst oder ausgegeben werden können. Jedes Gerät, ob Drucker, Scanner, digitale Kamera oder Monitor, hat seine konstruktionsbedingten Eigenheiten und produziert dadurch entsprechende Farbabweichungen. Um diese auszugleichen, werden die Fehler mit Farbmessgeräten vermessen und in einem Profil gespeichert. Betriebssysteme wie Windows XP, die mit einem entsprechenden Profil umgehen können, gleichen die Fehler des jeweiligen Geräts automatisch aus. Es entsteht eine farbechte Umgebung. Der bekannteste Profiltyp ist ICC 2.0 des International Color Consortium.

1 Klicken Sie auf die Schaltfläche *Hinzufügen*, um weitere Farbprofile einzurichten. Es erscheint das Dialogfeld *Profilzuordnung hinzufügen*.

2 Wählen Sie ein weiteres Profil aus und klicken Sie auf *Hinzufügen*, um das ausgewählte Farbprofil Ihrem Drucker zuzuordnen.

3 Wählen Sie jetzt noch, welches Farbprofil als Standard verwendet werden soll, und klicken Sie anschließend auf *Übernehmen*, um die Einstellungen zu speichern.

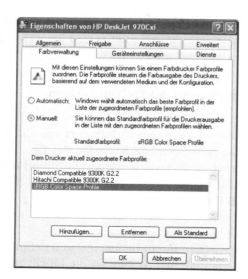

Wählen Sie zwischen verschiedenen Farbprofilen.

4 Möchten Sie zugeordnete Farbprofile aus der Liste löschen, markieren Sie das entsprechende Profil mit der Maustaste und klicken auf die Schaltfläche *Entfernen*.

6.5 Drucker im Netzwerk gemeinsam nutzen

Ein Drucker wird in der Regel nicht von morgens bis abends ununterbrochen von einem Anwender benötigt. Warum teilen Sie sich nicht einen Drucker? Es muss nicht neben jedem Computer ein Drucker stehen. In einem kleinen Büro oder in einer WG, auch für Ihr Netzwerk zu Hause reicht ein Drucker vollauf aus. Sie brauchen lediglich ein kleines Netzwerk aufzubauen (in Kapitel 11 finden Sie alle nötigen Infos zum Aufbau eines kleinen Netzwerks). Dann können die vernetzten PCs auf einen so genannten „freigegebenen Drucker" zugreifen. Zur Netzwerkfreigabe eines Druckers gehen Sie folgendermaßen vor:

Netzwerkzugriff erlauben – Drucker freigeben

Bevor Sie auf einen gemeinsamen Drucker zugreifen können, muss dieser zuerst freigegeben werden. Dies machen Sie an dem Arbeitsplatz, an dem der Drucker „körperlich" angeschlossen ist.

1 Melden Sie sich mit einem Benutzer an, der die Rechte eines Administrators besitzt. Klicken Sie auf *Drucker und Faxgeräte* im Startmenü. Es erscheint das Dialogfeld *Drucker und Faxgeräte*.

2 Klicken Sie mit der rechten Maustaste auf den freizugebenden Drucker. Es erscheint das Kontextmenü. Klicken Sie auf den Befehl *Freigabe*. Es öffnet sich die Registerkarte *Freigabe von den Druckereigenschaften*.

3 Markieren Sie den Punkt *Freigabe-name* und vergeben Sie anschließend einen vernünftigen Namen anstelle des langweiligen Herstellernamens, den Windows XP vorschlägt, mit dem andere Teilnehmer im Netzwerk später etwas anfangen können. Klicken Sie auf *OK*, um die Freigabe fortzusetzen.

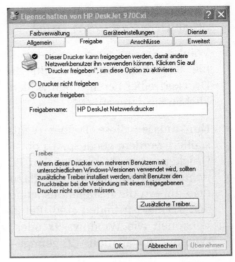

Haben Sie mehr als 8 Zeichen für den Freigabenamen verwendet, werden Sie darauf hingewiesen, dass von MS-DOS-Arbeitsstationen aus nicht auf diesen Drucker zugegriffen werden kann.

4 Wollen Sie noch mit MS-DOS-Programmen auf den freigegebenen Drucker zugreifen, müssen Sie auf *Nein* klicken und einen kürzeren Namen verwenden. Wenn das nicht der Fall sein sollte, klicken Sie auf *Ja*, um fortzufahren.

5 Windows zeigt einen freigegebenen Drucker symbolisch mit einer offenen Hand. Die Abbildung rechts zeigt eine derartige Freigabe.

Netzwerkdrucker mit unterschiedlichen Windows-Treiber

Sie betreiben ein kleines Netzwerk bei denen die einzelnen PC-Arbeitsplätze mit unterschiedlichen Windows-Versionen eingesetzt werden – möchten aber nur einen Drucker für alle Netzwerkteilnehmer nutzen. Windows XP kann die Treiber für im Netzwerk freigegebene Drucker bereitstellen, sodass sie nicht auf jedem PC lokal installiert werden müssen. Dies gilt nicht nur für die XP-Treiber, sondern auch für Treiberversionen für andere Windows-Betriebssysteme. Allerdings müssen Sie dazu diese zusätzlichen Druckertreiber einmalig auf dem Windows XP-Rechner installieren.

1 Klicken Sie im Startmenü auf *Drucker und Faxgeräte* und klicken Sie mit der rechten Maustaste auf den freigegebenen Drucker. Wählen Sie im Kontextmenü den Eintrag *Freigabe*.

2 Klicken Sie im Bereich *Treiber* auf die Schaltfläche *Zusätzliche Treiber*.

3 Wählen Sie im anschließenden Dialog die Betriebssysteme aus, für die Sie Druckertreiber bereitstellen wollen, und klicken Sie dann auf *OK*.

4 Nun müssen diese Treiber regulär installiert werden, genauso, als ob sie den Druckertreiber für den lokalen PC einrichten würden. Geben Sie dazu den Pfad an, wo die Installationsdateien für den Treiber zu finden sind. Bei älteren Versionen wie Windows 9x oder NT werden Sie wahrscheinlich nach der Windows-Installations-CD gefragt – also gleich bereitlegen!

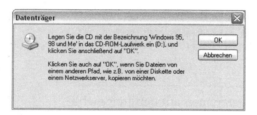

5 Wenn Sie nun auf PCs im Netzwerk diesen Drucker als Netzwerkdrucker einrichten, bezieht dieser PC die auf dem Windows XP-Rechner hinterlegten Treiberdateien automatisch.

Neuen Druckeranschluss im Netzwerk mit TCP/IP konfigurieren

Die meisten Netzwerkdrucker haben eine eigene Netzwerkkarte installiert und können somit im Netzwerk von allen beteiligten PCs angesteuert werden. Der Drucker ist dann somit im Netzverbund „eigenständig" und verhält sich wie ein PC. Die meisten Netzwerkdrucker unterstützen das TCP/IP-Protokoll. Der Standard-TCP/IP-Anschluss vereinfacht das Herstellen von Verbindungen mit Remotedruckern über das TCP/IP-Protokoll. Auf einem als Druckserver verwendeten Computer muss zum Drucken das TCP/IP-Protokoll ausgeführt werden. Ein Druckserver ist ein Computer, der für die Verwaltung der Drucker in einem Netzwerk eingesetzt wird. Die Rolle des Druckservers kann jeder Computer im Netzwerk übernehmen. Und so fügen Sie einen Standard-TCP/IP-Anschluss hinzu:

1 Öffnen Sie *Drucker und Faxgeräte* im Startmenü und klicken Sie mit der rechten Maustaste auf den entsprechenden Netzwerkdrucker. Wählen Sie den Eintrag *Eigenschaften*.

2 Klicken Sie auf die Registerkarte *An-schlüsse* und anschließend auf *Hinzu-fügen*. Es öffnet sich das Dialogfenster *Druckeranschlüsse*.

3 Markieren Sie den Eintrag *Standard TCP/IP Port* und klicken auf *Neuer An-schluss*. Es startet der *Assistent zum Hin-zufügen eines Standard TCP/IP-Druckports*.

Hier werden Sie darauf hingewiesen, dass Sie den Drucker bzw. das IP-Gerät ein-geschaltet haben und die Netzwerkver-bindung vorhanden und konfiguriert ist, d. h., Sie solllten dem Drucker eine IP-Adresse zugeordnet haben. Wie Sie dem Drucker eine IP-Adresse vergeben, finden Sie im Benutzerhandbuch des je-weiligen Druckers beschrieben. Klicken Sie auf *Weiter*.

4 Geben Sie jetzt die *IP-Adresse* oder den *Druckername* Ihres Druckers ein und klicken Sie auf *Weiter*. Der Drucker wird jetzt im Netzwerk ermittelt. Wurde Ihr Drucker nicht im Netzwerk ermittelt, sind zusätzliche Portinformationen erforderlich. Wählen Sie dann den entsprechenden *Gerätetyp* und klicken auf *Weiter*.

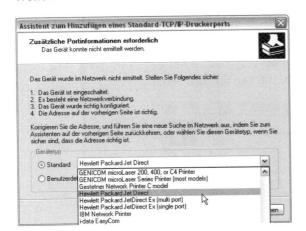

5 Klicken Sie auf *Fertig stellen* und schließen Sie das Dialogfeld *Druckeran-schlüsse*, um den zusätzlichen IP-Druckerport einzurichten und den Vorgang abzuschließen.

6 Sie können nun Ihren IP-Drucker über den Druckserver ansteuern und einrichten. Wie das geht, wird im folgenden Kapitel beschrieben.

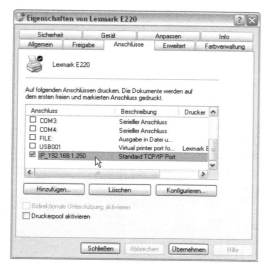

Neuer Druckeranschluss, mit TCP/IP-Port konfiguriert.

Netzwerkdrucker auf den übrigen PCs installieren

Haben Sie den Drucker freigegeben, kann jetzt jeder im Netzwerk diesen Drucker bei sich installieren. Und das geschieht so:

1 Klicken Sie im Startmenü auf *Drucker und Faxgeräte* und anschließend auf *Drucker hinzufügen*. Es startet der Druckerinstallations-Assistent. Klicken Sie auf *Weiter*, um den Willkommensbildschirm zu übergehen.

2 Markieren Sie *Netzwerkdrucker oder Drucker, der an einen anderen Computer angeschlossen ist*, um eine Verbindung mit einem im Netzwerk freigegebenen Drucker zu erstellen. Klicken Sie auf *Weiter*.

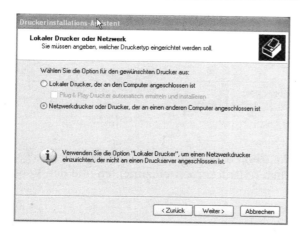

3 Markieren Sie *Drucker suchen* und klicken Sie anschließend auf *Weiter*, um den entsprechenden Drucker auszuwählen. Die fortgeschrittenen Anwender können selbstverständlich den Pfad direkt eingeben.

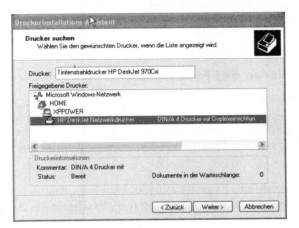

4 Wählen Sie den gewünschten Drucker im Netzwerk aus, markieren Sie ihn und klicken Sie dann auf *Weiter*, um die Installation fortzusetzen.

5 Wollen Sie den ausgewählten Netzwerkdrucker als Hauptdrucker verwenden, beantworten Sie die Frage *Soll dieser Drucker als Standarddrucker verwendet werden?* mit *Ja*. Wenn das jedoch „nur" ein Ausweichdrucker für Sie ist, klicken Sie auf *Nein* und anschließend auf *Weiter*.

6 Klicken Sie auf *Fertig stellen*, um die Druckerinstallation abzuschließen. Windows kopiert nun die Druckertreiber von der Windows-CD oder der CD/Diskette des Herstellers. Anschließend startet es den Testausdruck, wenn Sie ihn gewünscht haben. Ihr Drucker ist nun startklar!

Druckersymbol
für Netzwerkdrucker.

6.6 Faxen mit dem Computer

Mit Windows XP haben Sie die Möglichkeit, Ihre Arbeiten direkt aus Ihrem Computer zum Empfänger zu faxen, ohne dass Sie jedes Mal zuerst alles ausdrucken müssen, um dann über eine separates Faxgerät die einzelnen Seiten zu versenden. Mit den Windows Faxdiensten hat das nun ein Ende. Sparen Sie Zeit und bares Geld und richten Sie Ihren Computer als Faxstation ein.

Der Computer wird zum Faxgerät

Damit Sie Ihren Computer als Faxgerät nutzen können, müssen Sie zuerst den Faxdienst von Windows XP Home installieren. Dieser Dienst ermöglicht das Senden und Empfangen von Faxen und wird bei der Standardinstallation nicht automatisch installiert.

Der erste Schritt – Installieren des Faxdienstes

Um den Faxdienst nachträglich zu installieren, gehen Sie wie folgt vor:

1 Klicken Sie im Startmenü auf *Systemsteuerung* und anschließend auf die Kategorie *Software*. Es öffnet sich ein Fenster mit den zurzeit installierten Programmen.

2 Klicken Sie in der linken Leiste des Fensters auf *Windows-Komponenten hinzufügen/entfernen*. Windows XP-Setup wird gestartet. Es erscheint der Assistent für Windows-Komponenten.

3 Markieren Sie das Kontrollkästchen *Faxdienste* in der Auswahlliste *Komponenten* und klicken Sie auf *Weiter*, um den Vorgang fortzusetzen. Die entsprechenden Dateien werden nun installiert. Anschließend werden die Faxdienste konfiguriert. Dies kann 1-2 Minuten in Anspruch nehmen.

4 Klicken Sie auf *Fertig stellen*, um den Installationsprozess abzuschließen. Der Faxdienst wurde nun installiert und steht Ihnen jetzt für den Faxversand und -empfang zur Verfügung.

Der zweite Schritt – den Faxbetrieb einrichten

Haben Sie den Faxdienst erfolgreich installiert, können Sie nun Ihren Computer als Faxgerät in Betrieb nehmen. Während der Installation und Konfiguration des Faxdienstes hat Windows nach einem Gerät gesucht, das als Faxgerät eingesetzt werden kann, zum Beispiel ein Modem. War Windows erfolgreich, wurde ein Faxdrucker zu den derzeit installierten Druckern hinzugefügt.

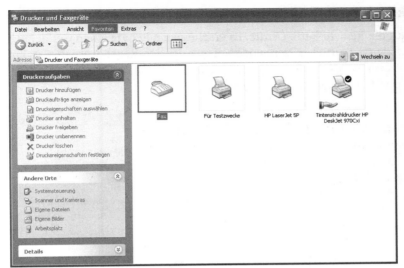

Faxdrucker erfolgreich installiert.

Faxdrucker manuell installieren

Wurde ein Faxdrucker nicht automatisch installiert, dann klicken Sie im Dialogfeld *Drucker und Faxgeräte* in der linken Aufgabenleiste auf *Lokalen Faxdrucker installieren*. Zum korrekten Faxversand muss zu einem späteren Zeitpunkt ein geeignetes Gerät (z. B. Modem) hinzugefügt werden.

Weiterhin wurden die Programme *Fax senden*, *Faxdeckblatt-Editor* und die *Faxkonsole* installiert. Die Programme finden Sie unter *Start/Alle Programme/Zubehör/Kommunikation/Fax*. Um letztendlich den Faxbetrieb zu nutzen, müssen Sie noch einige Einstellungen durchführen. Hierzu gehen Sie wie folgt vor:

1 Öffnen Sie im Startmenü das Fenster *Drucker und Faxgeräte*. Klicken Sie mit der rechten Maustaste auf das Faxdruckersymbol und wählen Sie anschließend im Kontextmenü den Befehl *Eigenschaften*. Es erscheint das Dialogfeld *Eigenschaften von Fax*.

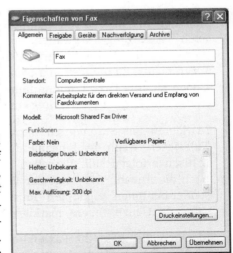

2 Füllen Sie das Feld *Standort* und *Kommentar* aus und klicken Sie auf die Schaltfläche *Druckeinstellungen*, um *Papierformat* und *Druckqualität* (Normal/Entwurf) festzulegen. Weiterhin markieren Sie, ob Sie im *Hoch-* oder *Querformat* versenden wollen. Die Standardeinstellungen können Sie eigentlich bedenkenlos übernehmen.

Absenderkennung und günstigste Tarifzeit einstellen

Klicken Sie auf die Registerkarte *Geräte*. Es erscheinen alle möglichen Geräte, die Windows für den Faxdrucker verwenden kann. In der Regel werden Sie Ihr Modem in der Liste wiederfinden. Klicken Sie auf *Eigenschaften*, um das Faxgerät zum Senden und Empfangen zu aktivieren.

1 Aktivieren Sie das Kontrollkästchen *Gerät für das Senden aktivieren* auf der Registerkarte *Senden* und geben Sie Ihre Fax-/Telefonnummer unter *Absenderkennung* ein. Diese Nummer wird beim Senden eines Fax vom Gerät übertragen.

2 Stellen Sie weiterhin die *Anzahl der Wahlwiederholungen* bei Fehlversuchen ein und in welchen Abständen die Wahlwiederholungen durchgeführt werden sollen. Weiterhin können Sie die Zeit festlegen, wann Ihre Faxe versendet werden sollen, um einen günstigen Tarif Ihres Telefonanbieters auszunutzen.

3 Klicken Sie auf die Schaltfläche *Übernehmen*, um die Einstellungen für das Register *Senden* zu speichern. Klicken Sie auf die Registerkarte *Empfangen*.

4 Möchten Sie über Ihren Computer auch Faxeingänge verwalten, markieren Sie das Kontrollkästchen *Gerät für das Empfangen aktivieren*. Geben Sie Ihre Fax-/Telefonnummer in das Feld *Empfängerkennung* ein.

5 Markieren Sie *Automatisch nach 2 Rufzeichen*, wenn der Eingang automatisch erfolgen soll. Vergeben Sie noch die Anzahl, wie lange der Versender bei Ihnen „anklopfen" muss, bis er sein Fax senden darf. Möchten Sie selbst das Ganze steuern, markieren Sie *Manuell*.

6 Möchten Sie, dass Ihr Faxdokument nach dem Faxempfang ausgedruckt wird, markieren Sie das Kontrollkästchen *Ausdruck auf* und wählen anschließend noch im Listenfeld das entsprechende Druckgerät aus.

7 Markieren Sie das Kontrollkästchen *Kopie in Ordner speichern* und wählen Sie danach den gewünschten Ordner aus, in dem Sie erfolgreich empfangene Faxe speichern möchten.

8 Klicken Sie auf die Schaltfläche *Übernehmen*, um die Einstellungen für das Register *Empfangen* zu speichern. Öffnen Sie das Register *Bereinigen*.

9 Einen nicht erfolgreichen Faxversand bzw. -empfang können Sie nach einem bestimmten Zeitraum von Windows löschen lassen. Markieren Sie hierzu einfach das Kontrollkästchen *Fehlgeschlagene Faxe löschen nach*. Geben Sie noch die Anzahl der Tage ein und klicken Sie anschließend auf *OK*, um die Geräteeigenschaften zu speichern.

Kommt Ihr Fax auch an? – Nachverfolgung und Sendestatus

Klicken Sie auf das Register *Nachverfolgung*, um die Benachrichtigung für gewisse Faxereignisse nach Ihren Bedürfnissen einzustellen.

1 Markieren Sie die gewünschten *Benachrichtigungsbereiche* und das Verhalten des *Faxmonitors*, indem Sie das entsprechende Kontrollkästchen markieren. Die möglichen Markierungsmöglichkeiten sind selbsterklärend, sodass ich auf eine nähere Erläuterung an dieser Stelle verzichten möchte.

2 Klicken Sie auf die Schaltfläche *Akustische Benachrichtigungen*, um weitere Einstellungen durchzuführen.

3 Haben Sie alle Einstellungen nach Ihren Wünschen definiert, klicken Sie auf die Schaltfläche *Übernehmen*, um die aktuellen Einstellungen zu speichern.

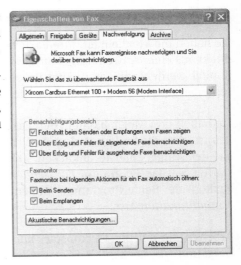

Faxe speichern im Archiv

Klicken Sie auf das Register *Archive*, um die entsprechenden Laufwerke und Ordner festzulegen, in denen die erfolgreichen Faxeingänge und -ausgänge abgelegt werden.

Faxnachrichten archivieren.

Möchten Sie die Faxarchivierung nicht nutzen, klicken Sie auf die entsprechenden Kontrollkästchen, um die grünen Häkchen herauszunehmen und somit die Archivierung zu deaktivieren.

Faxen mit dem Assistenten

Sie haben die Möglichkeit, Ihre Faxe mit dem Fax-Assistenten zu versenden oder direkt aus einer Anwendung, zum Beispiel aus WordPad. Weiter unten in diesem Kapitel werden wir das direkte Faxen aus einer Anwendung heraus näher beschreiben. An dieser Stelle beschäftigen wir uns mit dem Fax-Assistenten.

Sie haben drei Möglichkeiten, den Fax-Assistenten zu starten. Die erste Möglichkeit ist, dass Sie in dem Dialogfeld *Drucker und Faxgeräte* den Befehl *Fax senden* auf der Aufgabenleiste anklicken. Die zweite Möglichkeit, den Assistenten zu starten, ist das Programm *Fax senden*. Die dritte Möglichkeit besteht über die Faxkonsole. Beide Programme finden Sie unter *Start/Alle Programme/Zubehör/Kommunikation/Fax*.

Arbeiten Sie mit der Faxkonsole, klicken Sie in der Menüleiste auf den Befehl *Datei* und anschließend auf *Fax senden*. Haben Sie den Fax-Assistenten gestartet, gehen Sie wie folgt weiter vor:

1 Klicken Sie auf die Schaltfläche *Weiter*, um den Willkommensbildschirm zu überspringen. Es erscheint das Dialogfeld, in das Sie den Empfängernamen und die Faxnummer des Empfängers eingeben.

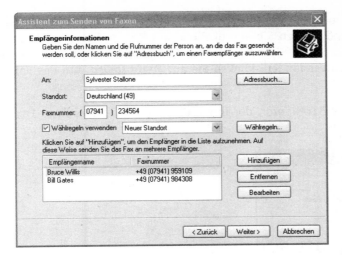

2 Geben Sie in die Felder *An* und *Faxnummer* den Namen und die entsprechende Faxnummer des Empfängers ein. Klicken Sie auf die Schaltfläche *Hinzufügen*, um weitere Empfänger einzugeben, wenn Sie ein und dasselbe Fax gleichzeitig an mehrere Empfänger versenden möchten. Haben Sie den oder die Empfänger eingegeben, klicken Sie auf *Weiter*.

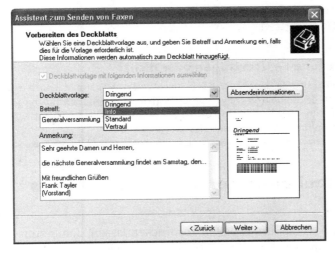

3 Wählen Sie im Listenfeld *Deckblattvorlage* eine der vier von Windows mitgelieferten Vorlagen. Geben Sie einen *Betreff* ein und beschreiben Sie im Textfeld *Anmerkung* Ihr Anliegen.

4 Klicken Sie auf die Schaltfläche *Absenderinformationen*, um für dieses Deckblatt entsprechende Informationen über Sie zu speichern. Diese Informationen werden dann für den Empfänger auf dem Faxkopf sichtbar sein. Klicken Sie auf *Weiter*, um fortzufahren.

5 Geben Sie jetzt noch an, wann und mit welcher Priorität Sie das Fax versenden möchten, und klicken Sie anschließend auf *Weiter*. Bevor Ihr Fax versendet wird, bekommen Sie nochmals eine Zusammenfassung aller Daten. Sind Sie damit einverstanden, klicken Sie auf *Fertig stellen*, um das Fax zu versenden.

6 Es öffnet sich der *Faxmonitor*, der Ihnen den aktuellen Stand Ihres Faxverlaufs dokumentiert.

Absenderinformationen – übertragen oder nicht?

Die Absenderinformationen sind für das Senden des Fax nicht relevant. Es macht jedoch einen sehr guten Eindruck, wenn der Empfänger die wichtigsten Daten auf seinem Faxempfang ablesen kann, um bei Bedarf schnellstens mit Ihnen Kontakt aufzunehmen. Ich empfehle daher an dieser Stelle, die Absenderinformationen auszufüllen.

Faxe komfortabel aus einer Anwendung heraus senden

Kennen Sie das auch, dass Sie Ihre Arbeiten ausdrucken lassen, damit zum Faxgerät gehen und es dann zum Empfänger durchfaxen? Diesen Weg können Sie sich jetzt mit Windows XP Home sparen, indem Sie direkt aus einer Anwendung wie zum Beispiel WordPad, Word oder Excel heraus faxen. Die folgenden Schritte zeigen Ihnen eine kurze Mitteilung, die mit WordPad geschrieben ist und direkt an den Empfänger gefaxt wird.

1 Starten Sie das Programm WordPad mit im *Startmenü* unter *Alle Programme/Zubehör* und erfassen Sie einen Text. Klicken Sie in der Menüleiste auf *Datei* und anschließend auf *Drucken*.

2 Markieren Sie das Faxgerät und klicken Sie auf *Drucken*. Es öffnet sich der Fax-Assistent. Klicken Sie auf *Weiter*, um den Willkommensbildschirm zu überspringen.

3 Geben Sie die Empfängerinformationen ein, entscheiden Sie sich, ob Sie bei Ihrem Fax ein Deckblatt mitsenden wollen. Wenn ja, dann füllen Sie die entsprechenden Felder aus, wenn nein, entfernen Sie mit einem Klick den Haken aus dem Kontrollkästchen *Deckblatt mit folgenden Informationen auswählen*. Stellen Sie den *Zeitplan* noch ein und klicken Sie auf *Fertig stellen*. Auf Seite 276 in diesem Kapitel wird der Fax-Assistent genau beschrieben.

Das Empfangen eines Fax

Je nachdem, wie Sie den Faxempfang eingestellt haben, manuell oder automatisch, bekommen Sie auch Ihre Faxe. Im vorherigen Abschnitt auf Seite 274 haben wir festgelegt, dass ein Faxeingang automatisch durchgeführt wird und anschließend sofort auf einem von Ihnen ausgewählten Drucker ausgegeben werden soll. Haben Sie diese Einstellung bei sich auch definiert, werden Sie bei einem Faxeingang von Windows mit einer QuickInfo in Form einer gelben Sprechblase über einen Faxeingang informiert und Ihr Drucker wird unmittelbar das Fax ausdrucken.

Windows meldet einen Faxempfang.

Ein bisschen spannender wird der Faxempfang, wenn Sie sich für die manuelle Variante entschieden haben. Hier funktioniert der Empfang wie folgt: Meldet sich ein Fax an, meldet sich Windows mit einem Klingelzeichen und einer entsprechenden QuickInfo in der Taskleiste. Die folgende Abbildung zeigt eine derartige Meldung.

Sie bekommen ein Fax auf Ihren Computer gesendet.

Sie müssen jetzt auf die QuickInfo klicken, um das Fax zu empfangen. Es erscheint der Faxmonitor, um Ihnen den Status des Empfangs zu dokumentieren. Meldet der Faxmonitor Vollzug, können Sie auf Ihr empfangenes Fax zugreifen.

Der Faxmonitor dokumentiert und informiert Sie über den Faxempfang.

Verwaltung aller Faxe – die Faxclientkonsole

Um den Überblick über alle empfangenen und gesendeten Faxdokumente nicht zu verlieren, stellt Ihnen Windows XP eine Faxclientkonsole zur Verfügung. Diese Konsole gibt Ihnen die Möglichkeit, veraltete Faxe zu löschen oder den Inhalt noch mal anzeigen zu lassen. Natürlich können Sie auch neue Faxe erstellen oder bereits gesendete noch mal versenden. Um mit der Faxclientkonsole zu arbeiten, gehen Sie wie folgt vor:

1 Öffnen Sie über das Startmenü *Alle Programme/Zubehör/Kommunikation/ Fax* und dort das Programm Faxkonsole.

2 Klicken Sie im linken Bereich entsprechend auf *Eingangsfach* oder *Gesendete Elemente*, um alle bereits bearbeiteten Faxe aufgelistet zu bekommen.

3 Klicken Sie mit der rechten Maustaste auf ein Fax. Es öffnet sich das Kontextmenü. Sie haben nun die Möglichkeit, den Inhalt Ihres Fax anzusehen, es zu löschen oder es zu speichern.

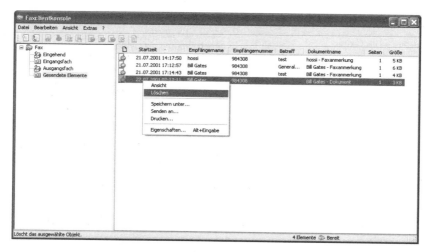

Ein Deckblatt selbst erstellen – der Faxdeckblatt-Editor

Windows bringt von Haus aus schon vier Fax-Deckblätter (Dringend, Info, Standard und Vertraut) mit, die Sie im Fax-Assistenten jeweils für Ihre Zwecke auswählen und einsetzen können. Reicht Ihnen das nicht aus oder wollen Sie Ihrem Faxdeckblatt eine persönliche Note verpassen, können Sie den Faxdeckblatt-Editor verwenden, um Ihr eigenes Deckblatt zu kreieren.

1   Öffnen Sie das Programm *Faxdeckblatt-Editor* über *Start/Alle Programme/Zubehör/Kommunikation/Fax*. Es erscheint der *Tipp-Assistent* für den *Faxdeckblatt-Editor*. Klicken Sie auf *OK*, um zum Editor zu gelangen, oder lesen Sie die Tipps durch.

2   Klicken Sie in der *Menüleiste* auf den Menüpunkt *Einfügen*. Erstellen Sie Ihr Deckblatt mit den verschiedenen Feldern wie *Empfänger*, *Absender* und *Nachricht* zusammen.

3   Jedes Feld, das Sie einfügen, hat Ziehpunkte. Gehen Sie mit der Maus an einen Ziehpunkt, bis aus Ihrem Mauszeiger ein Doppelpfeil wird. Verändern Sie jetzt mit gedrückter Maustaste die Größe Ihres Felds.

4   Möchten Sie Ihr Feld auf dem Deckblatt verschieben, klicken Sie mit der linken Maustaste in das Feld, halten die Maustaste gedrückt und verschieben per Drag & Drop die einzelnen Felder.

5   Mit der *Layout- und Stilsymbolleiste* haben Sie die Möglichkeit, Ihr Faxdeckblatt entsprechend zu formatieren.

6 Haben Sie Ihr Faxdeckblatt erstellt, klicken Sie auf den Menüpunkt *Datei* in der *Menüleiste* und anschließend auf *Speichern unter*, um Ihr Deckblatt zu speichern.

7 Vergeben Sie einen Namen und klicken Sie auf die Schaltfläche *Speichern*. Ab jetzt können Sie bei jedem Faxversand auf Ihr eigenes Deckblatt zurückgreifen.

7. Anschluss ans Internet – browsen, surfen und mailen

Das Internet gehört mehr und mehr zu unserem Alltag. Wir nutzen die Geschwindigkeit von E-Mails, die Möglichkeit, Bilder, Videos oder Textdokumente mitzuschicken, sowie Onlinebanking und Einkaufen im Internet. Windows XP setzt konsequent auf die Integration des Internet Explorer und des Mailprogramms Outlook Express – schnell und unkompliziert zu bedienen soll die Internetfunktionalität sein. Voraussetzung für den Internetzugang: ein Modem oder ein ISDN-Gerät. Für ganz Eilige: DSL-Verbindungen mit höherer Geschwindigkeit. In diesem Kapitel erfahren Sie alles zur Anbindung von Windows XP ans Internet und wie Sie dort Inhalte abrufen können.

7.1 Mit Modem oder ISDN ins Internet?

Windows XP unterstützt weit über tausend Modems verschiedenster Hersteller, in- und externe ISDN-Adapter und auch die DSL-Technologie, die das Internet zu einer wahren Autobahn macht.

Modem / ISDN   **Internet**

Durch immer schnellere Internetzugänge ist es mittlerweile sogar möglich, sich Videos und Musik im Streaming-Verfahren im Internet anzuschauen bzw. anzuhören. Bleibt die Frage nach der Wahl des richtigen Internetzugangs, um in die multimediale Welt einzutauchen.

Analoge Telefonleitung: Wahl des richtigen Modems

Wenn Sie einen Computer erworben haben, der nicht älter als ein bis zwei Jahre ist und bereits mit einem Modem ausgestattet ist, wird es sich um ein so genanntes 56k-V.90-Modem handeln. Sie werden heutzutage auch kaum noch andere, sprich langsamere Modems finden und sollten auch keines benutzen. 56 kbps ist die Datenübertragungsgeschwindigkeit (56 KByte per second) und V.90 ein Protokoll, das 1998 als Standardprotokoll festgelegt wurde und heute von allen ISPs (**I**nternet **S**ervice **P**rovidern) unterstützt wird. Wenn Sie neben Ihrem PC zu Hause noch einen Laptop besitzen, sollten Sie überlegen, ein externes Modem zu kaufen, um es an beiden Geräten nutzen zu können. Hierbei sollten Sie auf die Anschlussmöglichkeiten der beiden Geräte achten, ob beide den neueren USB-Anschluss oder den älteren COM-Port besitzen.

ISDN-Anschluss mit Steckkarte oder externem Gerät?

Sowohl die interne als auch die externe Lösung findet man heute zu gleichen Teilen bei privaten ISDN-Lösungen. Die interne Lösung ist zumeist die preisgünstigere, da es sich hierbei einzig und allein um eine PCI-Steckkarte handelt. Im Gegensatz dazu bieten externe Lösungen oft einfachere Installation (USB) oder auch mehr Funktionalität in Form einer Kombination von ISDN-Gerät und Mini-Telefonanlage, an der noch Telefone, Faxgeräte und Anrufbeantworter angeschlossen werden können.

Interne Lösung: die ISDN-Karte

Im privaten Bereich handelt es sich bei ISDN-Karten immer um so genannte passive Karten, nur im geschäftlichen Bereich werden auch die um ein Vielfaches teureren aktiven Karten verwendet. Für eine ISDN-Karte benötigen Sie einen freien PCI-Steckplatz. ISDN-Karten für den ISA-Bus sind meist nur noch als Gebrauchtware erhältlich und z. T. nicht Plug & Play-fähig. Aktuelle PCs besitzen oft gar keine ISA-Steckplätze mehr – wenn Sie sich eine Karte zulegen, dann unbedingt eine PCI-Karte!

ISDN-Karten verwenden einen so genannten CAPI-Treiber (vgl. S. 300), um eine Kommunikation aufzubauen, da sie nicht wie ein externes Modem über die serielle oder parallele Schnittstelle mit dem Betriebssystem kommunizieren.

Externe Lösung: seriell oder USB

Ein externer ISDN-Adapter für den PC ist meist eine Kombination einer kleinen Telefonanlage oder eines so genannten Analogwandlers und einer ISDN-Karte. Der Unterschied zu der internen Lösung besteht im Anschluss, d. h., die externe Lösung wird ähnlich einem Modem meist an die serielle Schnittstelle oder den moderneren USB-Port angeschlossen. Das Betriebssystem behandelt die externe ISDN-Karte dann wie ein Modem und es wird auch mit den gleichen AT-Befehlen angesprochen, wie bereits weiter oben bei der Modeminstallation erwähnt. Theoretisch entfällt hierbei der CAPI-Treiber, denn externe Lösungen bringen zumeist die eigene Gerätesoftware in Form eines Flash-ROMs mit, das sich durch Updates immer auf dem neusten Stand halten lässt.

Die Vor- und Nachteile interner und externer Modems bzw. ISDN-Geräte

	Vorteile	Nachteile
Interne Lösung	– Direkte Anbindung an den parallelen PCI-Bus. – Geringere Prozessorbelastung.	– Auf einen Rechner beschränkt. – Verlust eines PCI-Steckplatzes.
Externe Lösung	– Mobilität. – Erweiterte Funktionen einer Telefonanlage.	– Ausbremsen der max. Geschwindigkeit auf 115 KBit/s. – Erhöhte Prozessorbelastung.

Einbau einer internen Karte – Anschluss einer USB-Box

Sie benötigen für die interne Lösung einen freien Steckplatz für die Steckkarte. Bei den heutigen Rechnergenerationen werden fast ausschließlich Karten für den PCI-Steckplatz verwendet, viele PCs haben mittlerweile gar keinen ISA-Slot mehr. Für die externe Lösung wird das Gerät an den jeweiligen Port angeschlossen, also den seriellen COM-Port oder die USB-Schnittstelle.

Intern/Extern: Eine ISDN-Karte für den PCI-Slot wird in einen freien Steckplatz im PC eingesteckt, eine externe USB-Modem-Box wird in eine freie USB-Buchse eingesteckt.

Die Modeminstallation

Die Einrichtung eines Modems verläuft in der Regel sehr einfach und problemlos. Vorab muss das entsprechende Gerät installiert werden.

So installieren Sie ein internes Modem (Steckkarte)

Die einfachste und sogar wahrscheinlichste Lösung ist die automatische Erkennung des Modems.

Plug & Play-Erkennung nach dem Einbau

Diesen Vorgang nennt man Plug & Play: Das Modem wird nach dem Einbau nicht nur sofort erkannt, sondern auch der dazugehörige Treiber automatisch installiert: Das neue Gerät ist augenblicklich einsatzbereit. Kennt Windows nicht die notwendigen Treiber, wird es nach Treibern auf CD oder Disketten fragen. Diese Technik wird jedoch nicht von allen Modems unterstützt – manches ältere Modem meldet sich dabei nicht korrekt – es muss dann manuell installiert werden.

Um das Modem manuell zu installieren, gibt es zwei verschiedene Möglichkeiten: die Installation mittels Hardware-Assistenten oder mithilfe des Geräte-Managers, wie folgt beschrieben.

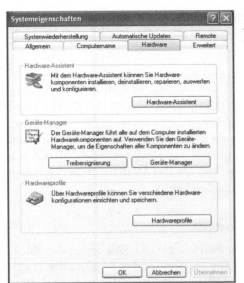

Die Installation lässt sich auch über den Hardware-Assistenten oder im Geräte-Manager starten, wenn das Modem nicht per Plug & Play installiert wurde.

Ein internes Modem mit dem Hardware-Assistenten installieren

1 Hierzu klicken Sie mit der rechten Maustaste auf das Symbol *Arbeitsplatz* und wechseln in den *Eigenschaften* auf die Registerkarte *Hardware*.

2 Klicken Sie auf die Schaltfläche *Hardware-Assistent*.

3 Der Hardware-Assistent wird geöffnet. Zuerst müssen Sie auswählen, ob der Computer eine automatische Erkennung des Modems vornehmen soll. Diese Option sollten Sie auf jeden Fall auswählen, weil hierdurch die zuvor beschriebene automatische Installation angestoßen wird. Schlägt diese fehl, so verlangt der Computer eine manuelle Auswahl des Modems aus seiner Datenbank, da er die Hardwarekennung des Modems nicht zuordnen konnte.

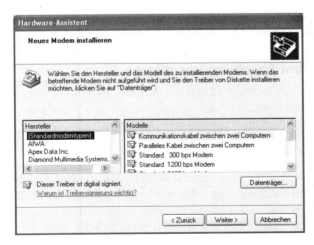

Legen Sie, falls vorhanden, die Diskette oder CD mit dem Treiber für das Modem ein und wählen Sie die Treiberdatei über die Schaltfläche *Durchsuchen* aus.

4 Im nächsten Fenster des Installations-Assistenten müssen Sie den Port auswählen, an dem Ihr Modem angeschlossen ist: Hier stehen Ihnen standardmäßig COM1 und COM2 zur Auswahl. Damit ist die Installation bereits abgeschlossen und Sie müssen lediglich die Schaltfläche *Fertig stellen* auswählen, um wieder zur Registerkarte *Modems* zu gelangen. Nun ist Ihr Modem einsatzbereit und kann von allen Programmen verwendet werden. In einigen seltenen Fällen ist eine Konfiguration nötig, um das Modem an die Vorgaben des ISPs (Internet Service Provider) anzugleichen.

So installieren Sie ein externes Modem

Nachdem Sie das Modem an den seriellen Port oder den USB-Port an der Rückseite Ihres PCs angeschlossen haben und das Modem an der TAE-Buchse eingesteckt haben, folgt auch hier die Treiberinstallation für das Modem. Je nachdem, ob Sie ein Modem mit USB- oder seriellem Anschluss besitzen, unterscheiden sich die notwendigen Arbeitsschritte, um die Treiber zu installieren:

Ein USB-Modem installieren

1 Wenn sich ein USB-Modem nicht schon nach dem Einstecken meldet, öffnen Sie die Systemsteuerung über die Schaltfläche *Start* und klicken auf das Systemsteuerungssymbol *Telefon- und Modemoptionen*. Falls Sie die Kategorieansicht eingeschaltet haben, finden Sie diesen Punkt unter der Kategorie *Netzwerk- und Internetverbindungen*.

2 Das Dialogfeld *Telefon- und Modemoptionen* erscheint. Wechseln Sie auf die Registerkarte *Modems* und klicken Sie auf *Hinzufügen*.

3 Der Assistent für die Modeminstallation erscheint. Klicken Sie auf *Weiter* und befolgen Sie die Anweisungen. Das Modem wird automatisch installiert.

Ein Modem mit seriellem Anschluss installieren

1 Hierzu klicken Sie mit der rechten Maustaste auf das Symbol *Arbeitsplatz* und wählen im daraufhin erscheinenden Kontextmenü den Menüpunkt *Eigenschaften*. Wechseln Sie auf die Registerkarte *Hardware*.

2 Klicken Sie auf die Schaltfläche *Hardware-Assistent*.

3 Der Hardware-Assistent wird geöffnet. Zuerst müssen Sie auswählen, ob der Computer eine automatische Erkennung des Modems vornehmen soll. Diese Option sollten Sie auf jeden Fall auswählen, weil hierdurch die zuvor beschriebene automatische Installation angestoßen wird. Schlägt diese fehl, so verlangt der Computer eine manuelle Auswahl des Modems aus seiner Datenbank, da er die Hardwarekennung des Modems nicht zuordnen konnte. Legen Sie, falls vorhanden, die Diskette oder CD mit dem Treiber für das Modem ein und wählen Sie die Treiberdatei über die Schaltfläche *Durchsuchen* aus.

Nach der Installation: Verbindung mit dem Internet aufnehmen

Hat Windows Ihr Modem wahrgenommen und die Treiber ordnungsgemäß installiert, dann sind Sie schon gerüstet für den Internetzugang. Sie können jetzt schon eine Verbindung mit dem Internet aufnehmen. Mehr dazu in Kapitel 7.4 „Rein ins Internet über Provider oder Onlinedienst" ab Seite 314. Wenn Sie zuvor noch sichergehen wollen, dass Ihr Modem korrekt installiert ist, dann sei Ihnen die Überprüfung des Modems durch die Selbstdiagnose in Windows angeraten (vgl. Seite 292). Weiterhin sinnvoll: Die automatische Trennung der Leitung, damit Sie Ihre Telefonkasse nicht unnötig strapazieren (vgl. Seite 297). Sollten Sie bei der Verbindung mit dem Internet Probleme auftreten, dann kehren Sie einfach an diese Stelle zurück. Sowohl die Modemeinstellungen zur Beseitigung von gestörten Verbindungen als auch die Beschreibung einer systematischen Vorgehensweise zur Fehlerbehebung folgen auf den nächsten Seiten.

Wählregeln und Standorte

Auf der Registerkarte *Wählregeln* kann der Standort festgelegt werden, von dem aus Sie die Verbindung über Ihr Modem herstellen wollen. Diese Einstellung ist eigentlich nur bei Laptops interessant, mit denen Sie von vielen verschiedenen Standorten aus eine Verbindung ins Internet aufbauen möchten. Hier können Sie verschiedene Standorte und die dazugehörigen Wählregeln festlegen. Für den Heimgebrauch reicht ein Standort, denn alle Anwendungen unter Windows XP nutzen die TAPI-Schnittstelle (**T**elephony **A**pplication **P**rogram **I**nterface), um mithilfe der Standortinformationen eine Verbindung herzustellen.

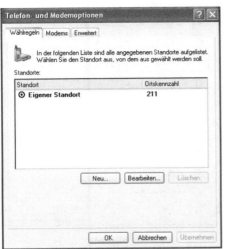

Standortkonfiguration – interessant v. a. für Laptops: Wenn Sie unterwegs sind, können Sie unterschiedliche Wählprofile voreinstellen.

Konfigurieren des Modems bei Verbindungsproblemen

Falls Sie Schwierigkeiten haben, eine Verbindung aufzubauen, sollten Sie die richtige Konfiguration des Modems überprüfen und den Fehlerursachen auf den Grund gehen. An dieser Stelle werden die Einstellungsmöglichkeiten Ihres Modems Schritt für Schritt erläutert. Ab Seite 293 werden Sie mögliche Modemprobleme systematisch und mit geringstmöglichem Aufwand lösen.

So bearbeiten Sie die Modemeinstellungen

1 Öffnen Sie die *Telefon- und Modemeigenschaften* über *Start/Systemsteuerung*.

2 Wählen Sie aus der Liste das Modem aus, für das Sie die Einstellungen ändern möchten.

3 Klicken Sie mit der rechten Maustaste auf das Modem und wählen Sie den Menüpunkt *Eigenschaften* aus.

Die Eigenschaften des Modems teilen sich auf folgende fünf Registerkarten auf: *Allgemein*, *Modem*, *Diagnose*, *Erweitert* und *Treiber*.

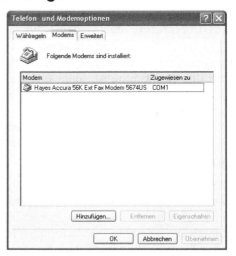

Allgemeine Modemeinstellungen

Auf der Registerkarte *Allgemein* wird der Status des Modems angezeigt, weiterhin der Hersteller und die Schaltfläche *Problembehandlung*, die einen so genannten Ratgeber öffnet, der ein Teil der Windows XP-Hilfe darstellt. Hierbei sei erwähnt, dass die Hilfe sehr umfangreich und komfortabel geworden ist, vergleicht man sie mit Windows 9x oder ME. Daher sollte die Hilfe immer einer der ersten Schritte sein, die Sie zur Problemlösung zu Rate ziehen.

Allgemeine Modemeinstellungen –
wichtig: der Gerätestatus gibt Auskunft über
die Betriebsbereitschaft des Modems.

Die Ratgeber sind Wizards, die Sie Schritt für Schritt mithilfe von Fragen zur Lösung allgemein auftretender Probleme führen.

Die Registerkarte *Modem* zeigt Ihnen den COM-Port an, an dem Ihr Modem angeschlossen ist, sowie die Lautstärke, die maximale Übertragungsrate und die Wähloptionen. Bei der Lautstärke handelt es sich um die Geräusche, die das Modem während des Verbindungsaufbaus erzeugt. Sie können aufgrund des Wahlverfahrens ein wenig variieren, je nachdem, ob Sie das Ton- oder Pulswahlverfahren verwenden. Bei einem externen Modem können Sie den Wahlvorgang zusätzlich durch visuelle Anzeigen am Modem selbst verfolgen.

Mithören, was das Modem macht

Nützlich ist das „Mithören", wenn man wissen will, ob das Modem überhaupt ein Freizeichen empfängt (ein „Amt" bekommt) und sich ordnungsgemäß bei einem Internetanbieter einwählt. Bei überlasteten Internetzugängen hören Sie ab und an ein Besetztzeichen, haben Sie sich bei der Nummer vertippt, bekommen Sie eine nette Stimme der Telekom zu hören oder einen Mitbürger, dem Ihr Modem unter Umständen ins Ohr krakeelt. Sollten Sie die Verbindungsgeräusche stören, schalten Sie sie einfach durch Verschieben des Reglers ab.

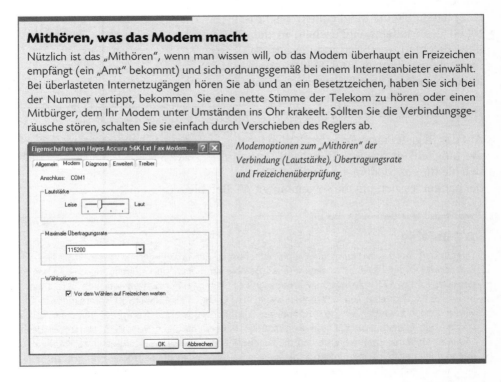

Modemoptionen zum „Mithören" der Verbindung (Lautstärke), Übertragungsrate und Freizeichenüberprüfung.

Die maximale Übertragungsrate steht standardmäßig auf 115.200 bps (**B**ytes **p**ro **S**ekunde), und Sie sollten sie nur verändern, wenn es bei der Datenübertragung zu Fehlern kommt. Auch wenn Sie ein 56k-Modem besitzen, ist es möglich, dass die Leistung durch Kompression der Daten erhöht wird und somit die Leistung bei der Datenübertragung 56.000 bps übersteigt. Die Wähloption *Vor dem Wählen auf Freizeichen warten* ist ebenfalls eine Standardeinstellung und gewährleistet, dass das Modem wirklich auf ein Freizeichen wartet, bevor der Wahlvorgang initiiert wird.

Die Selbstdiagnose – Windows testet Ihr Modem

Wenn Verbindungsschwierigkeiten auftreten sollten, haben Sie auf der Registerkarte *Diagnose* die Möglichkeit, Ihr Modem abzufragen und das Modemprotokoll einzusehen. Im Feld *Modeminformation* wird ähnlich wie bei der Testseite des Druckers ein Standardtest durchgeführt, um die Funktionsfähigkeit des Modems zu testen. Im Feld *Protokollierung* haben Sie die Möglichkeit, das Protokoll des Modems einzusehen, in dem alle Befehle zum Verbindungsaufbau, Modemeinstellungen und Fehler protokolliert werden. Diese Informationen können z. B. den Technikern einer Support-Hotline helfen, Ihr Problem zu lösen.

Auf der Registerkarte *Erweitert* haben Sie die Möglichkeit, weitere Initialisierungsbefehle für das Modem einzutragen. Hierbei handelt es sich um die so genannten AT-Befehle.

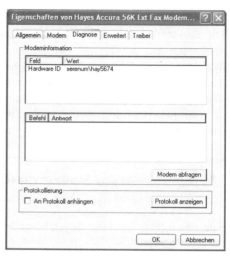

Diagnose und Protokollierung können von Technikern gezielt zur Fehlersuche genutzt werden.

AT-Befehle

Angesteuert werden Modems über einen Befehlssatz, der ursprünglich von der Firma Hayes entwickelt worden ist. Über so genannte AT-Befehle kann ein Modem direkt angesteuert werden. Das Kürzel AT (= **At**tention, Aufmerksamkeit) leitet immer den eigentlichen Befehl ein. Bevor das Modem eine Telefonnummer wählt, wird es durch eine Reihe von Kommandos initialisiert. Dadurch werden alle Modemoptionen konfiguriert, wie z. B. Kompression, Fehler Korrektur und Flusssteuerung. Diese Kommandos hängen natürlich von dem Hersteller des Modems ab, daher sollten Sie sie und die zugehörigen Optionen im Handbuch Ihres Modems finden. Eine der unzähligen Informationsquellen im Internet ist die Seite *www.56k.com*, auf der Sie grundlegende Informationen zu den Kommandos finden.

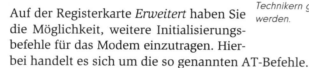

Bei Bedarf können hier zusätzliche INIT-Strings angegeben werden.

Zur genaueren Vorgehensweise bei Verbindungsproblemen lesen Sie Seite 295 den Abschnitt „Problembehebung bei einer Modemlösung".

Wenn Sie die Schaltfläche *Standardeinstellungen ändern* drücken, gelangen Sie zu zwei weiteren Registerkarten, auf denen Sie die Standardeinstellungen des Modems, das herstellerseitig eingestellt ist, verändern können. Auf der Registerkarte *Allgemein* gibt es die Felder *Anrufeinstellungen* und *Verbindungseinstellungen*.

Verbindungseinstellungen – Hand anlegen, wenn Fehler auftreten

Die Datenverbindungseinstellungen sollten Sie mit allen Standardeinstellungen übernehmen, denn in den wenigsten Fällen ist heutzutage eine manuelle Konfiguration nötig, um die Verbindung mittels eines Modems zu verbessern. Damit Sie jedoch im Falle eines Falles den Fehler möglichst schnell selbst beheben können, hier ein kleiner Überblick über die Funktionen.

■ **Datenprotokolle zur Fehlerkorrektur:** Bei sehr anfälligen Verbindungen wählen Sie eine Fehlerkorrektur (Error Correction) – Datenübertragungsfehler werden durch diese Fehlerkorrektur automatisch korrigiert. Beide Seiten der Modemverbindung müssen diese Fehlerkontrolle unterstützen, damit sie überhaupt eingesetzt werden kann.

Standard-EC ist eine Korrekturmethode, die mehrere Fehlerprotokolle unterstützt und somit eine breite Palette abdeckt, sodass gewährleistet wird, dass beide Seiten kompatibel miteinander arbeiten können.

■ **Geschwindigkeit durch Komprimierung:** Um die Geschwindigkeit bei der Datenübertagung zu erhöhen, können die Daten komprimiert werden. Diese Einstellung sollten Sie ebenfalls nur dann deaktivieren, wenn die Gegenseite keine Komprimierung unterstützt und nicht in der Lage ist, komprimierte Daten wieder zu entpacken.

■ **Kontrolle des Datenflusses:** Die Kontrolle des Datenflusses wird in der Regel von der Hardware selbst übernommen – nur in Störungsfällen sollte auf XON/XOFF umgestellt werden. Die Flusssteuerung wird dann von der Software übernommen.

■ **Erweiterte Hardwareeinstellungen:** „Erweitert" ist eigentlich irreführend, da es sich vielmehr um die Standardeinstellungen des jeweiligen Modems handelt. Die abgebildeten Einstellungen werden in Ihrem Modemhandbuch wahrscheinlich als 8N1-Datenübertragung bezeichnet, was die ersten drei Einstellungen auf dieser Registerkarte widerspiegelt, nämlich 8 Bits Länge, keine Parität und 1 Stoppbit.

Erweiterte Hardwareeinstellungen – 8N1.

Die Einstellungen dieser Registerkarte sollten allesamt unberührt bleiben, da dies zu erheblichen Verbindungs- bzw. Übertragungsproblemen führen könnte.

- **Die Modem-Treiberverwaltung:** Hierbei handelt es sich um eine neue Registerkarte, verglichen mit älteren Betriebssystemen wie z. B. Windows 9x oder WinNT4.0. Hier lassen sich alle Eigenschaften den Treiber des Modems betreffend, einschließlich der Neuinstallation und der Deinstallation des Treibers vornehmen.

- **Treiberinformationen:** Unter den *Treiberdetails* finden sich neben dem genauen Pfad zum Treiber des Modems auch Informationen über den Anbieter, die Dateiversion und Informationen dazu, ob der Treiber digital signiert wurde oder nicht. Die digitale Signierung gibt Auskunft darüber, ob der verwendete Treiber von Microsoft geprüft und zugelassen wurde.

- **Aktualisieren des Treibers:** Die Schaltfläche *Aktualisieren* ermöglicht es Ihnen, eine neuere Version eines vorhandenen Treibers zu installieren, wobei dies wieder über einen Assistenten geschieht, wo Sie die Möglichkeit haben, einen Treiber aus einer Liste oder aus einem bestimmten Ordner oder Verzeichnis heraus zu installieren. Oder Sie lassen den Computer automatisch nach einem passenden, neueren Treiber suchen.

  Wichtig! Hierbei wird automatisch vom alten Treiber eine Sicherheitskopie angefertigt.

Haben Sie einen neueren Treiber nachinstalliert (aktualisiert), eventuell Ihren Rechner neu gestartet und stellen dann fest, der neue Treiber funktioniert fehlerhaft oder gar nicht? Über die Schaltfläche *Installierter Treiber* können Sie Änderungen vornehmen. Sie haben hier die Möglichkeit, die Sicherheitskopie des zuletzt funktionierenden Treibers wiederherzustellen, um den fehlerhaften Treiber entfernen zu können.

*Treiberverwaltung
des Modems.*

Als Letztes sei die Schaltfläche *Deinstallieren* erwähnt, mit der Sie den Treiber endgültig entfernen, sprich deinstallieren können.

Problembehebung bei einer Modemlösung

Der erste Schritt einer jeden Problemlösung sollte darin bestehen, die Ursache genau zu identifizieren. Dies hört sich logisch und einleuchtend an, wird aber häufig nicht so praktiziert.

■ Stellen Sie zunächst sicher, dass das Modem ordnungsgemäß angeschlossen wurde und eingeschaltet ist.

■ Überprüfen Sie dann, ob das Modem einwandfrei in Windows XP installiert wurde, vgl. S. 290.

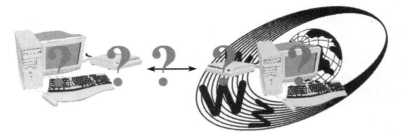

Jede Hardware verfügt zumeist über eigenständige Selbsttests. Hierzu sollten Sie weitere Informationen im Handbuch der Hardware finden. Windows XP kann selbst eine Diagnose des Modems durchführen, um dessen Funktionsfähigkeit zu testen.

■ Führen Sie die Modemdiagnose durch, indem Sie auf der Registerkarte *Diagnose* auf die Schaltfläche *Modem abfragen* klicken (siehe Abbildung S. 292).

Daraufhin wird im Fenster das Ergebnis der Abfrage angezeigt. Arbeitet das Modem fehlerhaft, versuchen Sie, es erneut zu installieren. Als Alternative zu dem Treiber, den Sie vorher installiert haben, können Sie auch einen Standardmodemtreiber oder einen Treiber für ein Modem des Herstellers Hayes installieren, da diese oftmals kompatibel zu vielen anderen Herstellern ist. Zwar stehen Ihnen dann nicht alle Leistungsmerkmale Ihres Modems zur Verfügung, aber Sie können die allgemeine Funktionalität testen. Wenn diese Maßnahme nicht hilft, wenden Sie sich an den Support-Service bzw. die Hotline des Hardwareanbieters, um den Fehler zu beheben. Zuvor führen Sie jedoch den folgenden Schritt durch.

■ Wenn Sie nicht mehr weiterkommen: Aktivieren Sie gegebenenfalls noch die Protokollierung, die eine nützliche Quelle sein kann, um mithilfe des Support-Service den Fehler zu finden. Schicken Sie hierzu den Ausdruck der Protokolldatei an die Serviceadresse Ihres Modemherstellers.

Beispiel eines Fehlerprotokolls zur professionellen Analyse.

■ Als letzten Schritt sollten Sie, wie bereits oben erwähnt, nicht zögern, sich an das Geschäft, in dem Sie Ihr Modem gekauft haben, oder direkt an die Hotline des Modemherstellers selbst zu wenden.

UART und FIFO

Wie Sie gesehen haben, ist man bei der Fehleranalyse des Modems sehr begrenzt. Der Vollständigkeit halber möchte ich in diesem Zusammenhang noch zwei wichtige Einstellungen erwähnen. Der UART-Microchip (**U**niversal **A**synchronous **R**eceiver/**T**ransmitter) ermöglicht dem Computer die Kommunikation mit dem Modem über die serielle Schnittstelle. Er steuert die Umwandlung des parallelen Datenstroms in einen einzigen seriellen Datenstrom und fügt das Parity

Bit hinzu. Bei älteren Rechnern kontrolliert er auch bei seriellen Mäusen die Kommunikation mit dem zugehörigen Interrupt. Der FIFO (**f**irst-**i**n, **f**irst-**o**ut)-Zwischenspeicher wird als Puffer für den Datenverkehr verwendet. Er kann den Transfer der Daten beschleunigen. Bei oft auftretenden Fehlern sollten Sie ihn verkleinern und somit den Datenverkehr bremsen. Auch wenn diese Variablen sehr speziell sind, sollten Sie diese Einstellungsmöglichkeiten nicht außer Acht lassen. Im Geräte-Manager unter den Anschlüssen (COM/LPT) können Sie die erweiterten Anschlusseinstellungen verändern, und zwar getrennt für den Ein- und Ausgangszwischenspeicher.

Sicher ist sicher: automatisches Trennen der Verbindung

Sie können die Zeitspanne bestimmen, nach der der Wählvorgang abgebrochen werden soll, ebenso wie die Leerlaufzeit, bis das Modem die Verbindung trennt. Letzteres garantiert Ihnen, dass Ihre Verbindung auch getrennt wird, falls Sie einmal vergessen sollten, dies manuell zu tun. Weiterhin ist dies eine gewisse Sicherheitsfunktion. In der heutigen Zeit wächst natürlich nicht nur das Internet rasend schnell, sondern auch die Zahl der Hacker, die versuchen, Zugang zu Rechnern anderer Leute zu erlangen. Durch einen geringen Wert in der Option *Trennen nach Leerlauf von* sorgt man dafür, dass auch während des Surfens durchs Netz die Verbindung des Öfteren getrennt und neu hergestellt wird. Damit bekommt Ihr Rechner jedes Mal vom Internetprovider eine neue IP-Adresse, eine Art Hausnummer, an der er für die Zeit, die Sie online sind, zu identifizieren ist. Bei den derzeitigen Modemstandards und den Zeitspannen, die ein Modem zum Herstellen einer Internetverbindung benötigt, ist der Preis dieses Sicherheitsaspekts mit einem etwas unbequemem Fortbewegen im Internet verbunden. Die Einwahl erfolgt beim im nächsten Abschnitt besprochenen ISDN-Anschluss deutlich flotter.

1 Wechseln Sie in der Systemsteuerung zu den *Telefon- und Modemoptionen*, markieren Sie auf der Registerkarte *Modems* das zu konfigurierende Modem und fahren Sie mit der Schaltfläche *Eigenschaften* fort.

2 Dort klicken Sie auf die Registerkarte *Erweitert*, um über die Schaltfläche *Standardeinstellungen ändern* zur Konfiguration der Leerlaufzeit zu gelangen.

3 Auf der Registerkarte *Allgemein* können Sie so für jedes angeschlossene Modem bestimmen, nach welcher Leerlaufzeit die Verbindung getrennt werden soll.

IP- Adresse

Jeder Rechner, der im so genannten öffentlichen Netz ist, oder einfacher gesagt, der stetig oder auch im privaten Fall gelegentlich online ist, bekommt eine IP-Adresse, um genau identifiziert werden zu können. Dies ist notwendig, um die Daten quer über die Welt richtig zu versenden, vergleichbar mit Ihrer Postadresse. Jede IP-Adresse darf es nur einmal geben, und um dies zu überwachen, werden alle öffentlichen IP-Adressen weltweit von der IANA (Internet **A**ssigned **N**umbers **A**uthority) verwaltet und vergeben (*www.iana.org*). Es gibt auch private Bereiche von IP-Adressen, die zur Verwendung in privaten Netzen dienen.

Durch diese ständig wechselnden IP-Adressen bieten Sie den Hackern ein ständig wechselndes Ziel und sind schwer zu lokalisieren. Darauf gehen wir aber in Kapitel 8 noch näher ein.

7.2 ISDN-Geräte mit Windows XP betreiben

Im Zeitalter der digitalen Kommunikation ist der ISDN-Anschluss (**I**ntegrated **S**ervices **D**igital **N**etwork) zum allgemeinen Standard geworden. Hierbei ist das Konzept von ISDN gedacht, um analoge Sprachdaten mit digitalen Daten jeglicher Art in einem Netz zu integrieren. Da die Umwandlung der analogen Signale in digitale Signale wegfällt, wurde ein Großteil der Fehlerquellen bei der Datenübertragung eliminiert.

Installation des ISDN-Geräts – Steckkarten und externe Geräte

Es ist aufgrund der Vielfalt von ISDN-Karten und auch externen Geräten nicht möglich, alle verschiedenen ISDN-Karten vorzustellen. Daher möchten wir Ihnen an dieser Stelle anhand einer FRITZ!Card die Installation einer ISDN-Lösung erläutern. AVM bietet die FRITZ!Card als interne PCI-Karte, für ältere PCs auch noch als ISA-Karte an oder wahlweise als externe so genannte FRITZ!X-PC-BOX, die gleichzeitig alle Vorteile einer kleinen Telefonanlage bietet.

Plug & Play-Erkennung bei internen ISDN-Karten

Interne Karten werden in der Regel über Plug & Play erkannt und integriert. Ihnen werden automatisch ein freier IRQ (**I**nterrupt **R**equest) und die notwendigen anderen Systemressourcen zugeordnet, über die die Hardware für das Betriebssystem ansprechbar wird. Bei älteren Rechnern oder speziellen Konstellationen verschiedener Hardware kann es vorkommen, dass Sie den Interrupt manuell einstellen müssen – mehr dazu erfahren Sie in Kapitel 16.

Bei einer Plug & Play-Erkennung werden automatisch die benötigten CAPI 2.x-Treiber für die FRITZ!Card installiert, die in der Treiberdatenbank von Windows XP enthalten sind. Wenn Sie diese manuell installieren müssen, finden Sie die CAPI-Treiber normalerweise auf der beigefügten CD-ROM oder im Internet unter der Adresse *www.capi.org*.

Der Installations-Assistent von AVM fragt nun einige Details ab, die notwendig sind, um die Installation abzuschließen. Er braucht Angaben wie zum Beispiel das so genannte D-Kanalprotokoll und die Telefonnummern Ihres ISDN-Nummernpools, die Sie zum Verbindungsaufbau nutzen wollen. Das D-Kanalprotokoll ist standardmäßig das DSS1-Protokoll (europäisches ISDN), alle anderen zur Auswahl stehenden Protokolle sind ältere Protokolle. Die Multigeräte-Anschlussnummern oder MSNs sind dazu da, um zum einen eingehende Anrufe an die richtigen Endgeräte zu leiten und zum anderen anzugeben, welche Nummer Sie als Abgangsnummer für Ihren Internetzugang verwenden.

Jetzt ist die Installation der ISDN-Karte bereits abgeschlossen und wird noch durch Zusatzsoftware ergänzt, die je nach Anbieter in Umfang und Leistung völlig verschieden ausfallen können. Wie jedes Hardwaregerät, taucht auch die ISDN-Karte (egal, ob extern oder intern) im Geräte-Manager auf und zwar unter *Netzwerkadaptern*, benannt nach dem jeweiligen Hersteller bzw. Produkt. Unter der Rubrik *Modems* erscheinen im Geräte-Manager nach der Installation der ISDN-Karte ein Reihe von Modems, die allesamt Emulationen sind, um über die ISDN-Karte beispielsweise mit einer Mailbox oder einem Faxgerät zu kommunizieren.

Einfach einstecken – die USB-Box meldet sich zur Stelle

Bei der USB-Box können Sie bequem einstecken, und schon meldet sich das Gerät – eine funktionierende USB-Installation vorausgesetzt – bei Windows an. Kennt Windows das Gerät und hat es entsprechende Treiber parat, dann werden diese automatisch herausgesucht, installiert und in Betrieb genommen. Ist das Gerät noch unbekannt, verlangt Windows von Ihnen entsprechend eine CD mit den passenden Installationsdateien bzw. Treibern. Windows behält diese Treiber und lädt sie von nun ab immer dann, wenn Sie Ihr USB-Gerät mit dem PC verbinden.

ISDN-Geräte mit seriellem Anschluss

Mit dem seriellen Anschluss verhält sich ein ISDN-Gerät zumeist wie ein externes Modem. Näheres erfahren Sie in der Anleitung zum Gerät. Ist das Gerät kompatibel zu den Modemstandards, dann können Sie getrost auf unsere Modeminstallation in diesem Kapitel zurückgreifen. Andernfalls nutzt der Hersteller proprietäre

Software, mit der er die Funktionalität zur Verfügung stellt – in diesem Fall benötigen Sie eine für Windows XP freigegebene Software des Herstellers.

Nach der Installation: ab ins Internet!

Ihre ISDN-Karte ist erkannt, Windows mit den notwendigen Treibern versorgt – perfekt! Sie sind gerüstet für den Internetzugang. Sie können gleich eine Verbindung ins Internet einrichten – alles Notwendige vermittelt Ihnen Kapitel 7.4 ab Seite 314. Beim Modem erledigt Windows eine Diagnose – bei ISDN-Geräten die Software des jeweiligen Herstellers. Zumeist existiert ein Verbindungsmonitor, mit dem Sie den Status der Karte bzw. des externen Geräts abfragen können.

Sollten Ihnen die Verbindung mit dem Internet Probleme bereiten, überprüfen Sie die installierten Treiber. Funktionieren die Treiber, ist das Gerät aktiviert – Einstellungsmöglichkeiten wie beim Modem existieren beim digitalen ISDN nicht in gleichem Maße. Mein eigener ISDN-Alltag hatte bislang bei funktionierendem Windows-Treiber-Geräte-Gespann zumeist ein defektes Kabel als Ursache für nicht funktionierende ISDN-Verbindungen ...

ISDN-Background: CAPI und NDIS

CAPI und NDIS sind zwei zentrale Punkte in der ISDN-Unterstützung von Windows. Hier in aller Kürze eine Erklärung dessen, womit Sie es dabei zu tun haben.

Die CAPI-Schnittstelle

Die CAPI-Schnittstelle (Common ISDN Application Programming Interface) ist die Standardschnittstelle, die zur Kommunikation des Betriebssystems und jeglicher Anwendungssoftware mit der ISDN Hardware verwendet wird. Geschichtlich entstand diese Schnittstelle im Jahre 1990. Entwickelt von der so genannten CAPI-Arbeitsgemeinschaft, die aus großen Herstellern von ISDN-Hardware, großen Benutzervereinigungen und der damaligen DBP/Telekom bestand. Angefangen hat es mit Version 1.1, welches der erste Schritt war, um den nationalen ISDN-Markt in Deutschland zu öffnen. Um alle heute gängigen Protokolle zu unterstützen, wurde die aktuelle CAPI-Version 2.0 entwickelt, die den heutigen Standard widerspiegelt. Neben den verschiedensten nationalen ISDN-Protokollen wie DSS-1, Euro-ISDN, German ISDN, AT&T ISDN etc. unterstützt CAPI auch eine Menge verschiedener Betriebssysteme wie Windows 3.x, 95, 98, NT, 2000, XP, aber auch Netware, DOS, Linux, UNIX, BeOS und OS/2.

NDIS, die ISDN-Netzwerkarte

Natürlich bietet Microsoft auch eine eigene Spezifikation mit dem NDIS-Treiber (Network Driver Interface Specification) an. Diese Spezifikation beschreibt die Kommunikation zwischen Protokollstapeln wie z. B. TCP/IP und einem Netzwerkkartentreiber, in diesem Fall die ISDN-Karte. Entwickelt wurde der Treiber von Microsoft und 3Com. Er ermöglicht es Softwareprogrammierern, Protokollstapel zu entwickeln und direkt über die MAC-Schnittstelle auf die Netzwerkkarte zuzugreifen – unabhängig vom Hersteller.

ISDN-Kanalbündelung für mehr Geschwindigkeit

Brauchen Sie mehr Geschwindigkeit? Das Stichwort lautet Kanalbündelung. Bei einer ISDN-Lösung stehen Ihnen zwei so genannte B-Kanäle mit jeweils 64k zur Verfügung, d. h., mithilfe von Kanalbündelung haben Sie die Möglichkeit, eine Datenübertragungsrate von 128k zu erreichen, was bei der rasanten Entwicklung des World Wide Web den Vorteil bringt, dass auch grafisch aufwendig gestaltete Seiten flüssig aufgebaut werden und sogar Video- und AudiodDaten flüssig in Echtzeit abgespielt werden können. Der dritte Kanal, der D-Kanal, wird zur Übertragung von Kontrollinformationen und Steuerdaten verwendet. Da Ihnen nun zwei Kanäle zur Verfügung stehen, können Sie parallel surfen und telefonieren oder ein Fax verschicken.

Zweiter Datenkanal – oder Telefon ...

Mit Ihrem ISDN-Anschluss stehen Ihnen zwei B-Kanäle zur Verfügung. Mit der „normalen" Verbindung belegen Sie einen, durch die Kanalbündelung surfen Sie auf beiden Kanälen durchs Web. Natürlich geht das nur, wenn nicht gleichzeitig telefoniert wird – auch eine Telefonverbindung „kostet" einen Kanal. Umkehrschluss: Sie können nicht telefonieren, so lange gebündelt gesurft wird!

Einrichten und aktivieren des zweiten B-Kanals

1   Klicken Sie mit der rechten Maustaste auf das Symbol *Netzwerkumgebung*. Wählen Sie die Option *Eigenschaften* aus, um sich Ihre konfigurierten DFÜ-Verbindungen anzeigen zu lassen.

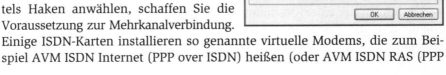

2   Klicken Sie wiederum mit der rechten Maustaste auf Ihre DFÜ-Verbindung, die Sie für die Benutzung beider B-Kanäle einrichten möchten, und lassen Sie sich die *Eigenschaften* dieser Verbindung anzeigen.

3   Indem Sie nun beide ISDN-Kanäle mittels Haken anwählen, schaffen Sie die Voraussetzung zur Mehrkanalverbindung. Einige ISDN-Karten installieren so genannte virtuelle Modems, die zum Beispiel AVM ISDN Internet (PPP over ISDN) heißen (oder AVM ISDN RAS (PPP

over Internet). Alternativ können Sie auch zwei dieser virtuellen Modems auswählen, wobei nur wichtig ist, dass das Protokoll PPP erwähnt ist.

4 Wechseln Sie nun zur Registerkarte *Optionen* und wählen Sie eine der drei Optionen aus, wann und wie Ihre zwei Kanäle genutzt werden sollen. Wir raten Ihnen dazu, die Option *Geräte nur falls erforderlich wählen* einzustellen, da ansonsten immer beide Kanäle besetzt sind, wenn Sie im Internet surfen.

5 Über die Schaltfläche *Konfigurieren* gelangen Sie nun zu den Einstellungsoptionen für Ihre Mehrkanalverbindung.

6 Hier können Sie festlegen, bei welcher Verbindungsauslastung der zweite Kanal hinzugeschaltet werden soll und bei welcher prozentualen Inaktivität der Verbindung ein Kanal geschlossen werden soll.

7 Behalten Sie fürs Erste die Standardeinstellungen bei und ändern Sie diese Einstellungen erst dann, wenn es Ihr Surfverhalten verlangt – also wenn Sie viele Dateien herunterladen.

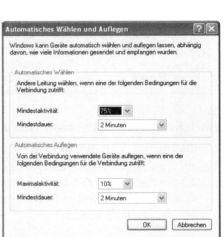

Denken Sie nur daran, zu prüfen, ob die so genannte Kanalbündelung zu den Leistungen Ihres Internet Service Providers dazugehört und somit kostenfrei ist oder ob Sie für jeden Kanal einzeln bezahlen müssen. Dann nämlich zahlen Sie bei der Benutzung beider Kanäle auch doppelte Telefongebühren.

Billig-Standleitung per ISDN-Flatrate?

In den vergangenen Jahren kamen im Zusammenhang mit der Kanalbündelung auch die Flatrates auf den Markt. Hierbei handelt es sich um einen Pauschaltarif, d. h., Sie können für einen Pauschalpreis pro Monat „permanent" online bleiben. Das Wörtchen permanent ist mit Vorsicht zu betrachten, da je nach Anbieter die Verbindung nach einer bestimmten Zeit getrennt wird, um die Nutzung als Standleitung mit einer permanenten IP-Adresse zu unterbinden. Denn Standleitungen sind wesentlich teurer als Flatrates, da dem Benutzer eine permanente IP-

Adresse zugewiesen wird, über die er immer erreichbar und identifizierbar ist. Einen Überblick über die verschiedenen Tarife und Möglichkeiten werden wir Ihnen im Abschnitt „Rein ins Internet über Provider oder Onlinedienst" vermitteln. Als weitere Geschwindigkeitssteigerung gibt es noch die DSL (**D**igital **S**ubscriber **L**ine)-Technologie, die über einen analogen oder auch ISDN-Anschluss betrieben werden kann, was natürlich wiederum abhängig vom jeweiligen Telefonanbieter ist.

Natürlich gibt es noch diverse andere Technologien, um den Internetzugang zu realisieren. Verschiedene Unternehmen arbeiten daran den Internetzugang über das Stromnetz oder den Fernsehkabelanschluss zu realisieren, jedoch sind diese Technologien noch im Erprobungsstadium, werden aber über kurz oder lang eine wirkliche Alternative zum Telefonnetz darstellen. Aufgrund dieser Vielzahl von Möglichkeiten möchten wir Ihnen daher raten, sich vorher ausgiebig zu informieren, welche Möglichkeiten in Ihrer Stadt zur Verfügung stehen. Entscheidungshilfen und weitere Kriterien, um den richtigen Provider bzw. Internetzugang für sich selbst zu finden, geben wir Ihnen in den nachfolgenden Abschnitten an die Hand.

7.3 Highspeed-Zugang: DSL, Powerline und mehr ...

Die DSL-Technologie geistert schon seit mehr als vier Jahren durch unsere Medien, und seit dem Sommer 2000 hat die Deutsche Telekom für diese Technologie mehr und mehr geworben. Mittlerweile gibt es neben der Telekom und Arcor verschiedenste, meist lokale Telefongesellschaften, die diese Technologie zur Verfügung stellen. Auch wenn man meinen könnte, dass vier Jahre genug seien, so ist es immer noch nicht möglich, in allen ländlicheren Gegenden DSL-Anschlüsse zu bekommen. Zwar ist die Versorgung in Städten und stadtnahen Gebieten sehr gut, und auch die Realisierungszeiten haben sich deutlich verbessert. Da wo man vor zwei Jahren noch Wochen, wenn nicht Monate auf seinen DSL-Anschluss gewartet hat, dort ist dies meist in ein paar Wochen erledigt. Auf jeden Fall sollten Sie zuerst prüfen, ob Sie im Einzugsgebiet für diese Technologie wohnen. Dazu sollte ein Anruf bei Ihrer Telefongesellschaft reichen. Telekom und Arcor sind hierbei die größten Anbieter dieser Technologie und bietet ihre Produkte mit dem Namen T-DSL bzw. Arcor-DSL in verschiedenen Variationen an. Da DSL über die herkömmlichen Kupferleitungen unseres Telefonnetzes funktioniert, lässt es sich sogar über einen analogen Anschluss realisieren, wurde aber meist nur als Paket mit einem ISDN-Anschluss angeboten. Nach den letzten Auflagen der Regulierungsbehörde sind die Anbieter nun aber gezwungen, die Produkte unabhängig voneinander anzubieten. Meistens jedoch ist der Preis für einen analogen Anschluss nur unwesentlich geringer wie der Preis für einen ISDN-Anschluss. Über Preismodelle kann an dieser Stelle nur schwerlich diskutiert werden, da wie bereits erwähnt verschiedenste Anbieter am Markt vertreten sind und sich die Angebotspakete ständig ändern. Nichtsdestotrotz wollen wir Ihnen gleich helfen, den für Sie passenden Internetanschluss zu finden.

DSL – höhere Geschwindigkeiten im Telefonnetz

DSL ist eine Technologie, die eine vergleichsweise hohe Datenbandbreite liefern soll, vergleicht man sie mit einer ISDN-Leitung. Telefone waren ursprünglich zur Übermittlung von Sprache gedacht, die auch als analoge Signale bezeichnet werden – daher braucht man ja ein Modem, das die digitalen Daten des Computers in analoge Signale umwandelt, um sie zu versenden. Da aber nur ein sehr geringer Anteil des möglichen Datenstroms, der über die Kupferleitungen fließt, für analoge Daten vorgesehen ist, ist der maximale Datendurchsatz auf 56 Kbps bei Modems bzw. bei der Kanalbündelung bei ISDN-Leitungen auf 128 Kbps beschränkt. Mit anderen Worten ist die analoge Datenübertragung zwischen dem Rechner und der Telefongesellschaft unser Flaschenhals. Bei DSL hingegen entfällt die Übersetzung von digitalen zu analogen Daten, was die Geschwindigkeit enorm erhöht. Ein weiterer Vorteil ist, dass über denselben Kupferdraht sowohl digitale Daten als auch analoge Sprachdaten zur gleichen Zeit übertragen werden können. Für Sie als Endanwender ist ADSL (**A**symmetric **DSL**) die wichtigste Variante der verschiedenen DSL-Formen. Hierbei handelt es sich, wie der Begriff schon vermuten lässt, um einen asymmetrisch aufgeteilten Datenstrom, d. h., der Großteil des Datenstroms wird für den Downstream von Daten verwendet und nur ein kleiner Teil zum Upstream (Upstream = Übertragung von Daten durch das Internet an einen anderen Rechner). Sowohl bei der Telekom als auch bei anderen Anbietern hat sich zu Beginn das Modell durchgesetzt, einen Downstream von 768 Kbps und einen Upstream von 128 Kbps anzubieten. Davon abweichend gab es jedoch nach und nach höhere Geschwindigkeiten und auch Volumen oder zeitabhängige Tarifmodelle bei den verschiedenen Anbietern. Auf jeden Fall lohnt es sich, vorher Vergleiche zwischen den Anbietern zu ziehen.

Verbindung direkt mit dem Computer

Für den DSL-Anschluss ist es nicht nötig, dass ein Techniker Ihrer Telefongesellschaft bei Ihnen vorbeischaut. Sie bekommen von Ihrer Telefongesellschaft zwei Geräte zugesandt, um die DSL-Lösung zu realisieren: als Erstes den DSL-Splitter – dieses Gerät wird einfach in die TAE-Dose (Telefondose) eingesteckt und sorgt für die „Aufsplittung" des Signals in einen Bereich nur für Datenübertragung (größer 136 KHz) und einen zweiten Bereich (bis 120 KHz), der weiterhin für Daten und Sprachdaten zur Verfügung steht. Der reine Datenübertragungsbereich wird dann an das DSL-Modem weitergegeben, das korrekter als NTBA bezeichnet wird, denn es handelt sich ja nicht um ein Modem (Modulator/ Demodulator) im eigentlichen Sinne. Nun wird die NTBA mit einer Netzwerkkarte im Computer verbunden. Sie sollten darauf achten, ob die Netzwerkkarte im DSL-Angebotspaket Ihrer Telefongesellschaft enthalten ist oder ob Sie sich eine Netzwerkkarte besorgen müssen. Müssen Sie sich eine Netzwerkkarte besorgen, sollten Sie darauf achten, dass es sich um eine 10-MBit-Karte oder um eine 10/100-Kombikarte handelt. Rein äußerlich sieht die DSL-Verbindung aus wie eine interne Netzwerkverbindung, denn auch hier werden jetzt nur noch digitale Daten versendet.

Am anderen Ausgang des Splitters wird dann der ISDN-Anschluss (NTBA) angebracht, an den Sie wieder eine Telefonanlage oder ISDN-Endgeräte anschließen können. Natürlich haben Sie hier ebenfalls wieder zwei Kanäle, über die Sie sowohl Daten als auch Sprache übertragen können. Es ist also nur ein zusätzlicher Kanal, der DSL-Kanal, hinzugekommen, der aber ausschließlich für die Datenübertragung reserviert ist.

Oftmals sind die Geräte mittlerweile in einem einzigen zusammengefasst, was an den Anschlüssen jedoch nichts ändert. Was allerdings häufiger zu finden ist, ist die USB-Variante, d. h., Sie brauchen keine Netzwerkkarte in Ihrem Rechner, sondern lediglich einen freien USB-Port, an den das DSL-Modem angeschlossen wird. Oftmals können Sie bei der USB-Variante aber nur den vom Anbieter mitgelieferten Verbindungsmanager als Software zur Verbindung nutzen, sodass das Feintuning über den USB-Port angeschlossener DSL-Modems sehr schwer möglich ist oder sogar ganz entfällt. Darum ist die Variante über die Netzwerkkarte vorzuziehen, da Sie dort zwischen der einfachen Konfigurationsvariante über den Verbindungsmanager und der manuellen Konfiguration frei wählen können.

PPPoE, das DSL-Protokoll

Wie Sie eben gelesen haben, wird DSL über eine Netzwerkkarte oder optional an einen USB-Port angeschlossen, d. h., es besteht ein Unterschied zu einem Modem oder einer ISDN-Karte allein daher, dass es sich rein um digitale Daten handelt, wie oben beschrieben. Das hierfür notwendige Protokoll heißt PPPoE (**P**oint-to-**P**oint-**P**rotocol-**o**ver-**E**thernet). Windows XP liefert dieses Protokoll im Gegensatz zu seinem Vorgänger Windows 2000 direkt mit. Leider werden z. T. auch weiterhin zusätzliche Hilfsprogramme wie WinPOet und RASPPPoE benötigt, da nicht alle Anbieter das mitgelieferte Protokoll unterstützen. In diesen Fällen wenden Sie sich am besten an Ihren Provider, Onlinedienst etc. und erkundigen sich nach der jeweiligen Unterstützung.

Installation des PPPoE-Treibers

Die Installation dieses Treibers verläuft ähnlich wie die manuelle Installation einer DFÜ-Verbindung.

1 Hierzu klicken Sie mit der rechten Maustaste auf das Symbol der *Netzwerkumgebung* und wählen dort die *Eigenschaften* aus, um zur Konfiguration einer neuen DFÜ-Verbindung zu gelangen.

2 Im Fenster *Netzwerkverbindungen* klicken Sie auf die Option *Eine neue Verbindung erstellen*.

3 Der Assistent für neue Verbindungen begrüßt Sie mit einem Willkommensfenster, das Sie mit *Weiter* bestätigen.

4 Im nächsten Fenster wählen Sie die Option *Verbindung mit dem Internet herstellen* aus und bestätigen abermals mit *Weiter*.

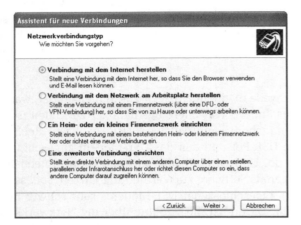

5 Wenn Sie einen Anbieter verwenden, der die Benutzung des DFÜ-Netzwerks zulässt, wie zum Beispiel die Deutsche Telekom, markieren Sie die Option *Verbindung manuell einrichten* und klicken wieder auf die Schaltfläche *Weiter*. Ihre DSL-Verbindung wird hier auch als Breitbandverbindung bezeichnet.

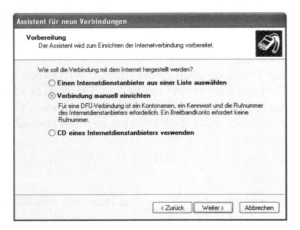

6 Im folgenden Dialogfeld wählen Sie die Verbindung über eine Breitbandverbindung unter Benutzung eines Benutzernamens und eines Kennworts aus und klicken auf Weiter.

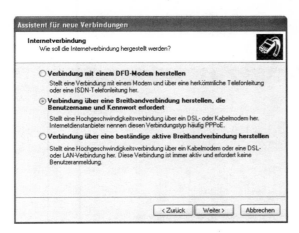

7 Geben Sie nun Ihrer erstellten Verbindung einen Namen, um sie später wiederzufinden, was besonders bei verschiedenen DFÜ-Verbindungen wichtig ist.

8 Als Nächstes werden Sie um die Eingabe Ihrer Zugangsdaten gebeten, die Sie von Ihrem Internet Service Provider erhalten haben. Wählen Sie gegebenenfalls noch die Option aus, ob die Verbindung für alle Benutzer des Rechners eingerichtet werden soll, ob es die *Standardverbindung* ist und ob die *Internetverbindungsfirewall* eingeschaltet werden soll. Fahren Sie fort mit *Weiter*.

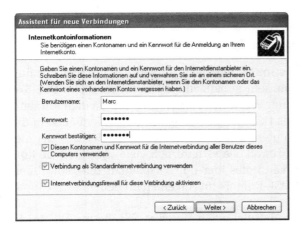

9 Als Letztes folgt die Zusammenfassung Ihrer eingegebenen Daten in den *Assistenten für neue Verbindungen*, die Sie mit der Schaltfläche *Fertig stellen* abschließen.

Im folgenden Bild sehen Sie dann eine mögliche Anzeige Ihrer LAN- und DFÜ-Verbindungen, wobei Sie Ihr Augenmerk auf zwei Symbole lenken sollten: einmal das kleine gelbe Schloss an der rechten oberen Ecke der Verbindungssymbole. Dieses weist auf die eingeschaltete Internetverbindungsfirewall hin. Und zum anderen der kleine schwarze Haken an einer der Verbindungen, der die Standardverbindung definiert, die zum Beispiel vom Internet Explorer zum Verbindungsaufbau genutzt wird.

Anzeige Ihrer LAN- und DFÜ-Verbindungen.

Verbindung über einen DSL-Router

Immer mehr lokale Netzwerke im Heimbereich nutzen das Internet mit mehreren PCs, sodass die mittlerweile sehr günstigen ISDN- und vor allem DSL-Router immer häufiger anzutreffen sind. Wir wollen Ihnen hier daher einen kurzen Einblick in die Konfiguration eines DSL-Routers geben und vor allem auch in die Sicherheitskonfiguration der Router-Firewall im Zusammenspiel mit der neuen Windows XP Service Pack 2-Firewall. Da es natürlich viele verschiedene Routermodelle auf dem Markt gibt, kann dies hier nur beispielhaft sein, soll Ihnen jedoch beim Verständnis eines DSL-Routers im Allgemeinen helfen.

Wir benutzen hier in unserem Beispiel einen Wireless DSL-Router WGR614 von der Firma Netgear. Nachdem der Router laut Anleitung angeschlossen ist und bei Ihnen ins Netzwerk integriert wurde, müssen Sie dafür sorgen, dass der Router und Ihr Computer, der zur Konfiguration des Routers dienen soll, sich im gleichen Netzwerk befinden. Im Regelfall verteilt der Router automatisch über das DHCP-Protokoll IP-Adressen, sodass Ihr Computer nur automatisch eine Adresse beziehen soll, was seiner Standardeinstellung entspricht. Sollten Sie sich mit der IP-Konfiguration auskennen, können Sie die IP-Adresse natürlich auch manuell anpassen. Meistens sind die Anleitungen zur Erstinstallation des Routers bei jedem Hersteller recht gut.

Schauen Sie nun in Ihre Anleitung und suchen Sie nach der IP-Adresse Ihres Routers, da fast alle gängigen Router über einen Webbrowser konfiguriert werden, sodass Sie lediglich die IP-Adresse Ihres Routers in die Adresszeile Ihres Webbrowsers eintragen müssen. Es gibt auf dem Markt auch Router, die erstmalig über einen Assistenten konfiguriert werden, was meistens sehr komfortabel, aber mit Hinblick auf die Sicherheit oft nicht ausreichend ist.

Öffnen Sie dazu Ihren Internet Explorer und geben Sie in der Adresszeile die IP-Adresse des Routers an, so wie es in der beigefügten Anleitung steht. Sie werden wahrscheinlich aufgefordert, einen Benutzernamen und ein Passwort einzugeben. Bei einigen Modellen ist der Benutzername schon vorgegeben. Das zugehörige Standardpasswort entnehmen Sie ebenfalls der beiliegenden Anleitung Ihres Routers.

Achtung: Einer der ersten Ihrer Konfigurationsschritte bei Ihrem Router sollte das Ändern des Passworts sein, damit niemand außer Ihnen Zugriff auf die Konfiguration hat. Dieser Hinweis wird leider nicht von allen Herstellern betont.

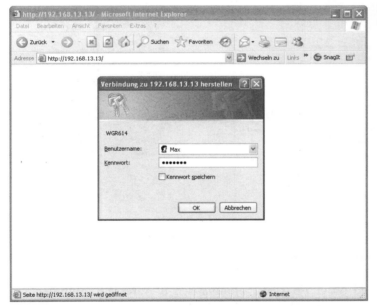

Erstmaliges Einloggen auf den Router.

Da jede Konfigurationsoberfläche verschiedener Hersteller unterschiedlich aussieht, wollen wir Ihnen hier mehr die wichtigen Funktionen eines DSL-Routers vorstellen. Als weiterer Schritt sollten Sie zuerst einmal die Verbindung mit dem Internet herstellen. Beim Netgear WGR614 finden sich diese Einstellungen unter den *Basic Settings* wieder. Hier werden die Login-Daten des Internet Service Providers hinterlegt, beispielsweise werden die Wahlwiederholungen eingestellt und auch die Leerlaufzeit, nach der eine Verbindung wieder abgebaut werden soll. Wenn Sie natürlich über eine DSL-Flatrate verfügen, können Sie diese Einstellung auch auf null stellen. Eventuelle DNS-(**D**omain **N**ame **S**ystem-)Server brauchen Sie nicht anzugeben, da Sie nicht über eine feste IP-Adresse verfügen, sondern bei jeder neuen Einwahl von Ihrem Provider eine neue temporäre IP-Adresse bekommen und ebenfalls die dazugehörigen DNS-Server.

Viele Router verfügen über einen Schalter, über den Sie Ihre Verbindungseinstellungen testen können. Dies sollten Sie tun, um die korrekten Einstellungen zu verifizieren. Vergessen Sie nicht, auf *Apply*, *Übernehmen* oder einen ähnlichen Schalter zu klicken; da Sie sich auf einer Weboberfläche befinden, müssen die eingegebenen Daten auch noch übernommen werden.

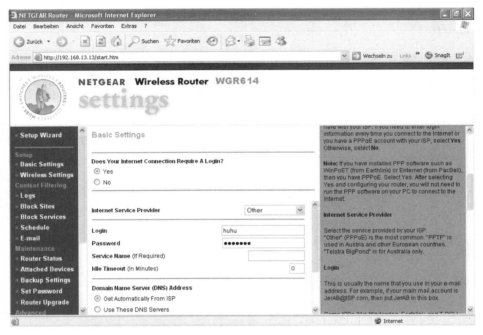

Eingabe der Login-Daten für den Internetzugang.

Als Nächstes sollten Sie nach einem Menüpunkt suchen, der mit der Konfiguration Ihres LAN zu tun hat, dort können Sie meistens die IP-Adresse des Routers selbst einstellen und ob er per DHCP automatisch IP-Adressen an anfragende Clientcomputer verteilt. Im Fall des Netgear-Routers lassen sich aus dem Pool von Adressen, die mittels DHCP (**D**ynamic **H**ost **C**onfiguration **P**rotocol) verteilt werden, sogar noch Reservierungen für einzelne Computer angeben.

Natürlich ist es komfortabel, automatisch eine IP-Adresse und alle weiteren Einstellungen zugewiesen zu bekommen, nur ist dies auch am unsichersten, vor allem wenn der Router auch noch Wireless Clientcomputer unterstützt, da er so sofort IP-Adressen an alle anfragenden Clientcomputer verteilt. Daher sollten Sie DHCP besser abschalten und die IP-Adressen, die Subnetzmaske, das Gateway und den DNS-Server lieber manuell für die Clientcomputer konfigurieren, was natürlich einen Mehraufwand bedeutet, der im Heimbereich aber zu vernachlässigen ist, jedoch die Sicherheit ebenfalls erhöht.

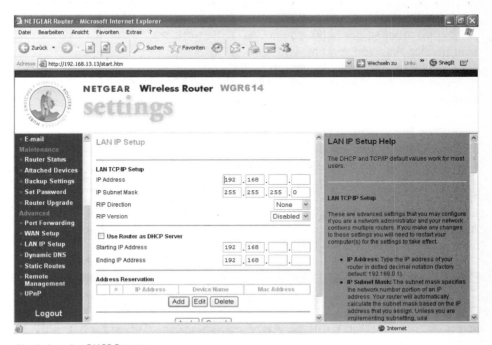

Abschalten des DHCP-Dienstes.

Anbinden der Computer an den DSL-Router

Um einen Clientcomputer, der sich im LAN hinter dem DSL-Router befindet, manuell zu konfigurieren, öffnen Sie die *Eigenschaften* der Netzwerkumgebung. Klicken Sie hierzu mit der rechten Maustaste auf die Netzwerkumgebung und wählen Sie aus dem Kontextmenü den Punkt *Eigenschaften* aus. Nun sehen Sie Ihre Netzwerkkarte und eventuelle DFÜ-Verbindungen Ihres Computers. Klicken Sie nun ebenfalls mit der rechten Maustaste auf die Netzwerkkarte und wählen Sie erneut die *Eigenschaften* aus dem Kontextmenü aus. Im neu geöffneten Fenster doppelklicken Sie nun auf *Internetprotokoll (TCP/IP)*.

Im folgenden Fenster aktivieren Sie den Punkt *Folgende IP-Adresse verwenden* und geben unter *Standardgateway* und *Bevorzugter DNS-Server* die IP-Adresse Ihres DSL-Routers ein. Ganz oben tragen Sie nochmals die gleiche IP-Adresse ein, nur ändern Sie den letzten Abschnitt der IP-Adresse. Falls Sie sich bei der manuellen IP Adressierung zu unsicher fühlen, lassen Sie sie besser auf automatisch stehen und auch den DHCP-Dienst vom Router aktiviert, bis Sie sich sicherer fühlen oder jemanden finden, der Ihnen bei der Konfiguration hilft.

Der Netgear-Router verfügt wie die meisten Router über eine integrierte Firewall, die mit so genannter statefull inspection (ein Standard, der von der Firma Check Point entwickelt wurde; *www.check point.com*) arbeitet, das heißt, von außen kommender Netzwerkverkehr wird komplett geblockt und nur Antworten auf Anfragen, die von innen nach außen stattfinden, werden durchgelassen. Das heißt ein wenig vereinfacht, alles darf raus. Dies kann man auch noch unterbinden, indem man spezielle Services blockt. Man gibt hierzu die Ports und die IP-Adressen an, die diese Ports, die man angibt, nicht benutzen dürfen – entweder als Positivliste oder als Negativliste.

Einstellung einer manuellen IP-Adresse.

Also wird alles von vornherein geblockt und einiges explizit geöffnet, oder alles nach außen ist auf, und nur für spezielle PCs werden Ports blockiert.

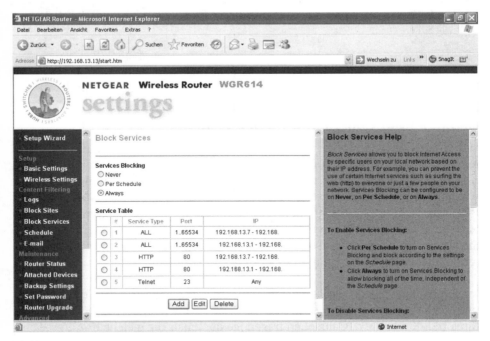

Blockieren der Ports für spezielle IP-Adressen.

Programme, Spiele und Dienste von Computern nach außen veröffentlichen

Doch was machen Sie nun, wenn eben doch einige Dienste auf Ihrem Computer im LAN laufen, die Sie Ihren Freunden durchs Internet zu Verfügung stellen möchten? Oder Sie wollen ein Spiel im Internet spielen. Das Problem ist ja nun: Angenommen, Sie möchten eine eigene Webseite auf Ihrem Rechner bereitstellen, damit Ihre Freunde Sie vom Internet aus betrachten können. Alle Pakete mit der Anfrage nach der Webseite auf Ihrem PC landen erst einmal bei Ihrem Router, nur woher soll der Router wissen, zu welchem der drei PCs in Ihrem LAN er die Pakete weiterleiten soll?

Das Ziel ist es also, den Router so zu konfigurieren, dass er bestimmte Pakete, die Anfragen an bestimmte Ports und somit auch Dienste stellen, automatisch ins LAN zu einem speziellen PC weiterleitet. Dies nennt man Port-Forwarding, und es kann sowohl für Spiele als auch für Dienste und sonstige Programme verwendet werden. Man muss natürlich schon über einiges an Basiswissen verfügen, um die Ports herauszubekommen, die spezielle Programme, Spiele oder Dienste benutzen. Dazu kann ich Ihnen immer wieder die Suchmaschinen, allen voran *www.Google.de*, empfehlen oder die offizielle Seite der IANA (*www.iana.org*), die zuständig für alle Ports ist.

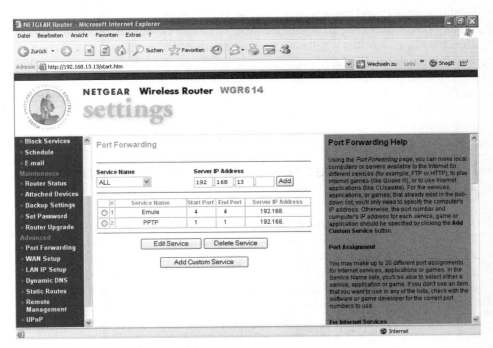

Port Forwarding für Spiele, Dienste und Programme.

Um eine Port-Forwarding-Regel einzurichten, betrachten Sie den Weg am besten aus der Sicht eines Benutzers im Internet. Dieser stellt beispielsweise eine Anfrage auf Port 80 (http), um eine Webseite zu betrachten. Diese Anfrage gelangt an den Router, der nun anhand seiner Forwarding-Regel entscheidet, zu welchem Rechner in seinem LAN er dieses Paket mit welchem voreingestellten Port weiterleitet. Der Benutzer im Internet denkt also, er würde die Webseite vom Router angezeigt bekommen, da er ja nichts von der Weiterleitung weiß.

Wenn dieser Rechner im LAN ein Windows XP-Computer mit Service Pack 2 ist, der auch seine Firewall aktiviert hat, muss bei der Firewall ebenfalls ein Port-Forwarding eingerichtet werden. Dies wird hier bei der XP SP2-Firewall mit Ausnahme bezeichnet, stellt aber nichts anderes dar. Wie es funktioniert, lesen Sie weiter unten im Abschnitt „Erweiterte Einstellungen – Ihre eigene Firewall für die Internetverbindung" in diesem Kapitel bzw. in Kapitel 12 „Heimnetzwerke für Homeoffice und Spiele".

Wenn DSL nicht verfügbar ist

Die DSL-Technologie ist in fast allen großen Städten mittlerweile verfügbar. Jedoch welche Möglichkeiten bieten sich an, wenn Sie sich nicht im Einzugsgebiet einer größeren Stadt befinden? Eine mögliche Alternative ist Sky-DSL. Bei dieser speziellen DSL-Variante wird die Anforderung einer Internetseite oder einer Datei, die heruntergeladen werden soll, über eine normale Internetverbindung via Telefon realisiert und die Antwort, also der Downstream, erfolgt dann via Satellit. Bei Sky-DSL können Sie als Kunde variabel zwischen Downstream-Raten von 128 Kbps bis hin zu 8 MBits wählen, je nach Ihren Anforderungen und natürlich auch dem Portmonnaie. Die Empfangsschüssel und die Sky-DSL-Karte, die von der Firma Teles hergestellt wird, bekommen Sie als Gesamtpaket zugeschickt. Wenn Sie an dieser Technologie Gefallen finden, können Sie sich auf der Homepage der Firma Strato, einer Tochterfirma von Teles, weitere Informationen besorgen: *www.strato.de.*

7.4 Rein ins Internet über Provider oder Onlinedienst

Die große weite Welt des Internets: Einkaufen, Chatten, Surfen, neue Treiber für Ihre Hardware, Informationen, Recherche oder auch Spielen im Internet und vieles mehr. Die Möglichkeiten des Internets sind schier unerschöpflich, um so wichtiger ist die Wahl des richtigen Internetzugangs. Sind Sie ein Gelegenheitssurfer oder verbringen Sie Stunden über Stunden im Internet? Legen Sie Wert auf Geschwindigkeit? In diesem Abschnitt werden wir Ihnen verschiedene Möglichkeiten zeigen, wie Sie Ihren Internetzugang anhand Ihres persönlichen Internetverhaltens auswählen. Sie werden Antworten auf folgende Fragen finden:

■ Welcher Internetzugang ist für mich der richtige?

■ Wie funktioniert ein Call-by-Call-Zugang?

- Wie benutzt man den Internetverbindungs-Assistenten (DFÜ-Netzwerk)?
- Was bieten die verschiedenen Onlinedienste & Internet Service Provider?

Welcher Internetzugang ist für mich der richtige?

Der auf Sie zugeschnittene Internetzugang hängt von verschiedenen Faktoren ab. Als Erstes sollten Sie Ihr Surfverhalten analysieren, soweit Sie bereits Interneterfahrungen haben, sprich wie viele Stunden verbringen Sie in der Regel im Internet? Wenn Sie dies herausgefunden haben, ist die zweite Frage, welche Geschwindigkeit ist für Ihre Anforderungen die richtige, brauchen Sie also Geschwindigkeit, weil Sie große oder viele Dateien aus dem Internet herunterladen, oder haben Sie sehr wenig Zeit und brauchen daher einen schnellen Zugang, um möglichst effektiv arbeiten zu können? Sollten Sie ein Neueinsteiger in Sachen Internet sein, ist in fast allen Fällen ein Call-by-Call-Zugang zu empfehlen. Bei dieser Art des Internetzugangs sparen Sie die Grundgebühr, d. h., Sie zahlen wirklich nur die Minuten, die Sie online sind, wobei stark darauf zu achten ist, in welchem Zeittakt abgerechnet wird und ob die Telefongebühren in den Onlinekosten schon enthalten sind oder nicht. Wie Sie sehen, ist auch dies, vergleichbar mit den Handytarifen, eher ein Tarifdschungel, den man sich vorher genauestens anschauen sollte, bevor man sich entscheidet. Jedoch gibt es durchaus auch positive Erscheinungen, denn durch den Verlust der Monopolstellung der Deutschen Telekom werden die Preise für den Endkunden immer günstiger, da die Konkurrenz immer größer wird.

Sie sind Neueinsteiger und wollen erst mal „reinschnuppern": Wenn Sie keinerlei Erfahrung mit dem Internet haben oder auch sehr wenig oder Ihr Internetverhalten nur sehr schwer beurteilen und einschätzen können, dann sollten Sie sich für den Beginn der Reise ins Web für einen Call-by-Call-Anbieter entscheiden. Dort können Sie sich meist kostenlos anmelden und zahlen effektiv nur die Zeit, die Sie online sind, d. h., es fällt keine Grundgebühr an, wenn Sie nach kurzer Zeit merken, dass Sie keinen Spaß am Medium Internet haben. Bei fast allen Anbietern entfällt auch eine vertragliche Mindestlaufzeit, sodass Sie jederzeit aussteigen können. Natürlich ist die Call-by-Call-Lösung nicht die beste.

Sie sind schon ein paar Monate dabei: Sie sollten nach ein paar Monaten analysieren, wie lange Sie im Durchschnitt online sind, denn durch den Wegfall der Grundgebühr erhöht sich der Preis pro Minute oder Einheit, sodass Sie ab einer bestimmten Stundenzahl billiger fahren, einen Anbieter zu wählen, der zwar eine Grundgebühr verlangt, aber im Preis pro Minute oder Einheit deutlich günstiger ist. Eine weitere Variante, aber nicht so empfehlenswert wie Call-by-Call-Anbieter sind die Onlinedienste. Auch hier haben Sie oft keine oder geringe Onlinegebühren, jedoch wird zumeist ein umfangreiches Softwarepaket mitgeliefert, das Ihr System nicht unbedingt verbessert, da bei Windows XP eigentlich alle Komponenten vorhanden sind, um das Internet in vollem Umfang zu nutzen. Dennoch, auch diese Möglichkeit wird Ihnen hier aufgezeigt (als Beispiele seien hier AOL, CompuServe und T-Online genannt, wobei T-Online die Möglichkeit bietet, auch über eine DFÜ-Netzwerkverbindung zu arbeiten, sodass die T-Online-Software nicht genutzt werden muss). Bedenken Sie ein Letztes: Wenn Sie nicht über einen ISDN-Anschluss verfügen, ist Ihre Telefonleitung natürlich für Anrufer besetzt, solange Sie online sind – auch wenn es logisch klingt, wird diese Tatsache gern vergessen.

Sie sind ein erfahrener Internetnutzer: Für Sie als erfahrenen Internetnutzer gilt es nun, zu analysieren, wie lange Sie im Durchschnitt online sind, sprich ob es sich für Sie lohnt, einen Internetprovider zu nutzen, der zwar eine Grundgebühr verlangt, aber im Einheitenpreis billiger ist. Hier gibt es natürlich noch feine Varianten. Zum einen gibt es noch Tools, die mehrere Call-by-Call-Anbieter abfragen und jeweils den billigsten Tarif nutzen, der gerade für Sie in Frage kommt, d. h., Sie surfen zum jeweils günstigsten Call-by-Call-Tarif. Dies kann eine Zwischenlösung sein, spart aber in der Praxis nicht sehr viel, da aufgrund des eben erwähnten Konkurrenzkampfs die Preise sehr eng beieinander liegen. Zum anderen gibt es bei der Lösung über einen Internetprovider die Möglichkeit, über eine Flatrate zu surfen, bei der Sie permanent online sein können, also keine Zeitbeschränkung haben, und das zu einem Pauschalpreis, der bei ca. 20 Euro (ohne Gewähr) liegt. Hierbei müssen Sie aber genau beachten, ob Sie nicht auch noch einen ISDN-Anschluss beim gleichen Anbieter als Voraussetzung beantragen müssen, um die Flatrate zu bekommen – und somit weitere Kosten auf Sie zukommen. Interessant ist natürlich auch die Wahl generell zwischen ISDN- und analogem Anschluss. ISDN bietet Ihnen auf der einen Seite den schnelleren Anschluss (64 Kbps-128 Kbps) und natürlich zwei Leitungen, d. h., Sie können parallel telefonieren und im Internet surfen oder ein Fax verschicken.

Als Power-Internetnutzer verbringen Sie viel Zeit im Internet: Was ist ein Poweruser? Als Poweruser stoßen Sie an die Grenzen des „normalen" Internetzugangs: Zum einen finanziell – andere Abrechnungsmodelle werden Ihnen geläufig sein, weil Sie sich immer wieder über die hohen Rechnungen geärgert haben – zum anderen in Sachen Leistung – hier zählt für Sie natürlich um so mehr Bandbreite, d. h. Geschwindigkeit. In diesem Fall ist eigentlich immer der Internetprovider die beste, schnellste und günstigste Lösung. Dabei variiert das Angebot natürlich stärker, je nachdem, welcher Internetprovider in Ihrer Gegend seine Dienste anbietet (und wie viele Konkurrenten es gibt). Auch hier bleibt die einheitliche Regel bestehen, vorher genau zu überlegen, welches Internetverhalten Sie auszeichnet, welche Geschwindigkeit für Sie nötig ist und ob Sie große Datenmengen aus dem Internet herunterladen möchten. Oft bieten die Internetprovider verschiedenste Kombinationspakete an bis hin zur Standleitung mit eigener IP-Adresse, die aber nur noch für Geschäftskunden interessant sind.

Volumen- und Zeittarife als günstige DSL-Variante: Da DSL mittlerweile sehr verbreitet ist und auch die Webprogrammierer mit der Bandbreite nicht mehr haushalten müssen, werden die Seiten für DSL optimiert, sodass man mittlerweile auch fürs reine Surfen fast nicht mehr um DSL herumkommt. Die Anbieter haben hier, so finde ich, gut auf die Kundenbedürfnisse reagiert, und so bekommt man nun Volumen oder zeitgebundene DSL-Tarife. Das heißt, surfen Sie nur im Internet und laden kaum große Dateien herunter, sollten Sie einen Volumentarif wählen. Laden Sie hingegen große Datenmengen herunter, dies jedoch nicht allzu häufig, sollten Sie einen Zeittarif nutzen. Auf jeden Fall müssen Sie auf das Kleingedruckte achten: Heutzutage sollte Ihnen jeder Anbieter garantieren, dass, wenn Sie über Ihre Zeit oder Ihr Volumen hinausgehen, Sie nur maximal den Preis einer Flatrate in diesem Monat bezahlen müssen.

Fazit: Analysieren Sie genau, welche Bedürfnisse Sie haben. Wenn Sie neu im Internet sind, machen Sie dies nach einer mehrmonatigen Probephase. Informieren Sie sich gelegentlich (halbjährlich oder jährlich) über neue Angebote, um neue Preismodelle nicht zu verpassen, denn nicht jeder Anbieter stellt Sie automatisch auf den neuen, billigeren Tarif um.

Call-by-Call-Zugang

Das Schlagwort eines jeden Call-by-Call-Anbieters ist „Keine Vertragsbindung und keine Grundgebühren". Abgerechnet wird entweder in Zusammenhang mit der Deutschen Telekom oder direkt über den Anbieter. Da die Preise durch den Wettbewerb sehr niedrig sind, wäre dies der ideale Internetzugang für Sie, wenn Sie wenig oder selten surfen. Sie werden sehen, dass es noch kleine Unterschiede in der Art der Einrichtung der Zugänge gibt, so verwenden manche zum Beispiel das DFÜ-Netzwerk, wohingegen andere so genannte Dialer einsetzen, die den Verbindungsaufbau vollständig für Sie übernehmen, was die Sache gerade am Anfang sehr vereinfacht. Nach einiger Zeit, so zeigt es die Erfahrung, ist es oftmals (rein gefühlsmäßig) allerdings angenehmer, die Verbindung manuell über eine DFÜ-Verbindung zu erstellen, doch dazu gleich mehr.

Unterschiede zwischen Call-by-Call-Anbietern

Der wichtigste Unterschied ist, wie eben bereits angesprochen, die Nutzung einer DFÜ-Netzwerkverbindung oder eines kleinen Programms, eines Dialers.

Ein weiterer Unterschied liegt in den Zusatzleistungen, die Ihnen angeboten werden. Einige Call-by-Call-Anbieter bieten Ihnen zusätzlich eine kostenlose E-Mail-Adresse und Speicherplatz für Ihre private Homepage auf den Webservern. Dies sollte jedoch kein Entscheidungskriterium sein, denn diese Zusatzleistungen können Sie ebenfalls kostenlos im Internet bei verschiedenen Anbietern bekommen. Vielmehr sollte der Preis letztendlich ausschlaggebend dafür sein, für welchen Call-by-Call-Anbieter Sie sich entscheiden. Da Sie ja auch verschiedene Call-by-Call-Anbieter parallel nutzen können, wählen Sie ganz einfach den aus, der zu der Tageszeit, zu der Sie online gehen wollen, den günstigsten Tarif hat – wobei die Tarife sehr eng beieinander liegen und nicht sehr stark differieren. Wollen Sie dennoch stets mit dem günstigsten Anbieter surfen, so helfen Ihnen kleine Programme, die für Sie den jeweils günstigsten Anbieter auswählen und Sie mit diesem verbinden. Wenn Sie sich für solche Hilfsprogramme interessieren, weil Sie lange im Internet sind, ist jetzt der Punkt, zu überlegen zu einem Provider zu wechseln, was dann billiger sein könnte, als immer den günstigsten Tarif zu suchen oder auch suchen zu lassen. Weniger ist manchmal mehr. Versuchen Sie, so wenig Zusatzsoftware zu nutzen wie möglich, wodurch Sie auch direkt mögliche Fehlerquellen reduzieren.

DFÜ-Netzwerk

Das DFÜ-Netzwerk ist eine eingebaute Komponente von Windows XP, die Ihnen die Möglichkeit bietet, verschiedene Verbindungen zu verschiedenen Anbietern vorzudefinieren. Dies sollte immer die bevorzugte Wahl für einen Internetzugang sein. Alle anderen Onlinedienste, wie z. B. AOL und CompuServe, arbeiten mit einer Zugangssoftware, die sich nicht umgehen lässt und oftmals mehr Schwierigkeiten macht als nötig. Andere Onlinedienste wie T-Online lassen dem Benutzer wenigstens die Wahl, anstelle der Zugangssoftware eine DFÜ-Verbindung zu nutzen. DFÜ-Verbindungen können problemlos erstellt und in beliebiger Anzahl nebeneinander existieren. Call-by-Call-Anbieter nutzen zwar oft kleine Programme zum Verbindungsaufbau (Dialer), die aber nichts anderes machen, als eine DFÜ-Verbindung zu erstellen. Also Vorsicht bei umfangreicher Installationssoftware.

Die erste Verbindung zum Call-by-Call-Anbieter

Wenn Sie die Möglichkeit haben, einen Internetzugang zu benutzen oder Freunde Ihnen das Einwahlprogramm vom jeweiligen Anbieter herunterladen, können Sie es installieren und starten oder Sie melden sich online über einen Internetzugang an und lassen sich die Software schicken. Der einfachste und üblichste Weg ist jedoch, eine DFÜ-Verbindung manuell zu erstellen und so die erste Verbindung zum Anbieter aufzunehmen.

Als Hardwarevoraussetzung brauchen Sie lediglich ein korrekt installiertes Modem oder eine entsprechende ISDN-Karte. Zusätzlich brauchen Sie nun noch die Telefonnummer des jeweiligen Anbieters und den Benutzernamen sowie das Passwort, um sich einzuwählen. Nachfolgend werden wir Ihnen ein paar Internetadressen angeben, unter denen Sie diese Daten aktuell abrufen können. Sollten Sie nicht die Möglichkeit haben, einen Internetzugang zu nutzen, rufen Sie am besten die Firmen über die Auskunft telefonisch an und lassen sich die Zugangsdaten telefonisch übermitteln. Oftmals finden Sie auch in Fachzeitungen

Werbung dieser Firmen, in denen Sie selbige Daten finden. Aber Vorsicht! Verwechseln Sie nicht CD-ROMS von z. B. AOL oder CompuServe mit Call-by-Call-Anbietern. Bei diesen CDs handelt es sich um die Zugangssoftware von Onlinediensten, die eine Anmeldung erfordern. Diese werden nachfolgend noch näher besprochen. Einen sehr guten Vergleich von Call-by-Call-Anbietern und eine Übersicht über deren Internetadressen bietet die Seite *www.holpert.de.*

Hier nur ein kurzer Auszug, um einmal die Preise der verschiedenen Anbieter aufzuzeigen.

Mo–Fr	Anbieter			
	Minutenpreis und Taktung für die erste/jede weitere Berechnungseinheit in Sekunden			
0–4 Uhr	meOme, *mega24* 0.55 Ct [60/60]	Arcor, *Basistarif Nacht* 01058, *Callinet@night* 0.56 Ct [60/60]	surfdirect, *Privat* 0.69 Ct [60/60]	Callero, *Super II* 0.81 Ct [60/60]
4–6 Uhr			Alster24, *Freizeit* 0.68 Ct [60/60]	surfdirect, *Privat* 0.69 Ct [60/60]
6–8 Uhr	Arcor, *Basistarif Nacht* 01058, *Callinet@night* 0.56 Ct [60/60]	Alster24, *Freizeit* 0.68 Ct [60/60]	surfdirect, *Privat* 0.69 Ct [60/60]	1click2surf, *Ja! 3* 0.71 Ct [60/60]
8–9 Uhr		meOme, *smart24* 0.67 Ct [60/60]		Avego, *Work* 0.7 Ct [60/60]
9–12 Uhr	01058, *Callinet@Day* 0.65 Ct [60/60]		Arcor, *Basistarif Tag* 0.68 Ct [60/60]	1click2surf, *Ja! 1* 0.69 Ct [60/60]
12–15 Uhr				Avego, *Work* 1click2surf, *Ole 3* 1click2surf, *Ja! 2* 0.7 Ct [60/60]
15–18 Uhr				1click2surf, *Ja! 3* 0.69 Ct [60/60]
18–19 Uhr	meOme, *smart24* 0.55 Ct [60/60]	Arcor, *Basistarif Nacht* 01058, *Callinet@Dinner* 0.56 Ct [60/60]	1click2surf, *Ole 1* 0.58 Ct [60/60]	1click2surf, *Ja! 1* 0.61 Ct [60/60]
19–20 Uhr		Arcor, *Basistarif Nacht* 01058, *Callinet@Dinner* Alster24, *Freizeit* 0.56 Ct [60/60]		

Mo–Fr	Anbieter			
	Minutenpreis und Taktung für die erste/jede weitere Berechnungseinheit in Sekunden			
20–21 Uhr				1click2surf, *Ja! 1* surfdirect, *Weekend* 0.61 Ct [60/60]
21–22 Uhr	surfdirect, *Eco* 0.54 Ct [60/60]	meOme, *smart24* 0.55 Ct [60/60]	Arcor, *Basistarif Nacht* 01058, *Callinet@Dinner* Alster24, *Freizeit* 0.56 Ct [60/60]	surfdirect, *Weekend* 0.61 Ct [60/60]
22–23 Uhr			Arcor, *Basistarif Nacht* 01058, *Callinet@Dinner* 0.56 Ct [60/60]	
23–24 Uhr	meOme, *mega24* 0.55 Ct [60/60]	Arcor, *Basistarif Nacht* 01058, *Callinet@night* 0.56 Ct [60/60]	surfdirect, *Weekend* 0.61 Ct [60/60]	1click2surf, *Ja! 2* 0.78 Ct [60/60]

Sa–So Feiertage	Anbieter			
	Minutenpreis und Taktung für die erste/jede weitere Berechnungseinheit in Sekunden			
4-6 Uhr	01058, *Callinet@Weekend1* 0.54 Ct [60/60]	meOme, *mega24* 0.55 Ct [60/60]	Arcor, *Basistarif Nacht* 0.56 Ct [60/60]	surfdirect, *Weekend* 0.61 Ct [60/60]
6-8 Uhr			Arcor, *Basistarif Nacht* 0.56 Ct [60/60]	surfdirect, *Weekend* 0.61 Ct [60/60] · Alster24, *Freizeit* 0.68 Ct [60/60]
8-9 Uhr				meOme, *smart24* 0.67 Ct [60/60]
9-18 Uhr	01058, *Callinet@Weekend2* 0.59 Ct [60/60]	Arcor, *Basistarif Tag* 0.6 Ct [60/60]		
18-19 Uhr	01058, *Callinet@Weekend1* 0.54 Ct [60/60]	meOme, *smart24* 0.55 Ct [60/60]	Arcor, *Basistarif Nacht* 0.56 Ct [60/60]	1click2surf, *Tac* 0.58 Ct [60/60]
19-21 Uhr			Arcor, *Basistarif Nacht* Alster24, *Freizeit* 0.56 Ct [60/60]	
21-22 Uhr	01058, *Callinet@Weekend1* surfdirect, *Eco* 0.54 Ct [60/60]			1click2surf, *Toe* 0.58 Ct [60/60]

Sa–So Feiertage	Anbieter			
	Minutenpreis und Taktung für die erste/jede weitere Berechnungseinheit in Sekunden			
22-23 Uhr			Arcor, *Basistarif Nacht* 0.56 Ct [60/60]	
23-24 Uhr	01058, *Callinet@Weekend1* 0.54 Ct [60/60]	meOme, *mega24* 0.55 Ct [60/60]		
0-4 Uhr				surfdirect, *Weekend* 0.61 Ct [60/60]

Übersicht über Preise von Call-by-Call-Anbietern; Quelle: *www.holpert.de* (Stand Oktober 2004)

Manuelle Erstellung einer DFÜ-Verbindung

Bei allen Anbietern, die nicht eine vorherige Anmeldung voraussetzen, verbinden Sie sich am einfachsten über eine manuell erstellte DFÜ-Verbindung. Dies wollen wir Ihnen Schritt für Schritt erklären. Hierzu wird der Assistent für neue Verbindungen verwendet.

1 Über die *Start*-Schaltfläche unten links gelangen Sie über *Alle Programme/ Zubehör/Kommunikation* zum Assistenten für neue Verbindungen.

2 Nach einem Begrüßungsfenster, das Sie mit *Weiter* bestätigen, wählen Sie als Verbindungstyp die Internetverbindung aus. Hier können Sie auch weitere Verbindungstypen wie Infrarot, parallele oder serielle Verbindungen zu anderen Rechnern erstellen.

3 Im nächsten Dialogfeld stellen Sie ein, ob Sie eine DFÜ-Verbindung oder eine Breitbandverbindung erstellen möchten. Eine Breitbandverbindung wäre eine DSL-Verbindung, die das PPPoE-(**P**oint-to-**P**oint-**P**rotocol-**o**ver-**E**thernet-) Protokoll benutzt.

4 Danach folgt die Eingabe der zu wählenden Rufnummer. Hier müssen Sie nun die Nummer eingeben, die der Anbieter Ihnen vorgibt. Das Kästchen brauchen Sie nur dann anzuwählen, wenn Sie eine Telefonanlage nutzen und beispielsweise eine 1 oder 0 vorwählen müssen, um ein Amt zu bekommen. Ansonsten reicht die meist bundesweit einheitliche Rufnummer Ihres ausgewählten Anbieters.

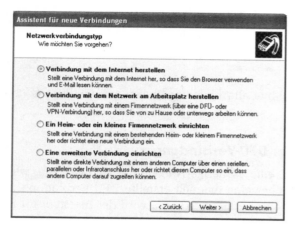

5 Als Nächstes werden Sie nach Ihren Zugangsdaten gefragt, die immer aus Ihrem Kennwort und dem dazugehörigen Passwort bestehen. Hier bestehen nun die Unterschiede zwischen Anbietern, die mit vorheriger Anmeldung arbeiten, und denen, die ohne Anmeldung den Zugang bereitstellen. Bei vorheriger Anmeldung bekommen Sie Ihre Zugangsdaten per Post zugeschickt. Erfolgt der Zugang ohne vorherige Anmeldung, gibt es für diese Anbieter allgemeine Benutzernamen und Kennwörter, mit denen Sie nur allein zum Zwecke der ersten Anmeldung eine Internetverbindung zum Anbieter aufbauen können. Danach müssen Sie Ihren Benutzernamen und das dazugehörige Kennwort ändern.

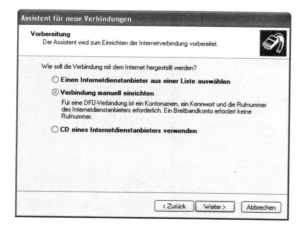

6 Damit ist die manuelle Erstellung einer DFÜ-Verbindung auch schon fast beendet. Sie müssen nur noch einen Namen für Ihre Verbindung eingeben und
das Fertigstellen bestätigen. Als Tipp: Sie können im letzten Dialogfenster
einen Haken setzen, um die Verbindung als Verknüpfung auf Ihren Desktop
zu legen, was gerade für Neueinsteiger das Suchen am Anfang erleichtert.
Der Name sollte, speziell wenn Sie mehrere Anbieter verwenden, eindeutig
sein und einen guten Wiedererkennungswert besitzen.

7 Nun können Sie die Verbindung mit einem Doppelklick öffnen. Hierbei können Sie entscheiden, ob der Benutzername und das Kennwort auf dem Rechner gespeichert werden sollen oder ob beides bei jedem Verbindungsaufbau
erneut eingegeben werden muss. Um eine erhöhte Sicherheit zu gewährleisten, sollten Sie keine Kennwörter auf dem Rechner speichern, da diese relativ
leicht von Hackern mittels Trojanern (kleine Programme, die auf das Sammeln von Daten spezialisiert sind und meistens unerkannt im Hintergrund
arbeiten) aufgespürt und somit missbraucht werden können. Über das Eigen-
schaftsfeld gelangen Sie zu den Konfigurationseinstellungen der jeweiligen
Verbindung. Darauf gehen wir später bei der Optimierung von DFÜ-Verbindungen ein.

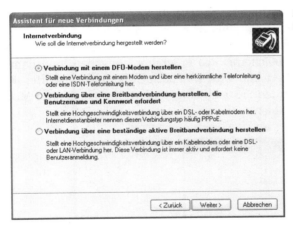

Kennwörter sollten nicht auf der Festplatte gespeichert werden.

DSL-Verbindungen nutzen PPPoE-Treiber

Bei Schritt 3 der Anleitung können Sie für eine PPPoE-Verbindung dieses Protokoll auswählen.
Das Protokoll ist für eine DSL-Verbindung vorgesehen, da diese nicht über ein Modem oder
eine ISDN-Karte, sondern über eine Netzwerkkarte ähnlich einer LAN-Verbindung (**L**ocal **A**rea
Network) realisiert wird. Gegenüber Windows 2000 bringt Windows XP eigene PPPoE-Treiber
mit und lediglich bei einigen wenigen Internetprovidern muss man auf Treiber von Drittanbietern ausweichen.

So können Sie nun problemlos mehrere DFÜ-Verbindungen zu verschiedenen
Call-by-Call-Anbietern herstellen und auf diese Weise immer mit dem günstigs-

ten surfen. Es gibt aber auch Programme von Drittanbietern, die Ihnen diese Arbeit erleichtern. Diese Programme, hier stellen wir das Programm SmartSurfer von Web.de vor, überprüfen automatisch für Sie, welcher Anbieter gerade der günstigste ist und verbinden Sie mit diesem. Das Einzige, was Sie nun noch tun müssen, ist, dass Programm auf dem neusten Stand zu halten, sprich sich nach Updates zu erkundigen, damit Ihr Hilfsprogramm auch auf dem neusten Stand der Preise der einzelnen Anbieter bleibt.

SmartSurfer – Ihr Call-by-Call-Manager für den günstigsten Tarif

SmartSurfer (aktuelle Version 2.3) ist ein Produkt von Web.de (*smartsurfer.web.de*), das wahlweise vor jedem oder bei der ersten Einwahl eines jeden Tages überprüft, welcher Anbieter der zurzeit günstigste ist. Hierbei werden sowohl Anbieter mit als auch ohne Anmeldung in Betracht gezogen, sodass Sie als User frei entscheiden können, welchen Anbieter Sie nutzen wollen.

Standardmäßig wählt das Programm den jeweils günstigsten Anbieter aus und zeichnet gleichzeitig die angefallenen Verbindungsgebühren auf. Als Voraussetzung brauchen Sie natürlich auch hier ein einwandfrei installiertes Modem oder eine ISDN-Karte.

Die Installation des Programms gestaltet sich sehr einfach: Sie werden durch selbsterklärende Dialogfenster geschleust, in denen Sie nach dem obligatorischen Begrüßungsbildschirm den Speicherort des Programms angeben, und dann ist das Programm bereits installiert und wird standardmäßig direkt gestartet. Nach der Bestätigung der AGBs werden Sie dazu aufgefordert, Ihr installiertes Modem oder Ihre ISDN-Karte auszuwählen.

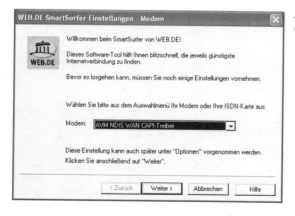

Auswahl des Modems oder der ISDN-Karte.

Das darauf folgende Dialogfenster fragt ähnlich wie bei der Konfiguration einer DFÜ-Verbindung nach einem Wählstring. Hiermit ist gemeint, ob Sie eine 0 oder 1 vorwählen müssen, um ein Amt zu bekommen. Ist dies nicht der Fall, so lassen Sie diese Einstellung einfach leer. Da Web.de auch ein so genannter Free-Mail-Provider ist, Sie also dort ein kostenloses E-Mail-Konto einrichten können (Genaueres später im Abschnitt „E-Mail für alle!"), ist der SmartSurfer in der Lage, diese abzufragen, wahlweise bei jeder Einwahl, und er kann den E-Mail Account auch direkt öffnen.

Hier können Sie Ihr Web.de-FreeMail-Konto abfragen.

Danach folgen noch zwei weitere Dialogfenster, über die Sie angeben können, wann der SmartSurfer die Überprüfung des günstigsten Anbieters vornehmen soll: bei jeder Einwahl oder bei der Ersteinwahl des Tages. Und weiterhin kann jede bereits manuell erstellte DFÜ-Verbindung vom SmartSurfer mit verwaltet werden, sodass bereits eingerichtete Verbindungen zu Anbietern mitverwendet werden. Ansonsten benutzt der SmartSurfer eine von ihm eingerichtete DFÜ-Vebindung mit der Bezeichnung „SmartSurfer2000-Verbindung". Lassen Sie sich nicht irreführen, das Programm läuft problemlos unter Windows XP, das ja nur einen kleinen Schritt in der Betriebssystementwicklung im Vergleich zu Windows 2000 darstellt.

Nun ist die Installation des SmartSurfers abgeschlossen und Sie können ihn über die Verknüpfung auf dem Desktop starten. Wir möchten Ihnen nur kurz anhand eines Screenshots erläutern, wie die Einwahl abläuft.

DFÜ-Verbindungs-Manager Web.de SmartSurfer.

Standardmäßig zeigt der SmartSurfer den jeweils günstigsten Anbieter an. Sie können jedoch über das Pulldown-Listenfeld jeden anderen Anbieter Ihrer Wahl auswählen. Achten Sie dabei auf ein eventuell vorangestelltes „A", das eine Anmeldepflicht symbolisiert. Über die Schaltfläche *Quicktest* kann die Verfügbarkeit des Anbieters überprüft werden. Unter *Details* werden Ihnen weitere Informationen zum jeweils ausgewählten Anbieter angezeigt, und mit der Schaltfläche *Ändern* geben Sie die nötigen Zugangsdaten für Anbieter mit voriger Anmeldepflicht ein. Der Anbietertest listet Ihnen alle Anbieter, die Sie benutzt haben, tabellarisch auf und zeigt Ihnen die Datendurchsatzraten an. Die Schaltflächen *Verbinden* und *Trennen* stellen jeweils die Verbindung her und brechen diese nach Beendigung aller Onlineaktivitäten wieder ab. Änderungen in der oben beschriebenen Konfiguration während der Installationsphase können nachträglich unter *Optionen* wieder verändert werden. Eine angenehme Zusatzfunktion ist die Aufzeichnung der anfallenden Verbindungskosten – diese können Sie jederzeit über die Schaltfläche *Kosten kontrollieren* und nachverfolgen.

Als weiteres Feature der Version 2.3 des SmartSurfers gibt es einen Anbietertest, der die Geschwindigkeit testet, und eine Überwachungsoption für 0190-Dialer, die sich in Ihr System einschleichen und das Surfen zu einem teuren Vergnügen werden lassen.

Onlinedienste – Fluch oder Segen

Eine weitere Möglichkeit des Internetzugangs sind die Onlinedienste. „Wieso Fluch oder Segen?" werden Sie jetzt fragen. Onlinedienste arbeiten mit so genannten Zugangssoftwarepaketen, die dem User den Internetzugang so leicht wie möglich gestalten sollen. Wir kennen spätestens seit Boris Becker den AOL-Slogan „Bin ich drin?". Diese Software bietet dem User Zusatzdienste, wie z. B. besondere Chaträume, Informationsdienste, E-Mail-Verwaltung, Internetshops etc. Diese Zusatzdienste sind dann aber auch nur über die Zugangssoftware nutzbar. Leider ist nicht bei allen Onlinediensten die Nutzung des DFÜ-Netzwerks möglich, sodass dies für Sie bereits ein Kriterium bei der Auswahl des Anbieters sein sollte. Auch unterstützen nicht alle Onlinedienste Mailprogramme wie Outlook Express, sodass Sie auf die Zugangssoftware angewiesen sind. Und all dies ist der oben erwähnte Fluch. Sie sind dann gezwungen, Programme zu installieren, die Sie gar nicht benötigen, oder können andere Programme nicht nutzen, weil sie nicht unterstützt werden.

Daher nutzen Sie (wenn möglich) nur Onlinedienste, bei denen Ihnen die Wahl gelassen wird, die Zugangssoftware zu nutzen oder auch nicht. Ein gutes Beispiel für Flexibilität ist T-Online. AOL hat leider eine Zugangssoftware, die den User einschränkt und von AOL abhängig macht und bei der in manchen Versionen die Deinstallation ein mehr oder weniger schwieriges Unterfangen darstellte. Wenn Sie AOL verwenden wollen, sollten Sie die Version 7 oder jünger unter Windows XP nutzen. Aus diesem Grund möchten wir exemplarisch die Installation der

T-Online-Software vorstellen und gleichzeitig zeigen, wie Sie mit ein paar Handgriffen eine DFÜ-Verbindung anstelle der Zugangssoftware nutzen.

T-Online – die Installation eines Onlinedienstes

Wenn Sie heute einen T-Online-Anschluss bestellen, bekommen Sie die T-Online-Software mitgeliefert, die ein recht umfangreiches Paket geworden ist. Neben der Zugangssoftware sind sowohl der Internet Explorer und der Netscape Navigator enthalten, eine Homebanking-Software und ein E-Mail-Programm. Nachfolgend zeigen wir Ihnen, wie Sie die Software ohne Probleme und schnell installieren. Sollten Sie die CD aus irgendeinem Grund nicht bekommen haben, so können Sie sie in jedem T-Punkt-Laden, aus der T-Online-Fachzeitschrift oder per telefonischer Bestellung bei T-Online selbst beziehen.

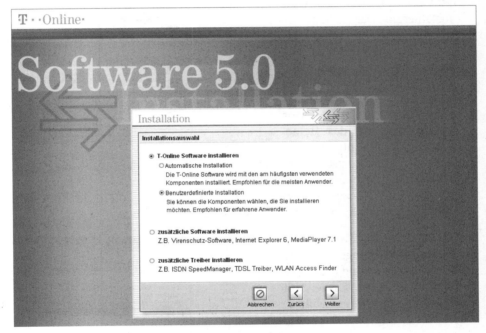

T-Online, ein populärer Onlinedienst, der sich „bändigen" lässt.

1 Legen Sie die T-Online-CD in Ihr CD-R-Laufwerk ein. Normalerweise startet die CD automatisch, es sei denn, Autostart ist deaktiviert. Sollte dies der Fall sein, öffnen Sie den Windows-Explorer und starten die Datei *Start32.exe* aus dem Stammverzeichnis der CD.

2 Als Erstes erscheint ein Begrüßungsfenster, in dem Sie auf *Weiter* klicken, um ins nächste Dialogfenster zu gelangen. Dort haben Sie die Möglichkeit, eine automatische oder eine benutzerdefinierte Installation der T-Online-Software vorzunehmen und zusätzliche Software und Treiber zu installieren. Wir wollen direkt mit der benutzerdefinierten Installation beginnen.

3 Es folgt ein weiteres Dialogfenster, in dem zusätzliche Software ausgewählt werden kann. In der Standard-T-Online-Software ist zusätzlich nur noch der T-Online-Fotoservice mit enthalten, den Sie aber auch durch Entfernen des Hakens abwählen können. Bestätigen Sie auch hier mit *Weiter*.

4 Danach folgt schon die Zusammenfassung der zu installierenden Komponenten, die Sie ebenfalls mit *Weiter* bestätigen. Jetzt müssen Sie noch im folgenden Fenster die Lizenzbedingungen der T-Online-Software akzeptieren, und nach einem erneuten Klick auf *Weiter* folgt die eigentliche Installation und Auswahl der Komponenten der T-Online-Software.

5 Bei der Auswahl der Komponenten sollten Sie lediglich die notwendige Standardkomponente T-Online-Software installieren. Das E-Mail-Programm, die Homebanking-Software, der Browser und der T-Online-Messenger sind rein optional und nicht zu empfehlen, da der E-Mail-Abruf über Outlook Express komfortabler ist, das Homebanking bei fast allen Banken

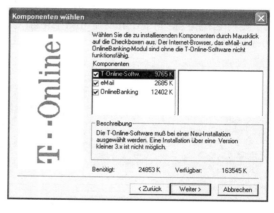

über den Webbrowser oder eine spezielle Banksoftware abgewickelt wird und von der Betriebssystemseite bereits ein Browser und ein Messenger vorhanden sind. Lassen Sie den Zielordner unverändert, sofern der benötigte Speicherplatz nicht zu gering ist, und klicken Sie auf *Weiter*.

6 Als Nächstes folgt wieder eine Zusammenfassung, die Sie nach Überprüfung, ob alle Komponenten so ausgewählt wurden, wie Sie es wollten, ebenfalls mit *Weiter* bestätigen.

7 Jetzt beginnt der Kopiervorgang der Dateien. Die Programmgruppe *T-Online* wird unter *Start/Alle Programme* erstellt sowie das Symbol auf

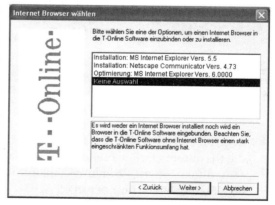

den Desktop gesetzt. Nach Beendigung des Kopiervorgangs wird dann automatisch der Einstellungsassistent gestartet.

Der T-Online-Einstellungsassistent

Nachdem die Installation der T-Online-Software abgeschlossen ist, startet automatisch der Einstellungsassistent, der Sie durch die Einstellungen der Software führt. Sie müssen ein Modem, ISDN-Gerät oder eine DSL-Verbindung wählen und Ihre Zugangsdaten eingeben. An dieser Stelle setzen wir voraus, dass Sie bereits erfolgreich ein Modem oder ein ISDN-Gerät installiert haben und der Verbindungsaufbau problemlos möglich ist. Mittlerweile kann die T-Online-Software aber auch direkt auf die Modemeinstellungen vom Betriebssystem zugreifen, sodass eine manuelle oder automatische Modeminstallation und Modemkonfiguration auch an dieser Stelle vorgenommen werden kann. Man kann jedoch sagen, dass die T-Online-Software einen Großteil an ISDN-Geräten und Modems einwandfrei erkennt und nur selten eine manuelle Konfiguration nötig wird.

1 Als Erstes geben Sie die Zugangsart an, mit der Sie eine Verbindung aufbauen möchten, dies wird in Ihrem Fall meistens eine ISDN-, Modem- oder DSL-Lösung sein. Wählen Sie den entsprechenden Punkt aus und achten Sie je nach Ihrem Standort darauf, ob die Option innerhalb oder außerhalb von Deutschland ausgewählt ist. Da heutzutage auch privat viel über Router gearbeitet wird und die Technologien Wireless LAN und GPRS immer mehr Verbreitung finden, sind auch diese in die Software mit integriert. Wir wollen uns jedoch den ersten drei Optionen widmen. Über die Schaltfläche *Weiter* kommen Sie dann zum nächsten Dialogfeld.

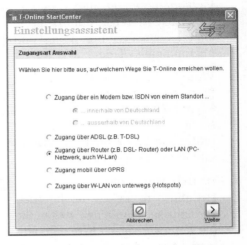

2 Wählen Sie nun Ihr installiertes Modem (analog oder DSL) oder die ISDN-Karte aus. Haken Sie nicht die Kanalbündelung an, denn dann nutzt T-Online bei jedem Verbindungsaufbau beide Kanäle, was zum einen zu einer erhöhten Rechnung führt, da Sie für jeden Kanal einzeln bezahlen (es sei denn, Sie haben eine ISDN-Flatrate), und zum anderen sind Sie dann während Sie surfen nicht zu erreichen, da ja beide Kanäle belegt sind.

Bei einer DFÜ-Verbindung hingegen können Sie den zweiten Kanal bei Bedarf hinzuschalten. Bestätigen Sie mit *Weiter*.

3 Das nächste Dialogfeld bezieht sich auf den Inlandszugang. Sie wählen die *Standardeinstellung am normalen Telefonanschluss* aus, es sei denn, Sie betreiben eine Telefonanlage, dann wählen Sie den entsprechenden anderen Punkt aus. Wenn Sie den Expertenmodus auswählen, können Sie die Ländervorwahl und die T-Online-Nummer manuell eingeben und für Telefonanlagen auch noch die Amtsholungsziffer bzw. das Wählverfahren.

4 Der nachfolgende Verbindungstest baut eine Testverbindung für die neu eingerichtete Verbindung auf. Drücken Sie hierzu die Schaltfläche *Verbindungstest ausführen*. Die eingeblendete Nummer ist für Deutschland allgemein gültig und kann übernommen werden.

5 Wird der Test erfolgreich durchgeführt, erscheint eine Meldung, die Sie mit *OK* schließen. Falls an dieser Stelle Probleme auftreten, überprüfen Sie Ihre Modeminstallation mithilfe von Kapitel 7.1.

6 Danach folgen die Sicherheitseinstellungen bezüglich der Internetverbindung. Zum einen sollten Sie die Kennwortverschlüsselung aktiviert lassen, nur im Ausland sollten Sie bei misslungenen Verbindungsaufbauversuchen die Verschlüsselung deaktivieren, da viele ausländische Internet Service Provider dieses Sicherheitsmerkmal nicht unterstützen. Wenn Sie auf den Schalter *Firewalleinstellungen aufrufen* klicken, öffnen sich die Windows XP-Firewalleinstellungen für die soeben erzeugte Internetverbindung.

7 Nun folgt auch schon der Abschluss der Installation. Lassen Sie den Haken *T-Online-Software nach dem Neustart automatisch aufrufen* angewählt, um gleich mit der Eingabe der Zugangsdaten fortzufahren. Wenn Sie den Haken entfernen, werden Sie beim ersten manuellen Start der T-Online-Software nach den Zugangsdaten gefragt.

Eingabe der T-Online-Zugangsdaten

Nachdem der Rechner neu gestartet ist, wird die T-Online-Software, sofern Sie den Haken des letzten Dialogfelds nicht entfernt haben, automatisch aufgerufen. Sie müssen nun Ihre Zugangsdaten eingeben. Dazu halten Sie Ihre Anschluss-kennung, die T-Online-Nummer, die Mitbenutzernummer und Ihr persönliches Passwort bereit.

1 Im Dialogfeld *Abfrage der Zugangsdaten* geben Sie nun die Daten ein, die Ihnen die Telekom zugesandt hat. Hierbei ist die Mitbenutzernummer stan-dardmäßig immer 0001. Kurz ein paar Worte zum Thema Sicherheit: Wenn Sie den Rechner ausschließlich privat nutzen und sicher sind, dass kein Un-berechtigter Zugriff auf den Rechner hat, können Sie das Kennwort ruhig ein-geben. Ansonsten sollten Sie auf das Passwort verzichten und es jedes Mal erneut bei einem Verbindungsaufbau eingeben. Bestätigen Sie Ihre Angaben mit der Schaltfläche *Weiter*.

2 Wenn Sie ein Kennwort eingegeben ha-ben, erscheint aus Sicherheitsgründen ein Eingabefenster, in dem Sie aufgefordert werden, Ihr Passwort erneut einzugeben, um Tippfehler zu vermeiden. Tun Sie dies und schließen Sie das Fenster mit *OK*.

3 Damit ist die komplette T-Online-Installa-tion abgeschlossen, und Sie sehen nun das folgende Fenster vor sich, in dem Ihnen neben den Optionen *Internet* auch weitere Optionen über die Schaltflächen *eMail*, *Banking*, *Messenger* etc. zur Verfügung stehen. Hierüber starten Sie dann auch e-ventuell mitinstallierte E-Mail- oder Home-banking-Software, nachdem Sie dem T-On-

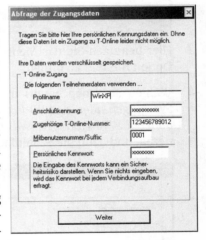

line StartCenter „bekannt" gemacht worden sind, was wir Ihnen am Beispiel des Webbrowsers und des E-Mail-Clients Outlook Express jetzt erläutern werden.

Vorhandene Internetbrowser einbinden

Auch wenn der IE6 sehr gut in Windows XP integriert ist, lässt sich bei der T-On-line-Software auch jeder andere Internetbrowser integrieren. Ebenso verhält es sich mit dem E-Mail-Programm Outlook Express oder einem Newsreader. Mithil-fe der Einstellungen im T-Online StartCenter haben Sie jederzeit die Möglichkeit, einen anderen Browser oder ein anderes E-Mail-Programm zu integrieren.

1 Öffnen Sie hierzu über *Start/Alle Programme/T-Online Software 5.0 /T-On-line 5.0* das StartCenter.

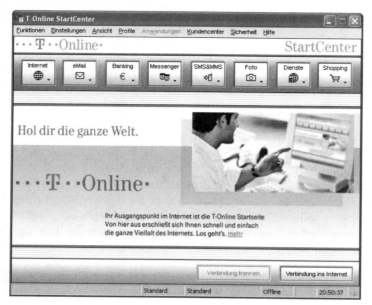

Das T-Online
StartCenter.

2 Hier benutzen Sie das Menü *Einstellungen* oben in der Menüleiste, um die Option *Browser* zu öffnen.

3 Wählen Sie einen bereits installierten Browser, der im Pulldown-Menü *im System gefundenen WWW-Browser wählen* aufgeführt wird, oder wählen Sie *anderen WWW-Browser selbst wählen*, um einen anderen Browser zu integrieren, und dann die Schaltfläche *Nach WWW-Browser suchen*.

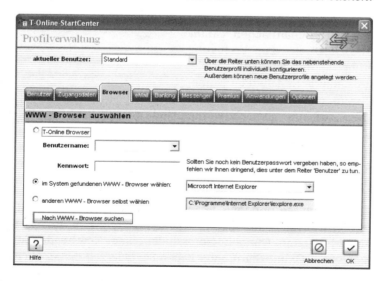

Über die Karteikarte *Anwendung* können Sie weitere Anwendungen ins T-Online StarCenter einbinden. Genau wie beim Internet Explorer können Sie hier über die Schaltfläche *Neue Anwendung* ein Programm auf Ihrer Festplatte suchen und ins

StartCenter einbinden, sodass Sie über das Menü *Anwendungen* in der obersten Menüleiste des StartCenter dieses später aufrufen können.

Einbindung von Outlook Express in die T-Online-Software

Da wir die T-Online eigene E-Mail-Software nicht installiert haben, wollen wir nun Outlook Express als E-Mail-Programm in die T-Online-Software integrieren. Auch hier lassen sich beliebige andere E-Mail-Programme einbinden, sodass die nachfolgende Konfiguration beispielhaft für alle anderen steht.

1 Öffnen Sie hierzu über *Start/Alle Programme/T-Online Software 5.0/T-Online 5.0* das StartCenter.

2 Hier benutzen Sie das Menü *Einstellungen* oben in der Menüleiste, um die Option *eMail* zu öffnen.

3 Standardmäßig ist dort natürlich die Option *eMail Client der T-Online-Software* ausgewählt. Klicken Sie nun die Option *im System gefundenen eMail-Client wählen* an, um dann über das Pulldown-Menü Microsoft Outlook Express auszuwählen. Sollte dieses nicht dort stehen, wählen Sie die Option *anderen eMail-Client wählen* aus und navigieren dann über die Schaltfläche *Nach eMail-Client suchen* zum Speicherort von Outlook Express auf Ihrer Festplatte.

4 Es öffnet sich ein weiteres Dialogfeld, in dem Sie unter *Pfad* den genauen Ort Ihres E-Mail-Clients angeben oder gegebenenfalls wieder über die Schaltfläche *Suchen* ausfindig machen. Die Parameter bleiben auch hier unberührt. Entscheiden Sie sich noch- ob der E-Mail-Client online oder offline gestartet werden soll.

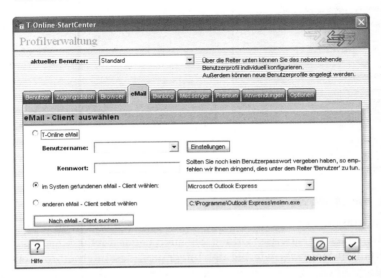

Outlook Express finden Sie unter *\Programme\Outlook Express\msimn.exe.*

5 Bestätigen Sie wieder zweimal mit *OK*, um ins StartCenter zurückzukehren.

6 Als Nächstes müssen Sie in Outlook Express ein Konto einrichten, um die E-Mail-Adresse, die Sie bei T-Online haben, korrekt abzufragen und Ihre E-Mails auch zu bekommen.

7 Öffnen Sie Outlook Express und dort das Menü *Extras/Konten*. Klicken Sie auf die Schaltfläche *Hinzufügen/E-Mail*. Nun wird der Assistent zur Kontoerstellung gestartet. Führen Sie die Installation wie in Kapitel 9 beschrieben durch.

8 Nach Abschluss des Assistenten öffnen Sie das neu erstellte Konto mit einem Doppelklick.

9 Auf der Registerkarte *Allgemein* finden Sie Ihre E-Mail-Adresse, die Sie auf Richtigkeit kontrollieren sollten.

10 Wechseln Sie zur Registerkarte *Server*, um noch einmal die Richtigkeit des Posteingangs- und Postausgangsservers zu überprüfen. Stimmt alles, dann beenden Sie zweimal mit *OK* und verlassen Outlook Express.

Integration eines Newsreaders

Neben der Integration des Internetbrowsers und des E-Mail-Clients lässt sich auch ein Newsreader integrieren. Öffnen Sie hierzu das Menü *Einstellungen/News* und verfahren Sie exakt wie bei der Integration des Internetbrowsers. In Kapitel 9.6 beschreiben wir das Abonnieren von Newsgroups mithilfe von Outlook Express und werden daher hier nicht gesondert auf Newsreader eingehen.

T-Online über DFÜ-Verbindung

Um Fehlerquellen zu minimieren, sollten Sie – wenn möglich – wenig Drittanbietersoftware zum Aufbau einer Internetverbindung benutzen. Daher empfehlen wir Ihnen, Ihren T-Online-Anschluss über eine DFÜ-Verbindung zu nutzen. Die Zugangsdaten, die Sie dazu brauchen, sind Ihre T-Online-Zugangsnummer, die Telefonnummer 0191011 und ein Benutzername sowie ein Kennwort wie bei jeder DFÜ-Verbindung. Der Benutzername setzt sich bei T-Online aus der Anschlusskennung der T-Online-Nummer, einer Raute und der vierstelligen Mitbenutzernummer zusammen. Achten Sie nur darauf, keine Leerzeichen zwischen den einzelnen Bestandteilen zu verwenden. Das Kennwort entspricht dem Kennwort, das Ihnen von der Telekom mitgeteilt wurde.

Zur Einrichtung einer DFÜ-Verbindung unter Windows XP schlagen Sie in Kapitel 7.4 nach.

ISP – Internet Service Provider

Der Internetzugang über einen ISP ist für diejenigen gedacht, die schon viel Erfahrung mit dem Internet haben, es häufig nutzen und somit auch ein hohes monatliches Aufkommen an Onlinekosten aufweisen. Hier sei noch einmal auf die oben beschriebene Auswahlkriterien verwiesen. Die Auswahl der verschiedenen ISPs hängt natürlich immer von der Region ab, in der Sie wohnen, ebenso wie die verschiedensten Onlineangebote. Schauen Sie sich alles in Ruhe an und entscheiden Sie dann, welches Angebot für Sie am passendsten ist. Aber es soll auch gesagt werden: Selbst wenn der Zugang zum Internet über einen ISP vielleicht der professionellste ist, heißt das noch lange nicht, dass er für alle User die beste Onlinelösung darstellt.

Die Vorteile liegen klar auf der Hand: Alle ISPs verzichten völlig auf Zugangssoftware, es werden nur Komponenten wie das DFÜ-Netzwerk genutzt, die bereits im Betriebssystem vorhanden und integriert sind. Es wird also mittels allgemeiner Netzwerkstandards und Protokolle eine Verbindung aufgebaut. Dies erscheint einigen Lesern bestimmt komplizierter, da hier ein erhöhtes Maß an Grundkenntnissen gefordert wird, was Sie aber nicht abschrecken sollte, da alles sehr einfach und mit wenigen Schritten einzurichten geht. Wenn Sie also einen ISP nutzen und somit mit manuellen DFÜ-Verbindungen und eigens eingerichteter E-Mail-Software (Outlook Express) arbeiten, erhöht sich die Transparenz, die Einbindung ins Betriebssystem, und die Zahl der Fehlerquellen, durch die es zu Störungen kommen kann, sinkt.

Viele ISPs gehen heute bereits ebenfalls dazu über, Ihnen mittels einer CD eine multimediale Hilfe an die Hand zu geben, um eine Verbindung ins Internet zu konfigurieren. Das hat sich aus dem massiven Werbedruck von Onlinediensten wie AOL oder T-Online ergeben. Diese CDs sind aber im Grunde nur Anleitungen, um eine DFÜ-Verbindung zu erstellen.

Wenn Sie sich für einen ISP entschieden haben und bereits im Besitz der Zugangsdaten sind, können Sie, wie im obigen Abschnitt „Call-by-Call-Zugang" beschrieben, eine manuelle DFÜ-Verbindung erstellen, sodass wir uns nun mit der Optimierung und den Einstellungsmöglichkeiten der DFÜ-Verbindungen auseinander setzen wollen. Auf diese Weise können Sie den Internetzugang lediglich mit Komponenten von Windows XP realisieren.

Die Optimierung Ihrer DFÜ-Verbindungen

Ihre manuell erstellte DFÜ-Verbindung lässt sich nachträglich noch optimieren und an Ihre Bedürfnisse anpassen. Seien es Anmeldeskripten, mit denen Ihr ISP arbeitet, oder das automatische Trennen einer Verbindung. Auch das Festlegen der so genannten Standardverbindung, wenn Sie mit mehreren Verbindungen arbeiten, ist wichtig, damit Programme wie der Internet Explorer oder auch Outlook Express wissen, welche der Verbindungen zum Internet verwendet werden soll. Ebenfalls die Eingabe einer Leerlaufzeit nach der getrennt werden soll oder die automatische Wahlwiederholung sind Bestandteile der DFÜ-Verbindung, die Sie nach Belieben anpassen können – aber wichtig: auch hier nicht unbedingt müssen. Die Standardeinstellungen reichen voll und ganz aus, um einen reibungsfreien Verbindungsaufbau zu gewährleisten.

Um zu den von Ihnen erstellten DFÜ-Verbindungen zu gelangen, klicken Sie mit der rechten Maustaste auf die Netzwerkumgebung und dann im Kontextmenü auf den Auswahlpunkt *Eigenschaften*. Es werden Ihnen in dem Fenster alle von Ihnen erstellten DFÜ-Verbindungen angezeigt. Wählen Sie eine Verbindung mit der rechten Maustaste aus und zeigen Sie wiederum die Eigenschaften aus dem Kontextmenü an. Dann sollten Sie folgendes Dialogfenster sehen, das wir hier erläutern wollen.

Eigenschaftsfelder einer DFÜ-Verbindung.

Kanalwahl, Wahlregeln und alternative Rufnummern

In unserem Beispiel haben wir eine ISDN-Karte installiert. Im oberen Fenster können Sie mittels Haken angeben, welche Kanäle zum Verbindungsaufbau genutzt werden. Hier sollten Sie ruhig beide auswählen, denn nur so haben Sie die Möglichkeit, später je nach Bedarf beide Kanäle zu nutzen, um eine höhere Datenübertragungsgeschwindigkeit zu erzielen. Über die Schaltfläche *Konfigurieren* können Sie die einzelnen Kanäle noch einstellen, also festlegen, welche Geschwindigkeit verwendet werden soll oder ob es sich um eine digitale Leitung

handelt oder nicht. Hier sollten Sie einfach die Standardeinstellungen übernehmen. Wie Sie sehen, ist die Orts- und Landeskennzahl ausgegraut. Solange Sie
keine Wählregeln benutzen, also z. B. mobil von verschiedenen Orten aus das Internet nutzen, ist es nicht vonnöten, Wählregeln zu nutzen. Hier können Sie verschiedene Standorte konfigurieren, falls Sie von verschiedenen Regionen mit unterschiedlichen Vorwahlen Ihren Internetanschluss verwenden. In diesem Zusammenhang gibt Ihnen die Schaltfläche *Andere* die Möglichkeit, verschiedene
Rufnummern anzugeben, um bei einer besetzten Leitung auf eine andere Einwahlnummer zu wechseln. Der Haken für die Symbolanzeige sollte immer aktiviert bleiben, um Ihnen die Kontrolle zu geben, ob Sie online sind oder nicht.

Optionen für den Verbindungsauf- und -abbau – Trennen bei Leerlaufzeiten

Auf der Registerkarte *Optionen* werden Wähloptionen eingestellt, die sich gerade bei der
Fehlersuche, wenn der Verbindungsaufbau
nicht klappt, als hilfreich erweisen. Schnell
haben Sie bei der Erstkonfiguration einen
Tippfehler im Benutzernamen, dem Kennwort oder der Einwahlnummer, sodass es
sinnvoll ist, sich diese Daten unter *Wähloptionen* beim Verbindungsaufbau anzeigen
zu lassen. Wenn Sie alle Haken entfernen,
wird der Verbindungsaufbau ohne Anzeige
im Hintergrund ausgeführt, wozu Sie natürlich den Haken zum Speichern des Benutzernamens und des Kennworts gesetzt haben
müssen. Wahlwiederholungsoptionen können in der Regel auch so als Standard übernommen werden, das Einzige, was hier

Wahlwiederholung und Wähloptionen.

sinnvoll ist, wäre die Leerlaufzeit zu reduzieren. Falls Sie auf der Registerkarte
Allgemein beide Leitungen der ISDN-Karte ausgewählt haben, können Sie nun
angeben, ob mehrere Geräte – womit in diesem Fall zwei Kanäle gemeint sind –
zum Verbindungsaufbau genutzt werden sollen. Haben Sie vorher nur einen Kanal ausgewählt, wird diese Einstellungsmöglichkeit ausgegraut. X.25 ist ein älterer Standard, der eine langsame, aber sehr sichere Verbindung über ein dedizier-
tes Netz zur Verfügung stellt, das aber vom ISP angeboten werden muss und im
privaten Bereich keinerlei Anwendung findet.

Trennen bei Leerlauf

Damit die Verbindung nicht unnötig aufrechterhalten bleibt und Kosten verursacht, weil Sie
nur schnell mal was vom Herd nehmen mussten und Ihre Internetsession dann vergessen
haben ... Windows XP kappt die Leitung nach der von Ihnen angegebenen Zeitspanne.

Sicherheit – Änderungen nur bei Einrichtung für Firmennetzwerke nach Admin-Angaben

An den Einstellungen der Sicherheitsoptionen sollten Sie keinerlei Veränderungen vornehmen, denn alle Verschlüsselungsmethoden, die Sie dort einstellen, muss der ISP auch unterstützen, damit Sie zu ihm eine Verbindung herstellen können. Diese Einstellungen spielen im geschäftlichen Server-Client-Umfeld eine wichtige Rolle und nähere Erklärungen die verschiedenen Verschlüsselungen betreffend würden in diesem Fall den Rahmen sprengen – Sie erfahren diese dann von Ihrem Administrator.

Unter den benutzerdefinierten Einstellungen können Sie detailliert die Verschlüsselungsmethode der Kennwörter definieren und auch von der Gegenstelle diese voreingestellte

Anmeldeskripten und Sicherheit.

Verschlüsselung fordern, um überhaupt eine Verbindung aufzubauen. Heutzutage werden Sie kaum einen ISP finden, der nur mit Anmeldeskripten arbeitet. Falls dies einmal der Fall sein sollte, so können Sie es hier einstellen. Anmeldeskripten sind textbasierte Dateien, die bei der Anmeldung Daten, die Einstellungsparameter enthalten, an Ihren Rechner übermitteln.

Netzwerk – Datei- und Druckfreigabe unbedingt deaktivieren

Die Netzwerkeinstellungen sind einfach und können ebenfalls mit Standardeinstellungen übernommen werden, wobei auf ein wichtiges Sicherheitsrisiko hingewiesen werden muss: Achten Sie darauf, dass die *Datei- und Druckerfreigabe für Microsoft-Netzwerke* niemals bei einer Internetverbindung aktiviert ist. Wenn dies doch der Fall ist, könnte nahezu jeder im Internet auf Ihre Freigaben zugreifen. Zwar gibt es noch weitere Schutzmechanismen, aber diese Einstellung sollten Sie immer überprüfen. Das TCP/IP-Protokoll ist das Standardprotokoll für das Internet und auch die PPP-Verbindung zu Ihrem Internetprovider brauchen Sie nicht zu verändern. QoS ist die Abkürzung für **Q**uality **o**f **S**ervices und dient der Bandbreitenauftei-

Protokoll- und Netzwerkeinstellungen.

lung einer Verbindung, d. h., es können verschiedenen Benutzern unterschiedliche Bandbreiten zugeordnet bzw. für sie reserviert werden. Auch dies findet nur in großen Netzwerken, also in geschäftlichen Bereichen Anwendung.

Erweiterte Einstellungen – Ihre eigene Firewall für die Internetverbindung

Bei dieser letzten Registerkarte finden Sie eine neue Erungenschaft von Windows XP im Vergleich zu den Vorgängern Windows 9x und Windows 2000 vor: Zum ersten Mal ist direkt im Betriebssystem eine Firewall-Funktionalität enthalten. Auch wenn diese natürlich nicht so umfangreich ist wie komplexere Produkte von Drittanbietern, bietet sie doch bereits einen guten Schutz gegen widerrechtliches Eindringen von außen in Ihren Rechner. Vor allem die neue Firewall, die mit dem Service Pack 2 von Windows XP ausgeliefert wird, bietet nahezu alles, was eine gute Firewall im Heimbereich benötigt, sodass die Anschaffung einer Firewall von Drittanbietern nicht mehr nötig ist. Die zweite Funktion, die hier aktiviert werden kann, ist das ICS (**I**nternet **C**onnection **S**haring), das bereits in Windows 98 SE und Windows 2000 integriert war.

ICS – Internet Connection Sharing

ICS ist eine Form von NAT (**N**etwork **A**ddress **T**ranslation). Hierbei wird es mehreren Rechnern ermöglicht, über einen einzigen Rechner, der eine Internetverbindung hat, ins Internet zu gelangen. Der Vorteil liegt darin, dass die Internetkosten gesenkt werden, und der Sicherheitsaspekt ist auch nicht zu vernachlässigen, da nur der eine Rechner, der ans Internet angeschlossen ist, auch im Internet sichtbar ist. Er übersetzt die internen IP-Adresssen der anderen Rechner und leitet die jeweiligen Anfragen weiter. Nachteilig ist natürlich, dass der Datendurchsatz pro weiterem Rechner, der diese Verbindung nutzt, sinkt.

Wenn Sie die *Gemeinsame Nutzung der Internetverbindung* aktivieren, müssen alle anderen Rechner in Ihrem LAN so eingestellt sein, dass die Netzwerkkarten ihre IP-Adressen automatisch beziehen und der Rechner, auf dem Sie die Internetverbindung erstellen, automatisch bei der Aktivierung die *IP-Adresse* 192.168. 0.1 bekommt. Jetzt stehen Ihnen zwei weitere Möglichkeiten zur Auswahl: Wollen Sie, dass die Rechner in Ihrem LAN nur ins Internet können, wenn Sie die Verbindung auf dem Internetrechner aktivieren? Oder soll der Verbindungsaufbau automatisch erfolgen, sobald ein Benutzer seinen Internet Explorer öffnet und eine Webseite aufruft? Mit dem untersten Haken gestatten Sie auch allen anderen

Internetverbindungsfirewall und Internetverbindungsfreigabe.

Benutzern, die ICS-Einstellungen zu ändern oder sogar aufzuheben. Dies kann ein Schutz sein, wenn Sie die Internetverbindung z. B. nicht gänzlich für Ihre Kinder öffnen wollen, um die Zeiten, die sie online verbringen, zu überwachen.

Über die unterste Schaltfläche *Einstellungen* gelangen Sie zur Konfiguration der integrierten Firewall. Standardmäßig ist sie aktiv und lässt Ausnahmen zu, Sie können jedoch auch die Ausnahmen sperren oder die Firewall ganz deaktivieren. Das können wir aber nicht empfehlen, wenn nicht noch ein weiterer Schutzmechanismus beispielsweise durch einen Router mit Firewall gegeben ist.

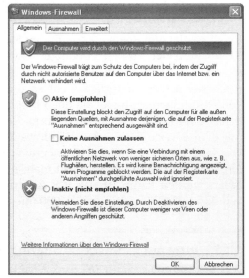

Die neue Windows XP SP2-Firewall.

Wie bei jeder vernünftigen Firewall ist erst einmal „fast" alles geblockt, was von außen hinein will, das Einzige ist die Remoteunterstützung, die Sie gleich noch deaktivieren sollten, es sei denn, Sie wollen sie aktiv nutzen. Sie müssen nun entscheiden, welche Dienste, z. B. Mail-Dienste, FTP, Webserver oder Telnet-Verbindungen, Sie zulassen wollen. Auf der Registerkarte *Ausnahmen* können Sie dann festlegen, welche Programme und Dienste dies sein sollen. Die Windows-Firewall von Windows XP SP2 erkennt aber auch, wenn ein Programm hinein möchte, und warnt Sie bzw. fragt nach, ob es dies zulassen soll, und erstellt dann eine Ausnahme. Es ist also eine lern-fähige Firewall. Über die Schaltflä-

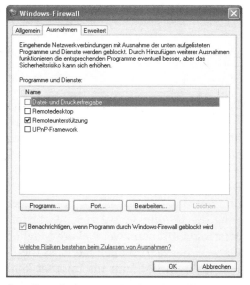

Einstellung der Internetverbindungsfirewall.

chen *Programm* und *Port* können Sie genau festlegen, welche Programme auf Ihrem Rechner oder auch welche Ports, die zu Diensten führen, von außen er-reichbar sein sollen.

Über die Registerkarte *Erweitert* gelangen Sie zu der *Sicherheitsprotokollierung* und den Einstellungen des *ICMP*-Protokolls. Über die Schaltfläche *Einstellungen* bei der *Sicherheitsprotokollierung* können Sie festlegen, wie groß die Protokolldatei werden darf, ob nur Fehlschläge oder auch erlaubte Zugriffe protokolliert werden sollen und wohin sie gespeichert wird. Sie können somit nachprüfen, wann jemand versucht hat, an die Daten Ihres Rechners zu gelangen.

ICMP steht für **I**nternet **C**ontrol **Me**ssage **P**rotocol und dient vorrangig zur Übermittlung von Fehlernachrichten zwischen Clientrechnern und Servern bzw. so genannten Gateways (Gateway = Ausgang; Übergangsrechner zu anderen Netzwerksegmenten oder auch der Rechner, der alle anderen mit dem Internet verbindet). Zur Übermittlung benutzt ICMP das IP-Protokoll (**I**nternet **P**rotocol), das ein Teil des TCP/IP-Protokolls ist. Zeitüberschreitungen oder so genannte Echos werden über dieses Protokoll abgewickelt. Wenn zum Beispiel im Internet ein Rechner versucht, Ihren Rechner „anzupingen", während Sie online sind, können Sie hier auch angeben, ob die Firewall dies zulassen soll oder nicht. Dies

Sicherheitsprotokollierung und ICMP-Einstellungen.

konfigurieren Sie über die Schaltfläche *Einstellungen* im Abschnitt *ICMP* dieser Registerkarte.

Der Befehl Ping

Wenn Sie über *Start/Alle Programme/Zubehör* die Eingabeaufforderung öffnen, sehen Sie ein an DOS erinnerndes Fenster. Wenn Sie hier den Befehl *Ping* eingeben, gefolgt von einem Leerzeichen und der IP-Adresse eines Rechners – auch die des eigenen ist möglich – wird ein Signal an diese IP-Adresse gesendet und das Echo wird zurückgegeben. Es werden vier Datenpakete a 32 Byte versandt. Je nachdem, ob die Pakete zu lange brauchen oder gar nicht zurückkommen, kann man beurteilen, an welcher Stelle man nach möglichen Netzwerkproblemen zu suchen hat. Dies geht schon tief in die Netzwerkadministration und soll nur eine Anregung für Interessierte sein, einen Einstiegspunkt zur weiteren Vertiefung zu bekommen.

Damit haben Sie bereits einen guten Grad an Sicherheit gewonnen. Natürlich dürfen Sie diese Firewall nicht mit anderen Vollprodukten von Drittanbietern vergleichen. Allein stehende Firewalls sind wesentlich komplexer und bieten weitaus mehr Kontrollmöglichkeiten. Jedoch ist durch diese einfach zu handhabende integrierte Firewall ein guter Schritt in Sachen Sicherheit getan worden. Im

Zeitalter des Internets ist und wird das Thema Sicherheit eine immer größere Rolle spielen. Für die sichere Konfiguration Ihrer Firewall bieten wir Ihnen in Kapitel 18.3 eine detaillierte Hilfestellung. Wenn Sie Ihrem Heimnetzwerk etwas mehr Sicherheit gönnen wollen, sollten Sie unbedingt einen Blick auf den Einsatz des Tools werfen.

Gemeinsame Nutzung der Zugangsdaten

Oftmals wird in einer Familie ein einziger Rechner von mehreren Familienmitgliedern genutzt. Da jeder ein eigenes Konto mit Benutzername und Kennwort benutzt, gibt es nun die Möglichkeit, die Zugangsdaten für das Internet – also auch die eingerichtete DFÜ-Verbindung – für alle zur Verfügung zu stellen. Dazu aktivieren Sie bei der Herstellung einer Verbindung die Option *Alle Benutzer dieses Computers*, wie im nachfolgenden Bild zu erkennen. So brauchen Sie nicht für alle einzeln die DFÜ-Verbindung zu erstellen und der weitaus größere Vorteil ist, das Passwort bleibt für alle anderen Familienmitglieder geheim, weil ja nur Sie es einmal eingegeben haben.

Gemeinsame Nutzung der Internetzugangs-daten.

8. Systemsicherheit durch Virenabwehr, Firewall und Backup

Nachdem Sie Windows XP in den vorangegangenen Kapiteln etwas näher kennen gelernt, Ihr System den Anforderungen entsprechend konfiguriert und mögliche Probleme aus der Welt geschafft haben, zeigen wir Ihnen nun, wie Sie Ihr System und damit auch Ihre Daten schützen können. Denn im Computeralltag lauern einige, die es auf Ihre Daten abgesehen haben. Das kann eine zufällige Viren- oder Trojaner-Infizierung, aber auch ein gezielter oder zufälliger Angriff aus dem Internet sein. Selbst ein übler Computerabsturz kann unwiderruflichen Datenverlust mit sich bringen. Sie können allerdings einiges zur Sicherheit beitragen und viele Risiken im Vorfeld minimieren.

Dieses Kapitel zeigt:

- Wie Sie die Sicherheitsfunktion von Windows XP nutzen.

- Viren und Trojaner – was es damit auf sich hat, welche Auswirkungen eine Infizierung haben kann und wie Sie sich davor schützen können.

- Hacker – bekannte Angriffsmethoden und Hinweise, wie Sie sich vor Attacken aus dem Internet schützen können.

- Die Personal Firewall von Windows XP blockt alle eingehenden Verbindungen ab. Doch manchmal muss trotzdem „einer rein", beispielsweise bei der Remotewartung. Wie Sie die Firewall für Ausnahmefälle konfigurieren, zeigen wir Ihnen!

- Die Datensicherung gehört zum Alltag, wenn Sie möglichen Datenverlusten aus dem Weg gehen wollen. Wir stellen Ihnen schnelle, sichere Verfahren vor, wie Sie Ihre Daten sichern und wiederherstellen können.

8.1 Windows XP rundum sicher

Die ersten Sicherheitsmaßnahmen gegen Angriffe und gezielte Attacken treffen Sie, indem Sie mithilfe spezieller Security-Updates bekannten Sicherheitslöchern entgegenwirken, sicherheitstechnische Funktionen von Windows XP aktivieren und das Betriebssystem entsprechend konfigurieren. Denn der beste Viren- und Trojaner-Scanner wie auch die beste Firewall nützen nichts, wenn das eigentliche System offen wie ein Scheunentor dasteht. Mit einer entsprechenden Konfiguration können Sie schon einen großen Beitrag in Sachen *Sicherheit* leisten und Windows XP wesentlich sicherer machen ...

Das Sicherheitscenter von Windows XP

Mit der Installation des Service Pack 2 für Windows XP wird das Betriebssystem um eine GUI (**G**raphical **U**ser **I**nterface = grafische Oberfläche) erweitert, worüber die elementaren Sicherheitsmaßnahmen Firewall, Virenschutz und automatisches Betriebssystem-Update überwacht und auch konfiguriert werden können: das Sicherheitscenter.

Dieses Tool prüft, ob auf dem lokalen Computersystem eine Firewall eingerichtet und auch aktiviert wurde, ob ein Virenscanner installiert und eingeschaltet ist und ob die Funktion *Automatisches Window Update* aktiv ist. Das Sicherheitscenter fungiert also gewissermaßen als eine Art Monitoring-Tool, womit die wichtigsten Schutzmechanismen überwacht werden können. Außerdem ermöglicht das Sicherheitscenter einen schnellen Zugriff auf die betriebssystemseitigen Security-Maßnahmen *Automatisches Update* und *Windows-Firewall*.

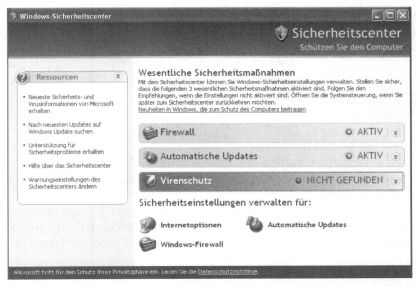

Das Sicherheitscenter von Windows XP SP2.

Das Sicherheitscenter von Windows XP SP2 erkennt allerdings nicht alle Firewall- und Virenschutzsysteme, sondern nur folgende:

Sicherheitsmaßnahme	Produkt
Automatisches Update	AutomatischesUpdate von Windows XP
Firewall	IPv6-Firewall von Windows XP McAfee Firewall Panda Firewall Symantec Firewall Tiny Firewall Trend Firewall ZoneLabs Firewall
Virenschutz	Ahnlab AntiVirus Computer Associates AntiVirus Kaspersky Antivirus McAfee Antivirus Panda Antivirus Sophos Antivirus Symantec Antivirus Trend Antivirus

Falls Sie ein Firewall-System oder eine Virenschutzlösung eines anderen Herstellers beziehen, wird das Sicherheitscenter mit großer Wahrscheinlichkeit die nicht vorhandene Existenz der jeweiligen Sicherheitsmaßnahme anzeigen. Wenn Sie beispielsweise die Virenschutzlösung AntiVir von H+B EDV einsetzen, die vom Sicherheitscenter bis dato noch nicht erkannt wird, macht Sie der Notifier des

Sicherheitscenters mithilfe eines Symbols im Gerätefeld der Taskleiste auf die Nicht-Existenz eines Virenscanners aufmerksam.

Der Notifier des Sicherheitscenters.

Wenn Sie also ein nicht unterstütztes Firewall- und/oder Virenschutzprodukt einsetzen und permanent vom Notifier auf die fehlende Sicherheitsmaßnahme aufmerksam gemacht werden, können Sie den Notifier auch ausschalten:

1 Wechseln Sie in die Systemsteuerung und rufen Sie das Sicherheitscenter auf. Alternativ können Sie das Sicherheitscenter auch aus dem Kontextmenü des Sicherheitscenter-Symbols aus dem Gerätefeld der Taskleiste heraus öffnen.

2 Klicken Sie auf *Warnungseinstellungen des Sicherheitscenters ändern*. Diesen Punkt finden Sie im Fenster *Ressourcen* in der linken Fensterhälfte.

3 Wenn Sie den Notifier für die Firewall deaktivieren möchten, nehmen Sie das Häkchen aus dem Kontrollkästchen *Firewall*. Gleiches gilt im Notifier für das automatische Update und auch für den Virenschutz.

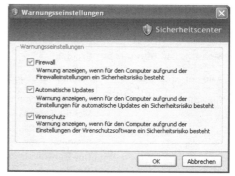

4 Klicken Sie auf *OK*, um die Einstellungen zu übernehmen. Schließen Sie das Sicherheitscenter und auch die Systemsteuerung wieder. Ab sofort wird Windows XP keine Meldung darüber mehr ausgeben, dass der Sicherheitsmechanismus nicht gefunden wurde.

Empfehlenswert: die Security-Updates der Softwarehersteller

Windows XP ist ein modernes und funktionsvielfältiges Betriebssystem, das von Haus aus eine ganze Reihe von Sicherheitseinstellungen zur Absicherung des Computersystems bietet. Aber selbst bei der Verwendung aller Sicherheitsoptionen schaffen es versierte Hacker immer wieder, sich Zugang zum Computersystem zu verschaffen oder den Computer einfach abstürzen zu lassen. Grund dafür ist, dass immer wieder neue Bugs (fehlerhafte Softwarefunktionen) gefunden werden, die auch für potenzielle Attacken missbraucht werden können. Und für den Fall, dass fehlerhafte Systemfunktionen bekannt werden, die ein Risiko für die Computersicherheit bedeuten, bieten viele Softwarehersteller kostenlose Security-Updates an, womit diese Sicherheitslücken dann erfolgreich geschlossen werden können. So gibt es für Windows XP und auch für viele weitere Anwendungen aus dem Hause Microsoft (z. B. Internet Explorer, Media Player, Office ...) bereits eine ganze Reihe von einzelnen Security-Patches, womit der Computer gegen mögliche Angriffe von außen abgesichert werden kann.

Das Windows Update

Sie stellen sich jetzt sicher die Frage, wie Sie am besten ermitteln können, welche der verfügbaren Security-Updates Sie benötigen und wie Sie die Updates am schnellsten einrichten. Nun, für die Aktualisierung der Microsoft-Produkte hält Windows XP eine kleine, wenngleich nützliche Programmfunktion bereit: das Windows Update. Dieses Feature ermöglicht die Verbindung zur Update-Website des Softwareherstellers über den vorhandenen Analog-/ISDN-/DSL-Anschluss und sucht nach verfügbaren Update-Paketen, die auf dem Computersystem noch nicht installiert wurden. Die einzelnen Security-Updates werden zunächst nur angezeigt. Nach entsprechender Auswahl durch den Benutzer werden die einzelnen Softwarepakete dann auf den Computer heruntergeladen und auch direkt installiert.

Für das Netzwerk: einen eigenen Windows Update-Server einrichten

Wenn Sie Betreiber eines Netzwerks sind und mehrere Computersysteme up to date halten müssen, können Sie sich auch einen eigenen Windows Update-Server einrichten. Das hat den Vorteil, dass Sie die Update-Pakete von Microsoft nur einmal downloaden müssen und damit eine ganze Menge Verbindungsgebühren sparen. Microsoft stellt auf der Internetseite *www.microsoft.com/windowsupdate/windows2000/sus* ein Tool mit der Bezeichnung SUS (**S**oftware **U**pdate **S**erver) bereit, womit Sie kostenlos einen eigenen Windows Update-Server einrichten können.

Aktuelle Security-Updates laden und installieren

Wenn Sie bis dato noch kein Windows-Update durchgeführt und auch noch keine Security-Updates geladen haben, sollten Sie spätestens jetzt einmal darüber nachdenken, ob Sie Ihr Windows XP nicht zumindest in sicherheitstechnischer Sicht etwas aufrüsten wollen. Denn es gibt genug Leute, die es auf nicht abgesicherte Computersysteme abgesehen haben und sich als Möchtegern-Hacker beweisen wollen. Schließlich sind die Security-Updates mit nur wenigen Klicks (eine funktionierende Internetverbindung vorausgesetzt!) auf das Computersystem übertragen und auch fix und fertig eingerichtet:

Wenn Sie das SP2 für Windows XP bereits eingerichtet haben, können Sie das Windows Update im Sicherheitscenter innerhalb der Systemsteuerung aktivieren.

Andernfalls – ohne SP2 – rufen Sie das Windows Update aus dem Startmenü (*Start/Alle Programme*) heraus auf.

1 Wechseln Sie in die Systemsteuerung und rufen Sie das Sicherheitscenter auf.

2 Klicken Sie auf *Automatische Updates*, um die Funktion *Windows Update* zu aktivieren.

3 Am unteren Fensterrand finden Sie jeweils einen Link, über den Sie die Sicherheitseinstellungen verwalten können. Klicken Sie auf *Automatische Updates*, um die Einstellungen für das Windows Update anzupassen.

4 Wählen Sie nun aus, ob automatisch nach Updates gesucht und diese auch automatisch heruntergeladen und installiert werden sollen, ob die Updates zwar heruntergeladen, aber noch nicht installiert werden sollen oder ob Sie lediglich benachrichtigt werden möchten.

5 Übernehmen Sie Ihre Einstellung mit *OK* und schließen Sie die Fenster wieder.

6 Anschließend können Sie einen manuellen Scan nach Update-Paketen anstoßen. Hierzu öffnen Sie den Internet Explorer und geben die URL „windows update.microsoft.com" ein.

7 Wenn die Verbindung hergestellt ist, erhalten Sie beim erstmaligen Windows-Update eine Meldung darüber, dass zunächst die Kontrollfunktion *V4 Windows Update* installiert werden muss. Bestätigen Sie mit *Ja*, das Update-Utility wird daraufhin eingerichtet.

Das ActiveX-Control Windows Update will erst installiert werden.

8 Anschließend gelangen Sie in die Übersicht des Windows Update. Dort klicken Sie auf die Schaltfläche *Jetzt aktualisieren*, woraufhin die bereits eingerichteten wie auch die verfügbaren Security-Updates ermittelt werden.

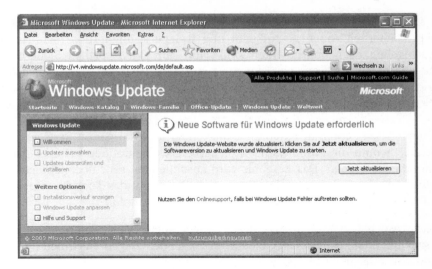

9 Wenn die Überprüfung der bereits installierten und der verfügbaren Updates stattgefunden hat, werden die neuen Security-Updates in einem Auswahlfenster angezeigt. Dort können Sie die verfügbaren Update-Pakete für Windows XP – oder auch für eine andere installierte Anwendung von Microsoft – auswählen und automatisch downloaden/installieren.

Nach der Installation der Security-Updates müssen Sie Ihren Computer neu starten, im Anschluss daran ist das Windows Update abgeschlossen.

Der Sicherheits-Check mit dem neuen Microsoft Baseline Security Analyzer

Selbst wenn Sie – wie im vorherigen Abschnitt gezeigt – Ihr Computersystem immer up to date halten und potenzielle Sicherheitslücken nach Bekanntwerden sofort schließen, so ist es mit der Installation dieser Security-Updates noch nicht getan. Denn ein solches Update schützt Sie leider nicht vor Angriffen, die durch eigene Fehlkonfigurationen des Betriebssystems verursacht werden. Wenn Sie beispielsweise mehrere Benutzer vom Typ *Computeradministrator* anlegen und keinen Kennwortschutz konfiguriert haben, schützt das beste Update nicht vor der unerwünschten Anmeldung als Computeradministrator. Auch wenn Sie die Datenträger mit FAT32 – statt mit dem weitaus sicheren NTFS – formatiert haben, bieten diese Sicherheitsupdates keinen Zusatzschutz.

Neue MBSA-Version für das SP2

Seit dem Service Pack 2 für Windows XP gibt es auch eine neue Version des **M**icrosoft **B**aseline **S**ecurity **A**nalyzer, kurz MBSA genannt. Die neue MBSA-Version berücksichtigt alle neuen Sicherheitsfeatures des Service Pack 2 und prüft somit alle erweiterten Sicherheitseinstellungen von Windows XP SP2.

Jetzt stellt sich natürlich die Frage, wie Sie herausfinden können, was es in Sachen „Sicherheit" noch zu tun gibt und welche konfigurationstechnischen Schwachstellen noch auszumerzen sind. Nun, für einen solchen Sicherheits-Check empfehlen wir Ihnen ein Tool aus dem Hause Microsoft, das Sie sich kostenlos von der Internetseite *www.microsoft.com* laden können: der Microsoft **B**aseline **S**ecurity **A**nalyzer, auch kurz nur MBSA genannt. Dieses Tool wurde für die Sicherheitsanalyse eines Windows-Systems unter Berücksichtigung vieler Anwendungen (z. B. Internet Explorer, Office, Internet Information Services etc.) entwickelt, womit die grundlegenden Sicherheitskonfigurationen einmal richtig durchgecheckt werden. Das Ergebnis wird anschließend sehr übersichtlich dargestellt, und – im Fall potenzieller Schwachstellen – gibt das Tool die erforderlichen Hinweise zur Verbesserung der Sicherheitskonfiguration.

Ein paar Tests haben gezeigt, dass dieses Tool gerade für den „Computerneuling" eine sehr nützliche Hilfestellung bietet. Im Folgenden zeigen wir Ihnen deshalb anhand eines Beispiel-Checks, wie Sie den Microsoft Baseline Security Analyzer 1.2.1 unter Windows XP SP2 sinnvoll einsetzen.

Microsoft Baseline Security Analyer downloaden und installieren

Beim Microsoft Baseline Security Analyzer handelt es sich um ein kostenloses Tool, das Sie jederzeit aus dem Internet downloaden und installieren können. Sofern Sie das Service Pack 2 für Windows XP bereits installiert haben, finden Sie die neue MBSA-Version 1.2.1 auf der Internetseite *http://www.microsoft.com/ tech-net/security/tools/mbsahome.mspx*. Dort finden Sie auch eine ganze Reihe wichtiger Hinweise zum MBSA, die durchaus lesenswert sind. Wenn Sie das Tool auf Ihren Computer geladen haben, starten Sie einfach das Setup. Während der Einrichtung des MBSA müssen Sie lediglich die Lizenzvereinbarung annehmen und das Zielverzeichnis bestimmen, in das der MBSA installiert werden soll. Weitere Optionen müssen Sie nicht festlegen.

Der erste Sicherheits-Check mit dem MBSA

Wenn Sie den MBSA erfolgreich installiert haben, starten Sie das Tool entweder durch einen Doppelklick auf die entsprechende Verknüpfung auf dem Desktop oder Sie rufen unter *Start/Alle Programme* den Eintrag *Microsoft Baseline Security Analyzer 1.2.1* auf. Sie gelangen daraufhin in die Hauptübersicht des MBSA.

Wenn Sie nun wissen möchten, ob es seitens der Betriebssystemkonfiguration irgendwelche sicherheitstechnischen Schwachstellen gibt, klicken Sie einfach auf den Link *Einen Computer überprüfen*. Daraufhin wird ein Fenster geöffnet, worüber Sie das zu untersuchende Computersystem auswählen können. Standardmäßig wird der Computername des Systems angezeigt, auf dem der MBSA ausgeführt wird. Für den Fall, dass Sie mehrere Computersysteme mittels TCP/IP miteinander vernetzt haben, können Sie den Check auch auf einem vernetzten Computer ausführen, Sie müssen dann lediglich die IP-Adresse des entfernten Computersystems angeben.

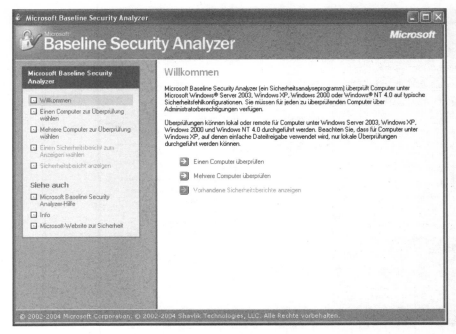

Der Startbildschirm des MBSA.

Weiter müssen Sie die Scanoptionen festlegen. Für eine vollständige Überprüfung der Sicherheitskonfiguration wählen Sie folgende Optionen aus:

- *Überprüfung auf Windows-Anfälligkeiten*

- *Auf schwache Kennwörter überprüfen*

- *Auf IIS-Anfälligkeiten überprüfen*

- *Auf SQL-Anfälligkeiten überprüfen*

- *Auf Sicherheitsupdates überprüfen*

Sofern Sie innerhalb des lokalen Netzwerks einen eigenen SUS-Server (**S**oftware **U**pdate **S**erver) betreiben, können Sie diesen in die Überprüfung mit einbeziehen. Geben Sie die IP-Adresse des SUS-Servers im Feld *SUS-Server verwenden* ein. Erforderliche Updates werden dann nicht mehr aus dem Internet heruntergeladen, sondern vom lokalen SUS-Server bezogen.

Wenn Sie alle erforderlichen Optionen festgelegt haben, starten Sie den Check einfach durch einen Klick auf den Link *Überprüfung starten*. Das Computersystem wird nun auf mögliche Sicherheitslücken hin überprüft. Im Anschluss an den Scan zeigt das Tool das Ergebnis an.

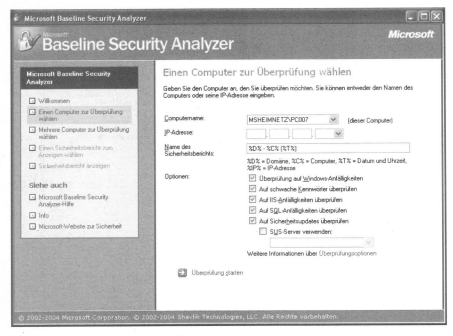

Die Einstellungen für den Sicherheits-Check.

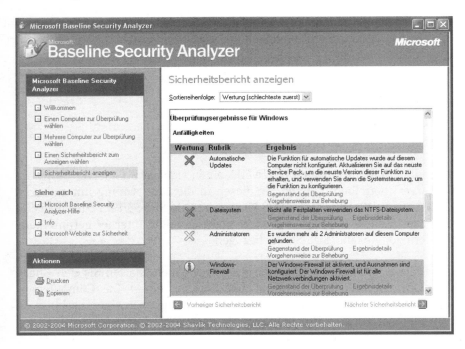

Sofern Sie in der Übersicht Einträge mit einem vorangestellten gelben oder roten Kreuz vorfinden, hat das Tool mögliche Schwachstellen gefunden. In diesem Fall klicken Sie einfach auf den Link *Vorgehensweise zur Behebung* des jeweiligen

Eintrags, dort finden Sie dann entsprechende Hinweise darauf, wie Sie die Sicherheitslücke schließen können.

Kennwort für die Windows-Anmeldung aktivieren

Wenn für die Windows-Anmeldung kein Kennwort erforderlich ist, kann sich jedermann mit Ihrem Benutzer-Account anmelden und hat so uneingeschränkten Zugang zu all Ihren Daten. Schließen Sie diese Sicherheitslücke, indem Sie ein sicheres Kennwort vergeben. Wechseln Sie in die Systemsteuerung und öffnen Sie *Benutzerkonten*. Markieren Sie Ihren Benutzernamen und wählen Sie *Kennwort erstellen* aus. Daraufhin können Sie ein Kennwort vergeben, das für die künftige Windows-Anmeldung erforderlich ist. Vergeben Sie jedoch keine leicht zu erratenden Kennwörter, sondern wählen Sie eine Zeichenfolge, gemischt aus Zahlen und Buchstaben. Das Kennwort sollte mindestens acht Zeichen haben und regelmäßig geändert werden.

Bildschirmschoner mit Kennwortschutz

Haben Sie ein Kennwort für die Windows-Anmeldung festgelegt, können Sie ab sofort auch für den Bildschirmschoner einen Kennwortschutz festlegen. Damit können Sie den Computer kurzfristig sperren, und andere Personen kommen nicht an Ihre Daten. Allerdings funktioniert die Kennwortabfrage nur, wenn der Bildschirmschoner nach Ablauf der Leerlaufzeit von selbst startet. Wenn Sie den Bildschirmschoner manuell aufrufen, erfolgt keine Kennwortabfrage!

Einstellungen der Internetverbindung überprüfen

Wenn Sie eine Internetverbindung zu Ihrem Provider erstellt haben, sollten Sie aus Sicherheitsgründen die Einstellungen überprüfen. Denn wenn in den Netzwerkeinstellungen der DFÜ-Verbindung der Client für Microsoft-Netzwerke und auch die Datei- und Druckerfreigabe aktiviert sind, sind die Freigaben im lokalen Netzwerk gefährdet. Über eine TCP/IP-Verbindung ist ein Zugriff aus dem Internet möglich, was Sie tunlichst vermeiden sollten. Öffnen Sie die Netzwerkverbindungen und rufen Sie die Eigenschaften der Internetverbindung auf. Wechseln Sie auf die Registerkarte *Netzwerk* und überprüfen Sie, dass nur das TCP/IP-Protokoll aktiviert ist, alles andere muss ausgeschaltet sein.

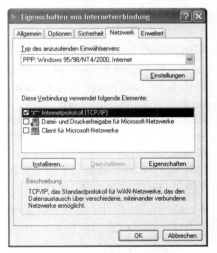

Nur das TCP/IP-Protokoll aktivieren!

Empfehlenswert: Tools zur Datenverschlüsselung

Windows XP Professional enthält einige Features mehr als die Home-Version. Davon ist unter anderem auch die Verschlüsselung betroffen, denn diese Funktion ist nur in der Professional-Version enthalten. Allerdings soll das jetzt nicht heißen, dass Sie mit Windows XP Home keine Daten verschlüsseln können. Das geht trotzdem, Sie brauchen nur ein zusätzliches Tool, sprich: ein weiteres Programm.

Wenn Sie lediglich gespeicherte Daten vor den Augen anderer schützen wollen, sollten Sie sich mal auf der Internetseite von Utimaco (*www.utimaco.de*) umsehen, denn dort finden Sie ein Tool namens Private Crypt, mit dessen Hilfe Sie sämtliche Dateien stark verschlüsseln können. Wenn Sie dagegen weitere Sicherheitsfunktionen wie Laufwerk- und/oder Computerschutz wünschen, finden Sie auf der Internetseite *www.demcom.com* ein geeignetes Produkt. Denn die Steganos Security Suite 5 enthält neben Verschlüsselungsfunktionen noch eine Reihe weiterer Sicherheitsfunktionen.

Sicheres Verschlüsseln mit dem Crypto Key

Wenn Sie Ihre Daten vor den Augen anderer schützen und sich keine komplizierten Passwörter merken wollen, können Sie Ihre Daten auch mit dem Crypto Key sichern. Hierbei handelt es sich um einen kleinen Stecker mit USB-Anschluss, auf dem Ihr persönlicher Schlüssel gespeichert wird. Wenn Sie den Schlüssel in einen freien USB-Anschluss einstecken, erfolgt die Authentifizierung, und Sie haben Zugriff auf ein virtuelles Laufwerk, auf dem Ihre sensiblen Daten abgelegt und mithilfe einer 128-Bit-AES-Verschlüsselung vor fremdem Zugriff geschützt sind. Sobald Sie den Schlüssel abziehen, werden die Daten sofort verschlüsselt. Weitere Informationen zum Crypto Key finden Sie auf der Internetseite *www.crypto-key.de*.

Steganos Security Suite 5

Ob Sie lediglich die gespeicherten Daten vor den Blicken anderer schützen oder komplette Laufwerke sperren wollen, bleibt Ihnen überlassen. Wenn Sie jedoch im Besitz eines Notebooks sind, sollten Sie mal darüber nachdenken, was passiert, wenn das gute Stück geklaut wird. Denn ist das Notebook weg, gelangen vertrauliche Daten schnell in falsche Hände. Aus diesem Grund sollten Sie keine Möglichkeit auslassen, sämtliche Daten zu schützen und den Zugang zum System so weit wie möglich zu erschweren. Mit der Steganos Security Suite 5 können Sie das beispielsweise tun, denn damit können Sie

- sämtliche Dateien verschlüsseln und/oder verstecken,
- komplette Laufwerke schützen,
- E-Mails verschlüsseln,
- Dateien endgültig von der Platte putzen, ohne dass gelöschte Dateien wiederhergestellt werden können,

- den Computer sperren,
- Spuren im Internet verwischen

und vieles mehr.

Diese Sicherheitssoftware eignet sich somit sowohl für das Verschlüsseln der lokal gespeicherten Dateien als auch für den Zugriffsschutz. Die Steganos Security Suite 5 können Sie für wenige Euro im Fachhandel erwerben, vorab können Sie sich aber eine Testversion der Sicherheitssoftware downloaden und prüfen, ob das Produkt Ihren Anforderungen genügt. Nach dem Download installieren Sie die Steganos Security Suite 5 in einen beliebigen Ordner. Während der Installation legen Sie fest, ob die Software allen Benutzern zur Verfügung gestellt wird oder nur dem Benutzer, der gerade angemeldet ist. Die Dateien werden daraufhin kopiert, und die Security Suite wird eingerichtet. Nach der Installation wird ein Assistent zur Kennwortvergabe gestartet. Schließen Sie den Willkommensbildschirm und geben Sie dann ein sicheres Kennwort ein. Je nachdem, wie lang das Kennwort ist, erhalten Sie unter dem Eingabefeld einen Hinweis, ob das Kennwort leicht zu knacken ist oder nicht.

Sichere Kennwörter

Vergeben Sie niemals leicht zu erratende Begriffe wie Namen, Geburtsdaten oder Ähnliches als Kennwort. Ein sicheres Kennwort sollte acht, besser zwölf und mehr Zeichen und sowohl Buchstaben als auch Zahlen enthalten. Wenn der Kennwortschutz case-sensitiv ist und zwischen Groß- und Kleinschreibung unterscheidet, sollten Sie diese Möglichkeit nutzen. Wechseln Sie die Kennwörter regelmäßig.

Anschließend wird die Security Suite im Gerätefeld der Taskleiste abgelegt, Sie können das Hauptmenü – die Zentrale – durch einen Doppelklick auf das Symbol öffnen und Einstellungen vornehmen, das Kennwort ändern und vieles mehr.

Die Zentrale der Steganos Security Suite 5.

Des Weiteren finden Sie im Gerätefeld ein Symbol in Form eines Safes: Das ist der Steganos Safe, mit dessen Hilfe Sie Ihre Daten verschlüsseln können. Öffnen Sie den Safe mit einem Doppelklick und geben Sie das Kennwort ein. Daraufhin wird ein neues Laufwerk kreiert, das in der Regel als Laufwerk X: im Windows-Explorer angezeigt wird. Alle Daten, die Sie in diesem Ordner ablegen, können Sie vor Blicken anderer und damit auch zugriffssicher schützen. Denn wenn Sie den Safe im Kontextmenü des Symbols schließen, wird der Inhalt verschlüsselt, und das Laufwerk wird ausgeblendet.

Verschlüsseln auch ohne Safe

Wenn Sie im Windows-Explorer einzelne Dateien oder Ordner markieren und im Kontextmenü auf *Steganos Security Suite 5* klicken, können Sie diese Objekte mit nur einem Klick verschlüsseln, verstecken oder mit einer sicheren Methode auch endgültig von der Platte putzen. Zum Ver- und Entschlüsseln geben Sie jeweils ein Kennwort ein. So können die Dateien nur von solchen Personen geöffnet werden, die über das entsprechende Kennwort verfügen.

Berechtigung für Teile der Registrierung vergeben

Ob Sie es glauben oder nicht: Auch die Registrierung will vor möglichen Angriffen und Attacken geschützt werden. Denn gerade Trojaner (siehe weiter unten) legen sich still und heimlich in bestimmten Teilen der Registrierung ab, um bei jedem Systemstart geladen zu werden. Davon sind besonders die Schlüssel

- *HKLM/Software/Microsoft/Windows/CurrentVersion/Run*
- *HKCU/Software/Microsoft/Windows/CurrentVersion/Run*
- *HKLM/Software/Microsoft/Windows/CurrentVersion/RunOnce*
- *HKCU/Software/Microsoft/Windows/CurrentVersion/RunOnce*

betroffen, da hier Einträge für die Autostart-Gruppe vorgenommen werden. Alle Programme, die nach dem Systemstart automatisch ausgeführt werden, haben sich in diesen Schlüsseln verewigt. Um diese Schlüssel nun vor fremden Zugriffen zu schützen, passen Sie die Berechtigung etwas an. Damit können Sie das Risiko zwar nicht ganz ausschließen, aber um ein Vielfaches mindern.

1 Starten Sie den Registrierungseditor, indem Sie auf *Start/Ausführen* klicken und „regedit" eingeben. Bei älteren Windows-Versionen mussten Sie noch „regedt32" eingeben, das ist bei Windows XP aber hinfällig, da der erweiterte Editor automatisch gestartet wird.

2 Suchen Sie in der linken Fensterhälfte nach den genannten Schlüsseln und markieren Sie sie.

3 Klicken Sie im Menü *Bearbeiten* auf *Berechtigungen*. In der Auswahlliste sehen Sie all die Benutzer und Gruppen, die Änderungen in der Registrierung vornehmen dürfen.

Wenn Sie einen Benutzer oder eine Gruppe markieren, können Sie im unteren Bereich festlegen, ob der Vollzugriff erlaubt oder verweigert wird, außerdem können Sie auch eine Leseberechtigung erteilen. Möchten Sie am Beispiel der Autostart-Gruppe festlegen, dass nur der Administrator oder nur das System neue Werte hinzufügen darf, klicken Sie auf *Erweitert* und markieren den Benutzer oder die Gruppe erneut. Klicken Sie auf *Bearbeiten*, dort können Sie die Aktion *Wert festlegen* verweigern.

*Berechtigung für
Registrierungseinträge
vergeben.*

Sicherlich können Sie auch andere Schlüssel vor Zugriffen schützen und die Berechtigung einschränken. Allerdings sollten Sie dabei vorsichtig sein. Denn wenn Sie beispielsweise für Ihren oder auch für andere Benutzernamen die Rechte zu weit einschränken, kann es zu Leistungseinbußen und Abstürzen kommen. Da sämtliche Systemeinstellungen in der Registrierung vorgenommen werden, ist es erforderlich, dass Windows XP selbst Werte ändern darf. Die Berechtigung für die Gruppe *System* sollte daher nicht weiter eingeschränkt werden, wenngleich viele Hackertools in der Lage sind, sich als *System* anzumelden und mit diesem Account Änderungen vorzunehmen. Sie können das Problem jedoch mindern, wenn Sie eine Art Installations-Account anlegen.

Erstellen Sie in den Benutzerkonten einen neuen Administrator mit der Bezeichnung *Setup*, *Install* oder ähnlich und erlauben Sie nur diesem Benutzer, Einstellungen für neue Softwareprodukte oder Änderungen an solchen vorzunehmen. Somit haben Hackertools weniger Chancen, mit dem System- oder Administrator-Account Schaden anzurichten.

Sicherheitsrelevante Einstellungen im Internet Explorer

Nach der Absicherung von Windows XP zeigen wir Ihnen nun, wie Sie den Internet Explorer als festen Bestandteil des Betriebssystems sicherer machen können. Denn der Webbrowser enthält einige Funktionen, die Ihnen zwar eine Menge Arbeit abnehmen und das Surfen im Netz der Netze angenehmer machen können, allerdings nicht gerade zur Sicherheit beitragen.

ActiveX, Java & Co. – Gefahren aus dem Internet

Bei ActiveX, Java, Java- und VB-Script handelt es sich um kleine Programme, die Bestandteil einer Webseite sind, aber beim Öffnen der jeweiligen Seite auf Ihren Computer übertragen und somit lokal ausgeführt werden. Das hat den Vorteil, dass multimediale Effekte und dergleichen schneller ausgeführt werden und damit besser zur Geltung kommen. Allerdings enthalten diese Plug-Ins auch mal Viren und sonstiges Ungeziefer, selbst Angriffe durch derartige Steuerelemente sind bereits bekannt. Ob gezielte Angriffe oder reine Schwachstellen im Programmcode, letztendlich zählt die Sicherheit. Und generell sollte die Übertragung solcher Programme eingeschränkt, wenn nicht sogar gänzlich verboten werden.

Wenn Sie *Internetoptionen* öffnen und auf die Registerkarte *Sicherheit* wechseln, können Sie mit einem Klick auf *Stufe anpassen* angeben, ob Sie die Übertragung solcher Plug-Ins erlauben, verweigern oder ob Sie jeweils neu entscheiden wollen, wie Sie vorgehen. Die höchste Sicherheit haben Sie, wenn Sie sämtliche Objekte deaktivieren. Allerdings wird es sich dann nicht mehr vermeiden lassen, dass einzelne Webseiten gar nicht mehr oder nur noch teilweise angezeigt werden. Wenn Sie stattdessen *Eingabeaufforderung* auswählen, erhalten Sie jedes Mal ein Fenster, und Sie können von Seite zu Seite entscheiden, ob Sie dem Webseitenbetreiber vertrauen und die Programme downloaden oder es besser lassen.

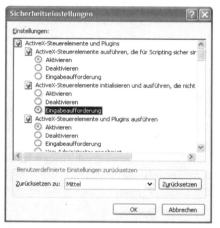

Übertragung von Steuerelementen einschränken.

Aufheben der automatischen Cookiebehandlung

Der Internet Explorer ist mit Funktionen zur automatischen Verarbeitung von Cookies ausgestattet. Die Standardeinstellungen dieser Funktion sehen vor, dass sowohl temporäre als auch beständige Cookies von Erst- und Drittbietern automatisch angenommen werden. Kurzum, gemäß den Standardeinstellungen werden erst einmal alle Cookies angenommen. Damit haben Sie wenig Einfluss auf das Speichern und Übermitteln der Cookie-Inhalte und damit auch auf die Übermittlung Ihrer Surfgewohnheiten.

Wenn Sie vermeiden möchten, dass beim Aufruf vieler Webseiten unzählige Cookies auf Ihrem Computersystem abgelegt werden, die von beständiger Natur sind und auch noch unkontrollierbar an Dritte weitergeleitet werden, sollten Sie schleunigst etwas in Sachen Datenschutz unternehmen: Ändern Sie die Cookie-Einstellungen!

> ### Beständige und temporäre Cookies von Erst- und Drittanbietern
>
> Bei Cookies wird zwischen temporären und beständigen Cookies von Erst- und Drittanbietern unterschieden. Ein temporäres Cookie (auch Sitzungscookie genannt) wird beim Öffnen einer Webseite auf dem lokalen Computersystem erstellt und beim Verlassen des Browsers automatisch gelöscht. Das beständige Cookie dagegen verbleibt so lange auf dem Computersystem, bis es von Hand gelöscht wird. Ein beständiges Cookie kann also auch nach einem längeren Zeitraum noch ausgelesen werden. Ein temporäres oder beständiges Cookie von einem Erstanbieter stammt von der Webseite, die gerade aufgerufen wurde. Ein temporäres oder beständiges Cookie von einem Drittanbieter dagegen stammt nicht von der aktuellen Webseite, sondern wird an eine andere URL weitergeleitet.

1 Starten Sie den Internet Explorer und rufen Sie im Menü *Extras* die *Internetoptionen* auf.

2 Wechseln Sie auf die Registerkarte *Datenschutz* und klicken Sie auf *Erweitert*. In diesen erweiterten Datenschutzeinstellungen können Sie nun die Eigenschaften der Cookie-Verarbeitung ändern.

3 Aktivieren Sie zunächst die Option *Automatische Cookiebehandlung aufheben*, womit Sie weitere Optionen festlegen können.

4 Das automatische Annehmen von Drittanbieter-Cookies sollten Sie generell sperren. Alternativ können Sie auch Eingabeaufforderung auswählen, womit Sie von Fall zu Fall neu entscheiden können, ob Sie das Cookie annehmen oder ablehnen möchten.

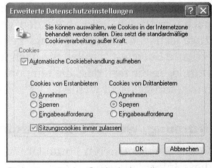

5 Wenn Sie die Cookies von Erstanbietern ebenfalls sperren möchten, wählen Sie die entsprechende Option aus.

Die automatische Cookiebehandlung deaktivieren.

6 Die temporären Sitzungscookies sollten Sie jedoch annehmen, da Sie andernfalls damit rechnen müssen, dass Webseiten nicht mehr vollständig angezeigt werden.

Deaktivieren Sie die AutoVervollständigung

Mithilfe der AutoVervollständigung können Sie den Internet Explorer dazu veranlassen, Formulareingaben, Webadressen und Anmeldedaten zwischenzuspeichern. Wenn Sie die jeweiligen Webseiten zu einem späteren Zeitpunkt erneut aufrufen, erspart Ihnen der Webbrowser die Eingabe, indem die jeweiligen Informationen automatisch eingetragen werden. Zugegeben, das spart einige Tipparbeit. Doch wenn Sie Ihren Computer mit anderen Benutzern teilen, weiß jeder, auf welchen Seiten Sie sich rumtreiben und welche Angaben Sie so machen.

Schalten Sie also die AutoVervollständigung aus, damit Ihr Surfverhalten und Ihre Formular- und Anmeldedaten geheim bleiben. Starten Sie den Internet Explorer und rufen Sie die *Internetoptionen* im Menü *Extras* auf. Auf der Registerkarte *Inhalt* klicken Sie auf *AutoVervollständigen* und deaktivieren sämtliche Optionen. Und alle Daten, die bis dato schon gespeichert wurden, löschen Sie mit einem Klick auf *Formular löschen* und *Kennwörter löschen*.

History und temporäre Internetdateien automatisch löschen

Wenn Sie sich im Internet von Webseite zu Webseite hangeln, werden die einzelnen URLs (**U**niform **R**esource **L**ocators) im Ordner *History* gespeichert. Das hat den Vorteil, dass Sie morgen noch wissen, wo Sie sich heute aufgehalten haben, und auf die Webseiten wesentlich schneller zugreifen können. Auch werden die Webseiten zwischengespeichert, damit sie bei erneutem Zugriff schneller angezeigt werden können. Allerdings offenbart das auch anderen Benutzern, wo Sie sich so herumtreiben. Und das geht nun niemanden etwas an, oder? Wenn Sie die *Internetoptionen* im Menü *Extras* aufrufen und die Registerkarte *Allgemein* nach vorn holen, können Sie den Verlauf, sprich: die History, löschen und mit *0 Tage* festlegen, dass neuerdings keine History mehr erzeugt wird. Auf der Registerkarte *Erweitert* scrollen Sie nach unten, bis Sie den Abschnitt *Sicherheit* sehen. Dort legen Sie fest, dass die temporären Internetdateien beim Schließen des Fensters sofort gelöscht werden.

Warnung, wenn Formulardaten umgeleitet werden

Wenn Sie des Öfteren Formulare im Internet ausfüllen, besteht das Risiko, dass diese Informationen auf dem Weg von Ihrem Computer zur jeweiligen Webseite abgefangen und umgeleitet werden. Das kann natürlich fatale Folgen haben, je nachdem, welche Daten Sie gerade von sich preisgeben. In den *Internetoptionen* sollten Sie deshalb festlegen, dass eine Warnung ausgegeben wird, wenn das eigentliche Ziel von der jeweiligen Webseite, die das Formular bereitstellt, abweicht. Holen Sie die Registerkarte *Erweitert* nach vorn und suchen Sie nach dem Abschnitt *Sicherheit*. Dort aktivieren Sie die Option *Warnen, falls Formulardaten umgeleitet werden*.

So konfigurieren Sie den Popupblocker

Sie kennen das sicher: Sie surfen gemütlich im Internet und hangeln sich von Webseite zu Webseite. Sie geben eine URL ein oder klicken auf einen Link, und schon schießen Ihnen eine ganze Reihe unerwünschter Werbefenster entgegen.

Da bedarf es meist vieler Klicks, bis die lästigen Fensterchen wieder zugemacht sind und das eigentliche Internet Explorer-Fenster wieder halbwegs zu erkennen ist.

Was ist ein Popup?

Unter einem Popup versteht man ein Webfenster, das automatisch angezeigt wird und nicht durch die Eingabe einer URL oder durch das Klicken auf einen Link geöffnet wurde. Popups werden meist für die Anzeige von Werbemitteilungen verwendet.

In der Regel müssen Sie zwar nicht mit böswilligen Attacken rechnen, wenn Sie mit den Fensterchen zugebombt werden, eine entsprechende Vorsicht ist aber trotzdem geboten. Denn so manch einer versucht, Sie mit den Werbebotschaften auf unsauberes Terrain zu locken, wenn Sie den eingeblendeten Links folgen. Und ganz besondere Vorsicht ist geboten, wenn die Werbefensterchen mit Schaltflächen versehen sind. Denn mit dem Klick auf eine Schaltfläche innerhalb eines Browserfensters willigen Sie oftmals in Dinge ein, von denen Sie vorher noch gar nichts wissen. Solche Klicks können teuer werden!

Wenn Sie das zweite Service Pack für Windows XP installiert haben, dann können Sie die Anzeige dieser lästigen Popups verhindern. Denn mit der Installation des SP2 wird der Internet Explorer automatisch um ein Feature namens Popupblocker erweitert, das genau diese Fensterchen erkennt und deren Anzeige blockiert. Da der Popupblocker sofort aktiviert wird, werden erst einmal keine Popups mehr angezeigt, die nicht von zugelassenen Sites stammen. Sie können den Popupblocker jedoch auch dazu veranlassen, überhaupt keine Popups mehr anzuzeigen:

1 Starten Sie den Internet Explorer und öffnen Sie das Menü *Extras*.

2 Im Untermenü *Popupblocker* wählen Sie *Popupblockereinstellungen* aus, woraufhin die Eigenschaften des Popupblocker geöffnet werden.

3 Im Auswahlfeld *Filterungsstufe* wählen Sie nun eine der drei möglichen Stufen (*Hoch, Mittel, Niedrig*) aus. Wenn Sie sich für die hohe Filterungsstufe entscheiden, werden ab sofort überhaupt keine Popups mehr angezeigt.

Und für den Fall, dass Sie ein externes Popupblocker-Tool verwenden, wie z. B. WebWasher (*www.webwasher.com*), können Sie den Popupblocker des Internet Explorer im Menü *Extras* auch deaktivieren. Sie finden die Einstellungen übrigens auch, wenn Sie im Menü *Extras* die *Internetoptionen* öffnen und auf die Registerkarte *Datenschutz* wechseln.

Sie bestimmen, welche Add-Ons aktiviert werden!

Einige Webseiten stellen erweiterte Funktionen für den Webbrowser zur Verfügung, womit das Surfen im Web etwas angenehmer und auch etwas funktionaler gestaltet werden soll. Diese erweiterten Funktionen – auch Add-Ons genannt – werden in Form von ActiveX-Steuerelementen, Browsererweiterungen und dergleichen mehr nach einer expliziten Aufforderung, manchmal aber auch unbemerkt, auf das lokale Computersystem übertragen und installiert. Wenn Sie beispielsweise die Suchmaschine *www.google.de* aufrufen und die Toolbar von Google einrichten möchten, wird ein solches Add-On in den Internet Explorer integriert. Oder wenn Sie einen Börsenticker auf der Internetseite eines Onlinebrokers aktivieren, erhalten Sie ein Add-On.

Unsauber gestrickte und damit fehlerhafte Add-Ons, die in den Internet Explorer integriert werden, können natürlich zu erheblichen Instabilitäten des Webbrowsers führen. Auch kann es zu massiven Problemen mit dem Webbrowser kommen, wenn ein Add-On für ganz bestimmte Browserversionen kreiert wurde, das Add-On aber unter einer nicht unterstützten Version zum Einsatz kommt.

Mit der Einrichtung des Service Pack 2 für Windows XP haben Sie nun die Möglichkeit, diese Add-Ons bei Bedarf zu deaktivieren. Falls es nach der Einrichtung einer Browsererweiterung beispielsweise zu Problemen mit dem Internet Explorer kommen sollte, müssen Sie keine Neuinstallation ins Auge fassen, denn Sie können sich die Add-Ons anzeigen lassen und explizit aktivieren bzw. deaktivieren:

1 Starten Sie den Internet Explorer und wählen Sie im Menü *Extras* den Menüpunkt *Add-Ons verwalten* aus.

2 Wählen Sie im Auswahlfenster *Anzeigen* die Option *Von Internet Explorer verwendete Add-Ons* aus. Die bereits integrierten Add-Ons werden daraufhin angezeigt.

3 Möchten Sie auf die Verwendung eines bestimmten Add-Ons verzichten, weil es bei der Nutzung zu Problemen kommt, markieren Sie das betreffende Add-On und wählen im unteren Fensterbereich *Deaktivieren* aus.

4 Das Add-On wird ab sofort nicht mehr genutzt. Möchten Sie das Add-On zu einem späteren Zeitpunkt wieder nutzen, brauchen Sie die Browsererweiterung oder das Hilfsobjekt nur zu aktivieren.

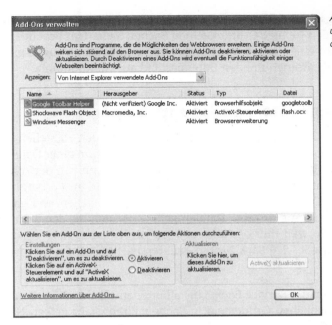

Add-Ons anzeigen lassen und bei Bedarf deaktivieren.

8.2 Viren, Trojaner und Hacker: Die Gefahren lauern überall

Eine Infizierung mit Viren und Trojanern sowie mögliche Angriffe seitens Script-Kiddies und potenzieller Hacker besteht nicht nur, wenn eine Internetverbindung hergestellt ist, auch wenn viele dieser Meinung sein sollten. Da Hackertools auf vielen Seiten im Internet zum Download angeboten werden und leicht zu kriegen sind, nutzen Interessierte und Neugierige jede Gelegenheit, ein solches Tool einfach mal auszuprobieren. Das kann natürlich genauso gut im lokalen Netzwerk der Fall sein. Gerade in firmeninternen Netzwerken kommt es hin und wieder zu Störfällen, weil sich irgendein Witzbold am Chef rächen will oder ein Hackertool in die Finger gekriegt hat, das er natürlich sofort ausprobieren will. Und das Schlimme daran ist, dass manche Tools derart mächtig sind, dass oft schon ein Klick reicht, um Computer abstürzen zu lassen oder die Datenbestände zu sabotieren.

Was sind Script-Kiddies?

Als Script-Kiddies bezeichnet man Anwender, die erste Erfahrungen mit Hackertools sammeln und die verfügbaren Tools nach Lust und Laune ausprobieren. Im Allgemeinen verursachen Script-Kiddies weniger Schäden als Hacker. Allerdings spielt auch der Funktionsumfang solcher Tools eine wichtige Rolle. Ein Angreifer muss nicht immer über großes Wissen verfügen, oft reicht schon ein mächtiges Tool, um große Schäden zu produzieren.

Wie auch immer, Sie können einiges zur Sicherheit beitragen, und wenn Sie – wie Sie hier lesen werden – einige Grundregeln in Sachen Sicherheit beachten, reduzieren Sie das Risiko einer Infizierung durch Viren und Trojaner sowie möglicher Angriffe auf den Computer und den Datenbestand auf ein Minimum.

Viren – die versteckte Bedrohung, Teil I

Viren lauern überall und vermehren sich schneller, als Sie es sich vorstellen können. Denn ist eine Datei erst mal infiziert, schwappt der Virus von einer Datei zur anderen, die Verbreitung ist kaum noch aufzuhalten. Abgesehen von der schnellen Verbreitung steht natürlich die Gefahr für den Datenbestand im Vordergrund. Viren sind im Stande, Dateien zu ändern, unbrauchbar zu machen und gar zu löschen. Das kann sowohl für einzelne Dateien gelten als auch für den kompletten Festplatteninhalt. So weit muss es aber erst gar nicht kommen, denn dafür gibt es ja zum einen das Service Pack 2, zum anderen leistungsfähige Virenscanner.

Vorausgesetzt, Sie haben das Service Pack 2 installiert, dann haben Sie schon einmal einen nicht unerheblichen Grundstein in Sachen Virengefahr gelegt. Nicht, dass das Service Pack 2 Sie davor schützt, dass neue Viren und Würmer auf Ihr Computersystem gelangen. Aber mit der Installation des Service Pack 2 werden eine ganze Reihe wichtiger Sicherheitsfunktionen implementiert, womit einer weiteren Verbreitung und auch vielen Angriffen – die durch Viren und Würmer verursacht werden – ein Riegel vorgeschoben wird. So wird Outlook Express beispielsweise durch Funktionen erweitert, mit denen „gefährliche Attachments" automatisch geblockt und zugriffsgeschützt werden. Ergänzend dazu wird das Betriebssystem dahingehend abgesichert, dass viele Overflow-Attacks, die häufig durch Viren verursacht werden, gar nicht mehr durchgeführt werden können. Und mit der neuen Windows-Firewall werden Remote-Attacks, die ebenfalls durch Viren zu Stande kommen können, unterbunden. Selbst das Surfen im Internet wird mit dem Service Pack 2 ein ganzes Stück sicherer, denn auch der Internet Explorer erfährt so einiges an neuen Sicherheitsfunktionen und schützt damit vor dem ungewollten Download böswilliger Tools.

Informationen zu Viren im Internet

Auf den Internetseiten *www.symantec.com* und *www.trojaner-info.de* finden Sie eine Menge wertvoller Informationen rund um das Thema Viren. Sie finden dort eine aktuelle Liste der derzeit bekannten Viren und eine Reihe nützlicher Tipps zu Virenscannern sowie Updates der Virenpatterns.

Wenn es um Virenschutz geht, sollten alle verfügbaren Sicherheitsvorkehrungen getroffen werden, denn gerade bei diesem Thema gilt: Doppelt gemoppelt hält besser! Sie sollten sich nicht 100%ig auf einen Virenscanner allein verlassen.

Denn heutige Viren sind so geschickt programmiert, dass sie von vielen Viren-scannern erst gar nicht entdeckt werden. Schützen Sie sich stattdessen mit allen Mitteln, die zur Verfügung stehen. Installieren Sie beispielsweise neben dem Viren- und Trojaner-Scanner das Service Pack 2 für Windows XP, womit Sie schon beim Download von Dateien (insbesondere temporärer Internetdateien) und auch beim Empfang von E-Mails einer ersten Infizierung entgegenwirken. Denn das SP2 rüstet den Internet Explorer, den Windows Messenger und auch Outlook Express mit entsprechenden Sicherheitsmechanismen auf, womit die bislang anfälligen Windows-Komponenten endlich eine gewisse Basis-Sicherheit erlangen.

Was sind Viren?

Viren sind nichts anderes als kleine Programme oder oft auch nur Programmtei-le, die sich in Dateien festsetzen und dort den Inhalt der Datei ändern. Dabei können Werte geändert, Funktionen manipuliert und auch weitere Dateien ge-löscht werden. Die häufigste Form von Viren sind Makroviren. Diese Viren wer-den mit einer Makrosprache erstellt und lassen sich ohne große Programmier-kenntnisse erstellen. Beispielsweise werden viele Viren mit VBA (**V**isual **B**asic for **A**pplications) generiert, denn diese Makrosprache ist Bestandteil des Office-Pa-kets und daher sehr verbreitet. Auch VB- oder JavaScript sind sehr gängige Platt-formen, um Viren zu programmieren.

Deinstallieren Sie den Windows Scripting Host

Viele Viren bestehen aus VB- oder JavaScript, die zur Ausführung den WSH (**W**indows **S**crip-ting **H**ost) nutzen. Der WSH besteht im Wesentlichen aus den beiden Dateien *cscript.exe* und *vbscript.exe*, die sich im Verzeichnis *\Windows\System32* befinden. Sie können diese beiden Dateien zwar löschen oder zumindest auf ein anderes Laufwerk verschieben, aber die Dateisys-temprüfung wird diesen Eingriff schnell wieder rückgängig machen und die Dateien wiederher-stellen. Wenn Sie den WSH bzw. die Ausführung von Skriptdateien unterbinden wollen, lösen Sie einfach die Dateiverknüpfung mit der jeweiligen Anwendung, das geht am einfachsten. Öff-nen Sie hierzu den Windows-Explorer, wählen Sie *Extras/Ordneroptionen* und wechseln Sie auf die Registerkarte *Dateitypen*. Dort löschen Sie die Einträge *JS, JSE, SCT, VBE, VBS, WSC* und *WSH*. Damit weiß Windows XP nun nicht mehr, mit welcher Anwendung diese Dateien geöff-net werden sollen, und kann ergo auch die Skripten nicht mehr ausführen.

Es müssen nicht immer die besten Programmierer der Welt sein, die bösartige Viren in Umlauf bringen. Denn oft reicht schon ein Fehler in gewöhnlichen Skripten, und ein neuer Virus erblickt das Licht der Welt. Auch die schlampige Programmierung von Viren trägt dazu bei, dass permanent neue Viren entstehen. Nicht zuletzt versuchen Neulinge, in Sachen Computersabotage etwas zu Stande zu bringen, und ändern Makros, Skripten oder sonstige Programme dahingehend ab, dass schädigende Funktionen eingebaut werden.

Die Übertragung von Viren vermeiden

Bevor wir zum Thema Virenscanner kommen, lesen Sie hier, was es hinsichtlich der Vireninfektion zu beachten gibt. Denn selbst wenn Sie den besten Virenscanner Ihr Eigen nennen, es ist immer besser, keine Bereinigung durchführen zu müssen. Entwickeln Sie ein entsprechendes Sicherheitsbewusstsein, es kommt Ihren Daten und denen anderer zugute.

- Öffnen Sie niemals Anhänge einer E-Mail, deren Absender Sie nicht kennen.

- Öffnen Sie Anhänge einer E-Mail nie direkt, sondern speichern Sie die Datei zunächst in ein temporäres Verzeichnis. Öffnen Sie die Datei(en) erst, wenn Sie diese auf mögliche Viren hin überprüft haben.

- Nutzen Sie keine fremden Bootdisketten.

- Prüfen Sie Dateien, die Sie aus dem Internet geladen haben, zunächst mit einem aktuellen Virenscanner, bevor Sie die Dateien öffnen oder ausführen.

- Führen Sie nicht willkürlich Makros oder Skripten aus. Prüfen Sie die Dateien zunächst mit einem aktuellen Virenscanner. Makros und Skripten fremder Personen sollten Sie gar nicht ausführen, löschen Sie diese besser.

- Verschicken Sie keine Dateien, die Sie nicht vorher auf mögliche Viren hin überprüft haben. Damit vermeiden Sie, dass sich Viren über das Netz der Netze verteilen.

- Laden Sie keine Dateien und Programme von ominösen Internetseiten, sie könnten virenverseucht sein.

- Bevor Sie fremde Datenträger nutzen, führen Sie erst eine Virenprüfung durch.

- Aktivieren Sie die Virenwarnung im BIOS Ihres Computers. Damit erhalten Sie sofort eine Warnung, wenn sich der MBR (**M**aster **B**oot **R**ecord) der Festplatte ändert. Wenn Sie die Festplatte als erste Startsequenz festlegen, kann nicht von einer Diskette gebootet werden, und das Risiko einer Infizierung durch Bootsektorviren wird minimiert.

- Wenn Sie Free- und Shareware aus dem Internet laden, sollten Sie die heruntergeladenen Dateien zunächst in einem Temp-Verzeichnis speichern und auf Viren überprüfen. Denn gerade bekannte und kostenlose Tools, die im Internet angeboten werden, eignen sich hervorragend als Virenträger.

Falls Sie trotz der Beachtung der genannten Tipps das Gefühl haben, dass Ihr Computersystem mit einem Virus infiziert ist, der Virenscanner dies aber nicht bemerkt, sollten Sie Folgendes tun:

- Aktualisieren Sie zunächst den Virenscanner. Booten Sie den Computer im abgesicherten Modus und starten Sie den Virenscanner erneut.

- Laden Sie ein Zusatztool wie beispielsweise Stinger (*vil.nai.com/vil/stinger/*) herunter und scannen Sie das Computersystem noch einmal.

- Prüfen Sie, ob in der Registrierung unter folgendem Key ominöse Einträge zu finden sind: *HKLM\Software\Microsoft\Windows\CurrentVersion\Run.*

- Wenn Sie den Namen des Virus kennen, der Virenscanner diesen aber nicht bereinigen/entfernen kann, können Sie den Virus in den meisten Fällen auch von Hand entfernen. Rufen Sie hierzu die Internetseite *www.symantec.com* auf und öffnen Sie die Beschreibung des Fieslings. Symantec bietet eine recht detaillierte Beschreibung zur manuellen Beseitung vieler Viren und Trojaner.

Virenscanner für Windows XP

Wenn Sie noch keinen Virenscanner zur Hand haben und die Anschaffung einer solchen Software erst ansteht, müssen Sie darauf achten, dass der jeweilige Virenscanner auch unter Windows XP lauffähig ist. Denn wenn Sie beispielsweise einen Virenscanner für Windows 9x/ME installieren, kommt es in vielen Fällen zu Problemen der Inkompatibilität. Dabei kann es sich um Leistungseinbußen des Tools oder gar um Abstürze des Systems handeln. Zumindest sollte die Version unter Windows NT/2000 funktionieren, denn mit diesen Versionen gibt es weitaus weniger Probleme. Sollten Sie schon einen Virenscanner haben, der die Arbeit unter Windows XP jedoch verweigert, müssen Sie das Tool updaten. Die meisten Hersteller bieten auf ihren Internetseiten entsprechende Updates oder Fix Packs an, damit die Software auch mit dem neuen Betriebssystem läuft.

In der folgenden Tabelle finden Sie die Adressen vieler Hersteller von Virenscannern und können auf den jeweiligen Internetseiten nachsehen, ob ein Update für Ihr Produkt bereitsteht.

Produkt	Internetseite
Antivir Personal Edition	www.antivir.de
AntiViren-Kit	www.gdata.de
F-Prot	www.fprot.is
Ikarus Virus Utilities	www.ikarus-software.at
Kaspersky Anti-Virus (AVP)	www.datsec.de
Mc Afee Virus Scan	www.mcafee.com
Norman Virus Control	www.norman.com.au
Norton Anti-Virus	www.symantec.com
Panda Antivirus Platinum	www.pandasoftware.com
PC Cillin	www.antivirus.com

Mit der Einrichtung des Service Pack 2 für Windows XP wird das Betriebssystem um das neue Sicherheitscenter erweitert, worüber Sie nicht nur die Firewall von

Windows XP aktivieren und konfigurieren können, sondern auch Ihren Virenscanner steuern können.

Norman Virus Control – ein Virenscanner für Windows XP

Ein Virenscanner, der unter Windows XP keinerlei Probleme bereitet, ist NVC (Norman Virus Control). Das Tool bietet einige nützliche Funktionen in Sachen Virenschutz und kann durch regelmäßige Updates aus dem Internet immer auf dem neusten Stand gehalten werden. Somit können auch neue Viren schnell erkannt und entfernt werden. Und sind Dateien erst mal infiziert, werden diese in ein bestimmtes Verzeichnis verschoben und unter Quarantäne gesetzt. Dadurch lässt sich eine weitere Verbreitung weitestgehend vermeiden.

Norman Virus Control im Internet

Auf der Internetseite *www.norman.com.au* finden Sie eine Testversion des Virenscanners, die Sie downloaden und einige Tage lang testen können. Dort stehen auch regelmäßige Updates der Virensignaturen zum Download bereit, allerdings ist zuvor eine Registrierung notwendig.

Wenn Sie die Testversion geladen oder das Produkt erworben und installiert haben, müssen Sie den Virenscanner zunächst konfigurieren. Im Folgenden stellen wir Ihnen die relevanten Einstellungen vor und zeigen Ihnen, wie Sie die Überprüfung auf mögliche Viren automatisieren können.

Norman Virus Control konfigurieren

Nach der Installation des Virenscanners finden Sie im Gerätefeld der Taskleiste ein neues Symbol – *NVC* – vor. Im Kontextmenü dieses Symbols können Sie den Konfigurationseditor öffnen, darüber wird der Virenscanner den Anforderungen entsprechend eingerichtet. Sie gelangen zunächst in die Installationseinstellungen. Dort können Sie Komponenten entfernen oder noch weitere Funktionen hinzufügen, wenn Sie die Version aktualisiert haben. Auch können Sie dort festlegen, wie Sie den Virenscanner aktualisieren wollen, per CD-ROM oder via Internetverbindung.

Wenn Sie in der linken Symbolleiste auf *Allgemeine Einstellungen* klicken, können Sie festlegen, dass nach neuen Viren, Trojanern und Würmern durchsucht und auf aggressive Werbung wie auch auf weitere Sicherheitsrisiken aufmerksam gemacht wird. Des Weiteren können Sie einige Dateien von der Virenüberprüfung ausschließen, was jedoch nicht empfehlenswert ist, denn Viren können sich überall breit ma-

---

Diskette und Festplatte manuell scannen

Wenn Sie eine Diskette erhalten haben oder Dateien verschicken wollen, sollten Sie zuvor eine Virenüberprüfung starten. Im Kontextmenü des NVC-Symbols (im Gerätefeld der Taskleiste) können Sie den Scan jederzeit starten.

---

chen. Auch die Art der Quarantäne legen Sie dort fest. Geben Sie an, wie lange infizierte Dateien in abgeschotteten Ordnern gespeichert werden.

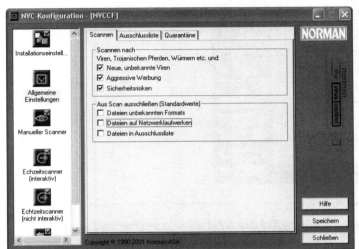

Allgemeine Einstellungen des NVC.

Klicken Sie auf *Manueller Scanner*, dort können Sie festlegen, welche Einstellungen für eine gelegentliche Überprüfung, die Sie von Hand starten, gelten. Standardmäßig gilt die Konfiguration, die Sie unter *Allgemeine Einstellungen* festgelegt haben. Wenn Sie die Einstellungen des Echtzeitscanners öffnen, legen Sie fest, dass auch neue und geänderte Dateien (sehr empfehlenswert!) überprüft werden sollen und wie NVC reagieren soll, wenn Dateien nicht gescannt werden können, weil der Zugriff beispielsweise verweigert wird.

Auf der Registerkarte *Säubern* legen Sie fest, dass gefundene Viren, Trojaner und Würmer automatisch entfernt werden, und schließen den Konfigurationseditor wieder. Als Nächstes rufen Sie den Taskeditor auf, denn darüber legen Sie fest, welche Laufwerke wie gescannt werden sollen. Auf der Registerkarte *Ziele* markieren Sie alle verfügbaren Laufwerke und geben unter *Aktionen* an, dass auch Archive, Arbeitsspeicher und Bootsektoren von der Virenprüfung nicht verschont bleiben sollen.

Auf der Registerkarte *Optionen* geben Sie an, dass das Fenster minimiert bleibt, bis eine mögliche Infizierung festgestellt wird. Ansonsten werden Sie bei regelmäßiger Überprüfung durch das NVC-Fenster gestört, was auf Dauer nervt. Außerdem legen Sie einen niedrigen Ressourcenverbrauch fest, damit der Computer nicht unnötig Performance verliert. Zu guter Letzt können Sie auf der Registerkarte *Zeitplan* die Überprüfung automatisieren, wenn Sie den Virenscanner zu bestimmten Uhrzeiten und in regelmäßigen Abständen ausführen wollen.

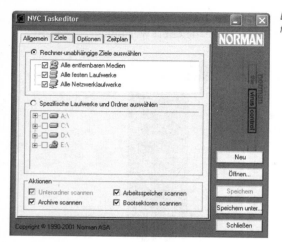

Laufwerke und Aktionen
festlegen.

Virus gefunden? – Schalten Sie die Systemwiederherstellung ab!

Wenn Sie das Computersystem nach Viren durchsuchen und eine Infizierung mit einem Virus feststellen, sollten Sie erst einmal alle weiteren Aktionen abbrechen und die Systemwiederherstellung deaktivieren. Erst wenn Sie das System-Restore abgeschaltet haben, können Sie den Virenscanner wieder anwerfen. Denn damit vermeiden Sie, dass infizierte Dateien in die Wiederherstellungspunkte einbezogen und beim nächsten Recovery zu neuem Leben erweckt werden.

Trojaner – die versteckte Bedrohung, Teil II

So wie sich die Krieger aus uralten Zeiten in hölzernen Pferden versteckt haben, um leichter in das Gebiet des Feindes zu gelangen, so können auch Hackertools in manch nützlicher Software versteckt werden. Damit hat es ein potenzieller Angreifer sehr leicht, ein Spionage- oder gar Sabotagetool auf einen entfernten Computer einzuschleusen und per Netzwerk- oder Internetverbindung tätig zu werden.

Informationen zu Trojanern im Internet

Wenn Sie mehr über Trojaner und deren Funktionsweise erfahren wollen, sollten Sie mal auf der Internetseite *www.trojaner-info.de* nachsehen. Dort finden Sie eine Liste der derzeit bekannten Trojaner, eine Beschreibung der einzelnen Fieslinge und jede Menge Tipps, wie Sie sich erfolgreich vor Trojanern schützen können. Auch werden auf dieser Internetseite einige Tools vorgestellt, mit deren Hilfe Sie sich vor Trojanern schützen und eventuell vorhandene Trojaner wieder entfernen können.

Es gibt eine Reihe populärer Programme, die man einfach haben muss. Sei es das Moorhuhn, der Download-Manager Godzilla oder dergleichen mehr. Solche Programme werden auf unendlich vielen Internetseiten zum Download angeboten.

Teils auf vertrauenswürdigen, teils auf ominösen Internetseiten. Einem Anwender ist meist völlig egal, von wo das Programm stammt, Hauptsache, er kann die Software downloaden. Und genau diesen Zustand machen sich viele Angreifer und Hacker zu Nutze. Denn die hohe Downloadrate solcher Programme wird gern missbraucht, indem ein Hackertool eingebaut und während der eigentlichen Programminstallation automatisch auf die Platte gepackt wird. Und je höher die Downloadrate eines Programms ist, desto mehr Computer werden mit schädlichen Tools infiziert. Das Problem dabei ist, dass Sie als Anwender davon überhaupt nichts mitbekommen, denn diese Spionage- und Sabotagetools laufen vollständig im Hintergrund ab, Sie sehen weder neue Symbole auf Ihrem Desktop noch irgendwelche neuen Startmenüeinträge. Und trotzdem sind Trojaner aktiv.

Keine gezielten Angriffe durch Trojaner

Wenn Sie sich einen Trojaner eingefangen haben und der Angreifer Ihren Computer attackiert, handelt es sich in der Regel nicht um einen gezielten Angriff. Denn der Angreifer weiß für gewöhnlich nicht, auf welchem Computer sich ein Trojaner befindet. Verseuchte Computer werden durch das Scannen bestimmter IP-Bereiche und Ports ermittelt. Es sei denn, man hat Ihnen absichtlich ein Programm zugespielt, das einen Trojaner enthält.

Was Trojaner anrichten können

Wenn Sie sich einmal die Remotewartung von Windows XP ansehen (siehe Kapitel 18) und sich die Sicherheitsvorkehrungen wegdenken, können Sie sich ungefähr vorstellen, von welch mächtigen Tools hier die Rede ist. Denn Trojaner werden vorzugsweise zur Rechnerfernsteuerung eingesetzt, die jedoch keinerlei Passwortabfragen oder sonstige Zugangssicherungen erfordern. Stattdessen sitzt da irgendwo ein Angreifer, der eine TCP/IP-Verbindung via Netzwerk oder Internet zu Ihrem Computer aufbaut, den Trojaner bedient und vollen Zugriff auf das System hat. Es spielt dabei keine Rolle, ob Sie als Computeradministrator oder als eingeschränkter Benutzer angemeldet sind. Fakt ist, dass der Trojaner – sprich, der Angreifer – immer mit voller Berechtigung werkelt.

Was mithilfe eines Trojaners möglich ist, wollen wir Ihnen mal am Beispiel des NetBus Pro zeigen, das ist mit Abstand einer der bekanntesten Trojaner. Stellen Sie sich vor, Sie haben sich den Trojaner namens NetBus Pro eingefangen, auf welche Weise auch immer. NetBus Pro basiert auf der Client-/Server-Technologie, der Server wird grundsätzlich auf dem Computer installiert, der später vom Client aus angegriffen (fernbedient) werden soll. Der Server kann so konfiguriert werden, dass die Oberfläche komplett ausgeblendet wird. Im Zugriffsmodus lässt sich die volle Berechtigung aktivieren, womit der

Einstellungen des NetBus-Servers.

Angreifer über Administrations- und Systemrechte verfügt. Auch existiert eine Option, dass der NetBus-Server automatisch bei Systemstart aufgerufen und aktiviert wird.

Nun wird klar, dass Sie von der Installation und auch vom Vorhandensein des Trojaners nichts mitbekommen, es sei denn, Sie rufen den Task-Manager auf. Denn dort finden Sie – wenn NetBus aktiv ist – einen Prozess mit der Bezeichnung *NetBus.exe*. Wird dieser Task beendet, kann der Angreifer keine Verbindung zum NetBus-Server mehr herstellen.

Trojaner nutzen unterschiedliche Ports

Zwar hat jeder Trojaner seinen Standardport, über den eine Verbindung aufgebaut werden kann, doch nutzen Paketfilter in diesem Fall nur wenig. Denn versierte Angreifer sind sich darüber bewusst, dass gerade die Standardports häufig überwacht werden, und nutzen daher andere Ports für den Verbindungsaufbau. In der Regel werden die Ports oberhalb von 1.024 für Trojaner und dergleichen mehr genutzt.

Solange dieser Task jedoch existiert, kann der Angreifer zuschlagen. Er nutzt einen Portscanner und durchsucht das Netzwerk oder das Internet, ob irgendwo ein Computer auf den Port 20.034 antwortet, das ist der Standardport von NetBus. Ist das der Fall, lässt er sich die IP-Adresse des jeweiligen Computers anzeigen und gibt diese IP-Adresse im NetBus-Client für den Verbindungsaufbau ein. Aufgrund der vielfältigen Möglichkeiten des Clients kann der Angreifer nun Tastatureingaben abfragen, Systemeinstellungen vornehmen, Dateien löschen, das CD-ROM-Laufwerk öffnen, die Registrierung manipulieren, Rechte verändern und vieles, vieles mehr.

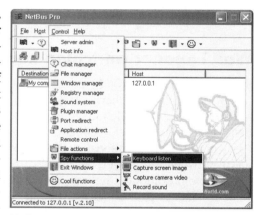

NetBus stellt einige Funktionen zur Fernsteuerung bereit.

Keine Chance für NetBus & Co. – Anti-Trojaner-Tools

Auf dem Sharewaremarkt finden Sie einige nützliche Tools, mit deren Hilfe Sie Trojaner auf dem Computer finden und gegebenenfalls wieder vom System entfernen können. Gerade dann, wenn Sie des Öfteren Software aus dem Internet saugen, sollten Sie nicht auf einen Anti-Trojaner verzichten, denn man weiß ja nie! Wir stellen Ihnen in diesem Abschnitt das Anti-Trojaner-Tool Cleaner vor und zeigen Ihnen, wie Sie Ihren Computer mitsamt Datenbestand vor Spionage und Sabotage schützen können, indem Sie ein solches Programm einsetzen. Sie können sich die Sharewareversion des Cleaner aus dem Internet laden, Sie finden den Anti-Trojaner unter *www.moosoft.com*.

Cleaner – Trojanern auf der Spur

Nachdem Sie den Cleaner aus dem Internet geladen haben, installieren Sie das Tool in einen Ordner Ihrer Wahl. Während der Installation geben Sie lediglich den Installationspfad an und wählen kurz vor der Fertigstellung aus, ob TCActive! und TCMonitor bei jedem Systemstart automatisch ausgeführt werden soll. Denn mithilfe dieser beiden Zusatzfunktionen können Sie die aktiven Tasks und auch die Registrierung überwachen und erhalten sofort eine Meldung, wenn verdächtige Programme oder Registrierungseinträge gefunden werden. Schließlich tragen sich Trojaner in den Startoptionen innerhalb der Registrierung ein, damit der Schädling automatisch gestartet wird.

Automatisches Update der Trojaner-Signaturen

Wenn Sie den Cleaner starten, die Optionen aufrufen und die Registerkarte *Update* aktivieren, können Sie festlegen, dass automatisch nach neuen Trojaner-Signaturen gesucht wird. Sollte ein Update im Internet verfügbar sein, werden die Signaturen um weitere ergänzt, damit können auch neue Trojaner gefunden werden.

Wenn Sie den Cleaner das erste Mal aufrufen, sollten Sie zunächst die Optionen öffnen. Denn auf der Registerkarte *Scanning* können Sie angeben, dass auch komprimierte Ordner und versteckte Programmdateien nach Trojanern durchforstet werden. Auf der Registerkarte *Cleaning* geben Sie außerdem an, dass Trojaner sofort entfernt werden, falls welche gefunden wurden. Anschließend können Sie die vorhandenen Laufwerke nach Trojanern durchsuchen lassen. Markieren Sie die verfügbaren Laufwerke und klicken Sie auf *Scan*, das System wird nun nach Trojaner-Signaturen durchsucht. Sollte der Cleaner fündig werden, wird der Trojaner gelöscht.

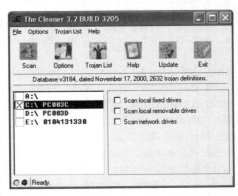

Die Optionen des Cleaner.

Angriffe durch Script-Kiddies und Hacker sicher abwehren

Nicht nur Viren und Trojaner stellen eine Gefahr für den Computer dar, sondern auch Hacker und solche, die es werden wollen (Script-Kiddies). Attacken aus dem Internet gehören zwar nicht zum Alltag, doch gilt es, ausreichende Sicherheitsmaßnahmen zu treffen, damit der Computer nicht ausspioniert oder gar sabotiert wird. Schließlich gibt es im Internet eine Menge mächtiger Tools, mit denen Daten geklaut oder Systeme zum Absturz gebracht werden können. Und einige machen sich nun mal einen Spaß daraus, ungeschützte Systeme zu attackieren.

Die wichtigsten Angriffsmethoden im Überblick

Es gibt eine Vielzahl an Möglichkeiten, Ihr System zu sabotieren und Daten auszuspionieren oder gar zu löschen. Damit Sie sich einen Überblick darüber verschaffen können, welche Gefahren nun wirklich bestehen, stellen wir Ihnen die häufigsten Angriffsmethoden kurz vor. Dadurch wird es etwas transparenter, was es mit Attacken aus dem Internet so auf sich hat.

Denial of Service

Mit **D**enial **of S**ervice ist das Blockieren oder das gezielte Abstürzen eines Computers gemeint. Mit einer DoS-Attacke können:

- Server lahm gelegt werden,
- Netzwerkverbindungen erheblich gestört werden,
- Computer zum Absturz gebracht werden,
- Programme außer Gefecht gesetzt werden,
- weitere Sicherheitslücken geschaffen werden.

Eine DoS-Attacke basiert in der Regel auf einer Überflutung durch gültige oder auch ungültige Datenpakete, wodurch sich Dienste des Betriebssystems oder einer Anwendung aufhängen, was letztendlich zum Absturz des Systems führt. Man nennt diese Überflutung Flooding. Viele Angriffsmethoden basieren auf dieser Technik, das sind zum Beispiel Nuke, Smurf, SYN-Flooding und viele weitere. Schützen können Sie sich vor solchen Attacken, wenn eingehende Pakete gänzlich blockiert werden oder wenn Sie eine Art Intrusion Detection-System einsetzen, das solche Angriffsmethoden erkennt und von vornherein ablehnt. Allerdings sind solche softwarebasierten Firewall-Systeme für den Hausgebrauch zu teuer.

Brute Force-Attacken

Stellen Sie sich vor, ein Angreifer sitzt vor einem fremden Computer und will sich als Administrator anmelden. Was denken Sie, was er tun wird? Richtig, er probiert sämtliche Kennwortvarianten aus, die ihm gerade so einfallen. Diesen Vorgang nennt man Brute Force, es wird also mit aller Gewalt nach dem richtigen Kennwort gesucht, und sämtliche Möglichkeiten werden ausprobiert. Für diesen Prozess, der meist zum Ausspionieren von Kennwörtern, Zugangsdaten und Ähnlichem dient, gibt es zahlreiche Hackertools, die gleich Wörterbücher mit einigen zigtausend Einträgen mitliefern. Sie sehen, sichere Kennwörter machen sich früher oder später bezahlt, denn kryptische Zeichenfolgen sind selbst durch Hackertools nur schwer zu knacken.

E-Mail-Bomben

Wenn das Postfach zugemüllt und mit sinnlosen Mails zugeballert wird, besteht zwar keine direkte Gefahr für Ihre Daten, allerdings nervt das immens. Außerdem sind die meisten Postfächer auf 10 oder 20 MByte beschränkt, wodurch die E-Mail-Bomben weitere Nachrichten blockieren. Es gibt Tools, in denen Sie lediglich einen kurzen Nachrichtentext eingeben, den Empfänger festlegen und anschließend die Anzahl der E-Mails angeben. Gibt der Angreifer beispielsweise 100 oder mehr ein, können Sie sich ungefähr vorstellen, was in Ihrem Postfach los ist. Auch bei Newsgroups machen sich solche Schandtaten breit. Wenn Sie es sich beispielsweise mit irgendeiner Person verscherzt haben und derjenige reichlich sauer ist, dafür aber Ihre E-Mail-Adresse kennt, ist es kein Problem, Sie als neuen Newsgroup-Empfänger auf sämtlichen Servern einzutragen. Das Problem dabei ist, dass viele Newsgroups nicht oder kaum administriert werden, die höfliche Bitte, Sie aus dem Verteiler zu nehmen, wird oft ignoriert.

Spionage und Sabotage durch Trojaner

Hat es jemand auf Ihre Daten abgesehen, wird er nichts unversucht lassen, Ihnen einen Trojaner einzuspielen, ob bei einem persönlichen Besuch, per E-Mail oder ungezielt durch manipulierte Downloads. Haben Sie keine Firewall im Einsatz, die eingehende Verbindungen überwacht und abblockt, kann der Angreifer eine Verbindung zu Ihrem Computer herstellen und Kennwörter ausspionieren, Zugangsdaten übermitteln, Daten zerstören und vieles mehr.

Diese Sicherheitsvorkehrungen sollten Sie treffen

Es gibt eine Menge, was Sie zu Ihrer Sicherheit tun können. Zunächst einmal sollten Sie eine Firewall einsetzen, damit Sie eingehende Verbindungen überwachen – besser: blockieren – können. Damit können Sie vermeiden, dass fremde Personen eine Verbindung zu Ihrem Computer herstellen und Unfug treiben oder Schaden anrichten. Die einfachste Art ist, die Firewall von Windows XP zu aktivieren (siehe auch Seite 377). Denn mit dieser Firewall können Sie eingehende Verbindungen gänzlich abwehren und verhindern damit, dass sich jemand Zugang zu Ihrem System verschafft.

Halten Sie Windows XP immer auf dem neusten Stand

Zunächst einmal sollten Sie das Betriebssystem immer auf dem neusten Stand halten. Denn oftmals treten nach einer gewissen Zeit Softwarefehler zu Tage, die für potenzielle Angriffe missbraucht werden können. Schließen Sie vorhandene Sicherheitslücken, indem Sie die verfügbaren Service Packs, Security Patches und Fix Packs installieren.

Windows XP ist mit einer automatischen Update-Funktion ausgestattet. So informiert Sie das Betriebssystem, wenn neue Updates veröffentlicht wurden. Sie können Windows XP auch dazu veranlassen, die Updates automatisch herunterzuladen und sofort zu installieren. Weitere Informationen zum automatischen Windows-Update finden Sie ab Seite 347.

Setzen Sie einen aktuellen Virenscanner ein

Setzen Sie auf jeden Fall einen leistungsstarken Virenscanner ein und sorgen Sie für eine regelmäßige Aktualisierung der Virendefinitionsdateien. Denn je leistungsfähiger und aktueller ein Virenscanner ist, desto besser werden mögliche Infizierungen erkannt und beseitigt. Mit einem Virenscanner lassen sich natürlich auch Trojaner aufspüren und beseitigen.

Setzen Sie eine Firewall ein

Windows XP enthält eine Firewall, mit der Sie eingehende Verbindungen überwachen – will heißen: abwehren – können. Dadurch ist es einem Angreifer nicht mehr möglich, eine Verbindung zu Ihrem Computer herzustellen. Selbst Trojaner werden durch die Firewall größtenteils entschärft, da die Spionage und Sabotage remote – über eine Netzwerkverbindung – erfolgt, die Verbindung aber nicht hergestellt werden kann. Möchten Sie allerdings sämtliche Ports und auch die internen Netzwerkverbindungen überwachen, reicht die Firewall von Windows XP nicht aus, Sie brauchen eine leistungsfähigere Firewall wie beispielsweise Norton Internet Security (*www.symantec.com*), Lockdown (*www.lockdown2000.com*) oder besser noch: Kerio Personal Firewall (*www.kerio.de*). Denn mit der Kerio Personal Firewall können Sie alle Ports überwachen, ein- und ausgehende Verbindungen konfigurieren, Trojaner abwehren und vieles mehr.

Setzen Sie eine Antispyware-Lösung ein

In Ergänzung zu Virenscanner und Anti-Trojaner-Tool sollten Sie auf jeden Fall noch eine Antispyware-Lösung einsetzen. Denn weder Windows XP noch ein Virenscanner und Anti-Trojaner-Tool sind in der Lage, Spionagetools aufzuspüren und die Privatsphäre des Anwenders genügend zu schützen. Setzen Sie beispielsweise das Tool Ad-aware (*www.lavasoftusa.com*) ein, womit Sie verdächtigen Inhalt aufspüren und beseitigen können.

Führen Sie einen Sicherheits-Check durch

Auf Symantecs Internetseite können Sie Ihren Computer auf mögliche Sicherheitslücken hin testen. Damit können Sie sich einen ersten Überblick über Ihre Sicherheit verschaffen. Auf der Internetseite *securityresponse.symantec.com* finden Sie den Onlinecheck, klicken Sie auf *Symantec Security Check* und anschließend auf das gleichnamige Symbol. Als Nächstes wählen Sie aus, dass Sie nach möglichen Sicherheitslücken im System suchen wollen, daraufhin wird Ihre IP-Adresse ermittelt, und Sie können die Überprüfung mit einem Klick auf *Scan* starten. Die Überprüfung dauert einen kurzen Moment, dann wird das Ergebnis angezeigt, und Sie wissen von nun an, welche Ecken und Kanten Sie verrammeln müssen und was schon abgesichert ist.

Auch Microsoft bietet mittlerweile ein Tool an, mit dem Sie grundlegende Schwachstellen in der Sicherheitskonfiguration ermitteln können: den **M**icrosoft **B**aseline **S**ecurity **A**nalyzer (kurz MBSA genannt). Mit diesem Tool können Sie sich anzeigen lassen, an welchen Sicherheitsschrauben Sie noch drehen können, damit das Computersystem sicherer wird. Mehr zu diesem Thema finden Sie ab Seite 349.

Sicheres Surfen mit einem Anonymizer

Das Sprichwort „Was er nicht weiß, macht ihn nicht heiß ..." hat was für sich. Denn Sie haben die Möglichkeit, die IP-Adresse der Internetverbindung zu verschleiern, womit Sie das Risiko möglicher Angriffe um ein Vielfaches mindern können. Wenn Sie des Öfteren im Internet surfen und Ihre IP-Adresse für sich behalten wollen, setzen Sie ein Anonymizer-Tool ein, in der folgenden Tabelle finden Sie einige dieser Tools. Möchten Sie dagegen nur gelegentlich sicherer surfen, weil Sie beispielsweise eine ominöse Internetseite besuchen oder einfach nicht geloggt werden wollen, können Sie einen Onlineanonymizer verwenden. Wenn Sie die Internetseite *www.safeweb.com* aufrufen und dort die eigentliche Zieladresse der gewünschten Seite eingeben, wird von da an die IP-Adresse durch eine andere ersetzt, und Sie bleiben unerkannt.

Anonymizer	Internetseite
A4Proxy	www.inetprivacy.com
Multiproxy	Proxy.nikto.net
Radiorecon	www.radiorecon.de/anonym.htm

8.3 Absicherung des Heimnetzwerks mit der Firewall von Windows XP

Windows XP enthält gegenüber älteren Windows-Versionen ein bedeutendes Feature: die Firewall. Damit können Sie den Computer – und auch das interne Netzwerk – vor unerwünschten Besuchern aus dem Internet abschotten und erhöhen so die Sicherheit um ein Vielfaches. Denn wenn Sie die Firewall aktivieren, verweigert Windows XP alle eingehenden Verbindungen. Ein Zugriff auf den Computer aus dem Internet ist dann nicht mehr möglich, es sei denn, Sie geben einzelne Dienste, wie beispielsweise die Remotewartung, den Messenger oder e-Donkey, frei.

Wie kann von außen auf meinen Rechner zugegriffen werden?

Bis vor einiger Zeit war es noch versierten Hackern vorbehalten, entfernte Computersysteme anzugreifen, Daten auszuspionieren und zu ändern oder gar zu löschen. Das Internet mit den vielfältigen Downloadmöglichkeiten stellt mittlerweile eine Reihe von Tools bereit, mit dem sich im Grunde genommen auch der Heimanwender in relativ kurzer Zeit zu einem potenziellen Angreifer entwickeln kann. Tief greifende Hackerkenntnisse sind heute nicht mehr notwendig, denn die einschlägigen Programme sind einfach zu bedienen und nicht selten sehr schädlich.

Gefahr durch Freigaben in Windows-Netzwerken

Eine weitere Methode, auf ein entferntes Computersystem zuzugreifen, bieten die Freigaben in Windows-Netzwerken. Wenn Sie einen Ordner auf Ihrer Festplatte freigeben, gewähren Sie damit anderen Benutzern innerhalb des Netzwerks Zugriff auf Ihren Computer. Vereinfacht gesprochen, macht Windows keinen großen Unterschied zwischen einem lokalen Netzwerk und dem ganz großen Netzwerk namens Internet. Auf diese Art und Weise ist auch ein Zugriff aus dem Internet auf Ihren Computer möglich. Allerdings muss erst einmal der Rechner ausfindig gemacht und der Freigabename ermittelt werden.

Mithilfe von so genannten SMB-Scannern ist das kein allzu großes Problem. Diese Scanner durchsuchen einen zuvor definierten IP-Adressbereich nach Freigaben, indem die Ports 137, 138 und 139 pro IP-Adresse abgetastet werden. Meldet ein Computer, dass der Port offen ist, erhält der Scanner eine entsprechende Antwort und zeigt automatisch den Freigabenamen an.

Glücklicherweise werden in vielen Fällen die Freigaben mit einem Kennwortschutz versehen, damit nur berechtigte Personen darauf zugreifen können. Leider bieten SMB-Scanner für diesen Fall gleich eine besonders fiese Erweiterung, eine integrierte Brute Force-Attacke, mit der häufig verwendete Kennwörter (es soll ja Standardkennwörter geben ...) automatisch ausprobiert werden. Haben Sie beispielsweise einen Ordner freigegeben und das Kennwort „passwort" oder gar „kennwort" vergeben, ist der Zugriff in wenigen Sekunden hergestellt. Der Ordner kann dann als Laufwerk gemappt (verbunden) werden und lässt sich ändern, löschen und kopieren.

Gefahr durch Trojaner

Eine ernste Bedrohung für den Computer stellen trojanische Pferde dar. Trojaner werden häufig mit Viren in Verbindung gebracht, da sie während eines Downloads oder beim Öffnen des Anhangs einer E-Mail auf den Computer übertragen werden. In Wirklichkeit handelt es sich bei Trojanern nicht um Viren, die sich ungezielt verbreiten, sondern um versteckte Programme, mit denen eine Datenübermittlung oder, schlimmer noch, eine Rechnerfernsteuerung möglich ist.

Trojaner aufspüren

Mithilfe eines Virenscanners – unter Verwendung der aktuellen Virendefinitionsdateien – können Sie sehr schnell herausfinden, ob Sie sich bereits ein trojanisches Pferd eingeheimst haben. Denn die meisten Virenscanner sind auch darauf getrimmt, nach bekannten Trojanern zu suchen und diese unliebsamen „Tierchen" vom Computer zu verbannen.

Port	Trojanisches Pferd
1999 27374 2773 54283 7215	Backdoor/
12223	Keylogger
12345 12346	NetBus
12361-12363	Whack-A-Mole
2023	Ripper
2140 3150 41 60000 6771 999	DeepThroat

Port	Trojanisches Pferd
21554	GirlFriend
23476 23477	Donald Dick
2583 3024 4092 5742	WinCrash
27374 2774	Subseven
31785-31792	HackA'Tack
31337	BackOrifice 2000
5569	RoboHack
7789	ICKiller

Back Orifice beispielsweise ist ein mächtiger Trojaner, der die Rechnerfernsteuerung während einer Internetverbindung ermöglicht. Die Software basiert auf der Client-/Server-Technologie, wobei sich der Back Orifice-Server auf dem Computer befinden muss, der vom Client aus gesteuert wird. Der Server wird meist in beliebten Produkten, die häufig aus dem Internet geladen werden, versteckt, so auf den anzugreifenden Computer übertragen und automatisch gestartet. Der Angreifer kann nun bei jeder bestehenden Internetverbindung auf den Client zugreifen und Passwörter abfragen, Daten ausspionieren oder den Rechner zum Absturz bringen. Teilweise sind Trojaner in der Lage, eigenständig eine DFÜ-Verbindung aufzubauen, somit muss der Angreifer nicht erst warten, bis der Geschädigte eine Verbindung startet.

In der Tabelle finden Sie die häufigsten Trojaner unter Angabe der Ports, die standardmäßig von den jeweiligen Trojanern verwendet werden.

Gefahr durch Portscanner

Portscanner ähneln einem SMB-Scanner. Mit einem Portscanner können komplette IP-Bereiche nach bestimmten, wenngleich geöffneten, Ports durchsucht werden. Da jeder Dienst und jedes Anwendungsprotokoll einen bestimmten Port verwenden, lassen sich Computer im Internet auf recht einfache Art und Weise nach bestimmten Anwendungen und Diensten durchsuchen.

Einmal angenommen, Sie haben auf Ihrem Computer den IIS (Internet Information Server) von Microsoft installiert, um Web- und FTP-Dienste bereitzustellen. Der WWW-Dienst nutzt standardmäßig den Port 80, FTP dagegen Port 21. Werden größere IP-Bereiche nach diesen Ports abgescannt, können aufgrund der Antwort des jeweiligen Computers auf die gestarteten Dienste WWW und FTP geschlossen werden. Somit können bereits bekannte Sicherheitslöcher, Bugs und dergleichen für potenzielle Angriffe ausgenutzt werden, und das System wird angegriffen.

Gefahr durch Denial of Service-Attacken

Bei den zuvor genannten Methoden haben wir Ihnen gezeigt, mit welch einfachen Mitteln ein direkter Zugriff auf Ihren Computer und damit auch den Datenbestand möglich ist. Es soll aber auch Angreifer geben, die daran interessiert sind, Ihren Computer einfach nur zum Absturz zu bewegen. Dabei handelt es sich um so genannte Denial of Service-Attacken, kurz DoS-Attacken genannt.

Die mit Abstand bekannteste DoS-Attacke heißt Ping of Death. Mit einem Ping wird in der Regel ein entferntes Computersystem auf dessen Erreichbarkeit hin geprüft. Schickt der Angreifer dagegen ein übergroßes Datenpaket (mehr als 65.535 Bytes), bringt er den Computer damit zum Absturz. Mittlerweile sind die gängigen Betriebssysteme jedoch dahingehend verbessert worden, dass der Ping of Death vom Betriebssystem abgewiesen wird.

Es gibt aber bei weitem noch mehr DoS-Varianten. So kann mit einem SYN-Flooding beispielsweise der Speicher zum Überlaufen und das System zum Absturz gebracht werden. Dabei werden Verbindungsanforderungen an das entfernte Computersystem gesendet. Noch bevor das Zielsystem den Verbindungsaufbau bestätigt, erfolgen weitere Verbindungsanfragen. Generell speichert TCP/IP eine halb offene Verbindung in einem Speicher, damit verspätete Datenpakete noch korrekt zugeordnet werden können. Bei übermäßig vielen Anforderungen kann das System jedoch abstürzen, da der Speicher überläuft.

Gefahr durch IP-Spoofing

Es gibt Angriffe, die durch gefälschte IP-Adressen ermöglicht werden, und zwar selbst dann, wenn Sie bereits ein Firewall-System implementiert haben. Das ermöglicht das so genannte IP-Spoofing, bei dem die IP-Adressen der Datenpakete manipuliert werden. Ein Angreifer verschafft sich Informationen über die IP-Adressen aus dem lokalen Netzwerk, fälscht Datenpakete und kann so – trotz Firewall! – ungehindert in das Netzwerk eintreten. Denn die Firewall hält den Angreifer für ein legitimes Netzwerkmitglied.

Gezieltes Aushebeln von Sicherheitsfunktionen

Es gibt eine ganze Reihe schädlicher Programmzeilen, die nur eines im Kopf haben: das gezielte Aushebeln von Sicherheitsfunktionen. Solche bösartigen Mini-Programme werden meist durch Downloads (z. B. temporäre Internetdateien, Viren, manipulierte Shareware-/Freewaretools ...) auf das Computersystem übertragen und versuchen dann, Virenscanner zu deaktivieren, Firewall-Systeme herunterzufahren, Anti-Spam-Tools oder Spyware-Vernichter zu blockieren und einiges mehr. Sind die Sicherheitsmaßnahmen dann deaktiviert, können Viren, Trojaner, Spyware und dergleichen mehr ungehindert eintreten.

Wie Sie eine Firewall schützen kann

Wenngleich die Firewall von Windows XP keinen hundertprozentigen Schutz bieten wird, so können Sie doch mithilfe dieser Funktion das Risiko, Opfer eines Angriffs zu werden, um ein Vielfaches reduzieren. Allerdings werden nur eingehende, nicht jedoch ausgehende Verbindungen kontrolliert. Sie können also nicht überwachen, ob irgendein Scherzbold aus Ihrem Netzwerk heraus Unfug im Internet treibt. Auch schützt Sie die Firewall nicht vor Viren, Trojanern oder sonstigem Ungeziefer. Aber für den Fall, dass Sie sich – wie auch immer – einen Trojaner eingefangen haben und der Angreifer Ihren Computer fernsteuern und Ihre Daten ausspionieren will, steht Ihnen die Firewall hilfreich zur Seite. Denn für die Fernsteuerung eines Trojaners ist eine eingehende Verbindung durch den Angreifer erforderlich, die Windows XP sofort blockiert.

So funktioniert die Firewall

Die Firewall von Windows XP überwacht Verbindungsversuche und aufgebaute Verbindungen – sie arbeitet damit auf „Session Level", wie es im Firewall-Fachchinesisch heißt, mit einer „Stateful Inspection". Das heißt im Klartext, sie wacht über Ihre Netzwerkverbindung und entscheidet bei jeder Sessionanfrage anderer Rechner, ob kommuniziert oder der Verbindungsversuch abgeblockt wird.

Die Paketfilter

Die Paketfilterung ist die Urform aller Firewall-Systeme und stellt die einfachste Schutzvariante dar. Die Firewall überprüft die Kopfzeilen (Header) der ankommenden Datenpakete auf den Protokolltyp, der IP, ICMP, TCP, UDP oder z. B. ein Routingprotokoll sein kann. Je nach Protokolltyp überprüft die Firewall nun die vom Administrator definierten Regeln und entscheidet anhand der in den Regeln hinterlegten Parameter, welche Datenpakete die Firewall passieren dürfen und welche abgelehnt werden. Die Filterung erfolgt mindestens nach folgenden Kriterien:

- IP-Adresse des Absenders (Quell-IP-Adresse oder Source-IP-Adresse)
- IP-Adresse des Empfängers (Ziel-IP-Adresse oder Destination-IP-Adresse)
- Quellport oder Source-Port
- Zielport oder Destination-Port

Da die Filterung selten nur nach Paketadressen, sondern meistens nach Ports erfolgt, spricht man häufig auch von Portfiltern. Paketfilter überwachen den Datenverkehr auf einer relativ niedrigen Ebene, sie überprüfen keine Benutzernamen, Verschlüsselungen oder Ähnliches, da sich diese Informationen nicht aus dem Header des Datenpakets herauslesen lassen.

> **Ports**
>
> Ports sind die Unteradressen des TCP/IP-Protokolls und definieren, an welchen Dienst sich ein Datenpaket richtet.

Sitzungsüberwachung

Einen Schritt weiter als reine Paketfilter geht die Überwachung der Sessions, der „Sitzungen" – d. h., es werden nicht nur die Header von Datenpaketen, sondern außerdem ganze Sequenzen von Paketen beäugt. Verbindungsauf- und -abbau werden auf diese Weise überprüft und ungültige IP-Datenpakete verworfen.

> **Vor- und Nachteile von Paketfiltern**
>
> Der Vorteil der Paketfilterfunktion liegt in der guten Performance, da ausschließlich der Header der Datenpakete geprüft werden muss. Hauptnachteil ist, dass keine Überprüfung der transportierten Daten auf „malicious code" durchgeführt wird und ein möglichst sicherer Schutz zu einer großen Anzahl von Regeln führt.

Somit können beispielsweise wiederholte Verbindungsversuche und Scanversuche erkannt und geblockt werden. Wichtig ist auch, dass die Firewall mithilfe einer Sessionüberwachung die „Entführung" von IP-Verbindungen (IP-Hijacking) erkennen kann.

Statusüberwachung (Stateful Inspection)

Die Technik der Stateful Inspection berücksichtigt den aktuellen Status der bereits aufgebauten Verbindung bei der Analyse der Datenpakete und wurde vom Firewall-Pionier Checkpoint entwickelt. Sie erweitert eine Session Level-Firewall um einige Funktionen, die mit dem korrekten Aufbau von IP-Datenpaketen und Attacken beim Verbindungsaufbau zusammenhängen.

Vor- und Nachteile von Session Level-Firewalls

Die Session Level-Überprüfung bietet einen umfangreicheren Schutz als reine Paketfilter und ist deshalb sehr sinnvoll. Leider sind meist nur einzelne Funktionen implementiert, und keine im Moment aktuelle Firewall nutzt alle Schutzmöglichkeiten.

Mithilfe der Stateful Inspection kann eine Firewall beispielsweise IP-Fragmentierungsattacken oder IP-Spoofing und SYN Flooding erkennen. Ausführliche Informationen über diese Technik finden Sie unter *www.checkpoint.com*.

Regeln, die über die „Durchstellung" entscheiden

Ungewollte Verbindungen blockt die Firewall mithilfe eines Regelwerks ab, anhand dessen die Verbindungsversuche geprüft werden. Mittels einer Positivliste werden unaufgeforderte Internetanfragen an Ihren Rechner bzw. bei einer Internetverbindungsfreigabe an PCs in Ihrem lokalen Netzwerk weitergereicht.

Was sind Ports, und wozu brauche ich sie?

Im Gegensatz zum IP-Protokoll verwenden TCP- und UDP-Protokolle so genannte Portnummern, damit einzelne Verbindungen unterschiedlichen Anwendungen zugeordnet werden können. Dadurch können mehrere Verbindungen zu unterschiedlichen Anwendungen gleichzeitig aufgebaut werden. Das IP-Protokoll verwendet zur Adressierung beispielsweise nur die IP-Adresse des Quell- und Zielcomputers, während das TCP- und UDP-Protokoll zusätzlich die Quell- und Zielports adressieren. Dadurch werden Mehrfachverbindungen möglich, und ein Server kann somit auf unterschiedliche Anfragen (WWW, FTP, DNS etc.) antworten. Ports sind demzufolge mit Nebenstellen einer Telefonanlage vergleichbar. Es gibt auch Anwendungsprotokolle wie beispielsweise FTP, das zur erfolgreichen Übertragung zwei gleichzeitige Verbindungen benötigt.

Sicher haben Sie auf Ihrem Computer mehrere Internetanwendungen installiert. Sie nutzen den E-Mail-Client, um Nachrichten zu versenden und zu empfangen, den Webbrowser für Onlinetouren im Internet und FTP für das Herunterladen von Dateien und Programmen. All diese Anwendungen benötigen einen Port, damit mehrere TCP-Verbindungen aufgebaut werden können. Ansonsten könnten Sie während einer Surftour beispielsweise keine E-Mail-Nachrichten verschicken.

Damit die entsprechenden Server auf die Clientanfragen reagieren können, sind die jeweiligen Ports des Servers geöffnet und warten auf eingehende Verbindungen. Der Client stellt dann – je nach Dienst – eine Verbindung zu der entsprechenden Portnummer des Servers her. Aufgrund der Vielfalt an Diensten sind natürlich ebenso viele Portnummern in Gebrauch. Deshalb sind viele Ports bereits für Dienste reserviert, dies sind die so genannten Well-known-Ports (bekannte Ports). Die reservierten Ports liegen im Bereich 1 bis 1024 und sind unterschiedlichen Diensten fest zugeordnet.

Geänderte Portzuordnungen

Es ist jedoch nicht zwingend erforderlich, die feste Zuordnung der Ports einzuhalten. So kann ein Webserver beispielsweise auch auf Port 1200 HTTP-Daten übertragen. Sie müssen dann aber im Browser den entsprechenden Port in der Form *http://www.server.com:1200* angeben, damit der Browser den richtigen Port auch ansprechen kann.

So nutzt auch die Datei- und Druckerfreigabe von Windows fest definierte Ports (137-139). Haben Sie auf Ihrem Computer die Freigabe aktiviert, sind diese drei Ports geöffnet und warten auf eingehende Verbindungen. Denn Computer innerhalb eines Windows-Netzwerks tauschen über diese Ports Informationen zur Datei- und Druckerfreigabe aus. Sie können ganz leicht feststellen, welche Ports gerade geöffnet und für den Verbindungsaufbau bereit sind. Wechseln Sie einmal auf die DOS-Ebene und geben Sie den Befehl „netstat -a" ein. Sie erhalten nun eine Aufstellung aller geöffneten Ports.

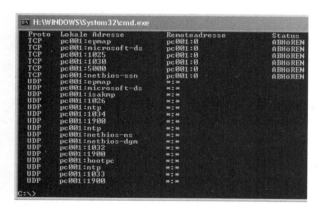

In der folgenden Tabelle finden Sie einige bekannte Portnummern mit den zugehörigen Anwendungsprotokollen. Aus Platzgründen haben wir uns auf die wichtigsten Ports beschränkt:

Port	Protokoll/ Dienst	Beschreibung
21	FTP	Mithilfe von FTP können Sie Dateien von und zum Internet transferieren. Der Tranfer ist effektiver als ein HTTP-Download, sodass er gern genutzt wird.
23	Telnet	Mit Telnet sind Logins auf verschiedenen Serversystemen möglich.
25	SMTP	Mailserver verwenden das **S**imple **M**ail **T**ransfer **P**rotocol zum Versenden von E-Mails.
79	Finger	Der Finger-Dienst dient dazu, Benutzer in einem Netzwerk zu finden.
80	HTTP	Das **H**yper**t**ext **T**ransfer **P**rotocol wird von Webservern zur Übertragung von Webseiten eingesetzt.

Port	Protokoll/ Dienst	Beschreibung
110	POP3	Das Post Office Protocol dient zur Abholung von Mails von einer Mailbox.
135	RPC	Das Remote Procedure Call Protocol wird von einigen Systemen zur Verbindung mit Datei-, Druck-, Mail- und Datenbankservern eingesetzt.
137-139	NetBIOS	NetBIOS wird vor allem von Windows-Systemen zur Verbindung mit Datei- und Druckdiensten und zur Namensauflösung eingesetzt.
143	IMAP	Dieses Protokoll ist eine erweiterte und modernere Variante des POP3-Protokolls
194	Irc	Das Internet Relay Chat Protocol ermöglicht die direkte Kommunikation zwischen zwei oder mehreren Benutzern mithilfe von Chatprogrammen.
443	HTTPS	Dies ist der Port für verschlüsselte HTTP-Verbindungen zum Webserver per SSL (Secure Socket Layer), beispielsweise für die sichere Übermittlung von Kreditkarten.
1080	Socks	Socks-Proxy-Port.
4000	ICQ	Wird für das Programm ICQ für Internet Relay Chat verwendet.
7070	Realaudio	Real Networks Real Audio.
8080	–	Häufig verwendeter Port für HTTP-Proxyserver.

Die Firewall von Windows XP

Mit der Installation des Service Pack 2 wird das Windows XP-System mit einer neuen Firewall ausgestattet, womit das lokale Computersystem und auch das interne Netzwerk weitaus besser geschützt werden, als dies mit der alten ICF (Internet Connection Firewall) der Fall war. Denn die neue IPv6-Firewall wurde um einige wichtige Sicherheitsfunktionen erweitert, womit potenziellen Angreifern ein vollkommen neuer Riegel vorgeschoben wird.

Reicht die Firewall von Windows XP SP2 aus?

Eine Firewall will sehr sorgfältig und gewissenhaft konfiguriert werden. Werden mehrere Firewall-Systeme parallel betrieben, schleichen sich dabei sehr gern Konfigurationsfehler ein, die letzten Endes mehr Türen öffnen als verschließen. Die IPv6-Firewall von Windows XP SP2 ist durchaus in der Lage, das lokale Computersystem (und auch das interne Netz) vor Angriffen sehr gut zu schützen. Der Einsatz eines weiteren Firewall-Systems ist nicht erforderlich. Wenn Sie bis dato ein anderes Firewall-System eingesetzt haben, das Sie gern auch weiterhin nutzen möchten, sollten Sie die Firewall von Windows XP deaktivieren, um Konfigurationsfehler zu vermeiden. Und umgekehrt: Wenn Sie die IPv6-Firewall von Windows XP einsetzen, sollten Sie auf den Einsatz eines weiteren Firewall-Systems verzichten. Sie vermeiden damit, dass es aufgrund einer Konfliktkonfiguration zu Sicherheitslücken kommt.

So ist die neue Firewall beispielsweise per Default aktiv und muss nicht erst von Hand eingeschaltet werden. Das Computersystem wird quasi von der ersten Sekunde an abgesichert. Des Weiteren wurde die Firewall dahingehend überarbeitet, dass sie das Computersystem nicht nur während des laufenden Betriebs schützt, sondern auch während der Startup- und Shutdown-Phasen. Wenn der Firewall-Service beim Startup aus irgendeinem Grund nicht gestartet werden kann, werden sämtliche eingehenden Verbindungen geblockt. Das Risiko, dass es während des Startup-/Shutdown-Prozesses zu Attacken kommt, wird dadurch erheblich gemindert, besser: gänzlich vermieden.

Die neue Firewall bietet im Gegensatz zur alten ICF eine globale Konfigurationsmöglichkeit. Das bedeutet, dass die Allow-/Deny-Regeln einmal konfiguriert werden und per Default für alle Verbindungen gelten. Damit soll vermieden werden, dass neue Verbindungen „aus Versehen" ungeschützt bleiben. Außerdem lassen sich neuerdings verbindungsspezifische Regeln konfigurieren, womit Sie für jede Verbindung festlegen können, ob die Regeln für alle internen/externen Computersysteme, für alle Computersysteme eines Subnetzes oder nur für bestimmte IP-Adressen gelten sollen. Die neue Firewall ist damit ein ganzes Stück flexibler und lässt sich wesentlich besser in die eigene Infrastruktur integrieren.

> **Die Standardeinstellungen per Mausklick restaurieren**
>
> Die neue Firewall gibt Ihnen die Möglichkeit, die recht sicheren Standardeinstellungen der Firewall per Mausklick wieder zu restaurieren. Wenn Sie Änderungen an der Firewall-Konfiguration durchgeführt haben, diese aber wieder zurücknehmen möchten, brauchen Sie lediglich die Standardeinstellungen zu laden.

Wenn Sie Ihre Firewall entsprechend Ihren Anforderungen konfiguriert und z. B. ein paar eingehende Verbindungen erlaubt haben, können Sie trotzdem mit einem simplen Mausklick alle Allow-Regeln deaktivieren. Diese Funktion ist gerade für mobile Benutzer von großem Interesse: Denn wenn Sie zu Hause arbeiten, möchten Sie vielleicht eingehende Verbindungen erlauben. Sind Sie jedoch unterwegs und an ein öffentliches Netz (z. B. WLAN) angeschlossen, möchten Sie aus Sicherheitsgründen keine eingehenden Verbindungen zulassen. Sie müssen die Firewall nicht komplett umkonfigurieren, denn Sie können die erstellten Filter mit einem simplen Klick vorübergehend deaktivieren.

> **Welche Verbindungen wurden geblockt?**
>
> Während die alte ICF stillschweigend ihre Arbeit verrichtete, informiert Sie die neue Firewall über sämtliche eingehenden Verbindungen, die noch nicht konfiguriert wurden. Möchten Sie einer bestimmten Applikation eingehende Verbindungen erlauben (z. B. dem Windows Messenger), müssen Sie die jeweilige Verbindung explizit freigeben, andernfalls werden Sie von der Firewall gefragt, ob Sie die Verbindung annehmen oder ablehnen möchten.

Neu ist außerdem, dass Sie zur Änderung der Firewall-Konfiguration nicht erst in die Eigenschaften einer Netzwerkverbindung wechseln müssen. Denn die neue

Firewall wurde als eigenständiges Objekt in die Systemsteuerung integriert und kann zusätzlich über das neue Sicherheitscenter geöffnet werden. Und auf eine neue Oberfläche der SP2-Firewall dürfen Sie sich ebenfalls freuen.

So sichern Sie den Firewall-Service ab

Viele Computerviren und Trojaner machen es sich zur Aufgabe, die eingerichteten Sicherheitsmaßnahmen auszuhebeln: Da werden Virenscanner beendet, Firewall-Systeme heruntergefahren, Berechtigungen geändert und vieles mehr. Sind die größten Schutzvorrichtungen dann erfolgreich niedergemacht, werden neue Viren eingeschleust und jede Menge Trojaner-Verbindungen aufgebaut. Dass da keine Security-Maßnahme mehr zieht, versteht sich fast von selbst!

Und da es sich bei der Firewall von Windows XP um einen ganz gewöhnlichen Windows-Dienst handelt, der über die Dienstkonsole gestartet und beendet werden kann, sollten Sie eine kleine Änderung in den Eigenschaften des Firewall-Dienstes vornehmen. Denn in den Eigenschaften eines jeden Dienstes können Sie festlegen, wie das System auf fehlerhafte Startversuche oder plötzliches Herunterfahren eines Dienstes reagieren soll: nämlich mit dem automatischen Neustart des Dienstes oder gar mit dem automatischen Herunterfahren des Computersystems! Bevor Sie sich also daran machen, die Firewall zu konfigurieren, sollten Sie erst einmal etwas für den Dienst an sich tun:

1 Öffnen Sie das Startmenü und klicken Sie auf *Ausführen*. Geben Sie „services. msc" ein, um die Dienstkonsole zu öffnen. Alternativ können Sie sie auch über die Systemsteuerung öffnen, wenn Sie dort die *Verwaltung* öffnen.

2 Suchen Sie den Dienst *Windows-Firewall/Gemeinsame Nutzung der Internetverbindung* und öffnen Sie die Eigenschaften durch einen Doppelklick auf den Eintrag.

3 Prüfen Sie auf der Registerkarte *Allgemein*, dass der Firewall-Service gestartet wurde und vom Starttyp *Automatisch* ist. Damit wird die Firewall automatisch beim Starten von Windows XP aktiviert.

4 Als Nächstes holen Sie die Registerkarte *Wiederherstellen* in den Vordergrund. Dort können Sie bis zu drei Aktionen definieren, wenn der Dienst aus irgendeinem Grunde nicht automatisch gestartet werden konnte oder „versehentlich" beendet wurde.

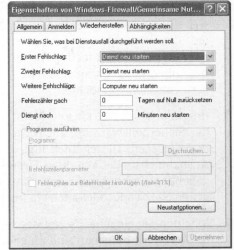

5 Wählen Sie in den Feldern *Erster Fehlschlag* und *Zweiter Fehlschlag* die Aktion *Dienst neu starten* aus.

6 Im Feld *Dritter Fehlschlag* wählen Sie *Computer neu starten* aus.

Legen Sie außerdem fest, dass der Dienst nach 0 Sekunden neu gestartet wird, und schließen Sie die Eigenschaften wieder. Sollte der Firewall-Service nun aus irgendeinem Grunde beendet werden, sorgt Windows XP für einen sofortigen Neustart des Dienstes.

Eingehende Verbindungen erlauben

Die Firewall von Windows XP ist standardmäßig so konfiguriert, dass sie alle eingehenden Verbindungen blockt, eingehende Verbindungen zur Remoteunterstützung sind jedoch erlaubt. Wenn Sie nun eine Applikation ausführen, die eingehende Verbindungen erfordert, müssen Sie die eingehenden Verbindungen für diese Applikation explizit erlauben. Nutzen Sie beispielsweise NetMeeting für Onlinekonferenzen oder als alternatives Fernwartungstool, können Sie zwar ausgehende Verbindungen aufbauen, eingehende Anrufe werden von der Firewall jedoch abgewehrt.

Wenn Sie eine Konferenz eröffnen und anderen Konferenzteilnehmern einen Verbindungsaufbau zur Ihrem Computersystem erlauben möchten, müssen Sie die eingehenden Verbinden zulassen. Hierzu gehen Sie folgendermaßen vor:

1 Starten Sie NetMeeting, indem Sie auf *Start/Ausführen* klicken und „conf.exe" eingeben.

2 Die Firewall gibt daraufhin eine Sicherheitswarnung aus und möchte von Ihnen wissen, ob Sie eingehende NetMeeting-Verbindungen weiterhin blocken möchten, ob Sie die Verbindungen zulassen oder bei jedem NetMeeting-Aufruf neu über zulassen oder verweigern entscheiden möchten.

3 Im einfachsten Fall klicken Sie in der Sicherheitswarnung auf *Nicht mehr blocken*. Dieser Klick fügt die Windows-Komponente NetMeeting zur Ausnahmeliste der Windows-Firewall hinzu und gibt die dazugehörigen eingehenden Verbindungen frei. Einer NetMeeting-Konferenz innerhalb des eigenen Netzwerks oder auch via Internet steht damit nichts mehr im Wege.

4 Möchten Sie eingehende NetMeeting-Verbindungen jedoch nur für das interne Netzwerk freigeben und eingehende NetMeeting-Verbindungen aus dem

Internet weiterhin blockieren, müssen Sie die Firewall-Einstellung manuell noch etwas modifizieren. Wechseln Sie also in die Systemsteuerung und öffnen Sie die Windows-Firewall. Auf der Registerkarte *Ausnahmen* finden Sie nun einen neuen Eintrag namens *NetMeeting*. Markieren Sie diesen Eintrag und klicken Sie auf die Schaltfläche *Port*.

5 Anschließend klicken Sie auf *Bereich ändern*. Sie gelangen daraufhin in die erweiterten Porteinstellungen. Markieren Sie die Option *Nur für eigenes Netzwerk (Subnetz)*, um eingehende NetMeeting-Verbindungen nur aus dem internen LAN heraus zu akzeptieren. Alternativ können Sie auch nur die IP-Adressen angeben, mit denen Sie kommunizieren möchten.

Damit haben Sie die Firewall nun für eingehende NetMeeting-Verbindungen auf recht einfache Art und Weise konfiguriert. Da Sie innerhalb der Sicherheitswarnung auf *Nicht blocken* geklickt haben, wurde innerhalb der Firewall eine Ausnahmeregelung für NetMeeting geschaffen, und Windows gibt damit alle eingehenden Verbindungen frei, die mit NetMeeting aufgebaut werden können. Wenn Sie keine eingehenden NetMeeting-Verbindungen mehr erlauben wollen, brauchen Sie lediglich in die Firewall-Einstellungen zu wechseln, die Registerkarte *Ausnahmen* hervorzuholen und das Programm NetMeeting zu deaktivieren.

Einzelne Ports freigeben und blockieren

Im vorherigen Abschnitt haben wir Ihnen gezeigt, wie Sie mithilfe der Firewall-Sicherheitswarnung auf recht einfache Art und Weise eingehende Verbindungen zulassen und damit Ihre Firewall konfigurieren können. In dem nun folgenden Abschnitt zeigen wir Ihnen, wie Sie eine solche Konfiguration von Hand durchführen und einzelne Ports manuell freigeben.

Welcher Dienst nutzt welchen Port?

Wenn Sie die Firewall von Hand konfigurieren und neue Allow-Regeln hinzufügen, müssen Sie für jede Verbindung das Protokoll (TCP oder UDP) sowie den verwendeten Port angeben. Auf der Internetseite *http://www.iana.org/assignments/port-numbers* finden Sie eine detaillierte Aufstellung der Well-known-Ports unter Angabe des Protokolls und auch des Ports.

Einmal angenommen, Sie betreiben auf Ihrem Windows XP-Computersystem einen kleinen Webserver, weil Sie sich in die HTTP-Thematik einarbeiten wollen. Statt einen Windows 2003-Server aufzusetzen, haben Sie sich kurzerhand für das Tool NetworkActive Web Server (*www.networkactive.com*) entschieden, da dieses Tool erstens kostenlos ist und zweitens auch unter Windows XP Home einsetzbar ist. Sie haben das Tool installiert, einige Webseiten bereitgestellt und auch die DSL-Verbindung schon eingerichtet. Was jetzt noch fehlt, ist die Konfiguration der Firewall, da Sie ja eingehende HTTP-Verbindungen erlauben müssen. Gehen Sie folgendermaßen vor, um eingehende Verbindungen über Port 80 (dies ist der Standardport für HTTP-Verbindungen) zu erlauben:

1 Wechseln Sie in die Systemsteuerung und öffnen Sie die Windows-Firewall.

2 Holen Sie die Registerkarte *Ausnahmen* hervor und klicken Sie auf die Schaltfläche *Port*, um eine neue Einzelverbindung zu erlauben.

3 Im Feld *Name* geben Sie eine eindeutige Bezeichnung für den Service ein, zum Beispiel „Web-Server", „HTTP-Server" oder Ähnliches.

4 Im Feld *Port* legen Sie nun den Port 80 fest, da HTTP-Verbindungen in der Regel über Port 80 aufgebaut werden.

5 Zu guter Letzt legen Sie noch das Protokoll fest, worüber die eingehenden HTTP-Verbindungen aufgebaut werden, dies ist das TCP-Protokoll. Markieren Sie also die Option *TCP*.

6 Der Webserver soll sowohl aus dem internen Netzwerk wie auch aus dem Internet angesprochen werden können, deshalb dürfen Sie unter *Bereich ändern* keine Änderungen vornehmen. Denn die Einrichtung einer neuen Ausnahmeregel gilt standardmäßig für alle internen und externen Computersysteme.

Mit einem Klick auf *OK* haben Sie die Allow-Regel für eingehende HTTP-Verbindungen erfolgreich eingerichtet. Sie können die Firewall nun testen, indem Sie den Webserver starten und von einem anderen Rechner aus eine Webseite aufrufen.

Wenn Sie eine Ausnahmeregel für eine Applikation einrichten, die mehrere Ports nutzt, müssen Sie alle genutzten Ports als Ausnahmeregel konfigurieren. Möchten Sie zu einem späteren Zeitpunkt alle oder auch nur einzelne Ports wieder schließen, deaktivieren Sie die jeweiligen Ports.

Verbindungsspezifische Ausnahmen konfigurieren

Die neue Firewall für Windows XP gestattet es Ihnen, verbindungsspezifische Ausnahmen zu konfigurieren. Das bedeutet, dass Sie für die interne LAN-Verbindung beispielsweise andere Allow-Regeln definieren können als für externe Internetverbindungen. Einmal angenommen, Sie betreiben ein Peer-to-Peer-Netzwerk mit fünf Computersystemen. Innerhalb des lokalen Netzwerks sollen HTTP-Verbindungen ermöglicht werden, eingehende HTTP-Verbindungen aus dem Internet sollen dagegen unterbunden werden. Gehen Sie folgendermaßen vor:

1 Wechseln Sie in die Systemsteuerung und öffnen Sie die Windows-Firewall.

2 Holen Sie die Registerkarte *Erweitert* in den Vordergrund.

3 Markieren Sie die interne LAN-Verbindung und klicken Sie auf *Einstellungen*.

4 Aktivieren Sie den Dienst *Webserver (HTTP)*, um eingehende HTTP-Verbindungen zu erlauben.

Webserver-Zugriffe für eine bestimmte Verbindung freigeben.

Übernehmen Sie die Einstellung mit *OK* und schließen Sie auch die restlichen Fenster wieder. Für interne Netzwerkverbindungen haben Sie nun eingehende HTTP-Verbindungen zugelassen. Eine Änderung in den externen Internetverbindungen ist nicht erforderlich, da von außen ja keine Webserver-Zugriffe stattfinden sollen.

Einstellungen für das Internet Control Message Protocol

Wenn Sie die Einstellungen der Firewall öffnen, auf die Registerkarte *Erweitert* wechseln und unter *ICMP* auf *Einstellungen* klicken, finden Sie noch eine Reihe weiterer Optionen. Hierbei handelt es sich ausschließlich um ICMP (**I**nternet **C**ontrol **M**essage **P**rotocol = Bestandteil der Protokollfamilie TCP/IP), das größtenteils zur Fehlersuche in einem Netzwerk verwendet wird. Wenn Sie beispielsweise einen Ping an einen anderen Computer absetzen, um dessen Erreichbarkeit zu prüfen, erfolgt diese Verbindung über ICMP.

Optionen nur zur Fehlersuche erlauben

Die ICMP-Optionen sollten Sie nur dann aktivieren, wenn eine gewollte Verbindung zweier Computer via Internet nicht zu Stande kommt und eine Fehlersuche angesagt ist. Ansonsten lassen Sie sämtliche Optionen deaktiviert, Sie erhöhen damit die Sicherheit Ihres Computers.

Sie sollten diese Optionen aber allesamt deaktiviert lassen, denn wenn der Computer auf sämtliche Internetinformationen – beispielsweise auf einen Ping – antwortet, sind die ersten Schritte in Sachen Angriff aus dem Internet möglich. Denn mit IP- und Portscannern wird nach angreifbaren Computern gesucht. Antwortet der Computer auf diese Anfragen, weiß der Angreifer, dass der Computer eingeschaltet und online ist. Somit können weitere Angriffsmethoden eingeleitet werden.

Wenn der Computer auf diese Anfragen aber erst gar nicht antwortet, verliert der Angreifer sein Interesse an Ihrer IP-Adresse und damit auch an einem Angriff auf Ihr System.

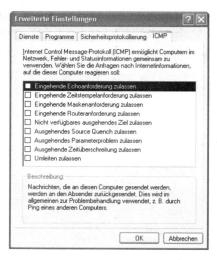

Firewalling im Peer-to-Peer-Netzwerk

Wenn Sie ein Netzwerk betreiben und die lokalen Computersysteme mithilfe einer Firewall vor Angriffen schützen, müssen Sie die internen Verbindungen natürlich auf der Firewall freigeben. Denn andernfalls kommt es innerhalb des internen Netzwerks zu massiven Verbindungsproblemen, da die meisten Firewall-Systeme per Default erst einmal alle eingehenden Verbindungen blockieren.

Der Gültigkeitsbereich des Netzwerks

Wenn Sie auf einem Firewall-System eingehende Verbindungen erlauben, müssen Sie in der Regel festlegen, für welchen Bereich die neue Allow-Regel gilt: für alle internen und externen Verbindungen, für ein bestimmtes internes Subnetz oder nur für einzelne interne IP-Adressen. Berücksichtigen Sie hierbei, dass das Freischalten der Verbindungen für einzelne IP-Adressen immer noch die sicherste Methode ist, da weitaus weniger Türen geöffnet werden müssen.

Welche eingehenden und internen Netzwerkverbindungen Sie auf der Firewall freigeben, hängt in erster Linie davon ab, welche Dienste Sie nutzen. Wenn Sie ein klassisches Peer-to-Peer-Netzwerk unter Verwendung der Microsoft-Betriebssysteme (Windows 9.x/NT/2000/XP) betreiben und mithilfe der Datei- und Druckerfreigabe Freigaben im lokalen Netzwerk eingerichtet haben, müssen Sie auf der IPv6-Firewall von Windows XP SP2 mindestens die Datei- und Druckerfreigabe für das eigene Subnetz freigeben.

Wechseln Sie in die Systemsteuerung, öffnen Sie das Objekt *Windows-Firewall* und aktivieren Sie die Option *Datei- und Druckerfreigabe*. Weitere Optionen müssen an dieser Stelle erst einmal nicht gesetzt werden, da sich die Freischaltung der Datei- und Druckerfreigabe auf der IPv6-Firewall per Default nur auf das eigene Subnetz auswirkt. Für eingehende Internetverbindungen ist das Sharing nach wie vor gesperrt.

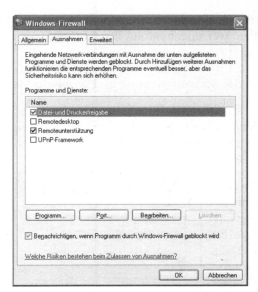

Die Datei- und Druckerfreigabe auf der Firewall freigeben.

Setzen Sie statt der IPv6-Firewall von Windows XP SP2 ein anderes Firewall-System auf Basis eines Paketfilters ein, müssen Sie mindestens die folgenden Ports öffnen:

Port	Protokoll
137	UDP
138	UDP
139	TCP
445	TCP

Wenn Sie die lokalen Computersysteme im internen Netzwerk per Ping auf ihre Erreichbarkeit hin testen wollen, müssen Sie eingehende Echo-Anforderungen zulassen. Setzen Sie die IPv6-Firewall von Windows XP SP2 ein, öffnen Sie die Eigenschaften der Firewall und wechseln auf die Registerkarte *Erweitert*. In den Eigenschaften der lokalen Netzwerkverbindung holen Sie die Registerkarte *ICMP* hervor und aktivieren die Option *Eingehende Echoanforderungen zulassen*.

Wenn Sie wissen wollen, wer auf Sie abzielt: die Sicherheitsprotokollierung

Abgelehnte Anfragen werden schlicht ignoriert, und es erfolgt – anders als bei bekannten Firewall-Systemen wie z. B. ZoneAlarm oder Norton Internet Security, keinerlei Benachrichtigung über die geblockten Kontaktversuche.

Microsoft ist der Meinung, „solche Meldungen könnten zu häufig auftreten und stören". Wenn Sie wirklich wissen wollen, wer ungefragt auf Ihren PC zugreifen will, müssen Sie die Aktivität Ihrer Personal Firewall mitprotokollieren lassen.

1 Öffnen Sie die Windows-Firewall in der Systemsteuerung und wechseln Sie auf die Registerkarte *Erweitert*.

2 Im Abschnitt *Sicherheitsprotokollierung* klicken Sie auf *Einstellungen*. Dort können Sie nun festlegen, dass verworfene Pakete und auch erfolgreiche Verbindungen protokolliert werden sollen.

3 Vor der Aktivierung der Protokollierung können Sie den Speicherort der aufzuzeichnenden Protokolldatei selbst bestimmen und eine maximale Obergrenze für die Logdatei festlegen. Erreicht die Datei die erlaubte Obergrenze, werden die ältesten Einträge automatisch gelöscht, bevor die neuen Einträge wieder angefügt werden können – auch wenn die Maximalgröße erreicht wird, protokolliert die Firewall die neusten Aktivitäten also noch mit.

4 Aktivieren Sie die vorgenommenen Einstellungen mit einem Klick auf *OK*.

Ab sofort werden sämtliche Verbindungen zum Computersystem hin protokolliert. Und wenn Sie die Protokolldatei *pfirewall.log* einmal öffnen, werden Sie schnell merken, dass sich diese Protokolldatei schon binnen weniger Minuten mit Leben füllt:

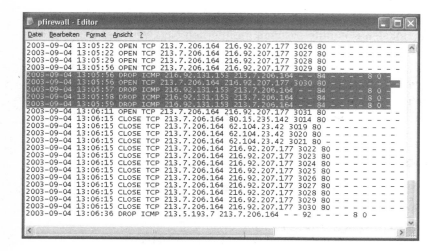

Bei jedem Verbindungsauf- und abbau wird dabei ein Eintrag erzeugt, der folgende Daten enthält (viele Einträge werden jedoch nur bis zur Spalte *Ziel-Port* gelistet):

Spalte	Beschreibung
Date	Datumsstempel des eingehenden Datenpakets im Format YYYY-MM-DD.
Time	Zeitstempel des eingehenden Datenpakets im Format HH:MM:SS.
Action	Eines der folgenden Aktivitäten seitens der Firewall: OPEN = Verbindungsaufbau, CLOSE = Verbindungsabbau, DROP = blockiert, INFO-EVENTS-LOST = Anzahl der nicht protokollierten Ereignisse.
Protokoll	Das verwendete IP-Protokoll (TCP, UDP, ICMP ...).
Quell-IP-Adresse	Die IP-Adresse des Computersystems, von dem das Datenpaket gesendet wurde.
Ziel-IP-Adresse	Die IP-Adresse des Computersystems, an das die Daten geschickt wurden.
Quell-Port	Der Port des Computersystems, von dem das Datenpaket gesendet wurde.
Ziel-Port	Der Port des Computersystems, an das die Daten geschickt wurden.
Paket-Größe	Die Größe des Datenpakets in Bytes.
TCP-Flag	Eines der folgenden TCP-Flags: ACK = Acknowledgment, FIN = Finish, PSH = Push, RST = Reset, SYN = Synchronize, URG = Urgent.
TCP-Syn	Fortlaufende Nummer des Sync-Pakets.
TCP-Ack	Fortlaufende Nummer des Ack-Pakets.
TCP-Win	Bezeichnet die Windows-Größe des Datenpakets in Bytes.
ICMP-Typ	Identifier des ICMP-Typs.
ICMP-Code	Identifier des ICMP-Codes.
Info	Diese Spalte dient zusätzlichen Informationen wie z. B. die Anzahl der INFO-EVENTS-LOST.

Einmal angenommen, Sie haben eine Internetverbindung hergestellt und von Ihrem ISP (Internet **S**ervice **P**rovider) die dynamische IP-Adresse 213.7.206.164 zugewiesen bekommen. Sie starten den Internet Explorer und geben die URL „www.all-nettools.com" ein, um deren Onlinenetzwerktools unter grafischer Oberfläche nutzen zu können. Der Webseitenbetreiber All-Nettools hostet seine Webseiten unter der öffentlichen IP-Adresse 216.92.207.177. Sie nutzen die Onlinetools einen gewissen Moment und schließen dann den Webbrowser wieder. Für diesen Request finden Sie im Logfile mindestens die folgenden beiden Einträge vor:

```
2004-09-25 21:43:00 OPEN TCP 213.7.206.164 216.92.207.177 3026 80 - - - - - - - -
2004-09-25 21:47:00 CLOSE TCP 213.7.206.164 216.92.207.177 3027 80 - - - - - - - -
```

Diese beiden Einträge zeigen an, dass Sie am 25.09.2004 um 21:43:00 eine TCP-Verbindung von Ihrem Computersystem mit der öffentlichen IP-Adresse 213.7. 206.164 zum entfernten Computersystem mit der öffentlichen IP-Adresse 216.92.207.177 über Port 80 geöffnet und die gleiche Verbindung um 21:47:00 auch wieder geschlossen haben. Der Port 80 gibt an, dass es sich hierbei um eine gewöhnliche HTTP-Verbindung handelt, da HTTP standardmäßig den Port 80 nutzt. Beide Aktionen wurden von Ihrem Computersystem aus gestartet, da die Quell-IP-Adresse (vgl. Tabelle etwas weiter oben) die 213.7.206.164 und damit Ihre IP-Adresse ist. Hierbei handelt es sich also um eine ausgehende Verbindung (Outbound).

Ein Logfile-Eintrag mit dem Wortlaut

```
2004-09-25 21:43:00 DROP ICMP 213.5.193.7 213.7.206.164 - - 92 - - - - 8 0 -
```

dagegen deutet auf einen von der Firewall abgewiesenen Ping hin. Warum? Ganz einfach: Erstens einmal ist Ihre IP-Adresse nicht in der Spalte *Quell-IP-Adresse* zu finden, sondern in der Spalte *Ziel-IP-Adresse*. Daran können Sie eine eingehende Verbindung erkennen (Inbound). Außerdem wurde das ICMP-Paket von der Firewall gedroppt und damit abgewiesen. Die Standardeinstellung der Windows-Firewall lässt keine Antwort auf eingehende Pings zu, deshalb wird die Antwort geblockt.

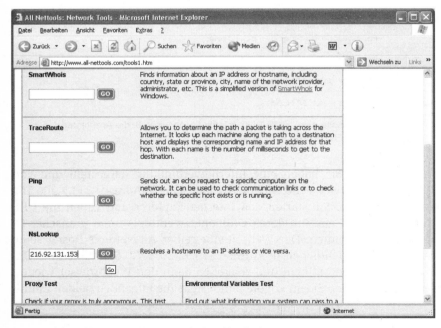

Leistungsfähige Netzwerktools unter grafischer Oberfläche.

Sie können nun mithilfe der Ping-, Nslookup- und Whois-Befehle weitere Informationen über die Gegenstelle (Quell-IP-Adresse) einholen. Einfacher ist es aber, wenn Sie die Internetseite *www.all-nettools.com* aufrufen, dort können Sie unter grafischer Oberfläche eine ganze Reihe wichtiger Informationen über den Computer einholen, von dem aus dieser Ping gestartet wurde.

Und für den Fall, dass sich wirklich jemand an Ihrem Computer zu schaffen macht oder Sie Opfer eines Angriffs werden, können Sie mithilfe dieser Informationen weitere Schritte einleiten.

8.4 Das Backup – Daten sichern und wiederherstellen

Dass eine ordentliche Datensicherung unabdingbar ist, merken Sie spätestens dann, wenn es das erste Mal gekracht hat und viele Ihrer Dateien flöten sind. Damit es aber erst gar nicht so weit kommt, zeigen wir Ihnen hier, wie Sie Ihre Daten sichern und das Backup im Bedarfsfall wieder zurückspielen.

Datensicherung mit dem CD-/DVD-Brenner

Wenn Sie im Besitz eines CD-/DVD-Brenners sind, lässt sich das Gerät prima für eine Datensicherung verwenden. Denn mittels Drag & Drop können Sie all die zu sichernden Daten in den Ofen schieben und eine CD-ROM mit all Ihren persönlichen Daten wie auch wichtigen Systemdateien erstellen.

Persönliche Dateien sichern

Angenommen, Sie speichern all Ihre Daten immer im gleichen Verzeichnis ab, dann haben Sie es mit der Datensicherung natürlich leicht. Denn Sie müssen lediglich den Ordner per Drag & Drop auf das Laufwerksymbol des CD-Brenners ziehen, und schon wird Ihre Sicherung auf einem Rohling verewigt. Andernfalls müssten Sie erst sämtliche Dateien zusammensuchen und die einzelnen Objekte mithilfe der *Senden an*-Funktion aus dem Kontextmenü zum Brenner schicken. Wie auch immer, die Daten sind schnell gebrannt:

1 Starten Sie den Windows-Explorer und markieren Sie die Ordner und Dateien, die Sie sichern wollen.

2 Öffnen Sie das Kontextmenü und wählen Sie *Senden an/Beschreibbare CD* aus.

3 Haben Sie alle Daten an den Brenner geschickt, öffnen Sie das Kontextmenü des CD-Brenners und wählen *Auf CD schreiben* aus.

Die Daten werden nun auf den Rohling gebrannt und können nach dem GAU schnell wiederhergestellt werden. Denn Sie brauchen nur die CD einzulegen, die

Daten zu markieren und sie an den ursprünglichen Ort zurückzukopieren. Bedenken Sie dabei, dass Dateien, die Sie von einer CD auf ein anderes Laufwerk kopieren, zunächst schreibgeschützt sind. Wenn Sie die Dateien bearbeiten oder gar löschen wollen, müssen Sie erst den Schreibschutz entfernen. Hierzu markieren Sie die betreffenden Dateien, öffnen das Kontextmenü und wählen die Eigenschaften aus. Dort können Sie den Schreibschutz entfernen.

NTBackup: professionelle Datensicherung mit Windows XP

Windows XP gilt zwar als sicheres Betriebssystem, trotzdem wollen Bits und Bytes regelmäßig gesichert werden. Und hierfür hält Windows XP ein nützliches Programm parat, mit dem Sie diese Aufgabe auf recht einfache Art und Weise bewerkstelligen können: NTBackup.

Bevor Sie jedoch Ihre Daten mittels NTBackup auf Sicherungsmedien (Disketten, Wechselplatten, ZIP-/JAZ-Drive etc.) schieben können, müssen Sie dieses Feature erst einmal nachinstallieren. Denn NTBackup ist nicht Bestandteil der Standardinstallation von Windows XP Home und muss daher gesondert eingerichtet werden.

Direkte Sicherung auf CD-/DVD-R/-RW wird nicht unterstützt

NTBackup lässt sich zwar prima zu Datensicherungszwecken einsetzen, doch hat dieses Feature einen kleinen Haken: Denn NTBackup gestattet es Ihnen nicht, eine CD-/DVD-R/-RW als Sicherungsmedium zu verwenden, wenngleich das spätere Wiederherstellen der Daten von diesen Medien aus möglich ist. Sie können aber die Sicherungsdatei auf der Festplatte zwischenspeichern und sie anschließend auf CD oder DVD brennen, womit Sie dieses Problemchen gekonnt beseitigt haben.

NTBackup installieren

NTBackup lässt sich mit wenigen Klicks einrichten. Hierfür brauchen Sie lediglich die Installations-CD von Windows XP Home und ein wenig Platz auf der Platte. Legen Sie die CD in das Laufwerk und öffnen Sie den Windows-Explorer. Im Verzeichnis *\ValueAdd\MSFT\Ntbackup* finden Sie eine Datei namens *ntbackup.msi*, auf die Sie einfach nur doppelklicken müssen, um die Installation in Gang zu setzen. Daraufhin startet ein Assistent, der die notwendigen Dateien auf die Platte packt.

Eine Datensicherung durchführen

Wenn Sie NTBackup aus dem Menü der Systemprogramme (*Start/Alle Programme/Zubehör/Systemprogramme*) oder direkt mit dem Befehl *ntbackup* ausführen, werden Sie zunächst von einem Assistenten begrüßt, der Ihnen das Backup etwas erleichtern soll. Allerdings übernimmt der Assistent auch viele wichtige Entscheidungen, die Sie besser selbst treffen sollten, damit die Sicherung so effizient wie möglich durchgeführt wird. Klicken Sie daher auf den *Erweiterten Modus*, um die Datensicherung von Hand zu starten.

1 Aktivieren Sie die Registerkarte *Sichern*, dort finden Sie alle Laufwerke im Überblick und können die zu sichernden Daten nun durch einfaches Markieren auswählen. Wenn Sie beispielsweise alle Daten sichern wollen, die sich auf der lokalen Festplatte befinden, markieren Sie einfach den entsprechenden Laufwerkbuchstaben, womit alle Dateien und Ordner automatisch einbezogen werden. Wenn Sie stattdessen nur bestimmte Dateien – z. B. Ihre persönliche Dateien – sichern wollen, markieren Sie den jeweiligen Ordner oder auch einzelne Dateien. Die Ordnerstruktur können Sie nach Belieben erweitern und auch wieder einklappen, indem Sie jeweils auf das Plus- oder Minuszeichen klicken.

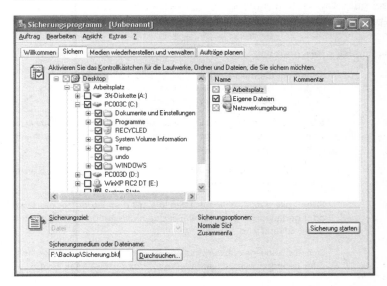

2 Im nächsten Schritt geben Sie an, wo die Sicherungsdatei abgelegt werden soll. Hierzu wählen Sie im Feld *Sicherungsmedium oder Dateiname* den Pfad aus und geben den gewünschten Dateinamen an. Sie sollten – wenn möglich – die Datei nicht auf der lokalen Festplatte ablegen, auf der auch Windows XP installiert ist. Denn kommt es zu Festplattenproblemen, können Sie die Sicherungsdatei später nicht mehr restaurieren. Empfehlenswert ist daher ein externes Laufwerk, beispielsweise eine zweite Festplatte, ein ZIP- oder JAZ-Drive oder gar ein Bandlaufwerk. Sie können die Sicherungsdatei auch auf eine CD/DVD brennen, allerdings müssen Sie die Sicherung erst auf der Festplatte zwischenspeichern, da NTBackup keine CD-/DVD-R/-RWs als Speichermedium akzeptiert.

3 Klicken Sie auf *Sicherung starten*, daraufhin öffnet sich ein Fenster, in dem Sie weitere Einstellungen vornehmen können. Zunächst legen Sie fest, ob die Sicherung einer bereits vorhandenen Sicherung angehängt oder ob die vorhandene Sicherung überschrieben werden soll. Zweiteres ist dann sinnvoll, wenn Sie den kompletten Datenbestand sichern

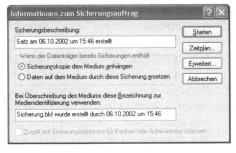

wollen und das letzte Backup nicht mehr brauchen. Wenn Sie nur Teile des Datenbestands sichern, sollten Sie das Backup einer vorhandenen Sicherung anhängen, damit keine Sicherungen überschrieben werden.

4 Über die Schaltfläche *Erweitert* legen Sie den gewünschten Sicherungsmodus fest. Dabei gilt es zwischen einer normalen, einer Kopie, einer inkrementellen, differentiellen oder einer täglichen Sicherung zu unterscheiden:

Sicherungsmodus	Beschreibung
Normal	Sichert nur die ausgewählten Dateien und markiert jede Datei als gesichert, indem das Attribut *A* entfernt wird, womit noch nicht gesicherte Dateien gekennzeichnet werden.
Kopie	Sichert alle gewählten Dateien, verändert aber das Attribut *Archiv* nicht, womit diese Dateien bei der nächsten normalen oder inkrementellen Sicherung wieder einbezogen werden.
Differentiell	Sichert alle ausgewählten Dateien, die seit dem letzten Backup erstellt oder geändert wurden, entfernt aber nicht das *Archiv*-Attribut.
Inkrementell	Sichert alle ausgewählten Dateien, die seit dem letzten Backup erstellt oder geändert wurden, wobei hier das *Archiv*-Attribut zurückgesetzt und damit entfernt wird.
Täglich	Sichert alle ausgewählten Dateien, die am Tag der Sicherung erstellt oder geändert wurden, verändert aber das *Archiv*-Attribut nicht.

Welchen Backup-Modus Sie wählen, hängt in erster Linie davon ab, wie oft sich wie viele Dateien zwischen den einzelnen Datensicherungen ändern. Wenn sich immer nur eine Hand voll bestimmter Dateien ändern, wäre ein regelmäßiges Full-Backup beispielsweise zu viel des Guten. Eine Backup-Strategie, die in der Praxis sehr häufig angewendet wird, sieht folgendermaßen aus:

Einmal pro Woche erfolgt ein komplettes Full-Backup, wobei der Modus *Normal* ausgewählt wird. Die Datensicherung wird xx Tage/Monate (je nach Bedarf) aufbewahrt. Bis zum nächsten Full-Backup erfolgt einmal täglich eine inkrementelle Datensicherung. Die Datensicherung wird xx Tage/Monate (je nach Bedarf) aufbewahrt.

Mit diesem Backup-Plan sind Sie sehr gut gegen einen möglichen GAU gerüstet und halten zudem die Anzahl der Backup-Medien in einem überschaubaren Rahmen. Wenn es zu Datenverlust kommt, müssen Sie lediglich das letzte Full-Backup und die letzten sechs inkrementellen Datensicherungen restaurieren, um den Originalzustand wiederherzustellen.

Beginnen Sie mit der Datensicherung, indem Sie auf *Starten* klicken. Die Daten werden daraufhin gesichert, was je nach Umfang einige Zeit dauern kann.

Datensicherung automatisieren

Die Datensicherung lässt sich jederzeit automatisieren. Hierzu definieren Sie lediglich einen oder auch mehrere Sicherungsaufträge, indem Sie die zu sichernden Dateien markieren und den gewünschten Sicherungsmodus auswählen. Anschließend speichern Sie den Auftrag ab und wählen auf der Registerkarte *Aufträge planen* den gewünschten Zeitpunkt aus, an dem das Backup starten soll.

Die Datensicherung restaurieren

Kommt es zu einem Daten-GAU und ein Teil Ihrer Daten ist verschwunden, haben Sie hoffentlich vorher ein Backup gemacht. Denn dann können Sie Ihre Dateien mit wenigen Klicks wieder restaurieren und wie gewohnt weiterarbeiten. Allerdings funktioniert das nur, wenn Windows XP nicht vom GAU betroffen ist und sich noch normal starten lässt.

1 Falls Sie die Sicherung auf einem externen Datenträger (z. B. Band, CD) abgelegt haben, legen Sie den Datenträger nun ein.

2 Starten Sie NTBackup aus dem Menü der Systemprogramme und aktivieren Sie die Registerkarte *Medien wiederherstellen und verwalten.*

3 Wählen Sie die Sicherungsdatei aus, deren Inhalt Sie wiederherstellen wollen. Für den Fall, dass Sie nur eine Teilrestaurierung vornehmen wollen, markieren Sie die jeweiligen Dateien, die Ordnerstruktur können Sie auch hier beliebig erweitern und einklappen.

4 Im Feld *Dateien wiederherstellen in* wählen Sie aus, ob vorhandene Dateien mit der Version aus der Datensicherung überschrieben werden sollen oder ob die Restaurierung in einem alternativen Ordner erfolgen soll. Letzteres ist empfehlenswert, wenn Sie sich nicht ganz sicher sind, ob die Datensicherung wirklich neuere Dateiversionen enthält.

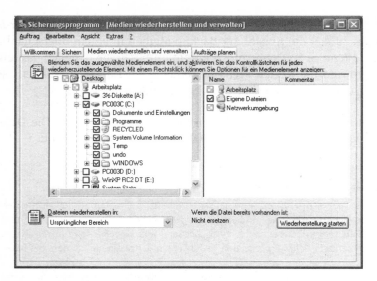

5 Starten Sie das Restaurieren der Daten durch einen Klick auf *Wiederherstellung starten*.

9. **Internet total –**
von Powersurfen und Chat
bis Internetvideo

Nachdem Sie im vorangehenden Kapitel Ih-
ren Internetzugang startklar gemacht haben,
erschließt sich Ihnen Internetspaß in allen Va-
riationen. Einen kleinen Einblick in die große
Welt der Möglichkeiten des World Wide
Web gibt dieses Kapitel. Sei es das schnelle
Auffinden von Webseiten, das optimierte
Herunterladen von Daten jeglicher Art oder
auch das in allen Medien erwähnte Chatten –
Sie sind mittendrin, nicht nur dabei!

9.1 Die ersten Schritte mit dem neuen Internet Explorer

Zum Lieferumfang von Windows XP gehört der Internet Explorer 6. Mittlerweile ist aber sein Nachfolger Internet Explorer 7 erhältlich, der ein Update allemal lohnt. Nicht nur bietet er zusätzliche, zeitgemäße Sicherheitsfunktionen wie etwa einen Phishingfilter. Auch bei der Benutzerfreundlichkeit hat sich einiges getan. So beherrscht der IE7 das Tabbed Browsing, bei dem Sie mehrere Webseiten nebeneinander in Registerkarten abrufen und lesen können.

Rein technisch gesehen, ist der Internet Explorer dazu da, Ihnen Webseiten anzuzeigen, die grafisch gestaltet sind. Ob die Webseiten nun mit HTML (**H**yper-**T**ext **M**arkup **L**anguage), DHTML, Java, Flash oder sonstigen Sprachen programmiert wurden, der Browser setzt diese um und zeigt Ihnen das Resultat. Vor allem aber Java und Flash sorgen aber auch immer wieder dafür, dass ungewollter Code ausgeführt wird und Hintergrundaktivitäten geschehen, die dem Benutzer verborgen bleiben. Dies sollen einige neue Sicherheitsfeatures unterbinden, die wir Ihnen in diesem Kapitel vorstellen werden.

Der Aufruf einer ersten Webseite

Wenn Sie Ihre Internetverbindung eingerichtet haben, können Sie schon Ihren ersten Kontakt zum Internet aufnehmen und Inhalte über den IE aufrufen.

Ihr erster Besuch bei DATA BECKER im Internet – http://www.databecker.de.

1 Öffnen Sie den IE7 im Startmenü. Klicken Sie mit der Maustaste in das Adressfeld, direkt unter der Symbolleiste.

2 Geben Sie folgende Adresse ein: *www.databecker.de* und drücken Sie die Enter-Taste.

3 Der Browser leitet die Abfrage nun weiter, und es werden die nötigen Daten zum Anzeigen der Seite übermittelt.

Wenn Sie nun die Maus auf der Seite bewegen, verändert sich der Mauszeiger zuweilen: Eine Hand weist Sie auf einen Link, eine Verknüpfung zu weiterführenden Seiten.

 Der Mauszeiger weist Sie auf einen Link.

Sie können mit der Maus diesen Link anklicken und kommen so auf eine weiterführende Webseite. Wollen Sie zurück zu der Seite, die zuvor angezeigt wurde, können Sie die *Zurück*-Schaltfläche in der Symbolleiste benutzen.

 *Nutzen Sie die Schaltflächen der Symbolleiste: Zurück, Vorwärts, Abbrechen, Aktualisieren, Startseite.*

Natürlich ist dann auch ein *Vorwärts* möglich, weiterhin können Sie ruck, zuck eine Seitenanforderung *abbrechen*, eine Seite *aktualisieren* oder auf Ihre *Startseite* zurückkehren.

Browsen durch HTTP und FTP – Grundlagen der Internetnutzung

Die beiden wichtigsten Grundbegriffe des Internets für Sie als Anwender sind die beiden Protokolle FTP und HTTP (HTTPS). Dies sind die Protokolle, über die sowohl die Datenübertragung als auch die Anzeige von Webseiten mittels des Webbrowsers realisiert werden.

Mit dem FTP-Protokoll (**F**ile **T**ransfer **P**rotocol) wird die Datenübertragung zwischen einem FTP-Server und Ihrem Rechner verwaltet. Sie können über das FTP-Protokoll ähnlich wie mit dem Windows-Explorer durch die Ordnerstruktur auf dem FTP-Server browsen und sich Dateien auf Ihren Rechner herunterladen. Sehr oft sind diese FTP-Server in private und öffentliche Sektionen unterteilt, sodass nur Personen, die das Passwort für die privaten Sektionen kennen, dort Dateien herunterladen können und sogar Dateien zum FTP-Server hin transferieren können. Das FTP-Protokoll hat nur einen großen Nachteil: Alle Passwörter, die verwendet werden, werden im so genannten Klartext versendet, d. h., jeder,

der diese Passwörter abfängt, kann sie benutzen, um sich illegalen Zutritt zu verschaffen. Daher ist ein FTP-Zugang auf einen Internetserver in einer Firma stets ein Sicherheitsrisiko.

Das HTTP-Protokoll (**H**yper**T**ext **T**ransfer **P**rotocol) als wohl geläufigstes Protokoll steuert die Kommunikation der Webbrowser mit den Webservern, auf denen die jeweiligen Webseiten liegen, die Sie aufrufen wollen. Ein praktisches Beispiel:

Wenn Sie die Webseite von Microsoft aufrufen wollen geben Sie *www.microsoft.com* ein. Der Webbrowser macht daraus automatisch den folgenden Kontext *http://www.microsoft.com*. Was er macht, ist nichts anderes, als das Protokoll hinzuzufügen, mit dem der Webbrowser den Webserver kontaktieren soll. Wenn Sie jedoch auf den FTP-Server von Microsoft wollen, so müssen Sie dem Webbrowser mitteilen, dass er ein anderes Protokoll nutzen soll. Also geben Sie *ftp.microsoft.com* ein, woraus der Webbrowser dann wieder *ftp://ftp.microsoft.com* macht.

Im nächsten Kapitel wird dann auch noch der dritte große Bereich vorgestellt, die Mail-Services, zu denen das POP3-Protokoll (**P**ost **O**ffice **P**rotocol Ver. 3) und das SMTP Protokoll (**S**imple **M**ail **T**ransport **P**rotocol) gehört. Dazu mehr im Abschnitt „Outlook Express 6 – E-Mail für alle".

Gesucht – gefunden: Suchmaschinen und Recherchepraxis

Die schnellste, umfangreichste und detaillierteste Informationsquelle im multimedialen Zeitalter ist nun einmal das Internet. Nur kann sich eine jede Suche nach Informationen auch zur Qual entwickeln. Da es kein Inhaltsverzeichnis des Internets gibt, ist man auf Suchmaschinen angewiesen, die die Aufgabe des Suchens übernehmen. Hier gibt es vor allem zwei Unterschiede: einzelne Suchmaschinen und so genannte Metasuchmaschinen, die mehrere einzelne absuchen und dem Benutzer das Gesamtresultat von allen zusammen präsentieren. Natürlich gibt es hier auch gute und weniger gute. Viele Suchmaschinen sind auch auf spezielle Themen wie z. B. Filme, Medizin, Technik etc. spezialisiert.

Ein guter Rat ist es, mit Metasuchmaschinen zu arbeiten, da hier die Trefferwahrscheinlichkeit höher liegt.

Die besten Suchmaschinen

Hier eine kleine Übersicht der bekanntesten Suchmaschinen, die meisten gibt es mittlerweile auch als deutschsprachige Variante. Sollten Sie nach einer spezialisierten Suchmaschine suchen, dann befragen Sie eine Metasuchmaschine „Suchmaschine", eventuell in Kombination mit dem Spezialgebiet.

Deutsche Suchmaschinen/Metasuchmaschinen:

Anbieter	URL
Google	www.google.de
Lycos	www.lycos.de
WEB.DE	www.web.de
Fireball	www.fireball.de
Excite	www.excite.de
Yahoo	www.yahoo.de
MSN	www.msn.de
Metasuchmaschinen	
Metager	www.metager.de

Englischsprachige Suchmaschinen/Metasuchmaschinen:

Anbieter	URL
Google	www.google.com
AltaVista	www.altavista.com
Yahoo	www.yahoo.com
MSN	www.msn.com
What U Seek	www.whatuseek.com
HOT BOT	www.hotbot.com
Lycos	www.lycos.com
Metasuchmaschinen	
Metacrawler	www.metacrawler.com
Dmoz	www.dmoz.org

Schnelle Ergebnisse mit dem neuen Suchfeld

Es ist etwas umständlich, immer erst die Startseite einer Suchmaschine aufzurufen, um eine Suche starten zu können. Deshalb haben die meisten Browser auf die eine oder andere Weise eine Suchfunktion eingebaut. Anstelle der etwas umständlichen Explorer-Suchleiste seiner Vorgänger bietet der IE7 nun ein permanentes Suchfeld an, von dem aus sich verschiedene Suchdienste direkt ansprechen lassen. Standardmäßig werden Suchanfragen zwar an die Microsoft-eigene Live Search weitergeleitet. Es lassen sich aber zusätzliche Suchdienste einrichten, unter denen praktisch alle beliebten Internetsuchmaschinen zu finden sind. Die Suchleiste befindet sich ganz oben links im Internet Explorer, direkt neben dem Adressfeld und lässt sich denkbar einfach bedienen:

1 Tippen Sie den gesuchten Begriff in das Feld ein. Sie können hier – abhängig von der verwendeten Suchmaschine (s. u.) – eine beliebig komplexe Suchanfrage formulieren, also z. B. auch logische Verknüpfungen und Suchoperatoren eingeben, sofern diese von der Suchmaschine unterstützt werden.

2 Um die Suche mit der standardmäßig voreingestellten bzw. bei der zuletzt gewählten Suchmaschine durchzuführen, brauchen Sie anschließend einfach nur ⌈Enter⌉ zu drücken.

3 Wollen Sie eine der angebotenen Suchmaschinen für die Suche auswählen, klicken Sie stattdessen auf die kleine Schaltfläche am rechten Rand des Suchfeldes.

4 Damit öffnen Sie ein Menü, in dem Sie den gewünschten Suchdienst auswählen können. Dieser wird für diese Anfrage verwendet und anschließend als neuer Standard eingetragen.

5 Die Antwort der Suchmaschine erhalten Sie als Webseite im Browserfenster, ganz so, als ob Sie die Anfrage im Formular des Suchdienstes direkt eingegeben hätten.

Tipp: Effektiv suchen mit Registerkarten

Für das Auswerten der Suchergebnisse eignet sich das auf S. 414 beschriebene Browsen mit Registerkarten ganz besonders. Wenn Sie die in der Trefferliste enthaltenen Links jeweils in einem neuen Register öffnen, bleibt die Antwortseite der Suchmaschine in ihrem eigenen Register erhalten. Wenn ein Fundstelle das gesuchte doch nicht enthält, können Sie diese Registerkarte einfach schließen und zur Trefferliste zurückkehren, ohne diese erneut laden zu müssen. Bei einigen Suchmaschinen wie z. B. Google kann man in den Einstellungen festlegen, dass die gefundenen Seiten in einem neuen Fenster angezeigt werden sollen. Dann stellt der Internet Explorer 7 sie automatisch in einem neuen Register dar. Ansonsten können Sie die Links mit der mittleren Maustaste oder mit gedrücktem ⌈Strg⌉ auch einfach manuell in einem eigenen Tab öffnen.

Zusätzliche Suchdienste für das Suchfeld installieren

Neben der Standardsuche mit dem Microsoft-Suchdienst Live Search können Sie auch weitere Suchdienste wie Google oder Yahoo direkt aus dem Suchfeld heraus befragen. Dazu müssen Sie diese allerdings zunächst einmalig installieren. Microsoft unterstützt dabei den OpenSearch 1.1-Standard, der ein einheitliches Format für das Hinzufügen von Suchdiensten vorsieht. Sie können Suchdienste also nicht nur auf den Microsoftseiten selbst installieren, sondern auch auf anderen Webseiten, wenn Sie dort auf entsprechende Links treffen.

1 Klicken Sie auf das kleine Pfeilsymbol ganz rechts im Suchfeld und rufen Sie im Untermenü den Befehl *Weitere Anbieter suchen* auf.

2 Im Hauptfenster des Internet Explorer wird daraufhin eine Webseite geöffnet, welche die verschiedenen angebotenen Suchdienste auflistet.

3 Suchen Sie sich hier einfach den gewünschten Anbieter heraus und klicken Sie auf den dazugehörenden Link.

4 Bestätigen Sie im anschließenden Hinweisfenster das Hinzufügen dieses Suchdienstes. Wollen Sie diesen Anbieter als Standardsuche verwenden, können Sie auch gleich die Option *Als Standardsuchanbieter festlegen* aktivieren.

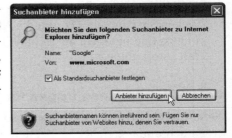

5 Anschließend finden Sie den neu aufgenommenen Suchdienst sofort als zusätzliche Auswahlmöglichkeit im Menü des Suchfelds vor.

Legen Sie Ihren Lieblingssuchdienst als Standardsucher fest

Mittels der Suchleiste kann man sich verschiedene Suchdienste zu Nutze machen. Standardmäßig ist allerdings – wenig überraschend – das Microsoft-eigene Live Search voreingestellt. Diese können Sie allerdings ändern, indem Sie Ihre Lieblingssuchmaschinen zur standardmäßigen Voreinstellung machen. Das bedeutet, dass dieser Suchdienst nach dem Start des Internet Explorer standardmäßig gewählt wird. Wenn Sie eine Suche mit (Enter) abschicken, wird also immer diese Suchmaschine befragt.

Das gilt so lange, bis Sie im Menü der Suchleiste eine andere Suchmaschine wählen, die dann vorübergehend zum Standard wird. Beim nächsten Neustart des Internet Explorer wird dann aber automatisch wieder Ihr Lieblingssucher als Standard eingetragen. Diese Einstellung gilt auch für alle anderen Suchfelder, von denen aus Sie eine Internetsuche starten können, also z. B. das Suchfeld des Windows-Explorer oder das Suchfeld in der Startleiste.

1 Klicken Sie rechts in der Suchleiste auf die Schaltfläche für das Untermenü und wählen Sie hier ganz
unten den Menüpunkt *Suchstandard ändern*.

2 Damit öffnen Sie den gleichnamigen Konfigurations-
dialog, in dem Sie die verschiedenen Suchdienste
verwalten können.

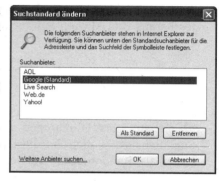

3 Markieren Sie hier den gewünschten
Suchdienst und klicken Sie dann unten
auf die Schalfläche *Als Standard*.

4 Der Eintrag der ausgewählten Suchmaschine wird dann mit der Ergänzung
(Standard) versehen.

5 Klicken Sie dann auf *OK*, um die Änderung zu übernehmen. Sie ist ohne Neustart sofort gültig.

Metasuchmaschinen fragen für Sie nach

Wenn Sie Suchmaschinen nutzen, so sind die Einstellungsmöglichkeiten dort
wesentlich umfangreicher als bei den integrierten Suchdiensten, auch wenn diese andere Suchmaschinen abfragen, kann man doch nicht deren Einstellungen
ändern. Daher sollten Sie, um bessere Suchergebnisse zu erzielen, immer auf die
Seiten einer Suchmaschine wechseln, um dort Ihre Suche zu starten. Wir wollen
Ihnen die Suche kurz anhand einer Metasuchmaschine erläutern.

Metasuchmaschinen haben dadurch, dass sie verschiedene Suchmaschinen abfragen, einen großen Vorteil, da die Trefferwahrscheinlichkeit dadurch steigt.

1 Öffnen Sie die Seite *www.metager.de*.

2 Geben Sie einen oder mehrere Suchbegriffe in das Textfeld ein. Nun beginnt
die Suche, und Metager übergibt den Suchbegriff an verschiedene Suchmaschinen und wertet die Antworten der einzelnen Suchmaschinen aus, um
Sie dem Benutzer zu präsentieren. Unter dem Eingabetextfeld befindet sich
ein Pulldown-Menü. Klicken Sie auf den kleinen Pfeil am rechten Rand, um
es zu öffnen. Nun können Sie noch spezifizieren, ob alle Suchbegriffe in
einer Webpage vorkommen sollen oder mindestens eines oder ob alle Wörter
zusammen als so genannter String, also ein Ausdruck aus mehreren Wörtern,
in den Ergebnissen vorkommen müssen (siehe nächste Abbildung).

3 Die Ergebnisse werden Ihnen in einer Liste aufgeführt, mit jeweils einem
kurzen Auszug aus dem Webseitentext, wobei ein gefundener Suchbegriff
fett gedruckt wird.

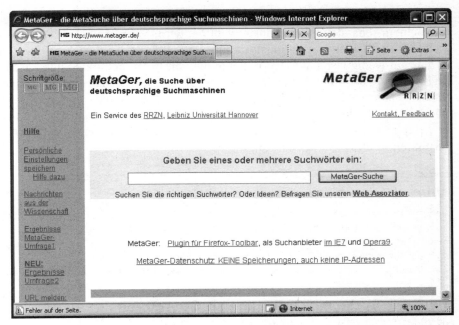

http://www.metager.de/.

4 Klicken Sie einfach auf eines der Ergebnisse, und schon wird dieser Link in einem neuen Fenster geöffnet.

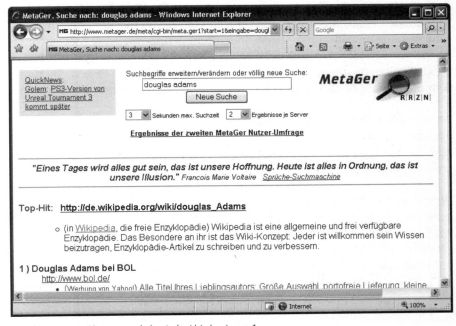

http://serv.rrzn.uni-hannover.de/meta/cgi.bin/meta.ger1.

Leider ist es nicht bei allen Suchmaschinen der Fall, dass das ausgewählte Ergebnis in einem separaten neuen Fenster geöffnet wird. Natürlich können Sie immer wieder über die Pfeil-Navigationstasten in der Symbolleiste zurückspringen, nur ist dies ein wenig lästig auf Dauer. Sollte die von Ihnen benutzte Suchmaschine die Ergebnisse nicht in einem neuen Fenster öffnen, so gehen Sie hin und klicken mit der rechten Maustaste auf den Ergebnis-Link und wählen aus dem Kontextmenü die Option *In neuem Fenster öffnen*, damit der Link in einem eigenen Fenster geöffnet wird und die Seite mit den Ergebnissen Ihnen weiter geöffnet zur Verfügung steht.

Wie sucht eine Suchmaschine?

Jeder Webseitenprogrammierer gibt der Webseite ein Beschreibungsfeld oder einen Header mit, in dem die Begriffe stehen, auf die die Suchmaschinen Zugriff haben. Außerdem muss man seine Webseite bei den meisten Suchmaschinen anmelden und gleichzeitig Suchbegriffe angeben, bei denen die eigene Webseite als Ergebnis einer Suche angezeigt wird.

Erweiterte Suche mit Optionen und Operatoren

Oft kommt man mit der einfachen Suche aus und braucht nicht noch Optionen einzustellen. Bei manchen Suchmaschinen kann der Benutzer auch noch Zusatzbegriffe eingeben, um das vorhandene Ergebnis weiter einzuschränken. Diese erweiterten Einstellungen sind von Suchmaschine zu Suchmaschine verschieden, werden aber in aller Regel ausführlichst erklärt. Da es am Anfang aber eher umständlich ist, sich mit den Anleitungen vertraut zu machen, denn man will ja schnell seine gewünschten Seiten finden, empfehlen wir, eine Metasuchmaschine zu verwenden. Anhand der Metager-Suchmaschine wollen wir Ihnen die Möglichkeiten erläutern, die Ihnen hier noch zur Verfügung stehen. Sie sind nicht so umfangreich, reichen aber völlig aus und sind umso leichter zu bedienen.

Am Anfang fällt es dem einen oder anderen oftmals schwer, die richtigen Suchbegriffe zu finden. Um Ideen zu bekommen, klicken Sie unter dem Texteingabefeld auf den Link *Assoziator*. Dort können Sie Begriffe eingeben und bekommen „Assoziationen" zu diesem Begriff, also Wörter, die vom Sinn her dazu passen.

Wenn Sie die Option *Teste Existenz und sortiere* anwählen, dauert der Suchvorgang zwar etwas länger, aber Sie müssen sich nachher nicht mit so genannten toten Links (nicht mehr vorhandenen Webseiten) herumärgern. Wählen Sie zusätzlich noch, wie viel Text bei jedem Link mit hinzugefügt wird, um einen ersten Eindruck von der gefundenen Webseite zu erhalten. Zuletzt wählen Sie noch die Suchmaschinen, die Metager abfragen sollen, und schon geht die Suche los.

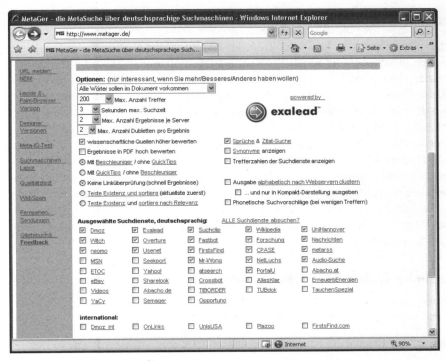

Weitere Einstellungen, um die Suche anzupassen – http://www.metager.de

9.2 Voller Komfort beim Surfen mit dem neuen Internet Explorer 7

Der IE6 hatte bereits einige neue Features, die den Umgang leichter und bequemer machen sollen, sodass das Bewegen im Internet immer unkomplizierter wurde und dennoch an jeden Benutzer individuell angepasst werden konnte. Mit dem neuen Internet Explorer 7 kommen nochmals zusätzliche Funktionen und Hilfen mit ins Spiel. Werfen Sie doch gleich mal einen Blick darauf, was Sie für Ihren Surfkomfort so alles geboten bekommen.

Viele Optionen des Internet Explorer werden zentral über die so genannten Internetoptionen gesteuert. Die Internetoptionen erreichen Sie entweder, indem Sie die *Start*-Schaltfläche drücken, mit der rechten Maustaste das Kontextmenü des Internet Explorer öffnen und dort die *Eigenschaften* auswählen oder indem Sie den Internet Explorer öffnen, in das Menü *Extras* gehen und dort auf *Internetoptionen* klicken. Hier finden Sie auf sieben Registerkarten alle Einstellungen rund um den Internet Explorer und auch die Verbindungen, die er nutzt, sowie unter *Programme*, welche Programme z. B. zur E-Mail-Verwaltung verwendet werden. Auch Sicherheitsaspekte, Verwaltung der Plug-Ins und neue Funktionen wie z. B. die Reiterkarten, alles spielt sich zentral hier ab.

Parallel Surfen mit Registerkarten

Mit den Registerkarten führt der Internet Explorer die Fähigkeit ein, mehrere Webseiten gleichzeitig in einem Browserfenster anzuzeigen. Dazu wird jede Seite in einer eigenen Registerkarte geöffnet, was etwa einer Rubrik bei mehrseitigen Einstellungsmenüs entspricht. Auf dem Bildschirm zu sehen ist immer nur der Inhalt einer Registerkarte, aber mit kleinen Reitern oder einer Tastenkombination kann man jederzeit schnell zwischen den verschiedenen Webseiten hin und her wechseln. Im Prinzip könnte man auch jede Seite in einem ganz eigenen Browserfenster öffnen. Dadurch würde man aber unnötig Ressourcen verschwenden und man müsste jeweils umständlich zwischen den Programmfenstern wechseln. Außerdem bietet der Internet Explorer die Möglichkeit, eine komplette Registerkarten-Kombination als Favorit zu speichern. So kann man z. B. alle wichtigen Lieblingsseiten auf einen Schlag laden und sie sich dann in Ruhe Seite für Seite anschauen.

Zusätzliche Webseiten in Registerkarten öffnen

Um einen Link in der aktuell angezeigten Webseite in einer separaten Registerkarte zu öffnen, gibt es drei Möglichkeiten:

- Halten Sie [Strg] gedrückt, während Sie einen Link anklicken.

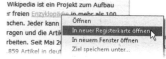

- Klicken Sie den Link mit der mittleren Maustaste an, soweit Ihre Maus über eine mittlere Taste verfügt und diese vom Vista-Maustreiber unterstützt wird.

- Klicken Sie in der angezeigten Webseite mit der rechten Maustaste auf einen beliebigen Link und wählen Sie im Kontextmenü den Befehl *In neuer Registerkarte öffnen*.

Alle drei Varianten führen zum gleichen Ergebnis: Die bisherige Webseite bleibt vorhanden und der Internet Explorer öffnet den Link stattdessen in einer neuen Registerkarte. Da dies standardmäßig im Hintergrund erfolgt, sehen Sie auf dem Bildschirm davon zunächst nicht viel. In der Symbolleiste wird aber nun neben dem (optisch hevorgehobenen) Reiter der aktuellen Seite ein zusätzlicher Reiter mit dem Titel des angeklickten Dokuments angezeigt.

Jede Webseiten-Registerkarte erhält einen eigenen Reiter in der Symbolleiste.

Wenn Sie mit Registerkarten surfen, beziehen sich alle Aktionen wie z. B. das Aufrufen eines Favoriten oder das Aktualisieren der Webseite immer nur auf die aktuelle geöffnete Registerkarte und die darin angezeigte Webseite.

Webseiten automatisch in Registerkarten anzeigen

Standardmäßig legt der Internet Explorer nur dann neue Register an, wenn Sie dies wie vorangehend beschrieben ausdrücklich wünschen. Sie können ihn aber auch so einstellen, dass er mehr oder weniger automatisch arbeitet. Dann werden Links, die normalerweise im gleichen Fenster wie die Ausgangsseite dargestellt würden, auch weiterhin so gehandhabt. Alle Links aber, die in einem neuem Browserfenster geöffnet werden müssten, verfrachtet der Internet Explorer dann automatisch in eine eigene Registerkarte. Dazu ist lediglich eine kleine Änderung in den Registerkarten-Einstellungen erforderlich:

1   Öffnen Sie die Internetoptionen in der Rubrik *Allgemein*.

2   Klicken Sie hier unten im Bereich *Regis-terkarten* auf die Schaltfläche *Einstellungen*.

3   Wählen Sie in den anschließenden Einstellungen unter *Beim Auftreten von Popups* die Option *Internet Explorer entscheiden lassen, wie Popups geöffnet werden sollen*.

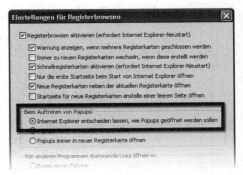

4   Übernehmen Sie die Einstellung mit *OK*. Ab sofort öffnet der Internet Explorer Webseiten anstatt in neuen Programmfenstern in einem eigenen Tab.

Direkt zum neuen Register wechseln

Standardmäßig öffnet der Internet Explorer neue Webseitenregister im Hintergrund und verbleibt auf der bisher angezeigten Webseite. Sie müssen also erst manuell in die neue Registerkarte wechseln, um die aufgerufenen Seite zu betrachten. Wenn Ihnen das zu umständlich ist, können Sie diese Verhaltensweise aber umstellen, sodass der Internet Explorer beim Anklicken eines Links diesen als Register öffnet und dann auch automatisch dorthin wechselt und die neue Webseite anzeigt:

1   Öffnen Sie auch hierzu die Internetoptionen in der Rubrik *Allgemein* und klicken Sie unten im Bereich *Registerkarten* auf die Schaltfläche *Einstellungen*.

2 Aktivieren Sie in den Registerein-
stellungen die Option *Immer zu
neuen Registerkarten wechseln, wenn
diese erstellt werden.*

3 Übernehmen Sie die Einstellung mit
OK. Ab sofort wechselt der Internet
Explorer beim Öffnen eines Registers automatisch zu diesem und zeigt die
darin geladene Webseite an.

Eine leere Registerkarte anlegen

Eine weitere Möglichkeit zum Öffnen eines Webseitenregisters bietet sich an,
wenn Sie nicht einen Link in einer vorhandenen Webseite anklicken, sondern
unabhängig von dieser Webseite eine weitere Seite öffnen wollen, z. B. einen der
Favoriten oder durch direktes Eingeben einer Adresse. Für solche Fälle können
Sie eine leere Registerkarte anlegen, in die Sie dann auf beliebige Art eine Webseite laden können. Dies hat gegenüber dem Öffnen eines zusätzlichen Browserfensters (z. B. mit Strg+N) den Vorteil, dass der Internet Explorer nicht die aktuell ohnehin schon angezeigte Webseite noch einmal lädt, bevor Sie die eigentlich
gewünschte Webseite angeben können:

1 Um eine leere Registerkarte anzulegen, klicken
Sie in der Symbolleiste rechts neben den Tab-
Reitern auf die Schaltfläche *Neue Registerkarte.*

Die ist im Normalzustand inhaltslos grau und zeigt erst dann ihr Symbol an,
wenn sich der Mauszeiger direkt darüber befindet.

2 Alternativ können Sie auch die Tastenkombination Strg+T oder die Menü-
funktion *Datei/Neue Registerkarte* benutzen.

3 Der Internet Explorer legt
dann eine neue Register-
karte an und zeigt darin
einen Hinweistext an. Diesen können Sie unterdrü-
cken, indem Sie ganz un-
ten die Option *Diese Seite
nicht mehr anzeigen* wäh-
len. In Zukunft erhalten
Sie dann direkt eine leere
Seite.

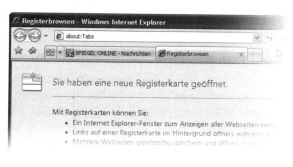

4 Sie können nun dieses Register ganz regulär benutzen, um z. B. eine Webseite aus der Favoritensammlung zu laden oder von Hand eine Webadresse
oben im Adressfeld einzugeben.

Tipp: Alle Registerkarten gleichzeitig aktualisieren

Eine in einem Register geöffnete Webseite können Sie wie gewohnt z. B. mit ⌈F5⌉ aktualisieren. Sie können aber auch alle derzeit geöffneten Webseiten gleichzeitig aktualisieren, z. B. wenn Sie nach einer Pause an Ihren Arbeitsplatz zurückkehren und sicher sein wollen, dass alle Webseiten noch aktuell sind. Klicken Sie dazu mit der rechten Maustaste auf einen beliebigen Registerkartenreiter und wählen Sie im Kontextmenü *Alle aktualisieren*. Der Internet Explorer erneuerte dann alle gerade geladenen Webseiten, was je nach Anzahl und Umfang allerdings einige Sekunden dauern kann.

Zwischen geöffneten Webseiten hin- und herwechseln

Zum Wechseln zwischen den in Registerkarten gleichzeitig geöffneten Webseiten bietet sich die Symbolleiste an, in der die Reiter für die verschiedenen Register nebeneinander angezeigt werden. Solange die Anzahl nicht zu groß und der verfügbare Platz in der Symbolleiste nicht zu klein wird, können Sie dort jedes Register am Titel der Webseite erkennen und direkt anklicken. Weitere Alternativen, die sich besonders ab einer höheren Zahl von Registerkarten anbieten:

- Der kurze Dienstweg: Mit ⌈Strg⌉+⌈Tab⌉ schalten Sie die einzelnen Register der Reihe nach durch, ähnlich wie beim Umschalten zwischen Anwendungen mit ⌈Alt⌉+⌈Tab⌉.

- Die Alternative für mehr Übersicht: Klicken Sie links neben den Registerkartenreitern auf das kleine Pfeilsymbol. Damit öffnen Sie eine Übersicht mit den Titeln aller derzeit geöffneten Webseiten. Die aktuell angezeigte ist fettgedruckt. Um eine andere auszuwählen, klicken Sie einfach auf deren Eintrag.

- Eine weitere Möglichkeit zum Wechsel zwischen geöffneten Registern bietet die *Schnelle Registerkarten*-Funktion, die im nachfolgenden Abschnitt ausführlicher beschrieben wird.

(Alle) Registerkarten schließen

Auch beim Schließen der Register gibt es verschiedene Varianten, zwischen denen Sie je nach Situation und Bedarf wählen können:

- Ganz rechts im Reiter der aktuell angezeigten Registerkarte finden Sie ein kleines *X*-Symbol. Ein Klick darauf schließt jeweils die aktuell geöffnete Registerkarte.

- Die gleiche Wirkung erzielen Sie, wenn Sie mit der rechten Maustaste auf einen der Registerkartenreiter klicken und im Kontextmenü den Befehl *Schlie-*

ßen auswählen. Der wesentliche Unterschied: Auf diese Weise können Sie auch Register schließen, die gerade nicht angezeigt werden.

■ Im Kontextmenü findet sich außerdem noch eine Variante, die ebenfalls sehr praktisch sein kann: Mit *Andere Registerkarten schließen* machen Sie alle Register zu, bis auf dasjenigen, auf dessen Reiter Sie gerade mit der rechten Maustaste geklickt hatten, um das Kontextmenü zu öffnen. So wird man eine kunterbunte Sammlung von Registerkarten schnell wieder los und kann sich auf eine bestimmte Webseite konzentrieren.

Tastenkürzel und Maustricks für Registerkarten

Um die Bedienung der neuen Registerkarten möglichst schnell zu machen, haben die Entwickler des Internet Explorer eine ganze Reihe von Tastenkürzeln und Maustricks eingebaut, mit der sich die Funktionen schneller als über Menüs abrufen lassen. Die nachfolgende Tabelle zeigt alle relevanten Abkürzungen.

Tastenkürzel	
Links in einer neuen Registerkarte im Hintergrund öffnen	[Strg]+linke Maustaste
Links in einer neuen Registerkarte im Vordergrund öffnen	[Strg]+[Umschalt]+linke Maustaste
Eine neue, leere Registerkarte im Vordergrund öffnen	[Strg]+[T]
Adresse im Adressfeld in einer neuen Registerkarte öffnen	[Alt]+[Enter]
Suchergebnisse aus dem Suchfeld in einer neuen Registerkarte anzeigen	[Alt]+[Enter]
Schnelle Registerkarten öffnen	[Strg]+[Q]
Zwischen Registerkarten hin und her wechseln	[Strg]+[Tab] bzw. [Strg]+[Umschalt]+[Tab]
Direkt zu einer bestimmten Registerkarten wechseln	[Strg]+[n] wobei n eine Zahl zwischen1 und 8 ist, die für die gewünschte Registerkarte steht
Zurück zur zuletzt angezeigten Registerkarte	[Strg]+[9]
Die aktuell angezeigte Registerkarte schließen	[Strg]+[W]
Alle Registerkarten auf einmal schließen	[Alt]+[F4]
Alle Registerkarten außer der gerade angezeigten schließen	[Strg]+[Alt]+[F4]
Zusätzliche Mausfunktionen	
Link auf einer Registerkarte im Hintergrund öffnen	Link mit der mittleren Maustaste anklicken
Eine neue, leere Registerkarte öffnen	Das leere Feld rechts neben der letzten Registerkarte doppelt anklicken
Eine Registerkarte schließen	Mit der mittleren Maustaste auf der Reiter dieser Registerkarte klicken

Schnelle Registerkarten: alle Webseiten in einer Übersicht anzeigen

Die Registerkarten des Internet Explorer bieten ein neues Feature, das andere Webbrowser auch mit Tabbed Browsing so noch nicht beherrschen. Die Rede ist von den *Schnellen Registerkarten*, einer visuellen Übersicht aller derzeit in Registern geöffneten Webseiten. Zumindest optisch macht diese Funktion einiges her und zeigt eindrucksvoll, wie viel sich beim Internet Explorer auch unter der Haube geändert hat. Wie häufig man es in der täglichen Praxis einsetzt, muss allerdings jeder Benutzer für sich erfahren und entscheiden.

1 Wenn Sie mehr als eine Webseite öffnen, also Tabs verwenden, zeigt der Internet Explorer automatisch links neben den Reitern das *Schnelle Registerkarten*-Symbol an.

2 Klicken Sie darauf, um im Internet Explorer-Fenster eine visuelle Übersicht der gerade geladenen Webseiten anzuzeigen. Der Browser stellt dabei jede Seite als verkleinerte Ansicht der tatsächlichen Webseite dar (ein Nebenprodukt der neuen Zoom-Fähigkeiten des Internet Explorer). Je

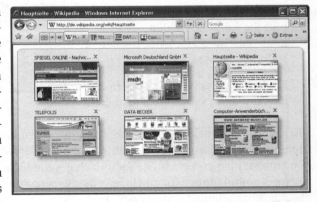

nach Anzahl der Webseiten skaliert der Browser die Darstellung automatisch passend, sodass alle Registerkarten immer möglichst optimal dargestellt werden.

3 Um eine der Webseiten auszuwählen, klicken Sie auf deren Miniaturansicht.

4 Der Internet Explorer wechselt dann in das entsprechende Register und stellt dieses wieder in der üblichen Ansicht dar.

Komplette Registerkonfigurationen als Favoriten speichern

Die Registerkarten sind an sich schon eine sehr hilfreiche Erweiterung des Internet Explorer. Besonders praktisch ist aber, dass man eine komplette Registerkonfiguration als Favorit speichern kann. Wenn Sie z. B. jeden Tag immer wieder bestimmte Webseiten permanent im Internet Explorer geöffnet haben, können Sie einen Favoriten anlegen, der genau diese Sammlung von Webseiten in Registerkarten enthält. Beim nächsten Start des Internet Explorer brauchen Sie dann nur diesen Favoriten abzurufen, und der Internet Explorer lädt Ihnen alle Ihre benötigten Webseiten wieder in einzelne Register.

1 Um eine Registerkonfiguration als Favoriten zu speichern, öffnen Sie zunächst alle Webseiten, die darin enthalten sein sollen, in eigenen Registerkarten. Stellen Sie also genau die Arbeitsumgebung im Internet Explorer her, die Sie speichern wollen.

2 Klicken Sie dann in der Symbolleiste links auf das +-Symbol zum Hinzufügen eines Favoriten.

3 Wählen Sie im dadurch geöffneten Untermenü den Befehl *Registerkartengruppe zu Favoriten hinzufügen*.

4 Der Browser will dann wie üblich einen Namen für den Favoriten haben, und Sie können wählen, ob er in einem bestimmten Unterordner erstellt werden soll.

5 Klicken Sie schließlich auf *Hinzufügen*, um den Favoriten zu erstellen.

Als Favoriten gespeicherte Registerkombinationen können Sie wie übliche Favoriten auch über das *Favoriten*-Menü abrufen. Allerdings gibt es dabei einen kleinen Unterschied zu beachten. Technisch gesehen speichert der Internet Explorer solche Kombinationen nämlich jeweils als separaten Favoriten-Ordner, in dem die zur Kombination gehörenden Webseiten jeweils als einzelne Favoriten gespeichert sind. Dabei spielt es keine Rolle, ob Sie diese Seiten zuvor schon als herkömmliche Favoriten einzeln gespeichert hatten. Um die gesamte Tab-Kombination abzurufen, wählen Sie also nicht einen einzelnen Favoriten aus, sondern die gesamte Liste. Das funktioniert übrigens nicht nur für Favoriten-Ordner, die Sie ausdrücklich als Registerkartenkombination gespeichert haben. Sie können auch die Webseiten jedes anderen Favoriten-Ordners jederzeit so abrufen, dass sie alle gleichzeitig in Registern geöffnet werden.

1 Klicken Sie auf die Favoriten-Schaltfläche ganz links in der Symbolleiste.

2 Damit blenden Sie die Explorerleiste für Favoriten am linken Fensterrand des Internet Explorer ein. Unterordner (bzw. gespeicherte Tab-Kombinationen) sind hier mit einem speziellen Ordnersymbol gekennzeichnet.

3 Um die Favoriten einzublenden, die innerhalb eines Ordners gespeichert sind, klicken Sie auf den Eintrag des Ordners. Der Browser zeigt dann die enthaltenen Seiten darunter an. Um eine der Seiten einzeln aufzurufen, klicken Sie wie gewohnt einfach auf deren Eintrag.

4 Wollen Sie alle Seiten eines Favoriten-Ordners gleichzeitig in Registerkarten öffnen, bewegen Sie den Mauszeiger über dem Eintrag des Ordners nach rechts zu der separaten Pfeil-Schaltfläche und klicken Sie auf diese.

5 Der Internet Explorer öffnet dann alle Webadressen, die in diesem Ordner gespeichert sind jeweils in einem separaten Register.

Bei News-Sites, Blogs und Foren immer auf dem neuesten Stand

Viele Websites, die regelmäßig aktualisierte Inhalte anbieten, also z. B. Newsangebote, Webseiten von Tageszeitungen und Zeitschriften, aber auch Blogs und ähnliche Foren, stellen ihre Informationen neben den eigentlichen Webseiten noch in einem weiteren Format zur Verfügung: Ein Webfeed enthält die Überschriften und kurze Zusammenfassungen der aktuellsten Meldungen und Artikel. Er hilft dabei, ständig auf dem Laufenden zu bleiben und sich schnell einen Überblick über die aktuellen Inhalte zu verschaffen. Der Internet Explorer 7 bietet einen Webfeed-Reader, also eine Komponente, mit der man vorhandene Webfeeds lesen kann. Diese ist in Design und Funktion sogar sehr gut gelungen. Außerdem wurde auch die Favoritenverwaltung um Feed-Funktionen erweitert, sodass man Webfeeds auch abonnieren kann. Dabei kontrolliert der Browser automatisch in einem vorgegebenen Zeitintervall den Feed auf neue Daten und informiert den Benutzer, wenn es bei einem Feed Neuigkeiten gibt.

So erkennen Sie Websites mit Webfeeds

Die Webfeed-Funktionen wurden von den Entwicklern geschickt und sinnvoll in die neue Symbolleiste des Internet Explorer integriert. Hier findet sich ein Feed-Symbol, über das sich die Funktion bei Bedarf nutzen lässt:

1 Das Feed-Symbol ist in der Leiste immer zu sehen, aber üblicherweise ist es grau unterlegt und deaktiviert.

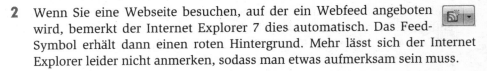

2 Wenn Sie eine Webseite besuchen, auf der ein Webfeed angeboten wird, bemerkt der Internet Explorer 7 dies automatisch. Das Feed-Symbol erhält dann einen roten Hintergrund. Mehr lässt sich der Internet Explorer leider nicht anmerken, sodass man etwas aufmerksam sein muss.

3 Mit einem Klick auf das Feed-Symbol, das nun zugleich eine Schaltfläche ist, zeigt der Browser den Inhalt des Webfeeds in seinem Browserfenster an.

4 Beachten Sie auch die kleine Schaltfläche mit Pfeilsymbol rechts neben dem Feed-Symbol. Sie ist nur schwer erkennbar, gehört aber zur Webfeed-Funktion dazu. Mit  einem Klick darauf öffnen Sie ein Menü, das alle Feeds aufführt, die auf der Seite verfügbar sind. Das ist praktisch, wenn eine Webseite mehr als einen Webfeed anbietet.

Webfeeds abrufen und lesen

Ein Webfeed ist im Grunde genommen nicht viel anders als eine sehr einfach strukturierte HTML-Datei. Der Internet Explorer motzt diese allerdings ordentlich auf und stellt verschiedene Funktionen bereit, mit denen man sich sehr schnell in den teilweise umfangreichen Feeds orientieren kann.

1 Wenn Sie einen Webfeed wie oben beschrieben abrufen, wird er im Browserfenster angezeigt. Der Internet Explorer listet die einzelnen Einträge dabei standardmäßig in der Reihenfolge auf, in der Sie in der Feeddatei enthalten sind.

2 Zu jeden Feed finden Sie eine Überschrift, die zugleich ein Link auf den eigentlichen Beitrag ist. Stellt der Feed neben den Überschriften weitere Informationen wie z. B. eine Kurzzusammenfassung bereit, zeigt der Internet Explorer diese ebenfalls an.

3 In der rechten Fensterhälfte oben stellt der Browser darüber hinaus zusätzliche Funktionen bereit:

■ Mit dem Textfeld ganz oben können Sie den Webfeed nach bestimmten Begriffen durchsuchen. Sowie Sie ein oder mehrere Zeichen eingeben, entfernt der Internet Explorer alle Einträge aus der Feedliste, die diese Zeichenkombination nicht enthalten. Tippen Sie ein ganzes Wort ein, haben Sie anschließend nur noch solche Einträge auf dem Bildschirm, die dieses Wort enthalten. Die Suche erstreckt sich allerdings nur auf die sichtbaren Bestandteile der Meldungen, also Titel und ggf. Zusammenfassung. Es ist keine Suchfunktion für den eigentlichen Inhalt der Meldungen.

Diese einfache Suche eignet sich besonders, wenn die Meldungen mit Schlagworten oder Kategorien versehen sind.

- Mit *Alle* können Sie den gesamten Feed wieder anzeigen lassen, nachdem Sie die Liste mit einem Suchbegriff eingeschränkt haben. *Neu* zeigt nur beim letzten Update neu hinzugekommene Meldungen für diesen Webfeed an und blendet die älteren archivierten Nachrichten aus.

- Unter *Sortieren nach* finden Sie die Möglichkeit, die Einträge in der Feedliste alphabetisch (*Titel*) oder nach *Datum* zu sortieren. Ein erneuter Klick auf denselben Link kehrt die Sortierung genau um. Nach zweimal Datum steht also der älteste Eintrag des Feeds ganz oben.

Webfeeds als Favoriten speichern

Webfeeds sind vor allem dann interessant, wenn man sie regelmäßig lesen will, um sich über ein Thema auf dem Laufenden zu halten. Deshalb bietet der Internet Explorer 7 konsequenterweise die Möglichkeit, nicht nur die Webseite vorzumerken, die einen Webfeed enthält. Sie können auch den Feed selbst als Favoriten speichern. In der Favoritenleiste ist dafür eine eigene Rubrik vorgesehen, sodass sich die Feeds getrennt von den sonstigen Favoriten abrufen lassen. Durch die Trennung bleibt die Übersichtlichkeit erhalten. Trotzdem sind die Feed-Favoriten fest in die Favoritenverwaltung des Internet Explorer integriert.

1 Um einen Webfeed als Favoriten zu speichern, öffnen Sie ihn im Browserfenster des Internet Explorer. Gemeint ist dabei die Feed-Übersicht selbst und nicht die Webseite, die den Feed enthält.

2 Klicken Sie dann in der Symbolleiste auf das +-Zeichen zum Hinzufügen eines Favoriten und wählen Sie im Untermenü den Befehl *Feed abonnieren*.

3 Der Internet Explorer zeigt dann einen speziellen Dialog für Feeds an und schlägt als Name die Bezeichnung des Webfeeds vor.

4 Standardmäßig werden Nachrichtenquellen in einem eigenen Ordner *Feeds* abgelegt. Sie können aber auch einen anderen Ordner wählen bzw. mit *Neuer Ordner* einen neuen Unterordner anlegen.

5 Klicken Sie dann auf *Abonnieren*, um den Feed als Favoriten zu speichern.

Die gespeicherten Webfeeds sind in die Favoritenverwaltung integriert und können dementsprechend wie andere Favoriten auch abgerufen werden.

1 Klicken Sie in der Symbolleiste ganz links auf das Stern-Symbol, um die Favoritenleiste einzublenden.

2 Klicken Sie in der Favoritenleiste oben rechts auf die Schaltfläche Feeds, um die Liste der gespeicherten Feeds anzuzeigen.

3 Hier finden Sie für jeden abonnierten Webfeed einen Eintrag. Klicken Sie diesen einfach an, um den Feed anzuzeigen.

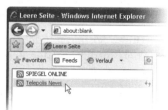

4 Der Internet Explorer ruft dann die gerade aktuelle Fassung der Feeddatei aus dem Internet ab und stellt sie im Browserfenster dar. Wenn Sie einen Feed auf diese Weise abrufen, erhalten Sie also garantiert immer den neuesten Stand.

Bei neuen Meldungen automatisch benachrichtigen lassen

Neben dem einfachen Speichern der Feedadresse bietet der Internet Explorer noch einige weitere Funktionen, mit denen sich das Abrufen und Speichern der Feedmeldungen weitestgehend automatisieren lässt. So kann der Browser z. B. automatisch in einem einstellbaren Zeitintervall nach Updates zu einem Feed suchen und Sie darüber informieren. Dazu können Sie in den Eigenschaften eines als Favoriten gespeicherten Feeds eine Reihe von Einstellungen vornehmen.

1 Öffnen Sie wie vorangehend beschrieben die *Feeds*-Rubrik in der Favoritenleiste.

2 Klicken Sie mit der rechten Maustaste auf den Eintrag des Feeds, dessen Einstellungen Sie verändern wollen, und wählen Sie im Kontextmenü den Befehl *Eigenschaften*.

3 Im anschließenden Menü können Sie ganz oben den Name ändern, unter dem der Feed in der Favoritenliste angezeigt werden soll.

4 Im Bereich *Aktualisierungszeitplan* legen Sie fest, wie oft der Internet Explorer nach neuen Informationen in diesem Feed suchen soll. Wollen Sie den Feed immer nur manuell aktualisieren, klicken Sie auf *Einstellungen* und deaktivieren im anschließenden Menü die Option *Feeds automatisch auf Aktualisierungen hin prüfen*.

5 Die Option *Dateianlagen automatisch herunterladen* sorgt dafür, dass der Browser Dateianhänge, die mit einem abonnierten Feed verbreitet werden, automatisch herunterlädt. So liegen sie schon fertig vor, wenn Sie die dazugehörige Meldung lesen.

6 Mit den Optionen im Bereich *Archivieren* bestimmen Sie, ob und wie lange Sie die Meldungen eines Feeds aufbewahren möchten. Sollen grundsätzliche alle Beiträge archiviert werden, wählen Sie die Option *Maximale Anzahl Elemente (2500) behalten*. Der Internet Explorer beginnt dann erst bei erreichen der Höchstzahl an Meldungen, die ältesten automatisch zu löschen, um Platz für neuere zu schaffen. Bei den meisten Feeds reicht es wohl, jeweils immer die letzten x Beiträge aufzubewahren. Wählen Sie dazu die Option *Nur die neuesten Elemente behalten* und geben Sie im Auswahlfeld an, wie groß x sein soll.

7 Klicken Sie anschließend unten auf *OK*, um die Einstellung zu übernehmen.

Wenn Sie für einen oder mehrere Feeds eine automatische Aktualisierung eingestellt haben, können Sie in der Nachrichtenquellen-Liste in der Favoritenleiste auf einen Blick erkennen, ob und wo neue Informationen vorliegen: Feeds, bei denen der Internet Explorer seit dem letzten manuellen Abruf neue Daten festgestellt hat, werden fettgedruckt.

Webseiten per Scrollrad stufenlos heranzoomen

Einen absoluten Pluspunkt sammelt Microsoft mit seiner neuen Zoomfunktion beim Internet Explorer ein. Bislang konnte man nur den Schriftgrad in fünf Stufen zwischen „sehr klein" und „sehr groß" wählen. Das wirkte sich nur auf die Textanteile in Webseiten aus, während Bilder und andere grafische Elemente ihre Größe beibehielten. Und selbst die Textgröße wurde nur dann verändert, wenn die Autoren der Webseiten nicht ausdrücklich eine feste Größe angegeben hatten, was häufig der Fall ist. Die neue Zoomfunktion aber skaliert – und zwar völlig unabhängig von der Vorgaben des Seitenerstellers – eine Webseiten komplett mit allen Inhalten. Die Abstufung ist dabei in sehr kleinen Schritten wählbar und reicht von unlesbar winzig bis fast schon lächerlich groß. In jedem Fall kann man aber auch im sinnvoll einsetzbaren Bereich die Darstellung jederzeit ruck, zuck anpassen, denn die Bedienung ist vorbildlich einfach gelöst:

1 Drücken Sie [Strg] und halten Sie die Taste gedrückt.

2 Bewegen Sie nun das Scrollrad Ihrer Maus nach vorne, um die Webseitendarstellung zu vergrößern, nach hinten, um die Darstellung zu verkleinern.

3 Sollten Sie keine Maus mit Scrollrad haben oder einfach die Steuerung per Tastatur bevorzugen, geht es ersatzweise auch mit [+] für Vergrößern und [-] für Verkleinern.

4 Hat die Darstellung der Webseite eine akzeptable Größe erreicht, lassen Sie [Strg] einfach wieder los. Der Internet Explorer behält dann die gewählte Zoomstufe bei.

Dank stufenlosem Zoom von winzig klein bis riesig groß: Die Darstellungsgröße ist flexibel.

Tipp: Standardgröße wieder herstellen

Wenn Sie schnell wie eine mittlere Standardgröße für die Webseitendarstellung erreichen wollen, drücken Sie [Strg] und die Multiplikationstaste oben auf dem numerischen Tastenblock. Dann setzt der Internet Explorer die Größe sofort auf den mittleren Zoomfaktor zurück.

Zoom per Schaltfläche bedienen

Neben dem stufenlosen Zoom per Mausrad gibt es noch eine alternative Variante über eine Schaltfläche ganz rechts unten in der Statusleiste des Internet Explorer.

1 Mit einem Klick wählen Sie die erste von zwei fest eingestellten Zoomstufen, die eine Vergrößerung auf 125 % bringt.

2 Reicht das noch nicht aus, erhöhen Sie den Zoomfaktor mit einem weiteren Klick noch einmal auf 150 %.

3 Beim dritten Klick auf die Schaltfläche kehren Sie wieder zur normalen Darstellungsgröße zurück.

4 Wenn Sie statt mitten auf die Schaltfläche auf den abgesetzten Teil am rechten Rand klicken, öffnen Sie ein Untermenü. Hier sind weitere Zoomstufen direkt anwählbar, darunter auch Verkleinerungen.

5 Mit *Benutzerdefiniert* können Sie hier auch einen beliebigen Zoomfaktor 10 und 1000 direkt angeben.

Parallel dazu können Sie außerdem immer noch den stufenlosen Zoom mit [Strg] und Scrollrad verwenden.

Keine fehlerhaften Ausdrucke mehr mit der Druckvorschau

Haben Sie in der Vergangenheit auch Berge von Fehldrucken erzeugt, wenn Sie probiert haben, etwas aus dem Browserfenster auszudrucken? Das ist nun Vergangenheit, dank der neuen Druckvorschau des Internet Explorer. So nutzen Sie diese neue Funktion:

1 Wenn eine Webseite im Internet Explorer angezeigt wird, wählen Sie aus dem Menü *Datei* den Punkt *Druckvorschau* aus.

2 Die Seitenansicht erscheint. In diesem Fenster können Sie verschiedene Zoomstufen einstellen und so schon im Voraus exakt erkennen, wie der fertige Druck dann aussieht.

3 Klicken Sie auf *Drucken*, um die Seite auszudrucken.

Nutzen Sie die Druckvorschau, um Fehldrucke zu vermeiden – http://www.wissen.de.

9.3 Mehr Sicherheit dank Phishingfilter und sicherem Modus

Neben dem Komfort bietet der Internet Explorer 7 gerade im Bereich Sicherheit einige wichtige neue Funktionen. Hierzu gehört insbesondere der Phishingfilter, der Sie automatisch vor gefährlichen Webseiten warnt. Auch beim Datenschutz und dem Schutz vor ActiveX und anderen potenziell riskanten Technologien wurde der Browser verbessert.

Phishingfilter – so enttarnen Sie Webbetrügereien

Zu den größten Bedrohungen für Websurfer derzeit gehört das Phishing, das Abfischen von vertraulichen Informationen und Zugangsdaten. Nachdem diese Gefahr in letzter Zeit für einiges an Aufsehen und Schäden gesorgt hat, hat auch Microsoft die Zeichen der Zeit erkannt und will seine Kunden davor schützen. Für die MSN-Leiste bietet Microsoft schon länger einen Phishingfilter an. Dieser wurde nun im neuen Internet Explorer 7 direkt integriert. Er kann den Benutzer automatisch darauf aufmerksam machen, wenn er eine Webseite öffnet, die des Phishings verdächtigt wird. Darüber hinaus können Webseiten, die verdächtig erscheinen, von den Benutzern selbst gemeldet werden. Ganz unproblematisch ist der Phishingfilter allerdings nicht: Schutz gibt es nur, wenn Sie bereit sind, Ihr Surfdaten an Microsoft zu übermitteln.

Info: So funktioniert Phishing

Die Bezeichnung Phishing geht auf Phreaking zurück, ein Kunstwort aus Phone und Freak, das als Name für frühe Hackertechniken im Telefonnetz verwendet wurde, wie z. B. sich in fremde Verbindungen einzuklinken oder auf Kosten der Telefongesellschaft zu telefonieren. Beim Phishing geht es allerdings darum, Benutzer durch geschickt gemachte E-Mails und Webseiten dazu zu bringen, vertrauliche Daten zu verraten. Dazu schickt man z. B. eine offiziell wirkende E-Mail mit einer gefälschten Absenderadresse, die von einer Bank, einer Kreditkartengesellschaft oder einem großen Internetauktionshaus zu kommen scheint. Diese E-Mail fordert dazu auf z. B. aus Sicherheitsgründen eine bestimmte Webseite aufzusuchen und dort bestimmte Daten anzugeben. Der Link ist gleich beigefügt und führt direkt zur Website des Phishing-Gauners. Diese ist ebenfalls täuschend echt nachgemacht, sodass der Betrug nur auffällt, wenn man genau hinsieht und sich z. B. die Adresse der Webseite anschaut. Hier werden Login und Passwort oder beim Onlinebanking gleich die TANs abgefragt. Dem Kunden wird vorgetäuscht, die Transaktion sei erledigt oder es wäre ein Fehler aufgetreten und er solle es später erneut versuchen. Inzwischen verwenden die Identitätsdiebe die gewonnenen Daten, um z. B. auf Kosten des geprellten Kunden einzukaufen oder Geld von seinem Konto in die eigene Tasche zu transferieren.

So schützt der Phishingfilter vor Onlinegaunern

Für den Phishingfilter verwendet Microsoft ein dreistufiges Sicherheitskonzept:

- Der Internet Explorer vergleicht Webseiten, die der Benutzer besuchen will, mit einer lokal gespeicherten individuellen Liste von zulässigen Adressen. Webangebote, die auf dieser Liste stehen, werden niemals als verdächtig gemeldet.

- Er analysiert darüber hinaus besuchte Seiten mit heuristischen Verfahren und überprüft, ob sie Eigenschaften aufweisen, die für Phishingfallen typisch sind.

- Schließlich kann der Browser – sofern der Benutzer dies wünscht – aufgerufene Adressen online mit einer Liste von bekannten Phishingsites vergleichen.

Für die Online-Liste mit Phishingadressen arbeitet Microsoft mit einigen namhaften Sicherheitsfirmen zusammen. Der Bestand dafür wird aus verschiedenen Quellen ermittelt und ständig aktualisiert. Außerdem können die Benutzer selbst dazu beitragen, indem sie verdächtige Webseiten online melden. Diese werden nach einer Überprüfung in die Online-Liste aufgenommen. Durch diesen P2P-artigen Ansatz erhofft sich Microsoft eine hohe Dynamik und Aktualität. Inwieweit diese Lösung eventuell missbrauchsanfällig ist, muss sich erst noch zeigen.

Welche Daten fließen zum Microsoft-Phishingserver?

Die Vorstellung, dass der Internet Explorer bei aktiviertem Phishingfilter jede einzelne angesurfte Webadresse sofort an Microsoft übermittelt, ist für viele Surfer vermutlich eine beängstigende Vorstellung. Tatsächlich aber ist die Funktionsweise weniger dramatisch. Die weitaus meisten Seiten werden schon über die interne lokale Liste erledigt. Hier sind alle größeren und bekannten Websites vermerkt, sodass in solchen Fällen gar keine Informationen an Microsoft fließen. Trotzdem werden auch solche Webseiten heuristisch überprüft. Auch wenn Sie eine Website ansurfen, die nicht in der lokalen Liste als unverdächtig vermerkt ist, schickt der Internet Explorer nicht gleich persönliche Daten an Microsoft. Die Webadresse wird zuvor auf den relevanten Teil mit der Serveradresse gekürzt und alle individuellen Informationen daraus entfernt, da sie für die Beurteilung der Website ohnehin nicht benötigt werden. Microsoft kann aus den Anfragen des Phishingfilters also allenfalls statistische Informationen gewinnen, was zur beständigen Aktualisierung der Adresslisten aber auch sinnvoll ist.

Webseiten immer automatisch überprüfen lassen

In der Standardeinstellung nach der Installation fährt der Internet Explorer immer das volle Anti-Phishingprogramm einschließlich – soweit erforderlich – der Online-Überprüfung angesurfter Adressen:

1 Wann immer Sie eine Adresse eingeben, einen Link anklicken oder sonstwie eine Webseite im Internet Explorer öffnen, gleicht der Phishingfilter die Adresse mit seiner internen Liste ab. Ist sie darin nicht enthalten, übermittelt er den URL dieser Webseite an einen Server bei Microsoft. Der gleicht die Adresse mit der Phishing-Liste ab.

2 Sie selbst bemerken davon nur das animierte Phishingsymbol unten in der Statusleiste des Browserfensters, das während dieses Vorgangs angezeigt wird.

3 Ist die Überprüfung abgeschlossen und die Webseite nicht verdächtig, wird das Phishingsymbol kommentarlos ausgeblendet. In diesem Fall können Sie unbesorgt weitersurfen.

4 Sollte die Adresse vermerkt sein oder der Internet Explorer aus anderen Gründen stutzig werden, verweigert er zunächst das Anzeigen der Webseite. Stattdessen gibt er einen Warnhinweis aus. Sollten Sie sicher sein, dass der Phishingfilter falsch liegt, können Sie die Seite mit Laden dieser Website fortsetzen trotzdem anzeigen und benutzen.

Zweifelhafte Angebote nur bei Bedarf checken

Die automatische Überprüfung durch den Phishingfilter ist die komfortabelste Variante, hat aber auch ihre Nachteile. So ist es sicherlich nicht jedem recht, wenn Microsoft Daten über die besuchten Webseiten sammelt. Außerdem entsteht durch die Online-Abfragen des Phishingfilters zusätzlicher Datenverkehr, was den Ladevorgang der eigentlichen Webseite verlangsamen und Extrakosten verursachen kann. Deshalb besteht die sinnvolle und empfehlenswerte Möglichkeit, den Phishingfilter nur bei Bedarf manuell einzusetzen. In diesem Modus können Sie die aktuell angezeigte Webseite jederzeit mit zwei Mausklicks überprüfen lassen. Das sollten Sie z. B. tun, bevor Sie sich mit Benutzername und Passwort anmelden oder anderweitig persönliche Daten in einem Webformular angeben sollen.

Die automatische Überprüfung abschalten

Damit der Phishingfilter des Internet Explorer 7 nicht mehr ständig von alleine tätig wird, müssen Sie ihn auf die manuelle Überprüfung umstellen:

1 Öffnen Sie die *Internetoptionen* und darin die Rubrik *Erweitert*.

2 Hier finden Sie ganz unten im Bereich *Sicherheit* den Eintrag *Phishingfilter*.

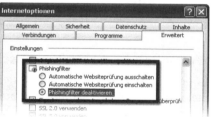

3 Wählen Sie unmittelbar darunter die Option *Automatische Websiteprüfung ausschalten*.

4 Übernehmen Sie die Änderung mit *OK* und starten Sie den Internet Explorer anschließend neu, damit die neue Einstellung wirksam wird.

Tipp: Den Phishingfilter komplett deaktivieren

Mit dieser Einstellung ist der Phishingfilter nicht deaktiviert, sondern nur schlafen gelegt. Bei Bedarf können Sie ihn jederzeit aufwecken und nutzen. Wenn Sie den Phishingfilter komplett abschalten und sein Symbol aus der Statusleiste des Internet Explorer verbannen wollen, wählen Sie stattdessen die Einstellung *Phishingfilter deaktivieren*. Dies empfiehlt sich z. B., wenn Sie ein anderes Produkt zum Schutz gegen Phishingangriffe einsetzen.

Einzelne Webseiten manuell auf Phishingverdacht hin überprüfen

Wenn Sie die automatische Überprüfung deaktiviert haben, können Sie jederzeit bei Bedarf eine manuelle Überprüfung der aktuell im Internet Explorer-Fenster angezeigten Webseite vornehmen:

1 Wenn Sie die manuelle Variante des Phishingfilters aktiviert
haben, wird in der Statusleiste des Internet Explorer perma-
nent ein Phishingsymbol angezeigt. Bei nicht geprüften Web-
seiten, deren Status also unklar ist, wird es mit einem gelben Warnhinweis
versehen.

2 Öffnen Sie die Webseite, die Sie überprüfen möchten, im Browser. Warten
Sie am besten, bis die Seite komplett geladen wurde.

3 Klicken Sie dann mit der Maus unten in der Statusleiste einfach auf das
Phishing-Symbol. Damit öffnen Sie ein kleines Menü mit den Befehlen für
diese Funktion. Alternativ finden Sie diese Befehle auch in der Menüleiste
unter *Extras/Phishingfilter*.

4 Für das Überprüfen der aktuellen Webseite wählen Sie im Menü den Befehl *Diese Website über-*
prüfen.

5 Der Internet Explorer übermittelt dann
die Adresse der geöffneten Webseite
an den Microsoft-Server. Dieser gleicht
sie mit den Daten der Liste bekannter
Phishingadressen ab. Dieser Vorgang
dauert in der Regel einige Sekunden.

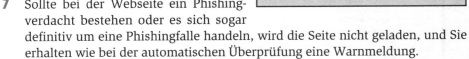

6 Bestehen bei der Webseite keine Be-
denken, erhalten Sie die Meldung
Diese Website ist keine gemeldete
Phishingwebsite.

7 Sollte bei der Webseite ein Phishing-
verdacht bestehen oder es sich sogar
definitiv um eine Phishingfalle handeln, wird die Seite nicht geladen, und Sie
erhalten wie bei der automatischen Überprüfung eine Warnmeldung.

Tipp: Im Fall eines Falles

Wenn Sie bei einer besuchten Webseite tatsächlich die Meldung erhalten, dass es sich dabei
um eine Phishingsite handelt, besteht kein Grund zur Panik. Wenn Sie ohnehin noch keine Daten eingegeben haben, ist auch kein Schaden entstanden. Belassen Sie es dabei und verlassen
Sie die Webseite so schnell wie möglich. Haben Sie bereits Daten eingegeben, wissen Sie so
wenigstens über das Problem Bescheid und können Gegenmaßnahmen ergreifen: Machen Sie
eine Bestandsaufnahme, welche Daten in die Hände der Gauner gefallen sind und werden Sie
dann so schnell wie möglich aktiv. Passwörter und PINs können (beim echten Webangebot)
geändert werden. TAN-Listen lassen sich sperren und notfalls kann man auch ein komplettes
Onlinekonto oder einen sonstigen Benutzerzugang deaktivieren lassen, ehe Schaden entsteht.

Verdächtige Webseiten online melden

Der Phishingfilter wird niemals 100 Prozent Erfolg haben können, da er der Entwicklung immer hinterherhinkt. Schließlich muss eine Website ja erst einmal online und die ganze Phishingfalle aufgestellt sein. Und auch dann dauert es noch eine Weile, bis sie als solche erkannt und in die Sperrliste aufgenommen wird. Allerdings kann beim Antiphishing-Konzept von Microsoft jeder Benutzer mithelfen, die gefährliche Zeit zu verkürzen.

Wann immer Sie eine verdächtige Webseite im Netz finden oder eine typische Phishing-E-Mail mit einem merkwürdigen Link erhalten, können Sie diese Adresse an den Phishingfilter melden. Diese Meldung sorgt dafür, dass dieses Angebot unter Beobachtung genommen wird. Kommen weitere Meldungen anderer Benutzer hinzu oder stellt es sich bei einer Überprüfung tatsächlich als Phishingsite heraus, wird es auf die Liste des Phishingfilters gesetzt, und alle anderen Benutzer werden davor gewarnt.

1 Sorgen Sie zunächst dafür, dass die beanstandete Website im Fenster des Internet Explorer zu sehen ist.

2 Klicken Sie dann unten in der Statusleiste auf das Phishingsymbol und wählen Sie im Untermenü den Befehl *Diese Webseite melden*.

3 Der Internet Explorer öffnet dann ein zusätzliches Browserfenster und zeigt darin das Formular zum Melden einer verdächtigen Website an.

4 Hier können Sie noch einmal den URL überprüfen, die Sie als verdächtig melden wollen. Aktivieren Sie dann die Option *Ich denke, es handelt sich hierbei um eine Phishingwebsite*.

5 Klicken Sie auf die *Absenden*-Schaltfläche, um die Meldung abzuschicken.

6 Anschließend folgt ein Sicherheitsmechanismus, der den Missbrauch dieser Funktion durch massenhafte automatisierte Falschmeldungen verhindern soll: Lesen Sie die Zeichen aus der Grafik ab oder lassen Sie sie sich mit der Audio-Schaltfläche rechts daneben vorlesen. Tippen Sie diese Zeichen dann genau so unten im Feld *Zeichen* ein und klicken Sie auf *Weiter*.

7 Anschließend erhalten Sie eine Bestätigung, dass Ihre Meldung entgegengenommen wurde. Damit ist der Vorgang abgeschlossen, und Sie können das Browserfenster schließen.

Den Phishingfilter abhängig von der Sicherheitszone aktivieren

Neben der Möglichkeit, die Überprüfung durch den Phishingfilter automatisch oder nur bei Bedarf manuell vorzunehmen, gibt es noch eine weitere Variante: In Verbindung mit dem Konzept der Sicherheitszonen und -stufen des Internet Explorer können Sie die Verwendung des Phishingfilters von der jeweiligen Sicherheitszone abhängig machen, zu der eine Webseite gehört. So können Sie z. B. die automatische Überprüfung nur für eingeschränkte Sites aktivieren oder aber für die Zone der vertrauenswürdigen Webangebote darauf verzichten. Der Internet Explorer sorgt dann automatisch dafür, dass die Einstellung der Phishingfilters immer der jeweils gültigen Internetzone angepasst wird.

1 Öffnen Sie in den Internetoptionen die Rubrik *Sicherheit*.

2 Wählen Sie hier ganz oben die Sicherheitszone aus, für die Sie den Phishingfilter ausdrücklich ein oder ausschalten wollen.

3 Klicken Sie dann unten im Bereich *Sicherheitsstufe dieser Zone* auf die Schaltfläche *Stufe anpassen*.

4 Im anschließenden Dialog suchen Sie in der sehr langen Liste von Einstellungen zunächst die Kategorie *Verschiedenes* und darin den Eintrag *Phishingfilter verwenden*.

5 Stellen Sie diesen auf *Deaktivieren*, um den Phishingfilter für alle Websites der gewählten Sicherheitszone komplett abzuschalten. Mit *Aktivieren* hingegen wird der Filter aktiviert, wobei die Option in den Phishingfiltereinstellungen in den Internetoptionen entscheidet, ob Überprüfungen automatisch oder manuell erfolgen.

6 Klicken Sie dann zweimal auf *OK*, um die Einstellungsänderung zu aktivieren.

Die Surfhistorie mit einem Mausklick verschwinden lassen

Das Surfen hinterlässt jede Menge Spuren in Form von gespeicherten Adressen, Cookies und sogar ganzen Webseiten im Cache des Browsers. Wenn Sie sich den PC mit anderen teilen, kann das dazu führen, dass andere Benutzer genau nachverfolgen können, wo Sie zuvor rumgesurft sind. Das kann nicht nur peinlich sein, sondern auch sehr unangenehme Folgen haben, wenn sich z. B. die Zugangsdaten zum Onlinebanking oder vertrauliche Chatdaten noch im Seitencache befinden.

Zwar konnte man beim Internet Explorer auch schon vorher gründlich aufräumen, aber das erforderte eine ganze Reihe von Schritten und war umständlich und fehleranfällig. Deshalb gab es jede Menge Add-on-Tools für diesen Zweck, und keine Internet Security-Suite, die etwas auf sich hielt, durfte bislang ohne eine solche Funktion kommen. Nun haben die Entwickler aus Redmond endlich nachgelegt und dem neuen Internet Explorer eine solche Funktion gleich von Haus aus spendiert:

1 Klicken Sie in der Symbolleiste auf das *Extras*-Symbol ganz links.

2 Wählen Sie im Untermenü die Funktion *Browserverlauf löschen*. Die gleiche Funktion finden Sie in der Menüleiste unter *Extras*.

3 Im anschließenden Dialog können Sie nun wählen, welche Informationen Sie löschen lassen wollen. Dazu finden Sie fünf verschiedene Abschnitte mit jeweils einer kurzen Erläuterung.

Um die entsprechenden Daten verschwinden zu lassen, klicken Sie
rechts daneben auf die dazugehören-
de ...*löschen*-Schaltfläche und bestätigen die nachfolgende Sicherheitsrück-
frage.

4 Wollen Sie ganz gründlich oder einfach nur
schnell sein, wählen Sie ganz unten die
Schaltfläche *Alle löschen*. Auch in diesem Fall
fragt der Internet Explorer vorsichtshalber
nach und bittet um Bestätigung, ehe möglicherweise wichtige Daten endgültig ins virtu-

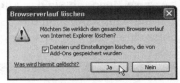

elle Nirwana verschwinden. Aktivieren Sie hier zur Sicherheit noch die
Option *Dateien und Einstellungen löschen, die von Add-Ons gespeichert wurden*, um auch die Verlaufsdaten von Plug-Ins, Suchleisten und ähnlichen Erweiterungen aufzuräumen.

5 Haben Sie alles gelöscht, was Sie loswerden wollten, *Schließen* Sie den Dialog.

Add-Ons verwalten zur besseren Crash-Analyse

Oftmals stürzt ein Internet Explorer scheinbar ohne Grund beim Surfen ab. Meistens liegt es an irgendeinem Add-On, das sich für den Benutzer unsichtbar in den
Internet Explorer einbindet. Hieraus können auch Sicherheitslücken entstehen,
da man ja nach einiger Zeit gar nicht mehr weiß, welche Add-Ons denn nun im
Internet Explorer verborgen schlafen.

Was sind Add-Ons, und woher kommen sie?

Als Add-Ons bezeichnet man kleine Zusatzprogramme, die sich unsichtbar z. B. in den Internet
Explorer einbinden, um Technologien wie Flash-Webseiten oder den Windows Media Player in
den IE zu integrieren. Auch ActiveX-Controls oder Browsererweiterungen fallen unter diesen
Begriff. Hinzugefügt werden sie durch Downloads, durch Installationen anderer Produkte, oder
sie sind Bestandteil des Betriebssystems selbst oder eines Service Pack.

Mit dem Service Pack 2 haben Sie nun die Möglichkeit, einen Blick hinter die Kulissen zu werfen und die Add-Ons detailliert zu kontrollieren, vor allem aber erst einmal eine Überblick zu bekommen, welche Add-Ons überhaupt installiert sind. Sie können dann einzelne Add-Ons einschalten und ausschalten und vor allem genau identifizieren, an welchem Add-On es gelegen hat, wenn der Internet Explorer abgestürzt sein sollte.

Um die Add-Ons zu verwalten, die in Ihrem Internet Explorer vorhanden sind, öffnen Sie im Internet Explorer das Menü *Extras* und wählen den Punkt *Add-Ons verwalten* aus. Hier können Sie nun über das Pulldown-Menü *Anzeigen* wählen, ob Sie sich die momentan geladenen oder generell die vom Internet Explorer verwendeten Add-Ons anzeigen lassen wollen. Wenn Sie dann per Mausklick ein Add-On auswählen, können Sie im unteren Bereich des Fensters unter *Einstellungen* auswählen, ob Sie das Add-On aktivieren oder deaktivieren wollen. Bei einigen Add-Ons kann man diese sogar noch aktualisieren und sich weitere Informationen über das Add-On anzeigen lassen.

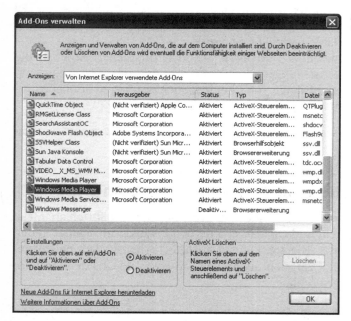

Die Add-On-Verwaltungskonsole.

Sollten Sie ein Add-On deaktiviert haben und dieses wird auf einer Webseite benötigt, werden Sie durch ein Symbol unten in der Statusleiste des Internet Explorer und ein Ballon-Popup darauf aufmerksam gemacht, dass das Add-On zwar vorhanden, aber deaktiviert ist.

Sollte nun Ihr Internet Explorer einmal abstürzen, wird automatisch die Internet Explorer-Crash-Analyse gestartet. Im Hintergrund wird ermittelt, welche Add-Ons und somit welche DLLs zum Zeitpunkt des Absturzes dafür geladen waren, und dann erscheint eine Dialogbox, die Ihnen den Hinweis auf das entscheidende Add-Ons liefert, das Sie dann gegebenenfalls ausschalten können.

Internet Explorer ohne ActiveX und andere Risikotechnologien ausführen

Ebenfalls mehr Sicherheit soll die Möglichkeit bringen, den Internet Explorer ohne Add-Ons auszuführen. Dazu lässt sich der Browser in einem speziellen Modus starten, in dem sämtliche Plug-Ins wie z. B. zusätzliche Symbolleisten anderer Anbieter von vornherein deaktiviert bleiben. Auch die ActiveX-Funktionen des Browsers sind dann vollständig deaktiviert. Der Sinn der Übung ist es, mit einen Browser zu surfen, dessen größte Sicherheitsrisiken durch Deaktivieren der entsprechenden Funktionen definitiv verschlossen sind. Dass andere Browser solche Risiken gar nicht aufweisen, weil Firefox, Opera & Co. von Hause aus keine ActiveX-Technologie unterstützen, sei an dieser Stelle aber doch erwähnt.

1 Um den Internet Explorer ohne Add-Ons zu starten, klicken Sie auf *Start/Alle Programme.*

2 Öffnen Sie dann die Programmgruppe *Zubehör* und darin die *Systemprogramme.*

3 Hier finden Sie den Eintrag *Internet Explorer (keine Add-ons).*

4 Wenn Sie diesen aufrufen, starten Sie damit den Internet Explorer im speziellen sicheren Modus oder Add-Ons und ActiveX-Funktionalität. Eine spezielle Startseite weist sicherheitshalber daraufhin, dass manche Webseiten in diesem Modus möglicherweise nicht korrekt laufen.

Info: Einschränkungen beim Surfen ohne Add-Ons

Wenn Sie den Internet Explorer ohne Add-Ons starten, surfen Sie zwar auf der sicheren Seite, allerdings müssen Sie ggf. mit Einschränkungen leben. Webseiten, die ActiveX verwenden, funktionieren dann eventuell nicht mehr korrekt. Dies dürfte aber nur in wenigen Fällen zu Problemen führen, da einigermaßen sauber programmierte Webangebote auch ohne ActiveX klarkommen sollten. Schließlich gibt es ja auch andere Browser, die gar keine ActiveX-Technologie eingebaut haben, und mit denen sollte man die Seiten auch besuchen können. Selbst Microsoft stellt inzwischen bei seinem Webangebot Alternativen zur Verfügung, wenn man kein ActiveX verwenden will.

Popups wirkungsvoll blocken und verwalten

Eines der lästigsten Dinge beim Surfen sind für viele Internetbenutzer die so genannten Popups, kleine oder auch übergroße Fenster, die automatisch beim Öffnen einer Internetseite mit aufgehen. Hier gab es bereits von der Firma Google
den Popupblocker, der aber mit Erscheinen des Service Pack 2 von Windows XP
überflüssig wird, da diese Funktion nun bereits im Internet Explorer integriert ist
und die Informationsleiste Ihnen über jedes geblockte Popup Bescheid gibt. Sie
können dann entscheiden, ob Sie für den einmaligen Besuch auf der Webseite
das Popup zulassen wollen oder die Webseite permanent in eine so genannte
Whitelist aufgenommen wird, die alle Webseiten enthält, deren Popups Sie zulassen möchten.

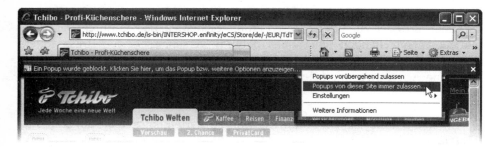

Die Informationleiste zeigt ein geblocktes Popup an.

Durch einen Klick auf die Informationsleiste oder über das Menü *Extras/Popup-
blocker* haben Sie nun die Möglichkeit, Popups für diese Webseite permanent
oder temporär für diesen einen Besuch zuzulassen. Wenn Sie sich, wie in unserem *www.tchibo.de*-Beispiel, dazu entscheiden, Popups für diese Seite immer
zuzulassen, wird sie in Ihre Whitelist der zugelassenen Webseiten eingetragen.

Popup-Whitelist bearbeiten

Öffnen Sie zum Bearbeiten Ihrer Popup-Whitelist einfach das Menü *Extras/Pop-
upblocker/Popupblockereinstellungen*. Im folgenden Dialogfenster *Popupblockereinstellungen* haben Sie nun die Möglichkeit, Webseiten einzutragen, deren
Popups Sie zulassen möchten. Da wir in unserem Beispiel natürlich alle Popups
der ganzen Namensdomäne *tchibo.de* zulassen wollen und nicht nur die Startseite von Tchibo, wird noch ein Sternchen vorangestellt – *.tchibo.de* –, sodass alle
Popups der Webseiten, die mit *tchibo.de* enden, angezeigt werden können.

Zusätzlich können Sie auch die Informationsleiste für Popups völlig abstellen
und entscheiden, ob ein Soundfile abgespielt werden soll, sobald ein Popup geblockt wurde.

Die Filterungsstufe, die Sie über ein Pulldown-Menü einstellen können, sollten Sie entweder auf *Mittel* oder auf *Hoch* stellen. Bei Firmen, die ihre eigenen Intranet-Webseiten haben und auch mit Popups arbeiten, kann es sinnvoll sein, die Einstellung *Niedrig* zu wählen, damit die Popups der sicheren Sites, wozu die Intranet-Webseite zählt, nicht geblockt werden.

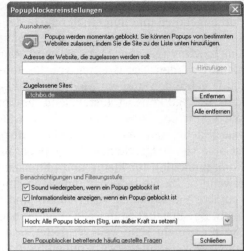

Popupblocker-Whitelist.

9.4 Messenger-Programme und Videochat

Stellen Sie sich vor Sie arbeiten mit Leuten überall auf der Welt zusammen, und können diese sehen, hören und mit ihnen sprechen, ohne einen Pfennig Reisekosten zu bezahlen. Einer der größten Reize des Internets ist die Möglichkeit, mit dem PC kostengünstig, in Realtime zu kommunizieren. Konferenzen können in verschiedenen Formen durchgeführt werden. Es gibt Videokonferenzen, Audiokonferenzen, Multimedia-Konferenzen, Screen-Sharing und zu einem geringeren Ausmaß auch etwas was in Webkreisen als "Live Chat" bezeichnet wird. Die Kosten für die Implementierung dieser Systeme kann weniger als 100 Euro pro PC betragen und ist für Macintosh, Windows, Windows NT und UNIX erhältlich.

Videokonferenzen: telefonieren, sehen und gesehen werden

Angenommen, Sie wollen eine Gruppe von Freunden für eine Diskussionsrunde zusammenbringen, nur leider sind die Mitarbeiter im ganzen Land oder sogar auf der ganzen Welt verteilt. Konferenzprogramme wie das integrierte NetMeeting oder auch das populäre Shareware Programm CU-See-Me erlauben Arbeitsgruppen, ihre Gesichter in kleinen Fenstern auf dem Bildschirm und die Stimmen durch die Computerlautsprecher oder ein Headset über das Internet zu sehen, respektive zu hören. Sie können Video und Audio zur selben Zeit oder nur Audio benutzen. NetMeeting erlaubt es Ihnen sogar, es als Chatprogramm ohne Audio und Video rein über die Tastatur zu nutzen.

Für Videokonferenzen benötigen Sie eine so genannte Webcam, die Sie schon ab ca. 30 Euro kaufen können. Empfehlen würde ich Ihnen aber Kameras ab ca. 60 Euro. Das Programm NetMeeting werden wir Ihnen nachfolgend in einem kleinen Workshop näher bringen. Das Programm CU-See-Me konnten Sie früher von den Webseiten der Cornell University herunterladen. Es wird jedoch nicht mehr dort angeboten und nun erhält man leider nur noch eine kostenpflichtige Version auf der Seite *http://www.cuseeme.com*. Konferenzen können als One-to-One, One-to-Many (genannt Multicast) und Many-to-Many (genannt Multipoint) durchgeführt werden. Der Großteil von Konferenzsoftware ist an keine Industriestandards gebunden und ein Modemanschluss mit einer Übertragungsgeschwindigkeit von 28.8 kbps ist ausreichend, um an Konferenzen teilnehmen zu können. Wir empfehlen jedoch mindestens ein 56-kbps-Modem für bessere Ergebnisse, was ohnehin dem heutigen Standard entspricht. Videokonferenzen über das Web ist eine vielversprechende Technologie und hat ein enormes Potenzial, um die Kommunikation für kleine und mittelständische Betriebe und Fernlernkurse zu erweitern. Da Sie jedoch mindestens einen ISDN-Anschluss benötigen, um akzeptable Videoqualität zu erhalten, sind die Einstiegshürden immer noch sehr hoch. Das Resultat ist, dass PC-Konferenzen für Geschäfts- und Ausbildungszwecke noch nicht sehr weit verbreitet sind. Mit der Erweiterung der Bandbreite, sprich DSL-Technologien, können Sie damit rechnen, dass auch Videokonferenzen aufblühen werden. Viele andere Dienstleistungen und Produkte sind erhältlich und neue erscheinen regelmäßig.

Konferenzen können als One-to-One, One-to-Many (genannt Multicast) und Many-to-Many (genannt Multipoint) durchgeführt werden. Der Großteil von Konferenzsoftware ist an keine Industriestandards gebunden und ein Modemanschluss mit einer Übertragungsgeschwindigkeit von 28.8 kbps ist ausreichend, um an Konferenzen teilnehmen zu können. Wir empfehlen jedoch mindestens ein 56-kbps-Modem für bessere Ergebnisse, was ohnehin dem heutigen Standard entspricht. Videokonferenzen über das Web ist eine vielversprechende Technologie und hat ein enormes Potenzial, um die Kommunikation für kleine und mittelständische Betriebe und Fernlernkurse zu erweitern. Da Sie jedoch mindestens einen ISDN-Anschluss benötigen, um akzeptable Videoqualität zu erhalten, sind die Einstiegshürden immer noch sehr hoch. Das Resultat ist, dass PC-Konferenzen für Geschäfts- und Ausbildungszwecke noch nicht sehr weit verbreitet sind. Mit der Erweiterung der Bandbreite, sprich DSL-Technologien, können Sie damit rechnen, dass auch Videokonferenzen aufblühen werden. Viele andere Dienstleistungen und Produkte sind erhältlich, und neue erscheinen regelmäßig.

NetMeeting – Telefon-, Videokonferenzen und Screen-Sharing in einem Programm

Ob Sie es glauben oder nicht, das Internet kann auch als Telefon verwendet werden, und die Stimmensignale können per Ortsgespräch um die ganze Welt übermittelt werden. Audiokonferenzen machen es möglich, Ihre Stimme zu nutzen, anstatt Ihre Mitteilungen mit der Tastatur einzutippen. Ihr gesprochener Text wird dabei digitalisiert und dann über das Internet geschickt. Die Audioqualität lässt zwar etwas zu wünschen übrig, doch Sie sparen immerhin die Kosten für ein Ferngespräch.

Dokument-Konferenzsoftware ermöglicht es Leuten, in verschiedenen Orten an einem Projekt auf dem Web zusammenzuarbeiten, ohne eine große Bandbreite für Video- oder Audioverbindungen zu benötigen. Einige erlauben Konferenzteilnehmern, Dokumenten Anmerkungen beizufügen und bei anderen können Teilnehmer gemeinsam ein Textverarbeitungs- oder Tabellenkalkulationsprogramm benutzen, um ein Dokument zu erstellen. Softwarepakete für Multimedia-Konferenzen und Screen-Sharing im Internet liefern die Grundwerkzeuge für die Verbindung von Arbeitsgruppen und fortgeschrittenere Werkzeuge, die es den Benutzern ermöglichen, Anwendungen und Textpräsentationen, Grafiken, Bilder, Sound und Video zu kontrollieren und synchronisieren. Whiteboard-Applikationen beinhalten Realtimeskizzierungen und sichten Aufzeichnungen von Dokumenten. Konferenztechnologien müssen noch wesentlich verbessert werden und ihre Leistung ist von der Hardware und Software der beiden zusammenarbeitenden Benutzer abhängig.

Gespräche mit Blickkontakt – über NetMeeting mit ISDN-Kanalbündelung oder DSL sehr gut machbar.

Ihre erste NetMeeting-Konferenz

Um NetMeeting in vollem Umfang nutzen zu können, brauchen Sie ein Mikrofon und einen Lautsprecher, der mit der Soundkarte verbunden wird. Alternativ können Sie natürlich auch ein Headset verwenden. Der heutige Standard von 56k als Internetverbindung reicht immer aus, um die Audio- und sogar Videodaten zu übertragen. Achten Sie nur darauf, das Ihre Soundkarte auch den Vollduplexmodus unterstützt, das bedeutet, dass Sie zur gleichen Zeit sprechen und Ihren Partner hören können, vergleichbar mit dem Telefon. Wollen Sie Ihren Partner auch sehen, müssen Sie sich zusätzlich eine digitale Kamera anschaffen. Hierbei haben Sie die Wahl zwischen verschiedenen Anschlussmöglichkeiten, Sie sollten sich am besten für eine USB-Kamera entscheiden, sofern Ihr PC diese Anschlussart unterstützt, da die Installation vergleichsweise einfach ist und im laufenden Betrieb vorgenommen werden kann.

Wir gehen hier wieder davon aus, dass Sie bereits eine funktionierende DFÜ-Verbindung zu Ihrem ISP aufgebaut bzw. konfiguriert haben und somit auch das TCP/IP-Protokoll installiert ist, das die Grundlage für die Datenübertragung bildet.

Konfiguration von NetMeeting

Beim ersten Start des Programms öffnet sich automatisch der Konfigurations-Assistent, der Sie durch die Grundkonfiguration geleitet.

1 Starten Sie NetMeeting, indem Sie unter *Start/Alle Programme/Zubehör/ Kommunikation* auf das Programm NetMeeting klicken.

2 Es folgt ein Begrüßungsbildschirm und eine Übersicht, die Ihnen Informationen über den Leistungsumfang von NetMeeting gibt. Bestätigen Sie hier mit *Weiter*.

3 Im folgenden Dialogfenster geben Sie Ihre persönlichen Daten ein, wobei hier die Korrektheit Ihrer E-Mail-Adresse besonders wichtig ist, über die Sie auch erreichbar sind. Schließen Sie auch hier das Dialogfeld mit *Weiter* ab.

4 Als Nächstes müssen Sie wählen, ob Ihre Daten auf einem Verzeichnisserver eingetragen werden sollen oder nicht. Der Vorteil eines Verzeichnisservers liegt darin, dass Ihre Adresse weltweit für andere zugänglich ist, was anderen Benutzern die Suche erleichtert. Optional können Sie noch wählen, ob Sie beim Start direkt mit diesem Server verbunden werden wollen.

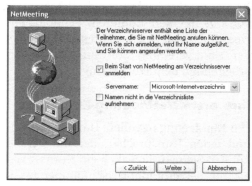

Welchen Verzeichnisserver soll ich nutzen?

Es gibt natürlich weltweit verschiedene Verzeichnisserver, um hier den für Sie passenden zu finden. Schauen Sie auf der Webseite *http://www.netmeeting. de/server.htm* oder *http://www.mynetcologne.de/~nc-classewi/netmeeting.htm* nach und suchen Sie sich den passenden heraus. Hier finden Sie Verzeichnisserver verschiedenster Länder. Ein guter Tipp ist es auch, in der Suchmaschine *www.Google.de* einfach „Netmeeting Server" einzugeben. So findet man auch sehr schnell Listen von NetMeeting-Servern.

5 Hier werden die Audioeinstellungen vorgenommen, wenn Sie ein Mikrofon benutzen wollen. Hierzu wird ein weiterer Assistent geöffnet, der die Soundkarte und das angeschlossene Mikrofon testet. Zuerst können Sie die Lautstärke einstellen, mit der Sie Audiodaten empfangen

6 Als Nächstes wird eine Probeaufnahme durchgeführt, um die Empfindlichkeit des Mikrofons zu testen. Schließen Sie das ganze mit *Fertig stellen* ab.

All diese Einstellungen, speziell Einstellungen, die Audio- bzw. Videodaten betreffen, können Sie ebenso später über den Menübefehl *Extras/Optionen* vornehmen.

Videoqualität anpassen

Wenn Sie die Videoqualität an die Geschwindigkeit Ihrer Internetverbindung anpassen wollen, so können Sie dies ebenfalls unter *Extras/Optionen/Video* einstellen. Legen Sie fest, ob Sie grundsätzlich bei jedem Anruf automatisch Video empfangen wollen oder ob Sie aufgrund einer langsameren Verbindung lieber eine niedrigere Bildqualität wählen, aber dadurch ein flüssiges Bild erhalten.

Videoanpassung.

Verbindungsaufbau mit NetMeeting

Um eine Verbindung aufzubauen, müssen Sie die IP-Adresse Ihres Partners kennen. Da kaum jemand eine feste Adresse hat, sondern diese dynamisch vom ISP zugewiesen bekommt, müssen Sie dies zunächst mit dem Hilfsprogramm ipconfig herausbekommen. Alternativ kann natürlich noch die E-Mail-Adresse oder der Computername zum Verbindungsaufbau verwendet werden.

> **Ipconfig**
>
> Öffnen Sie die Eingabeaufforderung über *Start/Alle Programme/Zubehör* und geben Sie das Kommando *ipconfig /all* ein. Nun wird Ihnen Ihre IP-Konfiguration angezeigt, und zwar sowohl die Adresse Ihrer Netzwerkkarte, wenn vorhanden, als auch die Adresse, die Sie von Ihrem ISP zugewiesen bekommen haben.

Daher ist es bei dem Programm NetMeeting ratsam, sich vorher zur gemeinsamen Nutzung zu verabreden, sei es nun über das Telefon oder über eine E-Mail. Wir gehen nun davon aus, dass Sie und Ihr Partner eine Verbindung ins Internet aufgebaut haben und Ihnen die Adresse Ihres Chatpartners bekannt ist.

1 Öffnen Sie NetMeeting über *Start/Alle Programme/Zubehör/Kommunikation* oder über den Desktop, wenn dort eine Verknüpfung zu NetMeeting besteht.

2 Über das Menü *Extras/Optionen* können Sie nachträglich Audio/Video und Anmeldeoptionen an bestimmten Verzeichnisservern festlegen.

3 Sollten Sie bei der Installation die Option *Beim Start an Verzeichnisserver anmelden* gewählt haben, wird direkt nach dem Start ein Fenster mit dem von Ihnen gewählten Verzeichnis zur Verfügung gestellt.

4 Optional können Sie jedes beliebige Verzeichnis über das Adressbuchsymbol öffnen. Und dort im Dialogfeld *Verzeichnis* können Sie nun einen beliebigen Verzeichnisserver angeben und das Verzeichnis durchsuchen. Wählen Sie Ihren Partner aus und klicken Sie auf *anrufen*.

5 Wenn Ihnen die Adresse bekannt ist, klicken Sie im Hauptfenster (siehe oben) auf das gelbe Telefon.

6 Im Dialogfeld *Anrufen* geben Sie im Adressfeld die E-Mail-Adresse oder die IP-Adresse Ihres Partners ein. Behalten Sie die Auswahl *Automatisch* bei, die für die Verbindungsart steht.

7 Klicken Sie nun auf den Schalter *Anrufen* und NetMeeting wird versuchen, Sie über das Netz zu verbinden.

8 Wenn Ihr Partner online ist, erhält er eine Nachricht und muss entscheiden, ob er den Anruf annimmt oder nicht.

9 Über das Lautsprechersymbol können Sie bei Bedarf die Lautstärke der Lautsprecher und des Mikrofons regeln.

Reines Chatten über Tastatur

Wollen Sie lediglich ohne Mikrofon und ohne Lautsprecher, also rein über die Tastatur, chatten, drücken Sie auf das Symbol mit der Sprechblase, woraufhin sich ein Chatfenster öffnet, über das Sie sich mit Ihrem Partner über die Tastatur austauschen können.

Chatten über die Tastatur.

Dokumente gemeinsam bearbeiten

Stellen Sie sich vor, Sie sitzen zu Hause und haben eine Tabelle in Excel oder ein Dokument in Word verfasst und wollen, dass Ihr Bekannter diese überprüft oder Ihnen weitere Anregungen gibt, so können Sie über NetMeeting live zusammen mit ihm an diesem Dokument arbeiten. Natürlich müssen Sie hierzu erst einmal eine Verbindung mit NetMeeting aufgebaut haben.

1 Als Erstes müssen Sie die Anwendung, mit der Sie gemeinsam arbeiten möchten, z. B. Word, öffnen.

2 Benutzen Sie das Symbol des Fensters mit der Hand (Freigabe), um das Dialogfenster *Freigegeben* zu öffnen.

3 Wählen Sie nun eine Anwendung aus und klicken Sie auf die Schaltfläche *Freigeben*, um Ihrem Partner den Zugriff auf diese Anwendung zu gewähren.

4 Soll er aktiv mitarbeiten, müssen Sie über die Schaltfläche *Steuerung zulassen* ihm die Erlaubnis geben. Seien Sie vorsichtig, wem Sie dies erlauben, da nun Ihr Partner aktiv auf Ihrem Rechner arbeitet.

5 Durch einen einfachen Doppelklick auf das Dokument kann Ihr Partner nun die Kontrolle über den Mauszeiger übernehmen und in dem Dokument Änderungen vornehmen.

6 Durch die Synchronisation können beide Teilnehmer die Änderungen verfolgen und jeweils abwechselnd an dem Dokument arbeiten, um direkt Verbesserungen vornehmen. Durch einen Doppelklick wechselt die Kontrolle hin und her.

Elektronisches Whiteboard

Wenn Sie Ihrem Kommunikationspartner etwas erklären wollen, was sich schwer in Worten ausdrücken lässt, so haben Sie die Möglichkeit, ein Whiteboard zu nutzen, auf dem Sie wie auf einer Tafel malen können und diese Zeichnungen auch noch speichern können, um sie später zu benutzen. Hierzu öffnen Sie einfach über das Symbol mit der Tafel und dem Stift das Whiteboard und schon können Sie zeichnen und über das Menü *Datei* diese Zeichnung auch später speichern.

Die elektronische Tafel für Skizzen und grafische Erläuterungen.

Dateien versenden

Mit NetMeeting können Sie auch Dateien an Ihren Partner versenden. Klicken Sie im Hauptfenster auf das Symbol mit dem Dokument unten rechts. Wählen Sie die zu versendenden Dateien aus und klicken Sie auf *Senden*.

Messenger-Programme – ICQ, MSM

Wie erfahre ich, wann meine Freunde online sind? Mit dem Microsoft Messenger, kurz MSM, können Sie jederzeit feststellen, ob Ihre Freunde gerade online sind oder nicht. Auch andere Anbieter wie AOL mit der so genannten Buddylist oder das Programm ICQ erfüllen diese Funktionen. Da der MSM ein Teil von Windows XP darstellt und ein neues Feature ist, das erstmalig in das System direkt integriert ist, denn es war für Windows 2000 nur als Zusatzdownload erhältlich, wollen wir Ihnen an dieser Stelle nur den MSM vorstellen. Möchten Sie jedoch ICQ ausprobieren, so können Sie sich ICQ frei unter der Webadresse *www.icq.com* herunterladen.

Ohne Ausweis kein Zutritt

Wie auch bei ICQ geht beim MSM ohne Registrierung erst mal gar nichts. Um den MSM nutzen zu können, müssen Sie sich erst einen so genannten Microsoft Passport Account zulegen, der sozusagen Ihr Ausweis ist und auch später auf immer mehr Seiten, die diese Technologie unterstützen, genutzt werden kann, z. B. fürs Onlineshopping. Dieser Passport ist kostenlos und lässt sich einfach und schnell erstellen. Für den MSM müssen Sie natürlich auch eine funktionierende Verbindung ins Internet konfiguriert und geöffnet haben. Alternativ ist auch eine MSN-Hotmail-Anmeldung möglich.

1 Wenn Sie den MSM das erste Mal öffnen, werden Sie aufgefordert, sich anzumelden, und Windows XP stellt fest, dass Sie keinen Passport besitzen. Sie können sich direkt mit der *Passport-Startseite* verbinden, um hier einen Passport zu erstellen.

2 Klicken Sie auf der Startseite auf den Link *Richten Sie sich ein kostenloses Passport-Konto ein.*

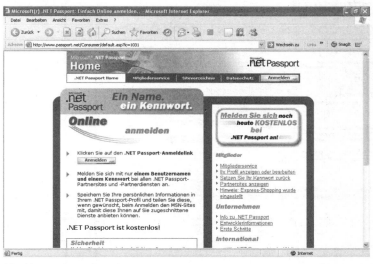

http://www.passport.com/.

3 Als Nächstes müssen Sie Ihre Kontoinformationen eingeben, wobei es wichtig ist, dass Sie eine gültige E-Mail-Adresse angeben, da Ihnen an diese Adresse eine Bestätigung geschickt wird, die Sie verifizieren müssen, damit Ihr Passport nicht wieder gesperrt wird. Und merken Sie sich Ihr Kennwort. Hier sei nochmals erwähnt, dass es sinnvoll ist, nicht immer ein neues Kennwort zu benutzen, sondern lieber ein kompliziertes zu haben und dieses für mehrere Zwecke zu nutzen. Bestätigen Sie am Ende die Korrektheit Ihrer Angaben und klicken Sie auf *Weiter.*

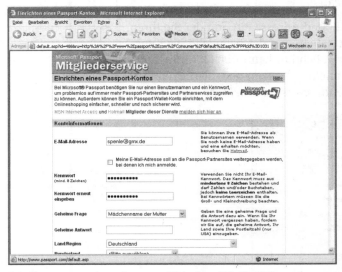

http://www.passport.com/consumer/default.aspPPLcid=1031.

4 Im nächsten Fenster wird Ihnen Ihr Passport-Benutzername genannt, der identisch mit Ihrer E-Mail-Adresse ist. Klicken Sie nun auf den Link, *um denn Vorgang fortzusetzen.*

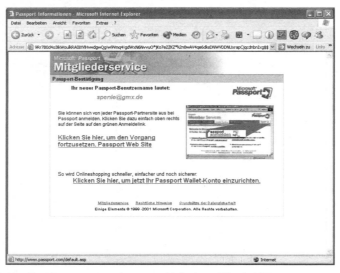

http://www.passport.com/consumer/default.aspPPLcid=1031.

5 Ihnen wird nun per E-Mail noch einmal Ihr Zugangsname geschickt. Sie müssen in der E-Mail einen Link anklicken, um diese E-Mail und Ihr Konto endgültig zu bestätigen.

6 Wenn Sie nun in der Taskleiste unten rechts auf das Messenger-Symbol klicken, öffnet sich ein schmales Fenster. Klicken Sie auf den Link *Klicken Sie hier, um sich anzumelden.*

7 Geben Sie Ihre E-Mail-Adresse ein, mit der Sie Ihren Passport erstellt haben, und das dazugehörige Kennwort. Wenn Sie möchten, kann der MSM Sie auch automatisch anmelden, setzen Sie hierzu einfach den Haken vor *Automatisch anmelden.*

8 Nun sehen Sie das Hauptfenster vor sich, in dem Sie zu Beginn weder Teilnehmer unter Online noch Offline sehen. Fügen Sie nun beliebig viele Freunde und Arbeitskollegen Ihrer MSM-Liste hinzu.

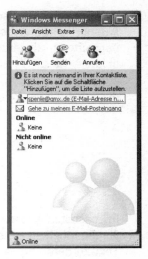

Hinzufügen von Kontakten

Nachdem Sie nun erfolgreich den MSM eingerichtet, sprich angemeldet haben, müssen Sie Ihre Freunde bzw. Kollegen Ihrer persönlichen Kontaktliste hinzufügen. Für das Einrichten gehen wir davon aus, das bereits eine funktionierende Internetverbindung eingerichtet und aktuell geöffnet ist.

1 Klicken Sie im Hauptfenster auf das Symbol mit der Unterschrift *Hinzufügen*, woraufhin sich ein Assistent öffnet.

2 Hier müssen Sie nun auswählen, ob Sie nach der E-Mail-Adresse und dem Benutzernamen suchen wollen oder nach einem Kontakt. Die Suche nach einem Kontakt erstreckt sich jedoch lediglich auf das Hotmail-Verzeichnis (Freemail-Anbieter) oder auf Ihr lokales Adressbuch (beispielsweise Outlook Express). Daher raten wir Ihnen, über die E-Mail-Adresse zu suchen.

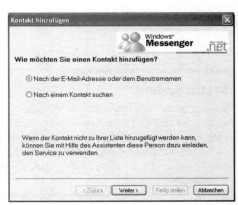

3 Als Nächstes müssen Sie die E-Mail-Adresse der zu suchenden Person eingeben. Hat diese Person bereits ein Passportkonto und nutzt bereits den MSM, so wird sie Ihrer Liste hinzugefügt.

4 Hat die gesuchte Person noch kein Passportkonto, haben Sie, wie nebenstehend abgebildet, die Möglichkeit, dieser Person eine E-Mail zu senden. Klicken Sie hierzu auf die Schaltfläche *Weiter*.

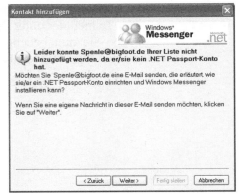

5 Im nächsten Fenster des Assistenten haben Sie die Möglichkeit, noch einen zusätzlichen Text zu dem vorgegebenen Text von Microsoft an Ihre Freunde zu verfassen. Klicken Sie auf *Weiter*, um noch weitere Kontakte einzugeben, oder auf *Fertig stellen*, um den Assistenten zu verlassen.

6 Jetzt befinden Sie sich wieder im Hauptfenster des MSM. Hier sehen Sie nun immer, welcher Ihrer Freunde online ist und wer nicht.

Status ändern

Je nach Bedarf können Sie Ihren Status, ob *Online, Offline, Abwesend, Beschäftigt* etc., beliebig ändern. So können Sie für Ihre Bekannten auch offline erscheinen, obwohl Sie online sind. Dies kann sehr nützlich sein, wenn man kurz angebunden ist oder einfach mal in Ruhe im Internet recherchieren möchte, ohne zwischendurch zu chatten. Klicken Sie hierzu im Hauptfenster des MSM einfach mit der rechten Maustaste auf Ihren eigenen Kontakt und wählen Sie den gewünschten Status aus.

Chatten und Dateien versenden unter Freunden

Wenn Sie nun im MSM sehen, dass Freunde von Ihnen online sind, so machen Sie einfach einen Doppelklick auf den Kontakt und schon öffnet sich ein Chatfenster. Hier können Sie dann nach Belieben Text eingeben und diesen über den Schalter *Senden* verschicken. Vor jeden Text wird der Anzeigename bzw. die E-Mail-Adresse gesetzt, um unterscheiden zu können, wer von beiden was gesagt hat.

Chatfenster im MSM.

Über die Schaltfläche *Datei senden* können Sie jetzt auch Dateien, z. B. Lieder, an Ihre Chatpartner schicken. Wählen Sie einfach die Datei aus, die Sie versenden möchten, und los geht's. Ihr Chatpartner muss die Datei nur noch annehmen und schon wird die Übertragung gestartet.

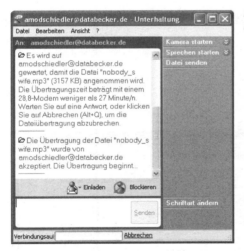

Dateiübertragung mit dem MSM.

MSM im Zusammenspiel mit Proxy und Firewall

Arbeiten Sie zusätzlich mit einer Firewall von Drittanbietern, so kann es sein, dass es Schwierigkeiten bei der Dateiübertragung gibt, je nachdem wie diese Firewall, sprich deren Ports, konfiguriert sind. Haben Sie Probleme beim Versenden, wenden Sie sich in diesem Fall, wenn möglich, an Ihren Systemadministrator, ob dieser Ihnen weiterhelfen kann. Gerade in Firmen wird jedoch ein Systemadministrator immer darauf bedacht sein, seine Firewall so dicht wie möglich zu halten, um möglichst keine Angriffspunkte zu bieten. Nutzen Sie einen Proxyserver, wobei es egal ist, ob Sie diesen privat installiert haben oder einen Proxy-server Ihres ISPs verwenden, so müssen Sie diesen unter den Optionen eintragen.

Wechseln Sie hierzu ins Menü *Extras/Optionen/Verbindung*. Hier stellen Sie für den HTTP-Proxy Ihren verwendeten Proxy ein. Die Proxyeinstellungen bekommen Sie von Ihrem ISP. Außerdem können Sie die Proxyeinstellungen auch in den Internetoptionen des IE6 nachschauen im Menü *Extras/Internetoptionen/Verbindungen*. Wählen Sie die DFÜ-Verbindung aus und klicken Sie auf *Einstellungen*, um dort die Proxyserverkonfiguration nachzuschauen.

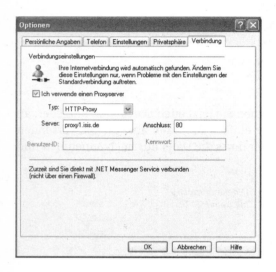

Feintuning des MSM

Im Menü *Extras/Optionen* können Sie noch einige nützliche Einstellungen vornehmen, um den Umgang mit dem MSM zu vereinfachen. Unter der Registerkarte *Einstellungen* können Sie einstellen, nach welcher Leerlaufzeit Ihr Status auf *Abwesend* wechselt, oder ob Sie akustisch und visuell benachrichtigt werden wollen, wenn einer Ihrer Kontakte online geht oder Ihnen eine Nachricht sendet.

Unter der Registerkarte *Persönliche Angaben* können Sie alternativ zu Ihrer E-Mail-Adresse einen Anzeigenamen wählen, der bei Ihren Freunden erscheint. Dies ist besonders nützlich, wenn Ihre E-Mail-Adresse nicht Ihren wirklichen Namen, sondern nur einen Nickname enthält. Hier wählen Sie auch, ob Sie so genannte Smileys (siehe Kapitel 8.6) in Ihren Nachrichten anzeigen lassen wollen. Dies bedeutet, dass Zeichenkombinationen wie z. B. :-) in ☺ umgewandelt wird. Um eine Tabelle der Zeichenkombinationen zu bekommen, benutzen Sie die Hilfe des MSM.

Über die Registerkarte *Privatsphäre* können Sie festlegen, ob vielleicht einige Ihrer Kontakte Ihren Onlinestaus nicht sehen sollen, wofür es bestimmt verschiedenste Gründe geben kann. Hierzu verwenden Sie die so genannten Blockieren- und Zulassen-Listen. Den Haken unten auf der Registerkarte sollten Sie angehakt lassen, da Sie so immer informiert werden, wer Sie zu seiner Liste hinzugefügt hat.

9.5 Internetmusik und -video

Stellen Sie sich vor, Sie hören mit Ihrem Computer Radio. Es erscheint etwas ungewöhnlich, bis Sie realisieren, dass es tausende von Radiosendern auf der Welt gibt, und die meisten senden nur lokal. Diese Radiostationen können nun ein weltweites Publikum erreichen, indem Sie ihr Programm online senden. Angenommen Sie sind gerade von München nach London gezogen und wollen mal wieder Ihre Heimatmelodien hören. Das Internet macht es möglich.

Die Technologie, die dies alles möglich macht, wird Streaming Audio genannt. Streaming bedeutet, dass Sie die gesamten Audiodateien nicht herunterladen müssen, bevor die Musik erklingt. Dies ist ein großer Pluspunkt, denn eine einstündige Radiosendung kann mehrere MByte Speicherplatz auf Ihrer Festplatte belegen. Um online Radio hören zu können, muss Ihr Computer natürlich mit einer Soundkarte und Lautsprechern ausgerüstet sein. Dann benötigen Sie noch ein so genanntes Plug-In für Ihren Webbrowser oder alternativ den Windows Media Player, der ausführlich in Kapitel 3 behandelt wird. Daher werden an dieser Stelle verschiedene Plug-Ins als Alternativen vorgestellt.

Plug-Ins für den Internet Explorer für Multimedia- und 3-D-Welten

Plug-Ins sind kleine Zusatzprogramme, die Ihren Internet Explorer in die Lage versetzen, bestimmte Dateiformate, meist Audio- und Videoformate, abzuspielen. Im Grunde funktioniert auch die Zusammenarbeit von IE6 und dem Media Player auf diese Weise: Die Daten von Multimedia-Dateien werden einfach weitergereicht an den Player, der mit den Daten umgehen kann. Nicht anders funktionieren die so genannten Plug-Ins. Microsoft hat ActiveX entwickelt, damit sich diese Plug-Ins, hier Controls genannt, automatisch installieren, sobald Sie auf eine Seite kommen, die Dateien mit ActiveX-Controls beinhaltet. Sie werden vielleicht eine warnende Mitteilung erhalten, dass ein Control installiert wird. Aber ansonsten installiert sich die Control-Datei von ganz allein, ohne dass Sie irgendetwas tun müssen.

Viele Multimedia-ActiveX-Controls müssen von dem Entwickler noch heruntergeladen werden, aber installieren sich dann automatisch. Shockwave ist ein gutes Beispiel für ein Plug-In, das in der Vergangenheit zusätzlich installiert werden musste – der schlankere Flash-Player fand viel schneller den Weg in die normale Installation des IE.

Plug-In noch nicht vorhanden? – Das müssen Sie tun

Wollen Sie ein zusätzliches Plug-In oder ein bestehendes aktualisieren? Im Fall der Aktualisierung des Shockwave-Players müssen Sie mit dem IE die Macromedia-Website besuchen (*www.macromedia.com*), und auf den Link klicken, um das ActiveX Control zu installieren. Der Download startet, das Control wird integriert – fertig. Das nächste Mal, wenn Sie auf eine geschockte Website kommen, lädt und spielt der Shockwave Control den Film von ganz allein.

Die gebräuchlichsten Plug-Ins per Download nachrüsten

Viele Plug-Ins und Controls können kostenlos aus dem Internet heruntergeladen werden. Es werden jedoch nicht alle mit jedem System funktionieren. Einige funktionieren zum Beispiel nur mit Windows 9x. Für den Anfang sind hier ein paar der populärsten Plug-Ins:

- **Shockwave:** Dies ist einer der gebräuchlichsten Plug-Ins für Animationen und Interaktivität im Internet. Auf der Macromedia-Website (siehe oben) werden Sie viele interessante Informationen finden.

- **Real Audio:** Verwandeln Sie Ihren Computer in ein Radio. Sie sollten ein 56k-Modem oder eine schnellere Internetanbindung besitzen, um dies ruckelfrei abzuspielen. Den Real Audio Player finden Sie unter *www.real.com*. Dort klicken Sie auf *RealPlayer*. Sie können dann sowohl den kostenfreien Standard-Payer als auch die 14-tägige Testversion des Vollprodukts herunterladen.

- **StreamWorks:** Schauen Sie sich eine Live-Webübertragung an. Streaming bedeutet, dass Sie keine ganze Datei mehr herunterladen müssen, bevor die Audio- oder Videodatei beginnt zu spielen. Diese Technologie wird unter anderem von Xingtech angeboten unter *www.xingtech.com*.

▪ **VDO Live:** Audio und Video in Realtime auf Ihrem Computer unter der Webseite *www.vdo.net*. Mit einem 56k-Modem werden Sie ein kleines Videofenster erhalten, das mit 18 bis 25 Bildern pro Sekunde läuft. Zum Vergleich, ein Video auf Ihrem Fernseher läuft mit 30 Bildern pro Sekunde.

Real Audio Player – die Media Player-Konkurrenz

Wir empfehlen Ihnen an dieser Stelle als Alternative zum Windows Media Player den Real Audio Player Basic, der erste Streaming Audio Player, von Progressive Networks, und Xings StreamWorks (StreamWorks unterstützt auch Streaming Video), kostenlos herunterzuladen. Diese Plug-Ins arbeiten leider jeweils mit eigenen, nicht kompatiblen Formaten – Sie können keine Real Audio-Datei mit einem StreamWorks-Player und umgekehrt abspielen. Je nach Präferenzen des Webseitenbetreibers finden Sie die eine oder andere Technik eingesetzt.

Wie bekommt man Internetradiosender?

Okay. Sie haben also nun einen Audio Player installiert. Welches Programm wollen Sie jetzt hören? Schauen Sie sich als Erstes die MIT List of Radio Stations on the Internet *(www.radio-locator.com)* an. Diese Site beinhaltet momentan weltweit über 2.000 Radiostationen mit eigenen Websites. Obwohl nur einige von diesen Stationen über das Internet senden, gibt es sicherlich genug, um Sie für einige Zeit zu beschäftigen. Dann gibt es noch den Yahoo Broadcast (*http://broadcast.yahoo.com*), wo Unterhaltungen, Sport, Nachrichten und sogar eine Online-Jukebox angeboten werden, wo Sie sich die neusten CDs anhören können. Und mit einem rein deutschen Angebot die Webseite *http://www.telekom.de/streamworld* oder *http://www.real.com/* als Webseite für den Real Audio Player (die aktuelle Version ist der Real Player 10).

Sendersuche mit dem Real Audio Player

Die Installation des Real Audio Player wollen wir hier nicht näher erläutern. Gehen wir also davon aus, dass Sie den Real Audio Player heruntergeladen und erfolgreich installiert haben. Die Installation ist einfach durchzuführen und wird keine Problem für Sie darstellen. Folgen Sie einfach den Anweisungen bis zum Ende des Installations-Assistenten. Da es sich auch hier um Shareware handelt, werden Sie gelegentlich daran erinnert, das Produkt doch zu kaufen. Diese Erinnerungen lassen sich jedoch problemlos wegklicken, Sie sind halt ein wenig anstrengend. Klicken Sie in der unteren Hälfte des Real Audio Player auf die Karteikarte *Musik und Meine Bibliothek* und dann im Strukturfenster *Ansicht* unten links auf den Punkt *Radio*.

Radiosendersuche starten.

Nun können Sie im Detailfenster unter *Radiopass* über die Pulldown-Menüs nach freien Sendern oder Premium-Sendern (die nach einer 14-tägigen Testphase bezahlt werden müssen) suchen oder den einfacheren Weg wählen und aus den Genres auswählen. Dann noch einen Klick auf *GO*, und los geht's mit der Suche. Wenn die Suche abgeschlossen ist, werden Ihnen die Resultate in einer Liste mit standardmäßig zehn Treffern pro Seite angezeigt.

Suchergebnisse mit dem Real Audio Player.

Nun brauchen Sie nur noch auf den Link zu klicken, der Ihnen am meisten zusagt, und Sie werden mit dem Sender verbunden. Die Daten werden vorher noch gepuffert, d. h., ein Teil der Daten wird vorab heruntergeladen, um die Übertragung gegen Störungen unempfindlicher zu machen, da ja immer einige Sekunden der Übertragung im Zwischenspeicher gespeichert werden, um kurze Störungen zu überbrücken. In Kapitel 3 „Windows XP – das multimediale Komplettpaket" gehen wir genauer auf die Radiosender im Zusammenhang mit dem Media Player von Windows XP ein.

Kontrolle über Übertragung und Programm

Erwarten Sie keine Wunder von Onlineradiosendern. Der Audio Player wird mit einem 56k-Modem funktionieren, aber wie bei allen Dingen im Internet gilt auch hier: je größer die Bandbreite, desto besser das Ergebnis. Unabhängig von der Geschwindigkeit Ihrer Verbindung, werden Sie nicht im Stande sein, Hi-Fi-Audio zu hören, jedenfalls momentan noch nicht. Streaming Audio-Technologie verbessert sich ständig und wird vielleicht bald den klaren Sound, den wir von CDs gewohnt sind, liefern.

Die Kontrolle, die Sie über das Programm haben, entschädigt etwas für den Low-Fi-Sound. Genau wie bei einem Kassettenrekorder hat der Audio Player eine Kontrollleiste, mit der Sie nach Belieben Wiedergabe, Vor und Zurück, Pause und Stopp wählen können. Einige Onlineradiosendungen sind mit einem Index versehen, der Ihnen erlaubt, direkt zu einem Programmpunkt zu springen, und den Wetterbericht auszulassen, um gleich die lokalen Sportnachrichten zu hören.

10. Outlook Express 6 – sicheres Mailen für alle!

Wer einmal in den Genuss von E-Mails gekommen ist, möchte sie so schnell nicht mehr missen: Egal, wo auf der Erde Sie sich befinden – Sie können in kürzester Zeit mit Ihren Freunden in Kontakt treten. Vielleicht auch mal im Urlaub mit digitalen Bildern vom Strand? Angesichts von Outlook Express 6 gerät die Post schon einmal in Vergessenheit. Und noch mehr: Auch Newsgroups lassen sich mit Outlook Express abonnieren, die schwarzen Bretter des Internets, auf denen sich Menschen aus aller Welt über verschiedenste Themen austauschen können.

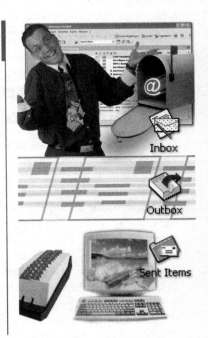

In den letzten Jahren hat aber auch immer mehr eine unangenehme Seite des E-Mail-Verkehrs Einzug in die privaten Haushalte gefunden: Spam und Viren. Unter Spam versteht man im Allgemeinen nicht willkommene Werbe-E-Mails, die unerwünscht im eigenen Briefkasten landen. Viren hingegen haben meistens einen zerstörerischen Charakter, da sie häufig den PC schädigen, zum Teil sogar in der Form, dass neu installiert werden muss.

Mit Windows XP Service Pack 2 sind auch einige Neuerungen bezüglich der Sicherheit von Outlook Express zum Betriebssystem hinzugekommen, die wir Ihnen in diesem Kapitel im Abschnitt „Outlook nach Maß – Anpassen der Optionen für Sicherheit und mehr Komfort" kurz vorstellen möchten. Ein paar kleine Einstellungen, die die Gefahr, die von E-Mails ausgehen kann, stark minimiert.

Denken Sie nur immer daran, dass Sie Ihre E-Mail-Adresse ebenso wenig leichtfertig irgendwo weitergeben oder auch in dubiosen Internetumfragen angeben, wie Sie es mit Ihrer Privatadresse oder Mobilfunknummer tun würden, dann ist einer der wichtigsten Schritte zur Sicherheit im E-Mail-Verkehr getan.

10.1 Outlook Express startklar machen – das eigene E-Mail-Konto einrichten

Das Einrichten von Outlook Express lässt sich schnell in ein paar Schritten vollziehen. Als ersten Schritt müssen Sie ein Konto, auch Postfach genannt, anlegen. Später können Sie im Abschnitt „Mehrere Konten & Identitäten" verschiedene E-Mail-Identitäten annehmen. Um ein Konto einzurichten, brauchen Sie Ihre Zugangsdaten, die Ihnen Ihr ISP zugewiesen hat. Zusätzlich benötigen Sie die Namen zweier Server, des POP3-Servers (**P**ost **O**ffice **P**rotocol), der Posteingangsserver, und des SMTP-Servers (**S**imple **M**ail **T**ransport **P**rotocol), der Postausgangsserver. Diese bekommen Sie ebenfalls von Ihrem ISP. Dies ist vergleichbar mit dem Briefkasten, wo Sie Ihre Post einwerfen, und dem Postboten oder dem Schalter bei der Post, wo Sie Ihre Briefe abholen.

Für das Einrichten zur Benutzung eines Newsservers brauchen Sie später noch den Namen des Newsservers Ihres ISPs. Falls dieser keine Newsserverdienste anbietet, gibt es auch noch öffentliche Newsserver, die man nutzen kann. Newsserver können ebenfalls durch Zugangsdaten geschützt sein, was Sie vorher in Erfahrung bringen sollten.

Noch ohne Adresse? – So bekommen Sie eine kostenlose E-Mail-Adresse

Wenn Sie Ihren Internetzugang über einen ISP realisiert haben oder über einen Onlinedienst, bekommen Sie dort auch Ihre E-Mail-Adresse zugewiesen bzw. können frei einen Alias wählen. Ein Alias ist eine Art Pseudonym für Ihre eigentliche Adresse. Nehmen wir an, Sie haben eine E-Mail-Adresse, die aus willkürlich gemischten Zahlen und Buchstaben besteht, dann ist das Problem, dass sich kaum jemand diese Zahlen merken kann. In diesem Fall richtet man einen Alias ein, der beispielsweise Ihr Name ist, der bedeutend leichter zu merken ist. Alle Mails, die nun an diese Adresse gesendet werden, werden automatisch an Ihre eigentliche E-Mail-Adresse weitergeleitet. Also sind Aliase eine Erleichterung für den Benutzer. Außerdem ist es so möglich, mehrere E-Mail-Adressen zu besitzen, die z. B. alle Arten von Kombinationen Ihres Namens enthalten. Hier Beispiele:

- *Marc.Spenle@gmx.de*
- *M.Spenle@gmx.de*
- *Marc.S@gmx.de*
- *Spenle@gmx.de*

Alle können an eine andere Adresse weitergeleitet werden, sodass nur die eine, an die alles weitergeleitet wurde, abgefragt werden muss. Wie viele verschiedene E-Mail-Adressen Sie bekommen, hängt von Ihrem ISP ab.

Sollten Sie Ihren Internetzugang über Call-by-Call-Anbieter realisiert haben, so müssen Sie sich eine so genannte Free-Mail-Adresse zulegen. Im Internet gibt es zahlreiche Anbieter, die kostenlose E-Mail-Dienste anbieten, wobei man zwischen denen unterscheiden muss, die man lediglich online im Internet selbst verwalten, sprich lesen und schreiben kann, und denen, die sich mit Programmen wie Outlook Express verwalten lassen. Einige populäre Anbieter von Freemail-Adressen sind:

- *www.gmx.de*
- *www.lycos.de*
- *www.yahoo.de*
- *www.hotmail.de*
- *www.web.de, www.freenet.de*

Es gibt aber noch zahlreiche weitere – dies sind wie gesagt nur die, die man am häufigsten antrifft. Die Vorgehensweise wird genauestens auf den Seiten der Anbieter erklärt und ist auch von Anbieter zu Anbieter verschieden, sodass wir uns hier auf die Variante des ISP oder Onlinedienstes beschränken wollen. Wenn Sie eine Free-Mail-Adresse benötigen, wählen Sie eine der oben genannten Seiten aus und befolgen Sie den dort beschriebenen Anweisungen.

Diese Informationen brauchen Sie für die Einrichtung von Outlook Express:
Angezeigter Name
E-Mail-Adresse
Posteingangsserver
Postausgangsserver
Kennung
Kennwort

Einrichten eines E-Mail-Kontos

1 Öffnen Sie das Startmenü und starten Sie Outlook Express über das entsprechende Symbol.

2 Im Menü *Extras* öffnen Sie den Menüpunkt *Konten*, wodurch Sie in die Kontenverwaltung gelangen.

3 Wechseln Sie zur Registerkarte *E-Mail*, um ein neues E-Mail-Konto einzurichten. Hier lassen sich auch Newskonten und Verzeichnisdienste einrichten.

4 Es öffnet sich der Assistent für den Internetzugang und fragt nach dem Absender für Ihre Mails, der beim Empfänger erscheint. Alle Einstellungen, die Sie mit dem Assistenten vornehmen, lassen sich nachträglich noch ändern.

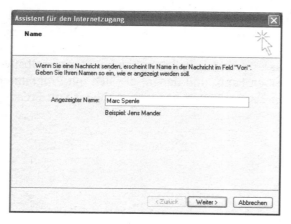

5 Hier geben Sie nun Ihre eigene E-Mail-Adresse ein, die Sie wie oben beschrieben von Ihrem ISP bekommen haben oder die Sie sich im Internet bei einem Free-Mail-Anbieter besorgt haben.

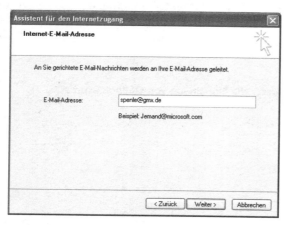

6 In den folgenden Dialogfeldern geben Sie sowohl den Posteingangsserver als auch den Postausgangsserver an. Wichtig ist noch die Einstellung des Protokolls, mit dem der Posteingangsserver arbeitet. In fast allen Fällen wird es sich hierbei um einen POP3-Server handeln (siehe unten). Outlook Express ist jedoch auch in der Lage, mit dem IMAP- oder HTML-Protokoll zusammenzuarbeiten.

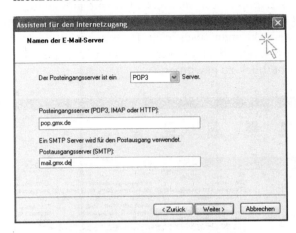

7 Natürlich müssen Sie sich an den Mailservern auch authentifizieren, um Ihre Mails zu verschicken oder zu empfangen. Meist sind die Zugangsdaten identisch mit denen, die Sie zur Einwahl ins Internet verwenden. Sie sind natürlich dann verschieden, wenn Sie zusätzlich mit Free-Mail-Anbietern arbeiten. Normalerweise sollten Sie keine Kennwörter auf der Festplatte speichern, hierbei bietet es sich jedoch an, damit Sie nicht jedes Mal aufs Neue beim Abfragen Ihres E-Mail-Kontos Ihre Zugangsdaten eingeben müssen. Die Kennwortauthentifizierung ist nur zu verwenden, wenn Ihr ISP diese auch unterstützt. Bestätigen Sie Ihre Angaben mit *Weiter*.

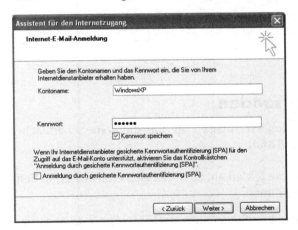

8 Zum Schluss gibt Ihnen der Assistent für den Internetzugang nochmals eine Zusammenfassung Ihrer Daten, die Sie mit *Fertig stellen* bestätigen müssen. Wenn Sie mehrere Konten verwenden, müssen Sie eins noch als Standardkonto definieren.

10.2 Die erste E-Mail losschicken und Post empfangen

Das Hauptfenster von Outlook Express ist in mehrere Elemente aufgeteilt. Oben angefangen haben wir die Menüleiste und die Symbolleiste. Bei der Symbolleiste sind jeweils die nicht möglichen Aktionen ausgegraut. Darunter folgt die Ansichtenleiste, mittels der man ungelesene oder ignorierte Nachrichten ausblenden kann, um einen schnelleren Überblick zu gewinnen.

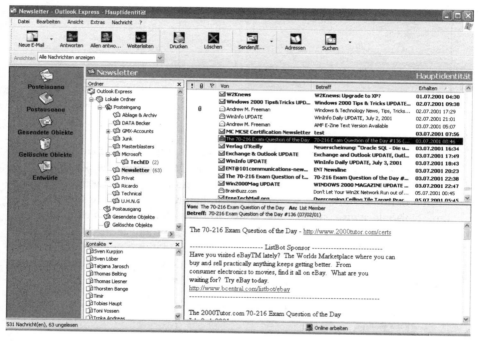

Outlook Express-Layoutübersicht.

Die erste E-Mail versenden

Um eine neue E-Mail zu versenden, müssen Sie nur die erste Schaltfläche der Symbolleiste anklicken: *Neue E-Mail.*

1   Klicken Sie das Symbol *Neue E-Mail* an. Es öffnet sich ein Fenster, in dem Sie die neue E-Mail abfassen können.

2   Eine E-Mail benötigt eine Empfängeradresse (Feld: *An*). An und für sich reicht dies schon aus, um sie abzuschicken – sinnvollerweise gibt man aber einen *Betreff* an und verfasst den Nachrichtentext im großen leeren Editorfeld.

3 Und ab die Post: Zum Versand der E-Mail klicken Sie auf *Senden*.

4 Ein Brief kommt nur an, wenn er der Post oder einem Boten übergeben wurde. Sie müssen sich jetzt mit dem Internet verbinden lassen, damit die E-Mail weiterbefördert werden kann. Normalerweise ist Outlook so voreingestellt, dass bei einer vorhandenen Verbindung die Mail sofort abgeschickt wird. Wenn eine solche Verbindung nicht besteht, müssen Sie im Hauptfenster ganz einfach auf *Senden und Empfangen* klicken, woraufhin die Standardverbindung aufgebaut wird und die Mails verschickt werden und auch direkt nach neuen Mails geschaut wird.

Ihr Brief ist nun auf die Reise gegangen und in einer Kopie weiterhin in Outlook einzusehen. Sie finden ihn unter den *Gesendeten Objekten*. Outlook hält mit einem ganzen System von Ablagen Ordnung. Sie können jederzeit zusätzliche Ordner, Ablagen und Einträge anlegen. Im Abschnitt „Tägliches Arbeiten mit Outlook" lernen Sie Outlook ein wenig näher kennen.

Anpassen des Erscheinungsbildes

Die Ansicht der einzelnen Mailordner in Outlook Express gliedert sich in mehrere Spalten. Sie können die Reihenfolge und Anordnung der Spalten beliebig variieren.

1 Wenn Sie Outlook Express geöffnet haben, markieren Sie eine Spalte und wählen aus dem Menü *Ansicht* den Befehl *Spalten*.

2 Ein Dialogfeld erscheint. Hier sind die Funktionen der einzelnen Spalten aufgeführt. Nehmen Sie Ihre Einstellungen mithilfe der Kontrollkästchen vor. Sie können auch die Spalten neu sortieren, indem Sie das Feld *Von* markieren und anschließend auf die Schaltfläche *Nach oben* klicken.

3 Geben Sie in der Textzeile *Die ausgewählte Spalte soll ... breit sein* die gewünschte Breite an und übernehmen Sie die Änderungen mit einem Klick auf *OK*.

So bewegen Sie die Textvorschau

1 Öffnen Sie Outlook Express und wählen Sie aus dem Menü *Ansicht* den Befehl *Layout*.

2 Im folgenden Dialogfenster finden Sie verschiedene Optionen für die Textvorschau. Diese lässt sich beispielsweise frei auf dem Bildschirm positionieren oder auch ganz abschalten. Nehmen Sie die gewünschten Einstellungen vor und bestätigen Sie die Änderungen durch einen Klick auf *OK*.

Die erste E-Mail im eigenen Briefkasten

Zum Test, ob Sie auch wirklich schon E-Mails empfangen können, senden Sie wie in der voranstehenden Anleitung eine neue E-Mail an Ihre eigene Adresse. Warten Sie eine Weile und versuchen Sie dann, Ihre Post abzuholen:

1 Klicken Sie einfach auf *Senden und Empfangen*.

2 Es wird automatisch die angegebene Standardverbindung gewählt und alle vorhandenen Konten werden auf neue E-Mails abgefragt.

3 Haben Sie wie oben beschrieben das Auflegen nach dem Abrufen der E-Mails aktiviert, so wird die Verbindung automatisch wieder gekappt.

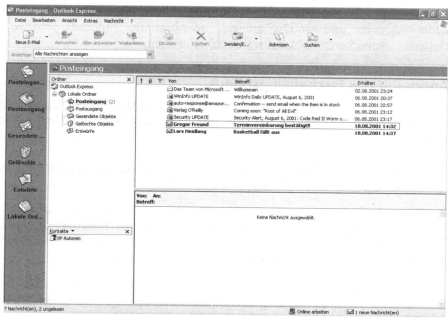

Neue E-Mails in Ihrem Posteingang.

Achten Sie daher grundsätzlich auf die kleinen blinkenden Monitore unten rechts in der Taskleiste, die Ihnen eine aktive Verbindung anzeigen, die durch einen Rechtsklick mit der Maustaste und Auswahl der Option *Verbindung trennen* getrennt werden kann.

Gebühren sparen – Wechsel von Online- und Offlinemodus

Kurz ein paar Worte zum Online- und Offlinemodus: Sie müssen nur online sein, um Ihr E-Mail-Konto abzufragen und gleichzeitig geschriebene E-Mails zu versenden. Das heißt, Sie sollten im Offlinemodus erst einmal alle Mails schreiben und dann auf *Senden und Empfangen* in der Symbolleiste drücken, um Ihre Konten abzufragen. Ob Sie im Offline- oder Onlinemodus sind, sehen Sie an dem Computersymbol unten in der Statusleiste von Outlook Express. Befinden Sie sich im Offlinemodus, so sehen Sie einen roten Kreis mit einem weißen Kreuz über dem Computersymbol.

1   Verfassen Sie ein neue Mail und klicken Sie auf *Senden*.

2   Mit einem Doppelklick auf das Symbol wechseln Sie in den Onlinemodus.

3   Klicken Sie auf *Senden und Empfangen*, um Ihre E-Mails zu versenden bzw. neue zu empfangen.

4   Nach Abschluss des Downloads wechseln Sie mit einem Doppelklick wieder in den Offlinemodus.

5   Um zu vermeiden, dass die Verbindung unnötigerweise zu lange geöffnet bleibt, können Sie im Menü *Extras/Optionen/Verbindungen* den Punkt *Nach dem Senden bzw. dem Empfangen auflegen* aktivieren.

10.3 Die besten Tipps und Tricks für effektives Arbeiten mit Outlook Express

Neben den gesendeten Objekten und dem Posteingang gibt es eine Menge mehr an Outlook Express zu entdecken. Lernen Sie in diesem Kapitel die Möglichkeiten etwas näher kennen, die es für Sie und Ihre tagtäglichen Aufgaben bereithält.

Outlookleiste und Ordnerliste – hier hält Outlook Ordnung

Die senkrechte Spalte ganz links ist die *Outlookleiste*, über die man mittels Symbolen zu den verschiedenen Ordnern navigieren kann. Wer mehr an den Windows-Explorer gewöhnt ist, wird eher mit der *Ordnerliste*, hier rechts daneben, arbeiten, eine hierarchische Anordnung der Ordnerstruktur innerhalb von Outlook Express. Dort finden Sie unter dem lokalen Ordner sowohl Standardordner wie den *Posteingang* und *Postausgang* und den Ordner *Entwürfe*, in dem noch nicht versendete Objekte gespeichert werden.

Das Gegenstück dazu ist der Ordner *Gesendete Objekte*, der selbige enthält. Im Ordner *Kontakte* werden alle Adressen verwaltet, und zuletzt ist da noch der Ordner *Gelöschte Objekte*, der wie der Papierkorb auf dem Desktop arbeitet. Diese Ordnerstruktur können Sie beliebig mit neuen Ordnern und Unterordnern erweitern, sodass Sie sich eine für Sie persönlich logische Ablage für Mails und News schaffen können.

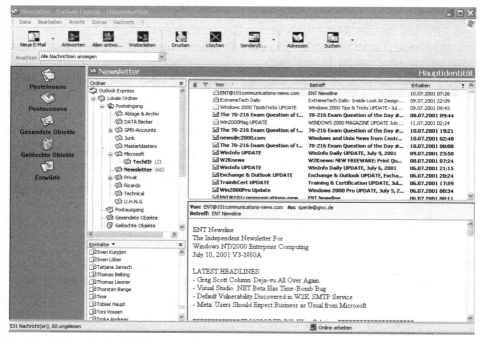

Fensteraufteilung bei Outlook Express.

Das Adressbuch für die Pflege Ihrer Kontakte

Ihr Adressbuch erreichen Sie über das Symbol *Adressen*. Hier finden Sie alle Adressen, die Sie gespeichert haben. Sie können auf verschiedene Weise Adressen zum Adressbuch hinzufügen: Entweder Sie benutzen den Menübefehl *Datei/ Neu/Kontakt*, oder Sie öffnen das Adressbuch und nutzen dort das Symbol *Neu*, oder Sie öffnen eine E-Mail, klicken mit der rechten Maustaste auf den Absender und wählen dann *Zum Adressbuch hinzufügen*.

Wenn Sie Ihre Adressen verwalten wollen, öffnen Sie das Adressbuch. Hier können alle Eigenschaften eines jeden Kontakts bearbeitet und vervollständigt werden.

Kontakte schneller erreichen

Wenn Sie die Kontaktliste nutzen, kann diese Ihre Arbeit ein wenig beschleunigen. Wenn Sie hier einen Kontakt doppelklicken, wird sofort ein E-Mail-Fenster mit dem ausgewählten Kontakt als Empfänger geöffnet. Außerdem können Sie schnell neue Kontakte hinzufügen, indem Sie einfach auf die Überschrift *Kontakte* der Leiste klicken und die angebotene Option nutzen, um einen neuen Kontakt zu erstellen.

Schickere E-Mails mit Signatur und Briefpapier

Fahren Sie in den Urlaub oder laden Sie Ihre Freunde zum Geburtstag ein – es gibt viele Situationen, in denen Sie eine Rundmail an mehrere Personen verfassen möchten. Wir zeigen Ihnen, wie Sie dies über die Eingabe mehrerer Adressen oder die Nutzung von Verteilergruppen bewerkstelligen können. Auch sollten Sie Ihre E-Mails mit einer Signatur versehen, was ihnen eine gewisse Professionalität und einen besseren Wiedererkennungswert verleiht.

Der „Online-Briefkopf" – Entwerfen Sie Ihre eigene Signatur

Man kann leicht die Signaturen mit den digitalen Signaturen verwechseln, darum wird hier noch mal deutlich auf den Unterschied hingewiesen: Bei den Signaturen handelt es sich um eine Unterschrift, die jeder E-Mail angehängt wird, ähnlich wie die Voreinstellung eines bestimmten Briefpapiers, das Sie verwenden wollen. Geben Sie beispielsweise Ihren Namen und Ihre komplette Adresse an, um dies nicht bei jeder E-Mail aufs Neue eingeben zu müssen. Ihrer Fantasie sind hierbei keine Grenzen gesetzt.

Persönliche Signatur für Ihre E-Mails.

Anstelle eines Textes können Sie auch eine HTML-Datei angeben, die dann als Signatur verwendet wird. Der Vorteil bei einer HTML-Datei liegt in der Vielfalt der Möglichkeiten, die Sie nutzen können. Der Nachteil wiederum ist, dass immer mehr Menschen ihre empfangenen E-Mails nur noch als so genannte Plain Text-E-Mails lesen, um der Gefahr von virenverseuchten E-Mails, die per HTML-Code verschickt werden, zu entgehen. Das heißt, Ihre schöne, mit Mühe gestaltete E-Mail kommt nur als kryptischer Code beim Empfänger an.

1   Erstellen Sie zum Beispiel in Word eine Signatur und speichern Sie die Datei im HTML-Format.

2 Wählen Sie nun in Outlook Express bei der Signatur die Option *Datei* und geben Sie den Pfad zu Ihrer erstellten Datei an.

3 Vergessen Sie nicht, auf der Registerkarte *Signatur* den Haken vor *Allen ausgehenden Nachrichten Signaturen hinzufügen* zu setzen. Nun wird automatisch an alle E-Mails Ihre Signatur angehängt.

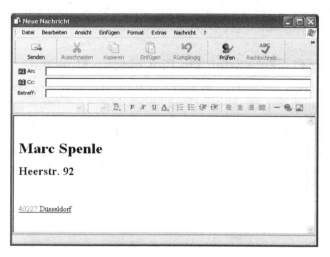

Urlaubsgrüße per E-Mail – schönere E-Mails mit Format

Schicken Sie Ihren Freunden doch direkt aus dem Urlaub die tollen Fotos vom Strand und zeigen Sie sie nicht erst Monate später zu Hause, wenn sie entwickelt wurden.

Ihre Urlaubsgrüße mit Momentaufnahme.

Wollen Sie Ihren Mails eine persönliche Note geben? Kein Problem: Über die Registerkarte *Erstellen* haben Sie zahlreiche Möglichkeiten, Ihren E-Mails Ihre ganz persönliche Note zu geben. Angefangen bei der Schriftart, über das verwendete Briefpapier bis hin zu angehängten Visitenkarten.

Visitenkarten sind Einträge, die in den *Kontakten*, dem Standardordner von Outlook Express für Adressen gespeichert sind. Mit Briefpapier ist hier ein beliebiger Hintergrund gemeint, auf dem Sie Ihre Nachrichten verfassen, sei es nun zu privaten Zwecken oder ein Hintergrund, der auf Ihr Geschäftspapier abgestimmt ist. Alle Einstellungen können Sie separat für E-Mails und News vornehmen.

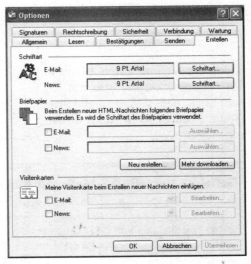

Personalisieren Sie Ihre E-Mails und News.

Mehrere Adressen in ein Feld eingeben

Wenn Sie mehrere Adressen manuell eingeben wollen, müssen Sie diese durch ein Semikolon trennen. Bei der Auswahl der Empfänger aus dem Adressbuch trennt das Programm die E-Mail-Adressen automatisch voneinander.

Verteiler und Arbeitserleichterungen

Wenn Sie oft Mails an Ihre Freunde schreiben und die Empfänger immer dieselben Personen sind, lohnt es sich durchaus, mit Verteilergruppen zu arbeiten.

1 Öffnen Sie Ihr Adressbuch durch einen Klick auf das Symbol *Adressen*.

2 Hier wählen Sie den Menübefehl *Datei/Neue Gruppe*.

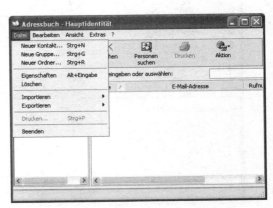

3 Geben Sie einen Gruppennamen an und fügen Sie beliebig viele Gruppenmitglieder hinzu oder erstellen Sie wahlweise neue Kontakte, um sie dann hinzuzufügen.

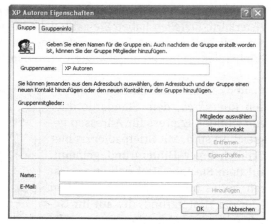

So können Sie nun durch Auswahl des Gruppennamens, also mit einem Klick, eine E-Mail an alle Ihre Freunde adressieren und direkt versenden.

Geheime Verteiler: E-Mails mit Blindkopien senden

Beim Erstellen einer neuen Mail befinden sich unter dem Eingabefeld für die Empfängeradresse die Felder *Cc* und *Bcc*. Die Abkürzungen stehen für **C**arbon **C**opy (engl.: Kohlepapierdurchschlag) bzw. **B**lind **C**arbon **C**opy. Letzteres besagt, dass die Empfänger, die in diesem Feld eingetragen werden, nur ihren eigenen Namen im E-Mail-Kopf sehen können und nicht die Namen der anderen Empfänger. Dies ist besonders bei größeren Rundschreiben nützlich, da eine E-Mail mit 30 Empfängeradressen nicht besonders persönlich wirkt.

1 Öffnen Sie ein neues E-Mail-Fenster.

2 Tragen Sie in das Feld *An* eine Adresse ein.

3 In das Adressfeld *Cc* (**c**arbon **c**opy) tragen Sie nur dann Personen ein, wenn Sie die Mail in Kopie auch an andere verschicken wollen.

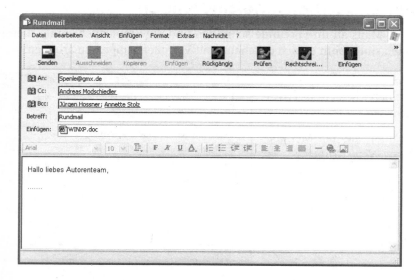

4 Das Adressfeld *Bcc* (**b**lind **c**arbon **c**opy), das Sie über den Menüpunkt *Ansicht/Alle Kopfzeilen* einblenden können, unterscheidet sich zum *Cc*-Feld darin, dass hier eingetragene Empfänger vor den anderen Empfängern verborgen bleiben. Nutzen Sie das *Cc*-Feld, sieht jeder, an wen die E-Mail noch gegangen ist.

E-Mails schneller und bequemer finden

Outlook Express hat eine Funktion integriert, die es Ihnen ermöglicht, zu einer Mail in Sekundenschnelle andere Mails zum gleichen Thema oder vom selben Absender aus Ihrem Posteingang herauszusortieren. Dazu öffnen Sie eine Mail und führen die folgenden Schritte durch:

1 Öffnen Sie im Menü *Bearbeiten* das Untermenü *Suchen*. Hier stehen die Funktionen *Nachricht*, *Personen* und *Text in dieser Nachricht* zur Auswahl. Klicken Sie auf eine der drei Suchfunktionen.

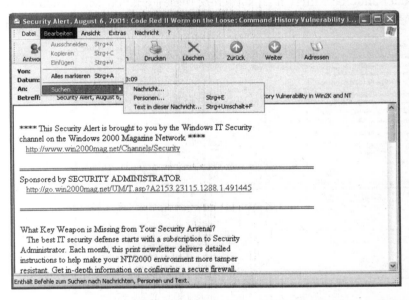

2 Im anschließenden Dialogfeld können Sie alternative Ordner angeben, die in der Outlook Express-Ordnerstruktur durchsucht werden sollen. In diesem Fall klicken Sie auf die Schaltfläche *Durchsuchen* und versehen das Kontrollkästchen *Untergeordnete Ordner durchsuchen* mit einem Häkchen. Die Änderung bestätigen Sie mit *OK*. Geben Sie nun Suchkriterien ein, sei es den Absender, den Empfänger, den Betreff oder ein Wort in der Nachricht selbst. Um die Suche einzugrenzen, können Sie einen Zeitraum angeben, in dem gesucht werden soll. Klicken Sie abschließend auf die Schaltfläche *Suche starten*, um die Suche zu beginnen.

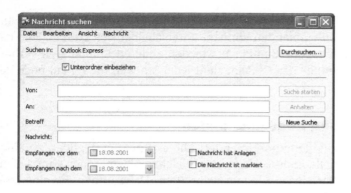

Eingehende Nachrichten mit Nachrichtenregeln automatisch einsortieren

Outlook Express ist in der Lage, eingehende Mails automatisch nach Absender, Thema oder anderen Kriterien zu sortieren. Diese Funktion wird Nachrichtenregeln genannt.

Sortieren Sie Ihre E-Mails mit Filterregeln.

So legen Sie diese Regeln fest

1 Wenn Sie Outlook Express geöffnet haben, wählen Sie aus dem Menü *Extras* den Befehl *Regeln*. Im sich nun öffnenden Untermenü klicken Sie auf *E-Mail*. Das entsprechende Dialogfenster erscheint.

2 Klicken Sie auf die Schaltfläche *Neu*. Das Dialogfeld *Neue E-Mail-Regel* wird angezeigt.

3 Sie können nun durch Auswahl der einzelnen Bedingungen, wie z. B. *Enthält den Absender*, bestimmen, nach welchen Kriterien die Mails sortiert werden sollen.

4 Im Feld *Regelbeschreibung* erscheint daraufhin *Absender* farbig unterlegt. Doppelklicken Sie auf das Wort. Das Dialogfeld *Leute auswählen* erscheint.

5 Geben Sie nun einen oder mehrere Absender an und bestätigen Sie jeden Eintrag jeweils mit einem Klick auf *Hinzufügen*. Schließen Sie dann das Fenster, um zum Dialogfeld *Neue E-Mail-Regel* zurückzukehren.

6 Legen Sie jetzt die Aktion für die beschriebenen Mails fest. Dazu klicken Sie auf die Schaltfläche *Aktionen für die Regeln*. Wählen Sie beispielsweise *In den Ordner ... verschieben* und geben Sie nach einem Doppelklick auf den neuen Eintrag einen Ordner an. Schließen Sie danach das Fenster mit einem Klick auf *OK*.

7 Abschließend müssen Sie der E-Mail-Regel noch einen Namen geben. Dies geschieht durch den Eintrag in der Zeile *Namen der Regel*. Klicken Sie zum Schluss auf *OK*.

So wenden Sie Nachrichtenregeln nachträglich an

1 Nachdem Sie Outlook Express geöffnet haben, klicken Sie im Menü *Extras* auf *Regeln* und anschließend auf den Befehl *E-Mail*.

2 Sie sehen im darauf folgenden Fenster eine Übersicht über Ihre eingerichteten Nachrichtenregeln. Markieren Sie eine Regel und wenden Sie sie nachträglich durch Anklicken der Schaltfläche *Anwenden* an.

3 Sie müssen jetzt noch den Ordner festlegen, auf den die Regel angewendet wird. Hierzu klicken Sie auf *Durchsuchen*. Wählen Sie dann im angezeigten Dialogfeld den Ordner aus.

4 Schließen Sie die Fenster mit einem Klick auf *OK* und anschließendem auf Klick auf *Anwenden*.

Angekommen? Gelesen? – Empfangs- und Sicherheitsbestätigungen

Bei wichtigen Mails kann es notwendig sein, eine Empfangsbestätigung anzufordern, um sicherzugehen, dass der Empfänger die Nachricht auch gelesen hat. Auf der Registerkarte *Bestätigungen* können Sie festlegen, ob bei einer Anforderung automatisch die Bestätigung gesendet werden soll oder ob Outlook Express nachfragen soll, ob die Bestätigung gesendet werden soll. Wenn Sie grundsätzlich eine Empfangsbestätigung für Ihre Mails wünschen, kann auch dies mit einem Haken auf dieser Registerkarte ausgewählt werden, da Sie es sonst bei jeder Mail, die Sie versenden, manuell einstellen müssten. Nachrichten können digital signiert werden. Wenn Sie eine digital signierte Mail erhalten, können Sie über die Einstellung *Sicherheitsbestätigung* überprüfen, ob der Inhalt der Mail nicht verändert wurde. Ähnlich wie bei der Sendebestätigung wird als Standard immer nachgefragt, ob eine Sicherheitsbestätigung angefordert werden soll. Sie können dann immer noch wählen, ob immer automatisch eine Anforderung gesendet werden soll oder dies völlig unterdrückt wird.

10.4 Outlook nach Maß – Anpassen der Optionen für Sicherheit und mehr Komfort

Wir möchten Ihnen hier einige Tipps geben, welche Einstellungen Sie verändern sollten, um Ihr Outlook Express effizienter zu nutzen. Hierzu öffnen Sie Ihr Outlook Express und, falls das Programm versucht eine Verbindung herzustellen, brechen Sie dies ab. Über den Menübefehl *Extras/Optionen* gelangen Sie zu allen wichtigen Einstellungen rund um Outlook Express.

Wenn in den folgenden Abschnitten von Ordnern geredet wird, bezieht sich das immer auf die Ordnerstruktur, die Sie beim Start von Outlook Express auf der linken Seite finden, wie z. B. den *Posteingang*, die *Kontakte* oder den Ordner *Gelöschte Objekte*.

Wenn's Ihnen nicht passt – Ordnerleiste und Statusleiste anpassen

Diese beiden Leisten haben eine geringere Bedeutung, sind aber standardmäßig eingeblendet. Die Statusleiste befindet sich unten am Fensterrand und gibt an, ob Sie sich im Online- oder Offlinemodus befinden. Außerdem gibt sie noch die Anzahl der ungelesenen Nachrichten im Verhältnis zur Gesamtzahl der Nachrichten des Ordners an, in dem Sie sich gerade befinden. Die Ordnerleiste zeigt in fetter Schrift den aktuell geöffneten Ordner an und befindet sich direkt unter der Ansichtenleiste.

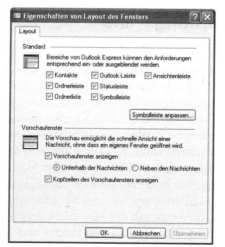

Wie soll Ihr Hauptfenster aussehen?

Nachrichtenliste mit mehr, weniger oder ganz ohne Vorschau

In den beiden größten Fenstern rechts befinden sich die eigentlichen Nachrichten oder auch News, je nachdem, welchen Ordner Sie gerade in der Ordnerliste ausgewählt haben. Das obere von beiden, die Nachrichtenliste, zeigt verschiedene Felder an, die Sie frei wählen und ergänzen sowie in Größe und Anordnung abändern können. Wählen Sie dazu das Pulldown-Menü *Ansicht* aus und dort den Punkt *Spalten*. Hier können Sie mit Haken markieren, welche Attribute Sie anzeigen lassen möchten, und über die Schaltflächen *Nach oben* und *Nach*

unten können Sie die Reihenfolge verändern. Die zweite Möglichkeit, die Reihenfolge zu ändern, funktioniert noch einfacher, indem Sie ganz einfach ein Feld, z. B. *Betreff*, anklicken, die Maustaste gedrückt halten und an die Stelle ziehen, wohin Sie es verschieben möchten (Drag & Drop). Wenn Sie auf eine beliebige Spalte mit der rechten Maustaste klicken und dann im Kontextmenü *Spalten* auswählen, kommen Sie in das gleiche, unten abgebildete Dialogfenster.

Direkt unter der Nachrichtenliste befindet sich das so genannte Vorschaufenster, das Ihnen den Inhalt der Mail, die Sie oben ausgewählt haben, anzeigt. Dies kann ganz praktisch sein, wenn man von einem Absender viele E-Mails erhalten hat und nach einer bestimmten sucht. So muss man nicht jede Mail einzeln öffnen, sondern kann sie schneller durchsuchen. Optional können Sie das Vorschaufenster auch senkrecht neben der Nachrichtenliste und mit oder ohne Kopfzeile anzeigen lassen. Die Kopfzeile zeigt Ihnen noch einmal den Absender, den Empfänger und die Betreffzeile an. Im Menüpunkt *Ansicht* und dort unter *Layout* finden Sie die Ein-

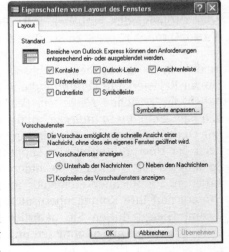

stellungen zum Vorschaufenster. Wählen Sie aus, ob Sie das Vorschaufenster sehen möchten oder nicht. Arbeiten Sie mit Vorschaufenster, können Sie noch bestimmen, ob es ober- oder unterhalb der Nachrichten und mit oder ohne Kopfzeile angezeigt wird.

Der Postbote kommt nur einmal am Tag – Outlook Express, so oft Sie wollen

Wenn Sie keinen Messenger verwenden, um Kontakt mit Ihren Freunden beim Surfen zu halten, sollten Sie diese Funktion deaktivieren. Outlook Express versucht bei jedem Start sofort, Ihre E-Mail-Konten zu überprüfen. Dies können Sie unterbinden, indem Sie den Haken entfernen. Bei manchen ISPs sind die ersten 30 Sekunden kostenlos, was in der Regel ausreicht, um E-Mails ohne Anhänge (Dateien die an die Mails angehängt sind) herunterzuladen. In diesem Fall kann man Outlook Express so konfigurieren, dass es in bestimmten Zeitabständen die Konten automatisch auf neue Mails untersucht. Stellen Sie

hierzu eine beliebige Zeit ein und zusätzlich noch, ob Outlook Express automatisch eine Verbindung herstellen soll, um die Abfrage der Konten durchzuführen. Hierzu müssen Sie auswählen, ob Outlook Express die Verbindung im Online- oder Offlinemodus aufbauen soll, abhängig davon, wie Sie sich entschieden haben, Outlook Express zu konfigurieren.

In diesem Zusammenhang wechseln Sie zur Registerkarte *Verbindung* und haken das Kästchen *Nach dem Senden bzw. Empfangen auflegen* an, damit Outlook Express die Verbindung nach der Überprüfung wieder kappt. So können Sie, während Sie andere Arbeiten am Rechner erledigen, im Hintergrund Ihre Konten überprüfen lassen. Hierzu dürfen Sie natürlich Outlook Express nur minimieren und nicht schließen. Über die Registerkarte *Verbindung* können Sie über die Schaltfläche *Ändern* auch wieder direkt in die Konfiguration Ihrer DFÜ-Verbindungen springen. Über die Registerkarte *Lesen* stellen Sie z. B. die Schriftart ein, in der eingehende Mails

Einstellung der Leseoptionen.

angezeigt werden sollen. Interessant ist hier die Einstellung zu den News: Da es bei umfangreichen Newsgroups mitunter zu über 1.000 Kopfzeilen (gemeint ist die Betreffzeile, die z. B. bei einer E-Mail angezeigt wird, neben anderen wie dem Absender oder dem Datum) kommen kann, kann man hier ein Limit eingeben, um die Downloadzeit gering zu halten.

Dem Fehlerteufel keine Chance – die Rechtschreibprüfung nutzen

Als neues Feature ist in Outlook Express 6 eine Rechtschreibprüfung integriert, sodass wie bei Word Korrekturen bei Fehlern vorgeschlagen werden. Einstellungsmöglichkeiten gibt es hier im Bereich der Sprache, also welches Wörterbuch der Rechtschreibprüfung zu Grunde liegt und welche Elemente bei der Prüfung ausgelassen werden, wie z. B. *Internetadressen* oder *Wörter mit Zahlen*.

Sendeoptionen: Gleich senden – oder erst schreiben und bei Gelegenheit abschicken?

Wenn Sie E-Mails verschickt haben, werden diese standardmäßig im Ordner *Gesendete Objekte* gespeichert, was auch durchaus sinnvoll ist. Nachrichten sofort zu senden ist davon abhängig, ob Sie sich für den Online- oder den Offlinemodus entschieden haben. Dass die Adresse beim Antworten direkt ins Adressbuch übertragen wird, halte ich bei einem regen E-Mail-Betrieb für fragwürdig, denn dann kann schnell die Übersichtlichkeit der Adressen verloren gehen – vor allem da in der heutigen Zeit sehr viele bereits mindestens zwei E-Mail-Adressen verwenden. Hier empfehlen wir, die Einträge der Adressen in

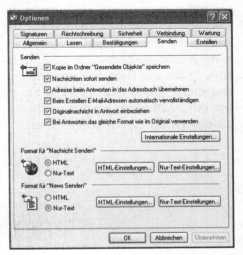

den *Kontakte*-Ordner lieber manuell vorzunehmen. Wenn Sie in Ihre E-Mails Grafiken einbetten wollen, so müssen Sie mit dem HTML-Modus (**H**yper**T**ext **M**ark-up **L**anguage) arbeiten, um diese Möglichkeit zu bekommen. Bei den News-groups sollten Sie auf den Nur-Text-Modus zurückgreifen, da dieser allgemein üblich und – viel wichtiger – von allen Newsreadern unterstützt wird.

Der Aufräumdienst für Ihren Briefkasten

Damit Ihr Briefkasten nicht überläuft, sollten Sie ihn regelmäßig leeren. Nun ja, irgendwie trifft das auch auf diesen elektronischen Briefkasten zu. Alle E-Mails, die Sie löschen, wandern in den Ordner *Gelöschte Objekte*, damit dieser aber auch geleert wird, müssen Sie dies manuell vornehmen, indem Sie mit der rech-ten Maustaste darauf klicken und ihn leeren. Oder Sie automatisieren es, indem Sie den Ordner beim Verlassen von Outlook automatisch leeren lassen. Zur Si-cherheit werden Sie auch dann noch einmal gefragt, ob Sie wirklich alles löschen wollen. Ungenutzter Speicherplatz durch Kopfzeilen aus Newsgroups, die im Cache verblieben sind, können hier aufgeräumt werden, oder auch die Nachrich-ten komprimiert. Da Outlook Express alle seine Daten, also Nachrichten, E-Mails, Kontakte, kurz die komplette Ordnerstruktur in einer einzigen Datei speichert, die mit *outlook.pst* bezeichnet ist, kann man hier auch den Speicherplatz verän-dern. Standardmäßig befindet sich die Datei in dem jeweiligen Profil des Benut-zers in *Dokumente und Einstellungen* und dort in einem versteckten Ordner.

Troubleshooting: Fehlerprotokoll – wenn's mal nicht klappt

Sollten einmal Probleme mit dem Mail-server auftreten und Ihr ISP weiß nicht sofort Rat und t Sie um ein Fehlerproto-koll, eine so genannte Log-Datei, dann können Sie ebenfalls auf der Register-karte *Wartung* angeben, welche Proto-kolle in der Log-Datei festgehalten wer-den sollen. Da es sich meistens um ei-nen POP3-Mailserver handelt, reicht nor-malerweise der Haken neben *E-Mail*.

Sicherheit und Virenschutz

Allein in den letzten Jahren waren die Zeitungen immer wieder voll mit Schreckensmeldungen, was Computerviren angeht, dabei kann man sich allein durch das Einhalten einiger einfacher Regeln vor dem Gröbsten schützen.

Öffnen Sie niemals Anhänge von Mails, deren Adressaten Sie nicht kennen und hundertprozentig vertrauen, sei es noch so verlockend. Am besten man löscht sie direkt. Setzen Sie Antivirensoftware ein, die regelmäßige (mindestens monatliche) Updates und die Möglichkeit anbietet, E-Mails zu scannen, sodass verdächtige E-Mails direkt gesperrt werden und gar nicht erst ein Sicherheitsrisiko darstellen.

Viele Viren verbreiten sich automatisch, indem sie auf das Adressbuch von Outlook Express zugreifen und sich selbst an alle eingetragenen E-Mail-Adressen versenden. Bei Outlook Express gibt es die Möglichkeit, dies zu überwachen und direkt zu melden. Wenn Sie wollen, sperrt Outlook verdächtige E-Mails sofort und verweigert den Zugriff. Dieser Mechanismus kann natürlich nicht im Geringsten ein Antivirenprogramm ersetzen und ist bestenfalls ein Anfang, bis man sich für eine Antivirensoftware entschieden hat.

Wenn Sie E-Mails versenden, bei denen Sie sicher sein wollen, dass der Inhalt aufgrund seiner Wichtigkeit nicht manipuliert wurde, müssen Sie mit digitalen Signaturen arbeiten. Der Empfänger ist dann in der Lage, diese digital signierte E-Mail zu überprüfen, um die Echtheit zu bestätigen. Dies funktioniert auf der Basis von Zertifikaten, die Sie zuerst über Microsoft anfordern müssen. Jedes Zertifikat besteht aus einem Schlüsselpaar, aus einem öffentlichen und einem privaten Schlüssel. Sobald Sie dann Ihre digitale ID besitzen, können Sie Ihre Mails mit Ihrem privaten Schlüssel verschlüsseln, was völlig transparent im Hintergrund abläuft. Der Empfänger kann anschließend mithilfe Ihres öffentlichen Schlüssels, der wie der Name schon sagt, öffentlich zugänglich ist, Ihre Nachricht auf Echtheit überprüfen. Vielleicht ist Ihnen ein schon älteres Drittanbieterprodukt bekannt, das mit der gleichen Technologie arbeitet, nämlich **P**retty **G**ood **P**rivacy(abgekürzt PGP), das auch im Internet frei erhältlich ist und sich nahtlos in Outlook und Outlook Express integrieren lässt. Über die Schaltfläche *Erweitert* können Sie noch die Intensität der Verschlüsselung festlegen und Einstellungen vornehmen, wann verschlüsselt werden soll und ob auf zurückgezogene Zertifikate überprüft werden soll.

Gefährliche Inhalte und HTML-E-Mails fest im Griff

Gerade von E-Mails, die im HTML-Format verfasst sind, lassen sich besonders gut ausführbare Dateien, Verweise auf externe Quellen und weitere Gefahren verstecken, sodass es sinnvoll sein kann, diese Gefahrenquelle komplett auszuschalten, indem man eingehenden E-Mails nur im so genannten Nur-Text-Modus liest.

Um dies zu aktivieren, klicken Sie im Menü *Extras* auf *Optionen* und navigieren dann zur Karteikarte *Lesen*. Hier setzen Sie einen Haken in das Kästchen der Option *Alle Nachrichten als Nur-Text lesen*. Ab sofort werden nun alle eingehenden HTML-E-Mails in reiner Textform angezeigt, d. h., Sie sehen den so genannten Quellcode der E-Mail, was sehr unübersichtlich sein kann, und irgendwo dazwischen finden Sie auch den Text, der die eigentliche Nachricht an Sie beinhaltet.

*Einschalten des
Nur-Text-Modus.*

Daher geht unsere Empfehlung dahin, die HTML-E-Mails nicht völlig abzuschalten, sondern viel mehr gefährliche Bilder und Verweise auf externe Quellen, die dann wiederum gefährlichen Code beinhalten, abzublocken, sodass Sie selbst entscheiden können, ob Sie den Inhalt und die Bilder sehen oder die E-Mail so lassen wollen, wie sie ist, um lediglich den Textinhalt zu lesen.

Dazu klicken Sie wiederum im Menü *Extras* auf *Optionen* und navigieren dann zur Karteikarte *Sicherheit*. Hier aktivieren Sie das Kästchen *Bilder und andere externe Inhalte in HTML-E-Mails blocken* und bestätigen abschließend mit *OK*.

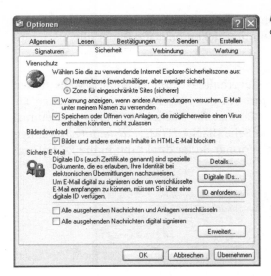

HTML-E-Mail Inhalte abblocken.

Wenn Sie nun eine E-Mail bekommen, die Bilder oder externe Links im HTML-Code enthält, werden diese nicht direkt dargestellt, sondern Sie selbst können entscheiden, diese Bilder und Links herunterzuladen, sprich sich anzeigen zu lassen. Dies können Sie auf zwei Arten machen: indem Sie direkt auf den Hinweis auf geblockte Bilder unterhalb der Betreffzeile mit der linken Maustaste klicken oder über das Menü *Ansicht/Geblockte Bilder*.

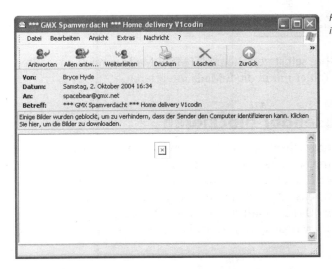

Hinweis auf geblockte Inhalte in einer E-Mail.

Sie sollten sich im Zusammenhang mit HTML-E-Mails auch überlegen, ob Sie Ihr eigenes Format, in dem Sie E-Mails versenden, auf das Nur-Text-Format ändern und auf HTML-E-Mails gänzlich verzichten sollen. Natürlich geht Ihnen damit die freie Gestaltungsmöglichkeit der E-Mails, wie wir sie in diesem Kapitel beschrieben haben, verloren, jedoch steigern Sie damit auch Ihre Sicherheit und die

Ihrer Empfänger. Als Alternative können Sie ja zum Beispiel Ihre Urlaubsbilder als Anhang in einer PowerPoint-Datei mitschicken oder die Bilder allein komprimiert in einem Archivfile anhängen.

Alle Einstellungen bezüglich des Sendeverhaltens Ihrer eigenen E-Mails finden Sie im Menü *Extras/Optionen* und dort auf der Karteikarte *Senden*. Stellen Sie über die Auswahlschalter einmal das Format für *Nachricht Senden* und einmal für *News Senden* ein. Jeweils über die Schaltfläche *HTML-Einstellungen* können Sie noch festlegen, ob bei dem HTML-Format Bilder direkt mit in die E-Mail eingebunden werden können.

Einstellungen für die
Sendeoptionen.

Wollen Sie also nicht auf Ihre selbst gestalteten HTML-E-Mails verzichten, sollten Sie doch zumindest keine Bilder mit in die E-Mails integrieren.

Unerwünschte Absender blockieren

Aufgrund des immer weiter wachsenden Aufkommens an Spam-E-Mails kann es durchaus Sinn machen, eine so genannte schwarze Liste zu pflegen mit Absendern, von denen man keine E-Mails mehr bekommen möchte. Erfahrene Benutzer mögen natürlich sagen, dass dies nichts nütze, da die „Spammer" ja wechselnde Absender benutzen. Das ist natürlich richtig, hiermit erwischt man nur die Werbe-E-Mails, die von „seriösen" Anbietern kommen, was ja schon einmal ein Anfang ist.

Es wird sich in den kommenden Jahren bestimmt noch eine Menge auf diesem Gebiet verändern, da sich mittlerweile auch die E-Mail-Anbieter zusammentun, um nach einer umsetzbaren Möglichkeit zu suchen.

Sie haben nun zwei Möglichkeiten, einen Absender einer unerwünschten E-Mail auf Ihre persönliche schwarze Liste zu setzen. Markieren Sie einfach im Posteingang eine E-Mail und klicken Sie dann im Menü *Nachricht* auf den Punkt *Absender blockieren*.

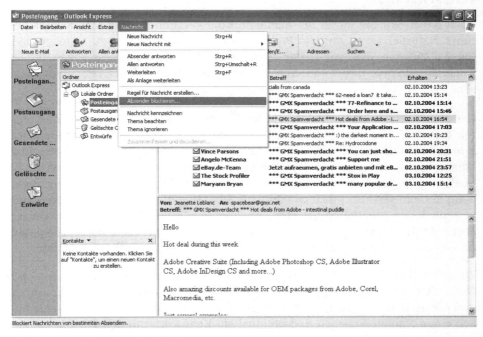

Blockieren des Absenders einer E-Mail.

Alternativ können Sie aber auch über das Menü *Extras/Nachrichtenregeln* auf den Punkt *Liste der blockierten Absender* klicken, um sich alle bereits von Ihnen blockierten Absender anzeigen zu lassen. Klicken Sie dann auf die Schaltfläche *Hinzufügen*, um direkt hier neue E-Mail-Adressen oder Domänen anzugeben, die Sie blockieren möchten. Wenn Sie eine komplette Domäne blockieren möchten, geben Sie lediglich den Teil einer E-Mail-Adresse ein, der sich hinter dem @-Zeichen befindet, somit werden Sie von allen existierenden Absendern dieser Domäne keine E-Mail mehr erhalten.

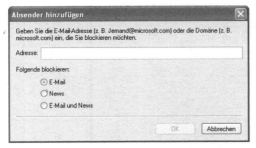

*Absender der
schwarzen Liste
hinzufügen.*

10.5 Für Poweruser: Mehrere Konten und Identitäten

Eben haben wir Sie durch die manuelle Konfiguration eines E-Mail-Kontos geführt. Natürlich ist es gar kein Problem, auch mehrere Konten zu erstellen und diese abzurufen. Wie wir später sehen werden, kann man diese sogar mittels Nachrichtenregeln direkt sortieren und in verschiedene Ordner verschieben lassen.

Gehen wir jetzt wieder einmal von der Situation aus, dass Sie Ihren Computer mit mehreren Familienmitgliedern teilen. Jeder hat wahrscheinlich sein eigenes E-Mail-Konto und möchte dies über Outlook Express verwalten. Wie wir gesehen haben, brauchen Sie nur alle E-Mail-Konten einzurichten und jeder kann seine E-Mails empfangen. Nur möchten Sie ja nicht, dass alle anderen Ihre E-Mails lesen, denn die sind genauso privat wie normale Post. Hierzu kann Outlook Express mit verschiedenen Identitäten arbeiten, um mehrere Konten zu verwalten, sodass aber jeder Benutzer eine eigene Identität erhält und somit auch nur seine Konten zu Gesicht bekommt. Jeder kann sogar die Ansicht von Outlook frei gestalten.

Zum Erstellen einer neuen Identität wechseln Sie in die Menüleiste in das Menü *Datei*. Dort gibt es drei Optionen: *Identität wechseln*, *Neue Identität hinzufügen* und *Identitäten verwalten*. Zum Anlegen einer neuen Identität müssen Sie lediglich einen Namen eingeben und optional ein Kennwort, um den Zugang zu dieser Identität zu sichern. Nachdem Sie eine neue Identität fertig gestellt haben, können Sie sofort dorthin wechseln. Nun folgt das altbekannte Anlegen eines E-Mail-Kontos für diese neue Identität. So verfahren Sie für alle einzurichtenden Identitäten.

Danach wählen Sie den Menüpunkt *Identitäten verwalten* aus, wo Sie angeben können, ob Programme, die Identitäten verwenden, eine bestimmte nehmen oder eine Auswahl anbieten sollen, bevor sie starten.

Verwalten Sie mehrere Benutzer mittels Identitäten.

Wichtig ist jetzt nur noch, dass Sie Outlook Express nicht einfach beenden, sonst startet es mit der zuletzt gewählten Identität, sondern auf *Beenden und Identität abmelden* gehen, um das Programm zu verlassen.

Individuelles Layout von Outlook Express für jede Identität

Für jede Identität kann das Aussehen von Outlook Express individuell angepasst werden. Es wird Ihnen wahrscheinlich schnell auffallen, dass das Aussehen dem Windows-Explorer ähnelt. Schon seit Windows 2000 setzt Microsoft stark auf Uniformität, was das Aussehen der einzelnen Programme betrifft, um eine möglichst schnell zu erlernende Handhabung zu gewährleisten. Auf der anderen Seite wird versucht, eine größtmögliche Flexibilität zu schaffen, um jedem Benutzer völlig gerecht zu werden.

11. Spielen unter XP – So läuft jedes Spiel

Spielefans können jubeln – mit Windows XP hat Microsoft das stabilste System auf den Markt gebracht. Das bedeutet verbesserte Kompatibilität älterer Spiele und eine Performance ohne Einbußen. DirectX ist und bleibt dabei die spielbestimmende Komponente. Zurzeit ist es die Version 9. Wir wollen Ihnen hier zeigen, wie Windows mit älteren Spielen umgeht, wie Sie auf dem neusten Stand von DirectX bleiben und wo Sie nützliche Informationen zu Ihren Lieblingsspielen finden. Angefangen bei Cheats über Patches bis zu kompletten Lösungen oder Kopieranleitungen, um sich Ihre Sicherheitskopie zu brennen. In Sachen Netzwerkspiele haben wir für Sie noch ein Special in Kapitel 11.3. Dort erfahren Sie alles zu Multiplayerspielen im Heimnetzwerk.

11.1 Spielentscheidend: DirectX und der Kompatibilitätsmodus

DirectX wird allen von Ihnen, die bereits mit Vorgängern – sei es Windows 9x, ME oder 2000 – gearbeitet haben, ein Begriff sein. Trotzdem wollen wir hier kurz auf DirectX eingehen, da es die Grundlage für Spiele in einer Windows-Umgebung liefert. Vorab ein paar Erklärungen, was DirectX überhaupt ist.

DirectX – Schnittstellen für Multimedia und Spiele

Microsoft DirectX ist eine Ansammlung verschiedener Programmierinterfaces für multimediale Anwendungen, die fest in das Betriebssystem integriert sind. Dank DirectX sind die Entwickler und Programmierer von multimedialen Anwendungen, zu denen eben die Spiele zählen, in der Lage, spezielle Hardwarefeatures zu verwenden, ohne für jede Hardware eigenen Programmiercode zu benötigen. Um es einfacher auszudrücken, spielt DirectX die Rolle des Dolmetschers zwischen den Anwendungen und der spezifischen Hardware. Bei diesen Features handelt es sich fast immer um grafikkartenspezifische 3-D-Anwendungen oder um Soundfeatures. Entwickelt wurde DirectX bereits im Jahre 1995 und es ist ein anerkannter Standard für die Entwicklung von Multimedia-Anwendungen für Windows-Plattformen, so auch für Windows XP. Microsoft stellt damit allen Entwicklern eine große Anzahl von allgemeinen Komponenten zur Verfügung, die den Entwicklern die Sicherheit geben, dass ihre Anwendungen auf jedem Windows-basierten PC funktionieren, ganz gleich, wie die Hardwareausstattung des PCs aussieht, und das bei optimaler Performance.

APIs – die Kundschafter fürs System

Die so genannten APIs (**A**pplication **P**rogramming **I**nterface) sind Kommunikationsschnittstellen für die Entwickler, durch die sie Zugang zu den neusten Features der Hardware erlangen, was heutzutage alle Arten der 3-D-Beschleunigung und neusten Features der Soundkarten betrifft. Die APIs kontrollieren auch die Eingabegeräte wie Tastatur, Maus, Joystick sowie Soundin- und -output. Unterstützt werden diese API-Schnittstellen von den Komponenten, aus denen DirectX besteht: Microsoft DirectDraw, Microsoft Direct3D, Microsoft DirectInput, Microsoft DirectSound, Microsoft DirectPlay, DirectShow, Microsoft DirectMusic.

HAL und HEL kennen Ihre Hardware

Da die Entwickler ihre Anwendungen ja nicht auf ein spezielles Hardwareprodukt ausrichten, muss es eine Komponente geben, die als direkter Mittler fungiert, also die Schnittstelle zwischen Soft- und Hardware. Hier kommt HAL (**H**ardware **A**bstraction **L**ayer) ins Spiel. Wenn DirectX eine Anforderung an die Hardware stellt, so fordert HAL dies bei der Hardware an. Unterstützt die Hardware die geforderte Komponente, so wird sie ausgeführt, wenn nicht, kommt genau an dieser Stelle HEL (**H**ardware **E**mulatuion **L**ayer). HEL versucht dann, diese Funktion, die fehlt, zu emulieren, damit die Spiele trotzdem laufen. In den Spielen wird diese Einstellung bei 3-D-Funktionen oft mit Softwareeinstellung bezeichnet.

Natürlich ist eine emulierte Funktion nie so gut wie eine von der Hardware bereitgestellte Funktion, was sich oft durch Ruckeln oder verschlechterte grafische Darstellung in den Spielen ausdrückt. Da DirectX aus verschiedenen Komponenten besteht, die die Hardware eines PCs durch Softwaretreiber ansteuert, können Entwickler auch weitere spezielle DirectX-Treiber entwickeln, um sicherzustellen, dass auch das letzte bisschen Performance ausgenutzt wird, das die jeweilige Hardware bietet. So wird die Treiberpalette immer erweitert und garantiert beste Perfomance auf allen Windows-Systemen.

DirectX auf dem neusten Stand halten

Alle Spiele, die DirectX nutzen, liefern es gleichzeitig auf ihrer Installations-CD mit. Achten Sie nur darauf, ob es sich um eine ältere Version handelt als die aktuelle auf Ihrem Rechner. Sie werden bei der Installation der Spiele aber immer gefragt, ob Sie DirectX installieren möchten. Achten Sie auf die Versionsnummer und updaten Sie Ihr System nur auf eine neuere Version von DirectX. Ansonsten können Sie DirectX von folgender Microsoft-Seite kostenlos aus dem Internet herunterladen: *www.microsoft.com/directx/*. Achten Sie beim Download nur genau auf die Version, da die Versionen für NT-Systeme (Windows 2000 und Windows XP) und Windows 95x und ME unterschiedlich sind. (Unter Win NT läuft DirectX nur mit Service Pack 6.) Die letzte Möglichkeit, DirectX zu bekomen, sind Computerfachzeitschriften mit CD-Beigaben, dort finden Sie häufig die neuste Version von DirectX.

Installation von DirectX

Nachdem Sie DirectX heruntergeladen haben oder es wahlweise von einer Spiele-CD installieren wollen, klicken Sie auf das Setup-Symbol, um den Installationsvorgang zu starten. Nachdem Sie die Linzenzvereinbarungen akzeptiert haben, wird DirectX installiert und ist sofort funktionsfähig. Da es sich bei DirectX um eine Systemkomponente handelt, können Sie diese nicht wie andere Programme einfach deinstallieren. Sie müssten schon Ihr komplettes Betriebssystem erneuern, um DirectX wieder zu entfernen. Aber Sie werden nie in die Verlegenheit kommen, da es selten Komplikationen gibt. Die wenigen, die es gibt, hängen nur mit den Versionen zusammen, mit denen einige Spiele nicht zurechtkommen, sodass es sein kann, dass Sie eine neuere Version aufspielen müssen, um ein Spiel starten zu können. Für weitere Informationen über DirectX für den Heimanwender suchen Sie folgende Seite im Internet auf:

- ■ *www.microsoft.com/directx/homeuser/information/default.asp*
- ■ *http://www.microsoft.com/windows/directx/default.aspx*

Hier finden Sie auch den Link *DirectX 9.0.c is here*, der Sie zum Download der neusten DirectX-Version bringt. Viele neue Spiele, wenn sie aktuell auf den Markt kommen, bringen ebenfalls DirectX als optionale Installationskomponente mit.

Versionsprüfung von DirectX

Welche Version ist denn nun auf Ihrem Rechner? Diese Frage stellen Sie sich wahrscheinlich schneller, als Ihnen lieb ist. Da es sich, wie bereits oben erwähnt, bei DirectX nicht um ein Programm, sondern um eine Systemkomponente handelt, finden Sie es nicht unter *Start/Alle Programme*, sondern müssen es manuell starten.

Öffnen Sie hierzu über *Start* und *Ausführen* eine Befehlszeile. Dort geben Sie „dxdiag.exe" ein und schon wird das DirectX Diagnostic Tool gestartet, das unter *Winnt/System32* gespeichert ist.

Das Diagnostic Tool von DirectX ermöglicht es Ihnen, genau zu bestimmen, welche Komponenten von DirectX in welcher Version installiert sind. Dazu brauchen Sie nur auf die Registerkarte *DirectX-Dateien* zu wechseln. Die zurzeit aktuelle DirectX-Version ist 9.0c.

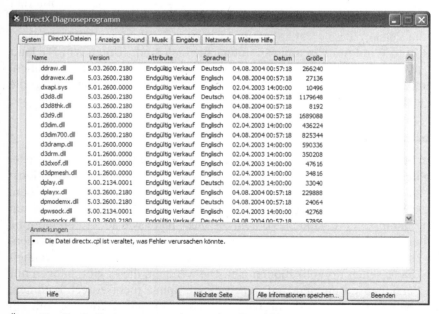

Überprüfen Sie die Versionsnummern der einzelnen DirectX-Komponenten.

3-D-Features der Grafikkarte testen

Öffnen Sie, wie im Absatz oben beschrieben, die DirectX Diagnostic Tools und wechseln Sie dort zur Registerkarte *Anzeige*. Dort werden Ihnen sowohl alle Details Ihrer Grafikkarte als auch alle Details über den zurzeit installierten Treiber aufgelistet. Darunter sehen Sie auch die zugehörigen DirectX-Funktionen und ob sie jeweils aktiviert sind. Um die Funktionalität zu prüfen, brauchen Sie nur auf die Schaltflächen *DirectDraw* oder *Direct3D testen* zu klicken. Es werden mehrere grafische Tests durchlaufen, bei denen Sie jeweils mit *Ja* oder *Nein* das Resultat bewerten müssen. Die Testergebnisse werden Ihnen jeweils im unteren Textfeld angezeigt.

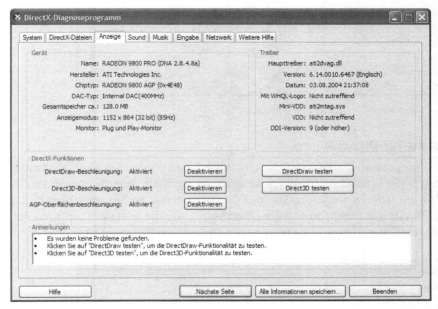

Testen Sie Direct3D und DirectDraw.

Testen der Netzwerkfunktionalität für Spiele

Wenn Sie Ihre PCs vernetzt haben, um mit anderen gegen- oder miteinander zu spielen, können Sie ebenfalls über das Diagnoseprogramm von DirectX diese Verbindung auf ihre Funktionalität hin testen. Hierzu wechseln Sie im Diagnosetool von DirectX auf die Registerkarte *Netzwerk* und klicken dort auf die Schaltfläche *DirectPlay testen*. Es wird dann eine Testsitzung aufgebaut, ähnlich dem Chatten. Sie können mit Ihrem Gegenüber, das mit Ihnen vernetzt ist, chatten, indem es ebenfalls über das Diagnoseprogramm von DirectX Ihrer Testsitzung beitritt. Die Funktionalität wird getestet und das Ergebnis wiederum im Textfeld *Anmerkungen* dargestellt.

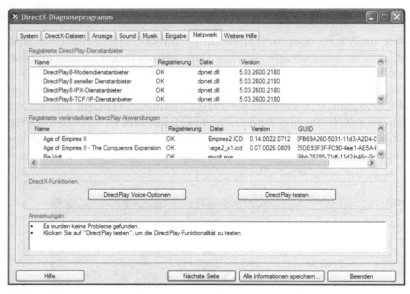

Testen der Netzwerkfunktionalität für Spiele für DirectPlay.

Audiotest für DirectSound

DirectX-Komponenten umfassen die Grafikhardware sowie die Audiohardware. Ebenso wie die grafischen Elemente können Sie auch die Sound- und Musikelemente testen. Hierzu wechseln Sie im Diagnosetool auf *Sound* oder *Musik* und klicken jeweils auf *DirectSound* oder *DirectMusic,* um die Tests auszuführen. Ergebnisse werden im Textfeld *Anmerkungen* am unteren Fensterrand angezeigt.

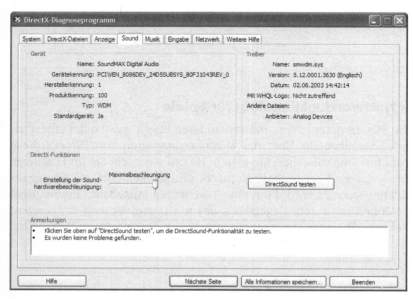

DirectSound und DirectMusic auf Herz und Nieren testen.

Problemlösungen für DirectX

Wenn Sie immer über die neuste Version von DirectX verfügen und Ihre Hardware unterstützt wird, sollten keine Probleme auftauchen, da alle Spiele auf diese Treiber abgestimmt sind. Sollten wider Erwarten doch Probleme bei einigen Spielen auftreten, sollten Sie als Erstes die Aktualität Ihrer installierten DirectX-Version mithilfe des Diagnosetools überprüfen und gegebenenfalls auf der Homepage des jeweiligen Spieleherstellers nachschauen, ob dort vielleicht Hinweise gegeben werden sind oder sogar ein entsprechender Patch für Ihr Spiel vorhanden ist, um das Problem zu lösen.

Wir wollen Ihnen an dieser Stelle ein typisches Symptom vorstellen, das oft zu Verwirrungen unter den Benutzern führt.

Symptome:

■   Wenn Sie eine DirectX-Anwendung starten, flackert der Bildschirm.

■   Programme, die auf Ihrem Rechner laufen, hängen sich auf und reagieren nicht mehr.

Behebung:

Dieses Verhalten ist normal beim ersten Start einer Anwendung, die DirectX 9.0c verwendet, da beim ersten Start DirectDraw die Möglichkeiten der Grafikkarte und die Anzeigemodi testet. DirectX 9.0 probiert verschiedene Einstellungen aus und schreibt die Ergebnisse in die Datei *D3d8caps.dat*. Sollte diese Datei gelöscht werden, wird dieser Test beim nächsten Start erneut ausgeführt.

Sollten dennoch schwere Fehler auftreten, die Sie sich nicht erklären können, schauen Sie bei Microsoft unter der folgenden Adresse nach, um das Problem schnellstmöglich zu lösen:

■   *http://Support.microsoft.com/*

Geben Sie dort oben links als Suchbegriff „DirectX" ein oder klicken Sie im linken Menü auf *Weitere Support-Center*. Auf der folgenden Seite können Sie dann oben im Pulldown-Menü *DirectX* auswählen.

11.2 Kompatibilätsmodus für Problemfälle

Ein neues Feature von Windows XP ist der so genannte Kompatibilitätsmodus. Gerade für Spiele wird er interessant sein, um Spielen, die sich nicht auf einem NT-System installieren lassen, vorzugaukeln, sie seien auf einem Windows 9x-PC installiert. Aber der Kompatibilitätsmodus ist für alle ausführbaren Dateien gedacht, um es möglich zu machen, ältere Programme trotzdem in der Windows XP-Umgebung auszuführen. Bei allen neueren Spielen, die nicht älter als anderthalb bis zwei Jahre sind, sollten Sie hingegen keinerlei Probleme haben, diese zu installieren.

Der Kompatibilitätsmodus im Allgemeinen

Bei jeder ausführbaren Datei (in der Regel EXE-Dateien) können Sie den Kompatibilitätsmodus anwenden. Generell sollte dies nur geschehen, wenn beim normalen Ausführen Störungen oder Probleme auftreten.

1 Klicken Sie einfach mit der rechten Maustaste auf die Datei, die Sie im Kompatibilitätsmodus ausführen möchten, und wählen Sie im Kontextmenü die *Eigenschaften* der Datei aus.

2 Wechseln Sie nun zur Registerkarte *Kompatibilität* und wählen Sie dort im Pulldown-Menü das Betriebssystem aus, das dem Programm vorgespielt werden soll.

3 Zusätzlich können Sie noch *Anzeigeeinstellungen* vornehmen, was Sie aber nur bei wirklich alten DOS-Programmen tun sollten. Da sollten Sie zum Beispiel auf eine Auflösung von 640 x 480 wechseln und auf 256 Farben.

4 Klicken Sie auf *OK* und starten Sie das Programm wie gewohnt.

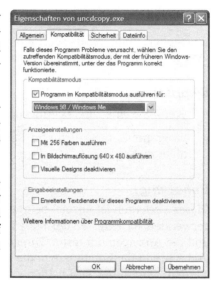

Hinweis

Sollten Sie weiterhin Probleme bei der Ausführung der Anwendung haben, können Sie alternativ noch andere Betriebssysteme in den Einstellungen ausprobieren oder sich direkt an den Hersteller der Software wenden und um Rat fragen. Denn es kann durchaus sein, dass zu alte Anwendungen nicht mehr unterstützt werden. Dann hilft leider auch der Kompatibilitätsmodus nicht weiter.

Komfortabler: der Kompatibilitäts-Assistent

Der Kompatibilitäts-Assistent kann über das Internet in einer Datenbank von Microsoft prüfen, ob die von Ihnen getestete Software bereits verzeichnet ist, und hilft Ihnen somit, schnell eine Lösung für die Inkompatibilität zu finden. Voraussetzung ist natürlich eine bestehende Internetverbindung.

1 Sie können den Kompatibilitäts-Assistent starten, indem Sie auf *Start* klicken, dann auf *Hilfe und Support*. Hier klicken Sie auf den Link *Nach kompatibler*

Hardware und Software für Windows XP suchen. Unter *See also,* unten links, finden Sie den Kompatibilitäts-Wizard. Klicken Sie darauf, um ihn zu starten.

2   Wählen Sie nun aus, ob Sie ein Programm aus einer *Liste,* sprich einer Datenbank von Microsoft, oder von *CD-ROM* oder *manuell* auswählen möchten, um es auf Kompatibilität zu prüfen. Bestätigen Sie mit *Weiter.*

3   Wenn Sie *Manuell suchen* auswählen, erscheint noch ein weiteres Fenster, in dem Sie über die Schaltfläche *Durchsuchen* den Pfad zu Ihrem zu prüfenden Programm lokalisieren können.

4   Als nächsten Schritt müssen Sie das Betriebssystem auswählen, das als Emulation benutzt werden soll, um das Spiel zu prüfen. Auch hier bestätigen Sie mit der Schaltfläche *Weiter.*

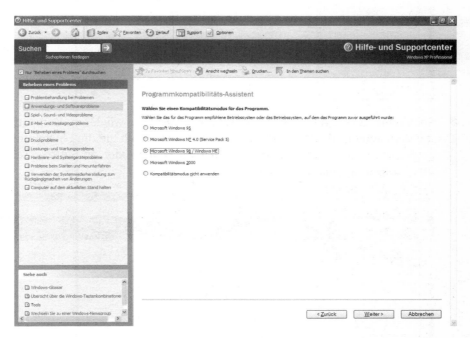

5   Wählen Sie nun noch aus, ob eine geringere Auflösung oder eine geringere Farbzahl benutzt werden soll, um auch der Farbdarstellung alter DOS-Anwendungen gerecht zu werden.

6   Es folgt eine Zusammenfassung Ihrer eingegebenen Daten. Hier müssen Sie nun wiederum mit *Weiter* bestätigen, um die Überprüfung zu starten.

7   Die Anwendung bzw. das Spiel wird nun in dem von Ihnen gewählten Betriebssystem gestartet.

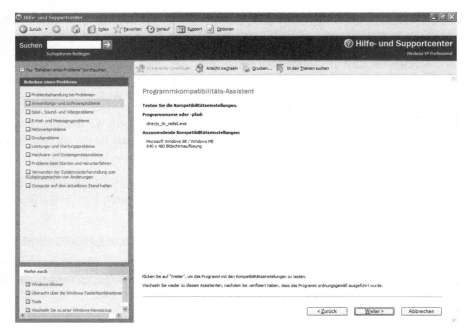

8 Sobald Sie die Anwendung wieder schließen, sind Sie wieder im Kompatibilitäts-Assistenten. Hier müssen Sie nun entscheiden, ob Sie die Einstellungen, soweit sie funktioniert haben, übernehmen wollen oder ob Sie das Testen fortsetzen bzw. beenden wollen.

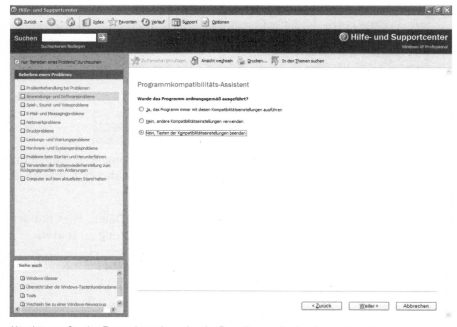

Hier können Sie das Testen beenden oder die Einstellungen für Ihre Anwendung übernehmen.

Problemfälle: ältere Spiele

Wir möchten an dieser Stelle noch etwas zu älteren Spielen bzw. zu Spielen, die auf gewisse Betriebssysteme limitiert sind, sagen. Der Kompatibilitätsmodus ist ein hervorragendes neues Feature von Windows XP, doch wird es wie früher auch immer zu Fällen kommen, in denen ältere Spiele einfach nicht laufen. Natürlich sollten Sie es zuerst mit der gerade beschriebenen Methode versuchen. Doch wenn dies nicht zum Erfolg führt, bleibt nur noch der Weg ins Internet. Suchen Sie sich die Site des Spieleherstellers heraus und versuchen Sie, Hinweise auf die Installation unter Windows XP zu finden. Sollten Sie hier nicht fündig werden, bleibt noch der letzte Strohhalm, die Newsgroups, um Gleichgesinnte zu finden, die vielleicht eine Lösung haben. Schlägt auch diese Recherche fehl, haben Sie kaum Chancen, das Spiel zu installieren.

11.3 Internetspiele – MSN Gaming Zone und mehr

Im Internet gibt es unzählige Plattformen, über die man sich trifft und wo man durch extra bereitgestellte Server seine Lieblingsspiele quer durch die Welt mit anderen und gegen andere spielen kann. Ein klassisches Beispiel ist die MSN Gaming Zone. Aber auch viele andere Spiele, vor allem Rollenspiele, erfreuen sich immer größerer Beliebtheit.

Microsoft Gaming Zone – http://zone.msn.com/.

Rome – Total Wae oder Spell Force sind da nur zwei Beispiele in einer immer größer werdenden Spielgemeinschaft. Möglich wird dies auch durch die Weiterentwicklung der Übertragungsbandbreite, wie zum Beispiel durch die DSL-Technologie. An dieser Stelle stellen wir Ihnen die MSN Gaming Zone vor. Wollen Sie jedoch andere Plattformen ausprobieren, so raten wir Ihnen, eine Suchmaschine mit dem Begriff „Online Games" zu füttern oder einen Ausflug auf die Seite *www.gamespy.com* zu unternehmen, einem kleinen Tool, das Ihnen bei der Suche nach Onlinespielen hilft.

Anmelden bei der Gaming Zone

Um an den Internetspielen teilzunehmen, muss man erst eine kurze Anmeldeprozedur über sich ergehen lassen und ein kleines Zusatztool herunterladen, um die Gaming Zone nutzen zu können.

1 Um sich bei der Gaming Zone anzumelden, klicken Sie auf *Sign In* auf der Startseite von *http://zone.msn.com*. Wenn Sie bereits einen .NET Passport besitzen, können Sie sich hier einloggen oder über *Register now* einen neuen kostenfreien Passport erstellen.

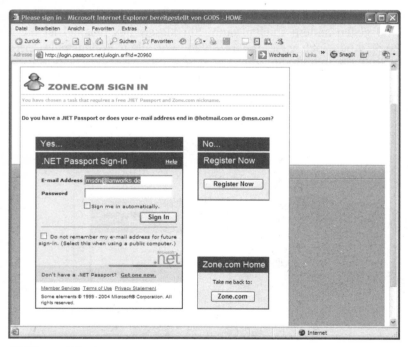

.NET Passport Sign In.

2 Als Nächstes müssen Sie Ihren Geburtstag eingeben, was als Absicherung für Microsoft und wahrscheinlich auch zur Datensammlung dient. Nun müssen Sie sich einen *Online-Namen* ausdenken, mit dem Sie in der Gaming Zone spielen. Seien Sie ruhig so fantasievoll wie möglich, denn wenn es den Namen schon gibt, müssen Sie so lange einen neuen eingeben, bis Sie einen noch freien gefunden haben. Klicken Sie hierzu auf den Link *Create new Nickname* und wählen Sie dann auf der nächsten Seite einen Nickname.

3 Im nächsten interaktiven Fenster müssen Sie noch Ihre E-Mail-Adresse eingeben und mit *Continue* bestätigen, schon ist die Anmeldung abgeschlossen, und Sie sind sogar schon eingeloggt, wenn Sie bereits einen Passport besaßen. Falls nicht, werden Ihnen Ihre Passport-Daten per Post zugesandt.

Anmelden und zocken

Öffnen Sie Ihren Webbrowser und geben Sie in der Adresszeile oben einfach „zone.msn.com" ein. Oben rechts finden Sie nun die Möglichkeit, sich mit Ihrem neu generierten oder mit Ihrem alten Passport einloggen. Klicken Sie dann auf der Startseite der Gaming Zone einfach auf die Registerkarte *CD-Rom*, schon wird Ihnen eine riesige Auswahl an Spielen angezeigt, an denen Sie durch einen Klick auf den entsprechenden Link teilnehmen können. Zusätzlich gibt es noch die Karteikarte *Free Online* und Downloads für die freien und kleinen Spiele. Suchen Sie sich einfach Ihr Lieblingsspiel aus, das Ihnen besonderen Spaß macht. In diesem Sinne: fröhliches Zocken!

Auswahl Ihres Lieblingsspiels

Microsofts Gaming Zone – Spiele trotz Firewall oder Proxyserver

Falls Sie Ihre Internetverbindung über eine Firewall, einen NAT-Server (**N**etwork **A**ddress **T**ranslation), einen Proxyserver oder mittels ICS (**I**nternet **C**onnection **S**haring) herstellen, wollen wir Sie auf die nötigen Einstellungen hinweisen, um dieses Vorhaben zu realisieren. Sie müssen den Proxyserver oder die Firewall so konfigurieren, dass die Spieldaten hindurchgelassen werden. Dazu müssen folgende Ports an der Firewall geöffnet werden:

- TCP-Port 6667
- TCP-Port 28800 – 29000

Sollten Sie den Proxyserver Ihres ISP (**I**nternet **S**ervice **P**roviders) benutzen und trotzdem Probleme haben, sollten Sie mit ihm in Kontakt treten und Ihr Anliegen vortragen, um dieses Problem zu lösen. In aller Regel sind diese Ports aber ISP-seitig offen. Fehlermeldungen, die auftreten können:

Wenn Sie in der Gaming Zone beim Einstieg in ein Spiel die folgende Fehlermeldung bekommen,

Error, can not initialize lobby connection,

so weist das auf die Tatsache hin, dass Ihr Rechner über ein Netzwerk, also ICS oder NAT, mit dem Internet verbunden ist. Als Lösung müssen Sie ICS oder NAT abschalten und den gewünschten Rechner direkt mit dem Internet verbinden. Um ICS abzuschalten, wechseln Sie zu den *Eigenschaften* der Netzwerkumgebung, wählen dort die *Eigenschaften* Ihrer Netzwerkverbindung aus und deaktivieren auf der Registerkarte *Erweitert* das ICS.

12. Heimnetzwerke für Homeoffice und Spiele

Gesetzt den Fall, Sie nennen zwei oder mehr Computer Ihr Eigen, dann können Sie die Geräte miteinander vernetzen und haben – nach entsprechender Einrichtung – Ihr eigenes Netzwerk. Das hat natürlich jede Menge Vorteile: Sie können mit nur wenigen Klicks auf Dateien der anderen Computer zugreifen, Sie können sich einen Drucker mit anderen Benutzern teilen und brauchen ab sofort nur noch einen Internetzugang. Denn das Schöne am Netzwerk ist, dass jedermann Zugriff auf freigegebene Ressourcen (Dateien, Ordner, Drucker ...) hat und keine lästige Disketten- oder CD-Schieberei mehr stattfinden muss.

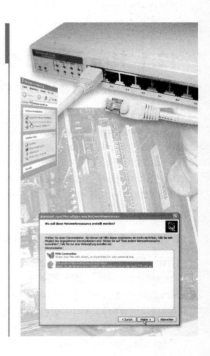

Bis Sie in den Genuss des Netzwerks kommen, sind erst einmal einige Schritte notwendig. Das Netzwerk muss schließlich erst konfiguriert werden, damit ein reibungsloser Datenaustausch via Netzwerkkabel möglich ist. Bereits kleine Macken in der Konfiguration eines Netzwerks führen leider dazu, dass eine netzwerkbasierte Kommunikation unmöglich ist. Doch diesen Ärger ersparen wir Ihnen! Wir zeigen Ihnen in diesem Kapitel, wie Sie Ihre Computer erfolgreich miteinander vernetzen, das Netzwerk konfigurieren und wie Sie schnell und effektiv im Netzwerk arbeiten.

12.1 Hard- und Softwarevoraussetzungen für das Heimnetzwerk

Für das Heimnetzwerk ist keine spezielle Software notwendig, denn Windows XP – wie auch ältere Windows-Versionen – enthält alle Softwarekomponenten, die für den Netzwerkbetrieb erforderlich sind. Etwas anders sieht es bei den erforderlichen Hardwarekomponenten aus. Denn zur Vernetzung von zwei oder mehreren Computern sind entsprechende Netzwerkkarten, passende Kabel und gegebenenfalls auch ein Hub notwendig.

Peer-to-Peer vs. Client/Server

Grundsätzlich werden zwei Arten von Netzwerken unterschieden: Das Peer-to-Peer-Netzwerk und die Client-/Server-Technologie. Das klassische Windows-Netzwerk ist ein Peer-to-Peer-Netzwerk. Das bedeutet, alle Computer innerhalb des Netzwerks sind gleichgestellt und stellen Ressourcen (Dateien, Drucker ...) bereit, können aber auch auf Ressourcen anderer Computer zugreifen. Somit ist jeder Computer Client und Server zugleich. Bei der Client-/Server-Technologie dagegen fungiert ein Computer als Server, der die Ressourcen zentral bereitstellt. Alle anderen Computer greifen in der Rolle als Client auf die Ressourcen des Servers zu und sind dem Server demnach unterstellt. Für die Einrichtung eines Servers ist jedoch eine spezielle Serverversion von Windows erforderlich, wie Windows 2000- oder Windows 2003-Server. Welche Windows-Version auf den Clients installiert ist, bleibt dabei gleich.

Das Heimnetzwerk planen

Bei der Neueinrichtung eines Netzwerks sind einige Faktoren zu beachten. Zunächst einmal müssen Sie sich überlegen, wie Sie die einzelnen Computer miteinander verbinden. Denn oft sollen Netzwerke erweitert werden, die gewählte Topologie schiebt jedoch einen Riegel vor. Wir stellen Ihnen deshalb die wichtigsten Topologien kurz vor und sagen Ihnen auch, was es mit den Vor- und Nachteilen einzelner Topologien auf sich hat.

Die PC-Direktverbindung

Die einfachste Methode, zwei Computer miteinander zu verbinden, ist die PC-Direktverbindung. Dabei werden zwei Computer über ein paralleles oder serielles Kabel direkt verbunden. Die Direktverbindung ist zwar schnell realisiert und erfordert keinen Einbau von Netzwerkkarten, doch kann diese Art von Netzwerk nicht um weitere Computer ergänzt werden. Mehr zur PC-Direktverbindung finden Sie auf Seite 509.

Die PC-Direktverbindung.

Das Busnetz

Das Busnetz ist die wohl kostengünstigste Art, mehrere Computer zu verbinden, und findet vorwiegend im Heimnetzwerk Verwendung. Die einzelnen Computer werden mit Netzwerkkarten ausgestattet, die über so genannte BNC-Anschlüsse verfügen. Über diese Anschlüsse wird ein dünnes Koaxialkabel – ähnlich einem Antennenkabel – von Computer zu Computer weitergereicht. Beide Enden dieses Busnetzes (man spricht auch von einer Strecke) werden mit einem Abschlusswiderstand versehen, sodass der Bus eine geschlossene Einheit bildet. Das Busnetz erlaubt zwar eine flexible Erweiterung des Netzwerks und ist recht kostengünstig, doch ist die Entfernung auf maximal 185 Meter beschränkt. Des Weiteren dürfen pro Segment (Netzwerkeinheit) maximal 30 Komponenten (Computer, Drucker ...) vernetzt werden. Der Nachteil des Busnetzes ist, dass das Netzwerk langsamer wird, je mehr Komponenten in den Bus integriert werden. Denn wenn ein Computer senden will, muss die komplette Netzwerkstrecke frei von Daten sein. Andere Computer können erst dann Daten senden, wenn die zuvor versendeten Pakete den Zielcomputer erreicht haben.

Das Busnetz.

Das Sternnetz

Das Sternnetzwerk ist die mit Abstand flexibelste Methode der Computervernetzung. Die einzelnen Netzwerkkomponenten werden sternförmig über entsprechende Kabel verbunden, dabei dient ein so genannter Hub als Verteiler. Jede Netzwerkkomponente wird mit dem Hub verbunden, der die zu sendenden Daten an die jeweilige Zielstation weiterleitet. Für diese Topologie kommen gesonderte Kabel zum Einsatz, die Twisted-Pair-Kabel (siehe auch Seite 508). Diese Kabel erlauben im Gegensatz zum Koaxialkabel höhere Übertragungsraten. Es sind sowohl 10-MBit- als auch 100-MBit-Verbindungen möglich. Hubs, die in einem Sternnetz als Verteiler dienen, gibt es in verschiedenen Größen, womit sich das Sternnetz sehr gut ausbauen lässt. Auch führt der Ausfall einzelner Netzwerkkomponenten nicht zu einem Stillstand der Netzwerkverbindungen, wie es beispielsweise in einem Ringnetzwerk der Fall wäre. Es sei denn, der Hub streikt, dann sind keinerlei Netzwerkverbindungen mehr möglich.

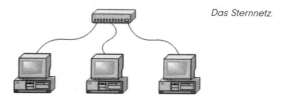

Das Sternnetz.

Die Wahl der richtigen Netzwerkkarte

Für den Fall, dass Sie noch keine Netzwerkkarten haben und diese erst noch besorgen müssen, sollten Sie auf einige Merkmale achten. Denn Netzwerkkarten unterscheiden sich nicht nur im Preis, sondern auch in der Bauart und in der Leistung. Die Netzwerkkarte wird in einen freien Steckplatz des Computers eingebaut, Karte und Steckplatz müssen also zueinander passen. Welche Steckplätze (ISA, PCI oder USB) zur Verfügung stehen, entnehmen Sie dem Handbuch Ihres Computers oder des Motherboards (Hauptplatine). Weiterhin müssen Sie beim Erwerb einer Netzwerkkarte darauf achten, dass der Adapter auch vom Betriebssystem unterstützt wird. Denn gerade bei Windows XP kommt es oft zu Treiberproblemen. Bevor Sie sich also auf den Weg machen und Netzwerkkarten kaufen, werfen Sie erst einmal einen Blick in die HCL (**H**ardware **C**ompatibility **L**ist). Denn alle Produkte, die in der HCL aufgelistet sind, wurden auf die Kompatibilität mit Windows XP hin getestet und es ist somit gewährleistet, dass es entsprechende Treiber gibt und das Gerät letztendlich auch funktioniert. Sie finden die HCL auf der Internetseite von Microsoft (*www.microsoft.com/hcl/default.asp*). Außerdem können Sie Windows XP-kompatible Geräte auch an dem Windows XP-Logo auf der Verpackung erkennen.

Plug & Play-fähige Netzwerkkarten

Plug & Play-fähige Netzwerkkarten haben den Vorteil, dass Windows die Konfiguration selbst vornimmt und dass Konflikte mit anderen Hardwarekomponenten weitestgehend vermieden werden. Sie müssen nicht erst freie Ressourcen (IRQ, DMA, Interrupt) ermitteln und die Karte konfigurieren, denn das passiert automatisch. Zwar sind Plug & Play-fähige Komponenten etwas teurer, doch macht sich die stressfreie Einrichtung derartiger Hardware wiederum bezahlt. Ist die Netzwerkkarte dagegen nicht Plug & Play-fähig, müssen Sie bei der Konfiguration selbst Hand anlegen. Sie müssen demnach freie Ressourcen ermitteln, die Karte hard- oder softwareseitig konfigurieren und riskieren möglicherweise Hardwarekonflikte. Dann muss die Netzwerkkarte umkonfiguriert werden, was auf Dauer ziemlich nervig werden kann.

PCMCIA: Netzwerkkarten für das Notebook

Wenn Sie ein Notebook Ihr Eigen nennen und das Gerät in das Netzwerk integrieren wollen, brauchen Sie eine spezielle Netzwerkkarte. Diese so genannten PCMCIA-Karten (**P**ersonal **C**omputer **M**emory **C**ard **I**nternational **A**ssociation) werden nicht wie gewöhnliche Adapter in den Computer eingebaut, sondern in den PCMCIA-Slot an der Geräteseite gesteckt. Diese scheckkartengroßen PCMCIA-Adapter gibt es für unterschiedliche Übertragungsgeschwindigkeiten. Im Fachhandel sind sowohl 10-MBit-, 100-MBit- wie auch Dual-Speed-Karten erhältlich, wenngleich diese etwas teurer sind als gewöhnliche Netzwerkkarten. Sie sollten beim Erwerb einer PCMCIA-Karte auch darauf achten, dass dem Lieferumfang die richtige Kupplung (BNC oder RJ 45) beiliegt. Denn liegt nur eine BNC-Kupplung bei, können Sie die Netzwerkkarte nicht mit einem Hub verbinden, da der RJ 45-Anschluss für Twisted-Pair-Kabel fehlt. Oft liegen einer PCMCIA-Karte auch zwei Kupplungen bei, Sie sind damit wesentlich flexibler.

Netzwerkkarten mit unterschiedlicher Übertragungsgeschwindigkeit

Nicht jede Netzwerkkarte ist gleich schnell. Es gibt Karten, die maximal 10 MBit pro Sekunde übertragen können, und auch Adapter, die 100 MBit und 1 GBit pro Sekunde schaffen, so genannte Fast-Ethernet- und GBit-Karten. Für das Heimnetzwerk reichen 10-MBit-Karten in der Regel aus. Auch gibt es Dual-Speed-Netzwerkkarten, die beide Übertragungsraten unterstützen, wenngleich diese Adapter ein paar Euro teurer sind, dafür aber flexibler.

Auf den richtigen Anschluss kommt es an

Je nachdem, wie Sie die Computer miteinander vernetzen wollen, muss die Netzwerkkarte über den entsprechenden Anschluss verfügen. Es gibt Karten, die mit einem BNC-Anschluss für die Koaxialverkabelung oder mit einem RJ 45-Anschluss für die Twisted-Pair-Verkabelung ausgestattet sind. Vorteilhaft – aber auch etwas teurer – sind Netzwerkkarten, die über beide Anschlüsse verfügen. Denn wenn Sie die Verkabelung zu einem späteren Zeitpunkt ändern wollen, können Sie diese Karten weiterverwenden und müssen nicht neue Netzwerkadapter kaufen.

Abschlusswiderstände für das Busnetz

Wenn Sie die Computer über Koaxialkabel verbinden und BNC-Anschlüsse verwenden, brauchen Sie zusätzlich zwei Abschlusswiderstände, so genannte Terminatoren. Denn das Busnetz muss an beiden Enden abgeschlossen werden, damit die Netzwerkverbindung funktioniert.

Die Netzwerkkabel

Je nachdem, für welchen Netzwerktyp Sie sich entscheiden, brauchen Sie nun entsprechende Kabel, damit die Computer verbunden werden können. In Busnetzen und bei der Verkabelung von maximal 30 Computern werden meist Koaxialkabel eingesetzt, da diese Kabel wesentlich günstiger sind als Twisted-Pair-Kabel. Allerdings ist die Übertragungsrate beim Koaxialkabel auf 10 MBit begrenzt und kann daher nicht in Fast-Ethernet-Netzwerken eingesetzt werden. Außerdem darf die maximale Länge 185 Meter nicht überschreiten.

Twisted-Pair-Kabel

Etwas teurer, dafür aber wesentlich flexibler sind die so genannten Twisted-Pair-Kabel der Kategorie 5. Diese Kabel erlauben eine maximale Übertragungsrate von 100 MBit pro Sekunde und werden in Fast-Ethernet-Netzwerken eingesetzt. Twisted-Pair-Kabel unterscheiden sich in weiterer Typen, denn es gibt sowohl abgeschirmte (**S**hielded **T**wisted **P**air = STP) als auch unabgeschirmte (**U**nshielded **T**wisted **P**air = UTP) Kabel. Die abgeschirmten Kabel sind zwar besser gegen äußere Einflüsse gewappnet, dafür aber auch teurer. Wenn Sie Ihre Computer über einen Hub verbinden, brauchen Sie Twisted-Pair-Kabel.

Hubs und Switches

Hubs gibt es in verschiedene Größen. Für den Heimbereich genügen in der Regel 5- oder 8-Port-Hubs, für größere Netzwerke eignen sich 12- und 24-Port-Hubs. Die meisten Hubs verfügen über einen so genannten Uplink-Port, über den mehrere Hubs kaskadiert werden können und das Netzwerk dementsprechend ausgebaut werden kann. Um das Netzwerk noch etwas leistungsfähiger zu gestalten, werden Switches statt Hubs eingesetzt. Denn der Switch ist – im Gegensatz zu einem Hub – in der Lage, die Zieladresse einzelner Netzwerkkomponenten zu speichern, und kann Daten direkt an die Zielstation versenden. Der Hub dagegen verschickt die Daten in Form einer Rundmeldung, die zu sendenden Daten werden erst einmal an alle Netzwerkkomponenten geschickt. Das Zielgerät, für das die Daten bestimmt sind, nimmt die jeweiligen Pakete dann an.

Das Netzwerkprotokoll

Damit eine Kommunikation im Netzwerk möglich wird, ist ein entsprechendes Netzwerkprotokoll erforderlich. Über ein Netzwerkprotokoll wird festgelegt, auf welche Art und Weise Daten verschickt und empfangen werden. Es ist daher erforderlich, dass alle Computer innerhalb eines Netzwerks über ein gemeinsames Protokoll verfügen. Des Weiteren teilt das Protokoll die Daten in kleinere Einheiten (Pakete) auf und bereitet die Pakete für den Datenaustausch via Netzwerkkarte vor. Auch die Adressierung der Pakete wird vom verwendeten Protokoll vorgenommen. Nun gibt es mehrere Protokolle, die von Windows XP unterstützt werden. Das wohl bekannteste Netzwerkprotokoll ist TCP/IP (**T**ransport **C**ontrol **P**rotocol/**I**nternet **P**rotocol). Das TCP/IP-Protokoll ist im Gegensatz zu manch anderen Protokollen routingfähig. Das bedeutet, dass sich die Netzwerkkommunikation nicht auf ein einziges Netzwerk beschränkt, sondern dass die Daten an andere Netzwerke übergeben (geroutet) werden können. Bei einer Internetverbindung ist das beispielsweise notwendig, weshalb sich TCP/IP als Standardprotokoll für LAN- und WAN-Verbindungen etabliert hat. Ein weiteres Protokoll ist das IPX/SPX-Protokoll (**I**nternetwork **P**acket **E**xchange/**S**equential **P**acket Exchange Protocol), das vorwiegend in Novell-Umgebungen Verwendung findet. Wenn in einem Netzwerk Novell Netware-Server genutzt werden und Sie den Novell-Client auf einer Workstation installieren, wird automatisch das IPX/SPX-Protokoll eingerichtet.

Mehrere Protokolle einsetzen

Sie können innerhalb des Netzwerks auch mehrere Protokolle einsetzen und müssen sich nicht explizit auf ein Protokoll beschränken. Beachten Sie jedoch, dass mindestens ein Protokoll (TCP/IP oder IPX/SPX) auf allen Computern eingerichtet sein muss. Aus Gründen der Performance sollten Sie es aber bei einem Protokoll belassen, denn zusätzliche Protokolle belasten das System.

Häufige Verwendung in kleineren Windows-Netzwerken findet das NetBEUI-Protokoll. NetBEUI (**NetB**IOS **E**xtended **U**ser **I**nterface) ist im Gegensatz zu TCP/IP etwas schneller, lässt dafür aber kein Routing zu, weshalb dieses Protokoll nur im LAN (**L**ocal **A**rea **N**etwork), nicht jedoch im WAN (**W**ide **A**rea **N**etwork) genutzt werden kann. Auch entfällt bei der Verwendung des NetBEUI-Protokolls die Konfiguration des Netzwerkprotokolls, da einzelne Computer nur über den Computernamen, nicht über gesonderte Adressen, adressiert werden. Mit Windows 2000 konnten Sie dieses recht schnelle Protokoll noch problemlos einrichten, seit Windows XP wird NetBEUI seitens Microsoft leider nicht mehr unterstützt, weshalb Sie das Protokoll auch nicht in der Liste der zu installierenden Protokolle wiederfinden. Sie können das NetBEUI-Protokoll aber von der Windows XP-CD nachrüsten. Wechseln Sie einfach in die Netzwerkverbindungen. Dort fügen Sie – in den Eigenschaften der LAN-Verbindung – ein neues Protokoll hinzu und wählen mit einem Klick auf *Datenträger* das Verzeichnis *\ValueAdd\ MSFT\NET\NetBEUI* auf der Installations-CD aus. Markieren Sie die Datei *Netnbf.ini* und klicken Sie auf *OK*, das Protokoll namens *NetBEUI* wird daraufhin installiert.

12.2 Direktes Peer-to-Peer: das Netzwerk auf die Schnelle

Die PC-Direktverbindung ist eine recht einfache Methode, zwei Computer miteinander zu verbinden. Dabei werden zwei Computer über ein Kabel (Nullmodem-, Parallel- oder USB-Kabel) direkt verbunden, wobei einer der Computer als Host (Server) und der andere Computer als Gast (Client) fungiert. Nun ist es bei der PC-Direktverbindung so, dass lediglich der Gastcomputer auf die Datenbestände des Hostcomputers zugreifen kann. Der Hostcomputer dagegen kann nicht auf die Datenbestände des Gastcomputers zugreifen. Es handelt sich hierbei also um eine Einwegverbindung ähnlich einer Einbahnstraße.

Der Nachteil der PC-Direktverbindung ist, dass Sie immer nur zwei Computer verbinden können, ein dritter Rechner kann in diese Direktverbindung nicht einbezogen werden. Zudem ist eine maximale Übertragungsrate von 4 MBit pro Sekunde (bei paralleler Verbindung) möglich, über die Hälfte langsamer als in einem 10-MBit-Ethernet-Netzwerk. Dafür hat die Direktverbindung aber auch den Vorteil, dass keine Netzwerkkarte notwendig ist, da der Anschluss über den COM-, LPT- oder USB-Anschluss erfolgt (wofür ein spezielles Kabel notwendig ist!). Diese Anschlüsse finden Sie an jedem PC. Des Weiteren wird die PC-Direktverbindung von allen Windows-Versionen unterstützt, Sie können problemlos einen Windows 98-Computer mit Ihrem Windows XP-PC verbinden und Daten austauschen. Die PC-Direktverbindung kann natürlich auch für die Anbindung mittels Infrarot genutzt werden.

Der Vorteil der PC-Direktverbindung

Die PC-Direktverbindung – wie sie im Folgenden beschrieben wird – ist im Grunde genommen ein recht veraltetes Verfahren, zwei Computersysteme für den Datentransfer zu verbinden. Denn heutige Computersysteme sind in der Regel mit einer Netzwerkkarte ausgestattet, womit sich neuere PCs und Notebooks auch crossover miteinander vernetzen lassen. Wenn Sie aber auf die Schnelle zwei netzwerkkartenlose Computersysteme anbinden müssen, kommen Sie mit der PC-Direktverbindung schneller zum Ziel, als wenn Sie erst entsprechende Netzwerkkarten nachrüsten würden.

Die Einrichtung der PC-Direktverbindung ist schnell durchgeführt. Sie verbinden die beiden Computer über ein geeignetes Kabel, das Sie für wenige Euro im Fachhandel erhalten. Dann richten Sie auf beiden Computern die Direktverbindung ein und fügen ein gemeinsames Netzwerkprotokoll (IPX/SPX oder TCP/IP) hinzu.

Einrichten des Host- und Gastcomputers

Vorausgesetzt, Sie haben die Computer über ein entsprechendes Kabel miteinander verbunden, richten Sie nun den Host- und Gastcomputer für die PC-Direktverbindung ein. Windows XP richtet die erforderlichen Dateien während der Installation ein, Sie brauchen also keine zusätzlichen Windows-Komponenten nachzuinstallieren und können direkt mit der Konfiguration beginnen:

1 Wechseln Sie in die Systemsteuerung und öffnen Sie das Objekt *Netzwerkverbindungen*. Mit einem Klick auf *Eine neue Verbindung erstellen* wird ein Assistent gestartet, der Ihnen bei der Einrichtung behilflich ist.

2 Schließen Sie das erste Dialogfenster mit einem Klick auf *Weiter* und wählen Sie *Eine erweiterte Verbindung einrichten* aus.

3 Im nächsten Schritt legen Sie *Verbindung direkt mit anderem Computer herstellen* fest und wählen daraufhin *Host* als Rolle dieses Computers aus.

4 Nun wählen Sie die physikalische Verbindung aus. Wenn Sie die Computer über ein serielles Kabel verbunden haben, wählen Sie den COM1- oder COM2-Anschluss, bei einer parallelen Verbindung wählen Sie den LPT1-Anschluss aus, und für Infrarotverbindungen wählen Sie Infrarot. Bei seriellen Anschlüssen können Sie in den *Eigenschaften* weitere Optionen zur Übertragung angeben. Beachten Sie jedoch, dass diese Einstellungen mit denen auf dem Gastcomputer übereinstimmen müssen, sonst kann keine Verbindung hergestellt werden. Wenn Sie in den Eigenschaften etwas ändern sollten, müssen Sie die gleichen Änderungen auch auf dem Gastcomputer vornehmen!

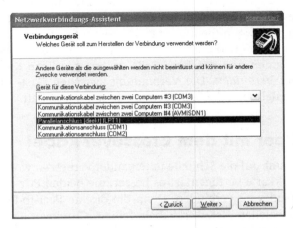

5 Als Nächstes geben Sie an, welche Benutzer die PC-Direktverbindung für den Hostzugriff nutzen dürfen. Sie können hier bereits vorhandene Benutzerkonten auswählen, neue Benutzer hinzufügen und auch entfernen. Wenn Sie eine kennwortgeschützte Anmeldung am Host wünschen, können Sie mit einem Klick auf *Eigenschaften* ein Kennwort pro Benutzer vergeben.

6 Zu guter Letzt können Sie dieser Verbindung noch einen aussagekräftigen Titel wie „PC-Direktverbindung HOST" zuweisen. Anschließend beenden Sie die Einrichtung des Hosts mit *Fertig stellen*.

7 Führen Sie diesen Assistenten auch auf dem Gastcomputer aus und legen Sie auf dem Gastcomputer die Rolle *Gast* fest. Alle anderen Schritte sind gleich.

8 Öffnen Sie die Eigenschaften im Kontextmenü der neuen Verbindung. Aktivieren Sie die Registerkarte *Netzwerk* und prüfen Sie, ob ein Netzwerkprotokoll, die Datei- und Druckerfreigabe sowie der Client für Microsoft-Netzwerke vorhanden sind. Sollte das Auswahlfeld *Komponenten* leer sein, fügen Sie den Dienst *Datei- und Druckerfreigabe*, das Protokoll *TCP/IP* oder *IPX/SPX* hinzu und installieren den *Client für Microsoft-Netzwerke*.

Führen Sie zu guter Letzt einen Computerneustart auf beiden Systemen durch, Gast- und Hostcomputer sind nun eingerichtet. Damit der Host Ressourcen zur Verfügung stellen kann, müssen Sie nun die jeweiligen Dateien und Ordner freigeben. Wie Sie Freigaben unter Windows XP einrichten, zeigen wir Ihnen ab Seite 547. Des Weiteren müssen Sie – wenn Sie die IPv6-Firewall von Windows XP SP2 einsetzen – die Datei- und Druckerfreigabe auf der Firewall freigeben, da es andernfalls zu Verbindungsproblemen zwischen den beiden Computersystemen kommt.

Die PC-Direktverbindung im Einsatz

Wenn Sie den Gast- und Hostcomputer eingerichtet und die Computer miteinander verbunden haben, können Sie ab sofort eine PC-Direktverbindung herstellen. Der Hostmodus ist – solange Sie die den Verbindungseintrag nicht löschen – permanent aktiv. Es reicht also aus, wenn Sie auf dem Gastcomputer in die Netzwerkverbindungen wechseln und dort die direkte Verbindung aufrufen. Geben Sie einen gültigen Benutzernamen und gegebenenfalls das erforderliche Kennwort ein und klicken Sie auf *Verbinden*. Die Verbindung zwischen Gast- und Hostcomputer wird nun hergestellt und die Benutzeranmeldung findet statt.

Schnelles Peer-to-Peer mit dem Crossover-Kabel

Wenn Sie zwei Computersysteme auf die Schnelle miteinander vernetzen wollen, die jeweils über eine Netzwerkkarte verfügen, ist es besser, die beiden PCs oder Notebooks crossover miteinander zu verbinden. Denn die direkte Peer-to-Peer-Verbindung mithilfe eines speziellen Netzwerkkabels (einem Crossover-Kabel) hat im Gegensatz zur PC-Direktverbindung den Vorteil, dass Sie nicht erst mühsam den Host- und Gastcomputer einrichten müssen. Sie können stattdessen die vorhandene LAN-Verbindung nutzen und müssen schlimmstenfalls nur die Netzwerkprotokolle angleichen. Außerdem erzielen Sie mit einer Crossover-Vernetzung eine Multiway-Verbindung, da die beiden Computersysteme gewissermaßen gleichgestellt sind und damit als Client und Server, sprich: als Gast- und Hostcomputer, fungieren können. Sie können also von jedem der beiden Computersysteme auf die Freigaben des anderen zugreifen, ohne eine neue Verbindung aufbauen zu müssen.

Das Crossover-Kabel

Wenn Sie zwei Computersysteme auf direktem Weg über die Netzwerkkarten verbinden wollen, benötigen Sie ein spezielles Crossover-Kabel. Diese Kabel sehen von außen zwar genauso aus wie ein ganz gewöhnliches Netzwerkkabel mit RJ45-Anschlüssen, allerdings sind die Adern im Inneren des Kabels gedreht. Mit einem normalen Netzwerkkabel, dessen Adern gleich verlaufen, ist keine Direktverbindung möglich.

Gesetzt den Fall, Sie haben ein spezielles Crossover-Kabel zur Hand und möchten zwei Computersysteme mit je einer Netzwerkkarte miteinander verbinden, dann gehen Sie folgendermaßen vor:

1 Verbinden Sie die beiden Computersysteme mithilfe des Crossover-Kabels (Achtung: Mit einem gewöhnlichen Kat5-Kabel funktioniert dies nicht!).

2 Wechseln Sie in die Eigenschaften der Netzwerkumgebung und prüfen Sie, ob bereits eine LAN-Verbindung eingerichtet ist und welche Netzwerkprotokolle eingerichtet sind. Entscheiden Sie sich für ein gemeinsames Protokoll, z. B. NetBEUI oder TCP/IP.

3 Wenn Sie das TCP/IP-Protokoll verwenden möchten, müssen Sie sicherstellen, dass auf beiden Computersystemen eine IP-Adresse aus dem gleichen Range (IP-Adressbereich) verwendet wird. Geben Sie dem Computersystem A beispielsweise die IP-Adresse 192.168.0.1 und die Subnet-Mask 255.255.255.0 und konfigurieren Sie auf dem zweiten Computersystem die IP-Adresse 192.168.0.2 mit der Subnet-Mask 255.255.255.0. Wenn auf beiden Computersystemen Windows 2000 oder höher installiert ist, können Sie auch automatische IP-Adresse verwenden, konfigurieren Sie das TCP/IP-Protokoll in diesem Fall für dynamische IP-Adressen.

4 Wenn Sie die Direktverbindung lediglich zum Datentransfer eingerichtet und parallel keine weitere LAN-/WAN-Verbindungen aktiviert haben, können Sie der Einfachheit halber die Firewall-Systeme herunterfahren. Andernfalls – wenn parallel z. B. noch eine WAN-Verbindung existiert – wechseln Sie in die Einstellungen der Firewall und geben die Verbindung zum anderen Computersystem frei.

5 Geben Sie nun die Dateien oder Ordner auf dem Quellsystem frei und notieren Sie sich beim Einsatz des NetBEUI-Protokolls den Computernamen bzw. die IP-Adresse, wenn Sie statt NetBEUI das etwas langsamere TCP/IP-Protokoll verwenden.

6 Verbinden Sie sich vom Zielsystem aus mit der Freigabe auf dem Quellsystem. Starten Sie z. B. den Windows-Explorer und erweitern Sie den Abschnitt *Netzwerkumgebung*. Von da an können Sie sich bis zur gewünschten Freigabe durchklicken und auf die gewünschten Daten zugreifen.

Alternativ können Sie die Freigabe auch als Netzlaufwerk verbinden: Wechseln Sie in die DOS-Box und geben Sie folgenden Befehl ein:

```
net use %Laufwerkbuchstabe%: /user:%Benutzername%
```

Ersetzen Sie die Variable *%Laufwerkbuchstabe%* durch einen noch freien Laufwerkbuchstaben, die Variable *%Computersystem%* durch den Hostnamen oder die IP-Adresse des Remotesystems, die Variable *%Freigabe%* durch den Sharenamen und *%Benutzername%* durch einen Benutzer, der über genügend Zugriffsrechte auf dem Remotesystem verfügt.

Bluetooth-Verbindungen im Windows-Netzwerk

Zugegeben, Bluetooth hat sich im Laufe der Zeit nicht so stark durchsetzen können, wie es beispielsweise bei Wireless LAN der Fall ist. Dennoch sind auf dem Hardwaremarkt – insbesondere im Mobile Office-Bereich – eine ganze Reihe von Produkten zu finden, die Bluetooth unterstützen und sich über die integrierte Bluetooth-Schnittstelle anbinden lassen. Zu dumm, dass es bis dato seitens Windows XP kaum Unterstützung auf Betriebssystemseite gab. Mit der Installation des Service Pack 2 für Windows XP ändert sich das jetzt, da das SP2 das Betriebssystem um entsprechende Funktionen erweitert, womit Windows XP neuerdings auch prima mit Bluetooth zusammenarbeitet.

Innerhalb der Systemsteuerung finden Sie nun ein neues Objekt namens *Bluetooth-Geräte*, worüber Sie das Verhalten des lokalen Bluetooth-Geräts konfigurieren können. Wenn Sie dieses neue Objekt einmal aufrufen und auf die Registerkarte *Optionen* wechseln, können Sie festlegen, ob andere Bluetooth-Geräte eine Verbindung zu Ihrem Computersystem herstellen dürfen, ob die automatische Suche nach weiteren Bluetooth-Devices aktiviert werden soll und ob im Gerätefeld der Taskleiste der Bluetooth-Manager eingefügt werden soll, worüber Sie einen Quick-Access zu anderen Geräten initiieren können.

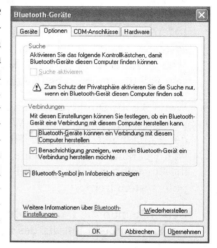

Aus Sicherheitsgründen sollten Sie die Option *Suche aktivieren* nur dann aktivieren, wenn Sie eine Verbindung zu einem nahe gelegenen Bluetooth-Device beabsichtigen. Denn wenn Sie die automatische Suche nach weiteren Bluetooth-Geräten aktivieren, werden Broadcast-Meldungen verschickt, womit Ihr Computersystem von jedermann gefunden werden kann, was oftmals nicht erwünscht ist.

Das nachfolgende Beispiel zeigt, wie Sie zwei Notebooks per Bluetooth miteinander vernetzen, ohne dass es der Installation irgendwelcher Zusatzapplikationen bedarf. Bevor Sie den Assistenten jedoch um Mitarbeit bemühen, sollten Sie zunächst sicherstellen, dass die Bluetooth-Devices ordnungsgemäß installiert und auch aktiviert sind. Des Weiteren müssen Sie die TCP/IP-Einstellungen auf beiden Computersystemen überprüfen. Auf beiden Computersystemen sollte das TCP/IP-Protokoll mit einer IP-Adresse aus dem gleichen Bereich konfiguriert sein und – falls Sie Dateien transferieren möchten – der Client für Microsoft-Netzwerke und auch die Datei- und Druckerfreigabe eingerichtet sein.

1 Melden Sie sich als Administrator an und öffnen Sie die Systemsteuerung.

2 Rufen Sie das Objekt *Bluetooth-Geräte* auf und klicken Sie auf der Register-karte *Geräte* auf *Hinzufügen*. Daraufhin startet ein Assistent, der beim Anbinden weiterer Bluetooth-Devices behilflich ist.

3 Aktivieren Sie das Kontrollkästchen *Gerät ist eingerichtet und kann erkannt werden* und klicken Sie anschließend auf *Weiter*.

4 Windows XP sucht daraufhin nach Bluetooth-Geräten in der Reichweite des lokalen Computersystems und zeigt das Ergebnis an.

5 Markieren Sie das Gerät, zu dem Sie eine Verbindung herstellen wollen, und klicken Sie auf *Weiter*. Beenden Sie den Bluetooth-Assistenten dann mit einem Klick auf *Fertig stellen*.

12.3 Das Heimnetzwerk gekonnt einrichten

Die professionellere Variante in Sachen Computervernetzung ist das Heimnetz-werk. Denn im Gegensatz zur PC-Direktverbindung können Sie in einem Heim-netzwerk beliebig viele Computer miteinander verbinden und haben – je nach Netzwerkkarte – eine wesentlich höhere Übertragungsrate. Daten werden dem-nach schneller übertragen als bei einer PC-Direktverbindung.

Die Netzwerkkarte installieren

Voraussetzung für die Vernetzung mehrerer Computer ist, dass sich in jedem Computer eine geeignete Netzwerkkarte befindet. Über diese Netzwerkkarte wer-den die einzelnen Computer miteinander verbunden.

Die Netzwerkkarte einbauen

Bei einem Notebook ist die Netzwerkkarte schnell eingebaut, denn Sie brauchen die PCMCIA-Karte nur in einen freien Schacht zu schieben. Etwas anders sieht es bei gewöhnlichen Computersystemen aus:

1 Trennen Sie den ausgeschalteten Computer vom Stromkabel und schrauben Sie das Gehäuse auf.

2 Wählen Sie den passenden Steckplatz aus und entfernen Sie die Schutzblende des Steckplatzes. Sie sollten diese Schutzblende aufbewahren, damit Sie beim Entfernen der Netzwerkkarte die Gehäuserückseite wieder verschließen können.

3 Setzen Sie die Netzwerkkarte ein und schrauben Sie den Adapter fest.

4 Schließen Sie das Gehäuse wieder und verbinden Sie das Stromkabel mit dem Computer.

Sie können den Computer nun starten. Bei einer Plug & Play-fähigen Netzwerkkarte wird der Treiber nach dem ersten Systemstart automatisch eingerichtet. Andernfalls müssen Sie den Treiber von Hand installieren, mehr dazu im nächsten Abschnitt.

Die Installation des Treibers

Vorausgesetzt, Sie verwenden eine Plug & Play-fähige Netzwerkkarte, wird der Treiber beim ersten Systemstart automatisch eingerichtet, Sie brauchen sich darum nicht mehr zu kümmern. Sollte Windows XP die Netzwerkkarte jedoch nicht automatisch erkennen, müssen Sie den Adapter (die Netzwerkkarte) manuell einrichten. Sie brauchen hierfür den passenden Treiber, der meist zum Lieferumfang der Netzwerkkarte auf einer Diskette oder einer CD gehört.

1 Wechseln Sie in die System-steuerung und öffnen Sie das Objekt *Hardware*. Daraufhin startet der Assistent zur Einrichtung neuer Hardwarekomponenten und sucht nach neuen Geräten. Wird die Netzwerkkarte an dieser Stelle erkannt, wird der Treiber automatisch eingerichtet.

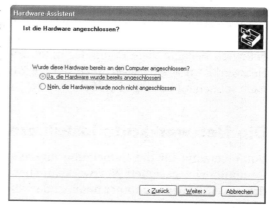

2 Andernfalls teilen Sie dem Assistenten mit, dass die neue Hardware bereits angeschlossen wurde, und setzen die Installation mit *Weiter* fort.

3 Im nächsten Schritt wählen Sie *Neue Hardware hinzufügen* aus, denn die Netzwerkkarte wurde ja nicht gefunden. Wählen Sie anschließend die *Option Hardware manuell aus einer Liste wählen und installieren (für fortgeschrittene Benutzer)* aus.

4 Sie erhalten daraufhin eine Übersicht möglicher Hardwaretypen. Markieren Sie *Netzwerkadapter* und klicken Sie auf *Weiter*.

5 Legen Sie nun die Diskette oder die CD mit dem Treiber für die Netzwerkkarte ein und klicken Sie auf *Datenträger*. Wählen Sie das Laufwerk aus und suchen Sie nach der Treiberdatei (INF-Datei). In vielen Fällen finden Sie mehrere Treiber auf einem Datenträger, auch für unterschiedliche Betriebssysteme und Windows-Versionen. Falls kein gesonderter Treiber für Windows XP

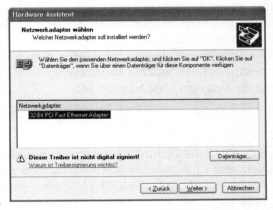

verfügbar sein sollte, versuchen Sie es notfalls mit einem Treiber für Windows 2000. Sollten Sie den Hinweis erhalten, dass der Treiber nicht signiert ist, kann es unter Umständen zu Problemen mit der Netzwerkkarte kommen. Es ist also nicht gewährleistet, dass die Netzwerkkarte unter Windows XP einwandfrei funktioniert.

6 Werden mehrere Netzwerkkarten angezeigt, wählen Sie das entsprechende Modell aus und klicken auf *Weiter*. Der Netzwerkkartentreiber wird nun installiert.

Erweiterte Einstellungsmöglichkeiten für die Netzwerkkarte

Die meisten Netzwerkkarten lassen sich softwareseitig konfigurieren und bieten daher zusätzliche Einstellungsmöglichkeiten. Wenn Sie das Objekt *Netzwerkverbindungen* in der Systemsteuerung öffnen und in die Eigenschaften der LAN-Verbindungen wechseln, können Sie die Netzwerkkarte konfigurieren. Die Einstellungsmöglichkeiten sind abhängig von der verwendeten Netzwerkkarte und sehr unterschiedlich. In der Regel sind auch keinerlei Änderungen in den Einstellungen notwendig. Wenn Sie jedoch eine Dual-Speed-Netzwerkkarte benutzen, die 10-MBit- und 100-MBit-Verbindungen unterstützt, können Sie die Übertragungsrate in den Eigenschaften festlegen. In der Regel sind diese Netzwerkkarten auf den Automodus eingestellt. Das bedeutet, dass die Netzwerkkarte die verwendete Übertragungsgeschwindigkeit (10 oder 100 MBit, Halb- oder Vollduplex) im Netzwerk automatisch erkennt.

Die schnellste Übertragung erreichen Sie im 100-MBit-Vollduplex-Betrieb. Vollduplex heißt, dass die Netzwerkkarte gleichzeitig Daten versenden und empfangen kann. Im Halbduplex-Betrieb kann die Netzwerkkarte nur nacheinander senden und empfangen, nicht gleichzeitig. Daten können also nur über die Leitung geschickt werden, wenn die Netzwerkkarte nicht gerade Daten empfängt. Sie können mit dem Duplexmodus also bestimmen, mit welcher Übertragungsrate die Netzwerkkarte arbeiten soll.

Die Übertragsrate einstellen.

Sie sollten die Übertragungsrate aber nur dann ändern, wenn Sie innerhalb des Netzwerks die gleichen Netzwerkkartentypen verwenden. Denn wenn Sie die Netzwerkkarte auf 100-MBit-Vollduplex einstellen und im Netzwerk auch 10-MBit-Karten einsetzen, kommt es zu massiven Verbindungsproblemen. In einer gemischten Umgebung – bei Verwendung von reinen 10- und 100-MBit-Karten – belassen Sie es bei der automatischen Übertragungsrate!

Das Heimnetzwerk konfigurieren

Windows XP hält für viele Konfigurationsmöglichkeiten einen entsprechenden Assistenten bereit, der bei der Einrichtung der jeweiligen Komponente behilflich ist. So auch beim Heimnetzwerk:

1 Starten Sie den Assistenten für die Netzwerkinstallation unter *Start/Alle Programme/Zubehör/Kommunikation*.

2 Übergehen Sie die ersten beiden Fenster mit *Weiter*. Wählen Sie anschließend die entsprechende Verbindungsmethode aus. Die ersten beiden Optionen wählen Sie aus, wenn Sie im gleichen Zuge auch die Internetverbindungsfreigabe einrichten wollen. Dazu aber auf Seite 567 mehr. Wenn Sie bereits eine Internetverbindung eingerichtet haben und Sie jetzt das lokale Netzwerk konfigurieren möchten, wählen Sie die Option *Dieser Computer verfügt über eine direkte Verbindung mit dem Internet. Andere Computer im Netzwerk verwenden die freigegebene Internetverbindung dieses Computers* aus. Wenn Sie auf die Internetverbindung gänzlich verzichten wollen, wählen Sie *Andere Methode* aus und legen die Option für die Netzwerkeinrichtung fest.

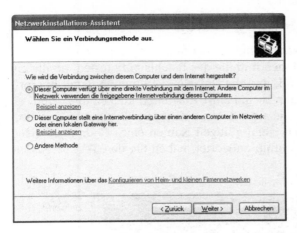

3 Wählen Sie *Weiter* und geben Sie einen aussagekräftigen Computernamen ein. Auch können Sie an dieser Stelle eine kurze Beschreibung eingeben.

4 Überprüfen Sie noch einmal die Einstellungen und starten Sie die automatische Netzwerkkonfiguration mit *Weiter*. Dies kann – je nach Geschwindigkeit des Computers – einen Moment dauern.

5 Anschließend können Sie eine Konfigurationsdiskette für das Heimnetzwerk erstellen. Mithilfe dieser Diskette werden dann sämtliche Clients für das Netzwerk eingerichtet und Sie ersparen sich eine Menge Arbeit.

Sie haben den ersten Computer nun für das Heimnetzwerk eingerichtet. Führen Sie diese Schritte auch auf den restlichen Computern aus, damit eine Netzwerkverbindung mit anderen Computern möglich wird. Nach der Konfiguration der restlichen Computer öffnen Sie den Explorer. Wenn Sie die Netzwerkumgebung erweitern und unterhalb von *Gesamtes Netzwerk* auf *Microsoft Windows-Netzwerk* klicken, sollten Sie nun die Arbeitsgruppe *Msheimnetz* sehen. Wenn Sie die Arbeitsgruppe mit einem Doppelklick öffnen, finden Sie all Ihre Computer im Netzwerk wieder.

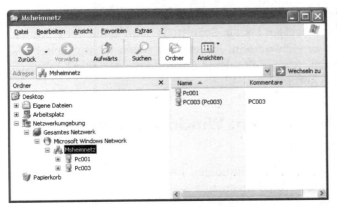

Das Heimnetzwerk im Explorer.

Die Netzwerkverbindung testen

Nachdem Sie das Heimnetzwerk eingerichtet haben, führen Sie nun einige Verbindungstests durch. Sie können mithilfe des Befehls *ping* testen, ob die einzelnen Computer erreichbar sind, und die Netzwerkverbindung damit überprüfen. Öffnen Sie die DOS-Box, indem Sie auf *Start/Ausführen* klicken und „cmd" eingeben. Im DOS-Fenster geben Sie einmal den Befehl *Ping Computername* ein, wobei Sie *Computername* durch einen gültigen Namen eines Computers ersetzen. Wenn der Zielcomputer daraufhin antwortet, haben Sie den Test bereits erfolgreich abgeschlossen.

Der Zielcomputer antwortet.

Sollten Sie statt einer Antwort der Zielstation einen Timeout erhalten, stimmt irgendetwas mit der Konfiguration nicht. Führen Sie gegebenenfalls den Heimnetzwerk-Assistenten noch einmal durch oder korrigieren Sie die Netzwerkkonfiguration manuell. Sie können sich auf jedem Windows-Computer die aktuelle Netzwerkkonfiguration ansehen, wenn Sie in der DOS-Box den Befehl „ipconfig /all" eingeben. Wichtig ist, dass sich alle Computer innerhalb des Netzwerks im gleichen Subnetz befinden und dass die IP-Adressen aus dem gleichen Bereich vergeben werden. Denn wenn beispielsweise ein Computer die IP-Adresse 192.168. 111.2, ein anderer dagegen die Adresse 169.254.111.3 hat, kommt keine Verbindung zu Stande. Sind alle Computer auf dynamische IP-Adressen eingestellt, können Sie mit *ipconfig /release* die momentane IP-Adresse löschen und mit *ipconfig /renew* eine neue zuweisen lassen. Spätestens dann sollte der betreffende Computer mittels Ping erreichbar sein. Andernfalls sehen Sie in Kapitel 17.2 nach, dort zeigen wir Ihnen, wie Sie Probleme im Windows-Netzwerk ermitteln und auch erfolgreich lösen können.

Eingehende Verbindungen: Windows XP als DFÜ-Server einrichten

Wenn Sie Netzwerk- oder Internetverbindungen konfigurieren, muss das nicht heißen, dass nur ausgehende Verbindungen zulässig sind. Denn Sie können Windows XP durchaus dazu veranlassen, auch eingehende Verbindungen zu akzeptieren. Einmal angenommen, Sie sind im Außendienst tätig und permanent unterwegs. Ihren Datenbestand haben Sie hauptsächlich auf Ihrem Computer zu Hause, das Notebook nutzen Sie, wenn Sie beim Kunden oder bei Geschäftspartnern sind. Nun ist es Ihnen sicherlich schon passiert, dass Sie just in diesem Moment Daten brauchen, die Sie aber nicht auf das Notebook übertragen, will heißen: synchronisiert, haben. Zu dumm, dass Sie jetzt nicht an die Daten kommen. Diesen Ärger können Sie sich künftig ersparen. Richten Sie Windows XP einfach als DFÜ-Server ein, dann können Sie sich demnächst auf Ihrem Computer zu Hause einwählen und Daten hin- und herkopieren. Vorausgesetzt natürlich, der betreffende Computer ist auch eingeschaltet oder zumindest im Standby-Betrieb. Damit Windows XP eingehende Verbindungen annimmt, sind nur wenige Schritte notwendig:

1 Wechseln Sie in die Netzwerkverbindungen und starten Sie den Assistenten für neue Verbindungen mit einem Doppelklick.

2 Legen Sie als Verbindungstyp *Erweiterte Verbindung* fest und setzen Sie die Einrichtung mit *Weiter* fort.

3 Im nächsten Schritt wählen Sie *Eingehende Verbindungen zulassen* aus.

4 Sie erhalten nun eine Auswahl der Geräte, über die eingehende Verbindungen möglich sind. Wählen Sie das Modem oder den ISDN-Anschluss für die Direkteinwahl aus und klicken Sie auf *Weiter*.

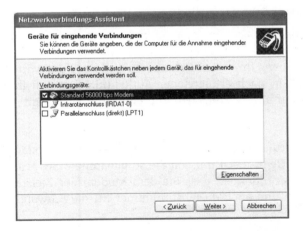

5 Geben Sie im nächsten Step an, ob eingehende VPN-Verbindungen zugelassen oder verweigert werden sollen. Wenn Sie einen DSL-Anschluss besitzen und die Internetverbindung immer besteht, können Sie eingehende VPN-Verbindungen annehmen und so eine getunnelte Verbindung über das Internet herstellen, statt einer Direkteinwahl.

6 Legen Sie die Benutzer fest, denen eine Einwahl gestattet ist. Sie können an dieser Stelle vorhandene Benutzer löschen und neue hinzufügen. In den Eigenschaften der jeweiligen Benutzer sollten Sie ein Kennwort festlegen.

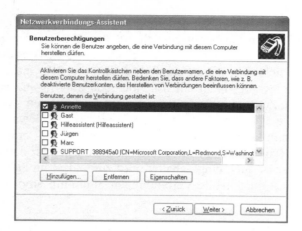

7 Zu guter Letzt wählen Sie noch die Netzwerksoftware aus. Das TCP/IP-Protokoll, die Datei- und Druckerfreigabe, wie auch der Client für Microsoft-Netzwerke sollten aktiviert sein. Legen Sie einen Namen für die Verbindung fest und beenden Sie die Konfiguration.

Nachdem Sie den Computer so eingerichtet haben, dass eingehende Verbindungen ab sofort angenommen werden, können Sie nun per DFÜ-Verbindung auf den Datenbestand zugreifen.

Eine Verbindung zum DFÜ-Server aufbauen

Wenn Sie nun an einem entfernten Computer sitzen und sich an Ihrem persönlichen DFÜ-Server einwählen wollen, definieren Sie eine DFÜ-Verbindung, geben die betreffende Rufnummer sowie Ihren Benutzernamen und das Kennwort ein. Stellen Sie die Verbindung her, nach erfolgreicher Authentifizierung an Ihrem Computer können Sie nun auf all die Freigaben zugreifen und Daten hin- und herkopieren.

Sollte Ihr Computer keine Anrufe entgegennehmen, kann das unter Umständen an Ihrer ISDN-Anlage liegen. Denn meist müssen Sie so genannte MSN pro Leitung zuweisen. Es ist daher erforderlich, dass Sie dem Modem der Zielstation eine eigene Leitung zuweisen und auch diese Rufnummer für die Einwahl verwenden.

Virtuelle private Netzwerke mit Windows XP

Für den Fall, dass Ihre Firma Ihnen die Einwahl in das firmeninterne Netzwerk erlaubt, können Sie diese WAN-Verbindung bequem und sicher via VPN (**V**irtual **P**rivate **N**etwork) realisieren. Denn Windows XP unterstützt – wie viele ältere Windows-Versionen auch – das PPTP-Protokoll (**P**oint to **P**oint **T**unneling **P**rotocol), mit dem Sie eine getunnelte Verbindung zu einem entfernten Netzwerk herstellen können. Bis vor geraumer Zeit war der Zugriff auf ein entferntes Netzwerk nur durch eine Direkteinwahl per DFÜ möglich, heute können Sie das Internet als Verbindungsmedium nutzen und dadurch eine Menge an Telefongebühren sparen. Denn Sie wählen sich nicht mehr an einem bestimmten Standort ein, sondern lediglich bei Ihrem gewohnten Internet Service Provider.

Eine VPN-Verbindung herstellen

Einmal angenommen, Sie möchten von nun an zu Hause arbeiten und benötigen eine Verbindung zum firmeninternen Netzwerk. Damit die übertragenen Daten sicher transportiert werden, stellen Sie eine VPN-Verbindung mithilfe des PPTP-Protokolls her.

1 Öffnen Sie die Netzwerkverbindungen (im Startmenü oder in der System-steuerung). Doppelklicken Sie auf *Neue Verbindung erstellen*, daraufhin startet der Netzwerkverbindungs-Assistent.

2 Schließen Sie den Willkommensbildschirm mit *Weiter*. Als *Verbindungstyp* legen Sie *Verbindung mit dem Netzwerk am Arbeitsplatz herstellen* fest.

3 Wenn Sie die Verbindung direkt mit dem entfernten RAS-Server herstellen wollen, wählen Sie *DFÜ-Verbindung* aus. Für eine getunnelte Internetverbin-dung wählen Sie dagegen *VPN-Verbindung*.

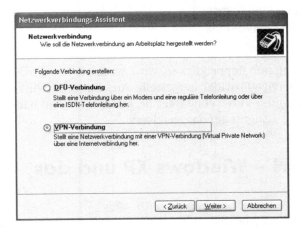

4 Im nächsten Schritt legen Sie eine automatische Anfangsverbindung fest. Wählen Sie – wenn Sie mehrere Verbindungen zur Auswahl haben, die Ver-bindung zu Ihrem Internet Service Provider aus. Denn wenn Sie später eine VPN-Verbindung herstellen, können Sie sich den manuellen Aufbau der In-ternetverbindung sparen, dies geschieht automatisch.

5 Als Nächstes legen Sie den Computernamen oder die IP-Adresse des entfern-ten Computers fest. Tragen Sie die IP-Adresse des Computers, mit dem Sie eine Tunnelverbindung herstellen, in das Feld ein.

6 Zur Authentifizierung geben Sie nun Ihren Benutzernamen und auch das dazugehörige Kennwort ein, das zur Anmeldung am entfernten Computer notwendig ist. Aus Sicherheitsgründen müssen Sie das Kennwort noch einmal bestätigen, wählen Sie anschließend *Weiter*.

7 Zu guter Letzt geben Sie noch eine aussagekräftige Beschreibung für die Verbindung ein. Sie können zudem eine Verknüpfung auf dem Desktop ablegen, wenn Sie die VPN-Verbindung im schnellen Zugriff haben wollen.

Je nachdem, welches Authentifizierungsprotokoll zur Anmeldung am entfernten Computer notwendig ist, müssen Sie unter Umständen noch eine kleine Änderung vornehmen. Wenn Sie die Eigenschaften der soeben erstellten Verbindung öffnen und die Registerkarte *Sicherheit* nach vorn holen, können Sie mit einem Klick auf *Einstellungen* die erforderliche Authentifizierung festlegen. Wenn es bei einer VPN- oder DFÜ-Einwahl zu Problemen kommt, sind oft falsche Einstellungen im Sicherheitsprotokoll schuld. Klären Sie zuvor ab, welche Einstellungen notwendig sind, damit die Anmeldung nicht scheitert und die Verbindung abgewiesen wird.

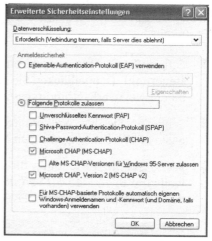

Die Sicherheitseinstellungen.

Wenn Sie auf diese Verbindung nun doppelklicken, wird zunächst eine DFÜ-Verbindung zu Ihrem Internet Service Provider hergestellt. Anschließend wird eine Tunnelverbindung zum entfernten VPN-Teilnehmer hergestellt, und Sie haben – nach erfolgreicher Anmeldung – Zugriff auf das Netzwerk.

12.4 Wireless LAN – Windows XP und das Funknetzwerk

Netzwerke sind schon eine feine Sache: Sie verbinden ein paar Computersysteme über ein entsprechendes Netzwerkkabel, nehmen ein paar Einstellungen vor und schon können Sie Daten zwischen den einzelnen Computersystemen hin und her transferieren, gemeinsam drucken, gemeinsam im Internet surfen und vieles mehr. Aber im Lauf der Zeit stößt selbst der Hobby-Netzwerker hin und wieder mal auf ein paar Unannehmlichkeiten, die es am liebsten aus der Welt zu schaffen gilt:

■ **Erweiterung:** Wenn der Hub oder Switch komplett belegt ist, können keine weiteren Computersysteme angebunden werden. Es muss also ein neuer Verteiler her oder aber das mühsame Umstöpseln der Netzwerkanschlüsse beginnt.

- **Verkabelung:** Selbst bei der Vernetzung von drei oder mehr Computersystemen droht das erste Kabel-Chaos, das einem schier den letzten Nerv rauben kann. Auch setzen räumliche Gegebenheiten (z. B. Wände) einer weiteren Verkabelung schnell mal ein Ende.

- **Mobilität:** Das mühsame Strippenziehen ist schon aufwendig genug. Will man dann mal zwischendurch den Arbeitsplatz wechseln, müssen meist neue Kabel gezogen werden, wenn auch nur temporär.

- **Flexibilität:** Wer sein Netzwerk in mehrere Teilnetze aufgeteilt hat, ist mit Sicherheit froh um seine strategische Anordnung. Was aber tun, wenn der Drucker A im Teilnetz B streikt und schnell mal ein anderer Drucker angeschlossen werden soll? Das Chaos beginnt.

Mit den zuvor genannten Punkten wollen wir Ihnen natürlich nicht die Lust am „Netzwerkeln" nehmen. Ganz im Gegenteil! Wir wollen Ihnen stattdessen eine Möglichkeit zeigen, wie Sie derartige Störfaktoren ganz schnell in den Griff kriegen. Denn mithilfe eines Funknetzwerks können Sie Ihr Netzwerk wesentlich flexibler gestalten, viel einfacher ausbauen und auch dem Kabel-Chaos ein schnelles Ende setzen.

Literatur zu Wireless LAN

Im DATA BECKER-Verlag sind einige Bücher zum Thema „Wireless LAN" erschienen, die eine ganze Menge nützlicher Hintergrundinformationen, viele Praxisanleitungen und auch einiges zum Thema „Fehlersuche im Funknetzwerk" beinhalten. Diese Bücher geben das notwendige Know-how, wenn es um die Einrichtung, Wartung und Absicherung kleiner und größerer Funknetzwerke geht. Weitere Informationen zu den WLAN-Büchern finden Sie auf der Internetseite von DATA BECKER (*www.databecker.de*).

Und Windows XP wäre nicht Windows XP, wenn das Betriebssystem die moderne Technik eines Funknetzwerks nicht unterstützen würde. Lesen Sie daher in den nachfolgenden Abschnitten, was es mit den Funknetzwerken auf sich hat, auf welch einfache Art und Weise Sie Ihr erstes WLAN (**Wireless LAN**) einrichten können und wie das Service Pack das kabellose netzwerkeln noch einfacher macht.

Was Sie über Funknetzwerke wissen sollten

Bevor wir an das Eingemachte gehen und Ihnen zeigen, wie Funknetzwerke eingerichtet werden, möchten wir Sie zunächst mit einigen Grundlagen, insbesondere mit den Fachbegriffen, vertraut machen. Denn schon so mancher hat sich Hals über Kopf mit zahlreichen Hardwarekomponenten eingedeckt, um anschließend feststellen zu müssen, dass die Geräte überhaupt nicht zueinander passen und das Funknetzwerk regelrecht streikt.

Bluetooth vs. Wireless LAN

Wenn Sie sich auf dem „Funknetzwerk-Markt" einmal umschauen, werden Sie eine ganze Reihe von Geräten finden, die unterschiedlichen Standards genügen. Die einen entsprechen dem Bluetooth-Standard, die anderen dem Wireless LAN-Standard (auch WIFI- oder 802.11-Standard genannt). Der wesentliche Unterschied zwischen diesen beiden Standards liegt zunächst einmal in der Übertragungsgeschwindigkeit. So schafft Bluetooth beispielsweise eine maximale Übertragungsrate von einem ganzen MBit pro Sekunde, während Wireless **LAN** (kurz WLAN genannt) mit 11 MBit pro Sekunde (802.11b-Standard) und mit 54 MBit pro Sekunde (802.11a-/802.11g-Standard) zu Rande kommt.

Mit dem Super A/-G-Standard lassen sich mittlerweile auch schon bis zu 108 MBit pro Sekunde erreichen. Allerdings handelt es sich bei diesen Werten um die Maximalleistung, die nur unter den optimalsten Bedingungen zu erreichen ist. In der Praxis wird mit einer weitaus geringeren Leistung gefunkt.

Die Funkreichweite spielt ebenfalls eine große Rolle. Bluetooth ist von der Grundidee her für die Anbindung von Handys, PDAs und anderen „Kleingeräten" gedacht, weshalb die Reichweite auf 10 Meter beschränkt ist. Bei Wireless LAN sieht es da schon etwas anders aus, denn die funkfähigen Netzwerkkarten schaffen bis zu 300 Meter. Durch Einsatz externer Antennen können auch größere Distanzen überbrückt werden. Allerdings sinkt diese Reichweite, wenn sich im Umkreis des Funknetzwerks Störquellen (z. B. Mikrowelle, andere Funknetzwerke, dicke Wände etc.) befinden.

Bluetooth und WLAN funken auf 2,4 GHz

Bluetooth und auch Wireless LAN nutzen zur Datenübertragung das 2,4 GHz-Frequenzband, sind aber dennoch nicht kompatibel miteinander. Das bedeutet, dass Sie unter Umständen mit massiven Funkstörungen rechnen müssen, wenn Sie das Netzwerk um ein WLAN erweitern und parallel noch ein paar Anbindungen mittels Bluetooth vornehmen.

Im Gegensatz zum verkabelten Ethernet ist es bei Bluetooth und auch bei Wireless LAN so, dass die verfügbare Leistung durch die Anzahl der Benutzer, sprich durch die angebundenen Stationen, geteilt wird. Die Kapazität wird also nicht dynamisch, sondern statisch aufgeteilt. Wenn zwei Endgeräte eine Funkverbindung aufbauen, dann stehen nicht mehr 11 MBit, sondern nur noch 5,5 MBit pro Sekunde zur Verfügung. Sie werden sich jetzt sicher denken, dass das WLAN nur für kleinere Workgroups geeignet ist. Weit gefehlt. Denn mithilfe einer geschickten Funkzellenerweiterung und durch Einsatz mehrerer Access-Points kann die Performance auch in größeren Netzen noch aufrecht erhalten werden.

Die 802.11-Standards

In Sachen Wireless LAN gilt es zunächst einmal zwischen dem 802.11a-, dem 802.11b- und dem 802.11g-Standard zu unterscheiden. Der A-Standard sieht eine höhere Übertragungsgeschwindigkeit vor, denn in einem 802.11a-Netzwerk sind maximale Übertragungsraten von 54 MBit pro Sekunde möglich. Beim 802.11b-Standard dagegen können nur maximale 11 MBit pro Sekunde erreicht werden, während der 802.11g-Standard für satte 54 MBit sorgt. Rein technisch gesehen, können zwar 802.11a- und 802.11b-Geräte gekoppelt werden, allerdings sind dafür spezielle Netzwerkbrücken erforderlich, die nicht gerade billig sind. Ohne diese Brücken können Sie die Standards nicht gemeinsam verwenden.

Hardwarekomponenten für das Funknetzwerk

Der Hardwaremarkt hält eine ganze Reihe von Produkten für den Aufbau eines Funknetzwerks bereit. Jetzt stellt sich natürlich die Frage, was Sie für den Aufbau Ihres Netzes wirklich brauchen. Nun, zunächst einmal müssen Sie für jedes Computersystem, das Sie per Funk anbinden wollen, eine geeignete Netzwerkkarte besorgen. Wenn Sie nur ein Notebook für das mobile Netz vorbereiten wollen, benötigen Sie eine funkfähige Netzwerkkarte im PCMCIA-Format, falls das Notebook nicht schon von Haus aus mit einer internen WLAN-Netzwerkkarte ausgestattet ist. Möchten Sie die Netzwerkkarte vielleicht im Notebook und hin und wieder mal im Desktop-PC verwenden, sollten Sie über eine Netzwerkkarte mit USB-Anschluss nachdenken. Denn die meisten Systeme bieten entsprechende USB-Schnittstellen an, worüber Sie die externe Netzwerkkarte anschließen können. Und nicht zuletzt sind auch Netzwerkkarten für den PCI-Bus verfügbar, wenngleich die Netzwerkkarte auch hier im PCMCIA-Format geliefert wird. Dem Lieferumfang liegt aber auch eine entsprechende Trägerkarte bei, die Sie einfach in den Desktop-PC einbauen können, und dann die PCMCIA-Karte einfach nur einstecken müssen.

Des Weiteren benötigen Sie – wenn Sie ein Netzwerk vom Typ *Infrastructure* einrichten wollen – einen oder gegebenenfalls auch mehrere Access-Points. Wenn Sie beispielsweise ein etwas größeres und damit auch dauerhaftes Funknetzwerk einrichten wollen, dann erweitern Sie Ihr bestehendes Netzwerk um einen Access-Point, womit Sie das bestehende Netz um eine ganze Reihe weiterer mobiler Computersysteme erweitern können, ohne die derzeitige Netzwerkstruktur grundlegend ändern zu müssen.

Achten Sie beim Kauf der Komponenten auf den Standard!

Wenn Sie den Aufbau eines Funknetzwerks planen und die Anschaffung der Komponenten bevorsteht, müssen Sie beim Kauf der Geräte auf den unterstützten Standard achten. Denn Sie können – zumindest nicht ohne Brücke – eine 802.11a- und 802.11b-Komponente im gleichen Netz betreiben. Auch sollten Sie auf die Protokollunterstützung achten, denn wenn Sie statt TCP/IP das Protokoll NetBEUI oder IPX/SPX verwenden, muss das Gerät diese Protokolle auch unterstützen.

Neben der Netzwerkkarte bietet der Hardwaremarkt auch entsprechende ISDN-oder DSL-Router, die es natürlich auch „kabellos" für den Einsatz in einem Funknetzwerk gibt. Im Gegensatz zu gewöhnlichen Ethernet-Komponenten sind diese Lösungen zwar etwas teurer, dafür aber flexibel anzubringen. Selbst Drucker, Scanner und Netzwerkbrücken sind für den Betrieb in einem Funknetzwerk verfügbar, wenngleich diese Geräte aufgrund ihrer doch hohen Anschaffungskosten meist in einem professionellen Umfeld (z. B. in einem Firmennetzwerk) zum Einsatz kommen.

Und für den Fall, dass Sie ein größeres Funknetzwerk planen, das schon in der ersten Überlegung an die Grenzen der Reichweite stößt, ist unter Umständen auch die Anschaffung einer externen Antenne von Vorteil. Denn je leistungsfähiger die Antennen sind, desto größere Reichweiten können erzielt werden.

Ad-hoc- und Infrastructure-Netzwerke

Wenn von Funknetzwerken die Rede ist, tauchen immer wieder die Begriffe „Ad hoc" und „Infrastructure" auf. Mit diesen Bezeichnungen wird der Typ des Funknetzwerks, sprich: die Topologie, beschrieben, denn ein WLAN lässt sich sowohl als alleiniges Netz wie auch als Bestandteil eines verkabelten Netzwerks aufbauen.

Das Ad-hoc-Netzwerk

Ein Ad-hoc-Netzwerk stellt einen Zusammenschluss mehrerer mobiler Computersysteme dar, die gewissermaßen Peer-to-Peer per Funk miteinander vernetzt werden. Ähnlich, wie es in einem reinen Microsoft-Netzwerk ohne Einsatz von Server-Komponenten der Fall ist. Wenn Sie beispielsweise zwei oder auch mehrere Computersysteme mit einer funkfähigen Netzwerkkarte ausstatten und mit der Konfiguration der gleichen Netzwerkeinstellungen eine Art Workgroup bilden, dann haben Sie ein solches Ad-hoc-Netzwerk konfiguriert. Getreu dem Motto: „Jeder funkt mit jedem".

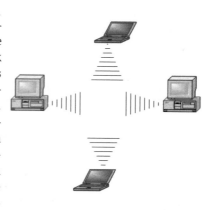

Das Infrastructure-Netzwerk

In einem Infrastructure-Netzwerk sieht es dagegen etwas anders aus, denn das Infrastructure-Netzwerk erfordert den Einsatz eines (oder auch mehrerer) Access-Points. Der Access-Point hat dabei die Aufgabe, die Daten vom Quellsystem erst einmal entgegenzunehmen und letzten Endes an das Zielsystem weiterzuleiten. Es findet also keine direkte Datenübertragung zwischen den jeweiligen Computersystemen statt. Diese Konstellation ist im weitesten Sinne mit der Client-/

Server-Technologie vergleichbar, da es in einem serverbasierten Netzwerk für gewöhnlich auch keine direkte Datenübertragung zwischen den Clients gibt.

Der Aufbau eines Infrastructure-Netzwerks setzt – zumindest ein kleines – verkabeltes Ethernet-Netzwerk voraus, da der Access-Point mithilfe eines Netzwerkkabels mit dem vorhandenen Netz (auch Backbone-Ethernet genannt) verbunden werden muss. Je nach Netzwerkgröße können auch mehrere Access-Points integriert werden, womit zahlreiche mobile Computersysteme in das Netzwerk eingebunden werden können.

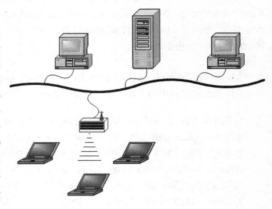

Ein Ad-hoc-Netzwerk einrichten

Wenn Sie zwei oder auch mehrere Computersysteme auf die Schnelle per Funk vernetzen wollen, dann richten Sie ein so genanntes Ad-hoc-Netzwerk (vgl. Seite 528) ein. Hierzu müssen Sie lediglich die funkfähige Netzwerkkarte einrichten, falls noch nicht geschehen, und die erforderlichen Netzwerkeinstellungen vornehmen. Der Einsatz weiterer Hardwarekomponenten, wie z. B. ein Access-Point, ist nicht erforderlich. Die folgenden Abschnitte zeigen, auf welch einfache Art und Weise Sie Ihre erste Funkverbindung herstellen können.

Die Netzwerkkarte installieren

Bevor eine Datenübertragung „over Air" möglich ist, müssen Sie zunächst die funkfähige Netzwerkkarte installieren. Dabei kommt es nun darauf an, welche Adapterform Sie erworben haben. Bei einer einbaufähigen Netzwerkkarte für den PCI-Bus installieren Sie zunächst die Trägerkarte und setzen anschließend die PCMCIA-Card in die Trägerkarte ein. Bei einer USB-fähigen Netzwerkkarte dagegen verbinden Sie die Netzwerkkarte einfach nur mit einem freien USB-Anschluss Ihres Computersystems. Und wenn Sie ein Notebook per Funk anbinden wollen, müssen Sie lediglich die PCMCIA-Karte in einen freien Slot an der Geräteseite/-rückseite schieben oder aber die interne WLAN-Netzwerkkarte aktivieren.

> **Die Installation der WLAN-Utilities**
>
> Viele Hersteller funkfähiger Netzwerkkarten liefern ein paar Utilities für die Administration des WLANs mit. Auf die Installation dieser Tools können Sie in den meisten Fällen aber verzichten, da Windows XP Home ein solches Utility von Haus aus bereits mitbringt. Mehr zur Administration des Funknetzwerks erfahren Sie ab Seite 533.

Im Anschluss an die Installation der Netzwerkkarte folgt die Einrichtung des Treibers. Wenn Sie im Besitz einer Plug & Play-fähigen Netzwerkkarte sind, die von Windows XP Home unterstützt wird, erkennt das Betriebssystem die neue Komponente im Normalfall von selbst und kann den Assistenten zur Einrichtung des Gerätetreibers sofort starten. Andernfalls müssen Sie die Treiberinstallation manuell vornehmen:

1 Melden Sie sich mit einem Benutzer-Account an, der die Rechte eines Administrators besitzt, und wechseln Sie in die Systemsteuerung.

2 Öffnen Sie das Objekt *Hardware* und schließen Sie das erste Fenster mit einem Klick auf *OK*. Windows XP Home sucht daraufhin nach neuen Komponenten. Falls das Betriebssystem fündig geworden ist, wird der Name des neuen Geräts angezeigt und Sie können mit der Treiberinstallation fortfahren. Legen Sie die Installations-CD der Netzwerkkarte ein und klicken Sie auf *Weiter*, damit der Treiber eingerichtet wird.

3 Wenn Windows XP aber keine neue Komponente findet, müssen Sie dem Betriebssystem etwas auf die Sprünge helfen. Geben Sie zunächst an, dass die Hardware bereits angeschlossen wurde, und klicken Sie auf *Weiter*.

4 Im nächsten Schritt blättern Sie an das Ende der Liste der installierbaren Komponenten und wählen *Neue Hardware hinzufügen* aus. Anschließend aktivieren Sie die Option *Hardware manuell aus einer Liste wählen und installieren (für fortgeschrittene Benutzer)* und legen im nächsten Fenster *Alle Geräte anzeigen* fest.

5 Sie gelangen daraufhin in ein Fenster, über das Sie einige Standardkomponenten auswählen können. Klicken Sie auf *Datenträger* und wählen Sie auf der Installations-CD der Netzwerkkarte den Pfad für den Treiber der neuen Komponente aus. Klicken Sie auf *OK*, die Treiberdateien werden daraufhin eingerichtet.

Mit der Einrichtung der Netzwerkkarte wird automatisch das TCP/IP-Protokoll an den Adapter gebunden. Wenn Sie mit statischen und damit festen IP-Adressen arbeiten wollen, müssen Sie dementsprechend auch das TCP/IP-Protokoll konfigurieren. Öffnen Sie die Eigenschaften der Netzwerkumgebung und markieren Sie die drahtlose Verbindung. Öffnen Sie die Eigenschaften und wechseln Sie in die Einstellungen des TCP/IP-Protokolls. Dort können Sie eine statische IP-Adresse festlegen. Aber Achtung: Wenn Sie mit statischen IP-Adressen arbeiten, muss auf allen Computersystemen, die später miteinander funken, eine Adresse aus dem gleichen Adressbereich (z. B. 192.168.0.x/255.255.255.0) verwendet werden. Andernfalls wird es später zu Verbindungsproblemen kommen.

Statische und dynamische IP-Adressen parallel nutzen

Windows XP bietet Ihnen die Möglichkeit, statische und dynamische IP-Adressen parallel zu nutzen. Wenn Sie z. B. für gewöhnlich dynamische IP-Adressen nutzen und hin und wieder mal Ihr Computersystem in einem fremden Netz mit statischer IP-Adressierung verwenden, dann können Sie die statische IP-Adresse in den erweiterten Einstellungen des TCIP/IP-Protokolls hinterlegen. Falls Windows XP dann keine Netzwerkverbindung mithilfe dynamischer Adressierung herstellen kann, versucht es das Betriebssystem daraufhin noch mal mit der statischen Adresse. Sie ersparen sich dadurch die ständige Änderung der IP-Adressierung, da die beiden Hauptkonfigurationsmöglichkeiten ja hinterlegt sind.

Das Ad-hoc-Netzwerk konfigurieren

Wenn Sie die Netzwerkkarte so weit eingerichtet und auch das TCP/IP-Protokoll entsprechend konfiguriert haben, folgen ein paar WLAN-spezifische Einstellungen. Denn die Netzwerkkarte muss wissen, um welchen Netzwerktyp (Ad hoc oder Infrastructure) es sich handelt, über welchen Kanal die Funkverbindungen aufgebaut werden sollen, wie das Zielnetzwerk heißt und ob eine Datenverschlüsselung erfolgen soll oder nicht.

Windows XP SP2 bietet für diese Einrichtung einen Assistenten an, mit dem das WLAN auf recht einfache Art und Weise aufgebaut werden kann: den Assistenten zur Drahtlosnetzwerkinstallation.

1 Wechseln Sie in die Systemsteuerung und öffnen Sie den Assistenten zur Einrichtung von kabellosen Netzwerken, indem Sie auf *Drahtlosnetzwerkinstallation* doppelt klicken.

2 Schließen Sie den Willkommensbildschirm mit einem Klick auf *Weiter*.

3 Geben Sie im Feld *Netzwerkname (SSID)* die SSID (**S**ervice **S**et **Id**entifier) des kabellosen Netzwerks ein. Wählen Sie außerdem aus, ob Sie automatisch generierte WEP-/WPA-Schlüssel verwenden möchten oder ob Sie die Schlüssel lieber selbst administrieren wollen.

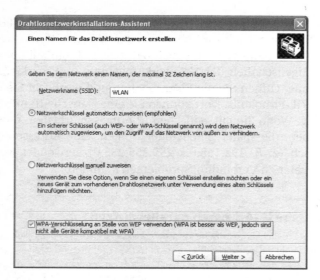

4 Wenn Sie WPA-kompatible WLAN-Komponenten verwenden, sollten Sie zudem die Option *WPA-Verschlüsselung an Stelle von WEP verwenden ...* aktivieren, da WPA ein ganzes Stück sicherer ist als WEP. Klicken Sie auf *Weiter*, um die Konfigurationsmethode (automatisch oder manuell) auszuwählen.

5 Sind Sie im Besitz eines USB-Memory-Sticks, haben Sie die Möglichkeit, die WLAN-Konfiguration auf dem Stick abzulegen und weitere Computersysteme automatisiert zu konfigurieren. Wenn Sie keinen USB-Stick zur Hand haben, wählen Sie die Option *Netzwerk manuell einrichten* aus und klicken auf *Weiter*.

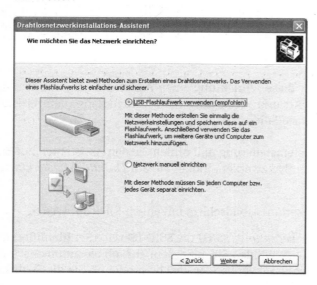

6 Haben Sie im vorherigen Dialogfenster die Option *USB-Flashlaufwerk verwenden (empfohlen)* ausgewählt, müssen Sie nun den USB-Memory-Stick in den USB-Slot stecken und das entsprechende Laufwerk auswählen. Die Konfiguration wird daraufhin auf den USB-Memory-Stick kopiert.

7 Wenn Sie die Konfiguration auf einem USB-Memory-Stick gespeichert haben, bittet der Assistent Sie im nächsten Schritt, den Key herauszuziehen und auf den betreffenden Computersystemen einzustecken. Folgen Sie dieser Anweisung, ohne den Assistenten weiterzuklicken.

8 Belassen Sie den Einrichtungs-Assistenten also in seiner momentanen Position und stecken Sie den USB-Memory-Stick auf einen der noch zu konfigurierenden Computersysteme.

9 Öffnen Sie den Windows-Explorer auf dem noch zu konfigurierenden Computersystem und klicken Sie dort auf das Laufwerk des USB-Memory-Sticks.

10 Im Hauptverzeichnis (Root) des USB-Memory-Sticks finden Sie eine Datei namens *SetupSNK.exe*. Doppelklicken Sie auf diese Datei, um die Konfiguration des drahtlosen Netzwerks zu übernehmen. Achtung: Zuvor muss jedoch die WLAN-Netzwerkkarte eingerichtet worden sein!

11 Wenn Sie alle Computersysteme entsprechend konfiguriert haben, stecken Sie den USB-Memory-Stick wieder in den Slot des Computersystems, auf dem Sie den Assistenten zur Einrichtung drahtloser Netzwerke aufgerufen haben. Klicken Sie auf *Weiter*, um den Assistenten zur Einrichtung drahtloser Netzwerke zu beenden. Klicken Sie anschließend auf *Fertig stellen*.

Mit diesen Schritten haben Sie die Konfigurationsparameter für das drahtlose Netzwerk bestimmt und auch die angebundenen Computersysteme konfiguriert. Sofern die IP-Adressen der vernetzten Computersysteme aus dem gleichen Bereich stammen und auch die Firewall-Systeme (siehe Seite 392) entsprechend konfiguriert wurden, steht einer ersten drahtlosen Verbindung nichts mehr im Wege.

Einem Funknetzwerk beitreten

Wenn Sie die WLAN-spezifischen Parameter auf allen Computersystemen gleich konfiguriert haben, steht einer ersten Netzwerkverbindung für gewöhnlich auch nichts im Wege. Sie müssen natürlich dafür sorgen, dass alle Computersysteme über die gleiche IP-Adresse funken, da es andernfalls zu Verbindungsproblemen kommt. Prüfen Sie also in den Eigenschaften der Netzwerkumgebung bzw. der drahtlosen Verbindung, welche IP-Adressen Sie vergeben haben.

Für den Fall, dass Sie aber einem Funknetzwerk beitreten wollen, die genauen Parameter aber nicht kennen, können Sie Windows XP Home um Hilfe bitten. Denn Windows XP enthält einen kleinen Analyzer, mit dem Sie die Umgebung nach vorhandenen Funknetzwerken absuchen und – bei Erfolg – auch per Mausklick einem WLAN beitreten können.

1 Wenn Sie in den Eigenschaften der drahtlosen Verbindung angegeben haben, dass ein Symbol bei Verbindung im Infobereich angezeigt werden soll, dann finden Sie im Gerätefeld der Taskleiste ein Symbol für die drahtlose Verbindung vor. Öffnen Sie das Kontextmenü des Symbols und wählen Sie *Verfügbare drahtlose Netzwerke anzeigen* aus. Falls die Geräteleiste ein solches Symbol nicht anzeigen sollte, müssen Sie in die Eigenschaften der Netzwerkumgebung wechseln und dort das Kontextmenü der drahtlosen Verbindung aufrufen, um die verfügbaren drahtlosen Netzwerke angezeigt zu bekommen.

2 Daraufhin öffnet sich ein kleines Fenster, über das die aktiven Funknetzwerke angezeigt werden. Wenn Windows XP ein aktives Funknetzwerk gefunden hat und dieses auch anzeigt, können Sie mit einem Klick auf *Verbinden* dem WLAN beitreten. Und zwar unabhängig davon, wie Ihre Netzwerkeinstellungen aussehen. Wenn das gefundene Funknetzwerk beispielsweise einen anderen Kanal nutzt oder eine andere SSID verwendet, als es in Ihren Einstellungen der Fall ist, dann konfiguriert Windows XP diese Einstellungen temporär um, womit Sie dem Netzwerk auch ohne große Umkonfigurierung beitreten können.

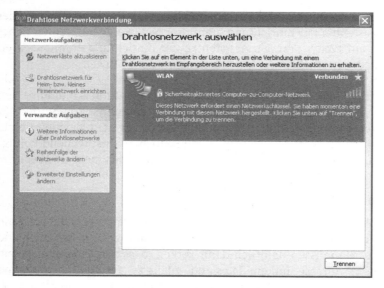

3 Mit einem Klick auf *Erweiterte Einstellungen ändern* und anschließendem Wechsel auf die Registerkarte *Drahtlosnetzwerke* gelangen Sie in die Konfigurationseinstellungen der drahtlosen Verbindung, über die Sie verfügbare Drahtlosnetzwerke anzeigen lassen können, vorhandene WLANs hinzufügen oder auch entfernen können und auch das WLAN selbst konfigurieren können.

Wenn Sie mithilfe dieses Tools einem Funknetzwerk beitreten und gegebenenfalls eine automatische Umkonfigurierung der Netzwerkeinstellungen vornehmen, bleiben Ihre ursprünglichen Einstellungen trotzdem erhalten. Denn Windows XP ändert die Einstellungen nur temporär und nutzt nach dem nächsten Netzwerkwechsel bzw. nach dem nächsten Systemstart wieder die ursprünglichen Netzwerkeinstellungen.

Die erweiterten Einstellungen der drahtlosen Verbindung.

Ein Infrastructure-Netzwerk einrichten

Wenn Sie ein etwas größeres und auch dauerhaftes Funknetzwerk einrichten wollen, empfiehlt sich die Einrichtung eines Infrastructure-Netzwerks unter Verwendung eines (oder auch mehrerer) Access-Points, denn dann können Sie das vorhandene LAN mit dem WLAN koppeln und auch wesentlich mehr mobile Computersysteme aufnehmen. Die Einrichtung eines Infrastructure-Netzwerks ist im Gegensatz zu einem Ad-hoc-Netzwerk zwar etwas kostspieliger, da Sie entsprechende Access-Points anschaffen müssen, dafür können Sie Ihre Daten aber auch zwischen den verkabelten und den mobilen Computersystemen hin und her schieben und das Netzwerk nach freien Stücken ausbauen.

Die Einrichtung eines solchen Netzwerks ist nur unwesentlich aufwendiger. Zunächst müssen Sie das verkabelte Netzwerk um mindestens einen Access-Point erweitern, das Gerät entsprechend konfigurieren und letzten Endes auch die mobilen Computersysteme mithilfe der Konfiguration einbinden.

Die Installation des Access-Points

Der wichtigste Schritt beim Aufbau eines größeren WLANs ist, die Access-Points anzuschließen und entsprechend zu konfigurieren. Ersteres bedeutet, dass Sie den Access-Point mithilfe eines Netzwerkkabels der Kategorie 5 mit dem vorhandenen Netzwerk verbinden (z. B. über einen Hub oder Switch). Und wenn der Access-Point in Betrieb ist, folgt die Netzwerkkonfiguration. Denn Sie müssen dem Gerät erst mal eine IP-Adresse zuweisen, die SSID (**S**ervice **S**et **I**dentifier) festlegen und den Kanal bestimmen, damit Sie letzten Endes die mobilen Computersysteme anbinden können. Und wie Sie das machen, zeigen wir Ihnen in den folgenden Abschnitten.

Die Netzwerkkonfiguration der Access-Points

Gesetzt den Fall, die Access-Points hängen im Netz, sprich: sind per Netzwerkkabel mit dem LAN verbunden, dann müssen Sie die Geräte im nächsten Schritt entsprechend konfigurieren. Dazu zählt die Vergabe der IP-Adresse, wie auch das Festlegen der SSID und gegebenenfalls das Setzen weiterer Optionen. Diese Konfiguration erfolgt in der Regel über den Webbrowser oder mithilfe eines entsprechenden Tools, das dem Lieferumfang beiliegt, wobei die Einstellungen aber meist auf dem Gerät selbst gespeichert werden und nicht in irgendeiner Datei.

Die Standardeinstellung des Access-Points

Damit Sie den Access-Point konfigurieren können, müssen Sie zunächst einmal eine Verbindung zwischen dem Computersystem und dem Access-Point per TCP/IP (oder über ein alternatives Netzwerkprotokoll) herstellen. Wenn Sie TCP/IP verwenden, kommt es nun darauf an, ob der Access-Point standardmäßig mit einer bestimmten IP-Adresse versehen ist oder ob er von Haus aus für den DHCP-Betrieb konfiguriert wurde. Ersteres setzt voraus, dass Sie die TCP/IP-Einstellungen auf dem Computersystem selbst erst einmal ändern müssten, falls unterschiedliche Adressbereiche genutzt werden. Denn ist der Access-Point beispielsweise mit der IP-Adresse 192.111.1.1 ausgestattet, können Sie keine Verbindung herstellen, wenn das Computersystem unter der Adresse 192.112.1.1 erreichbar ist. Notfalls müssen Sie also erst einmal für eine Erstverbindung sorgen, indem Sie die Einstellungen auf dem Computersystem anpassen.

Die weiteren Konfigurationsschritte sind zwar von Produkt zu Produkt verschieden, das systematische Vorgehen bei der Konfiguration ist aber dennoch bei den meisten Produkten gleich. Am Beispiel des Access-Points DWL-1000AP der Firma D-Link (*www.dlink.de*) zeigen wir Ihnen nun, wie die Netzwerkkonfiguration eines Access-Points durchgeführt wird.

1 Die Konfiguration des Access-Points erfolgt mithilfe eines Konfigurationstools, das Sie zunächst installieren müssen. Sie sollten dieses Tool auf dem Computersystem einrichten, von dem aus Sie die spätere Administration vornehmen werden. Und für die Installation des AP-Managers rufen Sie einfach das Setup von der Installations-CD auf und folgen den Anweisungen während des Setups. Die Installation ist schnell und unkompliziert durchgeführt und erfordert zudem keinen Neustart des Computersystems.

2 Nach der Installation des AP-Managers rufen Sie das Tool aus dem Startmenü heraus auf. Bei der ersten Verwendung des AP-Managers startet ein Assistent, der nach vorhandenen Access-Points sucht und Ihnen bei der Netzwerkkonfiguration auch etwas behilflich ist.

Schließen Sie das erste Fenster mit einem Klick auf *Weiter* und prüfen Sie im nächsten Schritt, ob die Netzwerkangaben stimmen. Denn wenn Sie mehrere Netzwerkkarten eingebaut haben und das Computersystem gewissermaßen als Gateway nutzen, stehen mehrere Netzwerke zur Auswahl.

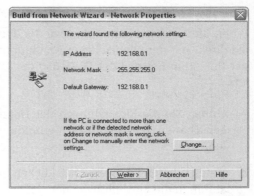

3 Im nächsten Schritt wird das Netzwerk nach vorhandenen Access-Points durchsucht, die bereits konfiguriert wurden (z. B. in einer Testumgebung). Sollte der AP-Manager aber keinen Access-Point anzeigen, müssen Sie das Gerät manuell hinzufügen:

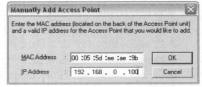

Klicken Sie auf *Add manually* und geben Sie die MAC-Adresse (steht auf der Rückseite des Geräts) wie auch die gewünschte IP-Adresse, ein.

4 Als Nächstes legen Sie die SSID (**S**ervice **S**et **I**dentifier) und auch den entsprechenden Kanal fest.

5 Zu guter Letzt wählen Sie noch aus, ob Sie WEP zur Verschlüsselung einsetzen wollen und welche Zeichenfolge für die Verschlüsselung verwendet werden soll.

Die Einrichtung des Access-Points ist damit abgeschlossen, mit einem Klick auf *Fertig stellen* werden die Konfigurationsdaten an den Access-Point übertragen und das Gerät wird reinitialisiert. Zeitgleich wird auch die Administrationsoberfläche des AP-Managers geöffnet, worüber Sie das WLAN verwalten und gegebenenfalls auch weitere WLANs hinzufügen können.

Die Anbindung der mobilen Computersysteme

Nachdem Sie den Access-Point installiert und konfiguriert haben, steht die Anbindung der mobilen Computersysteme an. Installieren Sie zunächst die Netzwerkkarte(n), die erforderlichen Schritte finden Sie ab Seite 529. Anschließend konfigurieren Sie die Netzwerkkarten für das Infrastructure-Netzwerk.

Das Funknetzwerk konfigurieren

Wenn die Netzwerkkarte inklusive der Treiberdateien installiert wurde, können Sie direkt mit der clientseitigen Konfiguration des Funknetzwerks beginnen, die wir Ihnen am Beispiel der DWL-650 der Firma D-LINK etwas näher zeigen wollen:

1 Öffnen Sie die Einstellungen der Netzwerkumgebung und rufen Sie die Eigenschaften der drahtlosen Verbindung auf, die Sie nun konfigurieren wollen.

2 Unterhalb der Netzwerkkarte klicken Sie auf *Konfigurieren*, Sie gelangen daraufhin in die Einstellungen der Netzwerkkarte.

3 Wechseln Sie auf die Registerkarte *Erweitert*, dort können Sie nun die Eigenschaften für das Funknetzwerk setzen. Markieren Sie zunächst den Eintrag *Network Type* und wählen Sie *Infrastructure* aus.

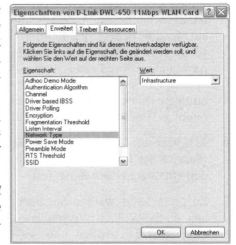

4 Wählen Sie den Eintrag *SSID* aus und geben Sie den Namen des Netzwerks an, dem das Computersystem später beitreten soll.

5 Als Nächstes markieren Sie *Channel* und legen den Kanal fest, den Sie auch auf dem Access-Point konfiguriert haben.

6 Und zuletzt wählen Sie noch aus, ob die WEP-Verschlüsselung aktiviert werden soll oder ob die Datenübertragung unverschlüsselt vonstatten geht. Hier müssen Sie natürlich die gleichen Einstellungen nutzen, die Sie auch auf den Access-Points konfiguriert haben.

Damit ist die Konfiguration des Funknetzwerks abgeschlossen, übernehmen Sie die Einstellung mit *OK* und schließen Sie die Fenster wieder.

WEP, WPA & Co.: die Verschlüsselung

Was die Sicherheit anbelangt, lassen noch immer viele Funknetzwerke zu wünschen übrig. Denn gerade im Homeoffice-Bereich kommen oftmals Produkte zum Einsatz, die außer einer einfachen Verschlüsselung mittels WEP (**W**ireless **E**quivalent **P**rivacy) und der Filterung von MAC-Adressen keine weiteren Sicherheitsvorkehrungen anbieten. Und diese beiden Sicherheitsmechanismen lassen sich recht einfach knacken bzw. manipulieren, deshalb sind Funknetzwerke – sofern keine weiteren Sicherheitsmaßnahmen durch das Betriebssystem oder durch entsprechende Softwareprodukte getroffen werden – nur unzureichend abgesichert. Die Gefahr, dass die „Over-Air-Übertragung" von Unbefugten mitgeschnitten und für weitere Attacken missbraucht wird, ist also sehr hoch.

SP3: Mit WPA2 noch sicherere drahtlose Verbindungen

Mit dem Service Pack 3 rüstet Microsoft auch für Windows XP den WPA2-Standard für sichere WLAN-Verbindungen nach. Nachdem WEP schon lange als gefährdet gilt, hat sich WPA mittlerweile zum Standard etabliert. WPA2 ist noch sicherer, 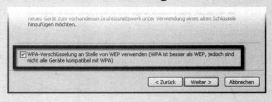 weil es das aufwändigere Verschlüsselungsverfahren AES verwendet. Auch für direkte Adhoc-Verbindungen bringt es das neue Schlüsselsystem CCMP mit. Diese erhöhen den Schutz für drahtlose Verbindungen noch weiter. Deshalb sollten Sie bei Neuanschaffung im WLAN-Bereich darauf achten, dass diese zu WPA2 kompatibel sind. Für einige WPA-Geräte wird es möglicherweise auch Firmwareupdates geben, die WPA2 nachrüsten. Allerdings dürfte dies längst nicht bei allen Geräten möglich sein, da vor allem die AES-Verschlüsselung eine höhere Rechenleistung benötigt, die manche Produkte schlicht nicht zur Verfügung stellen können.

WEP und WPA: Hier liegt der Unterschied

Bei WEP (**W**ireless **E**quivalent **P**rivacy) handelt es sich um die erste standardisierte Verschlüsselungsmethode für WLAN-Komponenten (802.11-Spezifikation), womit die drahtlose Datenübertragung vor Datenschnüfflern geschützt werden soll. WEP nutzt dabei den RC 4-Algorithmus, wobei die Daten mit 40 oder mit 104 Bit kodiert bzw. auch dekodiert werden. Zwar unterstützen viele WLAN-Komponenten auch andere Schlüssellängen, diese sind jedoch nicht standardisiert, was zu Inkompatibilitäten innerhalb des drahtlosen Netzwerks führen kann. Denn für den reibungslosen Netzwerkverkehr im WLAN ist es erforderlich, dass alle Netzwerkkarten mit der gleichen Schlüssellänge kodieren/dekodieren.

Je länger der Schlüssel, desto sicherer!

Was die Kodierung und Dekodierung von Daten angeht, gilt: je länger der Schlüssel, desto sicherer die Daten. Wenn Sie also die Wahl zwischen einer 40- und einer 104-Bit-Verschlüsselung haben, sollten Sie auf jeden Fall den größeren Schlüssel (104 Bit) verwenden. Die Verschlüsselung dauert dann zwar etwas länger, dafür kann der Key aber auch nicht so leicht gebrochen werden.

Sieht man sich die Authentifizierung und Verschlüsselung mittels WEP in einem Infrastructure-WLAN einmal genauer an, wird verständlich, warum WEP keine wirklich sichere Methode ist.

Bindet man beispielsweise einen neuen Client in ein Infrastructure-WLAN ein, muss sich der Client gegenüber dem Access-Point in der Regel erst einmal authentifizieren. Wurde in den Eigenschaften der WLAN-Komponente die Authentifizierungsmethode *Open System* gewählt, handelt es sich um eine Art freies Netz, bei der die Authentifizierung an sich entfällt. Bei der Shared Key-Authentifizierung dagegen schickt der Client einen *authentication request* an den Access-Point und bittet um Authentifizierung. Der Access-Point schickt daraufhin einen Mustertext an den Client zurück und bittet den Client, diesen Mustertext mit WEP zu kodieren und an den Access-Point zurückzuschicken. Der Access-Point dekodiert diesen Mustertext – ebenfalls mit WEP – und vergleicht nun den Inhalt der beiden Texte. Stimmen die Zeichenfolgen überein, war die Authentifizierung erfolgreich, und der Client kann nun mit dem Access-Point kommunizieren.

Verschlüsselung mit Shared Key verwenden.

Diese Authentifizierung ist also nur einseitig, da sich lediglich der Client gegenüber dem Access-Point authentifiziert. Außerdem erfolgt die Authentifizierung nicht End-to-End im eigentlichen Sinne, sondern eher „Interface-to-Interface". Es wäre also ein Leichtes, einen etwas stärkeren Access-Point zwischenzuschalten und den Client gegenüber einem anderen Netz authentifizieren zu lassen. Dies ist leider eine gängige Angriffsmethode, die auch „Man-in-the-Middle-Attack" genannt wird. Zweiter Schwachpunkt dieser Authentifizierung ist, dass der Mustertext lediglich mit 40 Bit verschlüsselt wird und der Key damit binnen einer Stunde zu brechen ist. Es stellt also kein Problem dar, einen weiteren Client in das WLAN einzubinden, die Übertragung mitzuschneiden, den Key zu knacken und dann dem WLAN beizutreten bzw. den Netzwerk-Traffic aufzuzeichnen und zu dekodieren.

Besser WEP als gar keine Verschlüsselung!

Für den Fall, dass Sie WLAN-Komponenten angeschafft haben, die das neuere WPA bzw. WPA2 noch nicht unterstützen, sollten Sie trotz der Schwachstellen von WEP nicht auf die Verschlüsselung mittels WEP verzichten. Besser ist, eine Verschlüsselung mit Schwachstellen einzusetzen, als gar keine Sicherheitsmechanismen zu nutzen. Sie sollten sich allerdings immer über diesen Schwachpunkt im Klaren sein und auf Dauer eine sicherere Lösung anstreben.

Um Wireless LAN-Netzwerke besser absichern und vor potenziellen Angriffen besser schützen zu können, wurde ein neuer Standard (die 802.11i-Spezifikation) mit erweiterten Sicherheitsfunktionen benötigt. Denn die IEEE und auch die Wi-Fi Allicance waren sich der Sicherheitsrisiken bewusst und erarbeiten daher einen neuen Standard, der primär auf Sicherheitserweiterungen abzielt. Bis zur endgültigen Fassung der 802.11i-Spezifikation wurde seitens der Wi-Fi Alliance eine 802.11i-kompatible Zwischenlösung mit der Bezeichnung WPA (**W**i-Fi **P**rotected **A**ccess) geschaffen, womit WLAN-Komponenten schon ein ganzes Stück sicherer gemacht werden können, als dies mit WEP der Fall ist. Mittlerweile ist aber auch die endgültige Spezifikation in Form von WPA2 veröffentlicht und wird von Windows XP mit dem Service Pack 3 (SP3) unterstützt.

WPA wird nicht von allen WLAN-Komponenten unterstützt

WPA gibt es erst seit geraumer Zeit, deshalb kommen noch nicht alle WLAN-Komponenten mit der neuen Sicherheitstechnologie zurecht. Viele Hersteller von WLAN-Komponenten bieten jedoch Updates (Firmware) für ihre Produkte an, womit sich auch ältere Komponenten für WPA nachrüsten lassen. Und für den Fall, dass Sie die Anschaffung neuer WLAN-Komponenten planen, sollten Sie unbedingt darauf achten, dass die neue Hardware WPA bzw. besser WPA2 unterstützt, da dies weitaus sicherer ist als WEP.

Auf den ersten Blick ist WPA dem bis dato gültigen WEP-Standard gleichzusetzen, da beide Sicherheitsmethoden den Shared Key-Mode zur Authentifizierung in einem Infrastructure-WLAN verwenden. Bei genauerem Hinsehen fällt aber auf, dass WPA:

- eine richtige Benutzerauthentifizierung auf EAP-Basis (**E**xtensible **A**uthentication **P**rotocol) ermöglicht,

- den Master-Key nur zur Authentifizierung nutzt, nicht aber für die Verschlüsselung der Datenübertragung als solche, und

- dass WPA außerdem noch eine gewisse Sicherheit zur Datenintegrität mitbringt.

Wird WPA im WLAN eingesetzt, erfolgt die Authentifizierung über den LAN-Standard 802.1x und auch über EAP. Dabei kommt das Preshared Key-Verfahren zum Einsatz, womit für die Authentifizierung ein anderer Key verwendet wird als während der eigentlichen Datenübertragung. Nach der erfolgreichen Authentifizierung wird mithilfe von TKIP (**T**emporal **K**ey **I**ntegrity **P**rocotol) der Schlüssel zur Kodierung/Dekodierung der Daten generiert, der jedoch nicht statisch, sondern dynamisch (nach Benutzer und Daten) verwendet und rhythmisch neu generiert wird. Dabei ist TKIP an sich kein alleiniger Bestandteil von WPA, sondern beinhaltet eine Datenintegritätsprüfung namens *Michael*. Mit dieser Datenintegritätsprüfung erhält jedes Datenpaket eine Art Signatur, woran sich die Echtheit des Datenpakets feststellen lässt.

So aktivieren Sie die drahtlose Verschlüsselung

In den nachfolgenden zwei Abschnitten zeigen wir Ihnen anhand zweier Beispiele, wie Sie die Verschlüsselung auf dem Access-Point und auch auf der Netzwerkkarte aktivieren.

Sichere Verbindungen auf dem Access-Point aktivieren

Bevor Sie den Verschlüsselungstandard auf den mobilen Computersystemen aktivieren, sollten Sie die Verschlüsselung zunächst auf den Access-Points und gegebenenfalls auch auf den WLAN-Routern konfigurieren. Denn wenn Sie die Verschlüsselung zunächst auf dem mobilen Computersystem einrichten, können Sie keine Verbindung mehr zu den Access-Points oder zu den WLAN-Routern herstellen, da die Datenübertragung bereits verschlüsselt wird und der Access-Point oder der WLAN-Router dafür aber noch nicht vorgesehen ist. Sie haben es also weitaus einfacher, wenn Sie zunächst mit der Konfiguration der Access-Points beginnen.

Am Beispiel des DWL-1000AP der Firma D-Link (*www.dlink.com*) zeigen wir Ihnen nun, wie Sie einen Access-Point sicher konfigurieren. Die Einstellungen nehmen wir mithilfe des Webbrowsers vor, denn D-Link bietet auf seiner Internetseite (*www.dlink.de*) ein kleines Tool namens Kickstart an, womit Sie den Access-Point auch browserbasiert konfigurieren können.

1 Starten Sie den Webbrowser und geben Sie in der Adressleiste die IP-Adresse des Access-Points ein. Sie gelangen daraufhin in das Konfigurationsmenü.

2 Klicken Sie in der linken Fensterhälfte – unterhalb von *Security* – auf *WEP Encryption* und wählen Sie anschließend aus, dass Sie WEP aktivieren wollen.

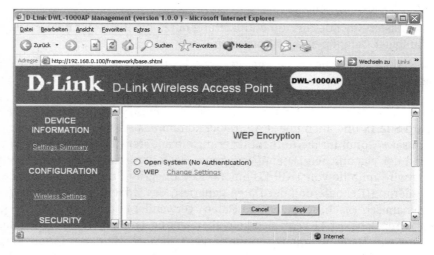

3 Daraufhin öffnet sich ein kleines Fenster. Wählen Sie dort die gewünschte Schlüssellänge (64 oder 128 Bit) aus. Je nachdem, für welche Schlüssellänge Sie sich entschieden haben, müssen Sie nun eine Zeichenfolge eingeben, die mindestens 10 oder 26 Zeichen lang ist. Aber Achtung: Die Zeichenfolge müssen Sie in hexadezimaler Schreibweise eingeben, Sie dürfen also nur die Zahlen von 0 bis 9 und

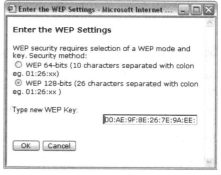

die Buchstaben A bis F verwenden. Alle anderen Zeichen sind unzulässig.

4 Notieren Sie sich die Zeichenfolge, denn diesen Schlüsseltext müssen Sie später auch auf den mobilen Computersystemen, also in den Einstellungen der funkfähigen Netzwerkkarten, angeben. Wenn unterschiedliche Schlüsseltexte verwendet werden, ist keine Datenübertragung „over Air" mehr möglich.

5 Wenn Sie die Zeichenfolge eingegeben und auch notiert haben, klicken Sie auf *OK*, um das Fenster wieder zu schließen.

6 Anschließend klicken Sie auf *Apply*, womit die neuen Einstellungen übernommen und an den Access-Point übertragen werden.

Die Aktivierung von WEP ist damit abgeschlossen. Sofern Sie noch weitere Access-Points betreiben, müssen Sie diese Schritte auch auf den anderen Access-Points durchführen.

Verschlüsselung auf der Netzwerkkarte aktivieren

Wenn Sie die sichere Drahtlosverschlüsselung auf den Access-Points und gegebenenfalls auch auf dem WLAN-Router entsprechend aktiviert haben, können Sie die Verschlüsselung nun auf den mobilen Computersystemen einrichten. Am Beispiel der Netzwerkkarte DWL-120 der Firma D-Link zeigen wir Ihnen, welche Schritte dafür erforderlich sind:

1 Für die Konfiguration der Netzwerkkarte sind administrative Berechtigungen notwendig, Sie müssen sich also notfalls als Administrator anmelden, um die entsprechenden Einstellungen vornehmen zu können.

2 Wechseln Sie in die Eigenschaften der Netzwerkumgebung und öffnen Sie die Einstellungen der Funkverbindung, indem Sie im Kontextmenü auf *Eigenschaften* klicken.

3 Auf der Registerkarte *Allgemein* klicken Sie auf *Konfigurieren*, Sie gelangen daraufhin in die Einstellungen der funkfähigen Netzwerkkarte.

4 Holen Sie die Registerkarte *Encryption* in den Vordergrund und wählen Sie zunächst die gewünschte Schlüssellänge (64 oder 128 Bit) aus. Aber Achtung: An dieser Stelle müssen Sie die gleiche Schlüssellänge wählen, die Sie auch auf dem Access-Point festgelegt haben.

5 Anschließend aktivieren Sie die Option *Manual Entry*, damit Sie genau den Schlüsseltext festlegen können, den Sie auch in den Konfigurationseinstellungen des Access-Points hinterlegt haben.

6 Klicken Sie auf *OK* und schließen Sie die Konfigurationseinstellungen der Netzwerkkarte wieder. WEP ist damit aktiviert und sofort einsatzbereit.

Die Verschlüsselung müssen Sie nun auch auf allen anderen funkfähigen Netzwerkkarten konfigurieren, da ansonsten keine Netzwerkverbindung zu den anderen Computersystemen mehr möglich ist. Wiederholen Sie diese Schritte also auch auf den restlichen mobilen Computersystemen.

Mobile IP-Tools: schnelles Wechseln der WLAN-/LAN-Konfigurationen

Wenn Sie des Öfteren in unterschiedlichen Netzwerken arbeiten, ist Ihnen sicherlich schon aufgefallen, dass Sie meist mit jedem Connect in ein anderes Netzwerk die Netzwerkkonfiguration neu anpassen müssen. Im einfachsten Fall müssen Sie lediglich die IP-Adresse des Computersystems ändern, damit Sie dem neuen LAN oder WLAN beitreten können. Nicht selten ist der Wechsel in eine andere Netzwerk-Infrastruktur aber mit etwas mehr Konfigurationsaufwand verbunden, weil DNS-Server, Gateway-Adressen, DNS-Suffixe und Proxyinformationen hinzugefügt und NICs priorisiert werden müssen. Dies ist nicht nur zeitaufwendig, sondern auf Dauer auch recht nervig.

Das Prinzip der Mobile IP-Tools

Ein Mobile IP-Tool ist mit einer Konfigurationsdatenbank vergleichbar, die unterschiedliche Netzwerkkonfigurationen (TCP/IP-Settings, Proxyzugänge, Logon-/Logoff-Skripten) enthält, die nur einmal definiert werden müssen. Bei einem Wechsel in ein anderes Netzwerk wird nicht mehr die Netzwerkumgebung von Hand konfiguriert, sondern lediglich das gewünschte Profil ausgewählt. Das Mobile IP-Tool übernimmt die hinterlegten Netzwerkparameter und sorgt so für einen schnellen Wechsel in ein anderes Netzwerk.

Sie können sich die Änderung der Netzwerkkonfiguration erheblich vereinfachen und damit auch den Connect eines anderen Netzes ein ganzes Stück beschleunigen, wenn Sie ein Mobile IP-Tool wie beispielsweise Mobile Net Switch (*www.mobilenetswitch.com*) einsetzen. Denn mit einem solchen Tool können Sie beliebig viele Netzwerkkonfigurationen in Form von Netzprofilen anlegen und verwalten. Wenn Sie dann zwischen Netz A und Netz B wechseln wollen, brauchen Sie lediglich das entsprechende Profil auszuwählen, woraufhin die hinterlegten Netzwerkparameter übernommen und automatisch konfiguriert werden. Außerdem vermeiden Sie damit Konfigurationsfehler, da Sie die Änderung nur einmal vornehmen und hinterlegen müssen.

Geht per Mausklick: Ändern der Netzwerkkonfiguration.

Mobile Net Switch im praktischen Einsatz

Auf dem Free- und Sharewaremarkt sind mittlerweile eine ganze Reihe nützlicher Tools zu finden, die einen schnellen Wechsel der Netzwerkkonfiguration erlauben und demnach auch einen schnellen Switch in unterschiedliche Netzwerke ermöglichen. So können Sie beispielsweise mit Mobile Net Switch (*www.mobile netswitch.com*) diverse Netzwerkkonfigurationsprofile für die installierten Netzwerkadapter einrichten und mit unterschiedlichen Parametern versehen. Wenn Sie sich dann mit einem anderen Netzwerk verbinden möchten, brauchen Sie nicht mehr alle Netzwerkparameter von Hand zu ändern, sondern müssen nur noch das gewünschte Profil auswählen. Die lästige Konfiguriererei der Netzwerkumgebung entfällt damit.

Mobile IP-Tools unterstützen mehrere Netzwerkkarten

Der Einsatz eines Mobile IP-Tools beschränkt sich in der Regel nicht nur auf eine Netzwerkkarte, sondern gilt für alle installierten NICs (**N**etwork **I**nterface **C**ards). Mit dem hier vorgestellten Mobile IP-Tool namens Mobile Net Switch können Sie Ethernet- und Token Ring-Karten wie auch WLAN-Karten und Bluetooth-Adapter verwalten.

Mobile Net Switch installieren

Sie finden das Sharewaretool Mobile Net Switch auf der gleichnamigen Internetseite (*www.mobilenetswitch.com*) als Download. Laden Sie das Tool herunter und starten Sie den Installations-Assistenten durch einen Doppelklick auf die Setup-Datei. Die Installation ist recht schnell durchgeführt, Sie müssen lediglich die Lizenzvereinbarung annehmen, Ihren Namen und Firmennamen eingeben und festlegen, ob die Installation nur für Sie oder aber für alle Benutzer gelten soll. Dann legen Sie das Zielverzeichnis fest bzw. übernehmen die Standardvorgabe und starten den eigentlichen Installationsvorgang. Daraufhin werden die Dateien auf die Festplatte kopiert, und Mobile Net Switch kann nach Abschluss des Installationsvorgangs durch einen Doppelklick auf das Desktopsymbol gestartet werden.

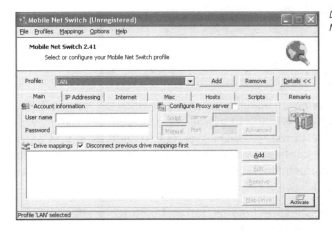

Die Schaltzentrale von Mobile Net Switch.

Einmal angenommen, Sie haben einen WLAN-Netzwerkadapter installiert und möchten Ihr Computersystem nun für die unterschiedlichen WLANs, denen Sie künftig per Mausklick beitreten möchten, konfigurieren. Gehen Sie nun folgendermaßen vor:

1 Klicken Sie auf *Add*, um ein neues Netzwerkkonfigurationsprofil anzulegen, und geben Sie einen eindeutigen Namen für das neue Profil ein.

2 Im Feld *User name* geben Sie den Windows XP-Benutzernamen im Format *Hostname\Username* ein, also beispielsweise *PC007\Annette*. Falls Sie für diesen Benutzer ein Windows-Kennwort festgelegt haben, geben Sie das Kennwort im Feld *Password* ein.

3 Wechseln Sie auf die Registerkarte *IP Addressing* und wählen Sie die Netzwerkkarte aus, für die das neue Profil gelten soll (Ethernet-Karte, WLAN-Karte, Bluetooth-Adapter ...). Mit der Auswahl der Netzwerkkarte wird auch die momentane Netzwerkkonfiguration angezeigt. Möchten Sie diese beibehalten, brauchen Sie keine weiteren Änderungen zu vorzunehmen. Wenn Sie dagegen andere Netzwerkparameter (IP-Adresse, Gateway, DNS-Server ...) konfigurieren möchten, aktivieren Sie die Option *New configuration*, wählen zwischen dynamischer IP-Adresse (Schaltfläche *DHCP*) und statischer IP-Adresse (Schaltfläche *Manual*) und geben die entsprechenden TCP/IP-Parameter ein.

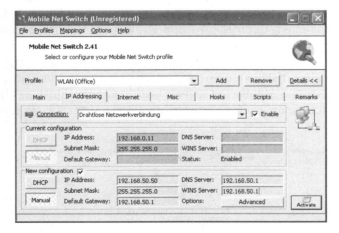

4 Mit einem Klick auf *Advanced* gelangen Sie in die erweiterten Netzwerkeinstellungen, worüber Sie die Windows-Firewall für das Profil aktivieren, verschiedene DNS-Suffixe festlegen, NetBIOS over TCP/IP aktivieren und auch den DNS-Cache flushen können. Wenn Sie die gewünschten Änderungen vorgenommen haben, können Sie das Fenster mit den erweiterten Netzwerkeinstellungen mit einem Klick auf *OK* wieder schließen.

5 Wechseln Sie auf die Registerkarte *Internet*, um verbindungsspezifische Parameter für das Surfen im Internet festzulegen und auch den Internet Explorer entsprechend anzupassen.

6 Auf der Registerkarte *Misc* finden Sie entsprechende Konfigurationsmöglichkeiten, über die Sie den Standarddrucker, das MAPI-Profil, die Zeitzone und gegebenenfalls auch den SMTP-Server festlegen können.

7 Sofern Sie die lokale Hostdatei zur Auflösung von Hostnamen zur jeweiligen IP-Adresse verwenden, können Sie auf der Registerkarte *Hosts* die aktuelle Hostdatei importieren und auch bearbeiten. Und für den Fall, dass Sie Netzwerkpfade per Skript verbinden, können Sie auf der Registerkarte *Scripts* die Logon-/Logoff-Skripten einbinden, die mit der Auswahl des jeweiligen Profils automatisch ausgeführt werden.

Wenn Sie alle zuvor genannten Netzwerkparameter konfiguriert haben, ist das Profil damit erstellt. Sie können nun weitere Netzwerkprofile mit den unterschiedlichen Konfigurationseinstellungen erstellen und bei Bedarf auch bearbeiten oder löschen. Ist die Konfiguration komplett, schließen Sie Mobile Net Switch wieder, das Tool wird daraufhin für den Schnellzugriff im Gerätefeld der Taskleiste abgelegt.

Möchten Sie sich nun mit einem anderen Netzwerk verbinden, müssen Sie lediglich das Kontextmenü des Gerätefeldsymbols von Mobile Net Switch öffnen, das gewünschte Konfigurationsprofil auswählen und auf *Activate* klicken. Die Netzwerkumgebung von Windows XP wird daraufhin mit den Parametern aus dem Profil versehen, und Sie können sich direkt mit dem neuen Netzwerk verbinden.

Die Netzwerkprofile im Schnellzugriff.

12.5 Die Arbeit im lokalen Netzwerk

Nachdem Sie das Heimnetzwerk eingerichtet und erste Verbindungstests erfolgreich durchgeführt haben, können Sie Ihr Netzwerk nun den eigenen Bedürfnissen entsprechend einrichten und auch etwas tunen. Wir zeigen Ihnen in diesem Abschnitt, wie Sie Dateien und Drucker freigeben, Netzlaufwerke verbinden und damit schneller auf Freigaben zugreifen können und vieles mehr.

Die Datei- und Druckerfreigabe im praktischen Einsatz

Die Datei- und Druckerfreigabe unter Windows macht die Arbeit in einem Netzwerk um einiges interessanter. Denn dieser Dienst ermöglicht Ihnen die gemeinsame Nutzung von Ressourcen wie beispielsweise Dateien, Ordnern, Druckern und Fax. Mit wenigen Klicks können Sie die Datei- und Druckerfreigabe Ihrer Netzwerkumgebung hinzufügen und einige Objekte für den gemeinsamen Zugriff freigeben.

Die Datei- und Druckerfreigabe aktivieren

Wenn Sie unter *Start/Netzwerkverbindungen* die Einstellungen der Netzwerkumgebung aufrufen und dort einmal in die Eigenschaften der LAN-Verbindung wechseln, können Sie leicht erkennen, ob die Datei- und Druckerfreigabe bereits eingerichtet wurde.

Und sollte die Datei- und Druckerfreigabe für Microsoft-Netzwerke fehlen, lässt sich diese Komponente schnell nachrüsten. Klicken Sie einfach auf *Installieren*, markieren Sie *Dienst* und wählen Sie *Hinzufügen*. Dort finden Sie den Eintrag *Datei- und Druckerfreigabe*. Fügen Sie diesen Dienst hinzu.

Ordner freigeben

Nachdem Sie – wie zuvor beschrieben – die Datei- und Druckerfreigabe eingerichtet haben, können Sie ab sofort Ressourcen freigeben. Einmal angenommen, Sie haben im Ordner *Eigene Musik*, unterhalb von *Eigene Dateien*, mehrere Audiodateien abgelegt, die Sie auch anderen Benutzern zugänglich machen wollen. Sie können diese Dateien zwar in den Ordner *Gemeinsame Dateien* verschieben, wobei die Dateien automatisch allen Benutzern im Netzwerk bereitgestellt werden, doch wird dieser Ordner schnell unübersichtlich. Stattdessen geben Sie den Ordner *Eigene Musik* einfach frei, womit alle Objekte, die sich in diesem Ordner und auch in weiteren Unterordnern befinden, zugänglich gemacht werden. Wenn Sie eine schnelle Freigabe ohne erweiterte Berechtigungsvergabe einrichten möchten, gehen Sie folgendermaßen vor:

1 Öffnen Sie den Windows-Explorer und markieren Sie den Ordner, den Sie freigeben wollen.

2 Rufen Sie das Kontextmenü des Ordners auf und wählen Sie *Freigabe und Sicherheit* aus.

3 Klicken Sie die Option *Diesen Ordner im Netzwerk freigeben* an und geben Sie einen eindeutigen, zugleich aussagekräftigen Freigabenamen ein. Bedenken Sie, dass auch Freigaben schnell unübersichtlich werden können. Es ist daher ratsam, den Computernamen mit anzugeben.

So könnte der Freigabename für den Ordner *Eigene Musik* auf dem Computer *PC002* beispielsweise *PC2Musik* lauten. Wenn andere Benutzer auch ihren Ordner *Eigene Musik* freigeben, sollten noch die Initialen angehängt werden, damit die Freigaben besser zugeordnet werden können.

4 Anschließend wählen Sie noch aus, ob andere Benutzer diese Datei ändern dürfen oder ob die Datei von anderen Benutzern nur gelesen werden darf. Wenn Sie ein Änderungsrecht vergeben wollen, dann müssen Sie die Option *Netzwerkbenutzer dürfen Dateien verändern* aktivieren, andernfalls erhalten sonstige Benutzer nur ein Leserecht.

5 Mit einem Klick auf *Übernehmen* haben Sie die erste Freigabe erfolgreich eingerichtet.

Die zuvor genannten Schritte haben gezeigt, mit welch wenigen Klicks sich Dateien und Ordner unter Windows XP freigeben lassen. Einziger Nachteil dabei: Sie geben die Freigabe für alle Benutzer mit Lese- und/oder Änderungsrechten frei, die sich mit dem betreffenden Computersystem physikalisch verbinden können. Bei dieser Vorgehensweise haben Sie keine Möglichkeit, explizite Berechtigungen unterschiedlicher Art für einzelne Benutzer oder Gruppen zu vergeben.

Copy & Paste für Berechtigungen

In den Resource Kit-Tools für Windows 2003 Server ist ein kleines Utility enthalten, mit dem sich auf recht einfache Art und Weise Berechtigungen kopieren und übertragen lassen: Perm-Copy. So können Sie beispielsweise die mühsam vergebenen Berechtigungen von *Ordner A* per Befehl zu *Ordner B* kopieren und sparen sich damit eine Menge Klickarbeit. Die kostenlosen Resource Kit-Tools für Windows 2003 Server, die größtenteils auch unter Windows XP lauffähig sind, finden Sie als Download auf der Internetseite von Microsoft (*www.microsoft.com*).

Wenn Sie stattdessen explizit festlegen wollen, welche Benutzer welche Berechtigungen erhalten (so wie dies unter Windows XP Professional beispielsweise der Fall ist), müssen Sie einen kleinen Umweg über den abgesicherten Modus von Windows XP Home gehen:

1 Starten Sie das Computersystem, auf dem Sie die Dateien und/oder Ordner freigeben und mit erweiterten Rechten versehen wollen, neu. Drücken Sie noch vor dem grafischen Bootvorgang die Taste F8, woraufhin sich das Bootmenü öffnet. Wählen Sie *Abgesicherter Modus mit Netzwerktreibern* aus.

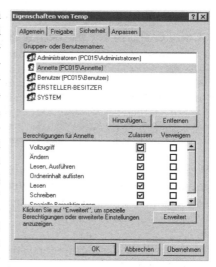

2 Sobald Windows XP Home gestartet wurde, melden Sie sich mit als Computeradministrator an und öffnen den Windows-Explorer.

3 Markieren Sie den Ordner, für den Sie explizite Berechtigungen vergeben wollen, und öffnen Sie die Eigenschaften aus dem Kontextmenü heraus. Wechseln Sie auf die Registerkarte *Sicherheit*.

4 Vergeben Sie zunächst die gewünschten Berechtigungen auf Dateiebene. Fügen Sie die entsprechenden Benutzer/Benutzergruppen der Liste hinzu und vergeben Sie die Rechte. Wenn Benutzer/Benutzergruppen volle Zugriffsrechte erhalten sollen, mit denen Dateien erstellt, geändert und auch gelöscht werden dürfen, markieren Sie die entsprechenden Benutzer/Benutzergruppen und lassen den Vollzugriff zu. Dürfen neue Dateien angelegt und vorhandene Dateien geändert, aber nicht gelöscht werden, aktivieren Sie das Änderungsrecht. Und wenn vorhandene Dateien nur gelesen werden dürfen, dann ist das Leserecht zu aktivieren. Achtung: Wenn Sie Berechtigungen verweigern, haben diese Rechte Vorrang! Ein verweigerter Vollzugriff erlaubt auch keine zugelassenen Leserechte.

5 Wenn Sie Berechtigungen auf Dateiebene entsprechend vergeben haben, schließen Sie das Fenster wieder und rufen im Kontextmenü des freizugebenden Ordners *Freigabe und Sicherheit* auf.

6 Aktivieren Sie die Option *Diesen Ordner freigeben* und geben Sie einen eindeutigen Freigabenamen für den Ordner an. Möchten Sie die Freigabe im Netzwerk verstecken, ergänzen Sie den Freigabenamen durch ein $-Dollarzeichen (z. B. *Temp$*).

7 Möchten Sie die Anzahl gleichzeitiger Verbindungen zu der Freigabe etwas einschränken, aktivieren Sie die Option *Zugelassene Anzahl* und geben den gewünschten Wert ein. Andernfalls belassen Sie es bei der Standardeinstellung, womit bis zu zehn Benutzer gleichzeitig auf die Freigabe zugreifen können.

8 Klicken Sie anschließend auf *Berechtigungen*. Für den Fall, dass nur ganz spezielle Benutzer oder Benutzergruppen auf die Freigabe zugreifen dürfen, markieren Sie zunächst die Gruppe *Jeder* und nehmen den Haken aus dem Leserecht.

9 Anschließend klicken Sie auf *Hinzufügen*, auf *Erweitert* und danach auf *Jetzt suchen*, um die Liste der bereits eingerichteten Benutzer und Benutzergruppen anzeigen zu lassen. Wählen Sie die Benutzer bzw. Benutzergruppen aus, die Sie nun berechtigen möchten.

10 Vergeben Sie die gewünschten Berechtigungen nach dem gleichen Prinzip, wie Sie auch die Berechtigungen auf Dateiebene vergeben haben.

Anschließend schließen Sie die Fenster wieder und starten den Computer im normalen Modus neu. Die Vergabe erweiterter Datei- und Freigabeberechtigungen ist damit abgeschlossen, und Sie können den Zugriff auf den Ordnerinhalt ab sofort besser steuern.

Die Datei- und Druckerfreigabe auf der Windows-Firewall freigeben

Wenn Sie ein Firewall-System einsetzen, müssen Sie jetzt nur noch die Verbindungen von den Quellsystemen zu den Zielsystemen freigeben und auch die Nutzung der Datei- und Druckerfreigabe erlauben. Beim Einsatz der Windows XP-Firewall gehen Sie dabei folgendermaßen vor:

1 Wechseln Sie in die Systemsteuerung und rufen Sie das Objekt *Windows-Firewall* auf.

2 Holen Sie die Registerkarte *Ausnahmen* in den Vordergrund und aktivieren Sie die Option *Datei- und Druckerfreigabe*.

3 Klicken Sie auf *Bearbeiten* und dann auf *Bereich ändern*, um die Tragweite der Datei- und Druckerfreigabe noch etwas einzuschränken.

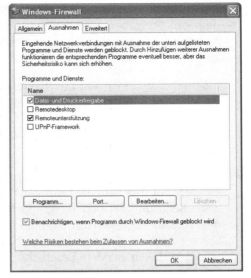

4 Wenn Sie ein eher kleines Windows-Netzwerk mit nur wenigen Computersystemen betreiben, sollten Sie die Option *Benutzerdefinierte Liste* aktivieren und explizit die IP-Adressen der vernetzten Computersysteme angeben. Dies ist sicherer, als wenn Sie ein komplettes Subnetz angeben.

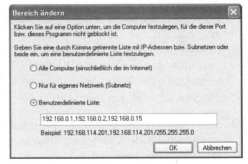

5 Möchten Sie dagegen das verwendete Subnetz festlegen, müssen Sie sich davon überzeugen, dass die Standardeinstellung *Nur für eigenes Netzwerk (Subnetz)* aktiviert ist. Damit lässt die Firewall dann alle Verbindungen der Datei- und Druckerfreigabe aus dem Subnetz durch, dem auch das lokale Computersystem angehört.

Übernehmen Sie die Einstellungen mit *OK* und schließen Sie die Fenster wieder. Von nun an können die Computersysteme aus dem Subnetz bzw. die explizit freigeschalteten IP-Adressen eine Verbindung zu dem lokalen Computersystem herstellen und auf freigegebene Dateien und Drucker zugreifen.

Freigaben verwalten und überwachen

Je mehr Freigaben Sie einrichten, desto schwieriger wird es, einen Überblick über alle Ressourcen zu behalten. Auch ist hin und wieder eine Überwachung der gemeinsamen Nutzung von Dateien und Ordnern erforderlich. Denn wenn Sie beispielsweise eine Datensicherung durchführen oder die Ordnerstruktur ändern wollen, dürfen die jeweiligen Dateien nicht geöffnet sein.

Wenn Sie also wissen wollen, wer gerade auf die Freigaben des lokalen Computers zugreift, sollten Sie einmal die Computerverwaltung öffnen. Denn dort werden nicht nur alle Freigaben fein säuberlich aufgelistet, sondern auch die Benutzer, die auf den Datenbestand des jeweiligen Computers zugreifen. Mithilfe der Computerverwaltung können Sie Freigaben prima verwalten und überwachen.

Freigaben, Sitzungen und geöffnete Dateien anzeigen lassen

1 Sie starten dieses Tool im Kontextmenü des Arbeitsplatzes, wenn Sie auf *Verwalten* klicken. Alternativ können Sie die Computerverwaltung auch in der Systemsteuerung (Objekt *Verwaltung*) oder über das Startmenü öffnen: Klicken Sie auf *Ausführen* und geben Sie „compmgmt.msc" ein.

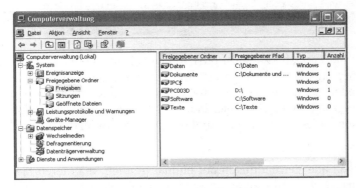

2 Wenn Sie in der linken Fensterhälfte den Eintrag *Freigegebene Ordner* erweitern, können Sie sich sämtliche Freigaben, Sitzungen und auch die geöffneten Dateien anzeigen lassen.

Die Verbindungen einzelner Freigaben überwachen

Wenn Sie wissen möchten, welche Benutzer auf die lokalen Ressourcen zugreifen, markieren Sie den Eintrag *Sitzungen* in der linken Fensterhälfte. Auf der rechten Seite werden nun alle Benutzer angezeigt, die mit einer – oder auch mehreren – Freigaben des Computers verbunden sind.

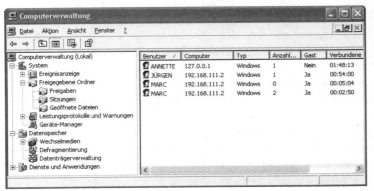

Anzeige der aktuellen Verbindungen.

Neben dem Benutzernamen und dem Computer wird zudem die Anzahl der Verbindungen sowie die Zugriffs- und Leerlaufzeit angezeigt. Außerdem können Sie in der Spalte *Gast* leicht feststellen, ob der jeweilige Benutzer von einem entfernten Computer (über das Netzwerk) auf diese Freigabe zugreift oder vom lokalen System aus.

Die Spalten anpassen

Sie können die einzelnen Spalten per Drag & Drop verschieben und neu anordnen: Wenn der Computer zum Beispiel vor dem Benutzernamen angezeigt werden soll, klicken Sie auf den Spaltentitel *Computer* und ziehen den Spaltentitel bei gedrückter Maustaste vor die Spalte *Benutzer*. Auch können Sie die Spaltenbreite beliebig ändern: Ziehen Sie die Spaltentrennung einfach nach rechts oder links und passen Sie die einzelnen Spalten so Ihren Wünschen entsprechend an.

Für den Fall, dass Sie Freigaben ändern oder irgendwelche Aktionen am Dateisystem (Datensicherung, Datenträgerbereinigung ...) durchführen wollen, können Sie die aktuellen Verbindungen an dieser Stelle per Mausklick trennen: Wenn Sie die Verbindung eines einzelnen Benutzers trennen wollen, markieren Sie den entsprechenden Benutzernamen und wählen im Kontextmenü *Sitzung schließen* aus.

Möchten Sie dagegen alle Verbindungen auf einmal trennen, markieren Sie *Sitzungen* auf der linken Seite und wählen im Kontextmenü *Alle Sitzungen trennen* aus.

Zugriff auf Freigaben kontrollieren und überwachen

Stellen Sie sich einmal vor, Sie wollen eine oder gar mehrere freigegebene Dateien in einen anderen Ordner verschieben. Windows XP verweigert diesen Vorgang jedoch und teilt Ihnen freundlich mit, dass die Dateien gerade von einem anderen Prozess verwendet werden und nicht verschoben werden können. Die Dateien sind also geöffnet und werden von irgendjemandem bearbeitet.

Nun könnten Sie zu einem späteren Zeitpunkt erneut versuchen, die Dateien zu verschieben. Das ist aber viel zu umständlich, denn Sie können mithilfe der Computerverwaltung leicht feststellen, wer sich gerade an den Dateien zu schaffen macht. Markieren Sie *Geöffnete Dateien* unterhalb von *Freigegebene Ordner*. In der rechten Fensterhälfte sehen Sie nun all die Dateien, die gerade von einem Benutzer bearbeitet werden. Auch wird immer der Modus angezeigt. Sie können also gut erkennen, ob die Datei nur gelesen oder auch bearbeitet wird.

Möchten Sie einige dieser geöffneten Dateien schließen, haben Sie zwei Möglichkeiten: Sie senden dem Benutzer, der diese Dateien bearbeitet, eine Meldung und bitten ihn, die Dateien zu schließen. Sie können die Dateien aber auch direkt schließen, so wie Sie Verbindungen trennen können.

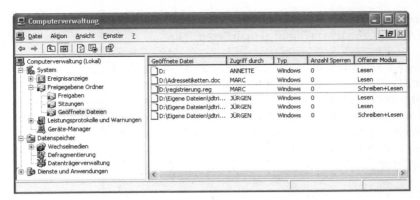

Anzeige der geöffneten Dateien.

Möchten Sie alle geöffneten Dateien schließen, wählen Sie *Alle geöffneten Da-teien trennen* im Kontextmenü von *Geöffnete Dateien* aus. Sollen nur bestimmte Dateien geschlossen werden, wählen Sie *Geöffnete Datei schließen* im Kontext-menü des jeweiligen Eintrags in der rechten Fensterhälfte aus.

Die Netzwerkumgebung im Überblick

Wenn Sie das Heimnetzwerk eingerichtet haben, finden Sie auf Ihrem Desktop ein Symbol mit der Bezeichnung *Netzwerkumgebung*. Wenn Sie auf dieses Sym-bol einmal doppelklicken, sehen Sie eine arbeitsplatzähnliche Ansicht der verfüg-baren Netzwerkressourcen. Einfacher gesagt: Sie finden hier alle Freigaben, auf die Sie im Moment Zugriff haben.

Die Netzwerkumgebung.

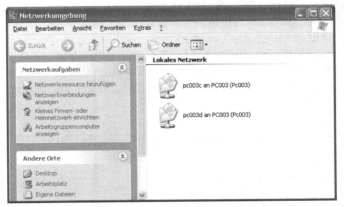

Diese Ansicht eignet sich dann, wenn Sie einen Überblick über all die verfügba-ren Ressourcen brauchen. Zwar können Sie auch im gewöhnlichen Windows-Ex-plorer die Netzwerkumgebung öffnen, doch können weitere Arbeitsplatz-Objekte manchmal stören. Wenn Sie auf die angezeigten Ressourcen zugreifen wollen, können Sie die einzelnen Freigaben mit einem Doppelklick öffnen. Für den Fall, dass Sie eine bestimmte Freigabe benötigen, diese aber nicht angezeigt wird, sollten Sie die Ansicht zunächst einmal aktualisieren.

Denn Windows XP durchsucht das Netzwerk zwar in regelmäßigen Abständen nach neuen Objekten, aktualisiert diese Ansicht aber nicht. Klicken Sie demnach auf *Ansicht/Aktualisieren*. Sollte die gewünschte Freigabe dann immer noch nicht auftauchen, können Sie das Netzwerk auch durchsuchen. Klicken Sie auf die Schaltfläche *Suchen* in der Symbolleiste, daraufhin wird ein Suchfenster eingeblendet und Sie können im Netzwerk nach Computern, Personen, Dateien und Ordnern stöbern.

Netzlaufwerke: Freigaben mit Laufwerkbuchstaben versehen

Sie kennen das sicher: Sie müssen auf eine tief verzweigte Freigabe in der Netzwerkumgebung zugreifen und begeben sich erst einmal auf einen langen Weg endloser Klickerei. Für gelegentliche Zugriffe mag das noch erträglich sein. Aber wenn Sie häufig auf tief verschachtelte Ressourcen zugreifen müssen, ist das sehr nervig und Zeit raubend. Einfacher geht es, wenn Sie so genannte Netzlaufwerke erstellen. Denn Sie können jeder Freigabe einen Laufwerkbuchstaben zuweisen und den Pfad zur gewünschten Ressource angeben. Wenn Sie dann das entsprechende Laufwerk öffnen, sind Sie direkt am Ziel und brauchen sich nicht erst durchzuklicken.

Netzlaufwerke verbinden

Wenn Sie für Ihre tägliche Arbeit den Zugriff auf Freigaben benötigen, empfehlen wir Ihnen, diese Ressourcen als Netzlaufwerke zu verbinden (mappen). Denn erstens brauchen Sie künftig nur noch das Laufwerk auszuwählen, statt die Netzwerkumgebung nach der Freigabe zu durchsuchen. Sie sind also direkt am Ziel und können auf diese Freigabe auch vom Arbeitsplatz aus zugreifen. Zweitens steht Ihnen dieses Laufwerk auch nach einem Computerneustart zur Verfügung, wenn Sie das möchten.

1 Starten Sie den Windows-Explorer und wählen Sie im Menü *Extras/Netzlaufwerk verbinden*.

2 Wählen Sie den gewünschten Laufwerkbuchstaben aus.

3 Wenn Sie den Freigabenamen wissen, geben Sie den Pfad im Feld *Ordner* ein. Wichtig ist, dass Sie den Freigabenamen im Format *Computernamen*\ *Freigabenamen* eingeben. Wenn Sie den Freigabenamen nicht kennen, können Sie mit einem Klick auf *Durchsuchen* auch nach der gewünschten Ressource suchen.

4 Legen Sie fest, ob die Verbindung nach der nächsten Anmeldung wiederhergestellt werden soll oder nicht. Für den häufigen Gebrauch von Freigaben ist das zwar praktisch, doch verzögert das Wiederherstellen von Netzverbindungen den Systemstart.

Mit einem Klick auf *Fertig stellen* wird das Laufwerk gebunden. Das bedeutet, der gewählten Freigabe wird nun ein Laufwerkbuchstabe zugewiesen. Im Windows-Explorer sehen Sie in der linken Fensterhälfte nun ein neues Laufwerk, dahinter verbirgt sich die Freigabe.

Netzlaufwerke trennen

Einmal angenommen, Sie haben mehrere Netzlaufwerke verbunden und haben festgelegt, dass die Verbindung beim Anmelden wiederhergestellt werden soll. Nun brauchen Sie einen Teil der Netzlaufwerke nicht mehr und möchten diese Laufwerke löschen, besser: trennen. Starten Sie den Windows-Explorer und wählen Sie im Menü *Extras* den Eintrag *Netzlaufwerke trennen* aus. Windows XP zeigt Ihnen daraufhin in einem Fenster, welche Laufwerke derzeit verbunden sind. Markieren Sie das gewünschte Laufwerk, das Sie trennen wollen, und klicken Sie auf *OK*.

Netzlaufwerke trennen.

Das Laufwerk wird nun endgültig getrennt. Selbst bei einer Neuanmeldung wird dieses Laufwerk nicht wiederhergestellt, Sie müssen die Freigabe notfalls neu verbinden.

Schaltflächen für Netzlaufwerke im Windows-Explorer aktivieren

Wenn Sie Windows XP lieber über Schaltflächen bedienen wollen, können Sie den Windows-Explorer um zwei weitere Schaltflächen erweitern. Denn mit einer kleinen Änderung innerhalb der Registrierung können Sie spezielle Schaltflächen aktivieren, über die Sie Netzlaufwerke verbinden und auch wieder trennen können.

1 Rufen Sie den Registrierungseditor mit „regedit" unter *Start/Ausführen* aus.

2 Suchen Sie nach dem Schlüssel *HKEY_CURRENT_USER\Software\Microsoft\ Windows\CurrentVersion\Explorer\Advanced*.

3 Markieren Sie diesen Schlüssel in der linken Fensterhälfte und suchen Sie in der rechten Hälfte nach dem Eintrag *MapNetDrvBtn*.

4 Öffnen Sie diesen DWORD-Eintrag mit einem Doppelklick und ersetzen Sie den Standardwert *0* durch eine *1*.

5 Beenden Sie den Registrierungseditor wieder.

Da sich diese Änderung nur auf den aktuellen Benutzer bezieht, reicht es aus, wenn Sie sich ab- und wieder anmelden. Sie brauchen den Computer nicht neu zu starten. Wenn Sie anschließend den Windows-Explorer öffnen, finden Sie in der Symbolleiste zwei neue Schaltflächen, über die Sie ab sofort Netzlaufwerke verbinden und trennen können.

Drucker und Faxgeräte gemeinsam nutzen

In größeren Netzwerken finden Sie häufig so genannte Netzwerkdrucker vor, die mit einer eigenen Netzwerkkarte versehen sind und als eigenständiges Gerät in das Netzwerk integriert werden können. Für das Heimnetzwerk ist diese Methode jedoch zu kostspielig und auch zu aufwendig. Dennoch müssen Sie auf einen gemeinsamen Drucker nicht verzichten, denn mithilfe der Datei- und Druckerfreigabe können Sie einen lokal angeschlossenen Drucker anderen Benutzern zugänglich machen. Sie müssen das Gerät nur freigeben:

Drucker freigeben

1 Wechseln Sie in die Systemsteuerung und öffnen Sie das Objekt *Drucker und Faxgeräte*.

2 Markieren Sie den Drucker oder das Fax, den/das Sie freigeben wollen, und wählen Sie im Kontextmenü des jeweiligen Geräts *Freigabe* aus.

3 Aktivieren Sie die Option *Freigabenamen* und geben Sie einen eindeutigen und aussagekräftigen Freigabenamen, beispielsweise das Druckermodell, ein.

4 Für den Fall, dass sich in Ihrem Netzwerk Computer mit unterschiedlichen Windows-Versionen befinden, müssen Sie unterschiedliche Druckertreiber bereitstellen. Klicken Sie hierzu auf *Zusätzliche Treiber* und markieren Sie die Windows-Versionen, die in Ihrem Netzwerk eingesetzt werden.

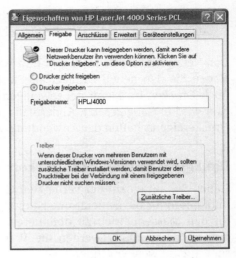

Nachdem Sie den Drucker freigegeben haben, müssen Sie die Druckerfreigabe auf der Firewall freischalten (siehe Seite 551) und den Drucker auf den restlichen Computern einrichten. Führen Sie folgende Schritte auf den jeweiligen Computern aus:

Drucker auf entferntem Computer einrichten

1 Rufen Sie auf den jeweiligen Computern *Drucker und Faxgeräte* in der Systemsteuerung auf.

2 Doppelklicken Sie auf *Drucker hinzufügen* und wählen Sie *Netzwerkdrucker oder Drucker, der an einen anderen Computer angeschlossen ist* aus.

3 Im nächsten Schritt geben Sie den Freigabenamen des gewünschten Druckers im Format *\\Computername\Freigabename* ein. Falls Sie den Freigabenamen nicht kennen, können Sie auch nach dem Drucker suchen; klicken Sie hierfür die entsprechende Option an.

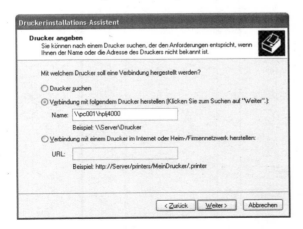

4 Legen Sie fest, ob dieser Drucker als Standarddrucker festgelegt werden soll, und beenden Sie die Druckereinrichtung mit *Fertig stellen*.

Der Netzwerkdrucker lässt sich nun wie ein gewöhnlicher Drucker verwenden. Haben Sie den neuen Drucker als Standarddrucker definiert, brauchen Sie nur noch *Drucken* im Menü der jeweiligen Anwendung auszuwählen und der Drucker wird in Gang gesetzt. Andernfalls wählen Sie das gewünschte Modell in den Druckereigenschaften der Anwendung aus und drucken via Netzwerk.

Die Eigenschaften des Druckers optimieren

Haben Sie auf einem der vernetzten Computer einen lokalen Drucker installiert und diesen für die gemeinsame Nutzung freigegeben, gilt es nun, diesen Drucker für den Massenbetrieb zu optimieren. Denn je mehr Benutzer diesen Drucker nutzen, desto länger werden die Wartezeiten, bis das Dokument letztendlich schwarz auf weiß vor Ihnen liegt.

Wenn Sie in der Systemsteuerung das Objekt *Drucker* und dann die Eigenschaften des freigegebenen Druckers öffnen, finden Sie weitere Einstellungsmöglichkeiten. Speziell die Einstellungen auf der Registerkarte *Erweitert* sind im Netzwerkbetrieb interessant. Denn hier können Sie unter anderem festlegen, in welcher Zeit dieser Drucker genutzt werden darf. Wenn Sie *Verfügbar von* anklicken und einen Zeitraum festlegen, kann diese Ressource außerhalb dieser Zeiten nicht genutzt werden.

Weiter legen Sie fest, dass der Spooler aktiviert werden soll und dass der Drucker sofort mit seiner Arbeit beginnt und nicht erst, wenn die letzte Seite im Speicher angetroffen ist. Denn damit drucken Sie wesentlich schneller, als wenn Sie Druckaufträge direkt zum Gerät schicken.

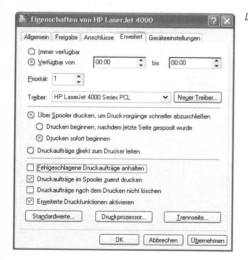 *Die Druckereigenschaften.*

Trennseiten einrichten und festlegen

Wenn der freigegebene Drucker sehr intensiv genutzt wird und eine Menge an Dokumenten von verschiedenen Anwendern gedruckt werden, sind so genannte Trennseiten empfehlenswert. Denn mithilfe dieser Trennseiten können Sie die ausgedruckten Dokumente einzelner Anwender besser voneinander trennen und leichter sortieren. Andernfalls müssen Sie die gedruckten Seiten mühsam auseinander klabüstern und die jeweils letzte Seite von der ersten Seite des nächsten Druckauftrags trennen.

Windows XP enthält bereits einige vorgefertigte Trennseiten, die Sie nur auszuwählen brauchen. Mit einem Klick auf *Trennseite* wird ein Dialogfenster angezeigt, in dem Sie eine fertige Trennseite (SEP-Datei) auswählen können. Sie können sich die einzelnen Trennseiten natürlich auch erst einmal ansehen. Markieren Sie die Datei und öffnen Sie das Kontextmenü, wählen Sie *Öffnen mit* und anschließend das Programm *Editor* oder eine andere Textverarbeitung aus. Wenn Sie möchten, können Sie im gleichen Zug auch eine eigene Trennseite erstellen, fügen Sie Meldungen oder Bilder ein und speichern Sie die jeweilige Trennseite unter neuem Namen ab.

Wenn Sie drucken, wird der letzten Seite automatisch eine Trennseite ab sofort angefügt und die folgenden Druckaufträge sind leichter voneinander zu trennen.

Arbeitsgruppen erstellen

In einem Windows-Netzwerk können Sie mithilfe einer Arbeitsgruppe mehrere Computer zu einer logischen Gruppe zusammenfassen. Das hat den Vorteil, dass in größeren Netzwerken die Ressourcen übersichtlich bleiben und kein Wildwuchs entsteht. Denn je mehr Computer in das Netzwerk aufgenommen und je mehr Freigaben erstellt werden, desto unübersichtlicher wird die Netzwerkumgebung.

Bei einem Netzwerk von maximal zehn Computern reicht eine Arbeitsgruppe für gewöhnlich aus. Wenn Ihr Netzwerk dagegen mehr als zehn Computer umfasst, empfehlen wir Ihnen die Aufteilung in unterschiedliche Gruppen. Sie sollten immer die Computer und Benutzer in eine Gruppe packen, die häufig Ressourcen teilen. So könnte eine Arbeitsgruppe beispielsweise *Buchhaltung*, eine andere *Administration* und eine dritte etwa *Projektbüro* heißen. Die Benutzer können natürlich jederzeit die Arbeitsgruppe wechseln, allerdings muss dann eine Änderung in der Netzwerkkonfiguration vorgenommen und ein Computerneustart durchgeführt werden. Doch dazu gleich mehr.

Eine neue Arbeitsgruppe einrichten

Wenn Sie Ihr Netzwerk logisch in mehrere Arbeitsgruppen gliedern wollen, planen Sie zunächst einmal die einzelnen Gruppen und definieren eine aussagekräftige Bezeichnung. Bedenken Sie dabei, dass der Name einer Arbeitsgruppe maximal 15 Zeichen lang sein darf. Wenn Sie eine neue Gruppe erstellen wollen, ändern Sie einfach den vorhandenen Arbeitsgruppennamen des ersten Computers, nach einem Computerneustart wird die neue Gruppe automatisch erstellt.

1 Wechseln Sie in die Netzwerkeigenschaften, indem Sie in der Systemsteuerung das Objekt *Netzwerkverbindungen* öffnen oder die Eigenschaften im Kontextmenü des Desktopsymbols *Netzwerk* aufrufen.

2 Wählen Sie im Menü *Erweitert* den Eintrag *Netzwerkidentifikation* aus.

3 Klicken Sie auf *Ändern* und geben Sie den Namen der neuen Arbeitsgruppe ein.

4 Übernehmen Sie die Einstellung mit *OK*. Sie werden daraufhin in der neuen Arbeitsgruppe begrüßt. Damit Sie in der neuen Arbeitsgruppe auch arbeiten können, müssen Sie erst noch einen Computerneustart durchführen.

Wenn Sie der neuen Arbeitsgruppe weitere Computer hinzufügen möchten, ändern Sie lediglich den Arbeitsgruppennamen in der Netzwerkidentifikation und starten den Computer neu. Achten Sie jedoch darauf, dass Sie sich beim Eingeben des Arbeitsgruppennamens nicht verschreiben, denn sonst legen Sie eine neue Gruppe an!

Wenn Sie vorhandene Arbeitsgruppen wieder entfernen wollen, verschieben Sie die jeweiligen Computer einfach in eine neue Gruppe. Wenn sich kein Computer mehr in einer Arbeitsgruppe befindet, erscheint auch die Gruppe nicht mehr in der Netzwerkumgebung.

Das An- und Abmelden in der Arbeitsgruppe

Damit Sie die Netzwerkfunktionen unter Windows XP nutzen können, müssen Sie sich auch ordnungsgemäß an der Arbeitsgruppe anmelden. Dieser Prozess erfolgt mit der Windows-Anmeldung, wenn Sie den Computer gestartet haben. Für den Fall, dass Sie den schnellen Benutzerwechsel unter Windows XP aktiviert haben, können sich die Benutzer immer nur an einer Arbeitsgruppe anmelden. Ein schneller Wechsel zwischen einzelnen Arbeitsgruppen ist nicht möglich.

Möchten Sie die Arbeitsgruppe wieder verlassen, melden Sie sich einfach ab. Klicken Sie im Startmenü auf *Abmelden* und die Netzwerkverbindung wird für den betreffenden Benutzer gesperrt.

Nachrichten im Netzwerk versenden

Hin und wieder ist es notwendig, alle Benutzer in einem Netzwerk über eine bestimmte Gegebenheit zu informieren oder einfach nur wichtige Mitteilungen zu versenden. Wenn Sie zum Beispiel einen Netzwerkdrucker betreiben und der Toner leer ist, können Sie die Benutzer im Netzwerk mit einer kleinen Meldung darauf aufmerksam machen, dass der Drucker im Moment nicht genutzt werden kann, weil der Toner leer ist.

1 Öffnen Sie die Computerverwaltung, indem Sie *Verwalten* im Kontextmenü des Arbeitsplatzes wählen oder „compmgmt.msc" unter *Start/Ausführen* eingeben.

2 Klicken Sie auf *Alle Tasks* im Menü *Aktion*, wählen Sie *Konsolenmeldung senden* aus.

3 Es erscheint nun ein Fenster, in dem Sie die Nachricht verfassen können. Wenn Sie alle Computer innerhalb des Netzwerks anschreiben wollen, klicken Sie direkt auf *Senden*. Gilt die Nachricht dagegen nur für bestimmte Computer, klicken Sie auf *Hinzufügen* und geben die jeweiligen Computernamen ein. Anschließend verschicken Sie die Nachricht mit *Senden*.

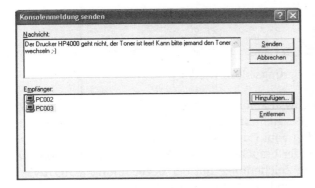

Je nachdem, ob Sie die Meldung an bestimmte oder alle Computer gesendet haben, erscheint nun Ihre Nachricht in einem kleinen Fenster. Der Anwender muss die Nachricht mit *OK* bestätigen, damit er mit seiner Arbeit weitermachen kann.

Den Ordner Gemeinsame Dokumente entfernen

Wenn Sie Ihre eigene Ordnerstruktur aufgebaut haben und die Standardfreigabe namens *Gemeinsame Dokumente* nicht brauchen, können Sie diesen Ordner auch entfernen. Hierfür ist allerdings eine kleine Änderung in der Windows-Registrierung notwendig, für die Sie Administratorrechte brauchen. Melden Sie sich also zunächst einmal als Computeradministrator an und führen Sie anschließend die folgenden Schritte aus:

1 Starten Sie den Registrierungseditor. Wählen Sie *Start/Ausführen* und geben Sie „regedit" ein.

2 Suchen Sie nach dem Schlüssel *HKEY_LOCAL_MACHINE\Software\Microsoft\ Windows\CurrentVersion\Explorer\MyComputer\Name- Space\DelegateFolders*.

3 Markieren Sie diesen Schlüssel, Sie sehen in der rechten Fensterhälfte eine Zeichenfolge mit der Bezeichnung *{59031a47-3f72-44a7-89c5-5595fe6b30ee}*. Löschen Sie diesen Eintrag.

4 Beenden Sie den Registrierungseditor wieder.

Wenn Sie nun in den Windows-Explorer wechseln, werden Sie von nun an keine Standardfreigabe mit der Bezeichnung *Gemeinsame Dokumente* mehr finden. Der Ordner wurde endgültig vom Computer entfernt. Sollten Sie diesen Ordner aber in absehbarer Zeit wieder brauchen, richten Sie in dem zuvor angegebenen Schlüssel einfach eine neue Zeichenfolge mit der Bezeichnung *{59031a47-3f72- 44a7-89c5-5595fe6b30ee}* ein und der Ordner ist wieder da.

Ein globales Datenverzeichnis einrichten

In einem Peer-to-Peer-Netzwerk kann jeder Computer als Server und Client gleichermaßen fungieren. So kann ein Computer diverse Ressourcen bereitstellen, aber auch auf den Datenbestand eines anderen Computers zugreifen. Dadurch können Freigaben auf unterschiedlichen Computern erstellt werden, was letztendlich aber zu Unübersichtlichkeit führt. Und wenn jeder Computer Ressourcen bereitstellt, muss demnach auch auf jedem Computer eine Datensicherung durchgeführt werden. Des Weiteren müssen die Computer, die wichtige Ressourcen bereitstellen, angeschaltet sein, damit der Zugriff auf die Freigaben möglich wird. Sie sollten sich deshalb mal überlegen, ob Sie nicht besser ein globales Datenverzeichnis anlegen wollen. Denn heutige Festplatten mit 10 GByte und mehr Speicherkapazität eignen sich gerade dazu, einen privaten Dateiserver einzurichten. Sie legen sämtliche Freigaben auf einem Laufwerk ab und haben alle Daten im zentralen Zugriff. Ist doch praktisch, oder? Wenn Sie eine Art Dateiserver einrichten wollen, wählen Sie hiefür den Computer mit der größten Plattenkapazität aus. Eine Festplatte mit einigen GByte reicht für das Heimnetzwerk meist aus.

1 Rufen Sie die Computerverwaltung im Kontextmenü des Arbeitsplatzes oder in der Systemsteuerung, genauer gesagt in der Verwaltung, auf.

2 Sehen Sie sich zunächst einmal den verfügbaren Plattenplatz an. Wenn Sie den Eintrag *Datenspeicher* erweitern und *Datenträgerverwaltung* markieren, werden alle verfügbaren Datenträger unter Angabe der Laufwerkgröße angezeigt. Sollten Sie mehrere Festplatten installiert haben, wählen Sie für die gemeinsame Datenpartition das Laufwerk mit der größten Plattenkapazität aus.

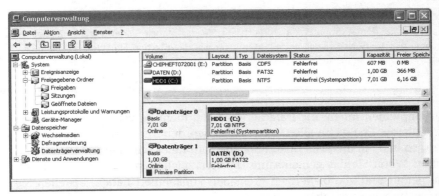

3 Wenn Sie genügend freien Plattenplatz zur Verfügung haben, erstellen Sie nun ein gemeinsames Datenverzeichnis. Wechseln Sie in den Windows-Explorer und markieren Sie den Pfad, unter dem Sie das Datenverzeichnis erstellen wollen.

4 Klicken Sie auf *Neuen Ordner erstellen* und geben Sie eine Bezeichnung, beispielsweise „Daten", ein. Verlassen Sie den Dialog mit *OK*.

5 Öffnen Sie nun das Kontextmenü des neuen Ordners und klicken Sie auf *Freigabe und Sicherheit*. Geben Sie nun einen aussagekräftigen Freigabenamen für das Datenverzeichnis ein. Bei Bedarf können Sie auch eine kurze Beschreibung eintragen. Des Weiteren legen Sie fest, ob andere Benutzer den Inhalt des Ordners ändern oder nur lesen dürfen.

Ab Seite 547 finden Sie weitere Hinweise zur Vergabe der Freigabeberechtigungen.

6 Klicken Sie auf *Übernehmen*.

Der besseren Übersichtlichkeit halber richten Sie nun unterhalb der neuen Freigabe weitere Ordner ein, die Sie ebenfalls freigeben und für die Sie die entsprechende Berechtigung erteilen. Kreieren Sie auf diese Art und Weise Ihre persönliche Datenstruktur. Haben Sie die Ordnerstruktur aufgebaut, können Sie nun sämtliche Daten, die sich bis dato in unterschiedlichen Freigaben und auf diversen Computern angesammelt haben, in das gemeinsame Datenverzeichnis übertragen.

Geben Sie die internen Verbindungen auf der Firewall frei!

Falls Sie auf dem Computersystem, auf dem Sie das globale Datenverzeichnis eingerichtet haben, die Windows-Firewall betreiben, müssen Sie die internen Netzwerkverbindungen und auch die Datei- und Druckerfreigabe freischalten. Andernfalls wird der Zugriff auf das globale Datenverzeichnis von der Windows-Firewall geblockt.

Wir empfehlen Ihnen, die Daten erst einmal nicht zu verschieben, sondern nur zu kopieren. Erst wenn alle Daten kopiert wurden und alles einwandfrei funktioniert, sollten Sie die bisherigen Freigaben auf den Computern löschen. Sicher ist sicher! Wenn Sie das gemeinsame Datenverzeichnis mit Leben, sprich: mit Daten, gefüllt und alle bisherigen Freigaben konsolidiert haben, erstellen Sie nun die entsprechenden Netzlaufwerke. Auf Seite 556 zeigen wir Ihnen, wie Sie Netzlaufwerke erstellen und auch bei der nächsten Anmeldung automatisch wiederherstellen. Und ab sofort brauchen Sie nur noch diese Freigabe zu sichern, statt auf jedem Computer eine komplette Datensicherung durchführen zu müssen (was aber nie schaden kann).

Homelaufwerke: private Laufwerke für Benutzer erstellen

Nachdem Sie ein globales Datenverzeichnis erstellt haben, können Sie auch so genannte Homelaufwerke erstellen. Richten Sie unterhalb des globalen Datenverzeichnisses einfach weitere Freigaben ein, die Sie mit einem Benutzernamen benennen. In den Zugriffsrechten legen Sie fest, dass immer nur der entsprechende Benutzer sowie der Administrator Zugriffsrechte auf diese Freigabe erhalten. Die jeweiligen Anwender kreieren sich dann ein Netzlaufwerk mit jeweils dem gleichen Laufwerkbuchstaben und legen fest, dass diese Verbindung bei der nächsten Anmeldung wiederhergestellt werden soll. So hat jeder sein eigenes Laufwerk, in dem er seine Daten ablegen kann. Zudem ist das Homelaufwerk vor Blicken anderer Benutzer geschützt und wird zentral gesichert. Einfach genial!

12.6 Die Internetverbindungsfreigabe einrichten

Dank der Internetverbindungsfreigabe ermöglichen Sie den Netzwerkteilneh-mern einen zentralen Internetanschluss. Es ist also nicht mehr notwendig, dass jeder Computer mit einem analogen Modem oder einer ISDN-Karte ausgestattet werden muss, um eine Verbindung in das World Wide Web herstellen zu kön-nen. Stattdessen konfigurieren Sie einen der vernetzten Computer für die DFÜ-Verbindung in das Internet und geben diesen Anschluss frei.

Alle Computer innerhalb des lokalen Netzwerks können diese Verbindung dann nutzen, Sie sparen dadurch eine Menge Gebühren und natürlich auch die Hard-ware für zusätzliche Modems und ISDN-Karten ein. Mithilfe des Assistenten für das Heimnetzwerk richten Sie zunächst den ICS-Server ein. Als ICS-Server wird der Computer bezeichnet, der die physikalische Verbindung in das Internet her-stellt und auf dem die Verbindung freigegeben wird. Anschließend richten Sie – ebenfalls mit diesem Assistenten – die ICS-Clients ein, die allesamt diesen ge-meinsamen Anschluss nutzen werden. Dabei werden die Verbindungen nicht mehr direkt aufgebaut, sondern an den ICS-Server weitergeleitet.

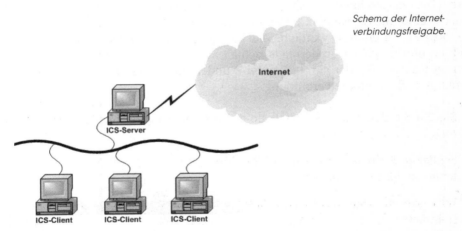

Schema der Internet-verbindungsfreigabe.

Denn der ICS-Server ändert die Adresse aller Datenpakete dahingehend ab, dass nicht mehr der ICS-Client, sondern der ICS-Server selbst der Absender ist. Die Antwortpakete, die der ICS-Server von entfernten Webservern aus dem Internet erhält, ändert er ebenfalls ab und schickt die jeweiligen Daten an den entspre-chenden Client weiter. Man nennt diesen Vorgang Network Address Translation (NAT), eine Adressübersetzung. Der ICS-Server ist somit ein Vermittler aller Da-tenpakete, die zwischen den Clients und den entfernten Servern im Internet hin- und hergeschickt werden.

Mehr Sicherheit durch Adressübersetzung

Die Adressübersetzung hat auch sicherheitstechnische Vorteile. Denn weil sich nur der ICS-Server um das Versenden und Empfangen der Daten kümmert, besteht keine direkte, wenngleich physikalische Verbindung der Clients in das Internet. Mögliche Hackerangriffe können also direkt vom ICS-Server abgefangen werden und das lokale Netzwerk wird besser geschützt.

Wenn Sie die Internetverbindungsfreigabe aktivieren, werden die TCP/IP-Einstellungen geändert. Der ICS-Server erhält automatisch die IP-Adresse 192.168.0.1, die ICS-Clients erhalten dynamische IP-Adressen aus dem gleichen Bereich (192.168.0.x). Für den Fall, dass Sie statische IP-Adressen aus einem anderen Bereich vergeben und weitere Komponenten (Drucker, Fax etc.) in das Netzwerk integriert haben, müssen Sie gegebenenfalls die TCP/IP-Einstellungen der jeweiligen Komponenten korrigieren!

ICS-Server einrichten

Damit Sie einen Internetanschluss gemeinsam nutzen können, müssen Sie die Internetverbindungsfreigabe auf einem der vernetzten Windows XP-Computer aktivieren. Der entsprechende Computer muss zudem über eine funktionstüchtige Internetverbindung via Modem, ISDN- oder DSL-Anschluss verfügen. Gesetzt den Fall, die DFÜ-Verbindung wurde bereits konfiguriert, können Sie die Internetverbindung nun freigeben. Andernfalls richten Sie erst eine Verbindung zu Ihrem Internet Service Provider ein, in Kapitel 7 finden Sie weitere Informationen zur Einrichtung einer Internetverbindung.

1 Starten Sie den Netzwerkinstallations-Assistenten unter *Start/Alle Programme/Zubehör/Kommunikation.*

2 Schließen Sie den Willkommensbildschirm und den darauf folgenden Informationsbildschirm mit *Weiter.*

3 Vorausgesetzt, Sie haben das Heimnetzwerk bereits eingerichtet, wählen Sie die Option *Dieser Computer verfügt über eine direkte Verbindung mit dem Internet. Andere Computer im Heimnetzwerk verwenden die freigegebene Internetverbindung dieses Computers.*

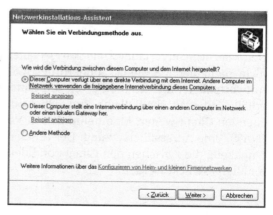

4 Im nächsten Schritt werden die bereits konfigurierten Verbindungen angezeigt. Sie sollten hier sowohl eine LAN- als auch eine Internetverbindung sehen. Wählen Sie *Internet-Verbindung* aus.

5 Der Heimnetzwerk-Assistent versucht nun, eine Internetverbindung herzustellen. Brechen Sie diesen Vorgang aber erst einmal ab. Aufgrund der automatischen Wahlwiederholung müssen Sie den Verbindungsaufbau dreimal hintereinander mit einem Klick auf *Abbrechen* canceln.

6 Falls Ihr Internet Service Provider einen bestimmten Computernamen voraussetzt, können Sie diesen Namen jetzt eintragen. Andernfalls belassen Sie es bei der Einstellung.

7 Zu guter Letzt werden die Netzwerkeinstellungen noch einmal angezeigt. Sie können die Einstellungen ändern, wenn Sie zurückblättern. Mit einem Klick auf *Weiter* wird die Internetverbindungsfreigabe jetzt eingerichtet, dieser Vorgang kann einen kurzen Moment dauern. Beenden Sie die Einrichtung anschließend mit *Fertig stellen*.

Die Internetverbindungsfreigabe ist somit aktiviert und der Internetzugriff wird mithilfe der Firewall-Funktionen von Windows XP geschützt. Die soeben vorgenommenen Einstellungen können Sie natürlich jederzeit ändern. Wechseln Sie in die Netzwerkverbindungen und öffnen Sie die Eigenschaften der Internetverbindung.

Auf der Registerkarte *Erweitert* können Sie die Firewall deaktivieren (was wir Ihnen aber nicht empfehlen!), die Internetverbindungsfreigabe wieder aufheben und festlegen, ob andere Benutzer im Netzwerk eine Internetverbindung herstellen dürfen oder nicht.

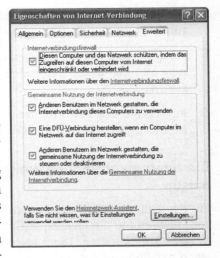

Mit der Aktivierung der Internetverbindungsfreigabe hat sich die IP-Adresse dieses Computers geändert, sie lautet nun 192.168.0.1. Für gewöhnlich ist die Netzwerkverbindung erst einmal gestört. Es sei denn, Sie nutzen in Ihrem Netzwerk TCP/IP-Adressen aus diesem Bereich. Im nächsten Abschnitt werden die ICS-Clients eingerichtet, wobei sich deren TCP/IP-Einstellungen ebenfalls ändern werden. Dadurch wird auch die Netzwerkverbindung wiederhergestellt.

ICS-Clients einrichten

Damit die Netzwerkverbindung wieder funktionstüchtig wird und der gemeinsame Internetzugriff auch von anderen Computern aus genutzt werden kann, richten Sie die weiteren Computer nun entsprechend ein:

1 Rufen Sie den Heimnetzwerk-Assistenten unter *Start/Alle Programme/Zubehör/Kommunikation* auf.

2 Übergehen Sie die ersten beiden Seiten mit *Weiter*. Als Verbindungsmethode wählen Sie *Dieser Computer stellt eine Internetverbindung über einen anderen Computer im Heimnetzwerk oder einen lokalen Gateway her*.

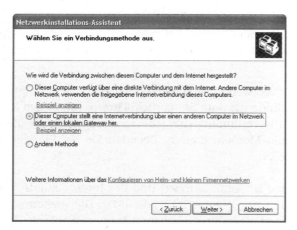

3 Vergeben Sie – falls noch nicht geschehen – einen Computernamen und klicken Sie auf *Weiter*.

4 Die aktuellen Einstellungen werden Ihnen angezeigt, notfalls können Sie zurückblättern und die Optionen ändern.

5 Anschließend werden die Netzwerkeinstellungen durchgeführt, das kann einige Minuten dauern. Beenden Sie anschließend den Assistenten mit *Fertig stellen*.

6 Führen Sie den gewünschten Computerneustart durch, die Einrichtung des Heimnetzwerks ist damit abgeschlossen.

Die Internetverbindungsfreigabe mit Windows 9x/ME/NT/2000 nutzen

Für den Fall, dass Sie verschiedene Windows-Versionen in Ihrem Netzwerk nutzen, müssen Sie die jeweiligen Computer manuell für die Internetverbindungsfreigabe konfigurieren. Denn nicht jede Windows-Version bringt von Haus aus einen Assistenten für das Heimnetzwerk mit. Öffnen Sie zunächst einmal die Einstellungen für die Netzwerkverbindung. Markieren Sie das *TCP/IP-Protokoll* und rufen Sie die Eigenschaften auf. Auf der Registerkarte *IP-Adresse* wählen Sie aus, dass die IP-Adresse automatisch bezogen werden soll. Aktivieren Sie nun die Registerkarte *Gateway* und geben Sie die IP-Adresse „192.168.0.1" des ICS-Servers als Standardgateway ein. Übernehmen Sie die Einstellung mit *OK*. Anschließend öffnen Sie die Netzwerkidentifikation und legen *Msheimnetz* als Name der Arbeitsgruppe fest. Starten Sie den Computer neu.

Die Einstellungen im Webbrowser

Damit Sie nun via Netzwerkverbindung im Internet surfen können, bedarf es noch einer kleinen Einstellung im Webbrowser. Dort müssen Sie nämlich angeben, dass die Internetverbindung nicht direkt, sondern über das Netzwerk erfolgt. Wenn Sie mit dem Internet Explorer 6 online gehen, rufen Sie die *Internetoptionen* im Menü *Extras* auf. Auf der Registerkarte *Verbindungen* geben Sie an, dass keine Verbindung gewählt werden soll.

Keine Verbindung wählen!

Überprüfen Sie vorsichtshalber, dass in den Einstellungen der LAN-Verbindung keine Einträge zur Verwendung eines Proxys hinterlegt sind. Ansonsten kommt es zu Verbindungsproblemen. Wenn Sie stattdessen mit dem Netscape Navigator oder mit Opera arbeiten, brauchen Sie keine Einstellungen zu verändern. Denn wenn keine DFÜ-Verbindung gefunden wird, versuchen diese Browser automatisch, die Internetverbindung über das Netzwerk herzustellen. Ab sofort können Sie von jedem ICS-Client aus Internetverbindungen herstellen. Öffnen Sie den Webbrowser und geben Sie die Adresse einer gültigen Internetseite, wie beispielsweise „www.databecker.de", ein. Der ICS-Server baut daraufhin eine Verbindung auf und die Webseite wird auf dem Client angezeigt.

13. Notebooks, Pocket PC und Handy – mit Daten auf Reise gehen

Mobil unterwegs bedeutet für Microsoft „Empower people through great software any time, any place and on any device", was sinngemäß bedeuten soll, dass Sie auf Ihre Daten zu jeder Zeit, an jedem Ort, mit jeder Hardware zugreifen können: Tragbare Computer wie Laptops und PDAs ermöglichen es, das Büro und somit seine Daten mit auf die Reise zu nehmen. Immer mehr Menschen nutzen mehr oder weniger tragbare digitale Helfer – da steht es Windows XP nur gut zu Gesicht, diese Mobilität zu unterstützen: In diesem Kapitel erfahren Sie, wodurch XP auch auf Ihrem Laptop eine gute Figur macht – und wie Sie es mit anderen kleinen Geräten nutzen können.

Windows XP bietet viele Features für Ihre Mobilität

Windows XP Home bietet nicht wenige Features, die das Arbeiten mit mobilen Geräten unterstützen. In diesem Kapitel erfahren Sie alles über Windows XP Home auf dem Laptop. Was sollte ich beachten, wenn ich mit dem Laptop unterwegs bin und auf meine Daten im Netzwerk zurückgreifen möchte? Wie verhält es sich mit dem Power Management? Sie erfahren, wie es Ihnen hilft, Energie zu sparen, damit Sie länger ohne „Nachtanken" arbeiten können.

Windows XP kann sehr gut mit Erweiterungen für unterwegs umgehen – in Form von PC-Cards oder USB-Geräten. Sie werden in diesem Kapitel mehr über den Umgang mit einen ISDN-/Modem-/Netzwerkadapter erfahren und über den Internetzugang von Unterwegs. Konkret bedeutet das den mobilen E-Mail-Abruf und Versand, weiterhin die Verbindung zu Ressourcen, die Sie auch unterwegs benötigen. Halten Sie Verbindung mit einem mobilen Telefon und einem PDA, um Adressen und Termine auszutauschen bzw. zu synchronisieren.

Wir werden SMS und Klingeltöne vom Notebook auf das Handy senden und Word-Dokumente mit einem PDA austauschen. Sie erfahren dabei, worauf Sie achten müssen und was Sie dazu in Windows XP Home einstellen können und müssen.

PDA – Personal Digital Assistant

Ein leichter Handhald-Computer mit speziellem Funktionsumfang, der sowohl der persönlichen Organisation (Kalender, Notizen, Datenbank, Taschenrechner etc.) als auch der Kommunikation dient. Fortgeschrittene Modelle bieten auch Multimedia-Merkmale. Viele PDA-Geräte verwenden für die Eingabe hauptsächlich einen Stift oder ein anderes Zeigegerät anstelle einer Tastatur oder Maus. Zur Datenspeicherung setzt man bei PDAs vorwiegend Flashspeicher ein und verzichtet auf verbrauchsintensive Diskettenlaufwerke.

13.1 Akkuenergie sparen durch das Power Management – länger arbeiten mit dem Laptop

Stellen Sie sich vor, Sie sitzen gerade über einem wichtigen Dokument und Ihr Notebook fällt einfach ohne Meldung aus – Ihre Daten sind weg, die ganze Arbeit war umsonst und das, weil der Akku Ihren Laptop nicht mehr mit Strom versorgen kann. Kurz und knapp – der Akku ist leer. Gut, Sie können rechtzeitig einen Ersatzakku aktivieren oder Ihr Notebook mit einer Steckdose verbinden, sofern eine in der Nähe ist – und ist eine in der Nähe, reicht das Netzkabel vom Notebook zur Steckdose nicht aus. Mit den Energieoptionen in Windows XP möchte Ihnen Microsoft solche Szenarien ersparen. Über die Energieoptionen können Sie den Stromverbrauch beliebig vieler Geräte Ihres Notebooks oder aber des gesamten Systems senken und steuern – was sicherlich sinnvoll bei einem Notebook sein kann, das mit einem Akku auskommen muss. Und glauben Sie mir, so ein Notebook kann ganz schön hungrig nach Strom sein. In diesem Abschnitt erfahren Sie, wie Sie mit Energieschemas gezielt haushalten.

Energieverwaltung eines tragbaren Computers – Energieschemas im Einsatz

Die Energieoptionen sind ein Sammelsurium von Energieschemas. Ein Energieschema wiederum ist eine Kombination aus Einstellungen, mit denen der Stromverbrauch des Systems gesteuert wird. Sie können wahlweise ein eigenes Energieschema erstellen oder die unter Windows XP verfügbaren Energieschemas verwenden. Darüber hinaus können Sie in einem Energieschema einzelne Einstellungen anpassen. Je nach Hardware haben Sie zum Beispiel die Möglichkeit, den Bildschirm und die Festplatte automatisch ausschalten zu lassen, um Strom zu sparen. Weiterhin können Sie den Computer in den Stand-by-Modus schalten, wenn er nicht verwendet wird. Wenn Sie längere Zeit oder über Nacht nicht mit Ihrem Computer arbeiten, schalten Sie ihn in den Ruhezustand. Im Folgenden erfahren Sie, wann Sie am besten in den Stand-by-Modus oder in den Ruhezustand schalten und wie Sie für jede Situation und jedes Gerät ein eigenes Energieschema erstellen bzw. bestehende Schemas an Ihre Anforderungen anpassen können.

Stand-by-Modus – Ihr Laptop döst ...

Im Stand-by-Modus wird das gesamte Computersystem in einen Energie sparenden Betriebszustand versetzt, indem Geräte wie Bildschirm und Festplatte ausgeschaltet werden. Dadurch wird der Stromverbrauch des Computersystems reduziert. Wenn Sie den Computer wieder verwenden wollen, wechselt er sofort wieder in den Normalbetrieb und der Desktop wird so wiederhergestellt, wie Sie ihn zurückgelassen haben.

Über die Energieoptionen in der Systemsteuerung können Sie den Batterieverbrauch eines tragbaren Computers senken und den Computer dennoch für den sofortigen Einsatz bereithalten. Sie können mehrere Batterien separat oder als Ganzes überblicken und Warnmeldungen einrichten, durch die Sie auf einen niedrigen Batteriezustand hingewiesen werden.

Ein Energieschema einrichten

1   Öffnen Sie über *Start/Systemsteuerung/Leistung und Wartung* das Systemsteuerungssymbol *Energieoptionen*. Es erscheint das Dialogfeld *Eigenschaften von Energieoptionen*. Klicken Sie auf das Register *Energieschemas*.

Windows erkennt dabei, dass es sich um einen Laptop handelt. Bei einem Desktop-PC bietet es nur die wirklich vorhandenen Optionen an (s. rechte Abbildung).

2 Wählen Sie ein bereits vorhandenes Energieschema im Listenfeld *Energieschemas* aus, um ein bestehendes Schema zu verändern. Bedenken Sie, dass die Einstellungen das ausgewählte Schema modifizieren. Die folgende Aufstellung zeigt die Windows-Standardschemas.

Energieschema
Desktop
Tragbar/Laptop
Präsentation
Dauerbetrieb
Minimaler Energieverbrauch
Minimale Batteriebelastung

3 Klicken Sie auf die Schaltfläche *Übernehmen*, um das modifizierte Energieschema zu speichern. Möchten Sie die bestehenden Schemas behalten, klicken Sie auf *Speichern unter*, um Ihrem Schema einen eigenen Namen zu geben, nachdem Sie *Monitor ausschalten*, *Festplatten ausschalten*, *Standby* und *Ruhezustand* verändert haben.

4 Wählen Sie im Listenfeld das von Ihnen gewünschte Schema aus und die Einstellungen werden sofort übernommen.

Stand-by oder Ruhezustand

Der Stand-by-Modus ist besonders vorteilhaft, wenn Sie einen tragbaren Computer verwenden und Batterieleistung sparen möchten. Da jedoch der Status des Desktops im Stand-by-Modus nicht auf der Festplatte gespeichert wird, kann eine Stromunterbrechung während des Stand-by-Modus zum Verlust nicht gespeicherter Daten führen, da sich die Informationen zu diesem Zeitpunkt im Hauptspeicher befinden. Wenn Sie das nicht in Kauf nehmen wollen, sollten Sie in Erwägung ziehen, den Computer in den Ruhezustand zu versetzen oder gänzlich runterzufahren. Schalten Sie den Computer in den Ruhezustand, wird der Desktop genauso wiederhergestellt, wie Sie ihn zuletzt verwendet haben. Das Wechseln in den Normalbetrieb dauert jedoch vom Ruhezustand aus länger als vom Stand-by-Modus aus, da im Gegensatz zum Stand-by-Modus alle im Speicher befindlichen Daten auf die Festplatte gespeichert werden, danach der Bildschirm und die Festplatte und zu guter Letzt der Computer ausgeschaltet wird.

Ein Energieschema löschen

Wird Ihnen die Auswahlliste der Energieschemas zu unübersichtlich oder möchten Sie nicht mehr benötigte Schemas aus der Liste entfernen, dann löschen Sie einfach das entsprechende Schema. Hierzu gehen Sie wie folgt vor:

1 Öffnen Sie über *Start/Systemsteuerung/Leistung und Wartung* das Systemsteuerungssymbol *Energieoptionen*. Es erscheint das Dialogfeld *Eigenschaften von Energieoptionen*. Klicken Sie auf das Register *Energieschemas*.

2 Wählen Sie aus der Auswahlliste *Energieschemas* das zu löschende Schema und klicken Sie auf die Schaltfläche *Löschen*.

3 Klicken Sie auf die Schaltfläche *Ja*, um Ihr Energieschema endgültig zu löschen.

Benachrichtigung bei niedrigem Batteriestatus – Alarme einrichten

Stellen Sie sich einmal vor, Sie arbeiten gerade voller Eifer in einem Programm mit kritischen Daten. Sie sind so in Ihre Arbeit vertieft, dass Sie die Statusmeldungen Ihres Systems übersehen. Windows XP möchte Ihnen mitteilen, dass langsam, aber sicher Ihre Batterie an Power verliert und Sie sich schleunigst eine Steckdose suchen sollten, um einen „brutalen" Shut-Down und den damit verbunden Datenverlust zu vermeiden.

Damit das nicht passiert, stellt Windows XP eigens eine Registerkarte in den Energieoptionen zur Verfügung. Sie haben nun die Möglichkeit, neben dem Alarmzeitpunkt auch die entsprechende Aktion einzustellen, sodass bei einem kritischen Batteriestatus zum Beispiel Ihr System automatisch Ihre Daten sichert und ordentlich herunterfährt.

Windows XP gibt Ihnen zusätzlich die Möglichkeit, die Statusmeldungen in zwei Stufen durchzuführen. Eine Art Vorwarnung, um Sie schon langsam auf einen Stromquellen-Wechsel vorzubereiten, und eine „Kurz-vor-zwölf"-Warnmeldung. Beide Stufen können Sie einstellen. Möchten Sie Ihr System diesbezüglich schützen, dann gehen Sie wie folgt vor:

1 Öffnen Sie über *Start/Systemsteuerung/Leistung und Wartung* das Systemsteuerungssymbol *Energieoptionen*. Es erscheint das Dialogfeld *Eigenschaften von Energieoptionen*. Klicken Sie auf das Register *Alarme* mit den beiden Bereichen *Alarm bei niedrigem Batteriestand* und *Alarm bei kritischem Batteriestand*.

2 Möchten Sie die Stufe 1, *Alarm bei niedrigem Batteriestand*, aktivieren bzw. möchten Sie darauf verzichten, dann markieren Sie entsprechend das Kontrollkästchen *Alarm bei folgendem Energiestand auslösen*.

3 Ist das Kontrollkästchen markiert (Standardeinstellung), verschieben Sie den Regler entsprechend nach links bzw. nach rechts, um bei einem bestimmten Prozentsatz der Batterieladung den Alarm auszulösen. Standardeinstellung ist 10 %. Erreicht der Batteriezustand die eingestellten 10 %, bekommen Sie eine Warnmeldung. Die folgende Abbildung zeigt eine derartige Meldung.

4 Klicken Sie auf die Schaltfläche *Alarmaktion*, um die Art der Benachrichtigung einzustellen und die Aktion zu definieren, die das System durchführen soll, wenn der Batteriezustand die eingestellte Prozentzahl erreicht hat. Weiterhin können Sie zum Beispiel ein Sicherungsprogramm starten, das Ihre kritischen Daten sichert, bevor das System herunterfährt.

Der richtige Batteriestatus für Ihren Alarm

Hier gibt es nicht einen richtigen Status für alle – es hängt vom Stromhunger Ihres tragbaren PCs ab und von Ihrem Akku. Wie frisch ist Ihr Akku? Hat Ihr Akku schon nachgelassen? Für einen neuen Akku ist die Voreinstellung mit 10 % kein Problem. Testen Sie von Zeit zu Zeit, wie viel Zeit Sie noch haben, bis der Akku Sie dann ganz verlässt. Sie werden feststellen, dass Ihnen bei einem älteren Akku nach dieser Marke viel weniger Zeit bleibt. Umso drastischer sind dann Belastungen durch größere Schreibvorgänge auf der Festplatte, hohe Prozessorlast etc.

Wenn Sie mit einem älteren Akku und der Alarmaktion Ruhezustand arbeiten, geben Sie Ihrem kleinen Stromversorger noch einmal richtig Zunder – zu dumm, wenn dann Ihr Sicherheitspolster beim Schreiben des Speichers auf die Festplatte (entsprechend der Hauptspeichergröße!) aufgibt und Ihre Daten futsch sind. In solchen Situationen ist es dann sinnvoller, nur noch die Datei, an der Sie arbeiten, zu sichern und von Hand in den Stand-by-Modus zu wechseln – oder mit einem großzügigeren Limit die Arbeitszeit nicht bis auf die letzten Sekunden auszureizen.

Mehr Schutz vor Datenverlust durch automatischen Stand-by-Betrieb oder Ruhezustand

Sie haben gerade eine Benachrichtigung konfiguriert, wenn es mit Ihrer Akkupower knapp wird. Aber Sie können noch mehr für Ihre Datensicherheit tun: Lassen Sie vorsorglich den PC in einen Modus wechseln, in dem a) entweder so wenig Strom benötigt wird, dass Sie sicher die nächste Steckdose erreichen, oder b) Ihr Laptop in den Ruhezustand wechselt und Ihren aktuellen Arbeitsstand komplett auf die Festplatte schreibt und sich dann schlafen legt. Hierzu konfigurieren Sie zusätzlich die Alarmaktion und – falls benötigt – lassen ein Programm starten, um weitere Aktionen auszulösen.

Alarmaktion: In diesem Abschnitt stellen Sie das Verhalten Ihres Notebooks ein, wenn der Batteriezustand die von Ihnen eingestellte Prozentzahl erreicht hat. Sie können auswählen, ob Ihr System in den Stand-by-Modus oder in den Ruhezustand wechselt. Sie können auch Ihren Computer komplett herunterfahren lassen. Des Weiteren haben Sie die Möglichkeit, das Kontrollkästchen *Standby oder Herunterfahren erzwingen, auch wenn ein Programm nicht reagiert* zu markieren, um auf jeden Fall ein Herunterfahren Ihres Systems zu garantieren.

Auszuführendes Programm: Möchten Sie, dass Ihr System zum Beispiel durch eine so genannte Batchdatei (*.bat*) alle temporären Dateien von der Festplatte löscht und anschließend noch einen Festplattencheck durchführt, bevor das System herunterfährt oder in den Ruhezustand bzw. Stand-by-Modus wechselt, dann markieren Sie das Kontrollkästchen *Bei Alarm folgendes Programm ausführen*. Klicken Sie auf die Schaltfläche *Programm konfigurieren*, um die auszuführende Batchdatei oder ein anderes Programm auszusuchen und einzustellen.

Batteriezustand im Blick – die Batterieanzeige

Das Register *Batterieanzeige* stellt Ihnen alle wichtigen Informationen über Ihre Batterie zur Verfügung, die Sie benötigen. Das gleiche Symbol finden Sie auch rechts unten in der Taskleiste. Bewegen Sie Ihren Mauszeiger auf dieses Symbol und warten wenige Sekunden, dann bekommen Sie ebenfalls den aktuellen Batteriezustand, in Form einer QuickInfo, angezeigt. Voraussetzung für das Symbol in der Taskleiste ist, dass Sie das Kontrollkästchen *Symbol in der Taskleiste anzeigen* auf der Registerkarte *Erweitert* aktivieren.

1 Klicken Sie auf das entsprechende Batteriesymbol, um weitere Informationen u. a. über den Batterienamen, die chemische Zusammensetzung und den Hersteller der Batterie zu bekommen. Dies kann ganz nützlich sein, wenn Sie eine Ersatzbatterie bestellen wollen. Hier bekommen Sie die wichtigsten Eckdaten für Ihre Bestellung.

2 Möchten Sie sich den allgemeinen Status der Batterie anzeigen lassen, dann entfernen Sie das grüne Häkchen aus dem Kontrollkästchen *Details über jede Batterie anzeigen*.

Deckel zu und fertig – Windows automatisch ausschalten

Das Register *Erweitert* in den Energieoptionen von Windows teilt sich in zwei Bereiche auf. Im oberen Bereich können Sie die Kontrollkästchen *Symbol in der Taskleiste anzeigen* und *Kennwort beim Reaktivieren aus dem Standbymodus anfordern* aktivieren bzw. deaktivieren. Im unteren Bereich haben Sie die Möglichkeit, verschiedene Vorgänge zu definieren.

Beim Schließen des Laptops: Wenn Sie Ihren Laptop schließen, indem Sie den Bildschirm zuklappen, haben Sie die Wahl, ob Ihr System in den Stand-by-Modus oder in den Ruhezustand wechselt. Sie können aber auch aus dem Listenfeld *Nichts unternehmen* anklicken, um beim Schließen keinerlei Aktivitäten zu starten. Für Anwender, die häufiger am Tag ihren Standort wechseln, ist *In den Ruhzustand wechseln* ein guter Wert, da Sie schnell Ihre Daten gespeichert bekommen und es den Bootvorgang erheblich beschleunigt.

Ruhezustand fehlt in der Auswahlliste

Der Wert *In den Ruhezustand wechseln* steht nur dann in der Auswahlliste, wenn auf der Registerkarte *Ruhezustand* das Kontrollkästchen *Ruhzustand aktivieren* markiert ist.

Beim Drücken des Netzschalters am Computer: Selbst den Ausschalter Ihres Systems können Sie beeinflussen. Hier haben Sie die Möglichkeit, den Computer herunterzufahren, in den Stand-by-Modus oder Ruhezustand zu wechseln, die Vorgangsauswahl aufzufordern, oder er soll nichts unternehmen. Die folgende Abbildung zeigt die Vorgangsauswahl.

Drücken Sie auf den Ausschalter und Ihr System fährt nicht einfach herunter, sondern bietet Ihnen mögliche Ausschaltvorgänge an.

Beim Drücken des Schalters für den Ruhezustand am Computer: Haben Sie einen Schalter am Computer für den Ruhezustand, können Sie ihn ebenfalls einstellen. Es stehen folgende Vorgänge zur Auswahl in der Liste: *Nichts unternehmen, Zur Vorgangsauswahl auffordern, in den Standbymodus oder Ruhezustand wechseln.* Natürlich können Sie auch den *Computer herunterfahren* lassen.

Das Register Ruhezustand

Einige Funktionen stehen nur in den Energieoptionen zur Verfügung, wenn Sie auf dem Register *Ruhezustand* das Kontrollkästchen *Ruhezustand aktivieren* markiert haben.

Ihr Ruhezustand benötigt ebenso viel Platz auf der Festplatte, wie der Rechner RAM-Speicher besitzt.

13.2 Internetzugang von unterwegs

Boris Becker ist drin und mit ihm weltweit über 370 Millionen Menschen, die von zu Hause, der Arbeit oder öffentlichen Institutionen aus das Internet nutzen. Ganz besonders pfiffig: Mit Laptop und Handy können Sie auch von unterwegs E-Mails abrufen und sich Webseiten ansehen. Ältere Handys bieten zumeist

9.600 Bit/s, das reicht für das Abrufen von E-Mails mit Outlook, neuere Handys unterstützen auch Techniken wie GPRS oder HSCSD und erreichen damit Geschwindigkeiten bis 40 KBit/s. Und Handys mit UMTS werden in Zukunft mühelos die Geschwindigkeit eines ISDN-Anschlusses überholen.

E-Mail und WWW auswärts – normales Modem oder Handy?

Schnell mal Ihre E-Mails checken, die neusten Nachrichten lesen oder Ihr Horoskop herunterladen. Es gibt viele weitere Gründe, warum Sie sich ins World Wide Web begeben. Die oberen Zahlen haben es uns bewiesen, dass das Internet allgegenwärtig ist – und das mit rasender Geschwindigkeit. Auch die Mobilität findet dadurch immer mehr Freunde. Steht Ihnen, egal, auf welchem Fleckchen Erde Sie sich gerade befinden, ein Modem oder noch besser einen ISDN-Anschluss zur Verfügung, dann können Sie sich ohne Probleme entsprechenden Zugang zum World Wide Web verschaffen.

Was aber ist, wenn Sie sich gerade an einem Ort befinden, der weder einen Modem- noch ein ISDN-Anschluss hat, und Sie benötigen dringend einen Zugang zum Internet – dann kann Ihnen das Handy aus der Patsche helfen.

Mit dem Handy auf die Reise

Ein Handy ist hervorragend zum Telefonieren und zum SMS-Verschicken geeignet. Klar! Sie können es aber auch als Modem nutzen, um damit eine Verbindung ins Internet herzustellen. Das Einzige, was Sie von Ihrem Dienstanbieter (D1, D2, E-Plus etc.) benötigen, ist eine Freischaltung für Datendienste, damit neben der Sprache auch Daten übermittelt werden können. Nun ist es möglich, sich mit einem Handy über ein serielles Kabel oder IrDA in das Internet einzuwählen. Da immer mehr mobile Telefone mit einem IrDA ausgestattet sind und diese Verbindung wegen ihrer Einfachheit entsprechend gern verwendet wird, möchte ich eine derartige Konfiguration im Folgenden in vier Schritten durchführen. Als ersten Schritt werden wir das Handy als Modem einrichten. Im zweiten Schritt werden wir checken, ob Ihr Handy auch als Modem funktioniert. Beim dritten Schritt werden wir dann eine neue DFÜ-Verbindung erstellen und als vierten und letzten Schritt werden wir natürlich auch eine Verbindung mit dem Internet herstellen.

Das Handy-Modem benutzen

Um der digitalen Welt hallo zu sagen, werden wir Windows mit Ihrem Handy bekannt machen. Gehen Sie wie folgt vor:

1   Aktivieren Sie den Infrarotdienst Ihres mobilen Telefons. Nehmen Sie dazu das dazugehörige Benutzerhandbuch bzw. setzen Sie sich mit Ihrem Händler in Verbindung, wenn Sie den Infrarotdienst nicht starten können.

2 Positionieren Sie die aktivierte IrDA-Schnittstelle (**I**nfrared **D**ata **A**ssociation) Ihres Handys gegenüber der IrDA-Schnittstelle Ihres
Notebooks. Windows erkennt die neue Hard-

ware automatisch und meldet das mit einer gelben Sprechblase (QuickInfo).
Die folgende Abbildung zeigt eine derartige Meldung.

3 Nachdem Windows XP Ihr mobiles Telefon gefunden hat, erscheint
ebenfalls in der Taskleiste die Meldung, dass die neue Hardware installiert wurde und jetzt verwendet werden kann. Anschließend erscheint das folgende Symbol in der Taskleiste, das Ihnen zeigt, dass Ihr mobiles Telefon in Reichweite ist.

Verbindung bricht ab – was nun?

Bei den meisten mobilen Telefonen bleibt die IrDA-Schnittstelle nur für eine bestimmte Zeit
aktiv. Sie wird automatisch vom Telefon deaktivert, wenn kein Datentransfer stattfindet. Das
sehen Sie daran, dass in der Taskleiste das Symbol verschwindet. Aktivieren Sie Ihren IrDA-
Emfang am Telefon wieder und Windows erkennt sofort, dass Ihr Handy in Reichweite und für
den Datentransfer bereit ist.

Checken, ob das Handy als Modem funktioniert

Nun, nachdem Sie das mobile Telefon mit Windows XP Home bekannt gemacht
haben, prüfen Sie die Funktionsfähigkeit. Dazu gehen Sie wie folgt vor:

1 Klicken Sie auf *Systemsteuerung* im
Startmenü und anschließend auf die
Kategorie *Drucker und andere Hard-
ware*. Es erscheint das Dialogfeld
Drucker und andere Hardware.

2 Klicken Sie auf das Systemsteuerungssymbol *Telefon- und Modemoptionen*
und anschließend auf die Registerkarte *Modems*.

3 Markieren Sie jetzt auf der Registerkarte *Modems* Ihr mobiles Telefon,
indem Sie es mit der linken Maustaste einmal anklicken. Das von Ihnen
gewählte Modem ist jetzt blau hinterlegt.

4 Klicken Sie auf das Dialogfeld *Eigenschaften* und anschließend auf die Registerkarte *Diagnose*, um das installierte Handy in seiner Funktion als Modem
zu testen.

5 Klicken Sie auf die Schaltfläche *Modem abfragen*, um die einzelnen Befehle abzufragen. Das oben aufgeführte Dialogfeld zeigt eine derartige Abfrage.

6 Werden die entsprechenden Befehle erfolgreich beantwortet, können Sie davon ausgehen, dass Ihr Handy als Modem erfolgreich von Windows installiert wurde. Weitere Informationen über Modems finden Sie in Kapitel 7.

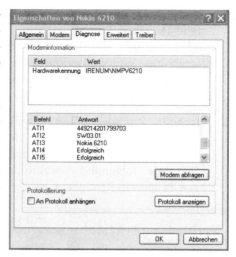

Eine neue DFÜ-Verbindung erstellen für unterwegs

Um letztendlich eine erfolgreiche Internetverbindung via Handy auf die Beine zu stellen, benötigen Sie noch eine DFÜ-Verbindung. Sie benötigen hierzu von Ihrem Dienstanbieter (D1, D2, E-Plus etc.) eine Freischaltung für Datendienste, damit neben der Sprache auch Daten übermittelt werden können. Weiterhin benötigen Sie die Zugangsdaten von Ihrem ISP (**I**nternet **S**ervice **P**rovider).

1 Klicken Sie in der Systemsteuerung auf die Kategorie *Netzwerk- und Internetverbindungen* und anschließend auf das Systemsteuerungssymbol *Netzwerkverbindungen*.

2 Klicken Sie in der linken Aufgabenleiste auf den Befehl *Neue Verbindung erstellen*. Es erscheint der Assistent für neue Verbindungen. Klicken Sie auf *Weiter*, um den Willkommensbildschirm zu überspringen.

3 Markieren Sie *Verbindung mit dem Internet herstellen* und klicken Sie anschließend auf *Weiter*, um den Vorgang fortzusetzen.

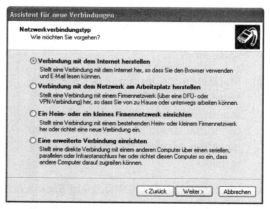

4 Markieren Sie *Verbindung manuell einrichten*, um selbst einen Internetdienstanbieter zu definieren. Haben Sie keinerlei Erfahrung oder keine Lust, sich damit zu beschäftigen, dann markieren Sie *Einen Internetdienstanbieter aus einer Liste auswählen*. Microsoft bietet Ihnen dann verschiedene Anbieter zur Auswahl an. Klicken Sie auf *Weiter*.

5 Markieren Sie *Verbindung mit einem DFÜ-Modem herstellen* und klicken Sie auf *Weiter*. Haben Sie mehr als ein DFÜ-Gerät am PC angeschlossen, wählen Sie das entsprechende Gerät aus der angezeigten Liste aus.

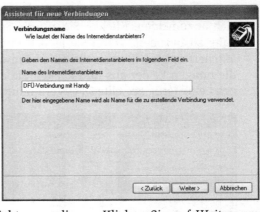

6 Geben Sie Ihrer DFÜ-Verbindung einen Namen. Verwenden Sie einen selbst erklärenden Namen, um bei mehreren Verbindungen den Überblick nicht zu verlieren. Klicken Sie auf *Weiter*, um den Vorgang fortzusetzen.

7 Geben Sie die entsprechende Nummer ein, damit Sie Daten über Ihr Handy senden und empfangen können. Für das mobile Netz D1 ist es die Nummer 41111, für D2 ist es 229000 und für E-Plus 123100. Erfragen Sie die Nummer bei Ihrem Netzanbieter, wenn Sie ein anderes Netz einsetzen, oder schauen Sie auf die Internetseite des jeweiligen Anbieters.

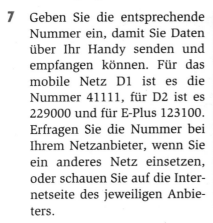

8 Geben Sie den Benutzernamen und das Kennwort für Ihr Internetkonto ein. Das Kennwort müssen Sie hier noch einmal bestätigen, um mögliche Schreibfehler zu vermeiden, da Windows das Kennwort bei der Eingabe verschlüsselt. Die oben aufgeführte Abbildung zeigt eine derartige Einstellung. Das Beispiel zeigt eine Verbindung mit T-Online. Der Benutzername setzt sich aus der Anschlusskennung und der Online-Nr. zusammen und wird mit der #0001, dem so genannten Mitbenutzersuffix, abgeschlossen. Als Kennwort geben Sie Ihr persönliches Kennwort von z. B. T-Online ein. Klicken Sie auf die Schaltfläche *Weiter*.

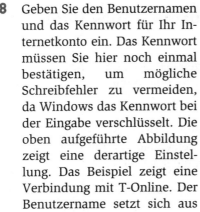

9 Klicken Sie auf die Schaltfläche *Fertig stellen*. Es erscheint das Dialogfeld, um sich anzumelden. Klicken Sie auf die Schaltfläche *Abbrechen*, um den Vorgang zu beenden. Wenn Sie jedoch Ihre IrDA-Schnittstelle in Ihrem Handy aktiviert haben, können Sie einen Einwahlversuch wagen. Füllen Sie noch die nötigen Felder aus und klicken Sie auf *Wählen*. Die folgende Abbildung zeigt eine fertig gestellte DFÜ-Verbindung.

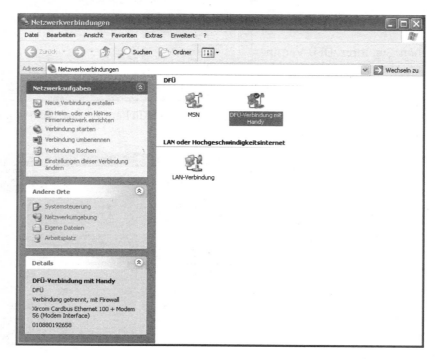

Die mobile DFÜ-Verbindung nutzen – Einwählen ins Internet

Nun können Sie die Früchte Ihrer Anstrengungen genießen und eine Verbindung mit dem Internet via Handy herstellen, und das völlig ohne eine ISDN-Buchse. Hierzu gehen Sie wie folgt vor:

1 Aktivieren Sie den Infrarotdienst Ihres mobilen Telefons. Nehmen Sie dazu das dazugehörige Benutzerhandbuch bzw. setzen Sie sich mit Ihrem Händler in Verbindung, wenn Sie den Infrarotdienst nicht starten können.

2 Haben Sie den Infrarotdienst an Ihrem Handy aktiviert, bekommen Sie sinngemäß die Meldung *IrDA-Empfang aktiviert*. Der genaue Wortlaut der Meldung variiert leicht von Handytyp zu Handytyp.

3 Legen Sie die aktivierte IrDA-Schnittstelle Ihres Handys der IrDA-Schnittstelle Ihres Notebooks gegenüber. Windows baut eine Verbindung zum Handy auf.

4 Klicken Sie im Startmenü auf *Verbinden mit* und wählen Sie die entsprechende DFÜ-Verbindung, die Sie eigens dafür erstellt haben. In unserem Beispiel ist es die *DFÜ-Verbindung mit Handy*.

5 Geben Sie das Kennwort ein und klicken Sie auf die Schaltfläche *Wählen*. Windows stellt nun eine DFÜ-Verbindung über Ihr Handy her. Wurde eine Verbindung hergestellt, müssen Sie das Kennwort nicht mehr eingeben.

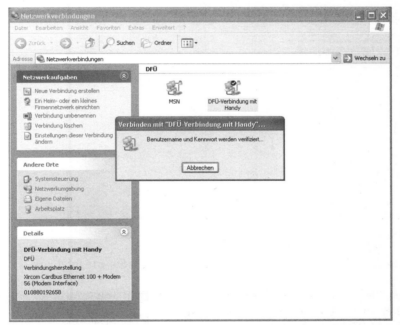

6 Wurde eine Verbindung hergestellt, bekommen Sie das von Windows XP in der Taskleiste über eine gelbe Sprechblase (QuickInfo) mitgeteilt. Die folgende Abbildung zeigt eine derartige Meldung.

7 Klicken Sie auf Ihren Internetbrowser, um im Internet zu surfen.

Trotz DFÜ-Verbindung kein Internet?

Es kann vorkommen, dass Sie trotz erfolgreicher Handy-Verbindung keine Internetseite angezeigt bekommen. Wenn das der Fall sein sollte, dann haben Sie bei der Anwahl die falsche DFÜ-Verbindung ausgewählt. Dies passiert sehr schnell, da Sie in der Regel mehrere DFÜ-Verbindungen haben. Wenigstens zwei, eine für den festen und eine für den mobilen Anschluss.

Da kann es schon vorkommen, dass Sie die falsche Verbindung ausgewählt haben. Die folgende Abbildung zeigt eine erfolglose Verbindung mit einer Internetseite.

Erfolgloser Versuch, eine Internetseite aufzurufen – http://www.msn.de

Um jeweils die richtige Verbindung auszuwählen, gehen Sie wie folgt vor:

1 Starten Sie den Internetbrowser, mit dem Sie im Internet surfen möchten. Es erscheint das Dialogfeld *DFÜ-Verbindung*.

2 Wählen Sie im Listenfeld *Verbindung herstellen mit* die von Ihnen im Augenblick benötigte Verbindung. Klicken Sie anschließend auf die Schaltfläche *Verbinden*, um eine erfolgreiche Verbindung aufzubauen.

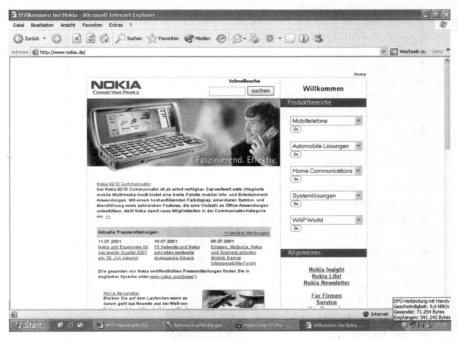

Erfolgreiche Internetverbindung mit dem Handy – http://www.nokia.de.

Verbindung automatisch herstellen

Haben Sie mehrere DFÜ-Verbindungen, die je nach Standort variieren, sollten Sie das Kontroll-kästchen *Verbindung automatisch herstellen* deaktivieren, damit Sie bei jeder Anmeldung die Chance haben, die für Sie richtige Verbindung im Listenfeld *Verbindung herstellen mit* auszuwählen.

Unterwegs mit Wireless LAN

Mit dem Laptop unterwegs und ganz ungebunden Daten austauschen und im Internet surfen? Wireless LAN machts möglich. Das Einzige, was Sie dafür benötigen, ist eine PCMCIA-Funknetzwerkkarte für Ihren Laptop. Damit haben Sie alle Voraussetzungen erfüllt, die Sie benötigen, um an einem Wireless LAN-Verbund teilzunehmen. Die Gegenseite benötigt ebenfalls „nur" eine Funknetzwerkkarte (Ad-hoc-Verbindung) oder einen Access-Point (Infrastructure Network), vgl. Kapitel 12.4.

Neuer Helfer – Drahtlosnetzwerkinstallations-Assistent

So praktisch ein drahtloses Netzwerk auch ist – wenn es falsch konfiguriert wurde, stellt das WLAN ein erhebliches Sicherheitsrisiko dar. Jeder, der sich im oft bis zu 150 Meter weit reichenden Funkbereich Ihrer Basisstation befindet, könnte dann auf Ihre Kosten Ihren Internetzugang nutzen oder unter Umständen auf

Ihre Daten zugreifen. Windows XP Service Pack 2 hilft Ihnen, eventuelle Sicherheitslücken in drahtlosen Netzwerken zu schließen.

Das Problem: bisher haben es viele Nutzer von Drahtlosnetzwerken versäumt, die dringend empfehlenswerten Verschlüsselungs- und Sicherheitsmechanismen zu aktivieren. Um dies in Zukunft zu vermeiden, nimmt Ihnen der neue Drahtlosnetzwerkinstallations-Assistent den größten Teil der dazu notwendigen Arbeiten ab.

So nutzen Sie den Drahtlosnetzwerkinstallations-Assistenten:

1 Öffnen Sie im Startmenü die Systemsteuerung und klicken Sie auf die Kategorie *Netzwerk- und Internetverbindungen*. Klicken Sie nun auf das Systemsteuerungssymbol *Netzwerkverbindungen*. Es öffnet sich der *Drahtlosnetzwerkinstallations-Assistent*. Klicken Sie auf *Weiter*.

2 Nun können Sie wählen, ob Sie ein neues Drahtlosnetz einrichten oder einem bestehenden Netzwerk neue Computer oder Geräte hinzufügen möchten.

3 Haben Sie entschieden, ein neues Netzwerk einzurichten, können Sie dem Netzwerk einen Namen (SSID – **S**ervice **S**et **Id**entifier) geben. Außerdem haben Sie die Wahl, ob Sie den zur Verschlüsselung des Funkverkehrs genutzten Netzwerkschlüssel automatisch von Windows XP generieren lassen oder selbst manuell festlegen wollen.

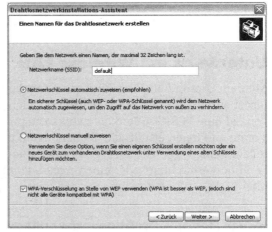

4 Unterstützt Ihre Drahtlosnetzwerkhardware den stärkeren Verschlüsselungsstandard WPA (**W**ireless **P**rotected **A**ccess) statt des weiter verbreiteten WEP (**W**ireless **E**quivalent **P**rivacy), können Sie diese Verschlüsselungsmethode nutzen. WPA ist besser als WEP, jedoch sind nicht alle Geräte mit WPA kompatibel.

5 Damit Sie die so erstellte Konfiguration einfach für alle anderen Rechner in Ihrem Drahtlosnetzwerk übertragen können, kann Windows XP die erstellten Konfigurationsdaten z. B. auf einen USB-Flashlaufwerk kopieren. Dieses mobile Speicherlaufwerk schließen Sie dann einfach an den anderen Computern an, um diese für den Zugriff auf Ihr drahtloses Netz zu konfigurieren. Das auf dem USB-Flashlaufwerk gespeicherte Installationsprogramm wird von den anderen Rechnern in der Regel automatisch ausgeführt.

6 Alternativ können Sie die Detaildaten der erzeugten Drahtlosnetzwerkkonfiguration auf Papier ausdrucken, um diese manuell auf anderen Computern einzugeben.

Drahtlosnetzwerk unterwegs auswählen

Die Benutzerführung zum Finden von drahtlosen Netzwerken und zur Anmeldung bei gefundenen Funknetzen wurde unter Windows XP Service Pack 2 erweitert und neu gestaltet. In der Netzwerkliste erscheinen alle Drahtlosnetzwerke, die am aktuellen Standort empfangen werden können. Windows XP zeigt den Status jedes gefundenen Funknetzwerks grafisch an und informiert über die Signalstärke, den Netzwerknamen und darüber, ob das jeweilige Netzwerk sicherheitsaktiv, also geschützt ist.

1 Empfängt Windows XP in der aktuellen Umgebung Funknetzwerke, erscheint eine Benachrichtigung beim Symbol der drahtlosen Netzwerkverbindung im Infobereich der Taskleiste.

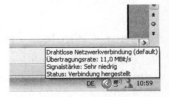

2 Klicken Sie mit der rechten Maustaste auf dieses Symbol und wählen Sie anschließend den Eintrag *Verfügbare Drahtlosnetzwerke anzeigen*. Die Netzwerkliste wird aufgerufen.

3 Um Ihren Rechner bei einem drahtlosen Netzwerk anzumelden, klicken Sie auf den Namen des gewünschten Netzes und anschließend auf *Verbinden*.

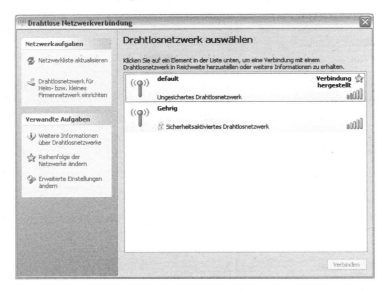

- **Drahtlosnetzwerke und Hotspots ohne WPS-Unterstützung:** Handelt es sich beim gewählten Funknetz um ein sicherheitsaktiviertes Netzwerk, werden Sie aufgefordert, den entsprechenden Netzwerkschlüssel (auch WEP- oder WPA-Schlüssel genannt) einzugeben.

- **Hotspots mit WPS-Unterstützung:** Handelt es sich um einen öffentlichen Hotspot, der die neuen Wireless Provisioning Services (WPS) – siehe folgendes Kapitel – unterstützt, lädt Windows XP Detailinformationen über das Netzwerk aus einer im Hotspot gespeicherten XML-Datenbank herunter. Auf Basis dieser Information leitet Sie der Assistent dann Schritt für Schritt durch den weiteren Anmeldungsvorgang.

4 Die neu gestaltete Benutzeroberfläche erleichtert auch das Abmelden von drahtlosen Netzwerken. Wollen Sie zum Beispiel die Verbindung zu einem Hotspot trennen, wählen Sie im Fenster *Drahtlose Netzwerkverbindung* einfach die gewünschte Verbindung und klicken auf die Schaltfläche *Trennen*.

Hotspot – Wireless Provisioning Services

Hat der Assistent *Drahtlosnetzwerk auswählen* ein öffentliches Drahtlosnetzwerk gefunden, dessen Betreiber bereits die mit Windows XP Service Pack 2 eingeführten *Wireless Provisioning Services (WPS)* unterstützt, hilft Ihnen Windows XP Schritt für Schritt bei der Anmeldung und Verbindungseinrichtung. In Zukunft werden deshalb immer mehr Hotspot-Anbieter ihren Kunden diesen Service anbieten.

Und so melden Sie sich an einem Drahtlosnetzwerk mit WPS Unterstützung an:

Wenn Windows XP vom drahtlosen Netzwerk WPS-Detailinformationen herunterladen konnte, informiert Sie der Assistent zuerst über die zur Auswahl stehenden Preispläne und Abonnement-Varianten. Sie können dann das von Ihnen bevorzugte Angebot aus einer Liste auswählen.

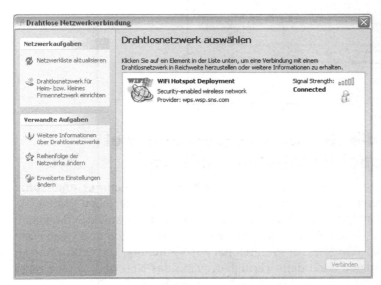

Der Assistent für drahtlose Netzwerk-verbindungen hat einen WPS-Anbieter gefunden.

Abhängig von Ihrer Auswahl erscheinen die Nutzungs- und Vertragsbedingungen zum gewählten Preisplan. Wenn Sie diese Information gelesen haben, bestätigen Sie endgültig Ihre Auswahl. Bei Nichtgefallen können Sie mit *Zurück* zu den anderen Preisplanvarianten zurückkehren.

Im letzten Schritt fragt der Assistent, ob Sie die vom Betreiber voreingestellten Einstellungen für diese drahtlose Verbindung akzeptieren oder eigene Veränderungen der Einstellungen vornehmen wollen. Außerdem haben Sie die Wahl, ob Sie Zugangsinformationen in Zukunft automatisch aktualisieren lassen wollen. Der Hotspot-Betreiber kann Sie auf diese Weise über neue Standorte oder Änderungen in seinem Angebot informieren.

Bei künftigen Besuchen desselben Hotspots oder anderer Standorte seines Betreibers kennt Windows XP dann bereits alle notwendigen Zugangsdaten. Wenn Sie die Option *Automatisch verbinden* aktiviert haben, brauchen Sie Ihren Computer nur noch einzuschalten und Sie werden automatisch am betreffenden Funknetz angemeldet.

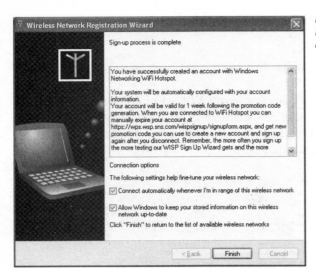

Der Wireless Provisioning Services-Prozess ist erfolgreich abgeschlossen.

Unterwegs die Netzwerkressourcen dabei – der Aktenkoffer für Windows XP Home

Windows XP ist ein ideales Betriebssystem für Notebooks, denn es unterstützt neben den normalen Computerfunktionen auch all die speziellen Notebook-Funktionen, wie Batteriekontrolle und Energiesparoptionen – außer Offlinedateien, die werden den Windows XP Home-Anwendern vorenthalten und stehen den Anwendern nur bei Windows XP Professional zur Verfügung. Die Offlinedateien machen Netzwerkdaten auch dann verfügbar, wenn das Netzwerk gerade nicht online ist. Das betrifft z. B. Notebooks auf Reisen, auch normale PCs in Netzwerken, die häufiger überlastet und somit nur zeitweise mit dem Firmennetzwerk verbunden sind. Das ist sehr praktisch, denn Sie selbst merken von der Technik nichts. Sie greifen auf die Netzwerkdaten zu – egal ob Sie gerade mit dem Netzwerk verbunden sind oder nicht. Windows XP synchronisiert für Sie und hält die Daten immer auf dem aktuellen Stand.

Für die XP Home-Anwender gibt es jedoch eine Alternative – den Aktenkoffer. Mit diesem Aktenkoffer können Sie Dokumente verwalten und verschiedene Versionen desselben Dokuments auf zwei PCs aktualisieren. Das ist zwar nicht so komfortabel wie die Offlinedateien von XP Professional, aber immerhin etwas.

1 Klicken Sie mit der rechten Maustaste auf eine freie Stelle im Desktop und anschließend auf *Neu/Aktenkoffer*. Es wird ein neuer Aktenkoffer auf Ihrem Desktop erstellt.

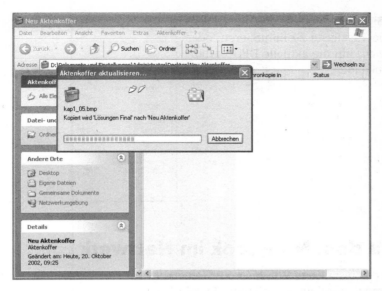

2 Wenn die Computer miteinander verbunden sind, öffnen Sie den Aktenkoffer auf dem Laptop mit einem Doppelklick und kopieren die entsprechenden Dateien vom Hauptcomputer.

3 Bearbeiten Sie die Datei(en) auf dem Laptop. Wenn Sie die Bearbeitung der Datei(en) abgeschlossen haben, verbinden Sie gegebenenfalls die beiden Computer, öffnen den Aktenkoffer auf dem Laptop und klicken im Menü auf *Aktenkoffer/Alles aktualisieren*. Sind es nur einige Dateien, klicken Sie im Menü auf *Aktenkoffer/Auswahl aktualisieren*.

4 Die entsprechenden Dateien werden synchronisiert.

Die Statusanzeige im Blick – Übertragungsdaten anzeigen und verfolgen

Schnell hat man das Zeitgefühl im Internet verloren. Die Internetveteranen unter Ihnen können sicherlich bestätigen, dass 30 Minuten wie im Fluge vergehen. Und da die Abrechnungseinheit im mobilen Sektor teurer ist als zu Hause im Festnetz, ist es umso wichtiger, während der Dauer Ihrer Onlineverbindung zwischendurch die Gesamtzeit zu prüfen, damit Sie bei der nächsten Telefonabrechnung nicht der Schlag trifft.

1 Klicken Sie in der Taskleiste auf das Symbol für die DFÜ-Verbindung (zwei Bildschirme hintereinander). Es erscheint die Statusanzeige der jeweiligen Verbindung. Die folgende Abbildung zeigt eine derartige Anzeige.

2 Klicken Sie auf *Schließen*, um das Dialogfeld in die Taskleiste zu minimieren, oder
auf *Trennen*, um die aktuelle DFÜ-Verbindung zu beenden.

13.3 Mit dem Notebook im Netzwerk

Natürlich ist das installierte Windows XP Home auf dem Notebook nichts anderes als eine ganz „normale" Installation. Es gibt keine besondere Lizenz dafür –
auch verhält es sich genauso wie auf einer festen Station. Warum dann ein ganzes Kapitel dafür verwenden, werden Sie sich jetzt fragen. Mobilität ist die Antwort auf Ihre Frage. Eine Einschränkung gibt es dennoch gegenüber der Windows XP Professional-Version. Nehmen Sie Ihr Notebook mit ins Büro, um es an
das bestehende Netzwerk anzuschließen, besteht die Gefahr, dass Sie Ihre Daten
mehrfach speichern. Einmal auf dem Server im Büro und einmal auf Ihrem Laptop, weil Sie die Datei unterwegs benötigen oder zu Hause weiterbearbeiten
möchten. Befinden sich dieselben Dateien auf einem Server und auf Ihrem
Notebook, sprechen wir von Datenredundanz (Daten werden mehrfach gespeichert). Die Folge einer Datenredundanz ist Dateninkonsistenz (der Stand Ihrer
Dateien ist unterschiedlich). Windows Professional stellt eigens für diese Proble-
matik ein Tool mit dem Namen Offlinefolder zur Verfügung. Dieses Werkzeug ist
in der Home-Edition leider nicht integriert. Sie können jedoch mit der Ordner-
freigabe Ihre Daten im Netzwerk zur Verfügung stellen. Auch Laufwerke von anderen Rechnern und Servern können Sie verbinden. Für den Austausch Ihrer
Daten sind Sie jedoch selbst verantwortlich. Im folgenden Kapitel erfahren Sie,
wie man einen Ordner für Netzwerkbenutzer freigibt und wie man auf einen freigegebenen Ordner zugreift, um an Daten eines anderen Computers im Netzwerk
zu gelangen. Es werden in diesem Kapitel keine netzwerkspezifischen Einstellungen durchgeführt. Das Kapitel 12 beschäftigt sich ausführlich mit diesem Thema.

Netzwerkkarten und Modem/ISDN nachrüsten per PC-Card

Im Gegensatz zu einem Personal Computer im herkömmlichen Sinne können Sie
bei Ihrem Laptop nicht einfach schnell das Gehäuse öffnen, um zum Beispiel
eine Netzwerkkarte oder Grafikkarte in einen entsprechenden Slot (Steckplatz)

zu stecken. Auch mit einer weiteren Festplatte werden Sie an der praktischen kompakten Bauweise Ihres Notebooks scheitern. Neben den klassischen Schnitt-stellen wie USB, IEEE1394 (FireWire), IrDA, COM und LPT hat Ihr Notebook in der Regel noch zwei PCMCIA-Steckplätze, die sich links oder rechts an Ihrem Notebook befinden. Diese Steckplätze werden von den Benutzern gern für ein Modem bzw. eine ISDN-Karte verwendet, sofern eines der beiden nicht schon be-reits in Ihrem Notebook fest installiert ist. Es gibt mittlerweile jede Menge Ein-satzmöglichkeiten. Das geht beim Smart-Card-Adapter los und hört mit einer zu-sätzlichen Festplatte auf – das wollte ich der Vollständigkeit halber erwähnt haben. In diesem Kapitel werden wir den Fokus allerdings auf das Nutzen der PC-Card als Modem bzw. ISDN-Karte beschränken, um damit ins Internet zu kommen.

PCMCIA oder PC-Karte

PCMCIA ist die Abkürzung für **P**ersonal **C**omputer **M**emory **C**ard **I**nternational **A**ssociation (in-ternationale Vereinigung zum Festlegen von Normen für Speicherkarten). Daraus resultierten die Standards TYP I, TYP II und TYP III für Erweiterungskarten im Scheckkartenformat. Diese Speicherkarten unterstützen Plug & Play und arbeiten Strom sparend. Auch wenn die Bezeich-nung nun offiziell PC-Card lautet, so stößt man immer noch auf die Bezeichnung PCMCIA.

Beispiele für PC-Cards.

Installation einer PC-Card

Es gibt, wie wir bereits gelernt haben, viele Arten von PC-Cards, um Ihr Note-book zu erweitern. Da es den Rahmen sprengen würde, alle möglichen Varianten anzusprechen, habe ich mich für eine Kombikarte, bestehend aus ISDN-, Mo-dem- und Netzwerkadapter, entschieden. Sehen Sie diese PC-Karte stellvertre-tend für alle anderen PC-Karten. Um eine derartige Karte mit dem Betriebssystem Windows XP bekannt zu machen, gehen Sie wie folgt vor:

1 Stecken Sie die PC-Card in den entsprechenden Slot Ihres Notebooks. Sollten Sie den dafür vorgesehenen Slot nicht gleich finden, sehen Sie im Benutzer-handbuch Ihres Notebooks nach, oder setzen Sie sich mit dem Händler oder Hersteller in Verbindung.

2 Ist die PC-Card Plug & Play-fähig, versucht nun Windows XP automatisch, den passenden Treiber für Ihre PC-Card zu finden. Hat XP einen passenden Treiber gefunden, wird automatisch die PC-Card installiert.

Kein passender Treiber gefunden

Sollte Windows XP keinen passenden Treiber gefunden haben oder ist Ihre PC-Card nicht Plug & Play-fähig, müssen Sie den mitgelieferten Treiber verwenden und installieren oder im Internet den aktuellsten Treiber herunterladen. Sollten Sie nicht die Möglichkeit haben, ins Internet zu kommen, fragen Sie im Bekannten- und Verwandtenkreis nach, ob Sie jemand bei der Treibersuche unterstützen kann. Auch örtliche Händler greifen Ihnen da gern unter die Arme. Das Kapitel 15 beschäftigt sich mit diesem Thema.

---

3 Dass Windows XP Home neue Hardware gefunden hat, wird in der Taskleiste mit einer gelben Sprechblase (QuickInfo) angezeigt. Zuerst bekommen Sie die Mel-

dung, dass ein serieller PCI-Anschluss gefunden wurde. Danach erscheint die Meldung, dass Ihre PC-Karte installiert wird, und zum Schluss die Nachricht, dass die neue Hardware installiert wurde und dass sie jetzt verwendet werden kann. Die folgende Abbildung zeigt die Meldung, in der die PC-Karte installiert wird.

Prüfen, ob die Installation der PC-Card erfolgreich war

Vertrauen ist gut – Kontrolle ist besser. Um die Installation zu überprüfen, gehen Sie wie folgt vor:

1 Klicken Sie auf *Systemsteuerung* im Startmenü und anschließend auf die Kategorie *Drucker und andere Hardware*.

2 Klicken Sie auf das Systemsteuerungssymbol *Telefon- und Modemoptionen*. Klicken Sie auf die Registerkarte *Modems*. Ihre installierte PC-Card muss jetzt in der Liste aufgeführt sein und einen COM-Port zugeordnet bekommen haben. Die folgende Abbildung zeigt ein derartiges Dialogfeld.

3 Klicken Sie auf die Schaltfläche *Eigenschaften*, um weitere Einstellungen durchzuführen.

4 Klicken Sie auf die Registerkarte *Diagnose* in den Eigenschaften Ihrer PC-Card und anschließend auf die Schaltfläche *Modem abfragen*, um einen internen Test durchzuführen.

5 Sind die ATI-Befehle erfolgreich beantwortet, können Sie davon ausgehen, dass Ihr Modem funktioniert. Die fortgeschrittenen Anwender unter Ihnen können noch zusätzlich das Protokoll des Tests lesen, indem Sie auf die Schaltfläche *Protokoll anzeigen* klicken.

6 Jetzt müssen Sie nur noch mit dem mit der PC-Card mitgelieferten Kabel eine Verbindung zwischen Ihrem Notebook und der Telefondose an der Wand herstellen und eine DFÜ-Verbindung einrichten. Danach steht dem Surfen im World Wide Web nichts mehr im Weg. Auf Seite 584 in diesem Kapitel wird beschrieben, wie Sie eine neue DFÜ-Verbindung erstellen können.

Alternative Kontrolle: der Geräte-Manager

Eine weitere Kontrolle für eine erfolgreiche Installation ist immer der Geräte-Manager. Um die Installation über den Geräte-Manager zu prüfen, gehen Sie wie folgt vor:

1 Klicken Sie auf Ihrem Desktop mit der rechten Maustaste auf das Symbol *Arbeitsplatz*. Es erscheint das Kontextmenü. Klicken Sie auf *Eigenschaften*.

2 Klicken Sie in dem Dialogfeld *Systemeigenschaften* auf die Registerkarte *Hardware* und anschließend auf die Schaltfläche *Geräte-Manager*.

3 Erweitern Sie den Gerätebaum, indem Sie auf das Pluszeichen klicken, um die entsprechenden Geräte detailliert anzeigen zu lassen. In unserem Beispiel sind es die Symbole für *Modems* und für *Netzwerkadapter*.

USB- oder Crosslinkkabel statt Netzwerkkarte und Hub

Benötigen Sie nur ab und an ein paar Dateien von einem zweiten PC, dann kann es günstiger sein, sich nur ein USB-Kabel zur Verbindung zweier PCs zu besorgen. Die billigere Lösung ist dies allemal – die Treiberanbindung klappt dann ebenfalls völlig unproblematisch. Wenn Sie Netzwerkkarten bei zwei PCs ohne einen so genannten Hub betreiben wollen, dann nehmen Sie ein Crosslinkkabel – in Kapitel 12 dazu mehr!

Crosslinkkabel – eine Alternative für kostengünstigen Datenaustausch zwischen zwei PCs.

Gemeinsamer Zugriff auf Dateien des Laptops – die Ordnerfreigabe

Sie haben zu Hause ein wichtiges Angebot fertig gestellt, das Sie den Kollegen im Büro zur Verfügung stellen möchten. Oder Sie haben zu Hause ein kleines Home-Netzwerk und möchten den anderen PCs den Zugriff auf die Ausflugsfotos mit der Familie erlauben, dann müssen Sie den entsprechenden Ordner für den Zugriff freigeben. Um einen Ordner freizugeben, müssen Sie wie folgt vorgehen:

1 Öffnen Sie den Windows-Explorer und suchen Sie den Ordner, den Sie freigeben möchten.

2 Klicken Sie mit der rechten Maustaste auf den entsprechenden Ordner. In unserem Beispiel ist es der Ordner *My Music*. Es erscheint das Kontextmenü.

3 Klicken Sie auf den Befehl *Freigabe und Sicherheit*. Es öffnen sich die Eigenschaften von *My Music* mit dem Register *Freigabe*.

4 Markieren Sie unter *Netzwerkfreigabe und -sicherheit* das Kontrollkästchen *Diesen Ordner im Netzwerk freigeben*. Vergeben Sie noch einen Namen oder nehmen Sie den Vorschlag an.

5 Deaktivieren Sie das Kontrollkästchen *Netzwerkbenutzer dürfen Dateien verändern*, wenn Sie keinerlei Veränderungen zulassen wollen. Die folgende Abbildung zeigt eine Netzwerkfreigabe und die Berechtigung für Netzwerkbenutzer, die Dateien zu verändern.

6 Klicken Sie auf die Schaltfläche *OK*, um die Freigabe durchzuführen. Als Zeichen, dass der von Ihnen freigegebene Ordner auch tatsächlich für Netzwerkbenutzer zugänglich ist, setzt Windows XP ein offene Hand unter den freigegebenen Ordner.

Auf einen freigegebenen Ordner zugreifen – Laufwerk verbinden

Um auf einen freigegeben Ordner als Netzwerkbenutzer zuzugreifen, müssen Sie den Ordner als Laufwerk verbinden. Um ein Laufwerk zu verbinden, gehen Sie wie folgt vor:

1 Öffnen Sie den Windows-Explorer. Klicken Sie in der Menüleiste auf den Menüpunkt *Extras* und anschließend auf *Netzlaufwerk verbinden*. Es erscheint das Dialogfeld *Netzlaufwerk verbinden*.

2 Wählen Sie im Listenfeld einen freien Laufwerkbuchstaben aus. In unserem Beispiel habe ich mich für den Laufwerkbuchstaben M: (Musik) entschieden.

3 Wählen Sie den freigegebenen Ordner aus, auf den Sie zugreifen möchten. Wenn Sie den Pfad nicht kennen, klicken Sie auf die Schaltfläche *Durchsuchen*. Der Assistent wird Ihnen beim Suchen des freigegebenen Ordners helfen.

4 Haben Sie den freigegebenen Ordner gefunden, markieren Sie ihn und klicken auf *OK* und anschließend auf *Fertig stellen*. Windows hat nun ein weiteres Laufwerk hinzugefügt.

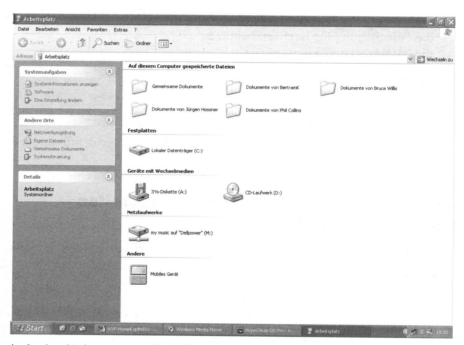

Laufwerk verbinden – unter der Rubrik Netzlaufwerke befinden sich die freigegebenen Ordner anderer PCs im Netzwerk, mit denen Sie sich verbunden haben.

13.4 Windows XP und Personal Digital Assistants

Die kleinen Helfer haben sich seit über einem Jahr nicht nur im geschäftlichen, sondern auch im privaten Einsatz mehr als bewährt und erfreuen sich einer hohen Akzeptanz bei den Anwendern. Dabei spielen die leistungsfähigen Pocket PCs ihre Stärken nicht nur bei der mobilen Datennutzung aus. Neuste Entwicklungen bei der Hardware machen aus einem **P**ersonal **D**igital **A**ssistant (PDA) ein

Multifunktionsgerät, das Rechner, Internet, Telefon, Mail, Fax und Anwendungen in einem einzigen Gerät kombiniert.

Pocket PCs weisen damit eine ähnliche Funktionsvielfalt auf wie Arbeitsplatzrechner und werden so zu einer ernst zu nehmenden Alternative für mobiles Computing. Auch die mobilen Telefone sind mehr als nur „einfache" Telefoneinheiten ohne Kabel. Musik hören, Spielen, Terminplanung, die neusten Nachrichten abfragen, all das ist schon lange keine „Science-Fiction" mehr, sondern Alltag. Dass sich das noch steigern wird, garantieren die neuen Technologien, die heute auf den Markt kommen: Set-Top-Boxen wie Kabelmodems, die uns die Daten über die Steckdose transportieren oder UMTS-Handys werden den Internetzugang integrieren oder tun dies bereits.

Wie so etwas aussehen kann, kann man heute schon in Japan betrachten: Dort gibt es einen UMTS-ähnlichen Service, über den täglich 3 Millionen Japaner Nachrichten abrufen, Bankgeschäfte erledigen oder sich ihr tägliches Horoskop schicken lassen. Windows XP hat sich auf diese Entwicklung eingestellt und unterstützt den Datentransfer vom Computer zu den kleinen Büros in der Jackentasche. Es ist jetzt kein Problem mehr, über die serielle Schnittstelle oder über IrDA die Daten zum Beispiel von Outlook abzugleichen bzw. zu synchronisieren.

UMTS – der Ausbau der digitalen „Landstraße" für Poweruser

Die Abkürzung steht für **U**niversal **M**obile **T**elecommunications **S**ystems – mit UMTS soll das mobile Internet vom holprigen Feldweg nach der Landstraße GPRS nun auch zur digitalen Autobahn ausgebaut werden. Über UMTS sollen sich beliebige Inhalte (Multimedia-Anwendungen, der Download aus dem Internet und Videokonferenzen) mit der hohen Übertragungsrate von 2 MBit/s übertragen lassen. Diese steht aber nicht in allen Versorgungsebenen bereit: In der so genannten Makroebene sind es mindestens 144 KBit/s bei einer maximalen Reisegeschwindigkeit von 500 km/h. In der Mikroebene werden immerhin 384 KBit/s bei einer Geschwindigkeit von maximal 120 km/h garantiert. In der so genannten Pikozone sind es die bereits erwähnten 2 MBit/s bei maximal 10 km/h – das entspricht dem so genannten quasistationären Betrieb. UMTS ist damit bis zu 30-mal schneller als ISDN (64 KBit pro Sekunde) und bis zu 200-mal schneller als heutige GSM-Handys (9,6 KBit pro Sekunde).

Pocket PCs und CE-Handys – für Geschäft und Freizeit

Der Pocket PC, schon gar nicht mehr das Handy, ist nicht auf die geschäftliche Nutzung beschränkt – auch in der Freizeit lassen sich seine vielfältigen Funktionen nutzen. So gibt es bereits über 6.000 verfügbare Anwendungen. U-Bahn-Pläne europäischer Metropolen sowie aufregende neue Spiele werden im Internet zur Verfügung gestellt. Weiter unten möchte ich mit Ihnen einen Stadtplan von München über das Notebook auf einen PDA laden.

Das Büro für die Westentasche – die neue Generation von Pocket PCs.

Datenaustausch zwischen Notebook, PDA und Handy

Personal Computer, Notebook, Pocket PC und Handy – alles gängige Produkte, die heutzutage in jedem dritten Haushalt zu finden sind. Für zu Hause benutzt man den Personal Computer, für unterwegs das Notebook und/oder den Pocket PC und das Handy rundet Ihr „Rundum-Sorglospaket" ab. Es zeichnet sich ganz klar der Trend ab, zu jeder Zeit und an jedem Ort an die gewünschten Daten zu gelangen. Bei dieser Vielzahl von Hardware besteht sehr schnell die Gefahr der Datenredundanz (gleiche Dateien werden mehrfach gespeichert) und daraus folgt die Dateninkonsistenz (gleiche Daten haben unterschiedlichen Inhalt).

Stellen Sie sich einmal vor, Sie haben eine Adresse eines guten Freundes auf dem Notebook und auf dem Pocket PC und beide Adressen unterscheiden sich in der Telefonnummer. Welche ist jetzt die richtige? Bei einer anderen Adresse sind die Straßennamen unterschiedlich und bei einer weiteren unterscheiden sich die Wohnorte. Es braucht nicht viel, um sich das Chaos in einem halben Jahr vorzustellen.

Aus diesem Grund stellt Windows XP Werkzeuge zur Synchronisierung Ihrer Daten bereit. Microsoft hat eigens für die Pocket PCs ein Betriebssystem entwickelt, das sich Windows Powered nennt. Damit Windows XP mit dem Windows Powered kommunizieren kann, stellt Microsoft hierfür kostenlos das Synchronisationsprogramm ActiveSync zur Verfügung.

Windows Powered – Windows CE

Einige unter Ihnen werden sich über die den Namensvielfalt von Windows für Pocket PCs wundern. Die einen sprechen von Windows Powered, die anderen von Windows CE. Windows Powered ist die neue Namensvergabe von Microsoft und soll die neue Generation der Pocket PCs einläuten. Windows CE war der frühere Name des Betriebssystems.

Microsoft ActiveSync – Desktopsoftware für Windows Powered

Möchten Sie ActiveSync für Ihre Datensynchronisierung verwenden, müssen Sie vorab das Programm installieren. Befindet sich Windows Powered auf Ihrem Pocket PC, wird in der Regel eine Installations-CD von ActiveSync mitgeliefert. Haben Sie keine Installations-CD oder Sie ist Ihnen verloren gegangen, können Sie das Programm kostenlos aus dem Internet herunterladen.

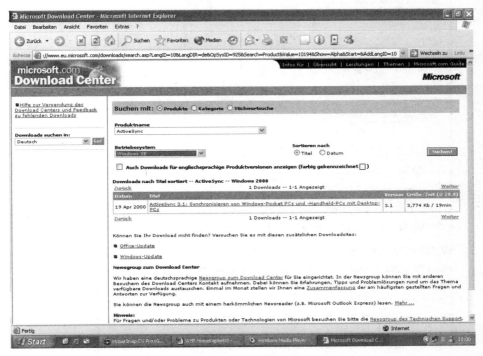

Das Download-Center von Microsoft – kostenloser Download von ActiveSync auf der Microsoft-Homepage http://www.mircosoft.de.

1 Haben Sie das Programm auf einer Installations-CD, legen Sie die CD ins CD-ROM-Laufwerk Ihres Notebooks. Haben Sie das Programm aus dem Internet heruntergeladen, dann starten Sie das Programm von der Festplatte aus, indem Sie auf das Programm doppelklicken. Der Installations-Assistent wird vorbereitet. Nach dem Setup-Startbildschirm und der Wahl des gewünschten Speicherorts kopiert der Installations-Assistent die Programmdaten auf Ihre Festplatte und möchte anschließend eine Verbindung zwischen Ihrem Notebook und Ihrem Pocket PC herstellen.

2 Je nach Installationstyp, Infrarot (IrDA) oder serielles Kabel, bereiten Sie nun Ihren Pocket PC für die Verbindung vor. Bei einem seriellem Kabel stecken Sie die Schnittstelle des seriellen Kabels in die entsprechende Buchse Ihres

Notebooks. Bei IrDA müssen Sie die Infrarotschnittstelle auf Ihrem Pocket PC aktivieren.

3 Haben Sie die Vorbereitungen getroffen, klicken Sie auf *Weiter*, um eine erfolgreiche Verbindung herzustellen. Hat ActiveSync Ihr mobiles Gerät gefunden, möchte es mit ihm eine Partnerschaft eingehen. Findet ActiveSync jedoch kein mobiles Gerät, gehen Sie auf die Seite 174.

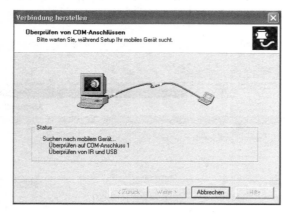

4 Bevor Sie Daten austauschen können, müssen Sie eine Partnerschaft zwischen beiden Geräten herstellen. Markieren Sie *Ja*, um eine Partnerschaft einzurichten. Klicken Sie auf *Weiter*, um den Vorgang fortzusetzen.

5 Wählen Sie nun die Anzahl der Partnerschaften aus. Wenn Sie ausschließlich mit ein und demselben Notebook die Informationen austauschen, dann markieren Sie *Ja, nur mit diesem Computer synchronisieren*. Haben Sie mehrere Computer, mit denen Sie Daten austauschen, dann markieren Sie *Nein, mit zwei Computern synchronisieren*. Klicken Sie auf *Weiter*.

6 Wählen Sie in den Listenfeldern *Kalender, Kontakte und Aufgaben* die von Ihnen gewünschten Programme aus, die synchronisiert werden sollen. Klicken Sie auf *Weiter*, um die Synchronisationseinstellungen auszuwählen.

7 Aktivieren Sie die von Ihnen gewünschten Informationstypen, deren Daten Sie synchronisieren möchten, indem Sie die entsprechenden Kontrollkästchen markieren. Um Daten wie Musik, Stadtpläne oder Word-Dokumente auszutauschen, benötigen Sie den Informationstyp *Dateien*.

8 Klicken Sie bei jedem Informationstyp auf *Einstellungen*, um weitere Anpassungen durchzuführen. Die folgende Abbildung zeigt die weiteren Einstellungen für den Informationstyp *Kalender*.

9 Haben Sie alle detaillierten Einstellungen der jeweiligen Informationstypen eingestellt, klicken Sie auf *Weiter* und anschließend auf *Fertig stellen*, um den Abgleich der Daten zwischen beiden Geräten zu starten.

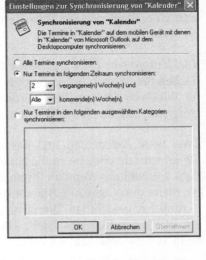

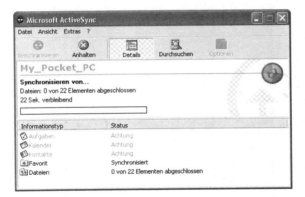

Partnerschaft

Eine Partnerschaft ist nichts weiter als eine Datei, die dem Gerät das Synchronisieren mit einem Desktopcomputer ermöglicht. Diese Datei enthält die Einstellungen für die Synchronisierung, die Sie auf dem mobilen Gerät und dem Notebook auswählen. Diese Datei wird auf dem Notebook gespeichert. Eine weitere Datei, die dem Desktocomputer das Erkennen des Geräts ermöglicht, wird auf dem mobilen Gerät gespeichert.

Ein Feature vom Service Pack 2 – einfaches Synchronisieren mit Bluetooth

Ganz ohne Kabelsalat funktionieren Bluetooth-Geräte, die zwar noch eher selten anzutreffen sind, sich aber zunehmend durchsetzen. Statt eines Kabels werden die Daten von und zum Gerät per Funk übertragen. Ihr Computer braucht dafür also eine Bluetooth-Funkerweiterung, die es bereits als kostengünstigen USB-Stick zum Nachrüsten gibt.

Vor dem Service Pack 2 mussten die Gerätetreiber und zugehörigen Bedienober-flächen für Bluetooth-Adatpter als Software von Drittherstellern geliefert und un-ter Windows XP installiert werden. Mit Windows XP Service Pack 2 wird diese Unterstützung direkt als Bestandteil des Betriebssystems realisiert.

Zwei neue Assistenten und das neue Fenster Bluetooth-Geräte als Bluetooth-Steuerzentrale erleichtern die Nutzung von Bluetooth unter Windows XP Service Pack 2 erheblich. Wenn an Ihrem Rechner kein Bluetooth-Adapter angeschlossen ist, bleibt die eingebaute Bluetooth-Unterstützung von Windows XP Service Pack 2 zunächst unsichtbar. Die zuständigen Bedienelemente erscheinen erst, wenn ein WHQL-zertifiziertes (siehe Hinweis am Ende des Kapitels) Bluetooth-Gerät beim System angemeldet wurde.

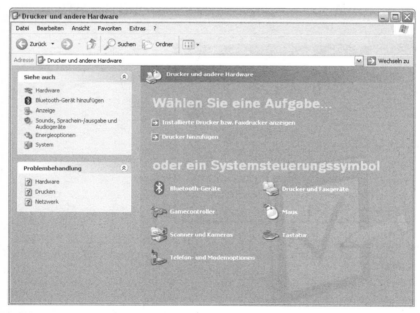

Der neue Eintrag – Bluetooth-Geräte.

Sobald die Bluetooth-Unterstützung aktiviert wurde, erscheint unter den Netz-werkverbindungen (über die Systemsteuerung oder direkt im Startmenü zu errei-chen) der neue Eintrag *Bluetooth-Netzwerkverbindung*. Es ist für Netzwerkver-bindungen über das Bluetooth-Profil PAN (**P**ersonal **A**rea **N**etworking) zuständig. Außerdem erscheint unter *Systemsteuerung/Drucker und andere Hardware* das neue Element *Bluetooth-Geräte*. Und im Infobereich der Taskleiste erscheint ein Bluetooth-Symbol, das Ihnen direkten Zugriff auf die wichtigsten Bluetooth-Funktionen bietet.

Assistent zum Hinzufügen von Bluetooth-Geräten

Im Gegensatz zu konventionellen Kabelverbindungen können Bluetooth-Verbindungen weitgehend unbemerkt erfolgen: der Funkstandard erlaubt die Datenübertragung durch Kleidungsstücke, Taschen oder Wände. Anders als bei Infrarot-Verbindungen muss nicht einmal eine Sichtverbindung zwischen den beteiligten Geräten bestehen.

Sichere Verbindung zwischen zwei Bluetooth-Geräten

Damit nicht Fremde unbemerkt eine Verbindung etwa zu Ihrem Bluetooth-Handy herstellen können und darüber dann z. B. kostenpflichtige Verbindungen herstellen, müssen Bluetooth-Geräte vor dem ersten Datenaustausch ausdrücklich miteinander bekannt gemacht werden. Diese explizite Verbindung nennt man Pairing oder Gerätekopplung. So nutzen Sie den Assistenten zum Hinzufügen von Bluetooth-Geräten:

1 Zuerst müssen Sie das andere Bluetooth-Gerät (in unserem Fall ist es ein Handy) auf das Einrichten der Gerätekopplung vorbereiten. Schalten Sie hierzu das Gerät ein und sorgen Sie in seinen Bluetooth-Einstellungen dafür, dass das Gerät suchbar bzw. „sichtbar" ist.

2 Klicken Sie auf *Start* und öffnen Sie die Systemsteuerung. Klicken Sie auf die Kategorie *Drucker und andere Hardware* und anschließend auf das Systemsteuerungssymbol *Bluetooth-Geräte*.

3 Klicken Sie ggf. auf die Registerkarte *Geräte* und anschließend auf die Schaltfläche *Hinzufügen*. Alternativ – mit dem Menübefehl *Bluetooth-Gerät hinzufügen*, den Sie aus dem Menü des Bluetooth-Symbols aus dem Infobereich der Taskleiste aufrufen können. Es startet der *Assistent zum Hinzufügen von Bluetooth-Geräten*.

4 Aktivieren Sie das Kontrollkästchen *Gerät ist eingerichtet und kann erkannt werden* und bestätigen Sie damit, dass Sie diese Aktionen beim anderen Bluetooth-Gerät durchgeführt haben. Klicken Sie dann auf *Weiter*.

5 Windows XP sucht nun die in Ihrer Umgebung sichtbaren und aktiven Bluetooth-Geräte. Für jedes gefundene Gerät erscheint ein Symbol mit dem Gerätenamen. Wählen Sie durch einen Mausklick das Gerät aus, zu dem Sie die Verbindung herstellen wollen, und klicken Sie anschließend auf *Weiter*.

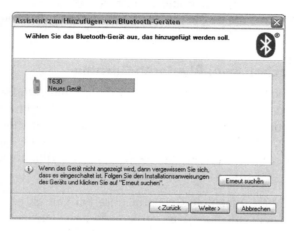

6 Den Hauptschlüssel oder Codeschlüssel zu gegenseitigen Identifikation der Bluetooth-Geräte können Sie nun entweder automatisch von Windows XP erzeugen lassen – *Hauptschlüssel automatisch auswählen* oder selbst festlegen – *Eigenen Hauptschlüssel auswählen*. Beachten Sie bei eigenen Schlüsseln, dass die Übertragung umso sicherer geschützt werden kann, je länger Sie den Hauptschlüssel wählen. Er wird empfohlen, dass der Hauptschlüssel zwischen 8 und 16 Ziffern lang ist. Einige Geräte besitzen einen fest ab Werk eingegebenen Schlüssel. Wenn dies zutrifft, entscheiden Sie sich für die Option *Hauptschlüssel aus der Dokumentation verwenden* und geben den entsprechenden Code ein.

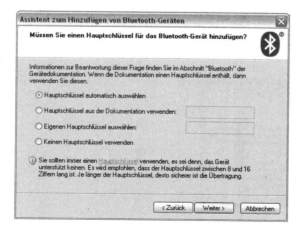

7 Der gewählte Hauptschlüssel wird nun vom Assistenten angezeigt. Gleichzeitig fordert Sie Ihr anderes Bluetooth-Gerät auf, den Schlüssel zur Bestätigung dort einzugeben. Achten Sie darauf, dass Sie den Schlüssel wirklich genauso eingeben, wie er auf dem Bildschirm Ihres Computers angezeigt wird.

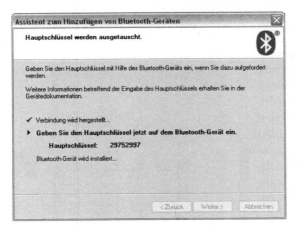

8 Windows XP fügt das neu gekoppelte Gerät der Liste bekannter Bluetooth-Geräte hinzu und richtet bei Bedarf die notwendigen Treiber und Einstellungen im System ein. Der Assistent informiert Sie anschließend darüber, auf welche Weise Sie mit dem neuen Gerät Kontakt aufnehmen können.

9 Bestätigen Sie diese Angaben mit *Fertig stellen.*

Eine Gerätekopplung aufheben

Wenn Sie später eine eingerichtete Gerätekopplung wieder aufheben wollen, öffnen Sie die Registerkarte *Geräte* im Fenster *Bluetooth-Geräte* oder wählen Sie die Option *Bluetooth-Netzwerkgeräte anzeigen* aus dem Menü des Bluetooth-Symbols im Infobereich der Taskleiste. Klicken Sie dann auf das Symbol für das gekoppelte Gerät und wählen Sie anschließend *Entfernen.*

Windows Hardware Quality Labs – WHQL

Die neue Bluetooth-Unterstützung funktioniert nur mit Bluetooth-Hardware, die von den Windows Hardware Quality Labs (WHQL) zertifiziert wurde. Dazu zählen auch viele Bluetooth-Adapter, die sich bereits seit längerem auf dem Markt befinden. Die Chancen stehen also gut, dass Sie nach dem Update auf Service Pack 2 die neue Bluetooth-Funktionalität von Windows XP mit Ihrer bisherigen Hardware sofort nutzen können. In einzelnen Fällen werden Anbieter von Bluetooth-Hardware ihre zugehörige Treibersoftware auf Windows XP Service Pack 2 anpassen müssen. Danach stehen Ihnen die neuen Funktionen auch mit solchen Produkten zur Verfügung.

Daten übertragen mit Bluetooth-Geräten

Mit Bluetooth-Geräten können Sie schnell und kabellos bis zu 100 Metern Abstand Daten übertragen. Der Dateiübertragungs-Assistent für Bluetooth von Windows XP 2 hilft Ihnen dabei, eine Datei via Kurzstreckenfunk auf einen anderen

Computer oder ein anderes Bluetooth-Gerät zu übertragen. So starten und nutzen Sie den Datenübertragungs-Assistenten für Bluetooth.

1 Klicken Sie nacheinander auf *Start/Alle Programme/Zubehör/ Kommunikation/Dateiübertragungs-Assistent für Bluetooth* oder wählen Sie aus dem Menü des Bluetooth-Symbols im Infobereich der Taskleiste den Befehl *Datei senden*. Wollen Sie eine Datei empfangen, die von einem anderen Bluetooth-Gerät aus gesendet wird, wählen Sie den Menübefehl *Datei empfangen*.

2 Falls das Empfangsgerät ein anderer Computer mit Windows XP Service Pack 2 ist, starten Sie den *Dateiübertragungs-Assistenten für Bluetooth* auch dort. Handelt es sich um ein anderes Bluetooth-Gerät, müssen Sie es gegebenenfalls über seine Menü- oder Tastenfunktionen empfangsbereit machen. Bestätigen Sie Startmeldungen des Assistenten mit *Weiter*.

3 Wenn zum Empfänger-Gerät bereits eine Gerätekopplung eingerichtet wurde, können Sie den Empfänger aus der Liste *Senden an* auswählen. Andernfalls klicken Sie auf die Schaltfläche *Durchsuchen*, um das Empfänger-Gerät per Bluetooth in Ihrer Umgebung zu suchen. Viele Bluetooth-Geräte verlangen für den Datei-Transfer eine verschlüsselte Verbindung. Aktivieren Sie in diesem Fall das Kontrollkästchen *Hauptschlüssel verwenden* und geben Sie den Schlüssel ein. Alternativ können Sie auch versuchen, die Übertragung unverschlüsselt durchzuführen. Denken Sie aber dabei an die Sicherheit. Bestätigen Sie mit *Weiter*.

4 Im nächsten Schritt können Sie die zu übertragende Datei auswählen. Klicken Sie auf die Schaltfläche *Durchsuchen*, um die gewünschte Datei auf Ihrem Computer ausfindig zu machen und ihren Dateinamen auszuwählen. Bestätigen Sie Ihre Auswahl mit *Weiter*.

5 Gegebenenfalls müssen Sie die ankommende Übertragung nun auf dem Empfänger-Gerät betätigen. Einige Geräte starten den Empfang aber auch automatisch. Die Datei wird über das Bluetooth-Profil OPP (Object Push Profile) zum Empfänger geschickt.

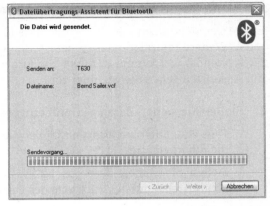

6 Nach der erfolgreichen Übertragung zeigt der Assistent noch einmal eine Zusammenfassung der gerade durchgeführten Übertragung an. Mit einem Klick auf die Schaltfläche *Fertig stellen* beenden Sie den Assistenten.

Mit Bluetooth eine Datei empfangen

Wenn Sie mithilfe des Dateiübertragungs-Assistenten für Bluetooth eine Datei empfangen, fragt Sie der Assistent nach dem Empfang, wo er die Datei speichern soll. Mit einem Klick auf die Schaltfläche *Durchsuchen* können Sie den Speicherort auf Ihrem Computer wählen. Als Standarteinstellung speichert Windows XP per Bluetooth empfangene Dateien im Ordner *Eigene Dateien*.

Troubleshooting – Die Verbindung funktioniert nicht

Wenn Sie das mobile Gerät zum ersten Mal mit dem Desktopcomputer verbinden, müssen Sie ein Kabel oder eine Infrarotverbindung zum Einrichten einer Partnerschaft zwischen dem Desktopcomputer und dem mobilen Gerät verwenden. Funktioniert die Verbindung nicht, dann können Sie auch keinen Informationsaustausch zwischen beiden Geräten durchführen.

Ich kann keine Verbindung mit einem Kabel herstellen

Einige Geräte besitzen mehrere Anschlüsse für verschiedene Arten von Zusatzgeräten. Weitere Informationen zu dem Anschluss, der für das Kabel an Ihrem Gerät verwendet werden muss, finden Sie in der Dokumentation zum mobilen Gerät. Ansonsten gehen Sie wie folgt vor:

1. **Stellen Sie sicher, dass das Gerät eingeschaltet ist.**

   - Falls eine Ethernetkarte am mobilen Gerät angeschlossen ist, entfernen Sie die Ethernetkarte.

   - Stellen Sie sicher, dass das Kabel richtig am COM-Anschluss (serielle Schnittstelle) auf der Rückseite des Desktopcomputers angeschlossen ist.

   - Schließen Sie das andere Ende des Kabels ordnungsgemäß am richtigen Anschluss des Geräts an.

2. **Vergewissern Sie sich, dass „Seriell" auf dem Pocket PC mit Windows Powered Version 1.x ausgewählt ist, und wiederholen Sie das Herstellen der Verbindung.**

   - Klicken/tippen Sie nacheinander auf *Start*, *Einstellungen* und *Systemsteuerung*.

   - Doppelklicken oder doppeltippen Sie auf das Symbol *Datenübertragung* und klicken/tippen Sie dann auf die Registerkarte *PC-Verbindung*.

   - Klicken/tippen Sie auf *Ändern*.

   - Wählen Sie *Seriell @ 19200* in der Liste *Desktop-Computer-Verbindung mit* aus. Um eine schnellere Verbindung zu erhalten, wählen Sie *Seriell @ 57600* aus.

   - Schließen Sie das Kabel an das mobile Gerät und den Desktopcomputer an.

3. **Zurücksetzen des mobilen Geräts und Verwenden des Verbindungs-Assisstenten.**

   - Trennen Sie die Verbindung zwischen dem mobilen Gerät und dem Desktopcomputer.

   - Setzen Sie das Gerät gemäß den Anleitungen in der Dokumentation des Herstellers zurück.

   - Verbinden Sie das Gerät erneut mit dem Desktopcomputer und wiederholen Sie den Synchronisierungsversuch.

   - Falls der Verbindungs-Assistent nicht automatisch gestartet wird, klicken Sie im Menü von ActiveSync auf den Befehl *Datei* und anschließend auf *Verbindung herstellen*.

   - Befolgen Sie die Anweisungen auf dem Bildschirm.

4. Erneutes Installieren von ActiveSync.

– Entfernen Sie ActiveSync von Ihrem Desktopcomputer.

– Legen Sie die Microsoft ActiveSync-Installations-CD in das CD-ROM-Laufwerk ein oder starten Sie es von der Festplatte über den Befehl *Ausführen* im Startmenü, wenn Sie das Programm aus dem Internet heruntergeladen haben.

– Befolgen Sie die Anweisungen auf dem Bildschirm zur Installation von ActivSync. Auf Seite 605 in diesem Kapitel bekommen Sie weitere Informationen. Sobald das Programm installiert wurde, werden Sie aufgefordert, eine neue Verbindung zwischen Ihrem mobilen Gerät und dem Desktopcomputer herzustellen.

Ich kann keine Verbindung über einen Infrarotanschluss herstellen

Vergewissern Sie sich, dass der Infrarotanschluss auf dem Pocket PC ausgewählt ist, und wiederholen Sie das Herstellen der Verbindung.

- Tippen Sie nacheinander auf *Start, Einstellungen und Verbindungen.*
- Tippen Sie auf das Symbol *PC-Verbindungen.*
- Tippen Sie auf *Verbindungen* und wählen Sie *Infrarotanschluss* aus.
- Richten Sie die Infrarotanschlüsse an den beiden Computern entsprechend den Anleitungen im Benutzerhandbuch so aus, dass sie sich ohne Hindernisse innerhalb einer kurzen Reichweite befinden.

Palm & Co. an Windows XP – andere Welten, gleiches Prinzip

Ein Palm ist im Prinzip nichts anderes als ein Pocket PC – der einzige Unterschied liegt darin, dass ein Palm-Taschencomputer sein eigenes Betriebssystem hat. Der Palm-Organizer wird mit den Programmen Adressverwaltung, Terminkalender, Aufgabenliste, Kostenverwaltung (mit der Möglichkeit der Verarbeitung unter MS-Excel) und Mailprogramm (zum Synchronisieren mit dem PC-Mailprogramm) ausgeliefert. Für die Synchronisation mit dem PC verwendet der Palm kein ActiveSync, sondern HotSync. Sie sehen also, die Ähnlichkeiten beider Systeme sind ziemlich eindeutig.

HotSync – Synchronisation mit dem PC

Trotz der unterschiedlichen Betriebssysteme ist es möglich, die Mails zum Beispiel mit Outlook Express 4 zu synchronisieren. Auch Palm-spezifische Programme wie Date Book (Terminkalender), Adress Book (Adressverwaltung), To Do List (Aufgabenliste) und Memo Pad (Merkzettel) können mit Outlook ausgetauscht werden. Damit das überhaupt funktioniert, müssen Sie den Palm mit Ihrem PC verbinden. Dazu gehen Sie wie folgt vor:

1   Stöpseln Sie die Dockingstation (Cradle) in einen freien COM-Port Ihres Computers und installieren Sie anschließend die Palm-Desktop-Software auf Ihrem PC. Folgen Sie zur Installation einfach den Anweisungen auf Ihrem Bildschirm. Bei dieser Installation werden die Programme Mail-Setup und der Hotsync-Manager mit installiert.

2   Starten Sie den Hotsync-Manager. Es erscheint in der Taskleiste das dazugehörige Symbol. Klicken Sie auf das Symbol. Es öffnet sich ein Menüfenster.

3   Richten Sie entsprechend mit dem Menübefehl *Einrichten* den Hotsync-Manager ein.

Hotsync-Manager – der Verbindungs-Assistent

Der Hotsync-Manager ist die Verbindung zwischen der Dockingstation (Cradle) und dem Palm-Desktop.

Palm-Anwendungen mit Outlook abgleichen

Ab dem Palm III wird das Programm Pocket Mirror beigelegt. Über dieses Programm können Daten der Standardanwendungen des Palm mit Microsoft Outlook, ab der Version 97, synchronisiert werden.

1   Installieren Sie das Programm Pocket Mirror auf Ihrem PC, indem Sie das Setup auf der Installations-CD starten.

2   Geben Sie das Installationsverzeichnis und die Programmgruppe an. Klicken Sie auf *Weiter*. Wählen Sie jetzt aus, welche Programme (Conduits) Sie mit Outlook synchronisieren wollen.

3   Stellen Sie die Installation fertig. Ihre Mails und Ihre ausgewählten Programme (Conduits) werden jetzt mit Outlook synchronisiert.

Achtung bei den Terminen

Termine, die in Outlook mehrere Tage dauern, können von Palm nicht verarbeitet werden. Diese Termine müssen für jeden Tag extra eingetragen werden.

Weitere Infos zum Mobile Computing im Internet

Im Folgenden haben wir für Sie ein paar interessante Internetadressen und Usergroups zum Thema Mobile Computing zusammengetragen:

Internetadresse (URL)	Inhalt
http://www.pocketpc.com	Offizielle Mobile Devices-Internetseite von Microsoft – Englisch.
http://www.microsoft.com/germany/ms/mobile/pocket/default.htm	Offizielle Internetseite für mobile Endgeräte von Microsoft – auf Deutsch.
http://www.pocket-pc-magazin.de	Onlinemagazin für alle Computer mit Windows CE.
http://www.msn.de/mobile/pocketpc	MSN Mobile Portal – Internetoberfläche, speziell für die Bildschirmgröße eines PDAs zugeschnitten.
http://www.WINCEinfo.com	Ein Portal rund um das Thema Windows CE. Es bietet Produktinformationen sowie weitere Tipps und Tricks für den mobilen CE-Begleiter.
http://www.palmshop.de/wince	Deutsches Windows CE-Forum. Dies ist keine offizielle Seite von Microsoft und soll als Kommunikationsplattform für alle Benutzer mit dem Betriebssystem Windows CE von Microsoft dienen.
http://www.pdaforum.de	Starthilfen, Fragen und Antworten, Tipps und vieles mehr ...

User Groups (Benutzergruppen) in Deutschland

Name	Kontakt
Pocket PC/Windows CD Users Ruhr	ruhr@pocketpc-users.de
CE-Users Rhein-Main	rheinmain@pocketpc-users.de
Club Pocket PC Franken/Nordbayern	franken@pocketpc-users.de
User Group Bremen/Bremerhaven	Bremen@pocketpc-users.de
User Group Berlin/Brandenburg	berlin@pocketpc-users.de

14. XP einfach schneller – So wird der PC wieder flott!

Windows XP benötigt mit der Fülle der neuen Features und Arbeitserleichterungen leider auch wieder etwas mehr Systemressourcen. Keine Angst – auch einen älteren Rechner bekommen Sie mit etwas Handarbeit wieder flott. Wählen Sie einfach aus, mit welchen Features Sie arbeiten möchten und auf welche Gimmicks Sie getrost verzichten können. Dabei muss es aber noch lange nicht bleiben: Sie bekommen auch eine Reihe Tipps für das „Tuning unter der Haube".

Legen Sie Hand an – für einen flotten PC und flüssigeres Arbeiten

Wir zeigen Ihnen in diesem Kapitel, an welchen Leistungsschrauben Sie drehen können und wie Sie für mehr Effizienz beim Arbeiten mit Windows XP sorgen. Getreu dem Motto: Mit getuntem Windows schneller fensterln ...

- **Beschleunigen des Bootvorgangs:** Zu Beginn zeigen wir Ihnen, wie Sie für einen schnelleren Systemstart sorgen. Denn mit einigen Tricks können Sie Windows XP zu einem schnelleren Bootvorgang überreden.

- **Abschalten nicht benötigter Funktionen:** In den Standardeinstellungen von Windows XP ist eine Vielzahl von Funktionen aktiviert, die Ihrem PC z. T. gehörige Leistungsreserven abverlangen, obwohl Sie vielleicht nur selten oder auch überhaupt nicht auf diese Merkmale zurückgreifen. Wir zeigen Ihnen, was Sie abschalten können, wenn Sie mit Windows XP schneller arbeiten wollen.

- **Windows XP und die Systemprogramme:** Durch Defragmentierung, Datenträgerbereinigung und weitere Tools können Sie Ihre Festplatte aufräumen, wertvollen Plattenplatz freischaufeln und letztendlich Ihr System beschleunigen.

- **Der Systemmonitor:** Wenn der Computer trotz optimierter Einstellungen nur spärlich reagiert, sollten Sie einmal nachsehen, wo es wirklich klemmt. Windows XP hält Tools bereit, mithilfe derer Sie Leistungseinbußen messen, schneller finden und gegebenenfalls ausmerzen können. Wie das funktioniert, zeigen wir Ihnen!

- **Tweak UI:** Wenn Sie ein Tool zur Systemoptimierung einsetzen wollen, dann sei Ihnen zum Einstieg zu Tweak UI geraten. Mit der grafischen Oberfläche können Sie komfortabel Einstellungen vornehmen – davon haben Sie einige in den vorangehenden Abschnitten bereits mit der jeweiligen Funktionsweise kennen gelernt.

14.1 So beschleunigen Sie den Bootvorgang

Auch Windows XP braucht seine Zeit für den Systemstart (Bootvorgang). Aus diesem Grunde sollten alle Möglichkeiten genutzt werden, den Systemstart etwas zu beschleunigen. In diesem Abschnitt zeigen wir Ihnen, wie Sie Windows XP zu einem schnelleren Systemstart bewegen können. Ein schnelleres Herunterfahren ist natürlich auch möglich, wie, zeigen wir Ihnen im Anschluss!

Zunächst: Von welchem Laufwerk soll gebootet werden?

Die erste Möglichkeit, den Bootvorgang zu beschleunigen, ist, die Bootreihenfolge im BIOS (**B**asic **I**nput **O**utput **S**ystem) anzupassen. Denn Sie können sowohl von einer Diskette, von der Festplatte als auch von einer CD-ROM booten.

Verschiedene BIOS-Versionen!

Das BIOS ist kein gewöhnliches Programm, das Sie installieren müssen, sondern wird auf einem Chip bereitgestellt, der für den Computerstart benötigt wird. Aufgrund der vielen Herstellerversionen sollten Sie vorsichtshalber erst einmal im Handbuch Ihres Computers nachsehen, wie die jeweilige BIOS-Version bedient wird. Wenn Ihnen das Handbuch nicht vorliegen sollte, können Sie sich auf der Internetseite des Herstellers erkundigen. Die BIOS-Version Ihres Computers finden Sie, wenn Sie auf *Start/Alle Programme/Zubehör/Systemprogramme* klicken und die Systeminformationen aufrufen. Dort wird die verwendete BIOS-Version angezeigt.

In der Regel wird zunächst einmal von einer Diskette gebootet. Ist keine Diskette eingelegt, wird das Betriebssystem auf der Festplatte gesucht. Schlägt auch dieser Bootversuch fehl, kann letztendlich auch von einer bootfähigen CD-ROM gestartet werden. Das BIOS sucht also – je nach Einstellung dieser Bootreihenfolge – das Betriebssystem auf dem jeweiligen Laufwerk. Kann von keinem der drei Medien gestartet werden, ist für das BIOS kein Betriebssystem installiert oder es liegt ein Fehler vor.

Nun haben Sie Windows XP aber auf der Festplatte installiert, weshalb Sie sich die Suche nach der bootfähigen Diskette sparen können. Schließlich nimmt der evtl. unbemerkte Versuch, eine Diskette zu finden, einige Sekunden in Anspruch, die Sie beim Starten von Windows XP warten müssen.

Die folgenden Schritte sind notwendig, um die Bootreihenfolge zu überprüfen und gegebenenfalls zu ändern. Doch Vorsicht: Nicht jedes BIOS ist gleich! Die Tastenkombination zum Ändern der Konfigurationseinstellung wie auch die Bedienung innerhalb der Einstellung kann leicht abweichen. In unserem Beispiel verwenden wir ein BIOS des Herstellers Award, da Award-BIOS-Versionen sehr geläufig sind:

Die Bootreihenfolge optimal einstellen

1 Die BIOS-Einstellungen können nur beim Computerstart verändert werden. Wenn Windows also gerade läuft, fahren Sie den Computer herunter und schalten ihn für einen kurzen Augenblick aus.

2 Starten Sie Ihren Computer und drücken Sie die entsprechende Taste (oder Tastenkombination), um in das BIOS-Setup zu gelangen. In den meisten Fällen wird die BIOS-Version wie auch die jeweilige Tastenkombination am Bild-

schirm angezeigt. Bei einem Award-BIOS drücken Sie einfach die [Entf]- bzw. [Del]-Taste. Andere BIOS-Versionen nutzen [Strg], [Alt] und [S] oder einfach nur [F1].

3 Suchen Sie nun die Einstellung für die Bootreihenfolge. Die entsprechende Option ist auch hier wieder je nach BIOS-Version unterschiedlich. Bei einem Award-BIOS wechseln Sie zu *Advanced BIOS Features*.

4 Dort können Sie nun die Bootreihenfolge (Boot Sequence) ändern. Wählen Sie aus, dass als Erstes von der Festplatte (Harddisk/HDD-1 bzw. Laufwerk C:, D: etc.), anschließend vom Diskettenlaufwerk (A:, B:) und zu guter Letzt von CD-ROM gebootet werden soll. (Je nach BIOS und Versionsnummer kann der Wortlaut in Ihrem BIOS vom hier abgebildeten abweichen.)

5 Verlassen Sie die BIOS-Einstellung und speichern Sie die Änderung ab. Zu 99 % müssen Sie für [Y] ein [Z] drücken, wenn Sie *Yes* für Speichern wählen. Der Grund: Der deutsche Tastaturtreiber wird erst unter Windows geladen, weshalb an dieser Stelle noch das englische Tastaturlayout gilt, bei denen [Y] und [Z] vertauscht sind.

Der Computer wird daraufhin neu gestartet und bootet nun direkt von der Festplatte. Die Suche nach bootfähigen Disketten wird künftig vermieden, was den Computerstart um einige wertvolle Sekunden beschleunigt.

Brauchen Sie ein Bootmenü? – Abschalten oder Anzeigezeit verkürzen

Wenn Sie Windows XP parallel zu einem anderen Betriebssystem installiert haben, erhalten Sie bei Systemstart ein Menü, in dem Sie die gewünschte Windows-Version auswählen können.

Wenn Sie sich jetzt endgültig für Windows XP entschieden haben, dann brauchen Sie auch das Bootmenü nicht mehr. Aber selbst dann, wenn Sie nur gelegentlich mit DOS, Linux, Windows 98 o. Ä. arbeiten, sollten Sie eine kleine Änderung vornehmen. Denn: Das Bootmenü wird ohne Ihre zusätzliche Eingabe für ganze 30 Sekunden angezeigt, was den Systemstart nur unnötig aufhält.

1   Wechseln Sie in die Systemsteuerung und klicken Sie auf *Leistung und Wartung*, falls Sie noch mit der Standardansicht von Windows XP arbeiten. Öffnen Sie anschließend die Einstellungen von *System*.

2   Aktivieren Sie die Registerkarte *Erweitert* und klicken Sie in der Gruppe *Starten und Wiederherstellen* auf *Einstellungen*.

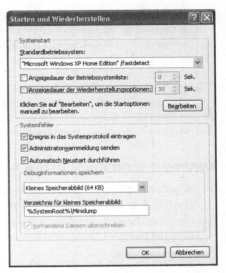

3   Wollen Sie das Bootmenü komplett abschalten, dann deaktivieren Sie es, indem Sie die Option *Liste der Betriebssysteme für 30 Sekunden anzeigen* deaktivieren. Möchten Sie die Zeit, in der das Bootmenü angezeigt wird, lediglich verkürzen, dann geben Sie hier die gewünschten Sekunden an, z. B. 3 Sekunden.

4   Übernehmen Sie Einstellung mit *OK*, Windows XP wird – wenn Sie das Bootmenü deaktiviert haben – um ganze 30 Sekunden schneller starten!

Schnellere Anmeldung bei Windows XP

Vorausgesetzt, Sie nutzen Ihren Computer allein und müssen das System nicht mit anderen Benutzern teilen, können Sie mithilfe optimaler Anmeldeeinstellungen den Bootvorgang weiter beschleunigen. Sie können – mit einer kleinen Änderung an der Registrierung – Windows XP zu einer automatischen Anmeldung bewegen. Übrigens: Diese Änderung können Sie auch über das grafische Tool Tweak UI vornehmen, das ab Seite 642 beschrieben wird.

Die automatische Windows-Anmeldung für Einzelbenutzer

Sie nutzen also Ihren Computer allein und haben keine Benutzerkonten eingerichtet – außer Ihrem eigenen natürlich. Nun möchten Sie weder die klassische Anmeldung noch den Willkommensbildschirm beim Systemstart erhalten, sondern einfach nur starten und loslegen. Mit einer kleinen Änderung an der Registrierung können Sie die automatische Anmeldung aktivieren. Wenn Sie diese Funktion einschalten, werden Sie künftig nicht mehr nach Benutzernamen und Kennwort gefragt und erhalten auch keinen Willkommensbildschirm mehr.

Für die automatische Anmeldung ist ein Kennwort erforderlich!

Wenn für die Windows-Anmeldung ein Kennwort erforderlich ist, sollten Sie das erst einmal in ein allgemeines Kennwort ändern, das Sie ansonsten nicht verwenden (nicht die PIN Ihres Handys, der EC-Karte, das Passwort des Telefonbankings o. Ä.!). Denn das Problem an der Auto-Login-Funktion ist, dass ein Kennwort zur automatischen Anmeldung hinterlegt werden muss. Ansonsten wird das automatische Login beim nächsten Systemstart automatisch deaktiviert. Da dieses Kennwort im Klartext gespeichert wird und dann von jedermann eingesehen werden kann, sollten Sie nicht Ihr Standardkennwort verwenden (welches Sie für die oben genannten Gelegenheiten nutzen und natürlich regelmäßig ändern!). Es handelt sich demnach nur um ein „Möchte-gern-Passwort", das für Windows zwar dringend gebraucht wird, aber ansonsten in Ihrem Alltag keine Sicherheitsfunktion erfüllt.

Kennwort für automatische Anmeldung manuell eintragen

1 Wechseln Sie in die Systemsteuerung und öffnen Sie das Objekt *Benutzerkonten*. Für den Fall, dass Sie noch kein Kennwort festgelegt haben, ändern Sie jetzt Ihr Benutzerkonto dahingehend, dass ein belangloses Kennwort wie beispielsweise *123456* verwendet werden soll.

2 Starten Sie den Registrierungseditor, indem Sie *Start/Ausführen* wählen und „regedit" eingeben.

3 Suchen Sie nach dem Schlüssel *HKEY_LOCAL_MACHINE\Software\Microsoft\WindowsNT\CurrentVersion\Winlogon*.

4 Wählen Sie im Menü *Bearbeiten* aus, dass eine neue Zeichenfolge hinzugefügt werden soll, und geben Sie die Bezeichnung „AutoAdminLogon" als Namen ein. Durch einen Doppelklick öffnen Sie die Zeichenfolge und geben „1" für AutoLogon (*0* würde AutoLogon deaktivieren!) ein.

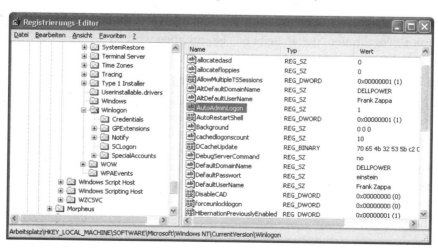

5   Suchen Sie – innerhalb des Schlüssels *Winlogon* – nach der Zeichenfolge *DefaultUserName*. Mit einem Doppelklick öffnen Sie den Wert und geben nun Ihren Benutzernamen ein, falls dort ein anderer Name eingetragen sein sollte.

6   Erstellen Sie unterhalb von *Winlogon* eine neue Zeichenfolge, geben Sie nun „DefaultPassword" als Bezeichnung ein. Mit einem Doppelklick öffnen Sie den Eintrag und hinterlegen das Pseudo-Kennwort. Achtung: Das Kennwort wird im Klartext gespeichert und kann von jedermann ausgelesen werden!

7   Beenden Sie den Registrierungseditor und starten Sie den Computer neu.

Sie werden feststellen, dass der Anmeldedialog – ob klassisch oder Willkommensbildschirm – nicht mehr angezeigt wird und Sie automatisch angemeldet werden.

Die automatische Anmeldung umgehen

Für den Fall, dass Sie doch mehrere Benutzerkonten angelegt haben oder dies noch vorhaben, brauchen Sie für ein gelegentliches Anmelden der anderen Benutzer die Autologon-Funktion nicht zu deaktivieren. Es reicht aus, wenn Sie kurz vor dem eigentlichen Anmeldeprozess – wenn die grafische Oberfläche startet – die ⌷Umschalt⌷-Taste gedrückt halten. Denn dann wird wie gewohnt der Anmeldebildschirm eingeblendet und ein anderer Benutzer kann sich anmelden.

Schneller Systemstart durch Ruhezustand

Wenn Sie den Computer nur in den Ruhezustand versetzen, statt ihn komplett herunterzufahren, können Sie den nächsten Systemstart noch einmal um ein Vielfaches beschleunigen. Denn während des Systemstarts müssen dann nicht mehr alle Dateien geladen, Einstellungen gesucht und Anmeldungen durchgeführt werden.

Stattdessen wird die aktuelle Arbeitsumgebung inklusive all Ihrer Einstellungen und des Speicherinhalts auf die Festplatte geschrieben und das Gerät dann ausgeschaltet. Beim nächsten Systemstart werden diese Einstellungen geladen und Sie können nach wenigen Sekunden weiterarbeiten.

Ruhezustand ist kein Stand-by-Modus!

Der Ruhezustand ist nicht mit dem Stand-by-Modus zu verwechseln. Denn trotz des Ruhezustands wird der Computer ausgeschaltet, was beim Stand-by-Betrieb nicht der Fall ist. Stand-by bedeutet lediglich, dass die Energiezufuhr auf ein Minimum reduziert wird, wenn der Computer längere Zeit nicht genutzt wird. Das Gerät bleibt jedoch angeschaltet.

Bevor Sie dieses Feature nutzen können, müssen Sie die Funktion allerdings erst einmal einrichten. Denn der Ruhezustand ist standardmäßig nicht aktiviert.

Ruhezustand einrichten

Den Ruhezustand aktivieren Sie in der Systemsteuerung. Details dazu finden Sie in Kapitel 1.6. Öffnen Sie die *Energieoptionen* und wechseln Sie auf die Registerkarte *Ruhezustand*. Wählen Sie die Option *Ruhezustand aktivieren* aus und übernehmen Sie die Einstellung.

Nun wird ein kleiner Teil des freien Festplattenspeichers als Ablage der aktuellen Arbeitsumgebung reserviert. Die Größe des benötigten Festplattenspeichers richtet sich dabei nach dem Hauptspeicher (RAM) und dürfte sich deshalb bei Ihrem PC zwischen 64 und 512 MByte bewegen – Windows teilt Ihnen diesen Platzbedarf mit, wie aus der obigen Abbildung ersichtlich ist.

Kennwort für Reaktivierung erzwingen

Soll ein Kennwort für die Reaktivierung des Computers erforderlich sein, damit nicht jedermann auf Ihre Dateien zugreifen kann, wechseln Sie auf die Registerkarte *Erweitert* und legen dort fest, dass zur Reaktivierung des Computers ein Kennwort erforderlich ist. Dieses Kennwort müssen Sie zuvor in den Einstellungen Ihres Benutzerkontos definiert haben.

Ruhezustand statt Herunterfahren

Wenn Sie – wie zuvor beschrieben – den Ruhezustand eingerichtet haben, können Sie Ihren Computer nun schlafen legen. Wenn Sie auf *Ausschalten* klicken, können Sie nun auswählen, ob der Computer heruntergefahren oder einfach in den Ruhezustand versetzt werden soll. Wählen Sie *Ruhezustand* aus, wird die aktuelle Umgebung auf der Festplatte gesichert und der Computer wird automatisch ausgeschaltet. Starten Sie Ihren Computer daraufhin neu, werden Sie schnell feststellen, dass sich der Systemstart um ein Vielfaches beschleunigen wird!

So setzen Sie die Autostart-Gruppe auf Diät

Wenn Sie all Ihre benötigten Programme in der Autostart-Gruppe aufgenommen haben, ist das zwar praktisch, weil Ihre Programme dann schon automatisch gestartet werden, es bremst aber den Systemstart erheblich aus. Weiterhin gibt es Programme, die sich nach der Softwareinstallation automatisch dort platzieren, damit sie bei der nächsten Anmeldung nicht übersehen werden. Sie sollten deshalb die Autostart-Gruppe hin und wieder überprüfen und gegebenenfalls aufräumen.

1 Öffnen Sie den Windows-Explorer und wechseln Sie in den Ordner *C:\Dokumente und Einstellungen\Benutzername\Startmenü\Autostart*.

2 Löschen Sie die Einträge heraus, die beim Systemstart nicht automatisch ausgeführt werden sollen.

Doch selbst bei einer aufgeräumten Autostart-Gruppe gibt es penetrante Anwendungen, die trotzdem automatisch starten. Schuld daran ist ein Eintrag in der Registry, der die Aufnahme im Startmenü überflüssig macht. Wenn Sie also derartige Anwendungen vom Autostart befreien wollen, gehen Sie wie folgt vor:

Weitere selbst startende Programme entfernen

1 Starten Sie den Registrierungseditor, indem Sie *Start/Ausführen* wählen und „regedit" eingeben.

2 Sie befinden sich nun in den Tiefen des Windows-Systems, hier werden all die Windows-Einstellungen gespeichert, die Sie vornehmen. Öffnen Sie nun folgenden Schlüssel: *HKEY_LOCAL_MACHINE\Software\Microsoft\Windows\ CurrentVersion\Run*.

3 Hier finden Sie all die Anwendungen vor, die beim Systemstart automatisch ausgeführt werden. Wenn Sie hier auf einen Eintrag stoßen, den Sie künftig nur noch manuell starten wollen, löschen Sie den Eintrag einfach heraus.

4 Beenden Sie den Registrierungseditor wieder und melden Sie sich neu an, die Einstellungen werden daraufhin aktualisiert.

Schnellerer Start für Netzwerker – Netzwerkverbindungen nur bei Bedarf!

Wenn Sie mehrere Computer miteinander verbunden haben und somit über ein Netzwerk verfügen, haben Sie sicherlich mehrere Netzlaufwerke verbunden. Sie greifen – wenn Sie ein Netzlaufwerk auswählen – auf irgendeine Freigabe innerhalb des Netzwerks zu. Beim Verbinden eines Netzlaufwerks haben Sie – aus Arbeitserleichterung bei künftigen Zugriffen – bestimmt angegeben, dass diese Verbindung auch nach dem Systemstart zur Verfügung stehen soll.

Zugegeben, das erleichtert den Zugriff auf alle möglichen Freigaben. Allerdings verzögert sich dadurch auch der Anmeldeprozess. Denn bevor der Mauscursor zur Ruhe kommt und Sie endlich mit Ihrer Arbeit beginnen können, werden erst einmal alle Verbindungen gesucht und wiederhergestellt. Das nimmt natürlich wertvolle Zeit in Anspruch.

Wenn Sie den Bootvorgang beschleunigen wollen, verzichten Sie – falls Sie nicht permanent darauf zugreifen müssen – auf das Wiederherstellen der Netzverbindungen.

1 Starten Sie den Windows-Explorer und wählen Sie *Netzlaufwerk verbinden* im Menü *Extras*.

2 Wählen Sie den Laufwerkbuchstaben aus, dessen Verbindung Sie bei künftigen Systemstarts nur bei Bedarf wiederherstellen wollen.

3 Deaktivieren Sie die Option *Verbindung bei Anmeldung wiederherstellen*.

Mehrere Netzlaufwerke auf einmal verbinden

Wenn Sie – wie zuvor beschrieben – all Ihre Netzlaufwerke für das Wiederherstellen während der Anmeldung deaktiviert haben, empfehlen wir Ihnen jetzt, eine Batchdatei (Stapelverarbeitungsdatei) zu erstellen. Denn eine Batchdatei besteht aus mehreren Befehlen, die automatisch abgearbeitet werden. Und mithilfe einer solchen Batchdatei können Sie auch all die gewünschten Netzlaufwerke mit nur einem Doppelklick wiederherstellen, was natürlich enorm viel Klickerei erspart.

Angenommen, Sie brauchen drei oder mehr Netzlaufwerke, damit Sie Ihrer Arbeit nachgehen können. Den Anmeldeprozess wollen Sie aber beschleunigen. Also deaktivieren Sie – wie oben beschrieben – die Wiederherstellung Ihrer Netzlaufwerke und erstellen jetzt eine Batchdatei. Wenn Sie die Netzlaufwerke brauchen, starten Sie einfach diese Datei und haben wieder Ihre gewohnte Arbeitsumgebung zurück.

1 Starten Sie den Editor über *Start/Alle Programme/Zubehör*. Denn eine Batchdatei ist nichts anderes als eine gewöhnliche Textdatei, die sich mit jedem Editor oder Textverarbeitungsprogramm erstellen lässt.

2 Geben Sie nun für all die gewünschten Netzlaufwerke und Freigaben jeweils den Laufwerkbuchstaben und Pfad ein, damit das Netzlaufwerk verbunden werden kann. Wenn Sie beispielsweise das Laufwerk M: mit dem Pfad *\\Computer1\Briefe\Faxe* verbinden wollen, lautet der entsprechende Befehl *net use M: \\Computer1\Briefe\Faxe /Persistent:NO*.

3 Nach jeder Befehlszeile drücken Sie die (Enter)-Taste und geben das gewünschte Laufwerk mit dem jeweiligen Pfad der Freigabe an. Mit dem Parameter */Persistent:NO* legen Sie fest, dass diese Verbindung bei Anmeldung nicht wiederhergestellt werden soll.

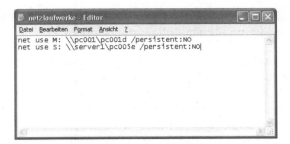

4 Nachdem Sie all die Laufwerke definiert haben, speichern Sie die Datei unter einem beliebigen Namen wie beispielsweise *Netzlaufwerke.bat* ab. Wichtig ist, dass Sie als Dateityp *Alle Dateien* auswählen und die Datei mit der Endung (Suffix) *.bat* speichern. Denn diese Dateiendung kennzeichnet eine Batchdatei. Ansonsten können die Befehle nicht automatisch abgearbeitet werden.

5 Zu guter Letzt erstellen Sie einen Link auf dem Desktop, damit Sie die Netzlaufwerke auch wirklich mit nur einem Doppelklick verbinden können. Hierzu starten Sie den Windows-Explorer und suchen die erstellte Batchdatei. Ziehen Sie die Datei mit gedrückter rechter Maustaste auf Ihren Desktop und wählen Sie *Verknüpfung hier erstellen* aus.

Wenn Sie diese Datei nun mit einem Doppelklick starten, werden all Ihre gewünschten Netzlaufwerke in einem Rutsch verbunden und künftige Anmeldeprozeduren bleiben trotzdem schlank!

Die Batchdatei beliebig erweitern und ändern

Sie können die Batchdatei, mit der Sie Ihre Netzlaufwerke verbinden, beliebig ändern. Allerdings funktioniert das nicht mehr mit einem Doppelklick, da die Datei sonst ausgeführt wird. Wenn Sie im Kontextmenü der Batchdatei *Bearbeiten* wählen, startet der Editor und Sie können weitere Laufwerke hinzufügen, verändern und löschen.

14.2 Windows XP schneller beenden

Sie können nicht nur den Bootvorgang und damit den Systemstart von Windows XP beschleunigen, sondern auch das Herunterfahren. In diesem Abschnitt zeigen wir Ihnen, mit welchen Mitteln Sie Windows schneller beenden und den Computer herunterfahren können.

Geht schneller: Ruhezustand statt Herunterfahren

Wenn Sie Ihren Computer lediglich in den Ruhezustand versetzen und nicht komplett herunterfahren, geht das wesentlich schneller als beim kompletten

Shutdown (Herunterfahren). Gleichzeitig verkürzt sich der nächste Systemstart dabei um ein Vielfaches, was wiederum für den Ruhezustand spricht.

Es handelt sich beim Ruhezustand jedoch nicht um einen gewöhnlichen Stand-by-Modus, wie Sie es vom Videorekorder oder Fernseher her kennen. Denn der Computer schaltet sich im Ruhezustand komplett aus. Allerdings sollten Sie die Ruhepause des Computers nicht dazu verwenden, neue Hardware ein- oder aus-zubauen. Denn wenn der Ruhezustand eingeleitet wird, werden aktuelle System-einstellungen auf der Festplatte gesichert, damit die Aufwachphase schneller geht. Wenn sich beim Wake-Up (Aufwachen) Systemveränderungen ergeben, kann das zu einem üblen Computerabsturz führen!

Bevor Sie den Ruhezustand jedoch nutzen können, müssen Sie diesen erst akti-vieren. Wechseln Sie hierfür in die Systemsteuerung und öffnen Sie das Objekt *Energie*. Auf der Registerkarte *Ruhezustand* wählen Sie aus, dass der Ruhezu-stand aktiviert werden soll. Wenn Sie den Computer dann beenden wollen, wäh-len Sie einfach *Start/Ausschalten* und dann *Ruhezustand* aus. Weitere Informa-tionen dazu finden Sie in Kapitel 1.6.

So schaltet Windows XP Ihren Computer selbstständig aus

Vorausgesetzt, Sie haben einen Computer neueren Modells und das Motherboard (Hauptplatine) unterstützt das erweiterte Power Management (APM = **A**dvanced **P**ower **M**anagement – Ihr PC- bzw. Motherboard-Handbuch gibt Ihnen darüber Auskunft), kann Windows XP Ihren Computer nicht nur herunterfahren, sondern auch direkt ausschalten. Was bei Windows 98 SE/ME schon fast eine Standard-funktion ist, muss bei Windows XP erst aktiviert werden. Aber wenn Sie die fol-gende Änderung in der Registrierung vornehmen, können Sie auf das künftige Ausschalten des Computers verzichten, denn das übernimmt Windows XP ab so-fort.

1 Wechseln Sie in die Systemsteuerung und rufen Sie das Objekt *Energie* auf. Aktivieren Sie die Registerkarte *APM* und wählen Sie *Unterstützung für Ad-vanced Power Management aktivieren* aus.

2 Starten Sie den Registrierungseditor mit „regedit" via *Start/Ausführen* und suchen Sie nach dem Schlüssel *HEKY_LOCAL_MACHINE\Software\Microsoft\ Windows NT\CurrentVersion\Winlogon*.

3 In der rechten Fensterhälfte suchen Sie nach dem Eintrag *PowerDownAfter-Shutdown* und öffnen den Eintrag durch einen Doppelklick.

4 Ändern Sie die Standardeinstellung *0*, indem Sie den Wert „1" vergeben. Schließen Sie den Registrierungseditor und starten Sie den Computer neu.

Wenn Sie nun Ihren Computer herunterfahren, wird das Gerät automatisch aus-geschaltet.

Programme beim Herunterfahren automatisch beenden

Es kann hin und wieder vorkommen, dass Programme nicht mehr reagieren, weil das System vielleicht überlastet ist oder sich regelrecht aufgehängt hat. Wenn Sie Windows XP dann zu einem Neustart oder zum schlichten Herunterfahren bewegen wollen, müssen Sie das abrupte Ende der jeweiligen Applikation einzeln bestätigen. Es sei denn, Sie wollen – manchmal endlos – warten, bis sich der Systemzustand wieder normalisiert hat.

Doch es geht auch einfacher: Denn mit einer kleinen Änderung in der Registrierung können Sie festlegen, dass Windows XP künftig auf diese nervige Fragerei verzichtet und laufende Programme beim Herunterfahren automatisch beendet.

1 Starten Sie den Registrierungseditor. Wählen Sie *Start/Ausführen* und geben Sie den Befehl „regedit" ein.

2 Suchen Sie nun den Schlüssel *HKEY_CURRENT_USER\ControlPanel\Desktop*.

3 Markieren Sie diesen Schlüssel und suchen Sie in der rechten Fensterhälfte nach dem Eintrag *AutoEndTasks*. Mit einem Doppelklick öffnen Sie die Zeichenfolge, legen Sie den Wert *1* fest.

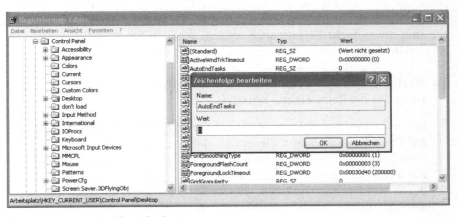

Programme automatisch beenden lassen.

Alternativ könnten Sie auch den Timeout ändern, bis Windows das Programm automatisch beendet, das nicht mehr reagiert. Denn im Schlüssel *HKEY_CUR-RENT_USER\Control Panel\Desktop* gibt es eine Zeichenfolge namens *WaitTo-KillAppTimeout*. Dieser Wert – der in Millisekunden angegeben wird – bezeichnet die Zeit, nach der Windows eine Anwendung automatisch beendet. Wenn Sie diese Zeit verkürzen, fährt Windows auch schneller herunter. Allerdings dauert es immer noch länger, als wenn Windows eine Anwendung sofort beendet.

14.3 Für ein schnelleres Windows – nicht benötigte Features abschalten

Windows XP enthält einige Features, die zwar Ihren Desktop optisch deutlich aufwerten, die dafür aber in meinen Augen leider die für die eigentliche Arbeit bereitstehende Prozessorpower verringern. Zudem bedeutet bei Laptops auch eine Einschränkung des Leistungshungers strom- bzw. akkuschonendes Arbeiten: Optimierte Prozessoren passen ihre Leistung und ihren Stromhunger den von ihnen geforderten Anstrengungen durch Technologien wie Speedstep oder LopngRun an. Und wenn Sie nicht gerade über einen Highend-Computer mit 512 MByte Arbeitsspeicher und einem Prozessor im GHz-Bereich verfügen, sollten Sie so manches abschalten. Oder brauchen Sie etwa einen Mauszeiger, der durch Schatteneffekte ein dreidimensionales Dasein führt? In diesem Abschnitt zeigen wir Ihnen, welche Funktionen Sie getrost abschalten können und wie Sie Windows XP auf die Beine helfen.

Sie wollen keine visuellen Effekte? Weg damit – mehr Speed!

In der Standardeinstellung (nach der Installation) von Windows XP sind eine ganze Menge visueller Effekte und Arbeitserleichterungen aktiviert, die zwar hübsch anzusehen sind, das System aber unnötig ausbremsen. Wenn Sie diese nicht nutzen und etwas mehr Performance wollen, schalten Sie zunächst einmal Menüanimation, Schatteneffekte und dergleichen mehr ab:

1 Wechseln Sie in die Systemsteuerung und öffnen Sie das Objekt *System*. Aktivieren Sie die Registerkarte *Erweitert*.

2 In der Gruppe *Systemleistung* klicken Sie auf *Einstellungen*. Wenn Sie auf all die visuellen Effekte verzichten wollen, reicht ein Klick auf *Beste Leistung* aus. Dadurch werden alle Optionen, die Sie in der Auswahlliste sehen, deaktiviert. Wenn Sie dennoch ein oder zwei Funktionen beibehalten wollen, können Sie die jeweiligen Effekte anschließend wieder aktivieren.

3 Aktivieren Sie die Einstellung mit *Übernehmen*, die lästigen Effekte werden ab sofort nicht mehr angezeigt.

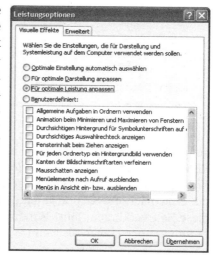

Mehr Leistung statt visueller Effekte.

Noch mehr Effekte zum Ausblenden

Selbst wenn Sie – wie zuvor beschrieben – die visuellen Effekte von Windows XP deaktiviert haben, verwenden Menüs und QuickInfos zusätzliche Animationen. Damit sich Menüs noch etwas schneller öffnen, ist eine gesonderte Einstellung notwendig.

Hierzu öffnen Sie das Kontextmenü des Desktops, indem Sie auf einen freien Platz des Desktops mit der rechten Maustaste klicken und die Eigenschaften wählen. Auf der Registerkarte *Darstellung* klicken Sie auf *Effekte* und deaktivieren die Option *Folgende Übergangseffekte für Menüs und QuickInfos verwenden*.

Außerdem sollten Sie an dieser Stelle die Option *Unterstrichene Buchstaben für Tastaturnavigation ausblenden* deaktivieren, damit Sie die möglichen Tastenkombinationen zur schnelleren Navigation direkt sehen können. Ansonsten werden die unterstrichenen Buchstaben erst angezeigt, wenn Sie die [Alt]-Taste drücken.

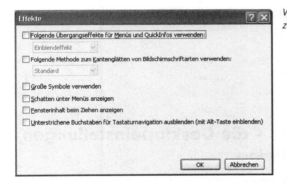

Weitere Effekte zum Ausblenden.

Das AutoPlay des CD-ROM-Laufwerks abschalten

Sie kennen das sicher: Sie haben Windows XP gestartet, legen eine CD ein und werden – ob Sie wollen, oder nicht – von irgendeinem Willkommensbildschirm begrüßt. Schuld daran ist die AutoPlay-Funktion für CD-ROM-Laufwerke. Diese Funktion ist standardmäßig aktiviert und sorgt beim Wechsel der CD für den automatischen Start der jeweiligen Anwendung.

Für die schnelle Arbeit unter Windows ist dieses Feature etwas nervend und sollte deshalb abgeschaltet werden. Schließlich genügt ein Klick auf die Anwendung aus dem Windows-Explorer heraus, um das Programm bei Bedarf zu starten.

1 Starten Sie den Windows-Explorer und markieren Sie das CD-ROM-Laufwerk. Im Kontextmenü rufen Sie *Eigenschaften* auf.

2 Aktivieren Sie die Registerkarte *AutoPlay* und legen Sie fest, dass keine Aktion durchgeführt werden soll.

Sie können zwar an gleicher Stelle festlegen, dass beispielsweise beim Einlegen einer Musik-CD automatisch eine Wiedergabe erfolgt, allerdings wird dadurch die AutoPlay-Funktion wieder aktiviert. Sie sollten also für Bild-, Audio- und Videodateien keine Aktion festlegen.

> ### AutoPlay manuell ausführen
>
> Es klingt etwas widersprüchlich, ist aber möglich: Wenn Sie die AutoPlay-Funktion für CD-ROM-Laufwerke deaktiviert haben, können Sie im Kontextmenü des CD-ROM-Laufwerks bei Bedarf das AutoPlay starten, denn dafür hält Windows XP einen Menüeintrag bereit.

AutoPlay deaktivieren.

Schnell statt kunterbunt – die Desktopeinstellungen jenseits der Desktopeffekte

Selbst wenn Sie – wie zuvor beschrieben – alle visuellen Effekte deaktiviert haben, bleiben noch so manche XP-Eigenheiten erhalten, die einiges an Systemressourcen verschwenden. Windows XP enthält jedoch noch die klassischen Windows-Einstellungen in Sachen Grafik, die weitaus weniger Systemleistung benötigen.

Klicken Sie einmal auf einen freien Bereich Ihres Desktops mit der rechten Maustaste und wählen Sie die Eigenschaften im Kontextmenü aus. Wenn Sie auf der Registerkarte *Designs* die klassische Windows-Einstellungen (*Windows-klassisch*) auswählen, läuft Ihr System um einiges schneller. Denn allein das monströse Hintergrundbild braucht so manche Systemressource, die Sie lieber für Ihre Programme verwenden sollten.

Brauchen Sie die Systemwiederherstellung?

Zugegeben, die Systemwiederherstellung von Windows XP ist eigentlich eine sinnvolle Sache: Wenn Sie Änderungen an der Systemkonfiguration durchgeführt haben und den Computer neu starten – dieser aber jetzt nicht mehr will – können Sie mit wenigen Klicks die letzte Änderung rückgängig machen.

Doch es sei an dieser Stelle auch gesagt, dass die Systemwiederherstellung eine ganze Menge an wertvollem Plattenplatz einnimmt und den Systemstart etwas belastet. Schließlich muss Windows jedes Mal, wenn Sie etwas ändern, die vorgenommenen Änderungen protokollieren und die vorherigen Einstellungen speichern.

Wenn Sie ein ambitionierter Anwender sind und Systemeinstellungen mit Bedacht vornehmen, können Sie eigentlich auf die Systemwiederherstellung verzichten. Auch wenn Sie ein regelmäßiges Backup durchführen oder die aktuelle Arbeitsumgebung mithilfe eines Imagetools wie beispielsweise DriveImage von Powerquest durchführen, deaktivieren Sie die Systemwiederherstellung:

Die Systemwiederherstellung konfigurieren

1 Wechseln Sie in die Systemsteuerung und rufen Sie dort das Objekt *System* auf.

2 Holen Sie die Registerkarte *Systemwiederherstellung* in den Vordergrund.

3 Wenn Sie lediglich den verwendeten Speicherplatz der Systemwiederherstellung eingrenzen möchten, klicken Sie auf *Einstellungen*. Mit dem Schieberegler reduzieren Sie den verwendeten Speicherplatz und übernehmen die Einstellung mit *OK*.

4 Möchten Sie die Systemwiederstellung dagegen komplett deaktivieren, klicken Sie die Option *Systemwiederherstellung auf allen Laufwerken ausschalten* an.

Die Systemwiederherstellung deaktivieren.

So schalten Sie lästige QuickInfos ab

Ist Ihnen schon einmal aufgefallen, dass Windows XP des Öfteren freche Meldungen wie beispielsweise *Neue Programme wurden installiert* ausgibt, wenn Sie das Startmenü öffnen? Auch wenn Sie mit der Maus über diversen Symbolen verharren, erhalten Sie Meldungen. Das sind die so genannten QuickInfos, die Ihnen kurz erklären sollen, was es mit dem jeweiligen Objekt auf sich hat. Zugegeben, für Windows-Neulinge mögen diese QuickInfos hilfreich sein. Für den ambitionierten Anwender jedoch sind die QuickInfos nur lästig und sollten – wenn sie nicht unbedingt gebraucht werden – abgeschaltet werden. Mit einer kleinen Änderung in der Registrierung lassen sich die nervenden Botschaften kurzerhand abschalten:

1 Wählen Sie *Start/Ausführen* und geben Sie „regedit" ein, um den Registrierungseditor zu starten.

2 Suchen Sie nach dem Schlüssel *HKEY_CURRENT_USER\Software\Microsoft\Windows\CurrentVersion\Explorer\Advanced*.

3 Öffnen Sie den darin enthaltenden Wert mit der Bezeichnung *ShowInfoTip* mit einem Doppelklick. Ändern Sie den Wert – der standardmäßig *1* enthält – auf *0*.

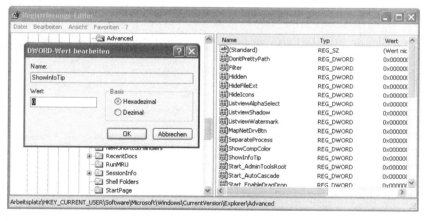

4 Beenden Sie den Registrierungseditor und laden Sie die benutzerdefinierten Einstellungen neu, indem Sie sich kurz ab- und wieder anmelden.

Wenn Sie jetzt in die Systemsteuerung wechseln und den Mauscursor über einem Objekt parken, werden keine Meldungen mehr angezeigt. Und was den Hinweis auf die neu installierten Programme betrifft, so öffnen Sie die Eigenschaften der *Start*-Schaltfläche, klicken auf *Anpassen* und holen die Registerkarte *Erweitert* hervor. Dort deaktivieren Sie die Option *Zuletzt installierte Anwendungen hervorheben*. Ab sofort behält Windows XP die Information für sich, ob neue Programme installiert wurden. Denn Sie wissen es ja ohnehin und die *Start*-Schaltfläche wird nicht mehr überdeckt. Auch der Infobereich der Taskleiste kann nerven. Sie können diese Meldungen deaktivieren, indem Sie mit der Maus im Kontextmenü des Gerätefelds (Uhrzeitanzeige etc.) *Infobereich anpassen* wählen und die Option *Immer ausblenden* aktivieren.

So helfen Sie Ihrem Startmenü auf die Beine

Selbst wenn Sie die visuellen Effekte von Windows XP deaktiviert haben, können Sie noch etwas für Ihr Startmenü tun. Denn: Die Standardeinstellung von Windows XP sorgt dafür, dass das Startmenü mit einer Verzögerung geöffnet wird. Sie können diese Einstellung aber mithilfe der folgenden Schritte ändern und für ein schnelleres Öffnen der Menüs sorgen.

1 Starten Sie den Registrierungseditor, indem Sie *Start/Ausführen* wählen und „regedit" eingeben.

2 Öffnen Sie den Zweig *HKEY_USERS/.Default/Control Panel/Desktop* und doppelklicken Sie auf die Zeichenfolge *MenuShowDelay*. Der Standardwert beträgt *400*. Je kleiner Sie den Wert wählen, desto schneller öffnen sich die Menüs. Versuchen Sie es doch einmal mit einem Wert wie beispielsweise *100* oder noch besser mit *10*.

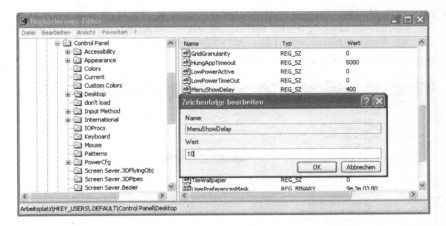

Mehr Performance für NTFS-Laufwerke

Gerade für große Datenträger ist das Dateisystem namens NTFS (**N**ew **T**echnology **F**ile **S**ystem) vorteilhaft. Denn im Gegensatz zu FAT32 können Sie zusätzliche Sicherheitsfunktionen verwenden, Kontingente zur Speicherplatzverwaltung einrichten und vieles mehr. Sie können jedoch auf einige Funktionen des NTFS verzichten und den Datenträgerzugriff damit beschleunigen.

Die Verwaltung der Datum- und Zeitstempel deaktivieren

Auf einem NTFS-Datenträger werden standardmäßig die Informationen des letzten Zugriffs gespeichert. Sie können also – wenn Sie die Eigenschaften von Dateien und Ordnern öffnen – leicht erkennen, wann das jeweilige Objekt zuletzt bearbeitet wurde. In den meisten Fällen wird diese Information allerdings nicht benötigt. Es sei denn, Sie sind als Systemverwalter tätig und damit für all die vielen Dateien auf einem Dateiserver verantwortlich. Dass die Verwaltung derartiger Informationen – die ja permanent aktualisiert werden – die Leistung einschränken kann, versteht sich (fast) von selbst. Zur Leistungssteigerung sollten Sie die Verwaltung der Datum- und Zeitstempel deaktivieren. Speziell dann, wenn Windows XP auf einem großen NTFS-Laufwerk eingerichtet wurde oder Sie Ihre Daten auf einem separaten Datenträger mit mehreren GByte speichern.

1 Wählen Sie *Start/Ausführen* und geben Sie „regedit" ein, daraufhin wird der Registrierungseditor gestartet.

2 Suchen Sie nach dem Schlüssel *HKEY_LOCAL_MACHINE\System\CurrentControlSet\Control\Filesystem* und markieren Sie den Schlüssel *Filesystem*.

3 Sehen Sie in der rechten Fensterhälfte nach, ob dort ein Eintrag namens *NTFSDisableLastAccessUpdate* vorhanden ist. Sollte dieser Eintrag vorhanden sein, öffnen Sie den Wert mit einem Doppelklick und legen Sie den Wert *1* fest.

4 Ist dieser Wert nicht vorhanden, markieren Sie in der linken Fensterhälfte den Schlüssel *Filesystem* und wählen im Menü *Bearbeiten/Neu/DWORD-Wert* aus. Als Bezeichnung geben Sie „NTFSDisableLastAccessUpdate" ein und legen den hexadezimalen Wert *1* fest.

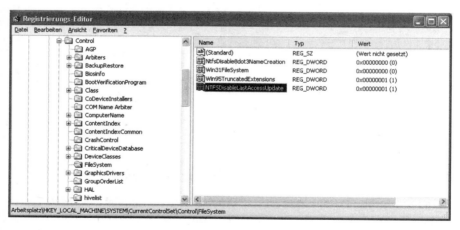

5 Beenden Sie den Registrierungseditor und starten Sie den Computer neu.

Die Unterstützung für kurze Dateinamen deaktivieren

Windows XP unterstützt standardmäßig die Verwendung kurzer Dateinamen. Wenn Sie demnach eine Datei anlegen, deren Dateiname länger als acht Zeichen ist, wird zusätzlich ein Dateiname der 8.3-Konvention (acht Zeichen für den Dateinamen, drei Zeichen für die Dateierweiterung) kreiert. Denn MS-DOS, wie auch ältere Windows-Versionen (3.xx), können mit längeren Dateinamen nicht umgehen. Angenommen, Sie haben eine Datei angelegt und den Namen *Das ist meine Datei.txt* vergeben, würde diese Datei unter MS-DOS als *Dasist~1.txt* angezeigt werden. Denn MS-DOS kann mit langen Dateinamen nichts anfangen und schneidet alle Zeichen ab der sechsten Stelle ab. Stattdessen finden Sie ein ~-Zeichen (Tilde), gefolgt von einer laufenden Nummerierung, vor.

Diesen Verwaltungsaufwand können Sie einsparen, wenn Sie sowieso nicht mit MS-DOS oder älteren Windows-Versionen hantieren:

1 Starten Sie den Registrierungseditor. Hierzu wählen Sie *Start/Ausführen* und geben „regedit" ein.

2 Suchen Sie nach dem Schlüssel *HKEY_LOCAL_MACHINE\System\Current-ControlSet\Control\Filesystem*.

3 Markieren Sie in der linken Fensterhälfte den Schlüssel *Filesystem* und suchen Sie in der rechten Fensterhälfte nach dem Eintrag *NTFSDisable8dot3 Name*.

4 Öffnen Sie diesen DWORD-Wert mit einem Doppelklick und deaktivieren Sie diese Funktion, indem Sie den Wert „1" eintragen. Sollte dieser Eintrag nicht existieren, wählen Sie *Bearbeiten/Neu/DWORD-Wert* aus, geben die Bezeichnung „NTFSDisable8dot3Name" ein und legen den Wert *1* fest.

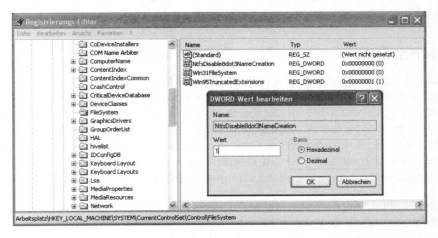

5 Beenden Sie den Registrierungseditor und starten Sie den Computer neu.

Geht einfach schneller – So aktivieren Sie den Einzelklick!

Für gewöhnlich müssen Sie einen Doppelklick ausführen, wenn Sie aus dem Windows-Explorer oder dem Arbeitsplatz heraus ein Fenster öffnen oder ein Programm starten wollen. Doch es geht auch bequemer: Denn Sie können den Doppelklick gegen einen Einzelklick eintauschen. So wie Sie es vom Internet her gewohnt sind, können Sie auch Windows mit nur einem Klick bedienen. Dazu ist nur eine minimale Änderung notwendig:

1 Öffnen Sie den Arbeitsplatz durch einen Doppelklick auf das Desktopsymbol.

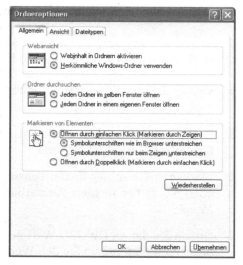

2 Rufen Sie die Ordneroptionen im Menü *Extras* auf.

3 Wählen Sie die Option *Öffnen durch einfachen Klick (Markieren durch Zeigen)* aus und übernehmen Sie die Einstellungen. Sie können zudem festlegen, ob die Unterstreichungen permanent angezeigt werden sollen oder nur dann, wenn Sie den Mauscursor über das Objekt bewegen.

Sämtliche Objekte werden von nun an unterstrichen. Wenn Sie auf ein Objekt klicken, wird das jeweilige Programm gestartet, die Datei oder das Fenster geöffnet.

Systemdateien aus dem Cache entfernen

Je länger Sie mit Windows XP arbeiten und je mehr Programme Sie starten, desto langsamer wird das System. Allerdings ist nicht gesagt, dass Windows wieder schneller wird, wenn Sie all die geöffneten Programme schließen. Denn: Programme benötigen zur Ausführung wichtige Systemdateien (DLL-Dateien), die trotz beendeter Software nach wie vor im Speicher bleiben und Ressourcen verschwenden. Schuld daran ist ein kleiner Cache, der diese Dateien im Speicher hält und den Platz erst nach einem Computerneustart wieder freigibt.

Doch mit einer kleinen Änderung in der Registrierung können Sie Windows dazu veranlassen, dass Dateien nach Beendigung des jeweiligen Programms auch ohne Computerneustart aus dem Cache verbannt werden:

So aktivieren Sie das automatische Leeren des Caches

1 Starten Sie den Registrierungseditor, indem Sie *Start/Ausführen* wählen und „regedit" eingeben.

2 Suchen Sie nach dem Schlüssel *HKEY_LOCAL_MACHINE\Software\Microsoft\ Windows\CurrentVersion\Explorer*.

3 Markieren Sie diesen Schlüssel und wählen Sie im Menü *Bearbeiten Neu/Zeichenfolge* aus.

4 Geben Sie als Bezeichnung „AlwaysUnloadDll" ein. Doppelklicken Sie nun diese Zeichenfolge in der rechten Fensterhälfte an, legen Sie den Wert *1* fest. Der Wert *0* würde diese Funktion wieder deaktivieren.

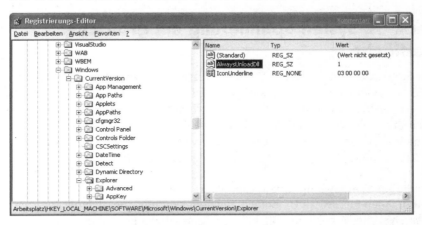

5 Beenden Sie den Registrierungseditor und führen Sie einen Neustart durch.

Ab sofort werden all die speicherfressenden Module aus dem Cache entfernt, wenn Sie ein Programm beenden.

Welche Systemdateien befinden sich im Speicher?

Wenn Sie einmal wissen möchten, welche Dateien zur Ausführung eines Programms benötigt werden und Systemressourcen verbrauchen, können Sie sich diese Dateien mithilfe eines kleinen Tools anzeigen lassen.

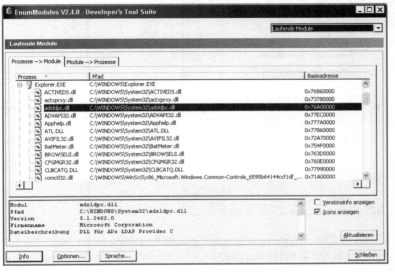

Anzeige der geladenen Dateien.

Sie finden im Downloadbereich von Fantastic-Bits (*www.fantastic-bits.de*) ein Freewaretool namens Enum-Modules, das Ihnen sämtliche Dateien, die sich gerade im Speicher befinden, anzeigt. Nach einer schnellen Installation steht Enum-Modules sofort zur Verfügung und listet sämtliche Programme und Module auf, die Ressourcen verbrauchen.

Tweak UI: Systemoptimierung mit grafischer Oberfläche

Wenn Sie bereits mit früheren Windows-Versionen gearbeitet haben, dann kennen Sie vielleicht die Powertoys (Tweak UI), die von Microsofts Internetseite oder von der Resource-Kit-CD installiert werden konnten. Mit diesem Programm können Sie – ohne tief greifende Kenntnisse – Systemeinstellungen vornehmen und die Performance erhöhen. Die Powertoys laufen natürlich auch unter Windows XP, die aktuelle Version benötigt mindestens das SP1.

Wenn Sie Ihr Windows mithilfe dieses Tools aufmöbeln und beschleunigen wollen, dann laden Sie Tweak UI einfach aus dem Downloadbereich der Internetseite *www.microsoft.com* herunter. Sie können dann etliche Einstellungen zu Desktop, Systemsteuerung, Netzwerk und dergleichen mehr vornehmen, indem Sie jeweils die gewünschten Optionen anklicken. Sie ersparen sich dadurch die lästige Sucherei nach tief verzweigten Schlüsseln in der Registrierung. Haben Sie das Tool heruntergeladen und entpackt, markieren Sie die Datei *Tweakui.inf* im Windows-Explorer und wählen *Installieren* im Kontextmenü der Datei. Daraufhin wird das Tool eingerichtet und Sie können Ihr System nun an zentraler Stelle Ihren Wünschen entsprechend einrichten. Hierzu wechseln Sie in die Systemsteuerung und öffnen das Objekt *Tweak UI*.

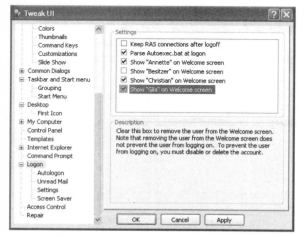

Tweak UI.

Wenn Sie Tweak UI gestartet haben, sehen Sie einige Registerkarten, über die Sie jeweils die entsprechenden Einstellungsmöglichkeiten finden. So können Sie auf der Registerkarte *Mouse* beispielsweise die Geschwindigkeit des Mauszeigers sowie die Sensibilität des Einzel- und Doppelklicks einstellen. Unter *General* finden Sie Optionen zur Deaktivierung von visuellen Effekten, die das System nur unnötig ausbremsen. Auf der Registerkarte *Logon* können Sie die automatische Anmeldung aktivieren und festlegen, ob die Shutdown-Schaltfläche auf dem Anmelde-Dialog erscheinen soll oder nicht.

Wenn Sie sich die vielen Optionen von Tweak UI einmal ansehen, werden Sie recht schnell merken, dass es viele Einstellungsmöglichkeiten gibt, die Sie vornehmen können. Die wichtigsten Optionen und ihre Bedeutung:

Option (Registerkarte)	Beschreibung
Settings (General)	Einstellungen zur Oberflächenanimation.
Mouse sensitivity (Mouse)	Geschwindigkeit des Doppelklicks.
Rebuild Icons (Repair)	Desktopsymbole reparieren, wenn sie nicht mehr richtig oder zu langsam dargestellt werden.
Access Control (Access Control)	Einstellungen zahlreicher Sicherheitseinstellungen.
Desktop Icons (Desktop)	Desktopsymbole beliebig ein- und ausblenden, Verknüpfungen erstellen.
Drives (My Computer)	Laufwerke, die im Arbeitsplatz angezeigt werden, ein- und ausblenden.
Special Folder (My Computer)	Spezielle Ordner können auf andere Partitionen und Orte verlegt werden.
Control Panel Extensions (Control Panel)	Beliebige Objekte der Systemsteuerung ein- und ausblenden.
Log on automatically (AutoLogon)	Automatische Windows-Anmeldung aktivieren.

Wenn Sie über eine Webcam verfügen, können Sie Windows XP mithilfe von Tweak UI dazu veranlassen, in regelmäßigen Abständen eine Aufnahme zu machen. Und mithilfe des HTML Slide Show Wizard können Sie dann von diesen Bildern eine Slideshow erstellen und in Ihre Webseite integrieren. Des Weiteren wird mit der Installation der Windows XP-Powertoys eine Funktion eingerichtet, worüber Sie bis zu vier verschiedene Desktops unter Windows XP managen können. Neben diesen Features bietet Tweak UI für Windows XP natürlich noch eine ganze Reihe mehr; weitere Informationen zu den Neuerungen finden Sie auf der Internetseite von Microsoft.

15. Neubeginn oder Update – Windows XP Home installieren

Die Installation eines Betriebssystems ist immer ein entscheidender Einschnitt in unserem „Administratoren-Leben". Die Schritte sollten gut geplant werden und durchdacht sein. Auch wenn die Windows-Installation immer einfacher wird, so bleibt man dennoch immer wieder an einigen Fragen hängen. Mit deren rechtzeitiger Beantwortung macht man sich das Benutzerleben so viel einfacher oder im schlimmsten Fall die nächste Neuinstallation überflüssig.

15.1 Die Schritte zu Update oder Neuinstallation

Es gibt verschiedene Möglichkeiten, Windows XP Home zu installieren, welche ist die richtige für Ihr System? Dieses Kapitel beschäftigt sich ausschließlich mit diesem Thema und soll Ihnen helfen, die für Sie richtige Installationsvariante herauszufinden. Haben Sie einen nagelneuen Computer angeschafft, den Sie mit Windows XP ausstatten wollen, eine neue Festplatte gekauft oder möchten Sie endlich die Altlasten bereinigt haben und pfeifen auf die alten Einstellungen, dann installieren Sie Windows XP neu. Sind Sie bereits seit längerem stolzer Besitzer eines Computers mit einem älteren Windows-Betriebssystem und möchten einfach nur die verbesserten Optionen und Features von Windows XP Home erleben, wollen aber die mit viel Mühe und Zeit erarbeiteten Einstellungen weiterhin nutzen, dann sollten Sie sich für die Update-Variante entscheiden. Oder wollen Sie Ihr aktuelles Betriebssystem behalten und XP einfach mal ausprobieren, ist die Parallelinstallation die richtige Variante. Egal, welche Variante Sie wählen, Sie sollten wissen, dass Microsoft sich mit Windows XP endgültig von den Altlasten aus längst vergangenen 16-Bit-Tagen, die Windows 95/98 und ME oftmals so instabil machen, verabschiedet hat. Dadurch senkt XP die Ausfallzeiten – das ist toll, werden Sie sagen –, aber wie gesagt, diese Absturzsicherheit hat ihren Preis. Windows XP unterstützt keine 16-Bit-Anwendungen mehr – 16-Bit-Anwendungen sind Programme und Anwendungen, die für DOS und Windows 3.x erstellt wurden. Das sollten Sie berücksichtigen.

Vor der Installation – So fangen Sie am besten an

Während der Installation von Windows XP Home, ganz egal, welche Variante Sie auswählen, werden Sie vom XP-Setup-Programm aufgefordert anzugeben, wie das Betriebssystem installiert und konfiguriert werden soll. Sie sollten sich gut vorbereiten, um Probleme während der Installation zu vermeiden. Falsche oder „Schnell"-Angaben während der Installation können zum fehlerhaften oder instabilen Verhalten des Computers führen. Aus diesen Gründen empfiehlt es sich, folgende Fragen für die Installation vorab zu beantworten:

Erfüllt Ihr PC die Voraussetzungen?

Vergleichen Sie, welche Hardware Windows XP Home für eine einwandfreie Installation voraussetzt, und sorgen Sie dafür, dass Ihr Computer diese Voraussetzungen mitbringt. In der folgenden Aufstellung finden Sie die Mindestanforderungen bezüglich der Hardware. Um sicherzugehen, können Sie den Systemkompatibilitätstest durchführen, der sich auf Ihrer Installations-CD im Startmenü befindet.

Komponente	Anforderungen
Prozessor/CPU (**C**entral **P**rozessor **U**nit)	Pentium-Prozessor mit 233 MHz, 300 MHz empfehlenswert
Arbeitsspeicher/RAM (**R**andom **A**ccess **Me**mory)	64 MByte 128 MByte empfehlenswert
Festplattenplatz	2 GByte freier Festplattenspeicherplatz
Netzwerk (optional)	Netzwerkadapterkarte (NIC = **N**etwork **I**nterface **C**ard)
Bildschirm und Grafikkarte	Grafikkarte und Bildschirm mit VGA-Auflösung (VGA = **V**ideo **G**raphics **A**dapter)
Sonstige Laufwerke	CD-ROM-Laufwerk
Zubehör	Tastatur und Maus

Mindestvoraussetzung ist gut – etwas mehr ist besser

Auf der Verpackung von Windows XP, im Internet, in Fachzeitschriften etc. finden Sie in der Regel immer die Mindestanforderungen für das System. Die Praxis jedoch zeigt, dass „etwas mehr" von allem das System „besser" laufen lässt. Wie viel mehr, können Sie Ihrem Geldbeutel überlassen. In der Praxis läuft ein System mit 300-MHz-Prozessor und 128 MByte Speicher mit den in diesem Kapitel beschriebenen Optimierungen ganz ordentlich.

Wo soll das Betriebssystem installiert werden?

Die Frage nach dem Installationsort hat einen triftigen Grund: Sie betrifft nicht nur das gewünschte Verzeichnis – *C:\Windows* war bei den Windows 9x-Varianten der allgemein übliche Ort für Ihre Windows-Installation. Bei Windows XP kann wie auch unter Windows 2000 der Installationsort auf einem beliebigen, zuvor eingerichteten Festplattenteil (Partition) erfolgen. Wollen Sie Windows XP parallel zu einer Windows 9x-Installation betreiben, ist zu einer eigenen Partition mit dem Dateisystem NTFS zu raten. Für eine Testinstallation, die Sie sowieso wieder entfernen wollen, reicht ein Ordner im bestehenden System aus.

Sind Sie mit einer „leeren" Festplatte noch nicht ausgestattet oder wollen Sie die Festplatte neu aufteilen, dann legen Sie fest, wie Sie Ihre Festplatte, auf der XP installiert werden soll, partitionieren wollen. Wählen Sie ein Dateisystem für diese Partition (FAT = **F**ile **A**llocation **T**able oder NTFS = **N**ew **T**echnologie **F**ile **S**ystem).

Sind Ihre Komponenten kompatibel, bzw. existieren XP-Treiber?

Ist Ihre Hardware in der HCL (Hardwarekompatibilitätsliste) aufgelistet? Diese Frage ist sehr wichtig, denn alle von Microsoft gestesteten Treiber sind in der HCL aufgeführt. Wenn Sie Hardware verwenden, die nicht in dieser Liste stehen, kann das zu Problemen während und nach der Installation führen. Verwenden

Sie jedoch Hardware, die nicht in der HCL auftaucht, sollten Sie unbedingt den Hardwarehersteller kontaktieren und die Treiber- und Hardwareprobleme lösen. Meistens sind die Treiberdisketten oder -CDs bei der Hardware dabei – die aktuelleren Treiber finden Sie jedoch auf den Internetseiten des Hardwareherstellers. Für die Installation entscheidend ist vor allem ein gültiger Treiber für Ihre Grafikkarte. Das Ausweichen auf einen SVGA-Treiber ist auf die Dauer unbefriedigend.

Was viele nicht wissen: Microsoft bietet auch eine Treiber-Site im Internet an. Die Adresse der Internetsite lautet *http://www.microsoft.com/germany/support*. Ich würde Ihnen empfehlen, zuerst die Seite von Microsoft aufzurufen – finden Sie den benötigten Treiber, nehmen Sie ihn. Was ich auf keinen Fall empfehle, ist die Installation von Windows XP ohne die entsprechenden Treiber. Die aktuelle Hardwarekompatibilitätsliste bekommen Sie im Internet über folgende Adresse:

http://www.microsoft.com/hcl.

Einen weiteren „Personal Online Support" von Microsoft möchte ich Ihnen an dieser Stelle empfehlen. Verschaffen Sie sich auf den folgenden Internetseiten von Microsoft eine Übersicht und versuchen Sie, Ihre Fragen im Vorfeld oder während der Installation auf einer dieser Seiten zu platzieren. Allein schon der Besuch einer dieser Seiten ist äußerst interessant. Sie werden auch auf Lösungen treffen, die Sie zwar gerade nicht betreffen, von denen Sie aber schon einmal gehört haben oder vielleicht sogar schon betroffen waren.

Service-Name	Internetadresse
Knowledge Base (D)	http://www.microsoft.com/germany/support/kb
Knowledge Base (US)	http://support.microsoft.com/search
FAQs	http://www.microsoft.com/germany/support/faq
Troubleshooter	http://www.microsoft.com/germany/support/troubleshooter
Download Center	http://www.microsoft.com/downloads
Anfrage via Internet	http://microsoft.com/germany/support/anfrage.asp
Newsgroups	http://www.microsoft.com/germany/support/newsgroups.htm

Soll ein Netzwerk installiert werden? Gehört Ihr Computer zu einem Heimnetzwerk oder wollen Sie ihn mit bereits vorhandenen PCs zu Hause verbinden, sollten Sie sich Gedanken machen, ob der Computer einer Arbeitsgruppe angehören soll. Bleibt Ihr Computer jedoch „standalone", können Sie den Punkt auf der Checkliste weglassen. Einzelheiten zum Thema Heimnetzwerk finden Sie ab Seite 403.

Der Kurzcheck vor der Installation

Wenn Sie alles zusammen haben, schreiben Sie alle Punkte auf eine Checkliste. Haken Sie während der Installation einen Punkt nach dem anderen ab. Das hilft und gibt Ihnen die Sicherheit, nichts vergessen zu haben. Im Folgenden sehen Sie eine Checkliste aller Aufgaben. Nehmen Sie die Checkliste und bearbeiten Sie die Liste, indem Sie Punkte streichen bzw. hinzufügen.

Aufgabe	Erledigt	Bemerkungen
Erfüllen alle Komponenten Ihres Computers die Mindestanforderungen?	❑	
Überprüfen Sie, ob alle Hardwarekomponenten in der HCL aufgelistet sind.	❑	Wenn nicht – überprüfen Sie, ob ein entsprechender Treiber des Hardwareherstellers zur Verfügung steht (zum Beispiel Treiberdisketten oder CDs).
Überprüfen Sie, ob genügend Festplattenspeicherplatz zur Verfügung steht.	❑	
Haben Sie sich für ein Dateisystem entschieden?	❑ NTFS ❑ FAT	Wenn Windows XP Ihr einziges Betriebssystem auf dem Computer ist, ist NTFS ein kluge Entscheidung.
Möchten Sie Ihren Computer in ein Netzwerk einbinden?	❑	Wenn ja, dann notieren Sie sich den Namen der Arbeitsgruppe.
Vergeben Sie ein Kennwort für das Administratorkonto.	❑	Administratoren haben alle Rechte auf Ihrem System.
Überprüfen Sie, ob mehrere Personen auf diesen Rechner zugreifen müssen/ sollen.	❑	Notieren Sie sich die Namen und deren Kennwörter.

Das will Windows bei der Installation von Ihnen wissen

Die folgenden Einstellungen wird Windows bei der Installation abfragen. Deswegen ist es ratsam, die nötigen Informationen schon vorher zusammenzutragen.

Einstellungen	Bedeutung
Regions- und Sprachoptionen	Wählen Sie Ihre Sprache und passen Sie Windows XP an dieser Stelle an länderspezifische Besonderheiten an. Diese Option bestimmt die Formate für Zahlen, Währung, Uhrzeit und Datum, die sich auf die installierten Programme auswirken.
Benutzerinformation	Microsoft möchte, dass Sie hier Ihren Namen sowie den Namen Ihrer Firma oder Organisation eintragen. (Bei privater Nutzung lassen Sie den Eintrag für Firma oder Organisation einfach unausgefüllt.)
Product-Key	(Nur bei der Installation von SP3!) Geben Sie den 25-stelligen Product-Key an, den Sie auf der Rückseite der Verpackung Ihrer XP Home-CD finden.
Computername	Geben Sie Ihrem Computer einen „vernünftigen" Namen, indem Sie den vom System vorgeschlagenen und in der Regel nichts aussagenden Namen überschreiben. Der Computername dient der eindeutigen Identifikation Ihres Rechners in einem Netzwerk – z. B. Wohnzimmer-PC oder Arbeitstier ☺.

Einstellungen	Bedeutung
Modemwähloptionen (nur wenn Modem/ISDN-Gerät vorhanden)	Windows XP benötigt Informationen, um Ihren Computer für den Zugang zum Internet einzurichten. Geben Sie Ihre Ortsvorwahl, Telefonnummer und, falls erforderlich, die Amtskennziffer an.
Datum und Uhrzeit	... ganz einfach Datum und Uhrzeit: Nicht nur als Information, die Ihnen Windows beim laufenden Betrieb anzeigt, auch der Task-Planer, zeitgesteuerte Aufgaben und z. B. Ihr Terminkalender werden auf Datum und Uhrzeit zurückgreifen.
Netzwerkeinstellungen	An dieser Stelle können Sie zusätzlich Software zur Herstellung von Netzwerken installieren. Sie benötigen diese, wenn Sie zwei oder mehr PCs miteinander als Netzwerk verbinden wollen.

SP3: Keine Product-Key mehr bei der Installation

Ab dem Service Pack 3 ist es nicht mehr erforderlich, bei der Installation einen Produktschlüssel einzugeben. Wie bei neueren Betriebssystemen können Sie dies zu einem späteren Zeitpunkt bzw. in Rahmen einer WPA-Prüfung nachholen. Voraussetzung dafür ist aber ein Installationspaket, in dem SP3 bereits intergriert ist. Wenn Sie Windows XP von einer Original-CD installieren und das SP3 erst anschließend einspielen, müssen Sie bei der Installation des Betriebssystems nach wie vor Ihren Schlüssel eingeben.

15.2 Die Windows XP Home-Installation

Sie sind gerüstet? Dann legen wir los ... Hier finden Sie die detaillierte Anleitung zu den verschiedenen Installationsvarianten, die Ihnen Windows XP Home bietet, ob Sie nun eine Neuinstallation oder eine Aktualisierung (Update) von Windows durchführen. Möchten Sie jedoch eine Parallelinstallation zu einer bestehenden Windows-Version oder einem anderen Betriebssystem durchführen, lesen Sie in diesem Kapitel auf Seite 661 weiter.

Booten von System, CD oder Diskette

Haben Sie bereits ein bestehendes Betriebssystem und wollen Ihre Einstellungen und Programme behalten (Update) oder dennoch eine Neuinstallation durchführen, legen Sie bei gestartetem Windows die Installations-CD in das CD-ROM-Laufwerk Ihres Computers. Ist noch kein Betriebssystem auf Ihrer Festplatte, können Sie das Installationssystem von CD booten. Legen Sie die Installations-CD von Windows XP in das CD-ROM-Laufwerk.

Bootlaufwerk im BIOS auf Bootdevice = CD-ROM stellen!

Das BIOS regelt den Zugriff des Computers auf Festplatten, Speicher und unter anderem auch, von welchem Gerät der PC startet. Wie Sie in das BIOS-System Ihres Computers gelangen, entnehmen Sie dem Benutzerhandbuch Ihres PCs – meist ist es kurz nach dem Einschalten mit

> einem Druck auf die Taste [Entf], alternativ [F1] oder der Kombination [Strg]+[Alt]+[S] getan. Der Eintrag *Bootdevice* steht normalerweise auf *a: c:* oder ähnlich. Damit Ihr PC vom CD-ROM-Laufwerk startet, müssen Sie die Bootreihenfolge auf *cd-rom c: a:* oder ähnlich umstellen.

Bootet Ihr System trotz richtiger BIOS-Einstellung nicht, können Sie auch über eine Bootdiskette starten. Durch das Ausführen von *Makeboot.exe* bzw. *Makeboot32.exe* im Verzeichnis *Bootdisk* auf Ihrer Windows-Installations-CD erstellen Sie die entsprechenden Startdisketten.

Unter DOS Makeboot.exe für die Herstellung der Bootdiskette verwenden

Benutzen Sie *Makeboot.exe*, wenn Sie sich unter einer DOS-Umgebung oder unter Windows for Workgroups befinden. Benutzen Sie *Makeboot32.exe*, wenn Sie sich unter Windows 95/98/ME/NT oder 2000 befinden.

Partitionen als Einheiten der Festplatte

Eine Festplatte wird an sich erst nutzbar, wenn sie für die Daten des PCs das richtige Format hat. Zu diesem Zweck wird sie formatiert. Je nach Größe der Festplatte und dem Einsatzzweck hat es sich in der Vergangenheit bewährt, Festplatten geschickt einzuteilen – zu partitionieren. Eine solche Partition entspricht in der Windows-Welt einem Laufwerkbuchstaben. Nachdem historisch bedingt die Laufwerke A: und B: den Disketten vorbehalten sind, beginnt ab C: der Speicherplatz, den Sie auf Festplatten in Ihrem PC oder in Netzwerken auf verbundenen Computern nutzen.

Ihre Festplatte ist nicht zwangsläufig partitioniert – kaufen Sie kein Komplettsystem, auf dem das Betriebssystem vorinstalliert war, kann die Festplatte noch gänzlich unorganisiert sein. Je nach Handelskette oder Fachhändler haben Sie beim Neukauf eines Komplett-PCs bereits eine oder mehrere formatierte Partitionen, auf denen bereits Daten abgelegt sind.

Sie können diese Aufteilung Ihrer Festplatte(n) sehr einfach herausfinden: In Windows XP rufen Sie über *Start/Systemsteuerung/Leistung und Wartung* den Punkt *Verwaltung* und anschließend *Computerverwaltung* auf. Die Microsoft Management Console öffnet sich (alternativer Aufruf: *Start/Ausführen*, „compmgmt. msc"). Unter dem Punkt *Datenspeicher/Datenspeicherverwaltung* bekommen Sie die Daten Ihrer Laufwerke angezeigt (siehe Abbildung nächste Seite).

Es gibt eine ganze Reihe von Filesystemen in der Windows-Welt. Bedingt durch die jeweiligen Beschränkungen des Formats, mussten immer neue Strukturen immer größeren Datenbeständen auf wachsenden Festplattengrößen gerecht werden. Für Sie ist die Wahl eines älteren Dateisystems wichtig, wenn Sie parallel zu Windows XP eine Vorgängerversion auf Ihrem PC betreiben:

	FAT16	VFAT16	FAT32	NTFS4	NTFS5
DOS	x				
Windows 95a	x	x			
Windows 95b/ 98/ME	x	x	x		
Windows NT 4.0	x	x	x	x	
Windows 2000 und XP	x	x	x	x	x

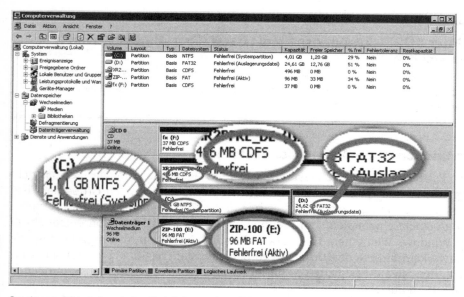

Bei diesem PC hat die primäre Festplattenpartition (C:) das NTFS-Filesystem, das so genannte logische Laufwerk D: als erste und einzige Einheit in der erweiterten Partition ein FAT32-Format – die beiden CD-ROMs besitzen CD-Fileformate, die ZIP-Diskette ist im alten FAT (16) organisiert.

Sind Sie beim zusätzlichen Betrieb einer älteren Version darauf angewiesen, auf die entsprechenden Daten zuzugreifen, sind Sie gezwungen, ein Dateisystem zu wählen, das Sie mit diesem System lesen können. Betreiben Sie ausschließlich Windows XP, sei Ihnen in jedem Fall das NT-Filesystem angeraten.

NTFS – ein Muss für Sicherheit und Videofreaks

Nur mit dem NT-Filesystem können Sie die Sicherheitsfeatures von XP mit Zugriffsberechtigungen, verschlüsselten Ordnern etc. voll nutzen. Vorteile anderer Art wissen Sie zu schätzen, wenn Sie beispielsweise Videofilme auf dem PC bearbeiten: Sie sollten Ihre Videodatenplatten auf jeden Fall in NTFS anlegen – angesichts der anfallenden Datenmengen brauchen Sie dann gar keine Gedanken daran zu verschwenden, wie Sie die Hürden der Dateigrößenbeschränkungen der FAT-Systeme in den Griff bekommen – nur bei NTFS können Sie ohne Zusatztools Videos auf die Platte aufnehmen, bis kein Byte mehr frei ist.

Planen Sie die Partitionierung Ihrer Festplatte

Egal, ob Ihre Festplatte noch ganz ohne Partitionen ist oder Sie eine Änderung an der bestehenden Partition vornehmen wollen – planen Sie die Aufteilung sorgfältig. Eine Warnung vorab: Haben Sie Daten auf einer Partition und löschen diese oder ändern die Partitionsgröße – sind alle Daten auf dieser Festplatte weg! Sichern Sie diese also zuvor auf einer Partition, die Sie nicht verändern, und am besten auf einer zweiten Festplatte, brennen Sie die Daten auf eine CD-R oder legen Sie eine Sicherheitskopie auf anderen Medien an. Wenn Sie ein Netzwerk betreiben, können Sie die Daten natürlich auch auf einem zweiten PC „zwischenlagern". Die Partitionsgrößen können Sie beliebig wählen – die Partition, auf der Sie Windows XP installieren, sollte bei üblichen Festplattengrößen jedoch nicht unter 4 GByte gewählt werden. Die Obergrenze für eine Partition setzen die Kapazität der Festplatte und die bereits für andere Partitionen geopferten Festplattenanteile. In der Tabelle sehen Sie in Beispiel für eine Partition eines PCs mit zwei Festplatten und parallel installiertem Windows 98 SE:

Festplatte 1: 20 GByte	Dateisystem	Verwendung
Partition 1–10 GByte	FAT32	Windows 98 SE – Systempartition + Programme
Partition 2–8 GByte	NTFS	Windows XP + Programme
Partition 3–2 GByte	FAT32	Archiv: Bilder und wichtige Dokumente
Festplatte 2:30 GByte	Dateisystem	Verwendung
Partition 1–30 GByte	NTFS	Videodaten für digitalen Videoschnitt

Neuinstallation auf einer leeren Festplatte

1   Starten Sie das Installationsprogramm. Haben Sie von der CD bzw. Disketten gebootet, empfängt Sie das Installationsprogramm im Textmodus.

2   Ein Willkommensbildschirm erscheint. Drücken Sie die [Enter]-Taste. Anschließend wird der Lizenzvertrag angezeigt, dem Sie zustimmen müssen. Stimmen Sie dem Lizenzvertrag mit [F8] zu.

3   Es folgt die Einrichtung der Festplatte, die Partitionierung: Es erscheint im Textmodus der Partitionsbildschirm. Im unteren Teil des Bildschirms ist eine Liste von bestehenden Partitionen und nicht partitionierten Bereichen auf diesem Computer aufgeführt. Bei einer nagelneuen Festplatte werden Sie in der Regel einen unpartitionierten Bereich angezeigt bekommen. Sie müssen nun über die angegebenen Tasten die gewünschten Partitionen anlegen. Haben Sie Ihre Platte nach Ihren Vorstellungen partitioniert, wird die von Ihnen gewählte Partition formatiert. Wählen Sie das gewünschte Dateisystem aus und bestätigen Sie mit der [Enter]-Taste. Ihre Festplatte wird nun formatiert.

4 Nachdem das Windows-Setup einige Dateien auf Ihre Festplatte kopiert hat, werden Sie zu einem Neustart aufgefordert. Bestätigen Sie mit der ⸨Enter⸩-Taste. Das Installationsprogramm startet nun im grafischen Modus.

5 Welche persönlichen Einstellungen für den Betrieb von Windows in den folgenden Dialogfeldern vorgenommen werden müssen, erfahren Sie in Kapitel 14.1.

6 Nun beginnt die eigentliche Installation. Das Kopieren der notwendigen Dateien auf Ihre Festplatte kann bis zu 30 Minuten dauern. Windows XP muss Ihr System noch einmal neu booten, um alle Einstellungen zu speichern. Es startet nun der Einrichtungs-Assistent. Klicken Sie auf *Weiter* und folgen Sie den Anweisungen auf dem Bildschirm.

Neuinstallation ausgehend von Windows 98/ME oder Update

Bei einem Update von einer älteren auf eine neue Version hat man den Vorteil, dass alle Ihre Programme auf Anhieb funktionieren sollten (mit Ausnahme der alten 16-Bit-Anwendungen!). Diese Variante hat aber auch den Nachteil, dass Windows XP möglicherweise mit einer Menge Altlasten an den Start geht. All die vermurksten Einstellungen, alten Treiber und was sich sonst noch im Laufe Ihrer Aktivitäten und Versuche so angesammelt hat, schleppen Sie weiter mit. Eine Neuinstallation hat dieses Manko nicht und funktioniert in der Regel reibungsloser.

1 Legen Sie die Windows XP-CD ein. Das Setup-Programm startet automatisch. Geschieht das nicht, wählen Sie im Startmenü den Befehl *Ausführen* und geben „d:\setup" ein. Klicken Sie auf *OK*, um den Befehl auszuführen. Ersetzen Sie D: durch den Laufwerkbuchstaben, den Ihr CD-ROM-Laufwerk verwendet. Der Setup-Willkommensbildschirm erscheint.

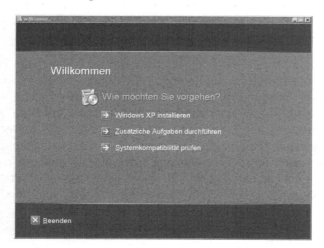

2 Haben Sie das Installationsprogramm unter Windows gestartet, werden Sie hier nach
der Installationsart gefragt.
Markieren Sie im Listenfeld
die von Ihnen favorisierte Installationsart (Update oder
Neuinstallation) und klicken
Sie auf *Weiter*.

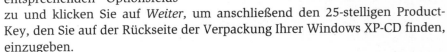

3 Stimmen Sie dem Lizenzvertrag durch das Markieren des
entsprechenden Optionsfelds
zu und klicken Sie auf *Weiter*, um anschließend den 25-stelligen Product-
Key, den Sie auf der Rückseite der Verpackung Ihrer Windows XP-CD finden,
einzugeben.

4 Im Fall einer Neuinstallation
müssen Sie weitere Optionen
über den Installationsort (*Erweiterte Optionen)* und mögliche Eingabehilfen einstellen,
die Sie für die Installation von
XP anpassen können. Weiterhin wählen Sie im Listenfeld
die zu verwendende Haupt-
sprache aus. Nachdem Sie
alles eingestellt haben, bestätigen Sie mit *Weiter*.

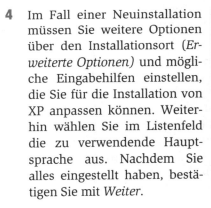

5 Wenn Windows XP erkennt, dass einige Programme oder Geräte eventuell
nicht unter XP funktionieren, wird ein Problembericht (Updatebericht) erstellt. Sie haben die Möglichkeit, zwischen *Nur Hardwareprobleme anzeigen
(empfohlen)*, *Vollständiger Bericht anzeigen* und *Den Bericht nicht anzeigen*
zu wählen. Der Bericht wird auf jeden Fall automatisch gespeichert und kann
nach dem Update eingesehen werden. Markieren Sie die Empfehlung von XP
und klicken Sie auf *Weiter*.

6 XP Home bietet den Anwendern, die bereits mit einer älteren Version von
Windows gestartet sind, ein dynamisches Update an, das Sie annehmen oder
überspringen können. Sind Sie am Internet angeschlossen, ist es empfehlenswert, die Setup-Dateien, die sich seit dem Erwerb Ihrer Installations-CD möglicherweise aktualisiert haben, gleich herunterzuladen.

Können Sie sich nicht entscheiden oder sind Sie unsicher – kein Problem.
Markieren Sie *Diesen Schritt überspringen und die Installation fortsetzen*.
Nach der Installation ist es jederzeit möglich, das Update nachzuholen. Die

Systemdateien werden jetzt auf Ihre Festplatte kopiert. Anschließend bootet das System neu und begrüßt Sie im Textmodus. Drücken Sie [Enter], um den Willkommensbildschirm zu übergehen.

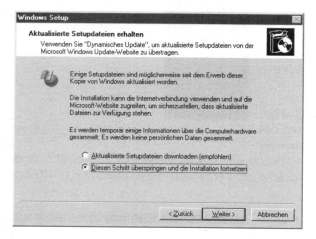

7 Während sich beim Update das neue System im Hintergrund einrichtet, dürfen Sie sich bei der Neuinstallation an diesem Teil mit den Partitionen auseinander setzen. Sind die Partitionen einmal erstellt und ist das Betriebssystem installiert, ist es sehr schwer, entsprechende Korrekturen durchzuführen. Nach der Partitionierung wird Ihre Festplatte formatiert. Übernehmen Sie jedoch die bereits bestehende(n) Partition(en), werden jetzt die entsprechenden Dateien in den Windows-Installationsordner kopiert. Dies kann einige Minuten in Anspruch nehmen. Anschließend erfolgt durch das System ein Neustart. Ist Ihr System neu gestartet, erscheint wieder die gewohnte grafische Installationsoberfläche.

8 **Optionen und Einstellungen für den Windows-Betrieb (nur bei Neuinstallation):** Während sich das Update ohne weitere Abfragen weiterhin von selbst installiert, müssen die Anwender, die sich für die Neuinstallation entschieden haben, einige Fragen des Setup-Programms beantworten. Bearbeiten Sie nun die aufeinander folgenden Dialogfelder und klicken Sie entsprechend auf *Weiter*.

9 **Installation von Windows:** In diesem Teil werden die eigentlichen Daten kopiert. Das ist der Punkt, an dem Ihr System verändert wird. Dieser Teil der Installation ist der längste und für Sie der unspektakulärste. Je nach System kann das bis zu 30 Minuten dauern. Danach wird ein dritter und letzter Neustart durchgeführt. Es startet nun der Einrichtungs-Assistent.

Die ersten Schritte nach dem Update

Nach dem letzten Neustart des Systems startet Windows den Einrichtungs-Assistenten, der Ihnen bei der Produktaktivierung und bei der Benutzerverwaltung unter die Arme greifen möchte.

1 Klicken Sie auf *Weiter*, um den Willkommensbildschirm zu überspringen.

2 An dieser Stelle werden Sie nun zum ersten Mal mit der neuen Windows-Lizenzierung von Microsoft konfrontiert. Sie sollten die Frage mit *Ja* beantworten, wenn Sie mit Ihrem neuen Betriebssystem länger als 30 Tage arbeiten möchten. Denn danach wird Ihr System ohne Aktivierung nicht mehr funktionieren. Entscheiden Sie sich für *Nein*, ist das für die nächsten 30 Tage kein Problem – Sie können uneingeschränkt mit Ihrem neuen Windows arbeiten. Denken Sie aber daran, die Aktivierung dann manuell zu starten (*Start/Weitere Programme/Windows aktivieren*), oder holen Sie die Aktivierung nach, wenn Windows automatisch daran erinnert. Sind Sie zu diesem Zeitpunkt noch nicht mit dem Internet verbunden, markieren Sie *Nein, in ein paar Tagen erinnern* und anschließend auf *Weiter*.

3 Nun bekommen Sie vom Einrichtungs-Assistenten eine Maske angeboten, in der Sie bis zu fünf Benutzer eingeben können. Die Namen werden dann später auf der Willkommenseite alphabetisch aufgelistet. Dies macht natürlich Sinn, wenn Sie diesen Computer mit anderen Benutzern gemeinsam verwenden wollen. Wenn Sie sich zu diesem Zeitpunkt noch nicht sicher sind, wer und wie viele Benutzer an diesem Computer später arbeiten werden, geben Sie im Feld *Benutzername* Ihren Namen ein und klicken anschließend auf *Weiter*. Sie haben nach der Installation jederzeit die Möglichkeit, weitere Benutzer anzulegen.

4 Klicken Sie auf *Fertig stellen*. Damit ist die Installation abgeschlossen.

Benutzer einrichten – ein guter Schutz

Kennen Sie auch die Situation – Sie kommen nach Hause, schalten Ihr System ein, und der Desktop ist verstellt, die Symbole sind nur noch teilweise vorhanden und die Dateien nicht mehr an der Stelle, an der sie gestern Abend noch waren. Und keiner will es gewesen sein. Wenn Ihnen diese oder ähnliche Situationen bekannt sind, dann richten Sie für jeden in der Familie ein Konto ein und vergeben ein Kennwort. Somit haben Sie kurzerhand und ohne viel Aufwand das Problem aus der Welt geschafft.

Der sichere Weg – die Parallelinstallation

Sie sind mit Ihrem jetzigen Betriebssystem zufrieden. Es läuft stabil, und Sie haben sich im Laufe der Zeit an Ihr System und dessen Eigenheiten „gewöhnt".

Sie wissen nicht so recht, was Ihnen das neue Betriebssystem für Vorteile bringt. Sie sind hin- und hergerissen - der eine Freund sagt dies, die Computerzeitschrift sagt das, und eine dritte Quelle sagt wieder etwas ganz anderes. Am liebsten würden Sie einfach mal selbst in die „neue Welt" reinschnuppern, ohne Ihr jetziges System aufgeben zu müssen - in diesem Fall sollten Sie eine Parallelinstallation durchführen. Sie hat den Vorteil, zuerst mal das neue Windows XP Home auf Herz und Nieren zu prüfen, ohne gleich einen Kahlschlag auf Ihrem Computer durchzuführen. Auf den Punkt gebracht, Sie geben nichts auf, außer ein bisschen Plattenplatz. Im nachfolgenden Beispiel wird gezeigt, wie Sie Windows XP Home zusätzlich zu einer eingerichteten Windows Millennium Edition installieren. Sie können XP natürlich nach Belieben auch parallel zu anderen Windows-Versionen installieren.

Parallel installieren zu anderen Systemen oder einem älteren Windows

Ich möchte Sie gleich an dieser Stelle sensibilisieren. Ganz so einfach, wie es sich anhört, ist es nicht. Wenn Sie ein weiteres Betriebssystem auf Ihrem Computer installieren möchten, sollten Sie das auf einer separaten Partition machen. Noch besser wäre eine eigene Festplatte. Sollte Ihr Computer diese Voraussetzung nicht mitbringen, rate ich Ihnen, von einer Parallelinstallation auf einer gemeinsamen Partition Abstand zu nehmen. Die Installation mehrerer Betriebssysteme auf einer Partition ist riskant und kann dazu führen, dass eines bzw. beide Betriebssysteme nicht mehr einwandfrei funktionieren. Weitere Informationen zur Installation mehrerer Betriebssysteme auf einem Computer erhalten Sie unter *http://www.microsoft.com/windows/multiboot.asp*.

Das „ältere" Betriebssystem zuerst

Denken Sie daran, wenn Sie eine Parallelinstallation mit einer leeren Festplatte durchführen wollen, müssen Sie zuerst das „ältere" Betriebssystem funktionsfähig installieren. Danach erst installieren Sie Windows XP Home. Nach der Installation beider Betriebssysteme wird automatisch ein Boot-Manager installiert, der Ihnen beim Hochfahren Ihres Computers die Möglichkeit gibt, zwischen beiden Betriebssystemen zu wählen.

Im folgenden Beispiel gehe ich von folgender Ausgangsposition aus:

- Sie möchten eine Parallelinstallation durchführen.

- Auf Ihrem Computer befindet sich auf dem Laufwerk C: das Betriebssystem Windows 95/98/Millennium oder ein anderes Betriebssystem.

- Sie haben eine Partition (D:) für die Installation von Windows XP zur Verfügung. Wenn nicht, besteht die Möglichkeit, die bestehende Partition in zwei Partitionen aufzuteilen - vorausgesetzt, Ihre Festplatte ist groß genug. Sie müssen sich aber dann von Ihrem alten Betriebssystem trennen. Wie Sie Ihre

Festplatte in zwei logische Festplatten (Partitionen) einteilen, wird weiter hinten in diesem Kapitel beschrieben.

- Ihr Betriebssystem ist gestartet, und Sie haben die Windows-Installations-CD in das CD-ROM-Laufwerk eingelegt.

Die Parallelinstallation durchführen

1 Es erscheint automatisch der Willkommensbildschirm des Installationsprogramms von Windows XP Home. Klicken Sie auf *Windows XP installieren*, um die Parallelinstallation zu starten. Markieren Sie im Listenfeld die Installationsart *Neuinstallation*. Ausschließlich diese Einstellung ermöglicht Ihnen das Ändern des Installationsziels (Parallelinstallation). Im Folgenden müssen Sie noch dem Lizenzvertrag zustimmen und den 25-stelligen Product-Key, der auf der Rückseite der Verpackung Ihrer Windows-Installations-CD angebracht ist, eingeben. Klicken Sie jeweils auf *Weiter*. Es erscheint das Dialogfeld *Setupoptionen*.

2 In dem Dialogfeld *Setupoptionen* können Sie die *Installations-, Eingabehilfe- und Sprachoptionen* nach Ihren Bedürfnissen für die Installation anpassen. Haben Sie schon bei der Installation Schwierigkeiten, bestimmte Zahlen und Zeichen zu erkennen, klicken Sie auf die Schaltfläche *Eingabehilfen*. Klicken Sie auf *Weiter*, wenn Sie mögliche Einstellungen durchgeführt haben.

3 *Dynamisches Update:* Sind Sie bereits am Internet angeschlossen, ist es empfehlenswert, die Setup-Dateien, die sich seit dem Erwerb Ihrer Installations-CD möglicherweise aktualisiert haben, gleich herunterzuladen. Möchten Sie das dynamische Update nicht durchführen, markieren Sie *Diesen Schritt überspringen und die Installation fortsetzen*. Sie können jederzeit nach der Installation das dynamische Update nachholen. Nachdem Sie auf *Weiter* geklickt haben, führt Windows einen Neustart durch.

4 Nach dem Neustart werden Sie im klassischen Textmodus vom Setup-Programm begrüßt. Drücken Sie die [Enter]-Taste, um die Installation von Windows XP zu starten.

5 Wählen Sie im Partitionsbildschirm einen unpartitionierten Bereich aus, auf dem Sie Windows XP Home installieren möchten, und drücken Sie die [Enter]-Taste. Wählen Sie das Dateiformat aus. Markieren Sie *Partition mit dem NTFS-Dateisystem formatieren*, wenn Sie alle Vorzüge des neuen Dateisystems nutzen wollen. Denken Sie aber daran, dass Dateisysteme, die unter FAT formatiert sind, nicht auf Dateisysteme, die mit NTFS formatiert sind, zugreifen können. Umgekehrt ist der Zugriff möglich. Möchten Sie Daten von Windows XP über Ihr bestehendes Betriebssystem gemeinsam nutzen, müssen Sie *Partition mit dem FAT formatieren* auswählen. In Kapitel 15.6 auf Seite 677 erfahren Sie mehr über Partitionen und Formatierung. Haben Sie sich für ein Dateisystem entschieden, drücken Sie die [Enter]-Taste. Die Partition wird nun formatiert.

6 Nach einem weiteren Neustart wechselt das Installationsprogramm vom text-basierten Modus in den grafischen Modus. Während dieser Installationspha-se werden Sie vom Setup-Programm mit einigen Fragen konfrontiert. Be-arbeiten Sie nun die aufeinander folgenden Dialogfelder und klicken Sie ent-sprechend auf *Weiter*.

7 Während Ihr System ein letztes Mal einen Neustart durchführt, werden Sie unschwer erkennen können, dass Windows nun einen Boot-Manager einge-richtet hat. Sie haben nun 30 Sekunden Zeit, Ihr gewünschtes Betriebssystem auszuwählen.

Windows startet jetzt den Einrichtungs-Assistenten. Bearbeiten Sie die ein-zelnen Schritte und klicken Sie entsprechend auf *Weiter*.

Boot-Manager anpassen – Welches Betriebssystem soll standardmäßig starten?

Bei einer Parallelinstallation wird von Windows automatisch ein so genannter Boot-Manager installiert. Dieser Boot-Manager hat einfach die Funktion, Ihnen die Auswahlmöglichkeit zu geben, das von Ihnen gewünschte Betriebssystem zu starten. Sie haben dafür 30 Sekunden Zeit (Standardeinstellung).

Haben Sie sich in dieser Zeit nicht entschieden, wird das erste Betriebssystem in der Liste, in unserem Beispiel wird Windows XP Home sein, gestartet. Wenn Ihnen diese Einstellungen nicht zusagen, haben Sie die Möglichkeit, das Stan-dardbetriebssystem und die Standzeit der Liste anzupassen:

1 Öffnen Sie im Startmenü von Windows XP die Systemsteuerung. Klicken Sie auf *Leistung und Wartung*. Öffnen Sie mit einem Klick das Symbol *System*. Es erscheint das Dialogfeld *Systemeigen-schaften*.

2 Klicken Sie auf das Register *Erweitert*. In der unteren Hälfte finden Sie *Starten und Wiederherstellen*. Öffnen Sie durch das Anklicken der Schaltfläche *Einstel-lungen* das Dialogfeld *Starten und Wie-derherstellen*.

3 Im Listenfeld *Standardbetriebssystem* unter *Systemstart* markieren Sie Ihr fa-vorisiertes Betriebssystem, das beim Hochfahren automatisch startet, wenn die Zeit abgelaufen ist. Benötigen Sie mehr Zeit für den Boot-Manager oder möchten Sie, dass es etwas schneller geht, ändern Sie die Zeit ab. Fünf Sekunden ist ein guter Wert und reicht in der Regel aus, das gewünschte Betriebssystem auszuwählen.

4   Klicken Sie auf *OK*, um die Einstellungen zu speichern. Beim nächsten Neustart werden die Einstellungen greifen.

XP im Parallelbetrieb mit anderen Systemen

Windows XP Home benutzt zur Verwaltung mehrerer Betriebssysteme eine Datei namens *Boot.ini*. Sie sorgt dafür, dass Sie beim Systemstart eine Liste möglicher Betriebssysteme erhalten, zwischen denen Sie wählen können. Wie bei vielen anderen Systemdateien haben Sie natürlich die Möglichkeit, die *Boot.ini* mit dem NotePad-Tool zu bearbeiten. Hierzu müssen Sie allerdings vorher die Attribute *Schreibgeschützt*, *Versteckt* und *System* von der Datei entfernen.

Die Dateisysteme NTFS und FAT im Parallelbetrieb

Sollten Sie Windows XP Home parallel zu Windows 95/98 oder ME installiert haben, werden Sie eventuell feststellen, dass Sie unter dem älteren Betriebssystem keinen Zugriff mehr auf die von XP verwendeten Partitionen haben. Dies hat einen einfachen Grund: Sie haben Windows XP unter dem Dateisystem NTFS installiert. Dies empfiehlt sich auch, da viele Features von Windows XP nur mit NTFS zur Verfügung stehen. Jedoch wird NTFS eben nicht von Windows 9x unterstützt. Schnelle Abhilfe schafft da ein kleines Freewareprogramm namens NTFS for Windows 98. Es stattet die alten Windows-Versionen mit den nötigen Treibern aus, sodass Sie auch auf die Partitionen von Windows XP zugreifen können. Das Programm kann unter *http://www.sysinternals.com/ntw2k/freeware/ntfswin98.html* kostenlos heruntergeladen werden.

Verwaltung des Windows-Starts mit Msconfig

Mit Msconfig können Sie angeben, welche Einstellungen und Befehle beim Starten von Windows XP verarbeitet werden. So können Sie beispielsweise bestimmen,

- welche Treiber beim Start von Windows XP geladen werden sollen,
- welche Teile der Dateien *System.ini* und *Win.ini* beim Start verarbeitet werden sollen,
- welche Befehle Windows XP direkt nach dem Starten ausführen soll,
- welche Windows-Dienste gestartet werden sollen,
- wie Windows XP beim Starten mit der Datei *Boot.ini* verfahren soll.

So starten Sie Msconfig

1   Wählen Sie im Startmenü von Windows XP den Menüpunkt *Ausführen*. Eine Eingabezeile erscheint.

2 Klicken Sie auf die Zeile und geben Sie „msconfig.exe" ein. Klicken Sie zum Bestätigen auf *OK*. Msconfig wird geöffnet.

Wo ist eigentlich Regedt32.exe in Windows XP?

Microsoft hat in Windows XP die Funktionalitäten der beiden Tools Regedit und Regedt32 zusammengeführt. Somit brauchen Sie zum Editieren sämtlicher Registry-Einstellungen nur noch *Regedit.exe* aufzurufen. Ein Aufruf von *Regedt32.exe* hat übrigens genau dasselbe Ergebnis – der Registry-Editor wird gestartet.

Never change a winning team? – Testinstallation entfernen

Kann ich Windows XP Home wieder von meinen Computer herunterlöschen? Ja, Sie können. Sie haben zum Beispiel ein Update von einer früheren Version durchgeführt und wollen aus irgendeinem Grund Windows XP deinstallieren, um wieder mit Windows 98 oder Millennium zu arbeiten. Oder Sie haben eine Parallelinstallation durchgeführt und sind zu der Erkenntnis gekommen, niemals gleich die erste Version von Windows einzusetzen und besser das erste Update abzuwarten.

Vielleicht hat Sie Windows nach dem Update so überzeugt, dass Sie sich entschieden haben, in Zukunft mit Windows XP zu arbeiten? Dann löschen Sie Ihre Systemdateien der älteren Version.

Entscheidung für XP – Windows XP behalten und alte Systemdateien loswerden

An dieser Stelle des Deinstallationprogramms haben die Anwender, die ein Update durchgeführt und sich für Windows XP Home entschieden haben, die Möglichkeit, die Systemdateien der früheren Version zu löschen. Mit dieser Aktion verabschieden Sie sich endgültig von Ihrem alten Betriebssystem.

Windows XP Home deinstallieren

Ganz klar, Windows XP Home ist das bisher stabilste Windows, das Microsoft auf den Markt gebracht hat. Auch das Warten auf das erste Update wird von Microsoft durch das Online-Update (in Kapitel 15 wird das Online-Update ausführlich beschrieben) überflüssig. Gibt es dennnoch Zweifel oder haben Sie Ihren uralten Zweit- oder Dritt-PC mit Windows XP überfordert und wollen dort doch Ihr älteres Windows weiterverwenden, stellt Windows XP Home für die Deinstallation ein entsprechendes Programm zur Verfügung.

Führen Sie folgende Schritte aus, um Windows XP von Ihrem Computer zu entfernen.

1 Öffnen Sie in der Systemsteuerung das Symbol *Software*. Es erscheint das Dialogfeld *Software*. Sie sehen eine Liste der zurzeit installierten Programme.

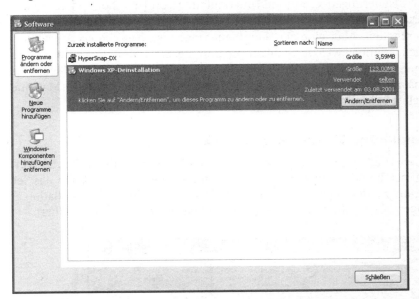

2 Markieren Sie *Windows XP-Deinstallation* und klicken Sie auf die Schaltfläche *Ändern/Entfernen*. Markieren Sie *Windows XP deinstallieren* und klicken Sie auf *Weiter*.

3 Beantworten Sie die Sicherheitsabfrage mit *Weiter*, um Windows XP zu löschen. Nach wenigen Minuten startet Ihre frühere Version wieder, und Sie können wie gewohnt weiterarbeiten.

15.3 Service Packs installieren und Installations-CDs aktualisieren

Mit den so genannten Service Packs erhalten Sie Sammlungen von fehlerbereinigten Windows-Dateien und Verbesserungen, die Microsoft im Zuge der Produktpflege entwickelt hat. Damit Sie Ihr Windows XP Home optimal in Schuss halten, sollten Sie neben dem Internet-Update auch die Service Packs installieren. Wer Windows ab und an neu installiert, spart sich Update-Arbeit, wenn er sich aktuellere Installations-CDs „baut" und fachgerecht brennt.

Service Packs von Windows XP

Service Packs enthalten in erster Linie unzählige Updates und Sicherheitspatches. Außerdem wurden für zahlreiche Hardwaregeräte neue Treiber bereitgestellt. Zudem wurden Internet Explorer und Media Player aktualisiert. Zu den weiteren Neuerungen gehört die Unterstützung von USB 2.0, und eine Java Virtuell Machine ist jetzt auch mit an Bord. Ursprünglich war diese bei Windows XP nicht enthalten. Aber eine der Hauptneuerungen ist, dass Sie als Anwender nun festlegen können, welche Standardprogramme Sie unter Windows XP nutzen wollen. Sie können den Internetbrowser, das Mailprogramm, den Media Player, den Instant Messenger und die zu verwendende Standard-Virtual Machine für Java selbst bestimmen.

So installieren Sie ein Service Pack

Eine Neuerung, auf die Microsoft aus verständlichen Gründen sehr viel Wert gelegt hat, ist die Erkennung von illegalen Windows-Versionen. Erkennt das Service Pack während der Installation eine solche Version, bricht es die Installation ab. In der folgenden Anleitung wird stellvertretend das Service Pack 1 installiert.

Ist die installierte Version von Windows XP nicht korrekt aktiviert, bekommen Sie eine Fehlermeldung – das Setup bricht ab.

1 Legen Sie die Service Pack-CD in das CD-Laufwerk Ihres Computers. Die Autostart-Funktion öffnet die Setup-Willkommenseite. Blättern Sie zu *Installieren von Service Pack 1* und klicken Sie auf *hier*, um das SP1 zu installieren.

2 Klicken Sie anschließend auf die Schaltfläche *Öffnen*, um das Programm XPsp1.cmd zu starten. Haben Sie Ihr Service Pack aus dem Internet geladen, starten Sie die Installation von der Festplatte aus. Die Dateien werden dekomprimiert, und es startet anschließend der Windows XP Service Pack 1 Setup-Assistent.

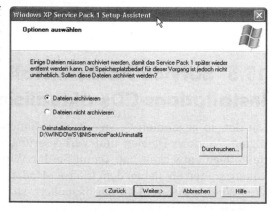

3 Klicken Sie auf *Weiter*, um den Willkommensbildschirm zu übergehen, und stimmen Sie dem Lizenzvertrag zu. Klicken Sie auf *Weiter*.

4 Markieren Sie die Option *Dateien archivieren*, damit Windows einen De-installationsordner im Windows-Verzeichnis anlegt. Nur wenn auf der Festplatte nicht genügend freier Speicherplatz zur Verfügung steht, sollten Sie auf den Deinstallationsordner verzichten. Klicken Sie auf *Weiter*.

5 Windows XP überprüft nun den erforderlichen Speicherplatz auf Ihrem Computer. Steht genügend Speicherplatz für den Deinstallationsordner zur Verfügung, werden die Daten gesichert. Das kann bis zu einer halben Stunde dauern. Verzichten Sie auf das Anlegen eines Deinstallationsordners, kann die Zeit erheblich verkürzt werden.

6 Nach der erfolgreichen Installation klicken Sie auf *Fertig stellen*. Ihr Computer startet automatisch neu.

Installationsordner ServicePackFiles

Während der Installation des SP1 wird im Windows-Verzeichnis ein Ordner mit dem Namen *ServicePackFiles* angelegt. In diesem Ordner finden Sie das komplette Service Pack in dekomprimierter Form. War es zu NT-Zeiten noch so, dass man nach Änderungen am System oder dem Einspielen von Treibern von der Original-CD das SP nochmals installieren musste, ist es bei Windows XP so, dass die Dateien automatisch aus diesem Verzeichnis gezogen werden.

Kein Platz auf der Festplatte für den Installationsordner ServicePackFiles

Der Installationsordner *ServicePackFiles* benötigt 270 MByte freien Festplattenspeicher. Haben Sie auf der Systempartition nicht so viel Platz, verschieben Sie die Dateien auf eine andere Partition.

So verschieben Sie den Installationsordner

1 Öffnen Sie den Explorer und verschieben Sie den Ordner *ServicePackFiles* im Windows-Verzeichnis auf eine andere Partition oder Festplatte. Schließen Sie den Explorer.

2 Klicken Sie im Startmenü auf *Ausführen* und geben Sie „regedit" ein, um den Registrierungseditor zu starten. Navigieren Sie im linken Verzeichnispfad zu *HKEY_LOCAL_MACHINE\Software\Microsoft\CurrentVersion\Setup*. Öffnen Sie im rechten Teilfenster des Editors den Schlüssel *ServicePackSourcePath*.

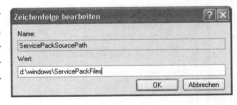

3   Geben Sie den neuen Speicherort ein. Klicken Sie auf *OK* und schließen Sie den Registrierungseditor. Starten Sie den Computer neu.

So arbeiten Sie mit dem Service Pack 1

1   Der Zugriff auf die Service Pack-Optionen erfolgt über *Start/Alle Programme/Programmzugriff und -standards* oder alternativ über *Systemsteuerung/Software*.

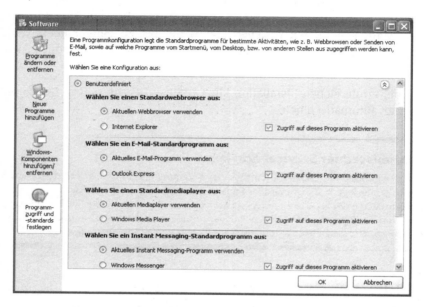

2   Das Fenster *Software* hat sich um die Rubrik *Programmzugriff und -standards festlegen* erweitert. Öffnen Sie die Option *Benutzerdefiniert*, wenn Sie sich gegen eine Microsoft-Anwendung entscheiden, und markieren Sie entsprechend die Optionsfelder.

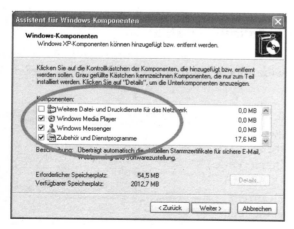

3 Klicken Sie in der linken Spalte auf *Windows-Komponenten hinzufügen/entfernen*, um gegebenenfalls den Windows Media Player und den Windows Messenger zu löschen. Die anderen Anwendungen werden nicht vom System gelöscht, sondern lediglich deaktiviert.

Installations-CDs mit integrierten Service Packs erstellen

Unter gewissen Umständen kann es ganz nützlich sein, die Service Packs direkt in die Installations-CD zu integrieren. Dadurch spart man sich das zeitaufwendige Aufspielen der Service Packs zum Beispiel in Netzwerken. Bevor Sie eine Windows XP-Boot-CD mit integriertem Service Pack erstellen, können Sie bereits im Vorfeld folgende Vorbereitungen treffen.

1 Legen Sie sich die Original-Windows XP-Installations-CD bereit.

2 Besorgen Sie sich gegebenenfalls ein gutes Brennprogramm – etwa Nero oder CD Creator. Die Anleitung wird mit dem CD-Brennprogramm Nero Burning Rom durchgeführt. Es ist aber kein Problem, wenn Sie ein anderes Programm bevorzugen. (Eine vollwertige Testversion von Nero Burning Rom können Sie unter *http://www.ahead.de* downloaden.)

3 Ein ganz wichtiger Punkt: die Boot-Imagedatei. Diese Datei wird später der Brennsoftware als Boot-Image dienen. Das Sammeln der benötigten Dateien und das Erstellen einer Boot-Imagedatei ist sehr mühsam und Zeit raubend. Aus diesem Grund suchen Sie die Boot-Imagedatei besser als fertigen Download im Internet: Die Datei heißt *Boot.bin*, Google hilft wie immer bei ihrer Suche ...

4 Benötigt wird weiterhin das aktuelle Service Pack – zum jetzigen Zeitpunkt ist es SP2 – in der richtigen Sprachversion (ca. 175 MByte groß),

5 und außerdem eine CD-R oder CD-RW. Eine CD-RW ist besser, da diese bei Fehlversuchen wieder verwendet werden kann.

6 Erstellen Sie einen neuen Ordner mit dem Namen *XP* auf einem beliebigen Festplattenlaufwerk. Welches Laufwerk Sie benutzen, ist nicht relevant – Sie benötigen allerdings mindestens 800 MByte freien Festplattenspeicher.

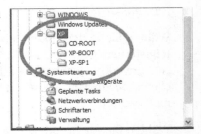

7 Erstellen Sie im Ordner *XP* nacheinander die Ordner *CD-ROOT*, *XP-BOOT* und *XP-SP1*. Kopieren Sie den kompletten Inhalt – auch die versteckten Dateien – der Windows XP-Installations-CD in den Ordner *CD-ROOT*.

8 Legen Sie jetzt die Service Pack 1-CD in das CD-Laufwerk Ihres Computers und unterbrechen Sie die Autostart-Funktion bzw. schließen Sie den Begrüßungsbildschirm.

9 Klicken Sie im Startmenü auf *Ausführen* und geben Sie folgenden Befehl ein:

`<CD-Laufwerk>\XPSP1.EXE –U –X:<Festplattenlaufwerk>\XP\XP-SP1`

Klicken Sie auf *OK*, um das Service Pack 1 im Ordner *XP-SP1* auf Ihrem Festplattenlaufwerk zu dekomprimieren.

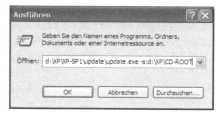

10 Klicken Sie, nachdem die Dekomprimierung erfolgreich abgeschlossen ist, noch einmal im Startmenü auf *Ausführen* und geben Sie jetzt diesen Befehl ein:

`<Festplattenlaufwerk>\XP\XP-SP1\UPDATE\UPDATE.EXE`
`–S:<Festplattenlaufwerk>\XP\CD-ROOT`

Klicken Sie auf *OK*, um die Service Pack-Dateien in den Windows XP-Installationsordner zu integrieren.

11 Kopieren Sie die Boot-Imagedatei *Boot.bin*, die Sie im Zuge der vorbereitenden Maßnahmen aus dem Internet heruntergeladen haben, in den Ordner *<Festplattenlaufwerk>\XP\XP-BOOT*.

Vorbereitung zum Brennen unter Nero Burning Rom

1 Erstellen Sie nun eine neue Boot-CD mit Ihrem CD-Brennprogramm. In unserem Beispiel ist es Nero Burning Rom. Klicken Sie gegebenenfalls in der Menüleiste auf *Datei* und anschließend auf *Neu*. Es öffnet sich das Fenster *Neue Zusammenstellung*.

2 Wählen Sie in der linken Leiste das Symbol *CD-ROM (Boot)* und danach das Registerblatt *Startopt*. Markieren Sie das Optionsfeld *Imagedatei* und geben „*<Laufwerkbuchstabe>\XP\XP-BOOT\boot.bin*" in das Textfeld ein oder klicken auf *Durchsuchen*, wenn Sie den genauen Pfad der Boot-Imagedatei nicht mehr wissen.

3 Wählen Sie im Dropdown-Feld *Art der Emulation* den Eintrag *Keine Emulation* aus. Die *Startmeldung* und das *Ladesegment* übernehmen Sie, und die *Anzahl zu ladender Sektoren* erhöhen Sie auf 4.

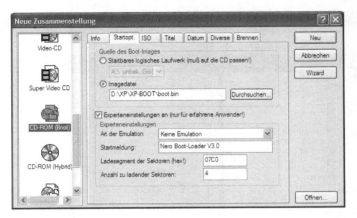

4 Öffnen Sie die Registerkarte *ISO*. Markieren Sie unter *Länge der Datei- und Ordnernamen* das Optionsfeld *ISO-Level 1 (Max. 11 =8+3 Zeichen)*. Bei *Format* markieren Sie *Mode 1*, und beim *Zeichensatz* fällt die Wahl auf *ISO 9660*. Markieren Sie alle drei Kontrollkästchen unter *ISO-Restriktionen lockern*. Achten Sie insbesondere darauf, dass das Kontrollkästchen *ISO ´;1´Datenversion nicht schreiben* markiert ist, andernfalls wird Ihre CD nicht booten.

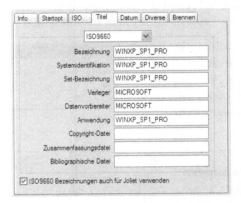

5 Klicken Sie auf das Registerblatt *Titel*. Wählen Sie im Dropdown-Feld den Wert *ISO 9660* und geben Sie Ihrer Boot-CD eine *Bezeichnung*. Im Beispiel heißt sie *WinXP_SP1_PRO*. Die anderen Felder können Sie, müssen Sie aber nicht ausfüllen.

6 Öffnen Sie die Registerkarte *Datum* und markieren Sie das Feld *Datum und Uhrzeit der Originaldatei verwenden*. Klicken Sie auf die Schaltfläche *Neu*.

7 Navigieren Sie im *Datei Browser* (rechtes Fenster) auf den Ordner *<Festplattenlaufwerk>\XP\CD-ROOT* und klicken Sie anschließend auf *Bearbeiten/Alle auswählen*. Ziehen Sie per Drag & Drop die markierten Dateien vom *Datei Browser* in das *ISO1-Fenster*. Klicken Sie auf das Symbol *CD-Brennen* in der Symbolleiste. Es öffnet sich die Registerkarte *CD-Brennen*.

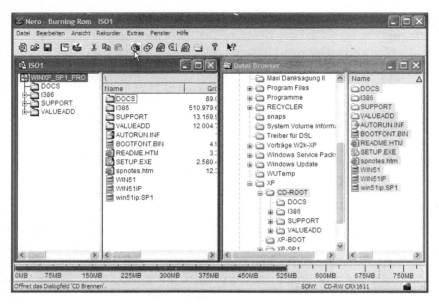

8 Markieren Sie die Kontrollkästchen *Brennen* und *CD fixieren (Kein weiteres Brennen möglich)*. Wählen Sie eine Schreibgeschwindigkeit und markieren Sie das Kontrollkästchen *Power Burn* – sofern Ihr Brenner es unterstützt.

9 Legen Sie jetzt nur noch den CD-Rohling in den CD-Brenner und klicken Sie auf die Schaltfläche *Brennen*. Warten Sie, bis der Brennprozess erfolgreich abgeschlossen ist. Ihre Windows XP-Boot-CD mit integriertem Service Pack 1 ist nun fertig.

Zum Testen die Bootreihenfolge ändern

Möchten Sie gleich Ihre neu erstellte Windows XP-Boot-CD ausprobieren, denken Sie daran, dass Sie gegebenenfalls die Bootreihenfolge im BIOS ändern müssen, damit der Computer zuerst von der CD bootet.

15.4 Sonderfall Recovery-CD

Wenn Sie sich einen Computer kaufen, auf dem Windows XP Home bereits installiert ist (pre-installed), handelt es sich bei der Software in der Regel um eine OEM-Lizenz (**O**riginal **E**quipment **M**anufacture). Was bedeutet das für Sie? Große Hersteller von Personal Computern vereinbaren mit dem Softwarehersteller, in unserem Fall ist es die Firma Microsoft, große Abnahmemengen, um bessere Konditionen zu erhalten. Der daraus resultierende Preisvorteil zahlt sich für den Kunden, für Sie in diesem Fall, in barem Geld aus. Sie bekommen vollwertige

Software mit Lizenzen, und zwar nicht wenig davon, fast umsonst beim Kauf eines Computers mitgeliefert. Einzige Einschränkung: Der Hersteller und Sie verpflichten sich gegenüber dem Softwarehersteller, dass die als OEM bezeichnete Software ausschließlich mit einem Computer, und zwar auf dem vorinstallierten, ver- und betrieben wird. Aus diesem Grund bekommen Sie keine originale Windows XP Home-Installations-CD mitgeliefert, sondern eine so genannte Recovery-CD.

Recovery-CD – ein unvollständiges Windows?

Die Recovery-CD wird nicht von Microsoft direkt ausgeliefert, sondern wird vom jeweiligen Computerhersteller selbst erstellt. Sie bekommen eine originale, vollständige und lizenzierte Software. Da die Recovery-CD von den meisten Herstellern selbst erstellt wird, werden noch die richtigen Treiber, mögliche Updates etc. gleich mit auf die CD gebrannt. Genau genommen bekommen Sie eigentlich in der Regel mehr als ein vollständiges Windows. Im einfachsten Fall kann die Recovery-CD zum Beispiel lediglich den Ursprungszustand der Bootpartition wiederherstellen. Sie kann aber auch exakt so aufgebaut sein wie eine Original-CD (bis auf das optische Erscheinungsbild des externen Datenträgers). Andere nutzten die Möglichkeit, eigene und an die konkrete Hardware angepasste Optionen zu realisieren, sodass der Endkunde z. B. im Bedarfsfall ein Auswahlmenü bekommt, mit dem er selbst entscheiden kann zwischen Reparatur oder kompletter Neuinstallation des Systems. Genauere Informationen, wie der Datenträger konkret aufgebaut ist und funktioniert, erfragen Sie bei Ihrem Händler oder beim Computerhersteller selbst.

Wie funktioniert die Recovery-CD, und was steckt dahinter?

Wir wissen nun, dass OEM-Software ausschließlich für einen bestimmten Computer vorgesehen ist. Diese enge Verbindung zwischen Hard- und Software garantiert den Computerherstellern und Ihnen einen enormen Preisvorteil und für den Softwarehersteller, dass kein unkontrollierter Graumarkt entsteht. Aus diesem Grund binden alle großen PC-Hersteller ihre OEM-Software via COA (**C**ertificate **O**f **A**uthencity) und BIOS-Erkennung an den dazugehörigen Computer. Das COA-Label wird direkt auf dem PC-Gehäuse aufgebracht und nicht mehr wie früher auf dem Handbuch zur Software. Als weiterer Schutz gegen das für Hersteller und Kunden gleichermaßen schädliche „Entbundeln" wird die Software mit einer BIOS-Kennung an den PC gebunden. Hier spricht man vom so genannten BIOS-Look!

Strategien für das Recovery – ohne Datenverlust

Aus technischer Sicht können Sie Ihr Windows immer wieder installieren, solange Sie Ihren Computer nicht wechseln. Aufgrund dieser „Einschränkung" gibt es keinen Grund, jetzt große strategische Maßnahmen bezüglich Ihrer Daten zu veranlassen. Microsoft hat keine Sperre oder sonstige Hinternisse „eingebaut", die das regelmäßige Erstellen eines eigenen Backups verhindert. Microsoft weist auch immer wieder darauf hin, dass es empfehlenswert ist und in der Verantwortung des Endanwenders selbst liegt, regelmäßig Sicherungskopien der eigenen Dateien zu erstellen. Nehmen wir also den schlimmsten Fall an, dass Windows XP Home nicht mehr startet.

Legen Sie einfach die Recovery-CD in Ihr CD-ROM-Laufwerk und starten Sie das System über CD. Selbst wenn lediglich der Ursprungszustand erstellt wird und Ihre kompletten Dateien und Einstellungen überschrieben werden – durch Ihre regelmäßige Datensicherung erleiden Sie hier keinen Schiffbruch. Selbst ein Austausch der meisten Komponenten wie zum Beispiel Soundkarte, Grafikkarte, CD-ROM-Laufwerk, Modem etc. stellt keine Probleme dar. Welche Bestandteile diesbezüglich kritisch sind, kann von Hersteller zu Hersteller variieren und sollte vorab beim Händler oder beim Hersteller selbst geklärt werden.

> ### BIOS-Look – was bedeutet das eigentlich?
>
> Der BIOS-Look ist ein technischer Mechanismus, der das Setup nur unter bestimmten Bedingungen ausführen lässt. Ein spezieller Code, entwickelt vom OEM, verhindert, dass der Inhalt des externen Installationsmediums, zum Beispiel der Recovery-CD, mit Ausnahme zusätzlicher Dateien wie Treiber und herstellerspezifische Tools, auf einem anderen Computer als auf dem des Hardwareherstellers verwendet werden kann. Der BIOS-Look setzt das technisch um, was bisher schon die Lizenzbedingungen in der EULA (**E**nd **U**ser **L**icense **A**greement) nicht erlauben.

15.5 Microsoft Produktaktivierung (MPA) – was steckt wirklich dahinter?

Sicherlich haben Sie schon die verschiedensten Schauergeschichten über Microsofts neues Lizenzierungsverfahren gehört. Und ich bin mir auch ganz sicher, dass Sie nun ziemlich verunsichert sind. Woher kommt denn nun Ihre Verunsicherung? Ich sage es Ihnen. Keine der so genannten Informationen waren vollständig, und keiner der Informanten konnte so hundertprozentig Aufklärung betreiben. Im folgenden Abschnitt erfahren Sie alles, was Sie über MPA wissen müssen.

Was ist die Microsoft Produktaktivierung (MPA)?

Bei der MPA handelt es sich um eine Technologie zur Reduzierung von Softwarepiraterie. Die Aktivierung erfolgt über einen schnellen, einfachen und bequemen Prozess, bei dem die Anonymität des Benutzers jederzeit gewahrt bleibt. Lediglich das Land, in dem die Software eingesetzt wird, muss angegeben werden. Die Produktaktivierung ist nichts Neues für Microsoft. Sie wurde erstmals bei der Einführung von Office 2000 in sechs Ländern getestet – in Australien,

Brasilien, Kanada, China, Neuseeland und den USA. Seitdem sind 6 Millionen Aktivierungen erfolgreich durchgeführt worden. Das umfangreiche Feedback von Benutzern, das Microsoft im Zusammenhang mit dem Test erhalten hat, wurde übernommen und in die nächsten Versionen der Aktivierungssoftware eingearbeitet.

Der Hauptgrund für den Einsatz der Aktivierungssoftware ist, dass Softwareprodukte legal und entsprechend den Bestimmungen des Endbenutzer-Lizenzvertrags (EULA) installiert werden. Dadurch wird sie einen wesentlichen Beitrag zur Reduzierung von Softwarepiraterie leisten. Bei Installationen, die nicht der Lizenzvereinbarung entsprechen, ist keine Aktivierung der Software möglich. Hierdurch wird verhindert, dass unlizenzierte und illegale Kopien von Microsoft-Produkten erstellt und genutzt werden. Einige Eckdaten von Microsoft: 1999 – Schaden durch Softwarepiraterie in Deutschland: circa 1,25 Mrd. DM (652 Mio. US-Dollar), die Softwarepiraterie-Rate liegt bei 27 % im Businessbereich.

Wie funktioniert die MPA?

Zwei Methoden stehen für die Aktivierung durch den Endbenutzer zur Verfügung: Sie kann sowohl über das Internet als auch per Telefon über eine gebührenfreie Telefonnummer erfolgen. Im Fall einer Aktivierung über das Telefon geben Sie einen Installationscode (Installationscode und Telefonnummer erhalten Sie vom Aktivierungs-Assistenten) an und erhalten von einem Microsoft-Kundendienstmitarbeiter einen Bestätigungscode, der dann von Ihnen eingegeben werden muss.

Im Fall einer Aktivierung über das Internet laufen die Aktivierung und der dabei ablaufende Austausch der beiden Codes automatisch ab. Dieser Vorgang dauert lediglich ein paar Sekunden, während die Aktivierung per Telefon einige Minuten Ihrer Zeit in Anspruch nehmen wird.

MPA durchführen – mit dem Aktivierungs-Assistenten

Die Aktivierung von Windows XP muss innerhalb von 30 Tagen erfolgen – ein Umstand, auf den Sie bei jeder Anmeldung sowie in regelmäßigen Abständen hingewiesen werden. Sollten Sie nicht innerhalb des vorgegebenen Zeitraums aktivieren, ist ein funktionsfähiger Einsatz der Software erst wieder nach erfolgter Aktivierung möglich. Um Ihr Windows XP zu aktivieren, gehen Sie wie folgt vor:

1 Entweder Sie werden vom System aufgefordert, dann gehen Sie dieser Aufforderung nach, oder Sie starten manuell den Aktivierungs-Assistenten. Öffnen Sie *Windows aktivieren* im Startmenü unter *Alle Programme*. Es erscheint der Begrüßungsbildschirm *Windows aktivieren*. Markieren Sie *Ja, Windows jetzt über das Internet aktivieren*, wenn Sie eine Internetverbindung haben. Markieren Sie *Ja, Windows telefonisch über den Kundendienst aktivieren*, wenn Sie noch nicht „online" sind. Haben Sie sich für eine Aktivierungsart entschieden, klicken Sie auf *Weiter*.

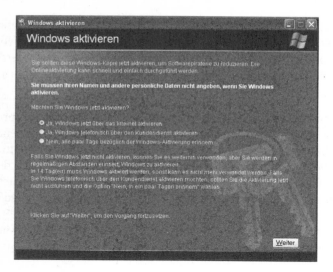

2 Möchten Sie sich über Produktupdates, neue Produkte, Ereignisse und besondere Angebote von Microsoft informieren lassen, müssen Sie im Dialogfeld *Möchten Sie sich bei Microsoft registrieren?* den Satz *Ja, Windows jetzt registrieren und aktivieren* markieren. Haben Sie kein Interesse an derartigen Informationen, markieren Sie *Nein, Windows jetzt nicht registrieren, sondern nur aktivieren*. Egal, was Sie markieren – es wird nicht für die Produktaktivierung benötigt. Klicken Sie auf *Weiter*. Kann Windows sich automatisch verbinden, wird die Aktivierung durchgeführt. Andernfalls folgen die weiteren Schritte.

3 Markieren Sie *Modem verwenden*, wenn Sie sich direkt über ein Modem ins Internet einwählen. Benutzen Sie einen Netzwerkserver (LAN), DSL oder Kabelmodem, markieren Sie *Verbindung über die direkte Internetverbindung* und klicken auf *Weiter*, um jetzt die Aktivierung durchzuführen.

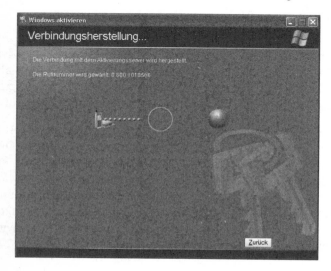

4 Windows versucht erneut eine Verbindungsherstellung. Bekommt Windows eine Verbindung zu Stande, erhalten Sie wenige Sekunden später die Meldung, dass Windows erfolgreich aktiviert wurde. Bekommt Windows kein Freizeichen, bricht hier die Onlineaktivierung ab. Klicken Sie auf *Später erinnern*, wenn Sie Windows nach der Einrichtung einer Onlineverbindung zu einem späteren Zeitpunkt aktivieren wollen. Andernfalls wählen Sie Windows wie folgt per Telefon.

5 Wollen Sie Windows übers Telefon aktivieren, müssen Sie folgende vier Schritte durchführen: Als Erstes wählen Sie Ihren *Standort* im Listenfeld aus. Danach wählen Sie eine der unten aufgeführten Rufnummern. Wenn Sie vom Kundendienstmitarbeiter aufgefordert werden, geben Sie die Installationskennung durch. Erschrecken Sie nicht – Sie sehen richtig. Die Installationskennung besteht aus 50 Stellen. Das ist aber noch nicht alles. Die Bestätigungskennung, die Sie vom Kundendienst zurückbekommen und in die dafür vorgesehenen Maske einfügen müssen, hat es auch in sich.

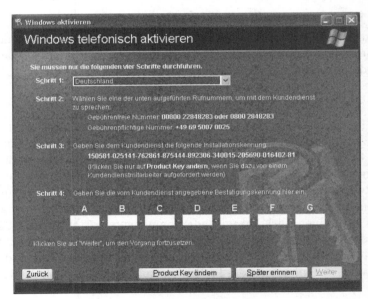

6 Wenn Sie Ihren Code richtig eingegeben haben, klicken Sie auf *Weiter*. Nun haben Sie Ihr Windows XP Home erfolgreich aktiviert und können ungezwungen arbeiten.

Bestätigungskennung wiederholen und mitschreiben

Wenn Sie vom Microsoft-Kundendienstmitarbeiter die Bestätigungskennung diktiert bekommen, notieren Sie sich diesen Code auf jeden Fall und wiederholen die Zeichen, bevor Sie auflegen.

Fragen und Antworten zur Microsoft Produktaktivierung

Natürlich ist eine derartige „Zwangsaktivierung" ein massiver Einschnitt in die gewohnte Lizenzwelt. Und natürlich wird dieses Thema genug Diskussionsstoff unter den IT-Freaks geben – da bin ich mir ganz sicher. Um aber die eine oder andere Diskussion zu entschärfen, möchte ich im Folgenden zu ein paar Fragen die Antworten geben:

Muss nach einer erneuten Installation der Software auch die Aktivierung wiederholt werden?

Nein. Benutzer können Windows XP auf einem einzigen Computer so oft wie nötig neu installieren, ohne die Aktivierung wiederholen zu müssen. Falls allerdings vor einer erneuten Installation die Festplatte neu formatiert wurde, kann eine erneute Aktivierung unter Umständen erforderlich sein. Diese Produktaktivierung ist in den meisten Fällen allerdings nur telefonisch möglich.

Wie oft darf Windows installiert werden?

Der Endbenutzer-Lizenzvertrag (EULA) für Windows gestattet die Installation des Betriebssystems auf einem einzigen PC. Die Installation auf diesem PC kann beliebig oft wiederholt werden.

Wie erkennt die Microsoft Produktaktivierung die Hardware?

Die Microsoft Produktaktivierung erkennt, welche Hardwarekomponenten in einem System zum Zeitpunkt der Softwareinstallation konfiguriert sind. Dabei werden weder auf der Festplatte gespeicherte Daten durchsucht noch persönliche Informationen registriert. Auch Bauart, Modelltyp oder Hersteller von Computer und Hardwarekomponenten werden nicht festgestellt. Mit der Aktivierung wird kein so genanntes Cookie zur Identifizierung von Benutzern im Internet gesetzt. Windows wirft einen Blick auf folgende Komponenten: Grafikkarte, SCSI-Adapter, IDE-Adapter, MAC-Adresse des Netzwerkadapters, RAM-Bereich (z. B. 0–64 MByte, 64–128 MByte etc.), Prozessortyp, Seriennummer des Prozessors, Festplattenlaufwerk, Seriennummer des Festplattenlaufwerks, CD-ROM/CD-RW/DVD-ROM.

Was passiert bei der Entfernung oder dem Austausch von Hardwarekomponenten?

Die Produktaktivierung toleriert bis zu einem gewissen Grad Änderungen der Hardwarekonfiguration. Dadurch können Benutzer Komponenten entfernen oder ersetzen, ohne die Software nochmals aktivieren zu müssen. Bei umfassenderen Änderungen und Neuformatierungen der Hardwarekonfiguration kann es möglich sein, dass eine Wiederholung der Aktivierung erforderlich wird. Diese Aktivierung kann in den meisten Fällen nur telefonisch erfolgen. Bei den Standard-PCs ist eine erneute Aktivierung nötig, wenn bei unveränderter Netzwerkkarte sechs oder mehr oder bei veränderter oder nicht vorhandener Netzwerkkarte vier oder mehr Änderungen erfolgten. Bei tragbaren PCs, die eine Dockingstation verwenden, ist eine erneute Aktivierung nötig, wenn bei unveränderter Netzwerkkarte neun oder mehr oder bei veränderter oder nicht vorhandener Netzwerkkarte sieben oder mehr Änderungen erfolgten.

15.6 Festplatten und Co. – alles über Datenträger, Partitionierung und Formatierung

Wenn wir uns die Konfigurationen der Computer heute ansehen und diese mit den Computern von gestern vergleichen, stellen wir fest, dass der Prozessor immer schneller, der Hauptspeicher und die Festplatten immer größer werden. Und das in rasender Geschwindigkeit. Auch moderne Programme und Betriebssysteme passen sich mühelos in Größe und Power an. Und die Folge dieses Wetteiferns ist, dass die immer größer und schneller werdende Hardware natürlich auch verwaltet werden muss. Und wer ist dafür zuständig? Richtig, das Betriebssystem. Damit das Betriebssystem die Verwaltung der Ressourcen auch richtig und pflichtbewusst durchführt, sollten Sie einige Maßnahmen im Vorfeld durchführen. In diesem Kapitel gehen wir näher auf die Wechselmedien ein: Wie organisiere ich zum Beispiel meine Festplatte optimal, welches Dateisystem ist das richtige für mich, und was mache ich, wenn die Platte voll ist?

Partitionen und Dateiformate – die Ordnungssysteme Ihrer Festplatte

Natürlich können Sie sagen: Was interessiert mich die Festplatte – ich hab doch genug davon. Glauben Sie mir, gerade dann müssen Sie den Überblick behalten. Das Betriebssystem wird installiert und benötigt 850 MByte, es kommt ein Programm hinzu mit 250 MByte, da ein Spiel, dort ein Bildbearbeitungsprogramm, und die Scannersoftware benötigt auch noch Platz. Hinzu kommen noch Ihre Daten, Bilder von der digitalen Kamera ... und wer da nicht aufpasst und nicht organisiert ist, merkt nicht, dass sein PC immer langsamer wird. Das Gewirr von Daten- und Programmordnern ist dann so unübersichtlich, dass ein „Ausmisten" zum reinsten Abenteuer wird. Mit diesem gerade vorgestellten Szenario möchte ich Sie motivieren, Ihre Festplatte zu organisieren – es zahlt sich früher oder später aus.

Aufteilen der Festplatte – vorausschauend partitionieren

Wenn man eine größere Festplatte in mehrere logische Festplatten aufteilt, spricht man von partitionieren. Es macht auf jeden Fall Sinn, eine Festplatte zu partitionieren – egal ob sie nun 4 GByte oder 80 GByte Speicherkapazität hat. Es stellt sich nur die Frage, wie Sie Ihren Computer einsetzen werden. Arbeiten Sie allein am Computer, oder wird der Junior ab und zu mit seinen Freunden am PC spielen? Möchten Sie Ihre Spiele getrennt von den Anwendungsprogrammen, Ihre Daten getrennt von den Videoaufnahmen aufbewahren? Je nach Wunsch und Menge der Daten können und sollten Sie Partitionen erstellen. Im Folgenden beschreiben wir eine typische Festplattenaufteilung. Die erste Partition bekommt eine Größe von 4 bis 10 GByte, je nach Gesamtvolumen Ihrer Platte. Diese Partition ist für das primäre Betriebssystem gedacht. Haben Sie vor, irgendwann einmal ein weiteres Betriebssystem zu installieren (Parallelinstallation), sollten Sie eine weitere Partition von ca. 4 GByte einrichten. Die dritte Partition ist für Ihre Anwendungsprogramme, deren Größe abhängig von den zu installierenden Programmen zu definieren ist. Jedes zu installierende Programm beschreibt seine Systemvoraussetzung. Die vierte Partition ist für Spiele gedacht. Planen Sie diese großzügig. Sie wissen sicher, dass moderne Spiele große Speicherfresser sind.

Eine Partition als Reserve

Empfehlenswert ist, immer eine ausreichend große Partition als Reserve anzulegen. Es kommt immer häufiger vor, dass mehrere Betriebssysteme zu Hause verwendet werden. Sei es zu Testzwecken oder weil benötigte Programme nur mit bestimmten Betriebssystemen harmonieren. Egal, glücklich kann sich schätzen, der dann eine freie Partition hat. Eine neue Partition unter vollem Einsatz zu erstellen ist äußerst riskant, zeitaufwendig und in der Regel nur mit zusätzlichen Partitionsprogrammen möglich.

Partitionen von Format - das richtige Dateiformat für Sie

Das Partitionieren einer Festplatte reicht nicht aus, um Daten darauf zu speichern. Sie müssen die Festplatte(n) mit einem Dateisystem formatieren. Auch hier richtet sich das Dateisystem nach Ihren Anforderungen. Unter Windows XP Home haben Sie nun neben dem bekannten Dateisystem FAT (**F**ile **A**llocation **T**able – Dateizugriffstabelle) ein weiteres Dateisystem, NTFS (**N**ew **T**echnology **F**ile **S**ystem), in der Version 5 hinzubekommen. Grundsätzlich kann eine Windows XP Home-Installation auf einer FAT-, FAT32- oder NTFS-Partition erfolgen.

Dateisystem FAT: Das Dateisystem unterteilt sich wiederum in FAT (auch bekannt unter FAT16) und FAT32. Sie sollten wissen, dass unter Windows XP Home neue FAT32-Datenträger nur bis zu einer Größe von 32 GByte angelegt werden können. Betriebssysteme, die auf einer FAT-Partition eingerichtet sind, können nicht auf NTFS-formatierte Partitionen zugreifen. Entscheiden Sie sich später doch, die Vorteile von NTFS nutzen zu wollen, können Sie jederzeit umwandeln. Zurück geht nicht. Möchten Sie aber dennoch zurück, bleibt Ihnen nur die Möglichkeit, Ihre Daten zu sichern und die Festplatte mit FAT neu zu formatieren. Danach können Sie die gesicherten Daten auf die Festplatte zurücksichern. FAT-formatierte Partitionen stellen nur wenige der von NTFS gebotenen Funktionen zur Verfügung. Aus diesem Grund sollten Sie nur auf FAT zurückgreifen, wenn Sie Ihren Computer im Dual-Boot-System betreiben.

Dateisystem NTFS: Das Dateisystem NTFS ist moderner und den Sicherheitsrichtlinien der heutigen Zeit gewachsen. Mit diesem Dateisystem haben Sie Sicherheit auf Datei- und Ordnerebene. Sie können Dateien komprimieren, sodass mehr Daten auf der Partition gespeichert werden können. Und es gibt eine Kontingentenverwaltung, mit der Sie festlegen können, wie viel Festplattenplatz jeder Benutzer in Anspruch nehmen darf (weiter unten gehen wir näher auf die Themen Kontigentenverwaltung und Komprimierung ein). NTFS ist nicht völlig neu. Dieses Betriebssystem wird schon seit geraumer Zeit erfolgreich unter Windows NT eingesetzt, allerdings in der Version 4. Verwenden Sie NTFS, wenn Sie Sicherheitsvorkehrungen auf Datei- oder Ordnerebene ermöglichen wollen.

Neue Festplatte: Hallo, hier bin ich

Wenn Sie eine neue Festplatte in Ihren Computer aufnehmen wollen, müssen Sie den Datenträger zuerst in Ihren Computer einbauen. Wie Sie eine weitere Festplatte in Ihr System einbauen, entnehmen Sie Ihrem Benutzerhandbuch, oder Sie setzen sich mit Ihrem Händler in Verbindung. Nachdem Sie die Festplatte eingebaut haben, müssen Sie das noch dem Betriebssystem mitteilen. Hierzu starten Sie Ihr System und führen folgende Schritte durch:

1 Öffnen Sie die Systemsteuerung und wählen Sie die Kategorie *Leistung und Wartung*. Öffnen Sie nun das Systemsteuerungssymbol *Verwaltung*. Klicken Sie doppelt auf *Computerverwaltung*. Es erscheint das Dialogfeld *Computerverwaltung*.

2 Markieren Sie im linken Fenster der Computerverwaltung den Punkt *Datenträgerverwaltung*. Im rechten Fenster erscheint nun Ihre aktuelle Datenträgerkonfiguration.

3 Um nun die neue Festplatte endgültig hinzuzufügen, klicken Sie in der Menüleiste auf *Aktion/Datenträger neu einlesen*. Nachdem Sie die Festplatte auch dem Betriebssystem bekannt gemacht haben, dürfte es eigentlich nicht notwendig sein, das Betriebssystem neu zu starten. Sollte jedoch Ihr neuer Datenträger nicht in der Computerverwaltung erscheinen, starten Sie noch mal Ihr System durch und wiederholen den Vorgang.

Hinzufügen oder entfernen von Datenträgern

Ob Sie einen Datenträger hinzufügen oder entfernen – egal. Sie müssen immer den Befehl *Datenträger neu einlesen* durchführen.

Schaltzentrale für Ihre Datenträger – die Datenträgerverwaltung

Möchten Sie neue Datenträger hinzufügen oder entfernen? Oder wollen Sie Ihr Dateisystem von FAT auf NTFS umwandeln? Partitionen erstellen und formatieren oder löschen? Vielleicht auch nur die Eigenschaften einer Partition einsehen und/oder bearbeiten? Oder möchten Sie den Laufwerkbuchstaben Ihres CD-ROM-Laufwerks ändern? Das alles können Sie nun zentral verwalten – in der Datenträgerverwaltung.

Im Folgenden möchte ich mit Ihnen eine freie Partition über die Datenträgerverwaltung einrichten, formatieren, auf NTFS umwandeln und den Laufwerkbuchstaben ändern.

Primäre oder erweiterte und logische Partition?

Primäre Partition: Nur in einer so genannten primären Partition kann Windows starten. Und nur eine primäre Partition kann als aktiv gekennzeichnet werden. Die aktive Partition ist der Ort, an dem die Hardware beim Starten die System- und Startdateien des Betriebssystems sucht. Mit mehreren aktiven Partitionen können Sie verschiedene Betriebssysteme voneinander trennen.

Erweiterte Partition: Eine erweiterte Partition wird eigentlich immer auf einem freien Teil der Festplatte erstellt. Da jedoch immer nur eine erweiterte Partition auf einer Festplatte möglich ist, sollten Sie den kompletten freien Bereich in eine erweiterte Partition einteilen. Anders als bei der primären Partition wird dem erweiterten Bereich kein Laufwerk zugeordnet, und er kann auch nicht formatiert werden, sondern kann in mehrere Einzelsegmente, so genannte **logische Laufwerke**, eingeteilt werden. Diese wiederum bekommen dann einen Laufwerkbuchstaben und können formatiert werden.

So partitionieren Sie die Festplatte

1 Öffnen Sie die Datenträgerverwaltung unter *Systemsteuerung/Leistung und Wartung/Verwaltung/Computerverwaltung*. In der folgenden Abbildung sehen Sie eine Festplatte (*Datenträger 0*) mit zwei Partitionen. Partition C: ist 2 GByte groß und mit dem Dateisystem FAT formatiert. Auf dieser Partition befindet sich Windows XP Home. Die zweite Partition ist 2,54 GByte groß und noch nicht eingerichtet.

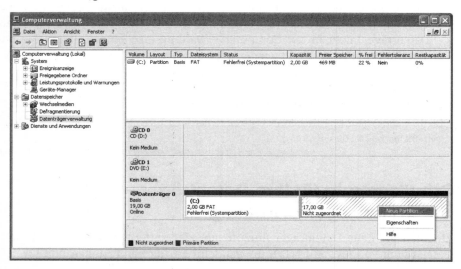

2 Klicken Sie mit der rechten Maustaste auf den unpartitionierten Bereich (*Nicht zugeordnet*). Es erscheint das Kontextmenü. Starten Sie mit *Neue Partition* den Partitions-Assistenten und klicken Sie auf *Weiter*, um den Willkommensbildschirm zu übergehen.

3 Wählen Sie die Partition, die Sie erstellen möchten. Es gibt drei Partitionstypen: primäre Partitionen, erweiterte Partitionen und logische Laufwerke.

4 Im Listenfeld legen Sie nun die Partitionsgröße fest und klicken auf *Weiter*. Sie bekommen noch mal zur Kontrolle eine Zusammenfassung Ihrer Einstellungen. Sind Sie einverstanden, klicken Sie auf *Fertig stellen*, um den Vorgang zu beenden, oder auf *Zurück*, um nochmals Korrekturen vorzunehmen.

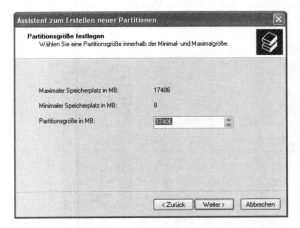

5 Haben Sie eine primäre Partition erstellt, können Sie jetzt mit der rechten Maustaste entsprechend formatieren. Haben Sie eine erweiterte Partition erstellt, bekommen Sie nun einen freien Speicherbereich angeboten. Klicken Sie mit der rechten Maustaste auf diesen Bereich. Sie können nun entsprechend viele logische Laufwerke mit dem Assistenten anlegen. Der einzige Unterschied zum Partitions-Assistenten ist der, dass Sie einen Laufwerkbuchstaben auswählen und das Dateisystem bestimmen müssen (FAT/NTFS – vgl. vorangegangenen Abschnitt). Nach dem Klick auf *Fertig stellen* wird Ihr neuer Bereich formatiert.

Andere Laufwerkbuchstaben vergeben

Klicken Sie mit der rechten Maustaste auf den nun formatierten Bereich. Sie haben jetzt die Möglichkeit, den Laufwerkbuchstaben zu ändern. Sie müssen diese Einstellung nicht sofort durchführen. Eine Laufwerkänderung ist jederzeit machbar – auch wenn Sie bereits Daten auf dem Datenträger gespeichert haben.

(K)eine Glaubensfrage – FAT-Laufwerke zu NTFS konvertieren

Möchten Sie die Vorzüge des Dateisystems NTFS nutzen, müssen Sie Ihr FAT-/ FAT32-Dateisystem in das Dateisystem NTFS konvertieren. Auch hier gilt, eine Dateikonvertierung ist jederzeit machbar, auch wenn Sie bereits Daten auf dem Datenträger gespeichert haben.

1 Starten Sie die Eingabeaufforderung über *Start/Alle Programme/Zubehör*. Geben Sie folgenden Befehl ein: „convert e: /FS:NTFS" und drücken Sie die [Enter]-Taste (ändern Sie e: in den Buchstaben, den Ihr zu konvertierendes Laufwerk hat).

2 Geben Sie jetzt noch den Namen der Partition ein und bestätigen Sie erneut mit der [Enter]-Taste. Ihre Partition wird nun konvertiert.

```
Eingabeaufforderung                                            _ □ ×

C:\>convert E: /FS:NTFS
Der Typ des Dateisystems ist FAT32.
Geben Sie die aktuelle Volumebezeichnung für Laufwerk E: ein: games
Volume GAMES erstellt 19.05.2001 16:07
Volumenummer: D4i4-1C5D
Dateien und Ordner werden überprüft...
Die Datei- und Ordnerüberprüfung ist abgeschlossen.
Windows hat das Dateisystem überprüft. Es wurden keine Probleme festgestellt.

2.719.625.216 Bytes Speicherplatz auf dem Datenträger insgesamt
2.719.621.120 Bytes auf dem Datenträger verfügbar

     4.096 Bytes in jeder Zuordnungseinheit
   663.971 Zuordnungseinheiten auf dem Datenträger insgesamt
   663.970 Zuordnungseinheiten auf dem Datenträger verfügbar

Erforderlicher Speicherplatz für die Dateisystemkonvertierung wird bestimmt...
Speicherplatz auf dem Datenträger insgesamt:            2661088 KB
Freier Speicherplatz auf dem Volume:        2655880 KB
Für Konvertierung benötigter Speicherplatz:              10294 KB
Dateisystem wird konvertiert.
Konvertierung beendet.

C:\>_
```

3 Ist die Konvertierung beendet, müssen Sie das System neu starten. Anschließend ist Ihre Partition auf NTFS konvertiert.

Die NTFS-Komprimierung – oder: Wie spare ich Platz?

Durch die Komprimierung unter NTFS können Sie Daten komprimieren, sodass diese weniger Platz auf der Festplatte benötigen. Grundsätzlich hat jede Datei und jeder Ordner unter NTFS einen Komprimierungszustand – komprimiert oder nicht komprimiert. Standardmäßig sind alle Dateien nicht komprimiert. Jedes Programm unter Windows kann in komprimierte Dateien und Ordner schreiben bzw. sie öffnen, ohne sie vorher mit einem anderen Programm zu dekomprimieren. Die NTFS-Komprimierung macht das automatisch für Sie. Um eine Datei oder einen ganzen Ordner zu komprimieren, gehen Sie wie folgt vor:

1 Klicken Sie im Explorer mit der rechten Maustaste auf den Ordner oder die Datei, die Sie komprimieren möchten. Klicken Sie auf *Eigenschaften*, um das

Dialogfeld *Eigenschaften* zu öffnen. Öffnen Sie die erweiterten Attribute, indem Sie auf die Schaltfläche *Erweitert* klicken.

2 Markieren Sie *Inhalt komprimieren, um Speicherplatz zu sparen*. Klicken Sie auf *OK* und anschließend auf die Schaltfläche *Übernehmen*, um die Einstellung zu speichern.

3 Um ganz leicht komprimierte von nicht komprimierten Dateien bzw. Ordnern zu unterscheiden, können Sie für diese Anzeige eine andere Farbe wählen. Dazu klicken Sie im Explorer in der Menüleiste auf *Extras/Ordneroptionen*. Markieren Sie auf der Registerkarte *Ansicht* das Kontrollkästchen *Verschlüsselte oder komprimierte NTFS-Dateien in anderer Farbe anzeigen*.

Zuweisen von Festplattenplatz – Die Kontingentverwaltung

Schrumpft Ihr Festplattenplatz wöchentlich, ja täglich zusehends? Wird durch das Installieren aller möglichen Programme oder großer Datenmengen zum Beispiel vom Internet der Platz auf der Festplatte immer kleiner? Dann sollten Sie etwas dagegen tun, um die Speicherfresser, die man am Anfang gar nicht so wahrnimmt, zu kontrollieren. Mithilfe der Kontingentverwaltung können Sie die „schleichenden Speicherfresser" in ihre Schranken weisen. Auch unkontrolliertes Installieren von „riesigen" Programmen kann man hiermit sehr gut steuern. Sie können die Grenzwerte sowohl für alle Benutzer als auch für einzelne Benutzer festlegen.

Darüber hinaus haben Sie die Möglichkeit, den Stand des jeweiligen Benutzers dokumentieren zu lassen. Somit sehen Sie zu jeder Zeit, wie viel Platz bereits vom jeweiligen Kontingent verbraucht ist bzw. noch zur Verfügung steht.

1 Wenn Sie die Kontingente aktivieren wollen, klicken Sie mit der rechten Maustaste auf ein Laufwerk und öffnen das Dialogfeld *Eigenschaften*. Klicken Sie auf die Registerkarte *Kontingent*.

2 Markieren Sie *Kontingentverwaltung aktivieren*. Möchten Sie, dass der entsprechende Benutzer, der seinen zugewiesenen Speicherplatz überschreitet, eine dementsprechende Meldung bekommt, markieren Sie *Speicherplatz bei Kontingentüberschreitung verweigern*. Geben Sie nun an, wie viel Speicherplatz die Benutzer in Anspruch nehmen dürfen und ab wann Windows XP das Ergebnis

protokolliert, dass ein Benutzer bald seinen Grenzwert erreicht hat. Wählen Sie nun noch, ob Sie die Kontingentprotokollierungsoptionen aktivieren wollen. Diese Einstellung ist nun für alle Benutzer aktiviert.

3 Wenn Sie jedoch für bestimmte Benutzer unterschiedliche Kontingente festlegen wollen, klicken Sie auf die Schaltfläche *Kontingenteinträge*. Es erscheint das Dialogfeld *Kontingenteinträge für Volume (<Laufwerk>)*. Öffnen Sie in der Menüleiste *Kontingent* und klicken Sie auf *Neuer Kontingenteintrag*.

4 Um den gewünschten Benutzer auszuwählen, klicken Sie auf die Schaltfläche *Erweitert* und anschließend auf *Jetzt suchen*. Im unteren Bereich des Dialogfelds erscheinen nun alle potenziellen Benutzer. Markieren Sie den gewünschten Benutzer und klicken Sie auf *OK*, um den Namen auszuwählen.

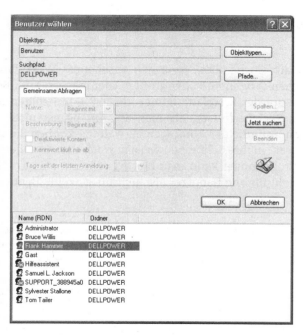

5 Klicken Sie erneut auf *OK*, um nun die Grenzwerte festzulegen. Haben Sie die Werte eingetragen, klicken Sie auf *OK*, um diese zu übernehmen.

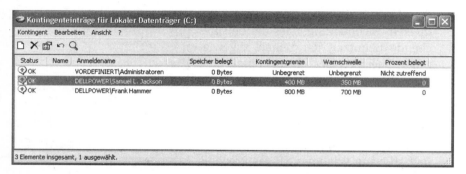

15.7 Übertragen von Dateien und Einstellungen – der Migrations-Assistent

Haben Sie sich einen neuen Computer gekauft, der mit dem Betriebssystem Windows XP Home betrieben wird, steht nicht nur die Einrichtung Ihres Systems an. Hatten Sie zuvor schon einen PC, müssen sicher auch Ihre persönlichen Daten vom älteren auf den neuen Computer kopiert werden. Befinden Sie sich in der glücklichen Lage, an einem Netzwerk teilzunehmen, stellt zumindest der Datenaustausch kein Problem dar.

Mit den persönlichen Einstellungen wird es da schon schwieriger. Was für den einen ein Grund ist, seine Daten und Einstellungen neu zu organisieren, ist für den anderen lästig und Zeit raubend. Microsoft hat an diejenigen gedacht, die sich nicht mit dem Übertragen von Dateien und Einstellungen auseinander setzen wollen, und stellt Ihnen den Migrations-Assistenten zur Verfügung. Ein Helfer, der ganz nützlich ist.

Daten und Einstellungen des Quellrechners sichern

Der Migrations-Assistent sammelt Ihre Dateien und Einstellungen von Ihrem alten Computer und kopiert diese mittels Disketten oder einem anderen Datenträger auf Ihren neuen Computer, auf dem Windows XP installiert ist. Es können Einstellungen vom Internet Explorer, Outlook, Desktop- und Anzeigeeigenschaften, DFÜ- und Netzwerkverbindungen und andere ähnliche Einstellungen übernommen werden.

Wollen Sie Ihre Dateien und Einstellungen übernehmen, gehen Sie wie folgt vor:

1   Legen Sie die Windows XP-Installations-CD in das CD-ROM-Laufwerk des Quellcomputers ein. Es erscheint der Windows XP Home-Installationsbildschirm. Klicken Sie auf *Zusätzliche Aufgaben durchführen*.

2   Um den Migrations-Assistenten zu starten, klicken Sie auf *Dateien und Einstellungen übertragen*. Es begrüßt Sie der typische Willkommensbildschirm des Migrations-Assistenten. Klicken Sie auf *Weiter*, um diesen zu übergehen. Markieren Sie das Optionsfeld *Quellcomputer* und klicken Sie auf *Weiter*.

3   Wählen Sie jetzt die *Übertragungsmethode* aus. Je nach Anzahl der Dateien und Menge der Einstellungen werden Sie eine oder mehrere Disketten benötigen. Haben Sie eine große Anzahl von Dateien, die Sie übernehmen möchten, empfehle ich Ihnen, auf einen anderen Datenträger auszuweichen – sofern Sie die Möglichkeit dazu haben (z. B. so genannte ZIP-Disketten). Diskettenlaufwerke gibt es aber auf jeden Fall in jedem PC – und es ist allemal besser, ein paar Disketten zu wechseln, als stundenlang die Dateien mühselig zusammenzusuchen. Haben Sie sich für eine Übertragungsmethode entschieden, klicken Sie auf *Weiter*.

4 Markieren Sie in dem Dialogfeld *Was soll übertragen werden* die zu übertragenden Elemente. Möchten Sie „nur" Ihre Dateien übertragen und die Systemeinstellungen neu definieren, markieren Sie das Optionsfeld *Dateien*. Möchten Sie jedoch Ihre ganz persönliche Liste zusammenstellen bzw. die angebotenen Einstellungen und Dateien anpassen, markieren Sie das Kontrollkästchen *Auswählen einer benutzerdefinierten Liste*. Möchten Sie Ihre Daten und die Einstellungen übernehmen, markieren Sie das Optionsfeld *Dateien und Einstellungen*. Klicken Sie auf *Weiter*, damit die Sammlung der Daten durchgeführt werden kann.

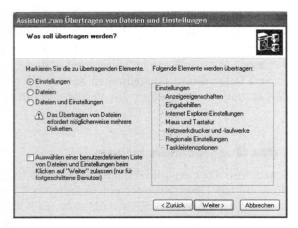

5 Legen Sie die Diskette(n) entsprechend der Aufforderung in das Diskettenlaufwerk und klicken Sie jeweils auf *Weiter*. Benötigen Sie für die Übernahme mehrere Disketten, ist zu empfehlen, dass Sie die Datenträger entsprechend beschriften.

6 Wurden die Dateien und/oder Einstellungen ordnungsgemäß vom Quellcomputer gesammelt, klicken Sie auf *Fertig stellen*, um diesen Vorgang abzuschließen und mit dem Einspielen der Dateien/Einstellungen am Zielcomputer fortzufahren.

Daten und Einstellungen auf den Zielrechner übertragen

1 Nachdem Sie mit Ihren erstellten Datenträgern zum Zielcomputer gewechselt sind, starten Sie über *Start/Alle Programme/Zubehör/Systemprogramme* erneut das Programm *Übertragen von Dateien und Einstellungen* – nur mit dem Unterschied, dass Sie sich jetzt am Zielrechner befinden, auf dem die Migration durchgeführt werden soll. Klicken Sie auf *Weiter*, um den Willkommensbildschirm zu übergehen.

2 Markieren Sie das Optionsfeld *Zielcomputer – Dateien und Einstellungen auf diesen Computer übertragen* und klicken Sie auf *Weiter*. Sie werden nun gefragt, ob Sie über eine Windows XP Home-Installations-CD verfügen. Markieren Sie das Optionsfeld *Ich benötige keine Assistent-Diskette. Dateien und Einstellungen wurden bereits vom Quellcomputer gesammelt.* Klicken Sie auf *Weiter*.

3 Legen Sie Ihre Diskette in das Diskettenlaufwerk (bei mehreren Disketten zuerst Diskette 1). Sollten Sie ein anderes Medium verwenden, markieren Sie das Optionsfeld *Anderer Datenträger, z. B. austauschbares Laufwerk oder Netzlaufwerk* und geben den entsprechenden Pfad ein, auf dem Sie Ihre Übertragungsdaten zwischengespeichert haben. Klicken Sie auf *Weiter*.

4 Das Übertragen der Dateien und Einstellungen wird jetzt durchgeführt. Nach der Übertragung müssen Sie sich nur noch abmelden, damit die Einstellungen auf Ihrem Computer wirksam werden. Klicken Sie auf *Ja*, um sich abzumelden. Der Migrationsvorgang ist hiermit abgeschlossen. Beim nächsten Anmelden werden die Einstellungen wirksam.

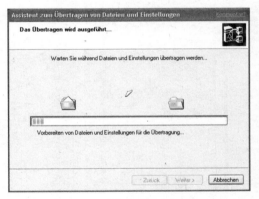

Migrations-Assistent – ein elegantes Werkzeug zum Datenklau?

So krass möchte ich es nicht sehen, jedoch möchte ich an dieser Stelle den Zeigefinger hochheben. Verfügt jemand, der auf Ihren Computer Zugriff hat, über eine Windows XP Home-Installations-CD, kann er mit dem Migrations-Assistenten Ihre Daten herunterladen. Denken Sie deshalb immer daran, wenn Ihr System eine längere Zeit ohne Ihre Aufsicht vor sich hin brummt, den Computer zu sperren, damit kein unerlaubter Zugriff durchgeführt werden kann.

16. Systemeinstellungen anpassen und Geräte installieren

Nach der Installation können Sie gleich „loslegen". Aber vielleicht stellen Sie fest, dass immer noch Anpassungsbedarf besteht: Wenn neue Geräte nicht erkannt wurden oder nachträglich installiert werden sollen, ein anderes Design vielleicht, ein weiterer Drucker oder ein Scanner? Ihre User-Bedürfnisse sind vielfältig. Dafür steht Ihnen die Systemsteuerung mit ihren Mitteln zur Verfügung und die **M**icrosoft **M**anagement **C**onsole (MMC). Die Aktualisierung von Windows XP hält Sie immer auf dem neusten Stand.

16.1 Systemsteuerung und Microsoft Management Console (MMC)

Die Steuerung des Systems mit der Systemsteuerung und der Microsoft Management Console (MMC) – diese beiden zentralen Schnittstellen stehen Ihnen zur Anpassung von Windows XP zur Verfügung. Wenn Sie Einstellungen ändern oder die Treiber Ihrer PC-Komponenten und Zusatzgeräte managen: Die Tools sind für Sie der Dreh- und Angelpunkt.

Das Einrichten der Desktopumgebung, insbesondere das Arbeiten mit mehreren Sprachen sowie die Unterstützung für Benutzer mit Seh- und Höreinschränkungen sind weitere Aufgaben. Die meisten Systemtools finden Sie in der bereits aus älteren Windows-Versionen bekannten Systemsteuerung. Effektiver und neu dagegen präsentiert Microsoft die Management Console, die mit Windows 2000 eingeführt wurde. Sie soll Ihnen helfen, die immer mit Mühe zusammengesuchten Verwaltungswerkzeuge in einer zentralen Schnittstelle zu bündeln. Mit der MMC können Sie dann schnell und effektiv handeln.

In diesem Kapitel wird dargestellt, wie Sie mit der Systemsteuerung und der MMC umgehen und wie Sie einzurichten sind. Über die einzelnen Verwaltungswerkzeuge und deren Funktionen erfahren Sie in den folgenden Kapiteln Näheres.

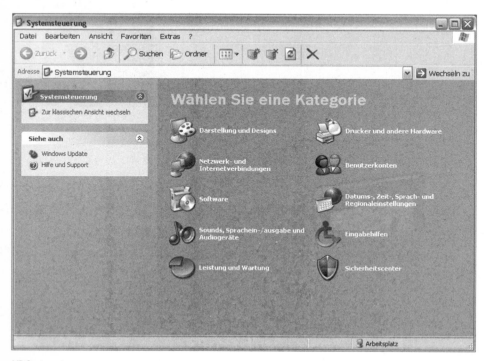

XP-Systemsteuerung.

Die einzelnen Symbole der Systemsteuerung und was dahinter steckt:

Symbol	Bedeutung	Konfigurationsmöglichkeiten
Darstellung und Design	Hier können Sie Darstellungseinstellungen vornehmen.	Anzeige, Taskleiste und Startmenü, Ordneroptionen
Netzwerk- und Internetverbindungen	Hier stellen Sie die Eigenschaften für Internet- und Netzwerkverbindungen ein.	Internetoptionen, Netzwerkverbindungen
Software	Hier nehmen Sie sämtliche Einstellungen zu installierter Software vor.	Programme ändern oder entfernen, neue Programme hinzufügen, Windows-Komponenten hinzufügen/entfernen
Sounds, Sprachein-/ ausgabe und Audiogeräte	Hier können Sie Optionen zu Soundaufnahme und -wiedergabe einstellen.	Sounds und Audiogeräte, Sprachein-/ausgabe
Leistung und Wartung	Hier können Sie Einstellungen rund um das System vornehmen: Aktivieren Sie Energieschemas, planen Sie Tasks und verbessern Sie die Windows-Performance.	Energieoptionen, System, Geplante Tasks, Verwaltung
Drucker und andere Hardware	Mit diesen Einstellungen können Sie externe Geräte wie Drucker, Scanner, Joysticks, Kameras, Modems oder Infrarotgeräte konfigurieren.	Drahtlose Verbindung, Gamecontroller, Scanner und Kameras, Telefon- und Modemoptionen, Drucker und Faxgeräte, Maus, Tastatur
Benutzerkonten	Hier werden Benutzerkonten angelegt, gelöscht oder angepasst.	Konto ändern, neues Konto erstellen, Art der Benutzeranmeldung ändern
Datums-, Zeit-, Sprach- und Regionaleinstellungen	An dieser Stelle können Sie Windows an Ihre regionalen Gegebenheiten anpassen: Sprache, Datum und Zeitzone werden hier eingestellt.	Datum und Uhrzeit, Regions- und Sprachoptionen
Eingabehilfen	Hier können Sie verschiedene Eingabehilfen wie Bildschirmlupe oder Anschlagsverzögerung an- und abschalten.	Kontrast für Text und Farben auf dem Bildschirm anpassen, Windows Ihrer Sehstärke, Ihrem Gehör und Ihrer Beweglichkeit entsprechend anpassen

Das neue Sicherheitscenter wird separat ab Seite 344 behandelt.

Die Systemeigenschaften als Konfigurationszentrale gewinnen an Bedeutung

Die Systemeigenschaften in der Systemsteuerung gewinnen von Version zu Version immer mehr an Bedeutung. Das sehen Sie allein schon daran, dass immer mehr Registerkarten in dem Dialogfeld *Systemeigenschaften* hinzukommen. Treibersignierung, Hardwareprofile, automatisches Update, Systemwiederherstellung – alles Themen, mit denen Sie sich, wollen Sie Windows optimal nutzen, auseinander setzen sollten. Möchten Sie darüber hinaus die allgemeinen Informationen an Ihr System anpassen, ja vielleicht sogar ein Bild oder ein Logo einbinden, dann sollten Sie sich intensiv mit dem folgenden Kapitel beschäftigen.

Wechseln auf die klassische Verwaltung – die Systemsteuerung

Knallbunt und aufgeräumt zeigt sich Windows XP mit seiner bonbonfarbenen Oberfläche und das zieht sich wie ein roter Faden durch das Betriebssystem. Microsoft spricht hier von der „Luna"-Oberfläche. Auch die Systemsteuerung präsentiert sich in neuem Gewand.

Die „alten Hasen" unter Ihnen brauchen keine Angst zu haben – die Systemsteuerung hat dadurch nicht an Schlagkraft verloren, ganz im Gegenteil: Sie ist jetzt endlich fein nach Themenbereichen gegliedert. Wer will, findet natürlich auch eine klassische Ansicht der Systemsteuerung.

Knallbunt und sortiert oder doch klassisch?

Sie können sich selbst ein Bild von der neuen Oberfläche machen, indem Sie im Startmenü die Systemsteuerung anklicken. Gefällt Ihnen das neue Outfit von Windows XP nicht, wechseln Sie einfach wie folgt die Ansichten:

1   Klicken Sie in der linken Hälfte des Explorers (vorausgesetzt, Sie haben die Systemsteuerung geöffnet) auf den Link *Zur klassischen Ansicht wechseln* und sofort haben Sie die gewohnte klassische Ansicht vor Augen.

2   Klicken Sie auf den Link *Zur Kategorieansicht wechseln*, um wiederum von der klassischen Ansicht in die neue Windows XP-Ansicht zu wechseln. Dieses Spielchen können Sie jederzeit nach Lust und Laune wiederholen.

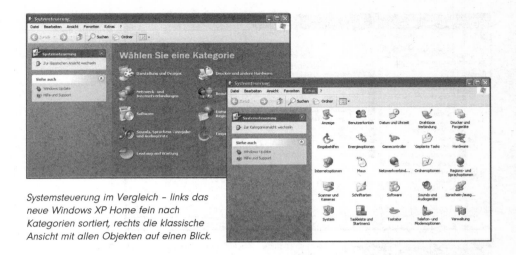

Systemsteuerung im Vergleich – links das neue Windows XP Home fein nach Kategorien sortiert, rechts die klassische Ansicht mit allen Objekten auf einen Blick.

SP3: MMC 3 – die Microsoft Management Console 3.0 ist noch flexibler und einfacher zu bedienen

Neben der Systemsteuerung hat Microsoft eine weitere wichtige zentralisierte Verwaltung geschaffen, die ich Ihnen nicht vorenthalten möchte – die **M**icrosoft **M**anagement **C**onsole (MMC). Die Management Console hatte Ihre Geburtsstunde mit Windows 2000 und wird unter Windows XP ihren Siegeszug weiterführen. Mit ihr können Sie verschiedene Verwaltungsprogramme, die als Konsolen bezeichnet werden, zentral anlegen, speichern und öffnen.

Sehen Sie die MMC als eine Art Programmumgebung für Verwaltungswerkzeuge – eine zentrale Schnittstelle. Ziel dieser MMC ist, beim Verwalten Ihres Systems Zeit zu sparen. Falls Sie es jedoch vorziehen, zunächst einmal mit der klassischen Systemsteuerung Änderungen an Ihrem System vorzunehmen, können Sie natürlich mit diesem „bewährten Mittel" auch in XP noch arbeiten.

Mit dem Service Pack 3 rüstet Microsoft Windows XP um die aktuelle Version 3.0 der Management Console auf. Diese wurde weiter verbessert und lässt sich nun noch einfacher bedienen. Insbesondere wurde auf die weitere Vereinheitlichung der Navigationshilfen, Menüs und Symbolleisten geachtet. Trotz der verschiedenen Arten von Informationen und Einstellungen in der MMC ist deshalb ein konstanter Arbeitsfluss gewährleistet.

Speziell bei den Sicherheitsregeln hat Microsoft aber auch inhaltlich nachgeholfen: Hier wurden ausführliche Beschreibungen für alle Regeln ergänzt. Diese sollen die Bedeutung und Auswirkungen der einzelnen Regeln detailliert schildern und dem Benutzer so eine bessere Hilfe für die optimale und sichere Konfiguration seines Systems bieten. Microsoft will auf diese Weise Sicherheitsprobleme reduzieren, die durch unachtsame Konfiguratonsfehler leicht entstehen können.

Die Microsoft Management Console 3.0 macht die Alternative zur Systemsteuerung einheitlicher.

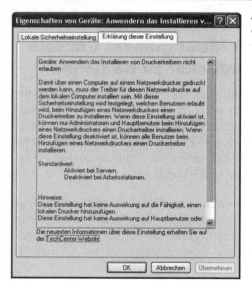

Ausführliche Erläuterungen der Sicherheitsrichtlinien helfen bei der richtigen Konfiguration.

16.2 Sprachen und regionale Einstellungen

Windows XP Home bietet mit dieser neuen Version auch neue Dienste und Optionen, die den Benutzer in die Lage versetzen, das System schnell auf eine bestimmte Situation einzurichten. Nutzen Sie Ihr System zum Beispiel mehrsprachig, können Sie jetzt sehr leicht die Länder und Sprachen im System anpassen. Weiterhin haben Benutzer mit Behinderungen die Möglichkeit, über die Eingabehilfen die Benutzeroberfläche und die Tastatur ihren Bedürfnissen anzupassen.

Unterstützung mehrerer Sprachen

Einen richtig großen Sprung hat Windows XP gegenüber früherer Versionen gemacht (mit Ausnahme von Windows 2000), was die Unterstützung mehrerer

Sprachen angeht. Die Regions- und Sprachoptionen unterstützen Sie, wenn Sie sich mit anderen Personen oder Unternehmen in anderen Sprachen verständigen müssen. Die Regions- und Sprachoptionen unterteilen sich in drei Arten:

- **Regionale Einstellungen:** In den regionalen Einstellungen werden der Zahlentyp, die Währung, Uhrzeit und Kalendereinstellungen gespeichert. Denken Sie daran, dass Anwendungen wie zum Beispiel Word oder Excel diese regionalen Einstellungen nutzen. In Windows XP Home steht für jeden Benutzer eine eigene regionale Einstellung zur Verfügung.

- **Sprachen:** Wenn Sie verschiedene Sprachen benutzen müssen, haben Sie mithilfe von Eingabesprachen und -methoden die Möglichkeit, sich ein Tastaturlayout zur Verfügung zu stellen, das Sie schnell umschalten können, um die gewünschte Sprache auf der Tastatur abzubilden. Sie benötigen zum Beispiel eine französische Tastatur, um Daten in Englisch einzugeben.

- **Erweitert:** Manche Sprachen unterstützen keinen Unicode. Was zur Folge hat, dass Menüs und Dialoge von Programmen in der entsprechenden Landessprache nicht angezeigt werden können. Hier haben Sie nun die Möglichkeit, die Sprache auszuwählen, die mit der Sprachversion der entsprechenden Programme übereinstimmt, die Unicode nicht unterstützen.

Unicode

Als Unicode bezeichnet man einen bestimmten Zeichensatzstandard aus 16-Bit-Zeichen, der 1988-91 durch das Unicode Consortium entwickelt wurde. Unicode kann ein Zeichen mithilfe von 2 Byte darstellen und somit fast alle Schriftsprachen der Welt mittels eines einzigen Zeichensatzes darstellen. Der weit verbreitete ASCII-Code (**A**merican **S**tandard **C**ode of **I**nformation **I**nterchance) hingegen, der 8-Bit-Zeichen verwendet, kann schon bei der Darstellung des lateinischen Alphabets an seine Grenzen stoßen. Von insgesamt 65.536 möglichen Unicode-Zeichencodes sind derzeit etwa 39.000 bereits zugewiesen, davon wurden allein 21.000 für chinesische Schriftzeichen benutzt. Die verbleibenden Codes stehen noch für Erweiterungen zur Verfügung. Die Website des Unicode Consortiums ist unter der Adresse *http://www.unicode.org* erreichbar.

Machen Sie Windows mehrsprachig

Um Regions- und Sprachoptionen zu konfigurieren, gehen Sie wie folgt vor:

1 Klicken Sie in der Systemsteuerung auf die Kategorie *Datums-, Zeit-, Sprach- und Regionaleinstellungen* und anschließend auf das Systemsteuerungssymbol *Regions- und Sprachoptionen* (dasselbe gilt auch für die klassische Ansicht.) Es erscheint das Dialogfeld *Regions- und Sprachoptionen*.

2 Markieren Sie im Listenfeld *Standards und Formate* das entsprechende Land/die Region, das/die Sie standardmäßig als Format für Zahlen, Währungen, Uhrzeit und Datum nutzen möchten. Jede/s Land/Region hat bereits eine Standardeinstellung, die Sie jederzeit noch anpassen können.

3 Haben Sie das Land/die Region ausgewählt, klicken Sie auf *Anpassen*. Es erscheint das Dialogfeld *Regionale Einstellungen anpassen*. Hier haben Sie nun die Möglichkeit, für Ihr ausgewähltes Land/Ihre Region ganz explizit die Einstellungen manuell auszuwählen und einzurichten.

4 Haben Sie Ihr Zahlenformat, das Währungsformat, die Uhrzeit etc. eingestellt, klicken Sie auf *OK*, um die Einstellungen zu speichern.

5 Klicken Sie auf die Registerkarte *Sprachen*, um die Textdienste und -eingabesprachen zu definieren. Klicken Sie auf die Schaltfläche *Details*. Es öffnet sich das Dialogfeld *Textdienste und Eingabesprachen*.

6 Wählen Sie in der Auswahlliste *Standard-Eingabegebietsschema* das Land/die Region aus, das/die beim Starten von Windows XP verwendet werden soll.

7 Im mittleren Bereich des Dialogfelds finden Sie die aktuell installierten Dienste. Klicken Sie auf *Hinzufügen*, um weitere Eingabegebietsschemas hinzuzufügen, oder auf *Entfernen*, wenn Sie unnötige Schemas löschen möchten. Ein Neustart ist nicht erforderlich. Die Änderungen wirken sofort.

8 Im Bereich *Einstellungen* haben Sie die Möglichkeit, die Eingabegebietsschema-Leiste, die Ihnen für die Auswahl des entsprechenden Landes/der Region ständig zur Verfügung steht, anzupassen oder gar zu deaktivieren.

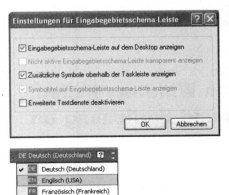

9 Wenn Sie das Eingabegebietsschema mit der Tastatur über selbst definierte Tastenkombinationen auswählen wollen, klicken Sie auf die Schaltfläche *Tastatur*, markieren das entsprechende Eingabegebietsschema und klicken auf *Tastenkombination ändern*.

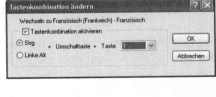

Schnelle Einstellungsänderungen

Sie sind gerade mit Schreiben beschäftigt und benötigen schnell ein weiteres Eingabeschema oder Sie möchten eine andere Einstellung/Veränderung durchführen: Klicken Sie in der Eingabegebietsschema-Leiste, die sich auf dem Desktop befindet, auf den Dropdown-Pfeil und wählen Sie *Einstellungen* aus. Wenn Sie die Schemaleiste schließen, platziert sich das Eingabegebietsschema-Symbol in der Taskleiste links neben der Uhrzeitanzeige. Wenn Sie mit der linken Maustaste auf das Symbol klicken, können Sie das Eingabegebietschema mit einem Klick wechseln bzw. zur Schemaleiste zurückkehren. Wenn Sie mit der rechten

Maustaste auf das Symbol klicken, haben Sie die Möglichkeit, die Einstellungen per Schnellzugriff anzupassen.

Schnellzugriff auf die Einstellungen für die Eingabegebietsschemas.

Die Eingabegebietsschema-Leiste wurde minimiert.

16.3 Lassen Sie sich von Windows helfen: Passen Sie Navigation und Bedienung an Ihre Bedürfnisse an

Die Zeiten, wo nur die Kids an die Computer gingen, sind längst Geschichte. Immer häufiger stellt sich die ältere Generation der Herausforderung Computer. Und das ist gut so. Lassen Sie sich nur nicht gleich abschrecken, wenn Sie der Meinung sind, dass die Schrift zu klein oder die Maus zu umständlich für Sie ist. Auch wenn Sie ein eingeschränktes Seh- und Hörvermögen haben oder eine eingeschränkte Handbeweglichkeit – Windows XP stellt auch hier einige Optionen zur Verfügung, um das Navigieren und das Benutzen des Betriebssystems einfacher zu gestalten.

Windows XP stellt Ihnen eigens dafür einen Assistenten zur Verfügung, der zusammen mit Ihnen das Betriebssystem Windows an Ihre Sehstärke, Ihr Gehör und Ihre Beweglichkeit entsprechend anpassen wird. Sie können auch alle Einstellungen manuell durchführen, den Assistenten jedoch sollten Sie unbedingt zuerst erleben – danach können Sie jederzeit die ein oder andere Einstellung manuell nachkorrigieren.

Sagen Sie Ihrem System, welche Art von Unterstützung Sie nutzen möchten

Der Eingabehilfen-Assistent wird mit Ihnen zusammen herausarbeiten, welche Art von Unterstützung Sie nutzen können. Der Assistent wird Ihnen sofort das Ergebnis Ihrer Einstellungen anzeigen, was eine enorme Erleichterung bei der Einrichtung Ihres Systems bedeutet. Um den Eingabehilfen-Assistenten zu starten, gehen Sie wie folgt vor (den Eingabehilfe-Assistenten können Sie jederzeit starten, um Ihre Einstellungen zu korrigieren).

1 Klicken Sie in der Systemsteuerung auf die Kategorie *Eingabehilfen*. Wählen Sie die Aufgabe *Windows Ihrer Sehstärke, Ihrem Gehör und Ihrer Beweglichkeit entsprechend anpassen*, um den Eingabehilfe-Assistenten zu starten. Benutzer mit der klassischen Ansicht müssen den Assistenten im Startmenü über *Alle Programme/Zubehör/Eingabehilfen/Eingabehilfen-Assistent* starten.

2 Klicken Sie auf *Weiter*, um den Willkommensbildschirm zu übergehen. Wählen Sie nun die Elemente- und Schriftgröße aus, die für Sie angenehm ist. Ihre Auswahl wird mit einem dicken, blauen Rahmen begleitet. Die folgende Abbildung zeigt das entsprechende Dialogfeld. Haben Sie die Größe festgelegt, klicken Sie auf *Weiter*, um fortzufahren. Es erscheint das Dialogfeld *Anzeigeneinstellungen*.

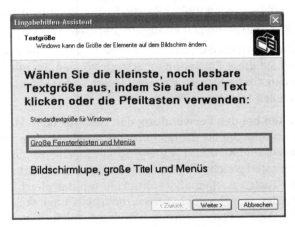

3 Bei den Anzeigeneinstellungen definieren Sie weitere Bildschirmelemente. Sie können den Schriftgrad noch mal korrigieren, die Bildschirmauflösung ändern, die Microsoft-Bildschirmlupe verwenden und persönlich angepasste Menüs deaktivieren. Probieren Sie einfach alles aus, indem Sie auf das entsprechende Kontrollkästchen klicken. Das Schöne an diesem Assistenten ist: Sie können sich sofort das Ergebnis Ihrer Auswahl ansehen und bei Nichtgefallen sofort wieder rückgängig machen. Haben Sie die Grundeinstellungen durchgeführt, klicken Sie auf *Weiter*, um Windows ganz nach Ihren Bedürfnissen einzurichten.

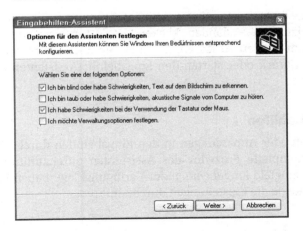

4 Markieren Sie die in dem folgenden Dialogfeld eine der vier Optionen *Schwierigkeiten, Text auf dem Bildschirm zu erkennen, Schwierigkeiten, akustische Signale vom Computer zu hören, Schwierigkeiten bei der Verwendung der Tastatur oder Maus* oder *Verwaltungsoptionen festlegen*. Klicken Sie auf *Weiter*. Je nach gewählter Option erscheint als Nächstes eines der vier möglichen Dialogfelder:

- **Ich bin blind oder habe Schwierigkeiten, den Text auf dem Bildschirm zu erkennen:** In diesem Dialogfeld können Sie nun die Bildlaufleistengröße und Fensterrahmengröße, die Symbolgröße, die Farbeinstellungen, den Mauscursor und die Cursoreinstellungen an Ihre Bedürfnisse anpassen.

- **Ich bin taub oder habe Schwierigkeiten, akustische Signale vom Computer zu hören:** Haben Sie diese Einstellung markiert, können Sie nun visuelle Warnungen für akustische Signale anzeigen lassen sowie akustische Signale schriftlich darstellen lassen.

- **Ich habe Schwierigkeiten bei der Verwendung der Tastatur oder Maus:** Bei dieser Einstellung können Sie die Einrastfunktion aktivieren, wie zum Beispiel bei der Tastenkombination Strg + Alt + Entf. Macht es Ihnen Schwierigkeiten, diese Tasten gleichzeitig zu drücken, können Sie nun mit der Einrastfunktion die Tasten nacheinander drücken, um das gleiche Ergebnis zu erzielen. Werden versehentlich Tasten mehrmals ungewollt gedrückt, können Sie die Anschlagverzögerung aktivieren. Weiterhin können Sie die Statusanzeige, zusätzliche Tastaturhilfen, die Tastaturmaus, den Mauscursor, die Maustasteneinstellungen und die Mausgeschwindigkeit anpassen.

- **Ich möchte Verwaltungsoptionen festlegen:** Mit dieser Einstellung können Sie über automatische Zeitlimits festlegen, dass bestimmte Eingabehilfen deaktiviert werden, wenn sich der Computer für eine angegebene Zeitspanne im Ruhezustand befindet. Diese Einstellung macht besonders Sinn, wenn mehrere Benutzer diesen Computer benutzen. Wählen Sie aus, ob die Eingabehilfen standardmäßig verwendet werden sollen.

5 Zum Abschluss des Assistenten bekommen Sie eine Zusammenfassung Ihrer Änderungen. Sind Sie damit einverstanden, klicken Sie auf *Fertig stellen*, um die Änderungen wirksam werden zu lassen. Möchten Sie noch etwas korrigieren, klicken Sie auf *Zurück* oder starten den Eingabehilfe-Assistenten erneut.

Das Dialogfeld Eingabehilfen

Möchten Sie Veränderungen oder Anpassungen in den Eingabehilfen durchführen, ohne jedes Mal die komplette Prozedur des Assistenten durchzuführen, steht Ihnen natürlich das Dialogfeld *Eingabehilfen* zur Verfügung. Hier haben Sie die Möglichkeit, in eigener Regie die Einstellungen durchzuführen.

Klicken Sie in der Systemsteuerung auf die Kategorie *Eingabehilfen*. Es erscheint das Dialogfeld *Eingabehilfen*. Öffnen Sie das Systemsteuerungssymbol *Eingabehilfen*, indem Sie auf das Symbol einmal klicken. Das Dialogfeld *Eingabehilfen* enthält verschiedene nützliche Registerkarten: *Tastatur*, *Sound*, *Anzeige*, *Maus* und *Allgemein*.

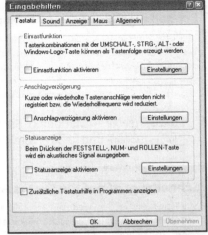

Das Dialogfeld Eingabehilfen enthält nützliche Registerkarten.

Registerkarte Tastatur: Auf der Registerkarte befinden sich mehrere Optionen, um zum Beispiel die Einrastfunktion, die Anschlagverzögerung oder die Statusanzeige zu steuern.

- *Einrastfunktion* – Diese Option erlaubt es Benutzern, für mögliche Tastenkombinationen wie zum Beispiel Strg+Alt+Entf durch einzelnes Drücken der Tasten die gleiche Wirkung zu erzielen. Markieren Sie *Einrastfunktion aktivieren*, um diese Funktion einzuschalten. Klicken Sie auf *Einstellungen*, um weitere Funktionen zu aktivieren.

Schnellzugriff auf die Einrastfunktion

Markieren Sie in den weiteren Einstellungen der Einrastfunktion das Kontrollkästchen *Tastenkombination aktivieren*. Sie können nun die Einrastfunktion durch fünfmaliges Drücken der Umschalt-Taste einschalten. Es erscheint ein Dialogfeld, das Sie mit *OK* bestätigen müssen, um die Einrastfunktion zu aktivieren und das Dialogfeld zu schließen. Nun ist die Einrastfunktion aktiv. Weiterhin erscheint in der Taskleiste das Symbol für die Einrastfunktion.

- *Anschlagverzögerung* – Mit dieser Option können Sie die Tastaturwiederholungsfrequenz einstellen. Wenn Sie nicht möchten, dass ungewollt durch das Drücken einer Taste der Buchstabe mehrmals erscheint, weil für Sie die eingestellte Wiederholungsfrequenz zu kurz ist, markieren Sie die *Anschlagverzögerung*. Klicken Sie anschließend auf *Einstellungen*, um die *Wiederholungsrate* an Ihre Bedürfnisse anzupassen. Klicken Sie im Bereich *Optionen* wiederum auf *Einstellungen*, können Sie sogar die Wiederholungsrate auf die Sekunde genau einstellen.

Schnellzugriff auf die Anschlagverzögerung

Markieren Sie in den weiteren Einstellungen der Anschlagverzögerung das Kontrollkästchen *Tastenkombination aktivieren*. Durch das Festhalten der rechten ⎡Umschalt⎤-Taste für acht Sekunden wird die Anschlagverzögerung aktiviert. In der Taskleiste erscheint das Symbol einer Stoppuhr.

- *Statusanzeige* – Markieren Sie diese Option, wenn Sie beim Drücken der ⎡Num⎤-, ⎡Rollen⎤- und ⎡Groß⎤-Taste einen hochfrequenten Ton hören möchten.

Schnellzugriff auf die Statusanzeige

Markieren Sie in den weiteren Einstellungen der Anschlagverzögerung das Kontrollkästchen *Tastenkombination aktivieren*. Halten Sie die ⎡Num⎤-Taste für fünf Sekunden fest, um die Statusanzeige zu aktivieren.

Dialogfeld Eingabehilfen, Registerkarte Sound.

Registerkarte Sound: Auf der Registerkarte *Sound* befinden sich zwei Soundfunktionen. Mithilfe dieser Einstellungen wird der Benutzer auf Warnungen oder andere Ereignisse aufmerksam gemacht.

- *Darstellungsoptionen* – Für Benutzer mit eingeschränktem Hörvermögen besteht die Möglichkeit, akustische Meldungen von Windows visuell darstellen zu lassen. Ihnen stehen die Warnsignale *Aktive Titelleiste blinkt*, *Aktives Fenster blinkt* oder *Desktop blinkt* zur Verfügung. Aktivieren Sie *Darstellungsoptionen aktivieren* und wählen Sie sich im Listenfeld *Zu verwendende Warnsignale* ein Warnsignal aus. Für die Darstellungsoption existiert keine Tastenkombination für einen Schnellzugriff.

■ *Tondarstellung* – Sounds für Meldungen und Warnungen werden in schriftliche Meldungen und Warnungen umgewandelt. Markieren Sie *Sounddarstellung aktivieren*, wenn Sie diese Unterstützung wünschen. Auch für diese Option steht keine Tastenkombination zur Verfügung.

Dialogfeld Eingabehilfen, Registerkarte Anzeige.

Registerkarte Anzeige: Die Registerkarte *Anzeige* ermöglicht es Ihnen, den *Kontrast* sowie die *Cursorgeschwindigkeit*, die *Cursorblinkrate* und die *Cursorbreite* einzustellen.

■ *Hoher Kontrast* – Durch das Markieren des Kontrollkästchens *Kontrast aktivieren* haben Sie die Möglichkeit, das Kontrastdarstellungsschema zu wechseln, was Ihnen das Lesen erleichtern kann. Dieses Kontrastdarstellungsschema, ob Sie nun Schwarz auf Weiß oder Weiß auf Schwarz oder doch lieber klassisch auswählen, wirkt sich auch auf die Anwendungen aus. Klicken Sie auf *Einstellungen*, um das Kontrastdarstellungsschema auszuwählen.

Schnellzugriff auf den Kontrast

Markieren Sie in den weiteren Einstellungen des Kontrasts das Kontrollkästchen *Tastenkombination aktivieren*. Drücken Sie [Alt]+[Umschalt]+[Druck], wobei Sie jeweils die linke [Alt]- und [Umschalt]-Taste verwenden, um die Statusanzeige zu aktivieren.

■ *Cursoroptionen* – Blinkt Ihnen der Cursor zu schnell oder zu langsam, schieben Sie einfach den Regler der *Blinkrate* in die entsprechende Richtung. Sehen Sie Ihren Cursor kaum oder gar nicht, dann schieben Sie den Regler für *Breite* nach rechts. Über die Vorschau können Sie sowohl die *Blinkrate* als auch die *Breite* sofort ansehen.

Dialogfeld Eingabehilfen, Registerkarte Maus mit Einstellungen.

Registerkarte Maus: Kommen Sie mit Ihrer Maus nicht zurecht, ermöglicht Ihnen die Registerkarte *Maus*, die Tastatur zur Simulation der Maus zu benutzen.

■ *Tastaturmaus* – Markieren Sie das Kontrollkästchen *Tastaturmaus aktivieren*, um Ihren Mauszeiger mit der Zehnertastatur zu steuern. Mit den Pfeiltasten auf der Zehnertastatur bewegen Sie Ihren Mauszeiger nach links ④, nach oben ⑧, nach rechts ⑥ und nach unten ②. Sie können auch den Mauszeiger diagonal nach links oben bewegen ⑦, diagonal nach rechts oben ⑨, diagonal nach links unten ① und diagonal nach rechts unten ③. Einen Einfachklick erreichen Sie mit der Taste ⑤. Drücken Sie die Taste ⑤ zweimal hintereinander, gleicht das einem Doppelklick mit der Maus. Klicken Sie auf *Einstellungen*, um die Feineinstellung der Tastaturmaus zu definieren.

Schnellzugriff für die Tastaturmaus

Markieren Sie in den weiteren Einstellungen der Tastaturmaus das Kontrollkästchen *Tastenkombination aktivieren*. Drücken Sie die Linke ⟨Alt⟩-+linke ⟨Umschalt⟩-+⟨Num⟩-Taste, um die Tastaturmaus zu aktivieren. Ist die Tastaturmaus aktiv, erscheint ein Symbol in der Taskleiste.

Registerkarte Allgemein: Auf dieser Registerkarte haben Sie die Möglichkeit, die Einstellungen automatisch zurücksetzen zu lassen, Benachrichtigungen zu aktivieren, *Externe Eingabehilfen* einzurichten und *Verwaltungsoptionen* zu aktivieren.

■ *Einstellungen automatisch zurücksetzen* – Sie können *Einrastfunktion*, *Anschlagverzögerung*, *Statusanzeige*, *Darstellungsoptionen*, *Kontrast* und *Tasta-*

turmaus so definieren und einstellen, dass sie nach einem bestimmten Zeit-
limit ohne Benutzeraktionen ausgeschaltet werden. Dies macht dann richtig
Sinn, wenn mehrere Anwender diesen Computer benutzen wollen.

- *Benachrichtigung* – Möchten Sie akustisch benachrichtigt werden, wenn eine
  Funktion aktiviert bzw. ein- und ausgeschaltet wird, dann markieren Sie die
  entsprechenden Kontrollkästchen *Warnsignal beim Aktivieren einer Funktion ausgeben* und/oder *Ein- und Ausschalten einer Funktion akustisch signa-
  lisieren*.

- *Externe Eingabehilfen* – Für Benutzer, die keine Standardtastatur benutzen
  können, besteht hier die Möglichkeit, ein externes alternatives Eingabegerät
  an der COM-Schnittstelle (serielle Schnittstelle) zu installieren.

- *Verwaltungsoptionen* – Sollen alle Einstellungen bereits auf den Anmelde-
  dialog angewendet werden und werden die Einstellungen auch von anderen
  Benutzern benötigt, dann markieren Sie das entsprechende Kontrollkästchen.

*Dialogfeld Eingabehilfen,
Registerkarte Allgemein.*

Zusätzliche Eingabehilfen – Bildschirmlupe und Bildschirmtastatur

Windows XP Home stellt Ihnen noch zwei weitere sehr praktische Eingabehilfen
zur Verfügung. Diese beiden Tools, Bildschirmlupe und Bildschirmtastatur, können Sie in dem Dialogfeld *Eingabehilfen* auf der linken Hälfte unter *siehe auch*
anwählen.

Weiterhin besteht die Möglichkeit, klassisch über das Startmenü die Programme
zu starten.

1 Wählen Sie im Startmenü *Alle Programme/Zubehör/Eingabehilfen* und *Bildschirmlupe*. Der Bildschirm teilt sich nun in einen vergrößerten und einen

nicht vergrößerten Bereich. Der Fokus der Vergrößerung ist immer der Bereich, worüber sich der Mauszeiger im nicht vergrößerten Bereich gerade befindet. Ist Ihnen der vergrößerte Bereich zu klein, fahren Sie mit Ihrem Mauszeiger an die Schnittkante der beiden Bereiche, bis sich der Mauszeiger in einen Doppelpfeil verwandelt. Halten Sie die linke Maustaste fest und ziehen Sie das vergrößerte Fenster entsprechend größer.

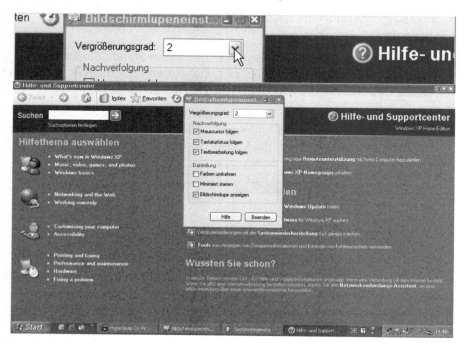

2 Wählen Sie im Startmenü *Alle Programme/Zubehör/Eingabehilfen* und *Bildschirmtastatur*. Mit diesem Tool bekommen Sie eine virtuelle Tastatur auf den Bildschirm projiziert. Sie können nun mit der Maus die virtuellen Tasten drücken.

Microsofts virtuelle Bildschirmtastatur – über die Menübefehle Einstellungen und Tastatur können Sie die Bildschirmtastatur noch anpassen.

Wie sind meine Tasten bei einer englischen Tastatur belegt?

Die virtuelle Bildschirmtastatur lässt sich auch ganz gut benutzen, um die aktuelle Tastenbelegung anzeigen zu lassen. Interessant wird es für die Benutzer, die viel mit Eingabegebietsschemas (siehe Seite 694) arbeiten. Haben Sie ein amerikanisches Schema geladen, können Sie über die virtuelle Bildschirmtastatur die Tastaturbelegung anzeigen und über einen Editor ausdrucken lassen. Drücken Sie hierzu die (Druck)-Taste auf der Tastatur, wechseln Sie zum Beispiel in das Programm Microsoft Word oder WordPad und klicken Sie auf *Einfügen*.

Der Hilfsprogramm-Manager

Der Hilfsprogramm-Manager ist ein Programm, das Ihnen das Starten der Bildschirmlupe und der Bildschirmtastatur erleichtern soll. Weiterhin haben Sie die Möglichkeit, sofern Sie Administrator sind, die beiden Werkzeuge so zu konfigurieren, dass sie bei jedem Windows-Neustart automatisch gestartet werden. Auch das Beenden der Bildschirmlupe und der Bildschirmtastatur geht sehr schnell über den Hilfsprogramm-Manager.

1 Um den Hilfsprogramm-Manager zu starten, klicken Sie im Startmenü auf *Alle Programme/Zubehör/Eingabehilfen* auf das Programm *Hilfsprogramm-Manager*. Es erscheint der Hilfsprogramm-Manager.

2 Markieren Sie das Tool, das Sie starten möchten, und klicken auf *Starten* bzw. auf *Beenden*, sofern eines der beiden Werkzeuge gestartet ist.

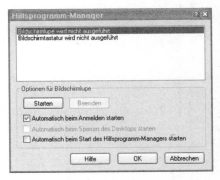

3 Haben Sie administrative Rechte, können Sie hier weitere Kontrollkästchen aktivieren, um zum Beispiel den Hilfsprogramm-Manager automatisch beim Anmelden von Windows zu starten.

Schnellzugriff auf den Hilfsprogramm-Manager

Mit der Tastenkombination (Win)+(U) können Sie in jeder beliebigen Situation den Hilfsprogramm-Manager auf Ihren Bildschirm holen.

---

17. Hardwareprobleme sicher lösen

Wenn Sie neue Hardwarekomponenten einbauen oder das Betriebssystem updaten,
kann es hin und wieder zu Geräteproblemen
kommen. Sei es, dass der Treiber nicht will, es
zu Konflikten mit den Ressourcen kommt
oder aber die Einstellungen einfach nicht passen. Meist ist dann systematisches Troubleshooting angesagt, denn Fehlerquellen sind
nicht immer offensichtlich. Auch wenn Windows kränkelt und das System alles andere als
stabil läuft, können fehlerhafte Einstellungen
oder Treiber schuld daran sein. Wir geben
Ihnen in diesem Kapitel das nötige Rüstzeug
an die Hand, damit Sie mögliche Fehlerquellen schnell erkennen und Hardwareprobleme
sicher beseitigen können:

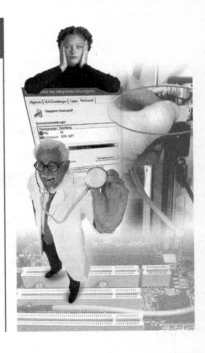

17.1 Probleme mit Laufwerken beseitigen

Wenn Sie Probleme mit internen oder externen Laufwerken haben, kommen nicht allzu viele Fehlerquellen in Betracht. Meist ist das jeweilige Gerät nicht richtig angeschlossen, es wurde im BIOS (**B**asic **I**nput **O**utput **S**ystem) nicht angemeldet, der passende Treiber fehlt, oder es wurde kein Laufwerkbuchstabe zugewiesen. Wir zeigen Ihnen hier, wie Sie den Fehler schnell finden und ausmerzen können, denn Laufwerke sind im Alltag unentbehrlich und müssen funktionstüchtig sein.

Wenn es nicht gerade die primäre Festplatte ist, die nicht richtig funktioniert, können Sie in den Systeminformationen nachsehen, ob das betreffende Laufwerk überhaupt gefunden und aktiviert wurde. Denn im Abschnitt *Komponenten/Speichergeräte/Laufwerke* werden alle Geräte angezeigt, die von Windows XP während des Systemstarts gefunden wurden. Falls Sie also eines Ihrer Laufwerke vermissen, sehen Sie dort einmal nach, ob das Laufwerk beim Systemstart gefunden wurde.

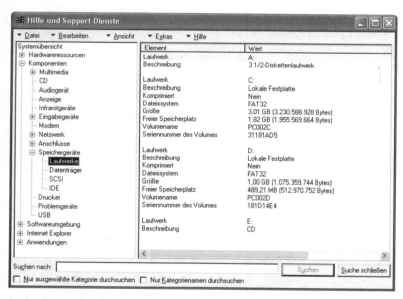

Laufwerke anzeigen lassen.

Das Diskettenlaufwerk funktioniert nicht

Gesetzt den Fall, das Floppylaufwerk (Diskettenlaufwerk) funktioniert nicht und ist weder im Windows-Explorer noch in den Systeminformationen zu sehen, stimmt vermutlich etwas mit dem Anschluss oder den BIOS-Einstellungen nicht. Bevor Sie jedoch den Computer aufschrauben, um die Anschlüsse zu überprüfen, sehen Sie erst einmal in den BIOS-Einstellungen nach. Denn dort muss das Laufwerk ausgewählt und angemeldet sein. Auch müssen Sie überprüfen, ob der Controller aktiviert ist. Denn gerade dann, wenn sich der Controller auf dem Motherboard (onboard) befindet und nicht als externe Schnittstellenkarte existiert, ist die Aktivierung im BIOS erforderlich.

Floppy wird angezeigt, funktioniert aber nicht

Wenn Sie das Diskettenlaufwerk im Windows-Explorer oder in den Systeminformationen sehen, aber das Gerät nicht richtig funktioniert, versuchen Sie es mit einer anderen Diskette. Denn Disketten machen hin und wieder mal Probleme, es könnte also auch an einer defekten Diskette liegen.

Einstellungen im BIOS überprüfen

1 Starten Sie den Computer neu und rufen Sie die BIOS-Einstellungen auf: Je nachdem, welche BIOS-Version Sie verwenden, gelangen Sie mit der [Entf]-Taste oder mit der Tastenkombination [Strg]+[Alt]+[Esc] in das Setup. Nähere Informationen über die Tastenkombination, mit der Sie in die BIOS-Einstellungen gelangen, entnehmen Sie dem Handbuch zu Ihrem Computer.

2 Rufen Sie die BIOS-Seite auf, in der die Einstellungen zum Diskettenlaufwerk festgelegt werden. Diese Seite kann je nach BIOS-Version unterschiedlich benannt sein. Bei einem Award-BIOS rufen Sie das *Standard CMOS* auf.

3 Überprüfen Sie, ob das Laufwerk A: ein 3,5-Zoll-Laufwerk mit 1,44 MByte Speicherkapazität ist. Sollten Sie dort eine andere Einstellung finden, legen Sie das 3,5-Zoll-Laufwerk mit 1,44 MByte fest. Mit der [Esc]-Taste verlassen Sie die Seite wieder.

4 Überprüfen Sie, ob der Diskettencontroller im BIOS aktiviert ist: Auf der Seite *Integrated Peripherals* prüfen Sie, ob die Optionen *IDE Channel* und *Onboard FDD Controller* auf *Enable* stehen, andernfalls ändern Sie die Einstellung. Mittels [Esc]-Taste verlassen Sie die Seite wieder.

5 Speichern Sie die Einstellungen und verlassen Sie das BIOS über *Save and Exit*. Da der deutsche Tastaturtreiber zu diesem Zeitpunkt noch nicht geladen ist, müssen Sie – wenn Sie mit *Yes* bestätigen wollen – die [Z]-Taste drücken. Denn auf dem amerikanischen Tastaturlayout sind die Buchstaben Y und Z vertauscht, da Amerikaner keine Umlaute haben. Der Computer wird nun neu gestartet.

Nachdem Sie die BIOS-Einstellung gecheckt haben, starten Sie Windows und sehen erneut nach, ob das Laufwerk nun erscheint. Sollte dies nicht der Fall sein, müssen Sie zu härteren Methoden greifen, soll heißen: Sie brauchen einen Schraubenzieher. Denn jetzt gibt es nur noch zwei Möglichkeiten: Entweder das Laufwerk ist nicht richtig angeschlossen oder defekt. Fahren Sie den Computer herunter, schalten Sie das Gerät aus und ziehen Sie das Stromkabel raus. Entfernen Sie die Gehäuseschrauben und ziehen Sie den Gehäusedeckel ab. Überprüfen Sie nun, ob das Diskettenlaufwerk mit einem der Stromanschlüsse verbunden ist. Weiter prüfen Sie, ob das Flachbandkabel am Diskettenlaufwerk und auch am Controller feststeckt. Anschließend setzen Sie das Gehäuse wieder auf, schrauben es fest, stecken das Stromkabel wieder ein und starten den Computer. Das Laufwerk sollte nun gefunden werden, andernfalls scheint das Gerät defekt zu sein und Sie müssen es austauschen.

Diskettenlaufwerk muss auch in Windows aktiviert sein

Wenn Sie das Diskettenlaufwerk im Windows-Explorer und in den Systeminformationen zwar sehen, es aber nicht funktioniert, ist es vielleicht nicht aktiviert. Öffnen Sie die Eigenschaften des Laufwerks und holen Sie die Registerkarte *Hardware* vor. Dort können Sie einzelne Laufwerke – wie auch sonstige Geräte – aktivieren und deaktivieren. Prüfen Sie nach, ob nicht irgendein Scherzbold das Laufwerk deaktiviert hat. Gegebenenfalls wählen Sie aus, dass das Gerät verwendet werden soll.

Das CD-ROM-Laufwerk wird nicht angezeigt

Bei einem CD-ROM-Laufwerk kommen schon etwas mehr Fehlerquellen in Frage als bei einem gewöhnlichen Diskettenlaufwerk. Zunächst einmal prüfen Sie, ob das Laufwerk in der Datenträgerverwaltung erscheint. Denn wenn Sie das Laufwerk dort sehen, aber nicht im Windows-Explorer oder in den Systeminformationen, dann fehlt nur der Laufwerkbuchstabe. Und ohne Laufwerkbuchstaben wird nun mal kein Laufwerk angezeigt.

1 Öffnen Sie die Computerverwaltung, indem Sie *Verwalten* im Kontextmenü des Arbeitsplatzes auswählen.

2 Markieren Sie im Abschnitt *Datenspeicher* den Eintrag *Datenträgerverwaltung*. Wenn Sie in der rechten Fensterhälfte das CD-ROM-Laufwerk sehen, fehlt nur der Laufwerkbuchstabe.

3 Klicken Sie das CD-ROM-Laufwerk an und öffnen Sie die Eigenschaften im Kontextmenü.

4 Wählen Sie *Laufwerkbuchstaben und -pfade ändern* aus und klicken Sie anschließend auf *Hinzufügen*. Sie können nun den nächsten freien Buchstaben auswählen, in der Regel wird es D: oder E: sein.

5 Übernehmen Sie die Einstellung mit *OK*, das Laufwerk sollte von nun an im Windows-Explorer angezeigt werden.

Sollte das Laufwerk jedoch nicht in der Datenträgerverwaltung erscheinen, sehen Sie einmal im Geräte-Manager nach, was mit dem Gerät los ist. Denn vielleicht wurde das Laufwerk deaktiviert oder es gibt Treiberprobleme. Wechseln Sie in die Systemsteuerung und öffnen Sie das Objekt *System*. Auf der Registerkarte *Hardware* klicken Sie auf *Geräte-Manager*, Sie sehen nun all die installierten Hardwarekomponenten. Wenn das CD-ROM-Laufwerk installiert und erkannt wurde, sehen Sie das Gerät im Abschnitt *DVD/CD-ROM-Laufwerke*. In den Eigenschaften können Sie checken, ob das Gerät betriebsbereit ist.

Master-/Slave-Einstellungen

Wenn die Festplatte als Primary Master betrieben wird, muss das CD-ROM-Laufwerk als Primary Slave oder besser als Secondary Master gesetzt werden, sonst funktionieren beide Geräte nicht mehr. Diese Einstellung wird entweder über Jumper an der Festplatte und am CD-ROM-Laufwerk vorgenommen, oder über den Kabelanschluss geregelt, wenn Sie beide Geräte via Jumper auf den Status Cable Select gesetzt haben – je nach Anschlussstelle erkennt das Gerät dann die benötigte Einstellung selbst.

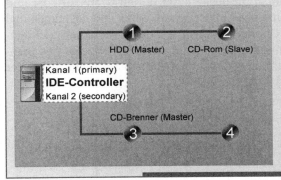

Sollten Sie jedoch kein Laufwerk sehen, stimmt etwas mit den Anschlüssen oder mit den BIOS-Einstellungen nicht. Bei einem IDE-Laufwerk rufen Sie die BIOS-Einstellungen auf und prüfen nach, ob das Laufwerk im *Standard CMOS* dort eingetragen ist. Wenn Sie ein SCSI-Laufwerk nutzen, kann das Problem auch an einer falschen SCSI-ID liegen. Starten Sie hierzu das SCSI-Setup nach einem Computerneustart und prüfen Sie, ob das Laufwerk erkannt wird. Falls das nicht der Fall sein sollte, müssen Sie die Anschlüsse des Laufwerks noch mal prüfen, unter Umständen ist der Stromanschluss oder das Datenkabel locker oder gar nicht angeschlossen.

17.2 Optimale Einstellungen für Grafikkarte und Monitor

Die meisten Grafikkarten sind Plug & Play-fähig und Windows nimmt die notwendige Konfiguration selbst vor. Sie müssen also nicht mehr stundenlang herumdoktern, bis das gute Stück endlich läuft und die gewünschte Auflösung dargestellt wird. Es kann allerdings passieren, dass die automatische Konfiguration nicht richtig funktioniert. Sei es, dass es trotz Plug & Play zu Konflikten kommt, weil keine Ressourcen mehr frei sind, oder dass die Hardware kein Plug & Play unterstützt. In diesem Fall müssen Sie selbst Hand anlegen und die Systemeinstellungen korrigieren. Auch fehlerhafte Treiber für die Grafikkarte machen hin und wieder Schwierigkeiten. Denn wenn Sie ein nagelneues Betriebssystem wie Windows XP installiert haben, müssen Sie eventuell passende Treiber besorgen, weil diese nicht auf der Installations-CD vorhanden sind.

Auch bedeutet Plug & Play nicht, dass Grafikkarte und Monitor für die optimale Anzeige automatisch abgestimmt werden, das müssen Sie selbst tun. Und wie Sie das machen, zeigen wir Ihnen in diesem Abschnitt.

Die Grafikkarte funktioniert nicht

Es ist recht enttäuschend, wenn man im Besitz einer flotten Grafikkarte ist und nach der Windows-Installation mit einer Auflösung von 640 x 480 bei gerade mal 16 Farben begrüßt wird, wo die Grafikkarte doch vor der Installation noch einwandfrei funktioniert hat. Die Enttäuschung – und auch die Anzeige des Standard-VGA – schwindet schnell, denn meist liegt das Problem am falschen Treiber oder die Systemeinstellungen sind nicht richtig.

Treiber überprüfen ...

Wenn die Grafikkarte mehr kann, als sie tut, checken Sie erst einmal, ob es ein Treiberproblem gibt:

1   Rufen Sie die Systemsteuerung auf und öffnen Sie das Objekt *Anzeige*. Auf der Registerkarte *Einstellungen* klicken Sie auf *Erweitert*.

2   In den Eigenschaften der Anzeige holen Sie die Registerkarte *Grafikkarte* hervor, denn hier finden Sie die Grafikkarteninformationen. Für den Fall, dass keinerlei Informationen verfügbar sind, wurde kein passender Treiber gefunden. Deshalb wurde während der Windows-Installation der Standard-Grafikkartentreiber eingerichtet, der nur die minimale Auflösung schafft. Sie müssen sich erst den entsprechenden Treiber besorgen.

3   Haben Sie den Treiber parat, starten Sie den Hardware-Assistenten. Wählen Sie die Option *Neue Hardware hinzufügen* aus und geben Sie im nächsten Schritt an, dass Sie die Hardware manuell aus einer Liste auswählen wollen.

4   Markieren Sie *Grafikkarte* und klicken Sie anschließend auf *Datenträger*, damit der Treiber von Diskette, CD-ROM oder aus einem Ordner der lokalen Festplatte installiert werden kann. Geben Sie den Pfad an, wo sich der richtige Treiber befindet, und beenden Sie die Installation.

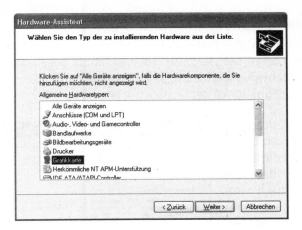

Damit die Änderung wirksam wird, müssen Sie anschließend den Computer neu starten. Die Anzeige sollte nun etwas besser sein. Wenn das nicht der Fall sein sollte und die Grafikkarte immer noch im Standard-VGA-Modus betrieben wird, liegt eventuell ein Gerätekonflikt vor, den es zu bereinigen gilt.

Systemeinstellungen überprüfen

Wenn die Installation des Treibers nicht zum gewünschten Erfolg geführt hat, liegt vermutlich ein Problem mit den Einstellungen vor. Bevor wir uns mit den Hardwareressourcen befassen, überprüfen Sie erst einmal, ob die Grafikkarte auch im gewünschten Modus läuft. Denn unter Umständen haben Sie nur eine zu geringe Auflösung gewählt.

AGP-Grafikkarten neben PCI-Steckplätzen

Wenn Sie eine AGP-Grafikkarte nutzen und der PCI-Steckplatz direkt daneben belegt ist, kann das die Ursache für das Problem sein. Nehmen Sie die PCI-Karte heraus und stecken Sie den Adapter in einen anderen Slot.

Rufen Sie die Systemsteuerung auf und öffnen Sie das Objekt *Anzeige*. Versuchen Sie, auf der Registerkarte *Einstellungen* die Bildschirmauflösung höher zu setzen. Wenn das möglich ist, liegt kein Problem mit der Grafikkarte vor. Sollte nur die Auflösung 640 x 480 verfügbar sein, stimmt was nicht. Schließen Sie die Anzeige-einstellungen wieder und öffnen Sie den Geräte-Manager im Objekt *System*. Markieren Sie die Grafikkarte und öffnen Sie die Eigenschaften. Sollte dort seltsamerweise ein Konflikt vorliegen, wechseln Sie auf die Registerkarte *Ressourcen* und entfernen das Häkchen neben *Automatisch konfigurieren*.

Wählen Sie eine der möglichen Konfigurationen aus, damit die Grafikkarte nicht mehr mit einer anderen Komponente in das Gedränge kommt, und starten Sie den Computer neu. Das Problem sollte anschließend behoben sein.

Die Hardwarebeschleunigung reduzieren

Wenn sich der Computer häufig aufhängt oder es hin und wieder zu Problemen mit der Grafik kommt, kann das an der Hardwarebeschleunigung liegen. Reduzieren Sie in diesem Fall die Hardwarebeschleunigung, denn standardmäßig werden sämtliche Beschleunigungsfunktionen der Grafikkarte genutzt.

Öffnen Sie hierzu das Objekt *Anzeige* in der Systemsteuerung und klicken Sie auf der Registerkarte *Erweitert* auf die Schaltfläche *Einstellungen.* Holen Sie die Registerkarte *Problembehandlung* nach vorn, dort können Sie sukzessive die Hardwarebeschleunigung reduzieren. Sie sollten diese Funktion nicht komplett deaktivieren, damit nicht sämtliche Beschleunigungsfunktionen verloren gehen.

Bevor Sie den Schieberegler zu weit nach links setzen, deaktivieren Sie zuvor die Option *Write Combining,* eventuell lässt sich das Problem dadurch schon beheben.

Der Monitor flimmert – Abstimmung tut Not

Wenn die Grafikkarte einwandfrei funktioniert und den Anforderungen entsprechend eingestellt wurde, prüfen Sie als Nächstes, ob Windows XP bei der Installation den richtigen Monitor gefunden hat, und passen Sie die Einstellungen des Bildschirms noch ein wenig an. Denn wenn der Monitor flimmert, sind Ermüdungserscheinungen vorprogrammiert. Außerdem ist diese Flimmerei schädlich für die Augen. Öffnen Sie in der Systemsteuerung das Objekt *Anzeige* und aktivieren Sie die Registerkarte *Einstellungen.* Klicken Sie auf *Erweitert* und holen Sie die Registerkarte *Monitor* nach vorn. Sie sehen nun, welcher Monitortyp während der Installation von Windows XP erkannt und eingerichtet wurde.

Für den Fall, dass der angezeigte Monitortyp nicht mit dem Modell übereinstimmt, das Sie zurzeit verwenden, müssen Sie erst den richtigen Treiber installieren. Sonst kann es passieren, dass Modi aufgelistet werden, die vom Monitor nicht unterstützt werden, und das kann wiederum zu massiven Problemen mit der Anzeige führen.

Nur unterstützte Modi anzeigen lassen!

Lassen Sie das Kontrollkästchen *Modi ausblenden, die von diesem Monitor nicht angezeigt werden können* markiert. Denn sonst werden möglicherweise Frequenzen zur Auswahl angeboten, die vom Gerät nicht unterstützt werden. Wenn Sie die Frequenz zu hoch wählen, folgt nach dem nächsten Computerstart ein Blackscreen, und Sie sehen nichts mehr. In diesem Fall müssen Sie den Computer ausschalten und im abgesicherten Modus starten, damit Sie die Bildwiederholfrequenz reduzieren können.

Stimmt der Monitortyp, können Sie nun die Bildwiederholfrequenz anpassen und die Flimmerei reduzieren. Grundsätzlich gilt: Je höher die Bildwiederholfrequenz, desto weniger flimmert der Monitor. Doch Achtung: Die Grafikkarte muss diesen Modus ebenfalls unterstützen, damit es nicht zu Schwierigkeiten kommt. Sie können sich die Modi der Grafikkarte anzeigen lassen, wenn Sie auf der Registerkarte *Grafikkarte* auf *Alle Modi auflisten* klicken. Je nachdem, welche Auflösung Sie verwenden, werden die möglichen Frequenzen angezeigt.

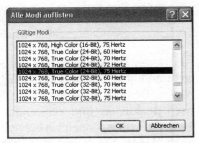

Die unterstützten Modi stehen zur Verfügung.

17.3 Ärger mit internen Hardware-komponenten

Wenn interne Hardwarekomponenten wie Grafik-, Sound- oder Netzwerkkarte ihren Dienst verweigern, liegt das meistens am Treiber oder aber die Geräteeinstellungen sind schlichtweg falsch. Denn je mehr Hardwarekomponenten Sie in den Computer einbauen, desto weniger freie Ressourcen stehen zur Verfügung und die Gefahr möglicher Gerätekonflikte steigt. Und wenn sich zwei Geräte eine Ressource teilen, funktioniert keines der Geräte. In diesem Fall müssen Sie eingreifen und den Konflikt beseitigen, indem Sie einem der beiden Geräte neue IRQs oder Speicherbereiche zuweisen.

Die Systemressourcen überprüfen

Wenn eine interne Komponente partout nicht will, liegt unter Umständen ein Gerätekonflikt vor. Und das können Sie leicht feststellen, wenn Sie einmal den Ge-

räte-Manager öffnen. Problemgeräten wird ein gelbes Ausrufezeichen vorangestellt, daran können Sie sehen, dass mit dem Gerät etwas nicht stimmt. Für weitere Details öffnen Sie die Eigenschaften der jeweiligen Komponente. Auf der Registerkarte *Allgemein* finden Sie bereits erste Informationen darüber, um welches
Problem es sich handelt. Sollten Sie eine Meldung vorfinden, in der Gerätekonflikte bekannt gegeben werden oder die besagt, dass die Firmware des Geräts die
erforderlichen Ressourcen nicht bereitstellt, kollidieren zwei Hardwarekomponenten.

Ressourcen können nur in bestimmten Fällen geändert werden

Das Kontrollkästchen *Automatisch konfigurieren* steht nicht immer zur Verfügung. Wenn es sich
um ein Plug & Play-fähiges Gerät handelt, werden die Ressourcen von Windows vergeben, Sie
können keinen Einfluss darauf nehmen. Es sei denn, es bestehen Konflikte zwischen mehreren
Geräten. Dann lassen sich Einstellungen vornehmen.

Aktivieren Sie die Registerkarte *Ressourcen* und klicken Sie auf *Manuell konfigurieren*. Denn das Gerät wurde automatisch deaktiviert und verwendet zurzeit
keinerlei IRQs, Speicherbereiche oder
auch DMAs. Sie haben nun zwei Möglichkeiten: Sie klicken die Option *Automatisch konfigurieren* an oder aber Sie
weisen die Ressourcen manuell zu. Ersteres kann zu einem neuen Problem führen, wenn die automatische Konfiguration vorher aktiviert war und es dennoch
zu Konflikten gekommen ist. Wenn Sie
die Ressource manuell zuweisen, wählen
Sie eine der möglichen Konfigurationen
im Feld *Einstellung basiert auf* aus. Sollten sämtliche Konfigurationen bereits be-

Hardwareressourcen eines Geräts ändern.

legt sein, können Sie einzelne Ressourcentypen (IRQ, E/A-Bereich ...) ändern.
Klicken Sie auf *Einstellung ändern* und wählen Sie die Ressource aus. Ob die
Auswahl zu einem neuen Konflikt führt, sehen Sie im Feld *Gerätekonflikt*. Dort
wird angezeigt, welches Gerät die Konfiguration nutzt.

Wählen Sie die Konfiguration aus, die nicht mit einem anderen Gerät kollidiert,
und starten Sie den Computer neu. Das Problem sollte nach dem Neustart behoben sein, und das Gerät müsste wieder einwandfrei funktionieren.

Freie Ressourcen ermitteln

Wenn Gerätekonflikte vorliegen und Sie die Ressourcen neu vergeben, müssen Sie natürlich wissen, welche IRQs und Speicherbereiche noch frei sind. Das lässt sich am schnellsten feststellen, wenn Sie die Systeminformationen öffnen, denn dort werden sämtliche Hardwarekomponenten mitsamt den Einstellungen angezeigt. Zum Öffnen der Systeminformationen wählen Sie *Start/Ausführen* und geben „msinfo32" ein. Alternativ können Sie die Systeminformationen auch unter *Start/Alle Programme/Zubehör/Systemprogramme* aufrufen. Erweitern Sie den Abschnitt *Hardwareressourcen* und markieren Sie die betreffende Ressource. Daraufhin werden die Systeminformationen aktualisiert und Sie können der rechten Fensterhälfte alle bereits vergebenen Ressourcen entnehmen. Wählen Sie eine freie Ressource aus, diese können Sie nun zur Lösung des Gerätekonflikts verwenden.

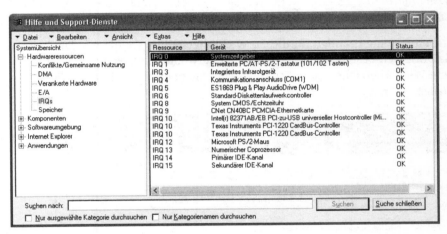

Anzeige der Hardwareressourcen.

17.4 Retter in der Not: die System-wiederherstellung

Ein alltägliches Szenario: Sie oder ein Mitglied Ihrer Familie installieren zum Beispiel ein Programm oder ein Spiel, das sich im Nachhinein als fehlerhaft erweist und Ihr System zu einem regelmäßigen Absturz bringt. Weiterhin beeinträchtigt dieses mysteriöse Programm auch noch die Geschwindigkeit Ihres Computers. Sie entschließen sich, die Installation zu korrigieren, und schmeißen es gnadenlos von Ihrem PC. Nach dem Neustart stellen Sie fest, das die Deinstallation nicht „sauber" gelaufen ist, und Sie bekommen laufend Fehlermeldungen. Eine Neuinstallation scheint der einzige Ausweg. Das ist nun der Zeitpunkt, zu dem man sich den vorherigen Installationszustand zurückwünscht.

Per Mausklick zurück – Wunsch oder Wirklichkeit?

Stellen Sie sich vor, Sie könnten mit einem Klick auf eine frühere funktionierende Version zurückgreifen und alles wäre wieder beim Alten. Diesen Wunsch kann Ihnen Windows XP erfüllen. Das entsprechende Werkzeug nennt sich *Systemwiederherstellung*. Windows legt in regelmäßigen Abständen eigene Wiederherstellungspunkte fest. Windows nennt solch einen Wiederherstellungspunkt *Systemprüfpunkt*.

Auch Sie selbst können Hand anlegen und eigene Wiederherstellungspunkte erstellen. Sie sollten dies auch tun, wenn Sie eine Programminstallation vorhaben, Programme vom Internet herunterladen oder eine größere Umkonfiguration bevorsteht. So erstellen Sie einen Wiederherstellungspunkt:

1 Wählen Sie im Startmenü *Alle Programme/Zubehör/Systemprogramme* und *Systemwiederherstellung*. Markieren Sie das Optionsfeld *Einen Wiederherstellungspunkt erstellen* und klicken Sie auf *Weiter*, um fortzufahren.

2 Geben Sie einen Namen für diesen Wiederherstellungspunkt ein. Denken Sie daran, einen beschreibenden Namen zu verwenden, da es möglich ist, mehrere Wiederherstellungspunkte an einem Tag zu erstellen. Klicken Sie auf *Erstellen*.

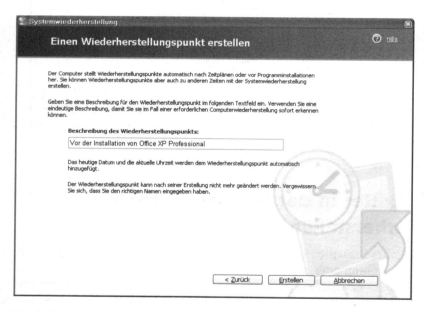

3 Nach kurzer Zeit sind alle relevanten Daten für eine Systemwiederherstellung gespeichert.

4 Klicken Sie auf *Schließen*, um die *Systemwiederherstellung* zu verlassen. Nun können Sie Ihre geplante Aktion sorglos durchführen.

Zurück zu einem früheren Stand

Passiert es tatsächlich einmal, dass Sie auf einen früheren Stand zurückgreifen müssen, gehen Sie wie folgt vor:

1 Wählen Sie im Startmenü *Alle Programme/Zubehör/Systemprogramme/Systemwiederherstellung*. Markieren Sie das Optionsfeld *Computer zu einem früheren Zeitpunkt wiederherstellen* und klicken Sie auf *Weiter*, um fortzufahren.

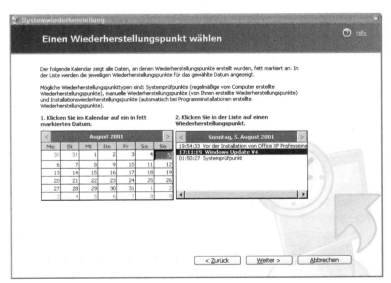

2 Es erscheint nun ein Kalender, der alle Daten zeigt, an denen Wiederherstellungspunkte erstellt wurden. Jeder Tag, der einen Wiederherstellungspunkt hat, ist fett markiert. Erschrecken Sie nicht, wenn mehrere Tage fett hinterlegt sind. Die meisten wird das System automatisch angelegt haben. Sie erinnern sich – die so genannten Systemprüfpunkte. Neben dem Kalender finden Sie die Liste aller Wiederherstellungspunkte des im Kalender markierten Tages. Es können durchaus mehrere Wiederherstellungspunkte auf der Liste stehen. Sie unterscheiden sich durch das Datum und die Uhrzeit, die das System bei der Erstellung des Wiederherstellungspunktes automatisch generiert.

3 Markieren Sie den gewünschten Wiederherstellungspunkt und klicken Sie auf *Weiter*. Anschließend müssen Sie den ausgewählten Wiederherstellungspunkt noch mal mit *Weiter* bestätigen, um endgültig die Wiederherstellung von Windows durchzuführen.

Die Systemwiederherstellung anpassen

Ganz „kostenlos" bekommen Sie diesen Service nicht. Windows nimmt für die Systemwiederherstellung ca. 20 % Ihrer Festplatte in Anspruch. Was für die einen Benutzer eine günstige „Lebensversicherung" ist, ist für den anderen pure Verschwendung des Festplattenplatzes. Aus diesem Grund hat Windows Ihnen die Möglichkeit gegeben, die Anzahl der Wiederherstellungspunkte selbst nach oben oder unten zu regulieren. Reichen Ihnen wenige Wiederherstellungspunkte, dann geben Sie einfach weniger Festplattenplatz frei, möchten Sie lieber mehr Wiederherstellungspunkte, dann geben Sie mehr frei. Halten Sie die Systemwiederherstellung für völligen Quatsch, dann schalten Sie sie ab. So richten Sie die Systemwiederherstellung ein:

1 Klicken Sie in der Systemsteuerung auf die Kategorie *Leistung und Wartung* und öffnen Sie das Systemsteuerungssymbol *System*. Alternativ klicken Sie mit der rechten Maustaste auf das Desktopobjekt *Arbeitsplatz*. Es erscheint das Kontextmenü. Klicken Sie wiederum auf *Eigenschaften*. Es öffnet sich das Dialogfeld *Systemeigenschaften*.

2 Klicken Sie auf die Registerkarte *Systemwiederherstellung*. Markieren Sie das entsprechende Laufwerk und klicken Sie auf *Einstellungen*, um den zu verwendenden Speicherplatz für die Systemwiederherstellung zu umgehen.

3 Markieren Sie *Systemwiederherstellung auf allen Laufwerken deaktivieren*, wenn Sie darauf verzichten möchten. Ansonsten verschieben Sie den Regler in eine Richtung, um die Größe des Speicherplatzes für die Systemwiederherstellung zu definieren. Natürlich können Sie die Standardeinstellung annehmen und alles belassen, wie es ist.

4 Klicken Sie auf *OK*, um die Einstellungen zu speichern und das Dialogfeld *Systemeigenschaften* zu verlassen. Klicken Sie auf *Übernehmen*, wenn Sie die Einstellungen speichern, jedoch weitere Einstellungen in dem Dialogfeld *Systemeigenschaften* durchführen wollen.

Das steckt hinter der Systemwiederherstellung

Dank der Systemwiederherstellung lassen sich Änderungen am System, die zur Instabilität oder gar zum Absturz führen, schnell wieder rückgängig machen. Denn Windows XP überwacht wichtige Systemdateien (**.exe, *.vxd, *.dll, *.com, *.sys*) und behält zudem die Registrierung im Auge. Sie brauchen künftig also keine Bedenken mehr zu haben, wenn Sie exotische Komponenten installieren, denn wenn Sie die Systemwiederherstellung aktiviert haben, können Sie den Computer problemlos wiederherstellen. Und das funktioniert folgendermaßen:

Beim Auftreten bestimmter Ereignisse (Installation, längere Leerlaufzeit ...) sichert Windows die aktuelle Konfiguration, dazu gehören die zum Start benötigten Systemdateien, wie auch die Registrierung. Wenn Sie nun Software- oder Treiberinstallationen vornehmen und der Computer daraufhin instabil wird, können Sie diese Sicherung mithilfe der Systemwiederherstellung zurückspielen. Sie haben mehrere Möglichkeiten, die Sicherung zurückzuspielen. Denn wenn Windows nicht mehr startet, können Sie die zuletzt funktionierende Konfiguration im abgesicherten Modus wie auch von der Installations-CD restaurieren.

Dabei werden lediglich die Systemdateien restauriert, Ihre persönlichen Daten bleiben davon unberührt. Die Systemwiederherstellung kümmert sich nur um die Konfiguration des Betriebssystems, Ihre persönlichen Dateien werden weder gesichert noch restauriert! Sie können dieses Feature also nicht zur gewöhnlichen Datensicherung verwenden.

Systemwiederherstellung erfordert Administratorrechte

Egal ob Sie die Systemwiederherstellung aktivieren, ändern oder das System restaurieren wollen: Sie müssen sich immer als Computeradministrator anmelden. Als gewöhnlicher Benutzer haben Sie keinen Zugriff auf diese Funktionen und können auch keine Wiederherstellung vornehmen!

Windows XP erstellt regelmäßige Systemprüfpunkte

Windows erstellt beim Auftreten bestimmter Ereignisse so genannte Systemprüfpunkte, womit die momentane Konfiguration automatisch gesichert wird. Allerdings nur dann, wenn die Systemwiederherstellung auch aktiv ist. Wenn Sie beispielsweise das Windows-Update starten und Ihr Betriebssystem via Internet aktualisieren wollen, wird zunächst ein Systemprüfpunkt angelegt. Denn für den Fall, dass bei der Installation der neueren Dateien etwas schief geht oder Windows anschließend etwas hakt, können Sie die Aktualisierung mithilfe des Systemprüfpunktes wieder rückgängig machen.

Auch wenn der Computer zehn Stunden am Stück läuft und anschließend für zwei Minuten nichts zu tun hat, wird ein Systemprüfpunkt erstellt. Wenn Sie nun mehr als zehn Stunden permanent mit Windows arbeiten, wird der nächste Systemprüfpunkt stattdessen nach 24 Stunden angelegt. Aber nur, wenn Windows mindestens zwei Minuten untätig bleibt.

Die Installation von Softwareprodukten, die MSI (**M**icrosoft **S**oftware **I**nstaller) unterstützen, führt ebenfalls zur Erstellung eines Systemprüfpunktes. Wird dagegen ein gewöhnliches Setup – ohne MSI – gestartet, erfolgt keine automatische Sicherung, Sie müssten dann selbst einen Wiederherstellungspunkt kreieren. Wie Sie das machen, zeigen wir Ihnen noch.

Wenn Sie eine Wiederherstellung durchführen, wird ebenfalls ein Systemprüfpunkt erstellt. Denn damit können Sie selbst die Wiederherstellung rückgängig machen. Das klingt jetzt vielleicht etwas paradox, ist aber so.

Die Systemwiederherstellung braucht Platz

Wenn Sie Windows XP installiert haben, ist die Systemwiederherstellung standardmäßig aktiviert. Es sei denn, Sie haben zum Zeitpunkt der Installation nicht mehr allzu viel Platz auf der Platte. Denn wenn Sie Windows nach der Installation das erste Mal starten und just zu diesem Zeitpunkt 200 MByte und weniger freien Festplattenspeicher haben, wird die Systemwiederherstellung vorübergehend auf Eis gelegt. Und das hat folgenden Grund: Die Systemwiederherstellung beansprucht von Haus aus 200 MByte Plattenplatz für sich allein, damit die Windows-Konfiguration gesichert werden kann. Somit wäre der Platz gleich Null und Windows hätte keine Luft zum Atmen. In diesem Fall müssten Sie also erst einmal Platz schaffen, indem Sie nicht benötigte Programme deinstallieren, überflüssige Dateien löschen, den DLL-Cache leeren oder gar die Auslagerungsdatei etwas verkleinern, was wir Ihnen jedoch nicht empfehlen. Denn dann würden Sie dem System etwas an Performance nehmen. Haben Sie genügend Platz geschaffen, können Sie die Systemwiederherstellung daraufhin aktivieren.

Mehr Plattenplatz nach dem Windows-Upgrade

Wenn Sie Windows XP als Upgrade installiert und somit über eine bestehende Windows-Version gebügelt haben, könnten Sie die XP-Installation auch wieder rückgängig machen. Denn die vorherige Windows-Version wird in den Ordner \Undo gepackt und nimmt einiges an Plattenplatz ein. Haben Sie sich endgültig für Windows XP entschieden, löschen Sie diesen Ordner. Sie können dadurch einige MByte freischaufeln.

Bevor Sie Änderungen am System vornehmen und neue Treiber oder Programme installieren, überzeugen Sie sich davon, dass die Systemwiederherstellung auch wirklich aktiviert ist. Sicher ist sicher!

Rufen Sie die Systemsteuerung auf und öffnen Sie das Objekt *System*. Auf der Registerkarte *Systemwiederherstellung* können Sie dieses Feature ein- und ausschalten. Außerdem können Sie an dieser Stelle bestimmen, wie viel Festplattenspeicher für die Wiederherstellungsdateien verwendet wird. Denn wenn Sie nicht allzu viel freien Plattenspeicher zur Verfügung haben, ist diese Einstellung von besonderer Bedeutung.

Haben Sie die Registerkarte mit einem Klick in den Vordergrund geholt, prüft Windows erst einmal, ob die Systemwiederherstellung aktiviert wurde und wie viele Partitionen oder Festplatten zur Verfügung stehen. Die momentanen Einstellungen werden daraufhin angezeigt. Ist das Kontrollkästchen *Systemwiederherstellung auf allen Laufwerken deaktivieren* nicht markiert, dann ist diese Funktion aktiv und regelmäßige Wiederherstellungspunkte werden angelegt. Möchten Sie die Systemwiederherstellung jedoch deaktivieren, weil Sie den Computer vielleicht per Image sichern, markieren Sie dieses Kontrollkästchen.

Haben Sie die Systemwiederherstellung aktiviert, können Sie als Nächstes festlegen, wie viel Plattenspeicher für die Sicherung reserviert werden soll. Hierzu markieren Sie das Laufwerk und klicken auf *Einstellungen*. Mithilfe des Schiebereglers können Sie die Ordnergröße ändern, wobei Windows XP mindestens 200 MByte und maximal 400 MByte freien Plattenspeichers zulässt. Wenn Sie es beim Maximum (400 MByte) belassen, heißt das nicht, dass dieser Plattenplatz sofort belegt wird. Denn der Ordner wird Schritt für Schritt mit Leben, sprich: mit Daten, gefüllt.

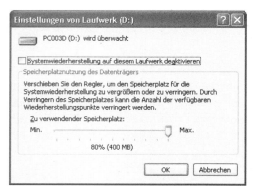

Einstellungen für das Laufwerk.

Bedenken Sie, dass ältere Wiederherstellungspunkte durch neuere überschrieben werden, wenn der Speicherplatz zur Neige geht. Wenn Sie sich also mit 200 MByte für die Systemwiederherstellung begnügen wollen, werden weitaus weniger Konfigurationen gesichert, als wenn Sie den Schieberegler auf *Max.* stellen. Wenn die Festplatte groß genug ist und Sie des Öfteren Änderungen am System vornehmen, sind 400 MByte empfehlenswert.

Systemwiederherstellung auf mehreren Laufwerken?

Gesetzt den Fall, Sie haben mehrere Festplatten eingebaut oder die Platte in mehrere Partitionen aufgeteilt, dann wird die Systemwiederherstellung standardmäßig für alle Laufwerke aktiviert. Das bedeutet, dass auf jedem Laufwerk ein Ordner namens *System Volume Information* angelegt und – wenn dort Windows XP installiert wurde – auch eine Sicherung durchgeführt wird. Haben Sie zwei Windows-Installationen parallel laufen, mag das Sinn machen. Wenn Sie auf den anderen Laufwerken jedoch kein Windows XP installiert haben, brauchen Sie dort auch keine Systemwiederherstellung zu aktivieren. Denn Ihre persönlichen Dateien, die Sie mit Word, Excel oder einem sonstigen Programm erstellt haben, werden durch die Systemwiederherstellung sowieso nicht gesichert.

System Information Volume ist ein versteckter Ordner

Wenn Sie wissen wollen, wie groß der Ordner für die Systemwiederherstellung ist, müssen Sie diesen Ordner erst sichtbar machen. Dazu rufen Sie die Ordneroptionen im Explorer oder in der Systemsteuerung auf und legen auf der Registerkarte *Ansicht* fest, dass alle Dateien angezeigt und geschützte Systemdateien nicht ausgeblendet werden sollen. Daraufhin wird der Ordner angezeigt und Sie können die Eigenschaften öffnen.

Wenn Sie die Systemwiederherstellung auf anderen Laufwerken deaktivieren wollen, markieren Sie das jeweilige Laufwerk und klicken auf *Einstellungen*. Dort können Sie die Systemwiederherstellung für das angegebene Laufwerk deaktivieren. Wenn Sie stattdessen nur Speicherplatz auf einem bestimmten Laufwerk einsparen wollen, reduzieren Sie den reservierten Plattenplatz mithilfe des Schiebereglers.

18. Ärger mit der Software – Was tun, wenn der PC bockt?

Selbst wenn alle Hardwarekomponenten einwandfrei arbeiten, kann es des Öfteren zu Problemen kommen. Denn auch die Software macht hin und wieder Ärger. Und dann ist systematisches Troubleshooting angesagt, da die Fehlerquellen nicht immer gleich zu erkennen sind und oft eine aufwendige Störungssuche folgt. Nicht selten treffen mehrere Faktoren aufeinander, die letztendlich für die Störung verantwortlich sind. Doch bevor Sie sich jetzt die Nächte um die Ohren hauen, weil etwas nicht funktioniert, sehen Sie erst einmal in diesem Kapitel nach.

18.1 Softwareprobleme erfolgreich beheben

Windows XP besitzt umfangreiche Sicherheitsmechanismen und ist hinsichtlich des Softwareeinsatzes restriktiver. Dem Umsteiger von Windows 9x/ME mag dies vielleicht eigenartig erscheinen, Nutzer von Windows 2000 hingegen kennen den Sachverhalt bereits: Nicht jeder Benutzer darf alles und nicht jedes Programm arbeitet optimal mit anderen zusammen! Es ist also nicht auszuschließen, dass Sie es hin und wieder mit einigen Softwareproblemen zu tun haben werden, für die wir Ihnen hier geeignete Lösungsvorschläge bieten. Ob Programme inkompatibel sind und sich erst gar nicht installieren lassen oder ob das Programm aufgrund fehlender Berechtigungen streikt: Es sind immer mehrere Ursachen möglich.

Keine Berechtigung zur Ausführung oder Installation?

Gesetzt den Fall, Ihr persönliches Benutzerkonto gehört zum Typ *Benutzer* und nicht zu *Computeradministrator*, werden Sie mit großer Wahrscheinlichkeit einige Probleme bei der Installation neuer Software oder auch beim Starten vorhandener Applikationen haben. Denn diesem Kontotyp werden standardmäßig nur minimale Rechte zugewiesen, weshalb es aufgrund mangelnder Berechtigung zu manchen Softwareproblemen kommen kann.

Die Berechtigung manuell vergeben

Im Folgenden lesen Sie, wie Sie Berechtigungsprobleme bei der Installation oder Ausführung einer Software lösen können. Nichtsdestotrotz können Sie die notwendigen Rechte auch manuell vergeben. Denn Sie können als Administrator die erforderlichen Rechte einzelner Dateien oder kompletter Ordner für andere Benutzer erteilen, sofern das Laufwerk mit NTFS formatiert wurde und Sie das Computersystem im abgesicherten Modus hochgefahren haben. Auch lassen sich Rechte in der Registrierung zuweisen. Klicken Sie auf *Bearbeiten/Berechtigung* innerhalb des Registrierungseditors, dort können Sie festlegen, dass Werte hinzugefügt oder geändert werden können.

Trotz eingeschränkter Rechte Software installieren

Wenn Sie sich als Computeradministrator angemeldet haben und neue Software installieren wollen, wird es in der Regel nur dann zu Problemen kommen, wenn das jeweilige Produkt nicht kompatibel ist. Wenn Sie sich dagegen als gewöhnlicher Benutzer angemeldet haben und eine Software installieren wollen, sieht das schon etwas anders aus. Denn aufgrund eingeschränkter Berechtigungen wird Windows XP das Setup vorzeitig beenden und Ihnen netterweise mitteilen, dass Ihnen die entsprechenden Rechte fehlen. Sie müssen sich aber nach einer derartigen Meldung nicht neu anmelden, denn es reicht vollkommen aus, wenn Sie das Setup unter einem anderen Benutzernamen, sprich: als Administrator, ausführen.

Programme immer als Benutzer ausführen?

Wenn Sie die Option *Programme immer als Computername\Benutzername ausführen* anklicken, wird der Programmstart mit großer Wahrscheinlichkeit abbrechen. Denn Benutzer können nur die Programme starten, die für *All Users* eingerichtet wurden. Das ist leider nicht immer der Fall. Sie sollten die Option besser nicht anklicken, damit Sie künftig auswählen können, mit welchem Account die jeweilige Software gestartet wird.

Windows XP merkt, wenn die Installation aufgrund fehlender Rechte scheitert, und bieten Ihnen daraufhin die Möglichkeit, das Setup erneut aufzurufen, allerdings unter neuem Namen. Wenn Sie den Benutzernamen und gegebenenfalls das Kennwort des Computeradministrators kennen, führen Sie die Installation unter diesen Account aus. Dabei gilt es allerdings zu beachten, dass Sie nicht nur den Benutzernamen des Administrators, sondern auch den Computernamen eingeben. Denn ansonsten hagelt es Fehlermeldungen und Sie

Programm als anderer Benutzer ausführen.

werden darauf aufmerksam gemacht, dass der Benutzername oder das Kennwort falsch ist. Sie müssen den Benutzernamen im Format *Computername\Benutzername* und auch das Kennwort eingeben. Wenn kein Kennwort erforderlich ist, wird dennoch ein DOS-Fenster eingeblendet, übergehen Sie die Kennwortabfrage mit der Enter-Taste.

Keine Rechte zur Ausführung? – Es geht trotzdem!

Einmal angenommen, Sie haben sich bei Windows XP angemeldet und Ihr Konto ist vom Typ *Eingeschränkter Benutzer*. Sie wollen nun ein Programm starten und Windows quittiert diese Aktion mit kryptischen Fehlermeldungen wie *Keine Einträge in der Registrierung gefunden*, *Sie verfügen nicht über ausreichende Berechtigung* oder Ähnliches.

In diesem Fall haben Sie zwei Möglichkeiten: Sie melden sich ab und loggen sich mit einem Administrator-Account ein oder aber Sie starten die Anwendung unter Angabe eines anderen Benutzernamens. Ersteres ist aufwendiger und die zweite Variante setzt voraus, dass Sie den Benutzernamen und gegebenenfalls auch das Kennwort des Administrators kennen. Sollten Sie im Besitz dieser wertvollen Informationen sein (vielleicht sind Sie ja der Administrator?), rufen Sie den Befehl *runas* auf. Oder auch einfacher: Sie öffnen das Kontextmenü der jeweiligen Applikation und wählen den Befehl *Ausführen als*.

Einmal angenommen, Sie haben im Verzeichnis *Programme* das Office-Tool Photo-Editor gespeichert und möchten das jetzt starten. Als eingeschränkter Benutzer werden Sie vermutlich eine Fehlermeldung erhalten, dass keine entsprechenden Registrierungseinträge vorhanden sind. Macht nichts! Tun Sie einfach so, als seien Sie Herr der Registrierung und verfügten über alle Rechte. Öffnen Sie das Kontextmenü des jeweiligen Startmenüeintrags oder öffnen Sie die Eigenschaften der Programmdatei aus dem Windows-Explorer heraus und wählen Sie den Kontextmenüeintrag

Wer keine Rechte hat, nutzt die eines anderen ...

Ausführen als. Daraufhin öffnet sich ein Dialogfenster, worüber Sie einen Benutzer und dessen Passwort mit ausreichenden Rechten angeben können.

Probleme mit inkompatibler Software

Zu ärgerlich: Sie haben Windows XP installiert und bereits beim Upgrade die Meldung erhalten, dass einige Programme anschließend nicht mehr laufen werden, da sie inkompatibel sind. Wenn kein entsprechendes Update seitens des Herstellers angeboten wird, können Sie in diesem Fall auf spezielle Tools von Windows XP zurückgreifen. Denn im Hilfe- und Supportcenter wie auch auf der Installations-CD befinden sich zwei wichtige Tools, mithilfe derer Sie inkompatible Programme installieren und starten können.

Das Application Compatibility-Tool

Einmal angenommen, Sie haben von Windows 98 auf Windows XP aufgerüstet und sind daher im Besitz mehrerer Programme, die Windows 98 als Betriebssystem voraussetzen. Wenn Sie ein solches Programm unter Windows XP ausführen wollen, erhalten Sie häufig eine Fehlermeldung, denn in den meisten Fällen wird beim Programmstart die Version des Betriebssystems abgefragt und eine falsche Version wird zurückgegeben.

> ### Mögliche Leistungseinbußen im Kompatibilitätsmodus
>
> Wenn Sie eine inkompatible Anwendung mit dem Application Compatibility-Tool zum Laufen bringen, kann es trotzdem zu Leistungseinbußen kommen. Denn viele Programme haben bestimmte Funktionen, die erst später aufgerufen werden und möglicherweise nicht richtig funktionieren.

In diesem Fall bedienen Sie sich eines kleinen Tricks und können das Programm mit ein wenig Glück unter Windows XP weiterverwenden. Denn im Hilfe- und

Supportcenter finden Sie das Application Compatibility-Tool, das einer Anwendung ein anderes Betriebssystem vorgaukelt. Am Beispiel von McAfee First Aid – einem Systemutility – zeigen wir Ihnen, wie Sie ein solches Problem lösen können. Wir setzen an dieser Stelle voraus, dass First Aid noch nicht installiert ist:

So arbeiten Sie mit dem Application Compatibility-Tool

1 Starten Sie das Hilfe- und Supportcenter im Startmenü und klicken Sie auf *Beheben eines Problems*. Anschließend wählen Sie *Anwendungs- und Softwareprobleme* aus.

2 In der rechten Fensterhälfte klicken Sie auf *Ausführen von in früheren Versionen funktionsfähiger Software*. Daraufhin startet ein Assistent, schließen Sie das erste Fenster mit *Weiter*.

3 Im nächsten Schritt wählen Sie die Windows-Version aus, unter der die Anwendung problemlos läuft, beispielsweise *Windows 95*. Klicken Sie auf *Durchsuchen* und wählen Sie die Setup-Datei von First Aid aus, die sich auf der Installations-CD befindet. Starten Sie die Installation mit *Ausführen*.

4 Die Installation wird nun gestartet und die Dateien werden auf die Platte gepackt. Damit Sie First Aid nutzen können, muss der Computer neu gestartet werden. Führen Sie den Neustart durch, starten Sie das Programm danach aber noch nicht.

5 Nach dem Computerneustart rufen Sie erneut das Hilfe- und Supportcenter auf, denn Sie müssen jetzt festlegen, dass First Aid immer im Kompatibilitätsmodus ausgeführt wird. Rufen Sie hierzu das Application Compatibility-Tool auf und wählen Sie das Betriebssystem *Windows 95* aus.

6 Im nächsten Schritt klicken Sie auf *Durchsuchen* und wählen den Ordner *C:\Dokumente und Einstellungen\All Users\Desktop* aus. Markieren Sie den Eintrag *First Aid*.

7 Übergehen Sie das nächste Fenster mit *Weiter* und legen Sie zu guter Letzt fest, dass die Anwendung immer im Kompatibilitätsmodus ausgeführt werden soll, wählen Sie *Ja, das Programm immer mit diesen Kompatibilitätseinstellungen ausführen*.

Da Sie die Verknüpfung zum eigentlichen Programm angegeben haben, ist es von nun an egal, über welche Verknüpfung Sie First Aid aufrufen. Denn damit wurde die eigentliche Programmdatei aktualisiert. Wenn Sie First Aid starten, wird die Anwendung von nun an im Windows 95-Modus gestartet, und es sollten keine Probleme mehr auftreten.

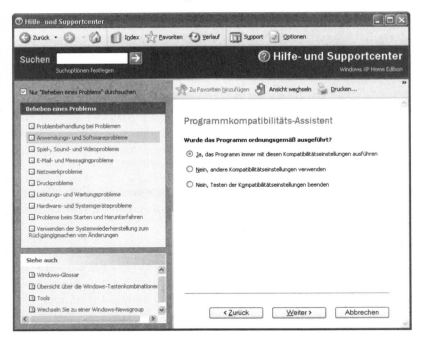

Nur noch im Kompatibilitätsmodus starten.

Ursachen für Programmabstürze finden und beheben

Windows XP ist auf der Grundlage von Windows 2000 sehr stabil geworden und läuft zumeist auch bei Programmabstürzen sicher weiter. Ein Programmabsturz ist dennoch eine nervige Angelegenheit, denn nicht selten müssen Sie den Computer neu starten, damit Sie wieder mit der Anwendung arbeiten können, und alle Daten, die Sie noch nicht gespeichert haben, sind futsch. Allerdings stürzt kein Programm ohne triftigen Grund ab, dafür kann es mehrere Ursachen geben. Zunächst einmal müssen Sie sicherstellen, dass genügend Ressourcen zur Verfügung stehen. Schließen Sie nicht benötigte Programme und machen Sie – wenn nötig – Platz auf der Platte.

> ## Service Packs, Updates & Co.
>
> Die meisten Hersteller bieten in regelmäßigen Abständen Service Packs, Bugfixes und Updates ihrer Produkte an, um eventuell vorhandene Fehler auszumerzen oder den Funktionsumfang zu erweitern. Sie vermeiden viele Hard- und Softwareprobleme, wenn Sie stets die aktuellste Software einsetzen. Das gilt für Anwendungen, ebenso für Treiber und auch für das Betriebssystem. Dazu gehört natürlich auch das regelmäßige Windows-Update.

Stürzt immer das gleiche Programm ab, kann es sich um einen Softwarefehler handeln. Sehen Sie auf der Internetseite des Herstellers nach, ob entsprechende

Updates verfügbar sind. Sind es mehrere Anwendungen, die hin und wieder das Zeitliche segnen, liegt die Ursache vermutlich weniger an den Applikationen, sondern eher an der Umgebung des Betriebssystems. Führen Sie die Systemdateiprüfung aus und prüfen Sie, ob falsche oder fehlerhafte Treiber installiert wurden.

Einträge in der Ereignisanzeige auswerten

Windows XP protokolliert wichtige Systemereignisse (Events) wie Computerabstürze, fehlgeschlagene Anmeldeversuche, gestartete Dienste und dergleichen mehr im Ereignisprotokoll. Mithilfe dieser Ereignisse lassen sich mögliche Störungen schneller finden, weshalb die Ereignisanzeige eine nützliche Hilfe beim Troubleshooting ist. Wenn es zu massiven Problemen mit Softwareprodukten kommt, sehen Sie mal im Ereignisprotokoll nach, wo das Problem liegen könnte.

Die Ereignis-ID

Jedes Ereignis enthält eine so genannte Ereignis-ID. Mithilfe dieser ID können Sie im Internet nach weiteren Informationen zur jeweiligen Warnung oder zu einem Fehler suchen, denn Microsoft stellt unter *www.microsoft.com* eine Supportdatenbank (Knowledge Base) bereit, in der die Ereignisse, wie auch mögliche Lösungsansätze, genauer beschrieben werden. Und wenn Sie bei Microsoft nichts finden, sollten Sie es auch noch einmal auf der Internetseite *www. eventid.net* versuchen, denn dort finden Sie eine Datenbank mit unzähligen Lösungsansätzen zu den unterschiedlichsten Event-Einträgen.

Wählen Sie *Start/Ausführen* und geben Sie „eventvwr.msc" ein oder rufen Sie das Ereignisprotokoll in der Systemsteuerung, genauer gesagt: im Objekt *Verwaltung*, auf. Markieren Sie in der linken Fensterhälfte die Kategorie *Anwendung*, da Windows drei unterschiedliche Protokolle führt. Sie sehen daraufhin sämtliche Informationen, Warnungen und auch Fehler, die Windows XP in Bezug auf eine installierte Anwendung generiert hat. Informationen sind weniger von Interesse. Allerdings sollten Sie Warnungen und Fehler genauer betrachten. Wenn Sie die einzelnen Einträge mit einem Doppelklick öffnen, finden Sie weitere Informationen zum jeweiligen Event. Falls Sie mit den Beschreibungen einzelner Fehler nicht viel anfangen können, wechseln Sie auf die Internetseite von Microsoft. Denn dort finden Sie – wenn Sie nach der jeweiligen Ereignis-ID suchen – oft verständlichere Hinweise, wie Sie den Fehler ausmerzen können.

Das Systemkonfigurationsprogramm

Wenn es bereits beim Start zu Problemen kommt, kann das unter Umständen an geladenen Treibern oder an Einträgen der Autostart-Gruppe liegen. Auch Dienste führen hin und wieder mal zu Problemen, je nachdem, welche Features Sie unter Windows XP aktiviert haben. Mithilfe des Systemkonfigurationsprogramms haben Sie nun die Möglichkeit, Windows XP mit bestimmten Optionen zu starten, um mögliche Fehler während des Systemstarts zu finden. So können Sie beispielsweise angeben, dass beim Start von Windows keinerlei zusätzliche Programme wie beispielsweise MS-Office, Virenscanner oder dergleichen mehr geladen werden. Des Weiteren können Sie eine Protokollierung des Systemstarts erzwingen, denn damit lassen sich Fehler während des Computerstarts leichter erkennen. Rufen Sie das Systemkonfigurationsprogramm auf, indem Sie auf *Start/Ausführen* klicken und „msconfig" eingeben. Das Systemkonfigurationsprogramm bietet auf mehreren Registerkarten diverse Einstellungsmöglichkeiten, die den Start von Windows XP beeinflussen. Bei massiven Problemen während des Systemstarts legen Sie auf der Registerkarte *Allgemein* fest, dass ein Diagnosestart erfolgen soll. Dann werden beim nächsten Start nur die wichtigsten Treiber und Dienste geladen. Sollte das Problem damit nicht mehr auftauchen, liegt der Fehler mit großer Wahrscheinlichkeit an falschen oder fehlerhaften Treibern.

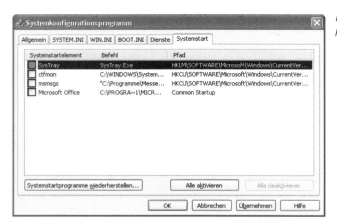

Das Systemkonfigurationsprogramm.

Wenn Sie den nächsten Computerstart protokollieren wollen, können Sie das auf der Registerkarte *Boot.ini* festlegen. Markieren Sie hierfür die Option */Bootlog*. Dann wird das Laden sämtlicher Treiber und Programme aufgezeichnet. Sollten dabei Fehler auftreten, können Sie das der Datei *Bootlog.txt* im Hauptverzeichnis der lokalen Platte entnehmen. Wenn Sie diverse Programme in die Autostart-Gruppe verfrachtet haben, damit diese bei Systemstart automatisch aufgerufen werden, können Sie die einzelnen Anwendungen auf der Registerkarte *Systemstart* zu Diagnosezwecken deaktivieren. Auch die Dienste lassen sich kurzerhand deaktivieren. Holen Sie die Registerkarte *Dienste* hervor und geben Sie an, welche Dienste beim Systemstart geladen werden sollen und welche nicht.

Inkompatibilität mit der Datenausführungs-verhinderung

Mit der Installation des Service Pack 2 für Windows XP wird das Betriebssystem um ein neues Sicherheitsfeature names DEP (**D**ata **E**xecution **P**revention) erweitert, das leider zu neuen Kompatibilitätsproblemen führt und demzufolge Schwierigkeiten bei der Ausführung diverser Applikationen bereiten kann. Denn

DEP soll gängigen Overflow-Attacken vorbeugen, indem die Ausführung eines Programmcodes im Datenspeicher unterbunden wird. Einige Applikationen führen ihren Code jedoch im Datenspeicher aus, woraufhin Windows XP neuerdings mit einer Zugriffsverletzung reagiert. Die Applikation wird daraufhin automatisch geschlossen.

Halten Sie Ausschau nach Updates!

Für den Fall, dass es auf Ihrem Computersystem zu Inkompatibilitäten mit der Datenausführungsverhinderung kommt und Windows XP Ihre Applikationen schließt, sollten Sie zunächst Ausschau nach entsprechenden Upates halten. Deaktivieren Sie DEP nur dann, wenn es keine Updates gibt oder wenn die Installation des Updates nicht zum gewünschten Erfolg führt. Wie Sie DEP für einzelne Applikationen deaktivieren, zeigen wir Ihnen weiter unten.

Hintergrund dieser Funktion ist, dass es in der Vergangenheit zu unzähligen Overflow-Attacken kam, worüber sich der Angreifer aufgrund eines erzwungenen Buffer Overflows bestimmte Systemprivilegien ergaunert und die Berechtigungen auf dem lokalen Computersystem für weitere Angriffe missbraucht hat. Ein solcher Buffer Overflow stellt im Grunde genommen einen Speicherüberlauf dar, in dem eine bestimmte Applikation mit Absicht freie Variablen im Speicher mit übermäßigen Daten füllt, womit angrenzende Speicherbereiche ebenfalls überschrieben werden und der Speicher letzten Endes zum Überlaufen gebracht wird. Die Applikation bzw. der Dienst, der diesen Speicherbereich nutzt, wird damit zum Absturz gebracht. Man spricht auch von einem Denial of Service-Angriff (das Außer-Gefecht-Setzen einer Software). Durch diesen Buffer Overflow lassen sich Systemprivilegien wie beispielsweise lokale Systemdienstrechte ergaunern, die für die Ausführung weiterer Attacken missbraucht werden.

Die Datenausführungsverhinderung für eine Anwendung deaktivieren

Falls Sie Softwareprodukte einsetzen, die DEP-inkompatibel sind und von Windows XP eigenmächtig geschlossen werden, heißt das nicht, dass Sie derartige Produkte mit Windows XP SP2 nicht mehr einsetzen können. Denn Sie haben die Möglichkeit, die Datenausführungsverhinderung für einzelne Programme abzuschalten.

1 Rufen Sie die Systemsteuerung auf und öffnen Sie das Objekt *System*.

2 Wechseln Sie auf die Registerkarte *Erweitert* und klicken Sie innerhalb von *Systemleistung* auf *Einstellungen*.

3 Holen Sie die Registerkarte *Datenausführungsverhinderung* in den Vordergrund und klicken Sie auf *Hinzufügen*, um DEP nur für eine bestimmte Applikation zu deaktivieren.

4 Wählen Sie die DEP-inkompatible Applikation aus, für die Sie die Datenausführungsverhinderung deaktivieren wollen, und vergewissern Sie sich, dass das Kontrollkästchen der Applikation auch aktiviert ist.

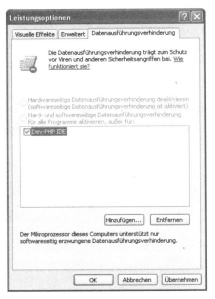

Haben Sie die Applikation der Liste hinzugefügt und auch aktiviert, übernehmen Sie die Einstellung mit *Übernehmen* und schließen die Fenster wieder. Windows XP wird die Ausführung dieser Applikation ab sofort nicht mehr verhindern, und Sie können die Software wieder starten.

Die Datenausführungsverhinderung komplett deaktivieren

Für den Fall, dass Sie Applikationen einsetzen, die mit der Datenausführungsverhinderung inkompatibel sind und für die es bis dato noch keine Updates gibt, können Sie die Datenausführungsverhinderung auch komplett deaktivieren.

Probleme durch die Installation von Service und Fix Packs vermeiden

Viele Softwarehersteller bieten regelmäßige Service Packs und Fix Packs für ihre Produkte an, womit Softwarefehler ausgebügelt und Sicherheitslöcher gestopft werden sollen. Die Installation dieser Service und Fix Packs ist in den meisten Fällen auch zu empfehlen. Allerdings gibt es keine Garantie dafür, dass Sie sich mit der Installation eines Service Pack oder Fix Pack nicht neue Probleme einhandeln.

Sichern Sie den Systemstatus!

Bevor Sie ein neues Fix oder Service Pack installieren, sollten Sie den aktuellen Systemstatus sichern, damit Sie diesen wieder restaurieren können, falls es nach der Installation des Updates zu massiven Problemen kommen sollte.

So führte die Installation des Service Pack für Windows 2000 beispielsweise zu einer ganzen Reihe neuer Softwareprobleme, die sich nur mit der Deinstallation des Service Pack 4 oder der Installation weiterer Fix Packs beheben ließen. Auch mit dem Service Pack 2 für Windows XP können neue Probleme auftreten, da das Service Pack 2 erhebliche Eingriffe in das Betriebssystem vornimmt. Wenn Sie beispielsweise mit webbasierten Applikationen (Intra-/Extranet) arbeiten müssen, kann es nach der Installation des SP2 zu unerwünschten Effekten kommen, die nicht selten dazu führen, dass die Applikation entweder nicht mehr aufgerufen werden kann oder aber nicht mehr funktionstüchtig ist.

Wir raten Ihnen daher, neue Service Packs nur im Archive-Modus zu installieren, damit Sie das Service Pack gegebenenfalls wieder deinstallieren können. Während der Installation eines Service Pack können Sie nämlich angeben, dass die momentanen Systemdateien archiviert werden sollen, um sie im Notfall wieder restaurieren zu können. Damit ersparen Sie sich eine Neuinstallation des Betriebssystems, falls es zu Problemen kommen sollte.

18.2 Netzwerkproblemen auf der Spur

Wenn Sie mehrere Computer miteinander vernetzt haben und die Netzwerkverbindung partout nicht will, muss es einen Grund dafür geben. Doch den zu finden ist manchmal gar nicht so einfach, denn gerade im Netzwerkbereich gibt es mehrere Fehlerquellen (Netzwerkkarte, Kabel, Hub, Konfiguration ...). Haben Sie die einzelnen Computer bereits verkabelt und das Heimnetzwerk erfolgreich installiert, schließen Sie mithilfe einiger Tests einzelne Fehlerfaktoren aus und finden so letztendlich das eigentliche Problem.

Die Netzwerkverbindung überprüfen

Einmal angenommen, Sie haben Ihre Computer vernetzt und auch das Heimnetzwerk mithilfe des freundlichen Assistenten eingerichtet, doch die Netzwerkumgebung bleibt leer. Verschaffen Sie sich jetzt erst einmal einen groben Überblick, was eigentlich los ist. Hierzu pingen Sie die anderen Computer an, denn daran können Sie erkennen, ob eine Netzwerkverbindung überhaupt existiert. Windows XP hält einige Befehle bereit, mit denen Sie mögliche Netzwerkprobleme aufspüren können. Und das Ganze spielt sich in der DOS-Box ab:

Klicken Sie auf *Start/Ausführen* und geben Sie den Befehl „cmd" ein. Daraufhin wird die DOS-Box geöffnet. Machen Sie erst einmal Platz im DOS-Fenster, indem Sie den Befehl „cd\" eingeben und die Enter-Taste drücken. Sie befinden sich nun direkt im Root, dem Hauptverzeichnis der lokalen Festplatte.

Ping – Paketgenerator zum Testen der Verbindung

Ping ist ein Befehl, der kleine Datenanfragen generiert und Sie an einen anderen Rechner sendet, um die Netzwerkverbindung zu überprüfen. Dabei zählt für Sie nur eins: Kommen die Daten beim Zielrechner an oder nicht?

Geben Sie den Befehl „ping Computername" ein, wobei Sie *Computername* durch einen gültigen Namen eines anderen Computers ersetzen. Der Computer – Ihr Computer! – schickt daraufhin vier Datenpakte an den Zielcomputer. Wenn die Gegenstation physikalisch erreichbar ist, dann erhalten Sie jetzt auch eine Antwort von dieser Station. In diesem Fall ist die physikalische Verbindung möglich und das Problem liegt eher an einer falschen Einstellung in den Netzwerkeigenschaften. Doch dazu im nächsten Abschnitt mehr.

Der Computer hat geantwortet.

Sollte die Gegenstation dagegen nicht erreichbar sein, erhalten Sie so genannte Timeouts, da der Empfang dieser Datenpakete nicht innerhalb eines gültigen Zeitraums quittiert wurde. Dann stimmt etwas mit der physikalischen Verbindung nicht. Versuchen Sie noch mal, die Zielstation nicht über den Namen, sondern über die IP-Adresse anzupingen. Geben Sie hierfür „ping ip-adresse" ein, wobei Sie *ip-adresse* durch eine gültige Adresse ersetzen. Schlägt auch dieser Ping fehl stimmt was nicht. Wenn Sie mehrere Computer haben, prüfen Sie, ob das Problem bei allen Computern auftritt oder nur bei einer bestimmten Station. Damit können Sie das Problem unter Umständen etwas eingrenzen. Denn wenn nur ein Computer nicht antwortet, ist der Fehler auf dem entsprechenden Gerät zu suchen. Antwortet dagegen keiner der Computer, ist vermutlich etwas mit der Verkabelung oder mit dem Hub/Switch nicht in Ordnung.

Wenn Sie eine Firewall einsetzen ...

... kann das unter Umständen die Ursache dafür sein, weshalb der Zielcomputer nicht auf einen Ping reagiert. Denn wenn Sie Firewall-Systeme einsetzen, muss die Option *Auf Echoanforderung antworten* innerhalb des ICMP-Protokolls aktiviert sein. Andernfalls lässt die Firewall keine Antwort durch, und der Ping bleibt unbeantwortet.

Prüfen Sie anschließend nach, ob die jeweiligen Computer wirklich eingeschaltet und gebootet wurden. Das klingt zwar sehr primitiv, ist aber als mögliche Fehlerquelle nicht auszuschließen. Des Weiteren überprüfen Sie die Verkabelung zu den einzelnen Computern. Sind alle Netzwerkkarten konfliktfrei installiert und funktionstüchtig, sind alle Netzwerkkabel richtig angeschlossen und ist auch der

Hub oder Switch eingeschaltet? In einem Busnetzwerk checken Sie stattdessen, ob die beiden Enden der Netzwerkstrecke mit Terminatoren abgeschlossen wurden.

Netzwerkeinstellungen korrigieren

Ein weiterer Grund dafür, weshalb ein Ping erfolglos bleibt, sind falsche Einstellungen in der Netzwerkumgebung. Gerade beim Einsatz des TCP/IP-Protokolls ist darauf zu achten, dass alle Computer mit den gleichen Einstellungen arbeiten. Sonst ist keine Verbindung möglich.

Wechseln Sie in die Netzwerkverbindungen und öffnen Sie die Eigenschaften der LAN-Verbindung. Überprüfen Sie, dass auf allen Computern das TCP/IP-Protokoll, der Client für Microsoft-Netzwerke, wie auch die Datei- und Druckerfreigabe installiert sind. Notfalls installieren Sie das Protokoll, den Client und den Dienst nach, indem Sie auf *Hinzufügen* klicken und die jeweilige Komponente auswählen.

Als Nächstes öffnen Sie die DOS-Box und lassen sich die momentanen Einstellungen noch mal anzeigen. Geben Sie den Befehl „ipconfig /all" ein, die aktuelle Konfiguration wird daraufhin angezeigt.

Aktuelle TCP/IP-Konfiguration.

Sehen Sie nach, ob die IP-Adresse statisch vergeben wurde oder dynamisch bezogen wird. Diese Einstellung muss auf allen Computern gleich sein, sonst werden IP-Adressen aus unterschiedlichen Bereichen verwendet und die Netzwerkverbindung ist gestört. Weiter überprüfen Sie die einzelnen IP-Adressen. Wenn Sie die Subnetzmaske 255.255.255.0 nutzen, müssen die ersten drei Zahlenfolgen der IP-Adresse gleich sein, beispielsweise 192.168.111.x.

Sollte dies nicht der Fall sein und Sie verwenden IP-Adressen aus unterschiedlichen Netzwerkbereichen, müssen Sie die IP-Adresse korrigieren. Haben Sie eine feste IP-Adresse vergeben (statische IP-Adresse), ändern Sie die Adresse auf den jeweiligen Computern. Öffnen Sie die Eigenschaften des TCP/IP-Protokolls und legen Sie eine neue, wenngleich eindeutige, IP-Adresse fest. Wird die IP-Adresse dagegen dynamisch vergeben, können Sie die momentane Adresse mit *ipconfig /release* lösen und mit *ipconfig /renew* eine neue Adresse zuweisen lassen.

Wenn sich die IP-Adresse nicht ändern lässt

Wenn Sie mit *ipconfig /renew* immer wieder die gleiche IP-Adresse erhalten, löschen Sie die IP-Adresse zunächst mit *ipconfig /release* und starten daraufhin den Computer neu. Erst dann lassen Sie mit *ipconfig /renew* eine neue Adresse zuweisen.

Überprüfen Sie auch die Einstellungen der Subnetzmaske und des Standardgateways. Auf allen Computern muss das gleiche Subnetz eingetragen sein, damit eine Netzwerkverbindung via TCP/IP-Protokoll möglich ist. Es sei denn, Sie setzen einen Router ein, der einzelne Netzwerke miteinander verbindet und die Pakete weiterleitet.

Haben Sie die Einstellungen auf den einzelnen Computern überprüft und gegebenenfalls korrigiert, versuchen Sie jetzt, die Computer anzupingen. Für den Fall, dass noch immer keine Verbindung möglich ist, liegt das mit hoher Wahrscheinlichkeit an einer defekten Komponente. Überprüfen Sie demnach die Kabel, den Hub/Switch, Terminatoren und dergleichen mehr. Sie können die Fehlerquelle eingrenzen, wenn Sie erst einmal zwei Computer verbinden, die Verbindung testen, ein neues Gerät hinzunehmen und so weiter. Gehen Sie Step by Step vor, Sie können den Fehler dann schneller finden.

Mehrere Netzwerkkarten im Einsatz? – Auf die richtige Bindung kommt es an!

Häufige Ursache für ein lahmendes Netzwerk ist oftmals der Parallelbetrieb mehrerer Netzwerkkarten. Denn wenn Sie z. B. eine Ethernet-Karte und vielleicht noch eine funkfähige Netzwerkkarte nach dem 802.11b-Standard eingerichtet und beide Netzwerkverbindungen (LAN und WLAN) aktiviert haben, muss das Betriebssystem ja erst einmal herausfinden, über welchen Adapter die Daten nun ausgetauscht werden sollen: über den Ethernet- oder über den WLAN- Ethernet-Adapter. Um das herauszufinden, sieht das Betriebssystem in den Bindungen nach, welche Netzwerkkarte als primäre Schnittstelle festgelegt ist. Und die primäre Schnittstelle ist immer die Netzwerkkarte, die zuletzt installiert wurde. Das kann nun die Ethernet-Karte oder auch die funkfähige Netzwerkkarte sein.

Die Verbindungssymbole einblenden

In den Eigenschaften einer Netzwerkverbindung können Sie die Option *Symbol bei Verbindung in der Taskleiste anzeigen* setzen, womit Sie die Verbindungen etwas kontrollieren können. Denn bei einem Datenaustausch wird das entsprechende Verbindungssymbol blau markiert und Sie können gut erkennen, über welche Schnittstelle der Datenaustausch gerade stattfindet, da auch der Verbindungsname angezeigt wird.

Je nachdem, welcher Adapter als primär gilt, werden die auszutauschenden Daten nun an die jeweilige Netzwerkkarte weitergegeben. Und für den Fall, dass die Ethernet-Karte als primäre Netzwerkkarte gilt, versucht das Betriebssystem natürlich, alle Daten auch erst einmal über diese Schnittstelle zu versenden. Wenn der Datenaustausch misslingt, weil das Zielsystem nicht erreichbar ist, versucht das Betriebssystem, eine Verbindung über den sekundären Adapter aufzubauen. Diese Versuche rauben allerdings enorm viel Zeit, oftmals bricht die Netzwerkverbindung aufgrund einer Zeitüberschreitung auch komplett ab. Es ist daher gut zu wissen, wie Sie die Reihenfolge der Netzwerkkarten überprüfen und gegebenenfalls auch ändern können, um solche massiven Verzögerungen zu vermeiden:

1 Die Reihenfolge der Bindungen können Sie nur mit administrativen Rechten ändern, melden Sie sich also notfalls als Administrator neu an, falls Sie gerade als gewöhnlicher Benutzer eingeloggt sind.

2 Öffnen Sie die Einstellungen der Netzwerkumgebung und wählen Sie im Menü *Extras* den Eintrag *Erweiterte Einstellungen* aus.

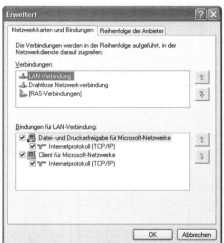

3 Sie gelangen daraufhin in die Eigenschaften der Bindungen. Auf der Registerkarte *Netzwerkkarten und Bindungen* können Sie überprüfen, welche Verbindung als primäre Netzwerkverbindung festgelegt ist. Und als primäre Verbindung gilt der Eintrag, der an oberster Stelle steht.

4 Wenn z. B. die LAN-Verbindung an oberster Stelle steht und damit als primäre Verbindung gilt, Sie aber eine Funkverbindung aufbauen wollen, dann markieren Sie die Funkverbindung und positionieren den Eintrag mithilfe der entsprechenden Schaltfläche nach oben.

5 Übernehmen Sie die Einstellungen mit einem Klick auf *OK*, die Reihenfolge der Netzwerkverbindungen wird damit sofort geändert und aktiviert.

Wenn Sie nun eine Netzwerkverbindung herstellen, wird es mit Sicherheit wesentlich schneller gehen, denn das Betriebssystem weiß jetzt, über welche Schnittstelle die Verbindung aufgebaut werden soll, und muss nicht mehr mühsam herumprobieren.

Ärger mit dem Netzwerkzugriff

Wenn die einzelnen Computer zwar erreichbar sind, Sie aber nicht auf fremde Ressourcen (freigegebene Ordner, Drucker etc.) zugreifen können, wurde die Ressource entweder nicht freigegeben oder Sie haben keine Berechtigung. Die Fehlersuche ist im Gegensatz zu Verbindungsproblemen etwas einfacher, da Sie in der Regel eine Fehlermeldung erhalten, die auf das eigentliche Problem schließen lässt.

Gewünschte Freigabe nicht gefunden?

Wenn Sie eine Meldung erhalten, dass die gewünschte Freigabe nicht gefunden wurde, haben Sie sich entweder in der Adressleiste des Windows-Explorers vertippt oder aber die Ressource wurde nicht freigegeben. Sehen Sie zunächst einmal nach, ob der jeweilige Ordner, Drucker oder das Laufwerk wirklich freigegeben wurde. Öffnen Sie den Windows-Explorer und erweitern Sie die Netzwerkumgebung in der linken Fensterhälfte. Dort werden Ihnen sämtliche Freigaben angezeigt. Der NetCrawler durchsucht das Netzwerk in regelmäßigen Abständen nach neuen Freigaben und aktualisiert diese Ansicht. Wurde die Freigabe erst kürzlich eingerichtet, ist die Ansicht vielleicht noch nicht aktualisiert worden, wählen Sie deshalb *Aktualisieren* im Menü *Ansicht* aus. Alternativ können Sie sich alle verfügbaren Freigaben im Netzwerk auch in der DOS-Box anzeigen lassen. Das ist für die Fehlersuche etwas komfortabler:

Wählen Sie *Start/Ausführen* und geben Sie „cmd" ein, das DOS-Fenster wird daraufhin geöffnet. Mit dem Befehl *netview /domain:arbeitsgruppenname* lassen Sie sich alle Computer innerhalb der angegebenen Arbeitsgruppe anzeigen. Mit *netview \\computername* dagegen werden sämtliche Freigaben auf dem betreffenden Computer gesucht und aufgelistet.

Freigaben
anzeigen lassen.

Ist die gewünschte Ressource nicht aufgelistet, wurde das Objekt nicht freigegeben, Sie müssen demnach erst eine Freigabe einrichten.

Netzwerkprobleme nach der Installation eines FireWire-Adapters

Für den Fall, dass Sie über Netzwerkprobleme klagen, kann die kürzliche Installation eines FireWire-Adapters die Ursache dafür sein. Denn so mancher FireWire-Adapter hat die Unart, sich zeitgleich auch als Netzwerkadapter auszugeben. Und Windows XP Home schickt seine Daten an die Netzwerkkarte, die zuletzt installiert wurde (vgl. auch Seite 742). Sollte das der FireWire-Adapter sein, geht das natürlich schief.

Falls Sie also kürzlich einen FireWire-Adapter – z. B. den VIA OHC-Controller – installiert haben und jetzt keine Netzwerkverbindungen mehr herstellen können, sollten Sie einmal im Geräte-Manager in den Eigenschaften der Netzwerkverbindungen nachsehen, was sich dort so alles an installierten Geräten wiederfindet.

1   Wechseln Sie zunächst in die Systemsteuerung, rufen Sie das Objekt *System* auf und öffnen Sie – auf der Registerkarte *Hardware* – den Geräte-Manager.

2   Erweitern Sie die Abschnitte *IEEE 1394 Bus-Hostcontroller* und auch *Netzwerkadapter*.

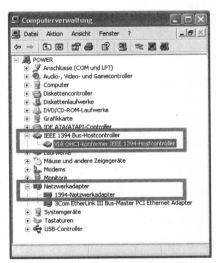

3   Wenn Sie in den beiden Abschnitten das gleiche Gerät vorfinden sollten, hat sich Ihr FireWire-Adapter als Möchtegern-Netzwerkkarte ausgegeben, was Sie jetzt bereinigen müssen.

4   Versuchen Sie zunächst, die „falsche" Netzwerkkarte zu deinstallieren, den FireWire-Adapter aber beizubehalten. Sollte das – aus welchen Gründen auch immer – misslingen, dann hilft nur noch eine Änderung der Netzwerkverbindungen.

5   Schließen Sie den Geräte-Manager und auch die Systemsteuerung wieder und öffnen Sie die Eigenschaften der Netzwerkumgebung. Markieren Sie die eigentliche Netzwerkverbindung (die Richtige!) und wählen Sie im Menü *Extras* den Befehl *Erweiterte Einstellungen* aus.

6   Sie gelangen daraufhin in die Bindungen der Netzwerkkarte. Markieren Sie im oberen Fensterbereich den FireWire-Adapter und positionieren Sie den Eintrag mithilfe der Pfeil-Schaltfläche an das Ende der Liste. Im unteren Fensterbereich deaktivieren Sie die *Datei- und Druckerfreigabe für Microsoft-Netzwerke* und auch den *Client für Microsoft-Netzwerke*.

7 Schließen Sie die Einstellungen wieder und versuchen Sie jetzt noch einmal, eine Netzwerkverbindung herzustellen. Denn mit dem vorherigen Schritt haben Sie dem FireWire-Adapter die Priorität als Netzwerkkarte genommen, womit die eigentliche Netzwerkkarte jetzt auch wieder für den Datenaustausch verwendet werden sollte.

Des Weiteren sollten Sie sich auf der Internetseite des Herstellers des FireWire-Adapters mal nach einem Treiber-Update umsehen, denn vielleicht ist dieses Problem zwischenzeitlich behoben worden.

18.3 Die Internetverbindung will nicht?

Wenn die Internetverbindung nicht will, kann das mehrere Gründe haben. Zunächst einmal müssen Sie sicherstellen, dass hardwareseitig alles in Ordnung ist. Wenn das Modem (analoges Modem, ISDN-Karte oder DSL-Adapter) betriebsbereit ist (siehe auch Kapitel 7), überprüfen Sie noch mal die Verkabelung. Ist das Modem mit der Telefonleitung verbunden oder gar an eine Telefonanlage angeschlossen? Gerade bei ISDN-Anlagen kann es öfter zu kleinen Startschwierigkeiten kommen, denn in der Regel wird das Modem an einer Nebenstellenanlage betrieben und Sie müssen erst einmal ein Amt haben, bevor Sie eine Verbindung nach draußen kriegen. In diesem Fall versuchen Sie erneut, eine Internetverbindung aufzubauen. Stellen Sie der Einwahlrufnummer eine Null – oder was auch immer für das Amt notwendig ist – voran.

Wenn die Anmeldung zu lange dauert oder scheitert

Wenn Sie eine Internetverbindung zu Ihrem Provider aufbauen, die Anmeldung am entfernten Netzwerk jedoch zu lange dauert oder gar scheitert, stimmt etwas mit den Netzwerkeinstellungen nicht. Braucht die Authentifizierung länger als gewohnt, kann es sein, dass mehr Protokolle als notwendig installiert sind. Sehen Sie also mal in den Netzwerkverbindungen, genauer gesagt, in den Eigenschaften der Internetverbindung, nach. Denn die Internetverbindung basiert ohnehin nur auf dem TCP/IP-Protokoll, andere Netzwerkprotokolle haben hier nichts zu suchen. Des Weiteren deaktivieren Sie den Client für Microsoft-Netzwerke und vor allem die Datei- und Druckerfreigabe, falls diese Komponenten aktiviert sein sollten.

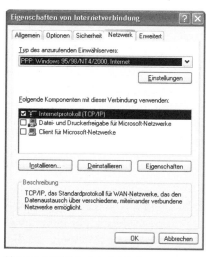

Nur das TCP/IP-Protokoll, bitte!

Dadurch verringern Sie das Risiko eines möglichen Angriffs aus dem Internet!

Bleibt die Anmeldung im entfernten Netzwerk erfolglos, kann das Problem unter Umständen an der LCP-Erweiterung (**L**ink **C**ontrol **P**rotocol) liegen. Denn wenn Sie sich bei einem Provider einwählen, der diese LCP-Erweiterung nicht unterstützt, kommt es zu Verbindungsproblemen. Wenn Sie auf die Schaltfläche *Einstellungen* klicken, gelangen Sie in die PPP-Eigenschaften. Dort können Sie die LCP-Erweiterung ein- und ausschalten.

Die PPP-Eigenschaften.

Probleme mit der Internetverbindungsfreigabe

Die Internetverbindungsfreigabe ist mithilfe des Assistenten zwar kinderleicht eingerichtet, doch kann es auch hier einmal zu Problemen kommen. Wenn die gemeinsame Nutzung der Internetverbindung nicht so richtig will, müssen Sie zunächst einmal herausfinden, ob der Fehler auf dem ICS-Server oder auf den Clients zu finden ist. Versuchen Sie erst einmal, vom ICS-Server aus eine gewöhnliche Internetverbindung herzustellen. Wenn es an dieser Stelle schon hakt, funktioniert entweder das Modem nicht richtig oder die Einstellungen in den Netzwerkverbindungen sind falsch.

ICS in Verbindung mit einer Firewall

Wenn Sie eine zusätzliche Desktop-Firewall wie ZoneAlarm oder dergleichen einsetzen, überprüfen Sie zunächst die Einstellungen des lokalen Netzwerks. Unter Umständen ist die Kommunikation im LAN noch nicht erlaubt, was letztendlich zu Problemen bei der Internetverbindungsfreigabe führt.

Können Sie die Verbindung dagegen herstellen, prüfen Sie im nächsten Schritt, ob die Internetverbindung auch wirklich freigegeben wurde. Öffnen Sie die Eigenschaften der Internetverbindung und wechseln Sie auf die Registerkarte *Erweitert*. Dort muss die Option *Anderen Benutzern im Netzwerk gestatten, die Internetverbindung dieses Computers zu verwenden* aktiviert sein. Bis der Fehler gefunden wurde, aktivieren Sie zudem die Option *Eine DFÜ-Verbindung herstellen, wenn ein Computer im Netzwerk auf das Internet zugreift*. Denn so haben Sie schon mal alle Voraussetzungen auf dem ICS-Server sichergestellt.

Als Nächstes testen Sie die Netzwerkverbindung. Denn auch hier kann der Hund begraben sein. Pingen Sie die einzelnen Computer an, Sie müssen auf jeden Fall eine Antwort erhalten. Wenn Sie Timeouts erhalten sollten, müssen die Netzwerkeinstellungen korrigiert werden. Entweder sind unterschiedliche Protokolle im Einsatz oder die IP-Adressen stammen nicht aus dem gleichen Bereich. Korrigieren Sie gegebenenfalls die Einstellungen im TCP/IP-Protokoll der jeweiligen Computer.

Nun kommen die Clients an die Reihe. Überprüfen Sie noch mal die Einstellungen im TCP/IP-Protokoll und vergewissern Sie sich, dass die IP-Adresse des ICS-Servers als Standardgateway festgelegt ist. Sie finden diese Einstellung, wenn Sie in den Eigenschaften des TCP/IP-Protokolls auf *Erweitert* klicken.

Zu guter Letzt starten Sie den Internet Explorer auf den jeweiligen Clients. Im Menü *Extras* rufen Sie die *Internetoptionen* auf und holen die Registerkarte *Verbindungen* in den Vordergrund. Hier darf keinerlei DFÜ-Verbindung aktiviert sein, denn die Verbindung wird ja via Netzwerk hergestellt. Sie wählen also *Keine Verbindung wählen* aus. Abschließend prüfen Sie noch mal, ob sich irgendeine Proxyeinstellung eingemogelt hat. Klicken Sie auf *Einstellungen*, dort dürfen keine Optionen ausgewählt sein.

Internet Explorer neu starten

Wenn Sie die Verbindungseinstellungen des Internet Explorer ändern, müssen Sie den Webbrowser neu starten. Schließen Sie den Internet Explorer und rufen Sie ihn neu auf, damit die Änderungen wirksam werden.

Nachdem Sie alle möglichen Ursachen überprüft und notfalls korrigiert haben, dürfte einer gemeinsamen Internetverbindung nichts mehr im Wege stehen.

Stichwortverzeichnis

N

Z

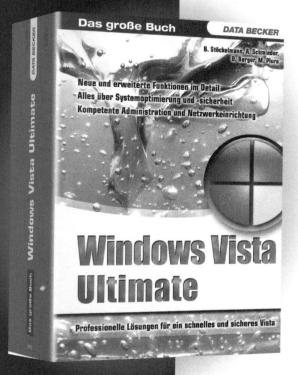

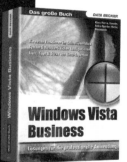

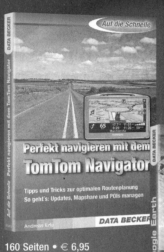